HUNDE

RASSEN, PFLEGE, GESCHICHTE

Entwurf und Realisation: Foundry Design & Production

Parragon
Queen Street House
4 Queen Street
Bath BA1 1HE, UK

Übersetzung aus dem Englischen: Astrid Krämer, Rommerskirchen; Susanne Schmidt-Wussow, Berlin; u. a.
Satz: Roman, Bold & Black, Köln
Fachlektorat: Kirsten E. Lehmann, Köln
Koordination: Antje Seidel, Köln

ISBN 1-40540-330-0

Printed in China

HUNDE

RASSEN, PFLEGE, GESCHICHTE

JULIETTE CUNLIFFE

Inhaltsverzeichnis

Aufbau des Buches und Benutzungshinweise

- **In acht Kapiteln** bietet das Buch ausführliche Informationen zu allen Aspekten der Haltung und Pflege eines Hundes, zu seiner Geschichte sowie zu seinem Platz in der Welt des Menschen. Fotografien, Illustrationen und Textkästchen „Wissenswertes" liefern auf jeder Seite zusätzliche Informationen.
- **Beschreibungen von mehr als 400 Hunderassen:** Im ersten Abschnitt des zweiten Teils werden die weltweit beliebtesten Hunderassen porträtiert, die in sieben Gruppen eingeteilt sind (z. B. Jagdhunde oder Kleinhunde). Im zweiten Abschnitt werden eher ausgefallenere und meist nur in ihren Herkunftsländern bekannte Hunderassen vorgestellt.
- **Vier Symbole,** die in allen Rassekapiteln des Buches zu finden sind, informieren zusätzlich über die FCI-Gruppenzugehörigkeit, Größe, Fellpflege und Ernährung der jeweiligen Rasse (siehe unten).
- **„Rasseinformationen"-Kästchen** enthalten alternative Namen für bestimmte Rassen, Einzelheiten zur Anerkennung durch Hundeverbände sowie zulässige Farbvarianten innerhalb der Rasse.
- **Der Anhang** beinhaltet eine Literaturliste, hilfreiche Ansprechpartner wie z. B. den Verband für das Deutsche Hundewesen (VDH), ein Glossar mit elementaren Fachbegriffen sowie ein umfangreiches Register.

ERLÄUTERUNG DER VIER SYMBOLE

Nennt die jeweilige FCI-Gruppe, zu der ein Hund gehört

Gibt die Größe eines Hundes an: klein, mittel oder groß

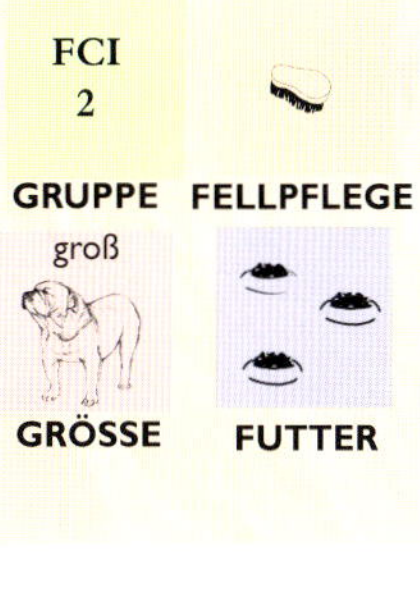

Zeigt die für das Fell erforderliche Pflege an: eine Bürste für wenig Pflege bis hin zu vier Bürsten für umfangreiche Pflege

Gibt die Futtermenge an, die für eine Rasse erforderlich ist: von einer Schüssel bis hin zu vier Schüsseln

Einleitung

DIESES BUCH BIETET dem Leser allgemeine Informationen über Hunde sowie einen Überblick über die Mehrzahl der Rassen, die von den führenden Hundeverbänden weltweit anerkannt sind.

So unglaublich es klingen mag, Schätzungen besagen, dass es auf der Erde zwischen 700 und 800 Hunderassen gibt. Viele sind aber entweder nur in ihrem Ursprungsland bekannt oder nicht offiziell anerkannt. Einige Rassen existieren bereits sehr lange, andere sind Neuzüchtungen und in manchen Fällen haben ihre Liebhaber noch nicht einmal versucht, eine offizielle Anerkennung zu erhalten, wobei in den einzelnen Ländern unterschiedliche Entscheidungsgremien dafür zuständig sind.

In diesem Buch habe ich versucht, alle Rassen vorzustellen, die von den bedeutendsten Verbänden, der FCI (Fédération Cynologique Internationale), dem British Kennel Club und dem American Kennel Club anerkannt sind, da deren Regeln in vielen Ländern gelten. Desweiteren habe ich einige außergewöhnliche Rassen aufgenommen, die nicht offiziell anerkannt sind.

Da Hunde in verschiedenen Ländern in unterschiedliche Gruppen eingeteilt und häufig anders benannt werden, war es nicht einfach festzulegen, wie man die Rassen in einem Buch dieser Art am besten vorstellt. Ich habe daher die wohl bekanntesten, beliebtesten und allgemein anerkannten Rassen in einem Abschnitt zusammengefasst.

Darüber hinaus stelle ich Ihnen einige sehr interessante Rassen vor, die bislang weltweit recht unbekannt und meist nur in ihren Herkunftsländern verbreitet sind.

Wie bereits erwähnt, gibt es erhebliche Unterschiede in der Namensgebung. Dort, wo auch alternative Bezeichnungen existieren, sind sie unter „Andere Namen" vermerkt.

Zusätzlich findet der Leser Hinweise bezüglich Größe, Fellpflege und Futtermenge, wobei diese Angaben aber nur sehr allgemeine Anhaltspunkte sind. So hängt etwa der Umfang der erforderlichen Fellpflege erheblich davon ab, ob ein Hund als Haustier, als Gebrauchshund oder als Ausstellungshund gehalten wird. Wer z. B. einen Lhasa Apso im vollen Fell ausstellt, braucht sehr viel Zeit, um es in tadellosem Zustand zu halten. Wird ein Hund dieser Rasse dagegen nur als Haustier gehalten, genügt es, ihn jedes Jahr zwei- oder dreimal professionell scheren zu lassen; dadurch verringert sich in den Zwischenzeiten der Pflegeaufwand.

Dadurch, dass die Welt mehr und mehr zusammenwächst und viele Hunderichter, wie ich selbst, die Möglichkeit haben, in

verschiedene Länder zu reisen, wird – auch durch gegenseitigen Austausch – unser Wissen über die Hunde, die es auf unserem Planeten gibt, immer umfangreicher.

Das Schreiben dieses Buches hat mir sehr viel Spaß gemacht, und ich freue mich sehr, dass ich so viele Fotos ausgezeichneter Repräsentanten ihrer Rasse einfügen konnte.

Die Mehrzahl der Fotografien sind von Hunden, die hohe Auszeichnungen in der Ausstellungswelt errungen haben. Dies gibt dem Leser die Gelegenheit, wirklich repräsentative Tiere zu sehen, ein Punkt, der meiner Meinung nach sehr wichtig für ein Buch dieser Art ist.

Mein besonderer Dank gilt der begabten Hundefotografin Carol Ann Johnson, die die überwiegende Zahl der Fotografien bereitgestellt hat.

Bedanken möchte ich mich auch bei Harry Baxter, Serge Sanchez von *Vos Chiens* Samsung, Zena Thorn-Andrews, Meg Purnell-Carpenter, Marianne Kruger, Dr. Daniel Taylor-Ide, Angela Racheal, Diane Philipson, Gaye Sansom, Alyce Ingle und all den anderen, die mir geholfen haben, indem sie Fotografien und Informationen zu einigen Rassen beigesteuert haben, die bisher kaum bekannt sind.

Außerdem bin ich der Künstlerin und Hundeliebhaberin Deirdre Ashdown sehr zu Dank verpflichtet.

Meriel Taylor hat Carol Ann freundlicherweise dabei assistiert, weniger bekannte Rassen in Europa aufzuspüren, und Sue McCourt hat mich in die Fellpflegeprozeduren bei Terriern eingeführt.

Yves de Clercq, Generalsekretär der FCI, und Michael R. Darwin von der Kennel Union von Südafrika haben mir immens viel Unterstützung zukommen lassen.

Wie immer gilt mein aufrichtiger Dank dem Kennel Club und seinen Mitarbeiterinnen und Mitarbeitern für ihre grenzenlose Unterstützung, besonders Brian Leonard und Gary Johnston, deren Hilfe ich immer sehr schätze.

Schließlich bin ich sowohl der *Kennel Gazette* zu besonderem Dank verpflichtet, weil sie mich als Autorin dieses Buches vorgeschlagen hat, als auch Polly Willis, der Projektverantwortlichen von Foundry, mit der ich schwierige Fragen während der gesamten Arbeit an diesem Buch besprechen konnte.

Es war ein Vergnügen, dieses Buch zu schreiben; ich hoffe, es ist jetzt ein Vergnügen, dieses Buch zu lesen.

JULIETTE CUNLIFFE

Eine Welt voller Hunde

VOR TAUSENDEN VON JAHREN fanden Mensch und Hund zueinander, wobei jeder von der Gesellschaft des anderen profitierte. Im Laufe der Zeit entwickelten sich verschiedene Arten von Hunden: Jagdhunde, Gebrauchshunde und Hunde, die ausschließlich als Gefährten dienten.

Ganz oben rechts
Hunde waren Arbeitstiere, bevor sie zu Haustieren wurden. Dieser Antwerpener Hunde-Einspänner wurde im Jahre 1900 fotografiert.

Oben und rechts
Die Beziehung zwischen Mensch und Hund wird in einem Manuskript aus dem 8. Jahrhundert und in einer Szene auf einer griechischen Vase von 425 v. Chr. gepriesen.

DIE AUFGABEN, DIE HUNDE durch die Jahrhunderte hindurch erledigt haben, sind vielfältig und unterschiedlich. Sie haben den Menschen bewacht, seine Herden geschützt, Wild gejagt und apportiert, schwere Lasten gezogen, Vermisste in schneebedecktem oder schwierigem Gelände – sogar im Meer – aufgespürt und gerettet; die Liste ist schier endlos.

Heute leisten Hunde wichtige Arbeit als Polizei- und Drogenspürhunde. Andere fungieren als „Augen" für Blinde, als „Ohren" für Taube, oder helfen auf andere Weise Behinderten das Leben zu erleichtern.

RASSEGRUPPEN

RASSEHUNDE SIND HUNDE, die entsprechend dem Rassestandard eines Hundeverbandes gezüchtet wurden. Ein Rassestandard ist eine schriftliche „Vorlage" für die jeweilige Rasse, die in einem bestimmten Land anerkannt ist.

Die FCI (Fédération Cynologique Internationale), der weltweite Hundeverband, erkennt derzeit 330 Rassen an, die in zehn Gruppen unterteilt sind: Hüte- und Treibhunde, ausgenommen Schweizer Sennenhunde (1); Pinscher und Schnauzer – Molossoide – Schweizer Sennenhunde u. a. Rassen (2); Terrier (3); Dachshunde (4); Spitze und Hunde vom Urtyp (5); Laufhunde, Schweißhunde und verwandte Rassen (6); Vorstehhunde (7); Apportier-, Stöber- und Wasserhunde (8); Gesellschafts- und Begleithunde (9); Windhunde (10).

Der British Kennel Club hingegen teilt die Rassen in sieben verschiedene Gruppen ein: Working (Gebrauchshunde), Utility (Begleithunde), Gundog (Jagdhunde), Toy (Kleinhunde), Hound (Lauf- und Windhunde), Terrier und Pastoral (Hirten- und Hütehunde). Insgesamt zählt die Liste des British Kennel Club momentan 189 Rassen. Ebenso wie bei der FCI werden immer wieder neue Rassen hinzugenommen.

Die Hundeverbände anderer Länder führen in ihren eigenen offiziellen Rasselisten neben der Mehrzahl der in Großbritannien anerkannten Rassen auch noch andere. Die Gruppierung ist von Land zu Land verschieden.

MISCHLINGE UND KREUZUNGEN

NATÜRLICH WERDEN nicht alle Hunde mit Stammbaum gezüchtet – es gibt auch Mischlinge und Kreuzungen. Ein Mischling ist üblicherweise ein Hund, bei dem mindestens ein Elternteil gemischtrassig ist. Bei einer Kreuzung ist die Abstammung bekannt. Hier wurde ein reinrassiger Hund mit einem anderen reinrassigen verpaart. Aber ganz gleich, ob reinrassiger, gekreuzter oder Mischlingshund – alle Hunde haben verdientermaßen unsere Zuneigung gefunden.

DIE ANFÄNGE

WENN WIR UNS unser heutiges Haustier Hund ansehen, fällt es manchmal schwer, sich vorzustellen, wie der Hund sich über Millionen von Jahren hinweg entwickelt hat. Die frühen Säugetiere ernährten sich nur von Pflanzen, aber mit der Zeit bildeten sich Fleischfresser heraus. Sie konnten überleben, indem sie die Vegetarier fraßen. In der Geschichte stoßen wir auf mausgroße, Fleisch fressende Säugetiere, *Creodonta* genannt, die zur selben Zeit lebten wie die Dinosaurier, also vor etwa 100 bis 50 Millionen Jahren. Klimatische Veränderungen führten zum Aussterben der Dinosaurier, wogegen die *Creodonta* überlebten. Aus ihnen hat sich dann vor 54 bis 38 Millionen Jahren im Eozän der *Miacis* entwickelt. Als mutmaßliche Baum- und Erdhöhlenbewohner waren die *Miacidae* klein mit langem Rücken, kurzen Beinen und langem Schwanz. Bei ihnen bildete sich die Gebissform der heutigen Raubtiere heraus.

FRÜHE VORFAHREN

DAS NÄCHSTE EVOLUTIONÄRE GLIED in der Geschichte des Hundes war vor 26 Millionen Jahren der *Hesperocyon* mit einer Innenohranatomie, die charakteristisch für die Familie der Hundeartigen ist. 19 Millionen Jahre vor unserer Zeit kam der Fleischfresser *Cynodictis* auf, wobei sich Fachleute nicht einig sind, ob der moderne Hund auf den *Cynodictis* oder doch direkter auf den *Hesperocyon* zurückgeht. Vermutlich entwickelten sich in beiden Fällen frühe Vorfahren des Hundes in Nordamerika, von wo sie sich nach Eurasien ausbreiteten.

In der Zwischenzeit hatte sich ein Lauftier herausgebildet, dessen fünfte Zehe sich verkürzt hatte – und die später zur Wolfskralle des Hundes wurde. Es war jetzt eine Tierart entstanden, die hundeähnliche Füße besaß und an Größe zugenommen hatte.

DIE FAMILIE DER KANIDEN

VOR ETWA zwölf Millionen Jahren, während des Miozäns, kam der *Tomarctus* auf, ein wolfähnliches Säugetier, das in Rudeln jagte und ansatzweise die Gebissanatomie des modernen Hundes zeigte.

Am Ausgang des Pliozäns, also vor ungefähr zwei Millionen Jahren, hatte sich der Grundstock aller modernen Fleischfresser entwickelt und damit auch die Familie der Kaniden, aus der Schakale, Füchse, Hyänen, Wölfe und Hunde hervorgegangen sind.

Im Laufe der letzten Jahrzehnte hat durch eine Reihe neuer Theorien eine Diskussion über die genaue Entwicklung des Hundes eingesetzt, die bis heute andauert. Durch das Zusammenwirken von Wissenschaft und Geschichte werden wir in Zukunft weitere Erkenntnisse über das bemerkenswerte Tier gewinnen, das wir als Hund kennen und lieben.

Oben
Ein Hund wird als Mischling bezeichnet, wenn er ein gemischtrassiges Elternteil hat.

Links
Der moderne Hund war zur Zeit dieses ägyptischen Reliefs von 3500 v. Chr. bereits fest etabliert.

Oben
Dieses Mosaik von Pompeji zeigt, dass der Hund bereits zu dieser Zeit ein domestiziertes Tier war.

Die Anatomie der Hunde

DAS SKELETT kann als Rahmenkonstruktion des Hundekörpers betrachtet werden, in der Form und Anzahl der Knochen bei allen Hunden gleich sind. Allerdings gibt es Abweichungen, die von Rasse zu Rasse Unterschiede im Aufbau und in der Funktion bedingen. Natürlich unterscheidet sich das Skelett einer gestreckten kurzbeinigen Rasse, wie z. B. des Dachshundes (Dackel), deutlich von dem eines Deerhounds. Beide sind Laufhunde, haben aber sehr verschiedene Aufgaben und müssen daher entsprechend gebaut sein, um den jeweiligen Anforderungen gerecht zu werden.

DAS SKELETT

UNABHÄNGIG VON DER GRÖSSE haben alle Rassen gleich viele Knochen, die die Skelettstruktur bilden. Einzige Ausnahme hiervon sind die Knochen im Schwanz. Die Unterschiede zwischen den Rassen ergeben sich aus Länge, Dicke, Qualität und Stärke der Knochen. Hinzu kommen Abweichungen in der Knochenstruktur, die Hunde innerhalb einzelner Rassen leicht unterschiedlich aussehen oder sich anders bewegen lassen können.

Das Gehirn ist vom Schädel umgeben, dessen tiefe Höhlungen Schutz für Augen und Ohren bieten. Hinsichtlich der Form unterscheiden sich Hundeschädel, wieder entsprechend der Rasse, erheblich.

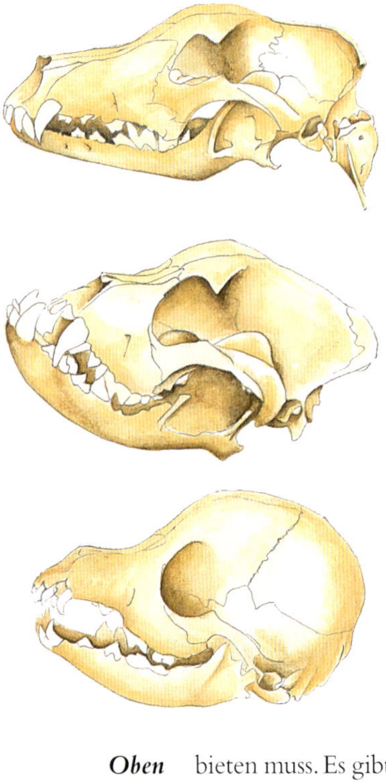

Oben
(von oben nach unten) Der Schädel eines Collies, einer Bulldogge und eines Terriers

DER SKELETTAUFBAU

LANGE RIPPEN bilden einen schützenden „Käfig" um Herz, Lunge und Leber, der bei einem gut gebauten Hund entsprechend viel Volumen bieten muss. Es gibt neun Paar Rippen, die durch Knorpel mit dem Brustbein verbunden sind, drei Paar asternale Rippen, die am Stamm miteinander verbunden sind, und ein freies Rippenpaar. Entgegen der allgemeinen Auffassung haben alle Hunde dieses dreizehnte freie Rippenpaar, die die kürzesten aller Rippen und an der Spitze nicht verbunden sind. Bei einigen Hunden sind ihre Enden sichtbar.

Der Hals ist mit dem Kopf über ein Kugelgelenk verbunden, und die Wirbel erstrecken sich direkt entlang des Rückens bis hin zur Schwanzspitze. Je nach Rasse kann der Schwanz selbst zwischen drei und 26 Wirbel umfassen.

Die Schulterblätter sind, was möglicherweise überrascht, nicht mit dem restlichen Skelett verbunden. Das ermöglicht flexiblere Bewegungen, besonders beim Laufen, was besonders für Rennhunde wie z. B. den Greyhound vorteilhaft ist. Unter dem Schulterblatt befindet sich der Oberarmknochen oder *Humerus* mit einem Knauf am oberen Ende, der das komplette Strecken des Schultergelenks verhindert und dadurch die Vorwärtsschrittlänge des Vorderbeins begrenzt. An der Hüfte sollte der Oberschenkelknochen über ein Kugelgelenk sauber in das Becken passen. Elastische Sehnen, faserige Bänder und kräftige Muskeln halten das Skelett zusammen, wobei die Gelenke, von denen jedes von einer mit Schmierflüssigkeit gefüllten Kapsel umgeben ist, als Stoßdämpfer fungieren.

WISSENSWERTES
Skelette von Mensch und Hund ähneln einander sehr, obwohl der Mensch eine aufrechte Körperhaltung hat. Hunde haben jedoch kein Schlüsselbein.

ZUSAMMENSPIEL VON NERVEN UND MUSKELN

DAMIT EIN HUND sich bewegen kann, muss das Gehirn zunächst – unterbewusste – Impulse durch das Rückenmark senden. Sie laufen durch periphere Nerven zu den unterschiedlichen Muskeln, die entweder angewiesen werden, sich zusammenzuziehen oder sich zu entspannen. Unwillkürliche Bewegungen (wie beispielsweise das Zucken eines Hundes im Schlaf), die den Hund so aussehen lassen, als würde er laufen, werden vom vegetativen Nervensystem gesteuert, das ein anderer Teil des peripheren Nervensystems ist.

Verletzungen der Wirbelsäule oder peripherer Nerven verhindern, dass die Muskeln Impulse vernünftig empfangen und senden können. Spastische Bewegungen sind daher meist ein Hinweis auf eine Verletzung entweder des Rückenmarks oder des Gehirns selbst. Muskeln können steif werden, wenn die Blutzufuhr aufhört, oder sie können schrumpfen, weil sie zu wenig beansprucht werden oder weil es eine Schädigung der Nervenversorgung gegeben hat. Alle diese Faktoren können Gründe für Koordinationsschwierigkeiten oder eine teilweise oder sogar vollständige Lähmung sein.

Links und unten
Die Hinterhand dieses Basset Hounds und dieser Bulldogge stellen sichtbar die Antriebskraft bereit, während die Vorderhand für Stabilität sorgt. Die meisten Rassen haben eine typische Gangart, die durch Aufbau des Skeletts bedingt ist.

BEWEGUNG UND GANGARTEN

TÄGLICHER AUSLAUF ist unverzichtbar, damit sich ein Hund mühelos bewegen kann. Genauso führt Überfütterung zu eingeschränkter Bewegungsfähigkeit in einem frühen Alter. Damit ein Hund sich richtig bewegen kann, darf er natürlich keine Skelettschädigung haben. Der unterschiedliche Körperbau der einzelnen Rassen bewirkt aber, dass sie sich auf unterschiedlicher Weise bewegen. In einer flüssigen Gangart herrscht eine vollständige Synchronisation zwischen den beiden Körperhälften. Dabei stellt die Hinterhand die Antriebs- oder Vortriebskraft bereit, während die Vorderhand primär Unterstützung bietet und als Stabilisator fungiert.

Die Hauptgangarten sind Schritt, Trab, leichter Galopp und Galopp, auch wenn es einige Zwischenarten der Bewegung gibt. Eine Galoppart, die u. a. häufig von Windhunden verwendet wird, ist der gestreckte Galopp (Renngalopp). Dabei werden alle vier Beine zugleich gestreckt und anschließend zugleich zusammengezogen. Bei dieser Gangart gibt es im Bewegungsablauf zwei unterschiedliche Abschnitte der Entspannung, woraus eine höhere Geschwindigkeit im Vergleich zum normalen Galopp resultiert.

Einige Gangarten gibt es nur bei bestimmten Rassen. So beobachtet man den Passgang, bei dem Vorder- und Hinterbein auf derselben Seite zugleich bewegt werden, recht häufig beim Old English Sheepdog (Bobtail), wenn dieser sich langsam bewegt. Auch ein müder Hund verwendet ihn. Die Hackney-Gangart (steppender Gang), mit einem übertriebenen Anheben der vorderen Fesseln und Pfoten, lässt sich korrekt beim Zwergpinscher beobachten, ist aber ein weit verbreiteter Fehler in der Bewegung bei den meisten anderen Rassen.

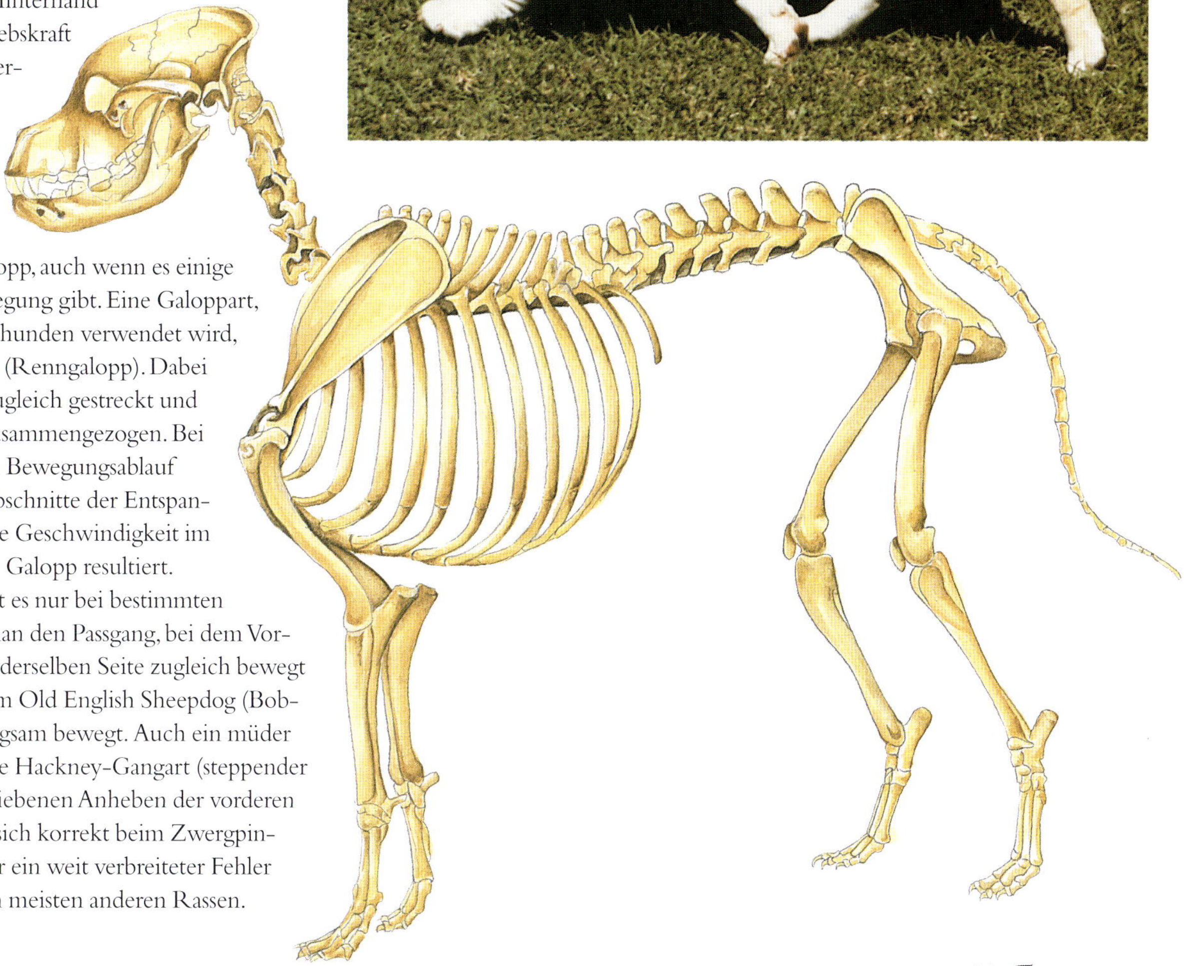

Zähne und Krallen

Rechts
Der Reihe nach: korrekter Biss der Schneidezähne, Zangenbiss, Hinterbiss (Rückbiss) und Vorbiss

Oben rechts
Vorderansicht der Schnauze eines Welpen mit drei Monaten

Rechts und unten
Seitenansicht, in der die Zähne und Wurzeln zu sehen sind

Ganz rechts unten
Vorderansicht der Schnauze eines ausgewachsenen Hundes

ZÄHNE

HUNDE SIND ALS FLEISCHFRESSER von der Natur mit den entsprechenden Fängen und Zähnen ausgestattet worden. In der Wildnis fressen Hunde Aas und töten manchmal. Daher benötigen sie lange Fangzähne, mit denen sie einstechen und ihre Beute bei Bedarf fangen und festhalten können. Dies sind die vier sehr langen Zähne, die im Ober- und im Unterkiefer links und rechts der Schneidezähne sitzen. Hinter diesen Zähnen sind die Prämolaren (vordere Backenzähne) angeordnet, die zum Schneiden und Scheren dienen. Die Zähne im hintersten Bereich des Kiefers sind Molaren (hintere Backenzähne). Sie haben flachere Oberflächen und werden zum Mahlen und Zerkauen verwendet.

Zwischen den Fangzähnen befinden sich die kleinen Schneidezähne, und zwar normalerweise jeweils sechs im Unter- und im Oberkiefer. Mit ihnen nagt der Hund Fleisch von Knochen ab, und sie dienen auch zur Fell- und Hautpflege.

Ein Hund hat insgesamt 42 Zähne, wobei im Unterkiefer wegen eines zusätzlichen Paares Prämolaren zwei Zähne mehr sitzen als im Oberkiefer. Die Wurzeln sind extrem lang.

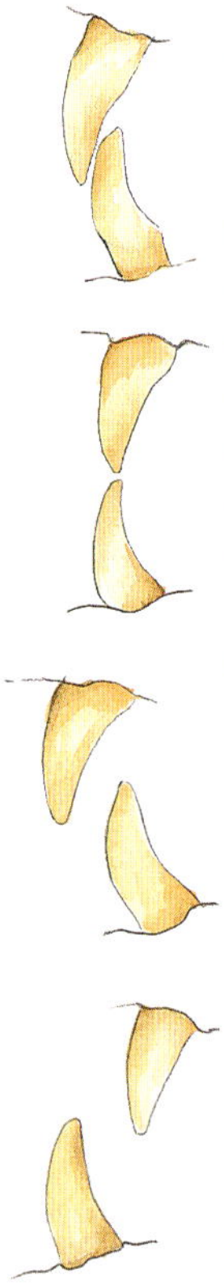

KRALLEN

KRALLEN SIND IN WIRKLICHKEIT eine modifizierte Hautstruktur; sie wachsen im konstanten Tempo und können nicht nach Belieben zurückgezogen und ausgefahren werden. Wie häufig sie geschnitten werden müssen, hängt weitgehend von der Beschaffenheit des Bodens ab, auf dem ein Hund die meiste Zeit verbringt. Lebt er im Haus auf Teppichböden, muss den Krallen meist viel mehr

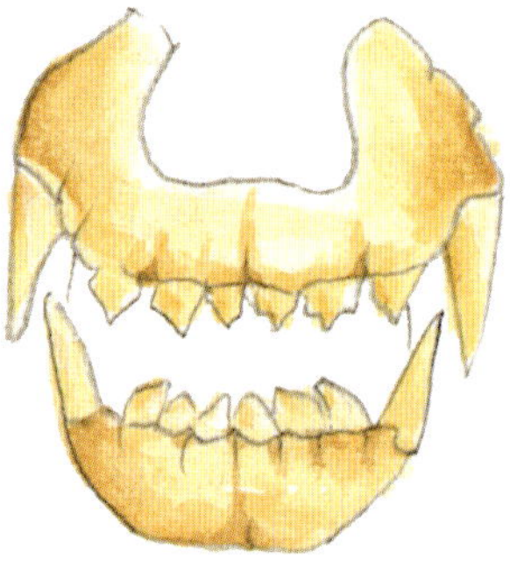

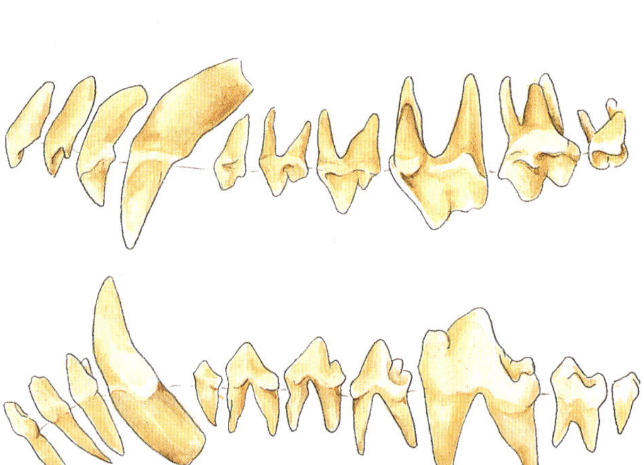

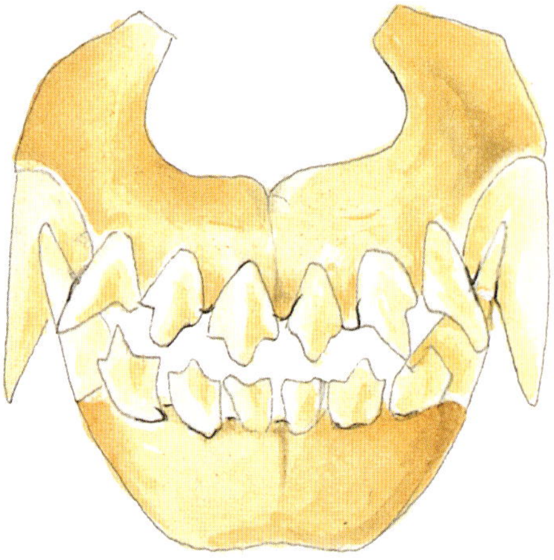

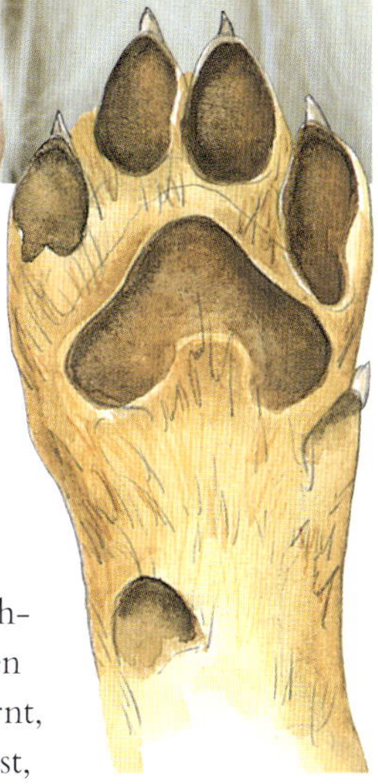

Beachtung geschenkt werden als bei einem Hund, der jeden Tag viele Stunden auf Beton herumläuft. Die Vorderfüße haben normalerweise fünf Krallen – eine auf jedem Ballen, die fünfte Kralle ist eine Wolfskralle, die nicht mit dem Boden in Berührung kommt. Bei vielen Rassen werden die Wolfskrallen entfernt, wenn der Welpe drei Tage alt ist, damit sie später nicht versehentlich abgerissen werden.

An den Hinterfüßen gibt es häufig nur vier Krallen, aber gelegentlich taucht auch hier eine Wolfskralle auf. Einige Rassen haben doppelte Wolfskrallen und eine, der Norwegische Lundehund, sogar eine weitere Kralle.

HAUT UND FELL

EIN HUND HAT UNTERSCHIEDLICHE Hautbereiche, die jeweils verschiedene Funktionen haben. Die Fußballen sind notwendigerweise dick und strapazierfähig, weil sie das Gewicht tragen müssen und mit rauem Boden in Berührung kommen. Die Ohren bestehen aus einer viel dünneren Haut, denn sie werden im Rahmen der Körpersprache eingesetzt und müssen daher flexibel genug sein, um nach Belieben bewegt werden zu können. Die Analdrüsen bestehen ebenfalls aus Haut, die ausreichend flexibel sein muss, damit der Hund neben dem Stuhlgang eine Substanz absondern kann, die eine wichtige Rolle beim Markieren des Territoriums spielt.

Die Oberfläche der Haut – die Epidermis – ist normalerweise nicht sehr dick, da sie ständig neue Zellen produziert. So ist es ihr möglich, als Schutzschicht zu fungieren. Darunter befindet sich die Lederhaut (Dermis), die viel derber, elastisch und flexibel ist.

Das Fell ist durch selektives Züchten bei einigen Hunden besonders lang, und es kann vorkommen, dass Haare in den Ohren und zwischen den Ballen wachsen. Daher müssen diese Bereiche aufmerksam beobachtet und überschüssige Haare bei Bedarf entfernt werden, damit keine Ohrenentzündungen entstehen oder sich zwischen den Ballen schmerzhafte feste Haarknoten bilden.

HAARWACHSTUM

WIE DIE HAARE EINES HUNDES wachsen, hängt von der Rasse ab, in jedem Fall aber wachsen sie in Zyklen. Nach einer Wachstumsphase folgt eine Übergangs-, danach eine Ruhephase. Sobald neue Haare nachkommen, werden die alten abgestoßen. Die Wachstumszyklen werden durch äußere Faktoren beeinflusst. So spielt nicht nur die jahreszeitliche Temperatur eine Rolle, sondern auch die Raumtemperatur, die unter den heutigen Umständen in zentralbeheizten Häusern meist ziemlich gleich bleibt. In einer natürlichen Umgebung verlieren Hunde normalerweise im Frühling und im Herbst Haare. Auch die längere oder kürzere Tageszeit wirkt sich auf das Fellwachstum aus, ebenso wie Hormone, wobei die weiblichen eher eine geringere Haardichte und die männlichen eher eine größere Haardichte bewirken. Darum entwickeln auch viele Hündinnen, die kastriert wurden, ein volleres Fell und läufige Hündinnen „haaren ab".

Links
Auf jedem Ballen einer Hundepfote sitzt eine Kralle. Außerdem gibt es eine Wolfskralle, die nicht mit dem Boden in Berührung kommt.

Unten
Obwohl die Felle der Hunde sehr unterschiedlich aussehen, haben alle einen ähnlichen Wachstumszyklus.

WISSENSWERTES
Rhodesian Ridgebacks haben auf dem Rücken einen ungewöhnlichen Streifen, in dem das Haar entgegen der Wuchsrichtung des restlichen Fells wächst.

Seh-, Gehör- und Geruchssinn

AUGE UND SEHVERMÖGEN

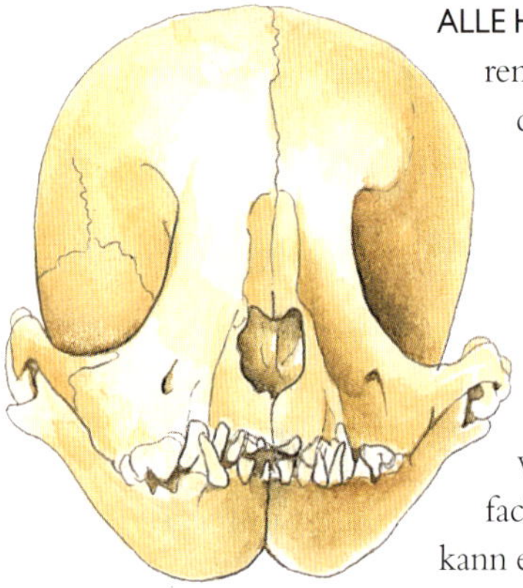

Oben
Das größere Gesichtsfeld der Augen ermöglicht Hunden ein besseres räumliches Sehen als Menschen, aber die Akkommodation der Hundeaugen geschieht relativ langsam.

ALLE HUNDE WERDEN BLIND und taub geboren. Ungefähr zwischen dem neunten und dem vierzehnten Tag öffnen sich Augen und Ohren. Obwohl die Kopfformen sehr unterschiedlich sind, stehen die Augen immer recht weit auseinander. Dadurch besitzt ein Hund ein gutes räumliches Sehvermögen und kann selbst leichte Bewegungen in den Augenwinkeln sehen, und zwar sehr viel einfacher, als ein Mensch das kann. Umgekehrt kann ein Hund seine Augen nicht so einfach akkommodieren wie ein Mensch.

Die Augen eines Hundes sind flacher als die eines Menschen und reagieren auf Licht und Bewegung empfindlicher. Die Netzhaut sendet über den Sehnerv Informationen an das Gehirn. Bemerkenswert ist noch die durch das untere Augenlid verdeckte Nickhaut (auch als „drittes Augenlid" bezeichnet), die über das Auge gleitet, um es sauber zu halten. Damit das Auge feucht bleibt, produzieren die Tränendrüsen Tränenflüssigkeit, die durch die Tränenkanäle in die Nasenhöhle fließt.

> WISSENSWERTES
> Um möglichst groß auszusehen, stellt ein dominanter Hund Nackenhaare, Kopf und Schwanz auf.

Unten und rechts
Dem Basset helfen die langen Ohren, Fährten vom Boden aufzunehmen. Den Whippet unterstützen die beweglichen Ohren beim Hören.

OHREN UND GEHÖR

BEI HUNDEOHREN gibt es sehr viele verschiedene Formen, die größtenteils von der jeweiligen Funktion abhängen. Alle Ohren sind sehr beweglich und in der Lage, sich nach Geräuschquelle auszurichten. So können viele Rassen, z. B. der Whippet, ihre Ohren in ungewöhnliche Positionen bringen, um besser zu hören. Lange Behänge bieten häufig Schutz und sind besonders bei Hunden anzutreffen, die in Erdbauten gehen. Sie können aber auch die Fährtenerkennung unterstützen.

Die Ohren eines Hundes reagieren höchst empfindlich auf Geräusche. Sie können sie aus einer viermal größeren Entfernung hören als Menschen und können die Geräuschquelle extrem schnell (in 0,06 Sekunden) lokalisieren. Geräusche werden von der Ohrmuschel eingefangen und durch den Gehörgang nach innen zum Trommelfell geleitet, wo die Schwingungen das Mittelohr dazu anregen, sie zu verstärken und zu übertragen. Teile des inneren Ohrs wandeln die Geräusche dann in Signale um, die an das Gehirn gesendet werden.

GERUCHSSINN

BEI JEDER RASSE ist der Geruchssinn der am besten entwickelte Sinn. Außerdem gibt es ein geschlechtswitterndes Organ im Gaumen, das Informationen an den Teil des Gehirns übermittelt, der mit dem gefühlsmäßigen Verhalten zu tun hat.

Die Feuchtigkeit auf der Nase unterstützt die Aufnahme von Gerüchen. Sie gelangen zur Nasenschleimhaut, die selbst den feinsten Geruch wahrnimmt. Auf ihr befindliche Sinneszellen wandeln die Gerüche in chemische Signale um, die im Gehirn ausgewertet werden, damit die Leistungsfähigkeit des ausgeprägten Geruchssinns eines Hundes klar wird: Während ein Mensch etwa fünf Millionen Geruchsrezeptoren hat, besitzt ein Hund mehr als 200 Millionen.

KÖRPERSPRACHE

DA HUNDE NICHT sprechen können, setzen sie neben Geräuschen, die sie von sich geben (z. B. Bellen, Knurren und Heulen), ihren Körper ein, um Stimmungen und Gefühle deutlicher zu vermitteln. Den Großteil der Körpersprache lernen Welpen von ihren Müttern und üben diese schon sehr früh mit ihren Geschwistern ein. Welpenspiele sind lustig anzusehen und wirken manchmal sehr übermütig, aber in dieser Zeit werden wichtige

Verhaltensweisen gelernt und eingeübt. Selbst in einem Wurf junger Welpen kann ein aufmerksamer Beobachter unterscheiden, welche Welpen dominant und welche unterwürfig sind. Normalerweise bleibt diese Charakterausprägung bis ins Alter erhalten, sodass ein dominanter Hund mehr menschliche Kontrolle und ein weniger selbstbewusster mehr Aufmunterung benötigt.

Ein Welpe, der hochspringt, um die Schnauze seiner Mutter zu lecken, fordert die Hündin zum Hervorwürgen der von ihr aufgenommenen Nahrung auf. Das ist ein natürlicher Instinkt in der Wildnis, den ein Hund im Erwachsenenalter auch gegenüber Menschen beibehält. Welpen und ältere Hunde zeigen Stärke, indem sie sich einem anderen Hund mit leicht angehobenen Hinterbeinen und aufgestellten Ohren nähern. Sie starren ihn an oder stellen sich über ihn, wenn er Unterwürfigkeit signalisiert, wobei sie möglicherweise sogar die Zähne zeigen. Ein weniger dominanter Hund wird nach Möglichkeit Blickkontakt vermeiden, klemmt eventuell den Schwanz zwischen die Beine und legt die Ohren an. Er wird sich wahrscheinlich auf die Seite legen, wobei er die Ohren anlegt und die Lefzen in eine Position zurückzieht, die häufig als Lächeln bezeichnet wird. Das Liegen auf der Seite oder sogar auf dem Rücken entblößt den Bauch und die Genitalien, wodurch ebenfalls Unterwerfung gezeigt wird. Ein Welpe kann dabei sogar etwas urinieren. Natürlich gibt es viele Zwischenstufen der Kommunikation, von denen jede auf ihre Weise wichtig ist.

Wer mehrere Hunde hält, weiß normalerweise, wer der Anführer ist. Dieser kann aber wechseln, was oft geschieht, wenn ein dominanter Hund alt oder ein starker Welpe erwachsen wird. Daher ist es für den Besitzer immer wichtig, die Situation zu kontrollieren, sodass sich keine unliebsamen Kämpfe ergeben. Damit der Alltag reibungslos verläuft, sollte der Mensch stets der unangefochten dominante Teil sein. Nur so wird der Hund ihn respektieren und die Hausregeln einhalten.

Links
Die Körpersprache dieses Welpen zeigt deutlich Unterwerfung, wenn er mit einer aggressiven Katze konfrontiert wird.

Unten
Ein erwachsener Griffon Bruxellois dominiert einen Bulldogge-Welpen; diese Situation kann sich umgekehrt darstellen, wenn der Welpe voll ausgewachsen ist.

WISSENSWERTES

Wegen ihres unglaublich feinen Geruchssinns können die meisten Hunde einen Teil Urin in 60 Millionen Teilen Wasser entdecken.

Ein Hundeleben

Oben und rechts
Welpen bleiben acht bis zehn Wochen bei ihrer Mutter und ihren Geschwistern.

Unten
Welpenembryonen in der Gebärmutter

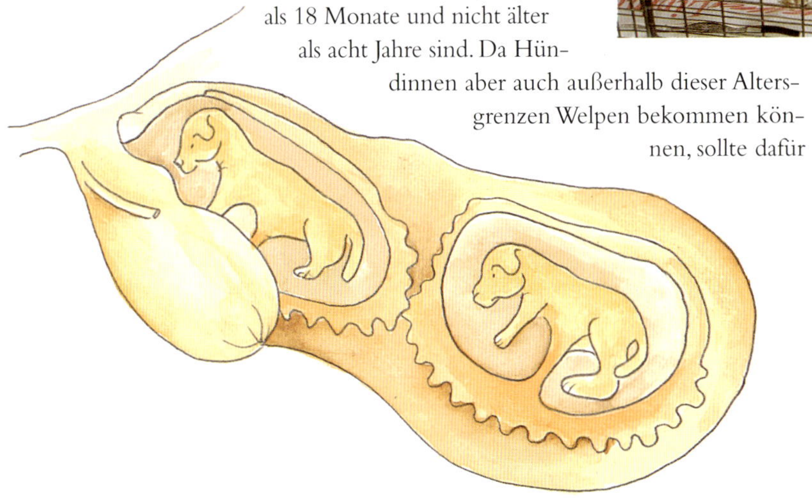

ZUCHTALTER

IN DEUTSCHLAND werden Welpen gemäß den Richtlinien der Rasseverbände, die dem VDH (Verband für das Deutsche Hundewesen) angeschlossen sind, normalerweise nur registriert, wenn sie von Hündinnen geboren wurden, die nicht jünger als 18 Monate und nicht älter als acht Jahre sind. Da Hündinnen aber auch außerhalb dieser Altersgrenzen Welpen bekommen können, sollte dafür gesorgt werden, dass solche Hündinnen während der Läufigkeit keinen Kontakt zu Rüden haben. Die Richtlinien der Rasseverbände schreiben für Rüden, die zum Züchten verwendet werden, kein Alter vor, sie sind aber ab etwa dem sechsten Lebensmonat geschlechtsreif, sodass auch hier aufgepasst werden muss. Rüden sind bis ins hohe Alter zeugungsfähig, und in manchen Zuchten können sich Rüden, die elf, zwölf oder mehr Jahre alt sind, noch erfolgreich paaren.

LÄUFIGKEIT, TRAGEZEIT UND GEBURT

EINE HÜNDIN WIRD im Durchschnitt mit sechs bis neun Monaten das erste Mal läufig. Nach den ersten Läufigkeiten pendelt sich ihr Zyklus meist so ein, dass sie ein- bis zweimal pro Jahr läufig wird. Es gibt aber auch Hündinnen, besonders bei bestimmten Rassen, die nur einmal pro Jahr läufig werden.

Die mittlere Tragezeit beträgt 63 Tage, aber die Welpen können auch eine Woche zu früh oder zu spät geboren werden, ohne dass Probleme auftreten. Falls es Schwierigkeiten gibt, ist allerdings tierärztlicher Rat erforderlich. Bei der Geburt durchläuft die Hündin zwei Wehenstadien. Während dieser Zeit können Komplikationen auftreten, die Hilfe oder sogar einen Kaiserschnitt notwendig machen.

ENTWICKLUNG DER WELPEN

UNTER NORMALEN UMSTÄNDEN werden Welpen in den ersten drei oder vier Wochen ausschließlich von ihrer Mutter ernährt. Danach beginnt die Entwöhnung. Sechs bis sieben Wochen alte Welpen sind dann nicht mehr von ihrer Mutter abhängig, obwohl sie gern noch von ihr trinken.

Welpen sollten niemals von ihrer Mutter und ihren Geschwistern getrennt werden, bevor sie acht Wochen alt geworden sind – zehn Wochen sind üblicher.

LEBENSERWARTUNG

EINIGE RASSEN sind später ausgewachsen als andere und haben andere Lebenserwartungen, sodass sie auch ihr „bestes Alter“ zu unterschiedlichen Zeiten erreichen. Allgemein gilt, dass kleinere Rassen tendenziell länger leben als sehr große. Einige der Riesenrassen, wie z. B. Deutsche Dogge oder Mastiff, werden nur acht Jahre alt, wogegen beispielsweise ein Lhasa Apso oder ein Shih Tzu eine mittlere Lebenserwartung von zwölf bis 15 Jahren haben.

LERNEN

JEDE RASSE HAT IHRE EIGENEN speziellen Fähigkeiten, die sich sehr stark durch das selektive Züchten weiterentwickelt haben. In der Wildnis sind Hunde Rudeltiere, und einige domestizierte Hunde haben einen größeren Rudelinstinkt behalten als andere.

Obwohl der Mensch unterschiedliche Rassen gezüchtet hat, damit er je nach eigenen Anforderungen die entsprechende auswählen kann, ist das Verhalten der Hunde großteils instinktiv geworden.

Ausbildung ist ebenfalls wichtig, sie basiert aber normalerweise auf den ererbten Eigenschaften des jeweiligen Tieres. So muss ein Hund mit Hüteinstinkt lernen, wie er Schafe am besten hüten kann, denn ein nicht ausgebildeter Hund würde seine angeborenen Fähigkeiten einsetzen und so viel zu schnell ein Chaos verursachen.

Ein Hund, der ausgezeichnet mit der Nase arbeiten kann, benötigt ebenfalls Hilfe beim genauen Erlernen dessen, was seine Aufgabe ist. Einige Hunde sind auf das Erschnüffeln von Trüffeln, andere auf das Verfolgen von Tier- oder sogar Sträflingsfährten abgerichtet oder vielleicht darauf spezialisiert, im Schnee verschüttete Personen zu finden.

DER APPORTIERINSTINKT

EINIGE JAGDHUNDRASSEN und der Neufundländer sind instinktiv gute Schwimmer und apportieren sogar ohne irgendeine spezielle Ausbildung Gegenstände aus dem Wasser. Allerdings muss solchen Hunden beigebracht werden, was sie apportieren oder retten müssen und was nicht: Es gibt nämlich große Hunde, die dazu neigen, Menschen zu „retten“, die glücklich und zufrieden schwimmen!

DER WACHINSTINKT

HUNDE WURDEN UND WERDEN zum Bewachen von Menschen und deren Besitz verwendet. In Tibet bewacht der landestypische Mastiff beispielsweise nicht nur Haustiere, sondern auch Frauen und Kinder, während die Männer unterwegs sind. In Klöstern warnen kleinere Hunde durch Bellen die Mönche, falls Besucher oder Eindringlinge an draußen angeketteten Mastiffs vorbeigelangt sind.

Links
Der Jagdinstinkt des Hundes wurde vom Menschen von frühester Zeit an für eigene Zwecke genutzt.

Unten
Ausbildung und ererbte Eigenschaften spielen eine gleichwertige Rolle beim Entwickeln des Verhaltens einer Rasse. Beispielsweise müssen die natürlichen Instinkte der Vorstehhunde und der Hütehunde kontrolliert werden, damit sie sich wunschgemäß verhalten.

WISSENSWERTES
Wenn eine Hündin einen sehr großen Wurf bekommt oder nicht genügend Milch geben kann, ist eine ergänzende Fütterung von Hand erforderlich.

Fellarten

HUNDE UNTERSCHEIDEN sich voneinander nicht nur in Körperbau und Profil, sondern auch im Fell. Oft macht gerade das Fell die Schönheit eines Hundes aus. Ein gepflegtes Fell ist nicht nur eine Augenweide – es bewirkt auch, dass sich ein Hund wohler fühlt und weniger anfällig für Hautbeschwerden und externe Parasiten ist.

Oben
Das kleine Italienische Windspiel hat ein Fell ohne Unterwolle.

Mitte
Viele Terrier, so auch der Cairn Terrier, haben ein borstiges Fell.

Unten
Der Ungarische Puli hat ein Schnürenfell, das schwer zu pflegen ist.

FELLVARIANTEN

ES GIBT ZAHLREICHE FELLVARIANTEN. Dabei ist zu beachten, dass eine Variante, die bei einer Rasse eine korrekte Fellfarbe und -struktur darstellt, bei einer anderen Rasse völlig unannehmbar ist. Der Grund hierfür liegt normalerweise in der Funktion der jeweiligen Rasse, eine wichtige Rolle hat aber auch die Mode gespielt.

FELL MIT UNTERWOLLE

VIELE HUNDERASSEN haben eigentlich zwei Felle: das Deckhaar und die Unterwolle, korrekt als zweilagiges Fell bezeichnet. Die Unterwolle ist normalerweise kurz, weich und mäßig dicht bis dicht. Sie fungiert als Schutz gegen Wasser und Witterungseinflüsse, und ist gleichzeitig eine Stütze für das Deckhaar.

Einige Hunde, besonders diejenigen, die aus kalten Klimazonen stammen, wechseln ihr Fell nicht, sodass die Unterwolle dick und filzig wird, wenn sie nicht regelmäßig ausgebürstet wird. Das Deckhaar ist grundsätzlich länger und hat eine härtere oder rauere Struktur. Es gibt aber auch hier zahlreiche Varianten: Rassen wie der langhaarige Lhasa Apso, der zottelige Old English Sheepdog, der drahthaarige Welsh Terrier und der Puli mit seinem Schnürenfell haben alle ein Fell mit Unterwolle.

FELL OHNE UNTERWOLLE

NICHT NUR DIE GLATTHAARIGEN RASSEN wie z. B. das Italienische Windspiel besitzen keine Unterwolle. Auch unter den anderen Rassen gibt es solche, denen die Unterwolle fehlt, wie etwa dem Malteser.

FELLSTRUKTUREN

GEKRÄUSELTE, RAUE und drahtige Felle werden als borstig beschrieben. Dieser Begriff wird für viele Hunde verwendet, die zur Terrier-Gruppe gehören. Die Struktur eines solchen Fells ähnelt der einer Strohmatte. Sobald das Fell seine maximale Länge erreicht hat, wird es weich und die alten Haare müssen entfernt werden, am besten durch Auszupfen mit der Hand.

Einige Felle werden als bärähnlich beschrieben, denn sie bestehen aus einem rauen Deckhaar, das gewöhnlich 7,5–15 cm lang ist, mit einer kurzen, wolligen Unterwolle, die 2,5–5 cm lang ist. Andere Felle haben eventuell eine dichte Mähne, die manchmal als Schultertuch bezeichnet wird und meist aus ziemlich grobem Haar um die Schulter herum besteht. Dies ist bei Rüden häufig deutlicher zu sehen als bei Hündinnen.

Ein gelocktes Fell ist typisch für Rassen wie Curly-Coated Retriever und Irish Water Spaniel (Irischer Wasserspaniel). Bei solchen Rassen besteht das Fell aus sehr vielen dicken, dichten Locken und ähnelt einem Webpelz. Dieses Fell umschließt Luft und schützt so den Hund sowohl gegen Wasser als auch gegen Kälte.

Rassen mit abstehendem Fell haben langes, schweres und raues Deckhaar, das aus Haaren besteht, die von der Haut abstehen. Meist wird ein solches Fell durch eine dichte Unterwolle aus kurzen, weichen Haaren gestützt. Rassen mit einem Fell dieser

Art sind z. B. der Wolfsspitz und der Deutsche Zwergspitz.

Einige Rassen haben langes Fell, während andere als glatthaarig bezeichnet werden.

Ein Afghanischer Windhund ist offensichtlich eine langhaarige Rasse, während Hunde wie der Manchester Terrier und der Bullterrier glattes Fell haben.

Der Ausdruck „glattes Fell" bezieht sich auf ein Fell auf einer glatten, straff gedehnten Haut, die absolut keine Runzeln oder Falten hat. Manche Rassen, wie z. B. der Shar Pei, haben ein sehr spezielles Fell, bei dem sich die kurzen, borstigen Haare rau anfühlen sollen.

Links
Der Boxer hat ein glattes Fell.

Ganz links
Ein Shar Pei hat ein borstiges, raues Fell.

Mitte links
Ein Curly-Coated Retriever hat ein Fell aus festen Locken.

Unten
Ein Dandie Dinmont Terrier hat ein floriges Fell.

Rassen mit Schnürenfell brauchen ständige Pflege, damit die Schnüre des Fells erhalten bleiben und sich nicht verwickeln oder verfilzen.

Andere Varianten sind das mullartige, weiche, flaumige Fell, das typisch für den Bedlington Terrier ist, und das außergewöhnlich lange, üppige Fell des Bergamaskers, das dazu neigt, Strähnen oder lockere Haarmatten zu bilden.

Das makellose Fell des Dandie Dinmont Terriers wird als floriges Fell bezeichnet. Es besteht aus dem dichten, rauen Deckhaar und der weichen, sehr dichten Unterwolle, die pelzähnlich ist. Bei bestimmten Rassen gibt es aufgrund unterschiedlicher Fellstrukturen innerhalb der Rasse verschiedene Arten, so z. B. beim Dachshund (auch Teckel oder Dackel genannt), einer Rasse mit drei Fellarten.

Viele sind vielleicht der Meinung, ein längeres Fell sähe eindrucksvoller aus, aber ein Fell braucht eine korrekte Struktur, damit der wahre Rassetyp beibehalten wird.

Ein Schnürenfell (gewelltes Fell), wie es z. B. beim Ungarischen Puli und Komondor vorkommt, ergibt sich aus dem natürlichen Ineinanderschlingen des Deckhaars und der Unterwolle. Diese Schnüre können eine unterschiedliche Dicke von ziemlich schmal bis breit haben, sie sollten aber immer abgegrenzt voneinander liegen und auf keinen Fall verfilzt oder verbunden sein.

Oben
Ein English Toy Terrier hat ein kurzes Fell.

Links
Ein Shetland Sheepdog (Sheltie) hat ein langes, recht grobes Fell.

Farben und Abzeichen

BEI HUNDEN IST FARBE nicht gleich Farbe, denn es gibt oft verschiedene Schattierungen. Die Hauptbeispiele dafür sind Rot und Gold. Auch Grau kann sehr unterschiedlich sein, denn es reicht von Hellsilbergrau bis Dunkelgrau.

ZUM VERSTÄNDNIS DER FARBEN

DAS RICHTIGE DEFINIEREN der Farben wird dadurch erschwert, dass einige Rassen die Farbe mit dem Alter ändern. So erhält der Kerry Blue Terrier seine typische blaue Farbe erst beim Übergang vom Junghund zum ausgewachsenen Hund, während bei einigen Rassen schwarze Hunde im Alter ergrauen. Bei Hündinnen kann sich die Farbe infolge hormoneller Schwankungen im Laufe eines Jahres verändern. Einige Rassen haben ein Fell mit vielen unterschiedlichen Farben. Wenn der Rassestandard ein schwarzes Nasenpigment verlangt, kann ein leber- oder schokoladenfarbenes Fell nicht akzeptiert werden, denn die genetische Veranlagung der Hunde bedeutet, dass das Pigment dann eine entsprechende Farbe hat und nicht schwarz ist.

Unten
Der Kerry Blue Terrier bekommt seine charakteristische Farbe erst, wenn er ausgewachsen ist.

Zudem gibt es Farbkombinationen, wie z. B. Schwarz und Lohfarbe, Leberfarbe und Weiß oder Dreifarbigkeit, wozu Schwarz, Lohfarbe und Weiß gehören. Bei zweifarbigen ist Weiß in nahezu gleichen Anteilen mit einer anderen Farbe kombiniert, während pinto (auch scheckig) ungleichmäßige schwarze Flecken auf weißem Untergrund bezeichnet.

MERLE-ZEICHNUNG

EINE MERLE-ZEICHNUNG, wie sie z. B. beim Shelti vorkommt, basiert auf einem dominanten Farbmuster, das sich als unregelmäßige dunkle Flecken auf einem helleren Hintergrund darstellt, wobei beide das gleiche vorherrschende Basispigment haben. Der Begriff Merle-Zeichnung wird normalerweise für langhaarige Rassen verwendet, manchmal haben aber auch kurzhaarige eine solche Farbzeichnung, etwa der Kurzhaar-Collie oder der Welsh Corgi Cardigan. Häufig wird aber auch der Begriff „gesprenkelt" verwendet. Wahrscheinlich ist Blau-merle die Farbe, die am häufigsten mit diesem Farbtyp in Verbindung gebracht wird, es kann aber auch andere Ausprägungen geben, wie z. B. Leber-merle oder Rot-merle.

TÜPFELUNG

DER BEGRIFF TÜPFELUNG taucht oft im Zusammenhang mit Jagdhund- sowie mit Lauf- und Windhundrassen auf. Er besagt, dass sehr kleine Haarbereiche eine Farbe haben, die von der Grundfarbe abweicht. Eine Tüpfelung ist üblicherweise auf dem gesamten Fell zu finden und zeigt sich meist in dunklen Punkten auf hellerem Grund, die auch Tupfen, Flecken oder Sprenkel genannt werden.

ZOBEL

ZOBEL IST EIN SPEZIELLES FARBMUSTER, das durch Haare mit schwarzen Spitzen entsteht, die einen andersfarbigen Untergrund überdecken. Zobel kann verschiedene Ausprägungen haben, so z. B. grauzobelfarben, silberzobelfarben oder goldzobelfarben. Die Unterwolle ist normalerweise hell. Hunde mit Zobelfell haben zudem häufig eine dunkle Maske.

GESTROMT

BEI EINEM GESTROMTEN FELL wird ein feiner Streifeneffekt durch schwarze oder dunkle Haare auf einem Untergrund aus helleren Haaren erzielt.

SATTELABZEICHEN UND DECKE

BEIDE BEZEICHNEN einen Bereich aus normalerweise dunklem oder schwarzem Fell auf dem Rücken, wobei sich eine Decke weiter nach unten über die Flanken des Hundes erstreckt als der Sattel.

Diese Begriffe werden häufig im Zusammenhang mit Jagdhundrassen verwendet.

MASKE

EINE MASKE BESTEHT MEIST aus dunklen Haaren auf dem Kopf, die ein maskenähnliches Muster ergeben. Häufig, so z. B. bei Boxer und Deutscher Dogge, findet sich die Maske nur im Schnauzenbereich, während sie sich bei anderen Rassen um die Augen herum bis zur Schädeldecke erstrecken kann. Letzteres ist beispielsweise häufig beim Alaskan Malamute anzutreffen. Außer für die Farbe wird der Begriff Maske gelegentlich auch verwendet, wenn das Fell auf dem Kopf kürzer ist als auf dem Rest des Körpers.

ÜBERAUGENFLECKEN

DAS SIND PUNKTE ÜBER DEN AUGEN, die bei vielen Rassen vorkommen und deren Farbe schwarz oder lohfarben ist. Der Begriff wird nicht generell für alle Rassen verwendet, solche Abzeichen sind aber normalerweise bei Dobermann, Rottweiler und Gordon Setter zu sehen. Bei Basenjis, die schwarz und lohfarben sind, werden diese Abzeichen häufig als Melonenkerne bezeichnet.

BLEISTIFTSTRICHE

BLEISTIFTSTRICH ist der Begriff, der normalerweise schwarze Abzeichen beschreibt, die auf der Oberseite jeder Zehe verlaufen, wie z. B. beim English Toy Terrier.

STRÜMPFE UND SOCKEN

DER BEGRIFF STRÜMPFE wird für Bereiche der Läufe verwendet, die mit normalerweise weißem Fell bedeckt sind, das einen auffallenden Kontrast zur Hauptfellfarbe bildet.

Haben nur die Pfoten die andere Farbe oder reicht sie vorn nicht über das Vorderfußwurzelgelenk und/oder hinten nicht über das Sprunggelenk hinaus, nennt man dieses Abzeichen Socken.

GETUPFT

GETUPFTES FELL hat unregelmäßige (meist weiße) Abzeichen auf einem dunkleren Untergrund. Oft ist ein getupftes Muster als Fellabzeichen unerwünscht.

BRILLE

DIE RUNDEN, HELLEN BEREICHE rund um die Augen, typisch für Hunde der Wolfsspitzrasse wie z. B. den Keeshond, werden meist als Brille bezeichnet.

Links
Ein goldzobelfarbener Lhasa-Apso-Welpe posiert stolz.

Mitte
Ein Boxerwelpe hat eine dunkle Maske um Schnauze und Augen.

SCHÖNHEITSFLECK ODER SPOT

DIE BEGRIFFE SCHÖNHEITSFLECK *Spot,* manchmal auch *kissing spot* (Kussfleck) genannt, werden für einzelne Abzeichen verwendet, die sich mittig oben auf der Stirn befinden. Ein solches Abzeichen ist typisch für den Cavalier King Charles Spaniel mit Blenheim-Farbvariante. Bei Schönheitsflecken oder Spots wird zwar meist an die Abzeichen auf dem Kopf gedacht, es gibt sie aber auch auf anderen Körperteilen wie der Brust.

Unten
Shetland Sheepdogs zeigen viele verschiedene Ausprägungen der Merle-Zeichnung.

Fachterminologie

ES IST NICHT GANZ EINFACH, mit den Fachbegriffen vertraut zu werden, denn sehr häufig wird entweder ein und derselbe Begriff von Rasse zu Rasse in einem etwas anderen Zusammenhang verwendet, oder er wurde in der Vergangenheit falsch verstanden und daher hat ein völlig falscher Begriff Eingang in die Sprache und manchmal auch in die Literatur gefunden.

DIE TERMINOLOGIE

AUF DEN FOLGENDEN SEITEN findet der Leser Erläuterungen einiger häufig verwendeter Begriffe, wobei bewusst nur solche aufgenommen wurden, die positive Merkmale beschreiben.

Viele Begriffe beschreiben Merkmale, die für einige Rassen Fehler, für andere hingegen korrekt sind. Um ein Beispiel zu geben: Ein Rottweiler mit O-beinigen Vorderläufen würde wirklich seltsam aussehen, während für den Tibet Spaniel sowie einige andere Rassen leicht O-beinige Läufe gefordert werden.

Vergleichbar können Dachshunde und Basset Hounds Vorderfüße haben, die gerade stehen. Die Pfoten dürfen aber aufgrund ihres Körperbaus auch leicht nach außen gedreht sein. Bei den meisten Hunderassen sind solche Pfoten ein schwerer Fehler.

Es gibt sehr viele Unterschiede zwischen den verschiedenen Hunderassen, und deshalb hat jede ihren eigenen Standard. Allerdings können auch innerhalb einer Rasse die Struktur und beispielsweise die Pigmentierung unterschiedlich sein. In letzterem Fall ist häufig die Fellfarbe und vielfach auch die Augenfarbe mit betroffen.

Ein Weimaraner würde mit einer schwarzen Nase höchst sonderbar aussehen, aber ein Malteser ohne schwarz pigmentierte Nase würde im Ausstellungsring hohe Punktabzüge erhalten.

Noch komplizierter ist es bei Rassen, die idealerweise schwarze Nasen haben sollten, bei denen aber bei helleren Farben entsprechend hellere Nasen akzeptiert werden.

PIGMENT

BEIM PIGMENT SIND DIE MÖGLICHEN Irritationen und Variationen schier endlos. Das Nasenpigment einiger Hunde wird durch das Wetter oder durch Hormone beeinflusst. Der als Winternase (Wechselnase) oder bei einigen Rassen als Schneenase bezeichnete Effekt ergibt sich, wenn das Pigment im Winter viel blasser wird, bei wärmerem Wetter aber seine normale dunkle Farbe zurückerhält.

Oben rechts
Ein Malteser, der ausgestellt wird, sollte eine schwarze Nase haben.

Mitte rechts
Der Tibet Spaniel zeigt deutlich die O-beinige Front und auswärts gedrehte Pfoten.

KOPFFORM

DER AUSDRUCK „RECHTECKIGER KOPF" wäre bei der Beschreibung eines Afghanischen Windhundes unangemessen, aber bei einigen Rassen, wie z. B. dem Drahthaar-Foxterrier, wird genau dieses Aussehen gefordert, und durch Trimmen lässt sich dies noch verstärken.

Unten rechts
Dieser Drahthaar-Foxterrier zeigt deutlich den rechteckigen Kopf.

AUGENFORM

AUCH BEI DER BESCHREIBUNG der Augen herrscht ziemliche Verwirrung. So wurde bei einigen Rassen die Bezeichnung „Mandelauge" in „ovales Auge" geändert, um nicht zu kleine Augen zu begünstigen, die möglicherweise zu Problemen in der Rasse führen könnten.

Manche Rassen sind für ihre Augenprobleme bekannt, deren häufigste Ursache zu viel Haut oder Haare um die Augenpartie ist. Um solche Probleme zu vermeiden, wurden z. B. in den Rassestandard des British Kennel Club Zusätze aufgenommen. Die entsprechende Klausel lautet wie folgt:

„Die gesunde Funktion der Augäpfel oder der Augenlider darf keinesfalls durch die sie umgebende Haut, die Falten oder die Haare beeinträchtigt sein."

Dies ist ein vernünftiger Zusatz, und es ist nur zu hoffen, dass alle Hundezüchter solche Klauseln beachten.

Links
Shar Peis haben übermäßig viel Haut im Gesicht.

Mitte links
Ein Beagle mit einer fröhlich getragenen Rute

RUTEN

WENN EIN HUND STEHT, trägt er die Rute meist anders, als wenn er sich bewegt. Hunderichter müssen daher wissen, wie hoch die Rute in der Bewegung getragen werden darf. Gleiches gilt für Rassen, bei denen die Rute in stehender Position aufgestellt oder eingezogen ist. Dies darf dann nicht zu Punktabzügen führen.

OHRFORM

BEI DEN OHREN gibt es viele verschiedene Beschreibungen, wobei manchmal mehrere für eine Rasse zutreffen. Viele Hunde halten bei Aufmerksamkeit ihre Ohren unterschiedlich, da sie sie mehr oder weniger bewegen, um genauer zu hören. Auch die Entwicklung des Gebisses kann sich auf die Ohrenstellung auswirken, sodass dies bei einigen Rassen beim Beurteilen von Junghunden berücksichtigt werden muss.

Besonders Whippets können mit ihren Ohren höchst außergewöhnliche Dinge tun, bis sie ausgewachsen sind.

Schließlich ist zu bedenken, dass mancher Rassestandard von Land zu Land etwas anders aussieht. Manchmal kann selbst ein kleiner Unterschied zur Betonung eines bestimmten Aspektes der jeweiligen Hunderasse führen, sodass das Erscheinungsbild der Rasse im internationalen Vergleich variiert.

Unten
Ein Whippet-Welpe mit herabhängenden Ohren

Rücken und untere Linie

GERADER RÜCKEN

BEI EINEM HUND mit geradem Rücken sind die Widerristhöhe und die Lendenhöhe fast identisch.

LANGER RÜCKEN

BEI EINER RASSE mit langem Rücken ist der Abstand vom Widerrist zum Hinterteil deutlich länger als die Höhe am Widerrist (wie z. B. bei den Dachshund- oder Corgi-Rassen).

RÜCKEN: ÜBER DER LENDE GEBOGEN

BEIM AUSDRUCK „Über der Lende gebogen" ist grundsätzlich ein gerader Rücken gemeint, der über der Lendengegend mehr oder weniger gebogen ist. Dieser Bogen ist normalerweise eine Folge der Muskelentwicklung und kennzeichnet daher die Stärke in diesem Bereich. Der Rhodesian Ridgeback und die Dachshunde (Teckel) verlangen diesen Bogen.

AUFGEWÖLBTER RÜCKEN

BEI DEN MEISTEN RASSEN gilt ein aufgewölbter Rücken als Fehler. Es gibt allerdings einige, die einen leichten Bogen über der Lende fordern, der manchmal mit einem leicht aufgewölbten Aussehen verwechselt wird. Man muss sich daher vergewissern, ob ein solcher Bogen korrekt oder das Ergebnis eines fehlerhaften Körperbaus ist.

ABFALLENDER RÜCKEN

EIN HUND MIT ABFALLENDEM RÜCKEN ist normalerweise am Widerrist höher als an der Lende, so z. B. der Deutsche Schäferhund. Ein abfallender Rücken kann

Oben rechts
Dieser Deutsche Schäferhund zeigt einen abfallenden Rücken, der am Widerrist höher ist.

Oben
Obwohl viel kleiner als der Ridgeback, ist auch der Rauhaar-Zwergteckel „über der Lende gebogen".

Rechts
Der Rhodesian Ridgeback hat eine starke, muskulöse Lende, die typisch für Hunde ist, die „über der Lende gebogen" sind.

formal aber auch ein Rücken sein, der in der entgegengesetzten Richtung abfällt, also an der Lende höher ist als am Widerrist. Bei einigen Rassen ist dies korrekt, so z. B. beim Old English Sheepdog und beim Chesapeake Bay Retriever.

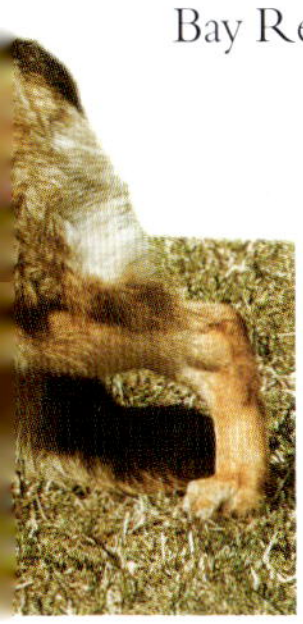

Links
Der English Toy Terrier hat einen typischen geraden Rücken.

Mitte und Mitte links
Der Barsoi und der Bedlington Terrier haben einen bogenförmigen Radrücken.

Unten
Der Whippet zeigt mit seinem tiefen Brustkorb ein ausgeprägtes Tuck-up.

GERADLINIGER RÜCKEN

EIN GERADLINIGER RÜCKEN muss nicht unbedingt ein gerader Rücken sein. Er hat eine gerade Linie, in der es an keinem Punkt zwischen Widerrist und Lende eine Senke oder einen Bogen gibt. Einen solchen Rücken hat z. B. der English Toy Terrier.

RADRÜCKEN

EIN RADRÜCKEN IST EINE übertriebene Form des aufgewölbten Rückens, bei der ein durchgängiger Bogen vom Widerrist bis zur Rute reicht. Der Barsoi und der Bedlington Terrier sind typische Beispiele für Rassen mit dieser Rückenform.

UNTERE LINIE: TUCK-UP

TUCK-UP, ODER AUFGEZOGEN nennt man die Form, die von der Bauchlinie gebildet wird, wenn sie in Richtung Hinterläufe ansteigt. Bei einigen Rassen ist das stark übertrieben, so z. B. beim Whippet; noch ausgeprägter ist das bei einem tiefen Brustkorb. Bei anderen Rassen kann das Tuck-up nur leicht oder sogar kaum merklich sein.

Ohrform und Ohrstellung

Oben ganz rechts
Der Shetland Sheepdog hat ausgeprägte Kippohren.

Oben Mitte
Der Border Terrier hat Knopfohren.

Oben links
Der Welsh Corgi Cardigan hat Fledermausohren.

Ganz rechts
Der Bedlington Terrier hat Haselnussohren.

Mitte rechts
Der Skye Terrier kann Hänge- oder Stehohren haben.

Mitte links
Der English Toy Terrier hat flammenförmige Ohren.

Rechts
Tulpenohren sind typisch für die Französische Bulldogge.

FLEDERMAUS-OHREN

IN EUROPA bezeichnet dieser Begriff Ohren, die ähnlich aussehen wie Tulpenohren: voll aufgestellt, breit und nach vorn zeigend. Sie sind am Ansatz breit, ziemlich weit gestellt und an den Spitzen gerundet (z. B. beim Welsh Corgi Cardigan).

TULPEN-OHREN

TULPENOHREN, auch als abgerundete Ohren bezeichnet, gibt es z. B. bei den Rassen Französische Bulldoge und Chow-Chow. Auch bei diesen Ohren sind die Spitzen deutlich gerundet.

KNOPFOHREN

KNOPFOHREN sind halb aufgestellt, wobei der untere Teil senkrecht steht und der obere so nach unten und nach vorn fällt oder gefaltet ist, dass die Gehörgangsöffnungen vollständig oder teilweise verdeckt sind.

FLAMMENFÖRMIGE OHREN

DIESE BESCHREIBUNG beschränkt sich auf die Ohren des English Toy Terriers.

KIPPOHREN

KIPPOHREN können auch als halb stehende, halb hängende oder gekippte Ohren bezeichnet werden. Bei ihnen kippt die Spitze leicht nach vorn (nicht so stark wie bei Knopfohren). Die Ohren eines Shetland Sheepdogs sind typisch für diese Art.

KUPIERTE OHREN

DAS SIND OHREN, die dadurch zum Stehen ge-

bracht wurden, dass ein Bereich der Ohrmuscheln chirurgisch entfernt wurde. Dies ist in Deutschland und in einigen anderen Ländern verboten. Solche Ohren können dem Kopf einen ziemlich anderen Ausdruck verleihen. In einigen Ländern werden Ohren kupiert, um das beeindruckende Aussehen der schwereren Rassen zu verstärken.

HÄNGEOHREN

HÄNGEOHREN können unterschiedlich bezeichnet werden: als fallende, herabfallende, gefaltete, hängende oder herabhängende Ohren. Immer sind Ohren gemeint, die ab ihrem Ansatz an der Seite des Kopfes herunterhängen. Der Skye Terrier ist eine Rasse, bei der die Ohren hängen oder stehen können.

STEHOHREN

DIESE OHREN stehen steif nach oben. Sie sind beim Deutschen Schäferhund,

beim Siberian Husky und beim Zwergspitz anzutreffen.

Hunde mit Stehohren können, je nach Rasse, an der Spitze gerundete oder spitz zulaufende Ohren haben.

HASELNUSS-OHREN

DAS IST EINE besonders ungewöhnliche Ohrform. Von der Form einer Haselnuss abgeleitet, bezeichnet dieser Begriff üblicherweise nur die Ohren eines Bedlington Terriers.

FLIEGENDE OHREN

DAS SIND OHREN, die von den Seiten des Kopfes abstehen oder wegfliegen. Bei vielen Rassen ist dies ein Fehler, der bei einem oder bei beiden Ohren auftreten kann.

Bei Sichthunden ist diese Form völlig in Ordnung, da sie, wenn sie auf

etwas aufmerksam geworden sind, ihre Ohren anheben, um Geräusche besser hören zu können.

Fliegende Ohren können auch mehr oder weniger temporär sein; häufig werden sie durch den Zahnwechsel verursacht.

GEFALTETE OHREN

GEFALTETE OHREN sind Hängeohren, bei denen die Ohrmuscheln nicht flach, sondern in Falten nach unten hängen. Solche Ohren sind typisch für den Bluthund und den Field Spaniel.

HERZFÖRMIGE OHREN

DIE HERZFORM des Hundeohrs ist zwar wegen des Fells, das die Ohren bedeckt, nicht zu sehen, lässt sich aber fühlen. Der Portugiesische Wasserhund und der Pekinese haben solche Ohren.

HOCH ANGESETZTE OHREN

SIE BEGINNEN relativ nah an der Schädeldecke und auf jeden Fall über der Augenebene. Diese Ohrenstellung ist einer Reihe von unterschiedlichen Ohrformen zugeordnet.

HAUBENFÖRMIGE OHREN

HAUBENFÖRMIGE Ohren sind verhältnismäßig klein, und beide Ränder des Ohrs sind

nach vorn gebogen (z. B. beim Basenji).

SCHLAPPOHREN

DIESE OHRFORM wird für den English Springer Spaniel, Irish Water Spaniel und auch den Cocker Spaniel verlangt.

Es ist ein Hängeohr mit schmalem Ansatz, das zum Ende hin breiter wird.

TIEF ANGESETZTE OHREN

ALS GEGENSTÜCK zu hoch angesetzten Ohren sind dies Ohren, die an einer ziemlich tiefen Position des Schädels beginnen (z. B. beim Bluthund).

KORKENZIEHER-OHREN

SIE SIND LANG und herabhängend, ihre Spitzen einwärts gedreht. Man findet sie bei Laufhunden.

ROSENOHREN

ROSENOHREN sind recht kleine Hängeohren, die übereinander und nach hinten gefaltet sind, wodurch die faltige Innenseite des äußeren Gehörgangs zu sehen ist. Rosenohren sind bei einigen Möpsen, Whippets und Bulldoggen zu finden.

DREIECKIGE OHREN

BEI DREIECKIGEN Ohren bilden die drei Seiten ein gleichseitiges Dreieck. Sie können stehend oder hängend sein. Beispielrassen sind der Siberian Husky, der Norwegische Buhund und der Pyrenäen-Berghund.

AUFRECHTE ROSENOHREN

DIESE FORM wird in verschiedenen Ländern unterschiedlich beschrieben. Gemeint sind normalerweise aufrechte oder halb hängende Ohren, die aus irgendeinem Grund aufgestellt und daher fehlerhaft sind.

In anderen Ländern sind es Ohren, die steif aufgestellt sind und leicht nach vorn gebogene Ränder haben (Tulpenohren), wie z. B. bei der Französischen Bulldogge.

V-FÖRMIGE OHREN

V-FÖRMIGE OHREN sind dreieckig und mit wenigen Ausnahmen hängend. Sie sind ordentlich lang vom Ansatz bis zur Spitze, wie dies z. B. bei den Ohren des Bullmastiffs oder des Magyar Vizslas der Fall ist.

Links
Der Siberian Husky hat dreieckige Ohren.

Mitte ganz links
Der Bluthund ist eine Rasse mit gefalteten Ohren.

Mitte links
Die Ohren des Basenjis sind nach vorn gebogen, wodurch sie ein haubenförmiges Aussehen erhalten.

Unten links und unten
Diese Französiche Bulldogge hat Rosenohren, die übereinander und nach hinten gefaltet sind. Die größeren Ohren des Magyar Vizslas sind V-förmig.

Augen und Ausdruck

Oben rechts
Ein Gordon Setter hat Überaugenflecken.

Rechts
Offenes Auge: Die Innenseite des unteren Augenlids ist sichtbar (hier beim Bluthund).

Mitte rechts
Die ungewöhnlichen Abzeichen, die die Augen des Wolfsspitzes umgeben, werden als Brille bezeichnet.

Mitte ganz rechts
Dem Do Khyi wird wegen seiner Abzeichen nachgesagt, er könne ein Unglück vorhersehen.

Ganz oben, oben rechts und rechts
Ein Chow-Chow hat tief liegende Augen, während die Augen der Bulldogge und des Malamute nach oben gerichtet sind.

MANDELFÖRMIGE AUGEN

MANDELFÖRMIGE Augen sind im Prinzip oval, aber in beiden Winkeln eindeutig spitz. Der Irish Water Spaniel, der Finnische Spitz, der Deutsche Schäferhund und der Barsoi haben solche Augen.

TIEF LIEGENDE AUGEN

BEI DIESEN AUGEN sitzen die Augäpfel tief in den Augenhöhlen, wodurch die Augen gut in den Schädel zurückgezogen sind. Die Augen eines Chow-Chows z. B. sind tief liegend.

HERAUSTRETENDE AUGEN

SIE SIND RUND und stehen ein wenig vor, obwohl ihr Profil nicht übermäßig gewölbt ist.

OFFENE AUGEN

OFFENE AUGEN beschränken sich auf Rassen, bei denen das Innere des unteren Augenlids zu sehen ist, wie z. B. beim Bluthund.

SCHRÄG STEHENDE AUGEN

BEI SCHRÄG stehenden Augen, die manchmal auch als Mongolenaugen bezeichnet werden, liegen die Außenwinkel höher als die Innenwinkel. Bei folgenden Rassen

ist diese Augenanordnung korrekt: Alaskan Malamute, Bullterrier, Finnischer Spitz und Flat-coated Retriever.

OVALE AUGEN

VIELE RASSEN haben ovale Augen, wobei diese in den meisten Fällen auch als elliptische Augen beschrieben werden können. Dachshunde haben charakteristische ovale Augen.

RUNDE AUGEN

RUNDE AUGEN befinden sich in Öffnungen mit runder Form. Die Französische Bulldogge, der Brüsseler Griffon und der Amerikanische Cocker Spaniel z. B. haben solche Augen.

DREIECKIGE AUGEN

SIE HABEN ECKIGERE Konturen als ovale oder elliptische Augen. Korrekt geformte Augen eines Afghanischen Windhundes sind dreieckige.

BESCHREIBENDE AUGEN-ABZEICHEN: BRILLE

DER BEGRIFF BRILLE beschreibt die runden helleren Bereiche, die die beiden Augen eines Wolfsspitzes umgeben, dessen sonstiges Fell am Kopf dunkler ist.

ÜBERAUGEN-FLECKEN

VIELE RASSEN, die schwarz und rotbraun sind, haben rotbraune Punkte über den Augen. Der Begriff wird für Rassen mit kurzem oder relativ kurzem Fell verwendet, so z. B. für Dobermann, Gordon Setter, Rottweiler und Basenji, bei dem diese Abzeichen auch Melonenkern genannt werden.

VIERAUGE

EIN TIBET-MASTIFF sowie jede andere tibetische Rasse mit rotbraunen Abzeichen über den Augen wird als Vierauge bezeichnet. Manche glauben, dass solche Hunde ein Unglück im Voraus spüren können.

DOMINO

DOMINO IST EIN umgekehrtes Muster in der Gesichtsmaske, das gelegentlich bei einigen Rassen vorkommt. Dadurch kann sich ein anderes Aussehen der Augen ergeben.

AUGENFARBE: MARMORIERT

EIN MARMORIERTES Auge ergibt sich, wenn die Melanineinlagerungen auf einer blauen Iris unvollständig, fleckig oder gesprenkelt sind. Das ist eine übliche Augenfarbe bei Hunden mit merlefarbenem Fell und wird auch als Fischauge, aufleuchtendes Auge, Porzellanauge oder Silberauge bezeichnet.

WIMPERN

DIE WIMPERN eines Lhasa Apsos sind außergewöhnlich lang, damit die Haarbüschel, die über die Augen fallen, nicht in die Augen geraten können. Diese Kombination schützt gegen das Blenden der Sonne und des Schnees in der dünnen Atmosphäre von Tibet.

AUGENBRAUEN

WIE EIN MENSCH hat auch ein Hund Augenbrauen, die aus der Haut und den Haaren bestehen, die die Grate der Stirnknochen bedecken. Die Ausbildung der Augenbrauen ist von Rasse zu Rasse sehr unterschiedlich, ist aber beim Rauhaarigen Dachshund besonders deutlich zu sehen.

AUGENRÄNDER

BEI VIELEN RASSEN ist die Farbe der Augenränder sowie das entsprechend dichte Anliegen der Ränder wichtig. Ihre Farbe lässt auf das Pigment schließen und bei den meisten Rassen sollte dieses Pigment um die Augen herum ungebrochen sein. Für die meisten Rassen werden dunkle Augenränder verlangt, es gibt aber Ausnahmen.

DRITTES AUGENLID

DAS DRITTE Augenlid ist eigentlich die Nickhaut. Diese schützende Abdeckung sitzt im inneren Winkel jedes Auges. Sie schützt vor Verletzungen und dient als „Scheibenwischer". Eine Nickhaut ist normalerweise blassrosa, aber der Außenrand kann pigmentiert sein, sodass er mit den Augenlidern harmoniert. Eine unpigmentierte Nickhaut ist deutlich wahrnehmbar, selbst wenn die Augen des Hundes offen sind. Dies wird bei einigen Rassen nicht als Fehler angesehen. Während ein Hund schläft, kann man beobachten, wie das dritte Augenlid vom Innenwinkel aus das Auge bedeckt.

AUSDRUCK: ORIENTALISCH

EIN TYPISCHER Ausdruck, der beim Afghanischen Windhund anzutreffen ist. Er kommt durch das Zusammenspiel von Kopfstruktur, Augenform und -anordnung, Farbe und Maskierung der Schnauze zustande.

GRIMMIG

GRIMMIG BESCHREIBT den typischen Gesichtsausdruck des Bouvier des Flandres, wobei das harte, abgebrühte Aussehen durch den Bart, den Schnurrbart und die buschigen Augenbrauen verstärkt wird.

ÄFFCHENÄHNLICH

EIN ÄFFCHENÄHNLICHER Ausdruck ist eine treffende Beschreibung des charakteristischen Gesichts eines Brüsseler Griffons und eines Affenpinschers.

AFFENÄHNLICH

EIN AFFENÄHNLICHER Ausdruck ist typisch für den Tibet Spaniel.

LEBHAFT

ALS LEBHAFT wird der Gesichtsausdruck des Chihuahuas beschrieben. Es bezeichnet den kecken Ausdruck, der durch das Zusammenspiel, die Anordnung und die Größe der verschiedenen Komponenten des Schädels sowie durch die charakteristischen Merkmale des Hundes erzeugt wird.

Oben links
Ein Shetland Sheepdog hat manchmal ein Dominomuster um die Augen herum.

Links
Der äffchenähnliche Affenpinscher

Mitte links
Beim Rauhaarigen Zwergdachshund sind ausgeprägte Augenbrauen zu sehen.

Unten Mitte links
Der Ausdruck des Afghanischen Windhundes wird als typisch orientalisch beschrieben.

Links
Der Brüsseler Griffon hat, wie der Affenpinscher, ein äffchenähnliches Gesicht.

Unten links
Der Lhasa Apso hat sehr lange Wimpern.

Unten
Das kecke Gesicht des Chihuahuas verleiht ihm ein lebhaftes Aussehen.

Fronten und Pfoten

NORMALE FRONT

EINE NORMALE Front ist von vorn betrachtet gerade. Die Vorderläufe samt Pfoten sind gerade, senkrecht zum Boden angeordnet und parallel.

HUFEISENFRONT

DIESE BESCHREIBUNG beschränkt sich auf die Front des Bedlington Terriers, bei dem die Vorderläufe gerade sind, an der Brust aber weiter auseinander sein sollten als an den Pfoten.

GERADE FRONT

GERADE FRONT und normale Front meinen eigentlich dasselbe, da bei beiden die Vorderläufe senkrecht zum Boden und parallel verlaufen. In beiden Beschreibungen setzt sich dieser gerade Verlauf über die Fesseln bis hinunter zu den Pfoten fort.

BREITE FRONT

EINIGE RASSEN, besonders Bulldoggen, sollten eine breit gebaute Front haben. Bei den meisten Rassen bedeutet dies jedoch, dass die Front breiter als zulässig ist.

O-BEINIGE FRONT

VON VORN GESEHEN stellt sich eine O-beinige Front so dar, dass die Vorderläufe ab den Ellenbogen nach außen und dann in Richtung Vorderfußwurzelgelenke nach innen gebogen sind. Diese Front gilt bei die meisten Rassen als Fehler, beim Tibet Spaniel und beim Pekinesen wird sie dagegen gefordert.

Oben
Der Tibet Spaniel hat häufig eine O-beinige Front.

Mitte
Der Pointer hat „klassische" Hundepfoten – mit etwas längeren mittleren Zehen.

Unten
Diese Glatthaarigen Zwergdachshunde haben eine schiefe Front.

SCHIEFE FRONT

EINE SCHIEFE Front ist eine notwendige Form der Vorderhand solcher Rassen wie Dachshund und Basset, um der Vorbrust bei diesen sehr kurzbeinigen Rassen Rechnung zu tragen. Von vorn gesehen sind die Vorderläufe nach innen geneigt und manchmal leicht gebogen.

KATZENPFOTEN

DER BEGRIFF KATZENPFOTEN wird üblicherweise für runde und kompakte Pfoten verwendet, die gut gewölbte, eng aneinander liegende Krallen haben, wobei die beiden mittleren nur wenig länger sind als die anderen. Die Ballen solcher Pfoten sind stark gepolstert und mit einer dicken Haut überzogen.

Für einige Rassen werden kreisförmige, geschlossene oder kompakte Pfoten angegeben. Alle diese Begriffe meinen grundsätzlich dasselbe: eine Pfote, die nicht oval, sondern rund aussieht.

HASENPFOTEN

BEI HASENPFOTEN sind die mittleren Zehen länger als der innere und der äußere Zeh, und die Zehenwölbung ist schwächer, wodurch die Pfoten länger aussehen, so z. B. beim Tibet Spaniel und bei den Hinterpfoten des Barsois.

OVALE PFOTEN

OVALE PFOTEN unterscheiden sich von Katzenpfoten dadurch, dass die mittleren Zehen etwas länger sind. Solche Pfoten sind beim Pointer anzutreffen und sind die anerkannte Form der normalen Hundepfoten.

SCHWIMMPFOTEN

RASSEN, DIE AUS Wasser apportieren, haben häufig Schwimmpfoten, d. h., sie haben eine kräftige Haut zwischen den Zehen. Diese findet sich auch bei einigen arktischen Rassen, die von jeher in Schnee arbeiten mussten.

Oben
Der Barsoi hat Hasenpfoten.

Unten
Katzenpfoten bei einer Bulldogge

Kopf und Schädel

APFELKOPF

BEIM APFELKOPF oder Apfelschädel ist die Schädeldecke wie eine Halbkugel geformt und in alle Richtungen gerundet, wobei das Maß der Rundung sich von Rasse zu Rasse unterscheidet. Das extremste Beispiel dieser Schädelform bietet der Chihuahua.

AUSGEWOGENER KOPF

DIESER MANCHMAL auch anders benutzte Begriff beschreibt einen Kopf, bei dem der Hirnschädel und das Vorgesicht gleich lang sind. Ein typisches Beispiel ist der Kopf eines Gordon Setters.

RECHTECKIGER KOPF

VON OBEN GESEHEN hat ein rechteckiger Kopf

einen Schädel und einen Fang, die nahezu gleich breit sind. Ein Drahthaar-Foxterrier ist ein Hauptbeispiel hierfür. Diese Form wird durch sorgfältiges Trimmen häufig noch betont.

TROCKENER KOPF

EIN TROCKENER KOPF hat keine durch Knochen

oder Muskeln verursachten Falten oder Beulen. Für einige Rassen, z. B. den Belgischen Schäferhund, wird auch der Begriff „gemeißelter Kopf" verwendet.

KEGELFÖRMIGER KOPF

EIN KEGELFÖRMIGER Kopf hat, sowohl von der Seite als auch von oben gesehen, eine dreieckige Kontur und ist bei Dachshunden anzutreffen.

EIFÖRMIGER KOPF

EIN BULLTERRIER hat typischerweise einen eiförmigen Kopf – Eiform deshalb weil der Kopf des Terriers sich zur Nase hin verjüngt.

FUCHSKOPF

SPITZ-RASSEN sind für ihre fuchsähnlichen Köpfe berühmt. Die Köpfe sind

Oben rechts und Mitte rechts *Ein Glatthaariger Dachshund hat einen kegelförmigen Kopf, während ein Spitz einen Fuchskopf hat.*

Oben und Mitte *Der Kopf eines Chihuahuas ist apfelförmig, ein Drahthaar-Foxterrier hat einen rechteckigen Kopf.*

Rechts und Mitte rechts *Der ausgewogene Kopf eines Gordon Setters und der gemeißelte Kopf eines Belgischen Schäferhundes*

Ganz rechts *Ein Bullterrier hat einen eiförmigen Kopf.*

lang gestreckt und dreieckig mit einem recht schmalen Vorgesicht.

OTTERKOPF

DIESER ANSCHAULICHE Begriff beschreibt die Kopfform des Border Terriers, die der eines Otters gleicht.

BIRNENFÖRMIGER KOPF

BIRNENFÖRMIG ist der Ausdruck, der die Konturen des Kopfes eines Bedlington Terriers beschreibt.

LANGER ODER SCHMALER KOPF

DER BARSOI hat einen typisch langen, schmal zulaufenden Kopf. Diese Beschreibung wird normalerweise für Rassen verwendet, die nur einen kleinen oder fast gar keinen Stop haben.

PAPAGEIENKOPF

DER AUSDRUCK Papageienkopf bezieht sich auf das Zusammenspiel der Konturen des Schädels und des Vorgesichts bei Seitenansicht, in der diese

konvex erscheinen (wie z. B. beim Bullterrier und beim Bedlington Terrier).

KURZER ODER RUNDER KOPF

BEIDE BEGRIFFE werden verwendet, um die Gesamtform eines verkürzten Kopfes mit einem breiten, quadratischen Schädel zu beschreiben, der ein rundes Aussehen hat.

STUMPFER KOPF

STUMPF BEZIEHT SICH auf die Fang- oder Lefzenform eines Kopfes, der weder V-förmig, wie beim Barsoi, noch gerundet ist, wie bei der Französischen Bulldogge. Der Kopf eines Pointers ist ein Beispiel für einen stumpfen Kopf.

KEILFÖRMIGER KOPF

FÜR EINEN keilförmigen Kopf kann auch die Beschreibung V-förmiger Kopf verwendet werden. Sowohl von oben als auch von der Seite betrachtet bildet der Kopf ein Dreieck, wobei die Keilformen nicht gleiche Abmessungen haben müssen. Daher kann diese Beschreibung für sehr viele Rassen verwendet werden.

SCHÄDELFORMEN

ES GIBT DREI Schädelformen:
Brachycephal: der Schädel bei Rassen mit kurzem Vorgesicht, wie z. B. der Mops
Dolichocephal: anzutreffen beim Barsoi, der einen sehr langen Schädel hat
Mesocephal: diesen Schädel gibt es z. B. bei Spaniel-Rassen.
Rassen, die ein kurzes Vorgesicht haben (wie z. B. der Lhasa Apso), werden als teil-brachycephal beschrieben.

GEWÖLBTER SCHÄDEL

EIN GEWÖLBTER Schädel kann sich von einer Seite zur anderen oder manchmal in Längsrichtung wölben.

BREITER SCHÄDEL

BREITER SCHÄDEL beschreibt die relative Breite zwischen den Ohren im Verhältnis zur Länge des Schädels. Der Golden Retriever ist z. B. eine Rasse mit breitem Schädel.

FLACHER SCHÄDEL

EIN FLACHER Schädel in beiden Richtungen sowohl von Ohr zu Ohr als auch vom Stop zum Hinterkopf. Rassen mit dieser Schädelart sind der Bearded Collie, der Clumber Spaniel und die Pointer.

OVALER SCHÄDEL

EIN OVALER Schädel hat sanft geschwungene Konturen von Ohr zu Ohr, wie z. B. beim English Setter.

RUNDER SCHÄDEL

BEI EINEM runden Schädel ist die Schädeldecke in beiden Richtungen (von Ohr zu Ohr und vom Stop zum Hinterkopf) gewölbt, allerdings nicht so ausgeprägt wie beim kugelförmigen oder beim Apfelschädel. Je nach Rasse ist der Schädel mehr oder weniger gewölbt. Der Japan Chin und die Französische Bulldogge sind Rassen mit rundem Schädel.

Oben links
Der reizvoll geformte Kopf des Border Terriers wird als Otterkopf bezeichnet.

Mitte links
Die Französische Bulldogge hat einen runden Kopf.

Mitte rechts
Der Japan Chin hat einen runden Kopf.

Ganz links
Bedlington Terrier haben einen birnenförmigen Kopf.

Unten
Golden Retriever haben einen breiten Schädel.

Nasen

BRAUNE ODER LEBERFARBENE NASE

EINE BRAUNE ODER LEBERFARBENE Nase ist bei einigen Rassen völlig in Ordnung. Meist hat dann auch das Fell wegen der genetischen Veranlagung eine entsprechende Farbe. Der Deutsche Kurzhaar-Vorstehhund hat eine braune Nase; die Nase des Irish Water Spaniels ist dunkelleberfarben und die des Sussex Spaniels leberfarben.

Rechts
Der Clumber Spaniel hat eine fleischfarbene Nase.

Oben
Die braune Nase des Deutschen Kurzhaar-Vorstehhundes ist wegen seiner Fellfarbe zulässig.

SCHMETTERLINGSNASE

EINE SCHMETTERLINGSNASE, manchmal auch als gefleckte Nase bezeichnet, ist bei den meisten Rassen unerwünscht, da sie unvollständig pigmentiert ist und ungleichmäßig aussieht. Bis die Nase vollständig pigmentiert ist, dauert es allerdings einige Zeit, sodass sie bei einem jungen Hund nicht immer sicher beurteilt werden kann. Eine solche ungleichmäßige Pigmentierung ist bei harlekinfarbenen Deutschen Doggen zwar zulässig, aber nicht erwünscht.

FLEISCHFARBENE NASE

EINE FLEISCHFARBENE Nase ist gleichmäßig, aber ziemlich hell gefärbt. Sie ist z. B. beim Weimaraner, beim Clumber Spaniel und beim Pharaonenhund anzutreffen. Bei Rassen, für die diese Farbgebung fehlerhaft ist, wird sie als Ledernase bezeichnet.

Rechts
Harlekinfarbene Deutsche Doggen können unterschiedlich pigmentierte Nase haben.

RAMSNASE

EINE RAMSNASE wird auch Adlernase genannt. Von der Seite gesehen ist die obere Linie des Vorgesichts fast gerade, aber der Nasenknorpel senkt sich am Ende leicht nach unten, wie z. B. beim Deerhound.

RÖMISCHE NASE

DIE RÖMISCHE NASE hat im Profil eine konvexe Kontur. Der Bullterrier ist ein typisches Beispiel dafür.

EIGENFARBENE NASE

EINE EIGENFARBENE NASE hat die gleiche oder eine ähnliche Pigmentierung wie die Fellfarbe, ist also z. B. schokoladenfarben bei einem schokoladen- und lohfarbenen Hund.

WECHSELNASE

SIE WIRD HÄUFIG auch als Winter- oder Schneenase bezeichnet und tritt bei einigen Rassen häufiger auf als bei anderen. Sie ist normalerweise vollständig schwarz, in den Wintermonaten nimmt sie aber eine rosa Färbung an. Eine solche Nase ist für einige Rassen, z. B. den Siberian Husky, zulässig und ist häufig beim Labrador Retriever anzutreffen.

OFFENE NASENLÖCHER

SIE SIND WEIT GEÖFFNET, damit möglichst viel Luft eingeatmet werden kann. Typisch sind die Nasenlöcher des Bouvier des Flandres, in dessen Rassestandard gut entwickelte Nasenlöcher gefordert werden.

Links
Eine archetypische römische Nase ist beim Bullterrier anzutreffen.

Unten
Die Ramsnase ist typisch für den Deerhound.

ENGE NASENLÖCHER

ENGE NASENLÖCHER sind bei jeder Rasse ein Fehler, da sie verhindern, dass genügend Luft in die Lunge gelangt, und so zu Atmungsproblemen führen. Im Rassestandard des Shih Tzu ist ausdrücklich angegeben, dass enge Nasenlöcher höchst unerwünscht sind.

Links
Der Chesapeake Bay Retriever hat eine eigenfarbene Nase.

Ganz links
Die fleischfarbene Nase des Pharaonenhundes ist normal für diese Rasse.

Ruten

Oben rechts *Ein Siberian Husky hat eine Bürstenrute.*

Oben *Ein Old English Sheepdog mit einem Bobtail.*

Mitte *Ein Cocker Spaniel hat eine gerade getragene Rute, ein Pudel eine kupierte und ein Bullterrier eine Kurbelrute.*

Unten und unten rechts *Ein Siberian Husky und ein Chihuahua.*

GERADE RUTE

DIE BESCHREIBUNG „gerade Rute" wird für den Pointer verwendet. Sie kennzeichnet eine kräftige, gerade Rute, die sich zu einer Spitze verjüngt.

BOBTAIL

EIN BOBTAIL ist die Rute eines Hundes, der entweder schwanzlos geboren oder dessen Rute direkt am Ansatz kupiert wurde, wie z. B. beim Welsh Corgi Pembroke oder beim Old English Sheepdog, wobei letzterer gemeinhin als Bobtail bekannt ist.

BÜRSTENRUTE

EINE BÜRSTENRUTE ist mit einem aufstehenden bürstenähnlichen Fell überzogen, dessen Haare alle etwa gleich lang sind, wodurch die Rute wie eine Bürste aussieht, wie z. B. beim Siberian Husky.

WURZELRUTE

DER SCOTTISH Terrier hat eine typische Wurzelrute, deren Form an eine Möhre erinnert.

„RECHTWINKLIG" GETRAGENE RUTE

DIES IST EINE RUTE, die rechtwinklig zur Rückenlinie getragen wird.

KURBELRUTE

DIESE AUCH als Pumpenschwengelrute bezeichnete Rute ist wie folgt geformt: an der Wurzel nach außen gewölbt, nach unten vertikal hängend und am Ende rechtwinklig zum Mittelteil hin (ähnlich einer Kurbel). Eine solche Rute ist beim Staffordshire Bullterrier anzutreffen. Manchmal wird der Begriff Kurbelrute auch für eine missgebildete Rute verwendet.

RINGELRUTE

ES GIBT ZWEI Grundvarianten der Ringelrute: mit einem Ringel und mit zwei Ringeln. Bei beiden gibt es viele Varianten.

KUPIERTE RUTE

BEI DIESER RUTE wurde chirurgisch ein Teil entfernt. Ein solcher Eingriff

erfolgt normalerweise, wenn der Welpe vier oder fünf Tage alt ist. In Deutschland ist das Kupieren von Ruten und Ohren seit 2001 verboten. Früher wurde die Rute beim Boxer, beim Dobermann, bei den Pudeln und bei vielen Terriern kupiert.

STEILE RUTE

EINE STEILE RUTE (auch als fröhlich getragene Rute bezeichnet) ist lang und wird aufrecht getragen, wie z. B. die Rute eines Beagles.

ABGEFLACHTE RUTE

EINE ABGEFLACHTE Rute ist typisch für den Chihuahua. Sie sieht flach aus, verbreitert sich in der Mitte etwas und läuft punktförmig aus.

FRÖHLICH GETRAGENE RUTE

EINE FRÖHLICH getragene Rute steht über der horizontalen Rückenlinie und gilt bei vielen Rassen als Fehler, weil sie viel höher getragen wird als ein sich bewegender Hund sie tragen sollte. Bei einigen Rassen allerdings, z. B. beim Foxterrier, ist dies die normale Rutenstellung. Bei anderen Rassen wiederum ist sie beim arbeitenden Hund gefordert.

HAKENRUTE

EINE HAKENRUTE hängt nach unten, hat aber eine nach oben gekrümmte Rutenspitze, wie z. B. beim Pyrenäen-Schäferhund oder beim Briard.

HORIZONTALE RUTE

DIE RUTE eines Bullterriers ist eine typisch horizontale Rute, die auch Peitschenrute genannt wird und sich kaum von einer geraden Rute unterscheidet.

KNICKRUTE

SIE HAT IN ihrem Verlauf einen scharfen Knick oder Winkel. Bei einigen Rassen, z. B. der Französischen Bulldogge, ist eine Knickrute normal, bei anderen kann sie ein Fehler oder Folge einer Verletzung sein.

NIEDRIG ANGESETZTE RUTE

SIE BEGINNT an einer abfallenden Kruppe oder an einem Punkt, der unter der Rückenlinie liegt.

OTTERRUTE

EINE OTTERRUTE ist kräftig, am Ansatz dick und zur Spitze hin schmaler. Sie ist von einem dichten, dicken Fell bedeckt und auf der Unterseite flach, damit sie als Ruder fungieren kann, wenn der Hund schwimmt. Der Labrador Retriever hat eine solche Rute.

BUSCHIGE RUTE

SIE TRÄGT HAARBÜSCHEL, die in Form eines Busches

in Wellen nach unten fallen. Die Büschel können entweder nur zum Ende hin stehen oder auf der gesamten Rute wachsen, wobei die Haare wie ein Busch über dem Rücken getragen werden. Ein Chinesischer Schopfhund, ein Zwergspitz und ein Peki-

nese haben eine buschige Rute.

TOPFHENKELRUTE

DER SHIH TZU hat eine Topfhenkelrute, die über dem Rücken wie der Henkel eine Teekanne gehalten wird und so einen Bogen formt, statt flach über dem Rücken zu liegen.

RATTENRUTE

EINE RATTENRUTE hat eine dicke Wurzel, die mit

weichen Locken bedeckt ist, während der Rest der Rute nur wenig oder sogar gar nicht behaart ist. Ein Irish Water Spaniel hat eine typische Rattenrute.

GERINGELTE RUTE

DIESE RUTE ist normalerweise lang und bildet vollständig oder teilweise einen Ring. Bei einigen Rassen wird dies als Fehler angesehen, ein typischer Afghanischer Windhund hingegen sollte am Rutenende einen Ring haben.

SÄBELRUTE

EINE SÄBELRUTE kann, je nach Rasse, stehend oder hängend getragen werden. Sie ist leicht bis mäßig gerundet, wie z. B. beim Basset Hound oder beim Deutschen Schäferhund.

KRUMMSÄBELRUTE

EINE KRUMMSÄBELRUTE

ist einer Säbelrute ähnlich, hat aber eine ausgeprägtere Rundung, wie z. B. beim Dandie Dinmont Terrier und beim English Setter.

KORKENZIEHERRUTE

EINE KORKENZIEHERRUTE ist spiralförmig gebogen, geknickt oder gedreht, wie z. B. beim Boston Terrier.

SICHELRUTE

EINE SICHELRUTE wird wie ein Halbkreis locker über dem Rücken getragen, liegt also nicht flach auf dem Rücken auf. Ein Siberian Husky hat eine solche Rute.

ÜBER DEM RÜCKEN GETRAGENE RUTE

EINE RINGRUTE wird über dem Rücken getragen, wobei ihre Spitze den Rücken selbst berührt, wie dies z. B. beim Alaskan Malamute gelegentlich vorkommt.

ÜBERGESCHLAGENE RUTE

DIE ÜBERGESCHLAGENE Rute ist lang und stark nach vorn gebogen, wie z. B. beim Pekinesen. Sie folgt der Linie des Rückens ohne ihn zu berühren.

STUMMELRUTE

DIE STUMMELRUTE ist kurz und tritt korrekt z. B. beim Schipperke auf. Der Begriff wird auch für Hunde verwendet, deren Schwanz kürzer ist, als der Standard fordert.

SCHWERTRUTE

DIE SCHWERTRUTE hängt gerade nach unten wie beim Basset Griffon Vendéen und beim Labrador Retriever.

SPITZ ZULAUFENDE RUTE

EINE SOLCHE Rute ist lang, hat kurzes Fell und läuft spitz zu. Die Rute eines English Toy Terriers sieht so aus.

BÜSCHELRUTE

EINE BÜSCHELRUTE kann lang oder kurz sein und an der Spitze entweder büschelartige oder getrimmte Haare haben. Ein Chinesischer Schopfhund ist ein Beispiel für die Büschelvariante, ein Pudel mit Pompon ein Beispiel für die getrimmte Variante.

PEITSCHENRUTE

EINE PEITSCHENRUTE zeigt in Linie mit dem Rücken steif nach hinten, wie z. B. beim Bullterrier.

Oben und unten ganz links
Der Pekinese und der Zwergspitz haben eine buschige Rute.

Oben links
Der Basset hat eine Säbelrute.

Oben
Der Schipperke hat eine Stummelrute.

Oben
English Toy Terrier haben spitz zulaufende Ruten.

Oben links
Ein Irish Water Spaniel hat eine Rattenrute.

Links
Die Rute eines Alaskan Malamutes ist eine Ringrute.

Weitere Merkmale

Rechts
Die lohfarbenen Bereiche an den Hinterläufen eines Manchester Terriers werden Hose genannt.

Mitte rechts
Ein Mops kann wegen seines kompakten Aussehens als gedrungen beschrieben werden.

Unten
Bassets sind berühmt für ihr schlaffes Aussehen, das durch die Wamme verursacht wird.

AUSGEWOGENHEIT

MIT DEM BEGRIFF Ausgewogenheit beschreibt man das gesamte symmetrische Erscheinungsbild eines Hundes: gute Proportionen und ein harmonisches Zusammenspiel der verschiedenen Komponenten, die einen Hund der jeweiligen Rasse ausmachen.

HOSE

FÜR DEN BEGRIFF HOSE werden, je nach Rasse, auch die Begriffe *Breech, Culotte, Pants* oder *Trousers* verwendet. Zu diesen Unterschieden in der Terminologie kommen unterschiedliche Bedeutungen. Je nachdem, welcher Begriff verwendet wird, kann er sich auf die lange Behaarung an den Oberschenkeln, auf das grätähnliche Muster der Behaarung bei kurzhaarigen Rassen, wie z. B. beim Dobermann, oder nur auf die Farbe beziehen, wie beim Manchester Terrier, bei dem er die lohfarbenen Haare auf der Außenseite der Hinterläufe meint.

BRUSTKORB

ES GIBT, WIEDER je nach Rasse, unterschiedliche Brustkorbtypen. So kann ein tonnenförmiger Brustkorb (ein Brustkorb mit runden Konturen) bei einer Rasse genau dem Standard entsprechen, während er bei einer anderen Rasse, etwa bei einem Windhund, ein schwerer Fehler ist, da diese Rippenform den gewünschten Eigenschaften der Rasse zuwiderläuft. Ein ovaler Brustkorb (eiförmig) entspricht der Form, die für die meisten Hunderassen gefordert wird, wobei einige einen tiefen, andere einen weniger tiefen Brustkorb haben.

GUT GEFORMT

ALS GUT GEFORMT, manchmal auch als gemeißelt, bezeichnet man regelmäßige Konturen, hauptsächlich am Kopf und am Vorgesicht. Je nach Rasse kann eine unterschiedlich starke Formung verlangt werden. Beispielsweise wird im Rassestandard eines Glatthaar-Foxterriers ein Teil des Vorgesichts als „gut geformt und ausgefüllt" beschrieben.

GEDRUNGEN

EIN GEDRUNGENER Hund ist kräftig und kompakt. Der Mops ist eine typische gedrungene Rasse.

FLANKE

DIE FLANKE ist der Bereich, der den Brustkorb mit der Hinterhand verbindet. Bei den meisten Rassen ist eine lange Flanke ein Fehler, obwohl eine angemessene Länge besseres Wenden ermöglicht. Bei vielen Rassen ist der Abstand zwischen der letzten Rippe und dem Beginn der Hinterhand ziemlich kurz, wodurch dieser Bereich kräftig ist.

KAMM

OBWOHL EINIGE RASSEN einen Haarkamm auf dem Kopf haben können, ist mit diesem Begriff normalerweise der Bereich des Nackens gemeint, der zwischen dem Atlas (zweiter Halswirbel) und dem Widerrist liegt.

WAMME

WAMME IST DIE LOSE herabhängende Haut im Bereich des Kinns, der Kehle und des Nackens, die für einige Rassen typisch ist, so z. B. für den Basset und den Bluthund.

STIRNFURCHE

STIRNFURCHE NENNT MAN die durch Knochen oder durch Muskeln gebildete Längsfurche, die von der Mitte des Schädels in Richtung Stop verläuft und bei manchen Rassen gefordert wird (z. B. beim Magyar Vizsla).

GANGART

DER BEGRIFF GANGART wird allgemein verwendet, um den Bewegungsablauf eines Hundes zu beschreiben. Ein solcher Ablauf ändert sich nicht nur entsprechend dem Körperbau der Rasse sowie der jeweiligen Geschwindigkeit, sondern hängt auch davon ab, ob sich der betreffende Hund in guter Verfassung befindet.

HINTERHAND

DIE HINTERHAND beginnt an den Hüften und umfasst die Hinterläufe. Die Winkelung der Hinterhand hängt stark von der Rasse ab. Im Vergleich extrem ist die Winkelung eines Deutschen Schäferhundes und die eines Chow-Chows.

BRUSTBEIN

DAS BRUSTBEIN bestimmt die Kontur des vorderen und unteren Teils des Brustkorbs. Für einen Dachshund wird beispielsweise ein ausgeprägtes Brustbein gefordert.

HINTERHAUPTSTACHEL

DER HINTERHAUPTSTACHEL, auch als Hinterhauptkamm, Hinterhaupthöcker oder (nicht ganz korrekt) Hinterhauptbein bezeichnet, ist der knöcherne Höcker hinten am Schädel, wo Hinterhauptbein und Scheitelbein zusammenlaufen. In vielen Rassestandards ist der Hinterhauptstachel erwähnt, und üblicherweise werden ab diesem Punkt die Kopfproportionen gemessen.

RASSIG

EIN ALS RASSIG BEZEICHNETER HUND ist stromlinienförmig und elegant, also das genaue Gegenteil von einem gedrungenen Hund.

SCHULTERN

FÜR UNTERSCHIEDLICHE RASSEN werden leicht unterschiedliche Schulterstellungen gefordert. Die am häufigsten verwendeten Bezeichnungen sind „Schultern gut zurückliegend" und „steil in den Schultern". „Schultern gut zurückliegend" besagt, dass die Schulterblätter korrekt angeordnet sind, um eine angemessene oder gute Vorwärtsstreckung der Vorderbeine zu ermöglichen. „Steil in den Schultern" bedeutet, dass die Schulterblätter zu aufrecht stehen und daher die Vorwärtsbewegung einschränken.

STOP

DER STOP IST der stärker geneigte Abschnitt der oberen Linie des Kopfes, befindet sich zentral zwischen den Augen und ist je nach Rasse unterschiedlich steil. Bei Rassen mit kurzer Nase ist er viel ausgeprägter als bei Rassen mit langer Nase, wie z. B. beim Langhaar- und Kurzhaar-Collie sowie beim Barsoi.

GUT AUFGERIPPT

EIN HUND, der als gut aufgerippt beschrieben wird, hat einen Brustkorb, der sich über die gesamte Länge des Rumpfes wohl geformt erstreckt.

Oben
Die Unterschiede bei der Hinterhand von Hunden wird deutlich beim Vergleich eines Deutschen Schäferhundes mit einem Chow-Chow.

Unten
Das stromlinienförmige Aussehen eines Greyhounds kann als rassig beschrieben werden.

Pflege und Haltung

DIE ENTSCHEIDUNG, einen Hund anzuschaffen, bringt eine Verpflichtung mit sich, die nicht auf die leichte Schulter genommen werden darf. Sie sollte daher mit allen engeren Familienmitgliedern ausführlich diskutiert und abgestimmt werden. Wahrscheinlich wird ein Familienmitglied hauptsächlich für die Betreuung des Tieres verantwortlich sein, aber auch alle anderen Betroffenen sollten sich grundsätzlich auf den Hund freuen, damit er wirklich als neues Familienmitglied willkommen ist.

ÜBERLEGUNGEN VOR DEM KAUF

EIN HUND, DEN NICHT ALLE MITGLIEDER der engeren Familie wollen, kann Auseinandersetzungen verursachen, die häufig dazu führen, dass er wieder weggegeben werden muss – eine unerfreuliche Situation für alle Beteiligten und sehr schlimm für das Tier.

Ein Hund darf nicht ständig den ganzen Tag allein zu Hause sein. Idealerweise ist fast immer ein Familienmitglied in der Nähe, und zwar nicht nur, wenn der Welpe jung ist und sich an die neue Umgebung gewöhnen muss, sondern solange der Hund lebt. Natürlich kann ein Hund für kurze Zeit allein gelassen werden, ohne großen Schaden zu nehmen.

Ist der Besitzer berufstätig, so sollte er wenigstens die Mittagspause zu Hause verbringen können, damit der Hund nicht zu lange allein bleibt. Das Tier muss sich lösen, seine Beine strecken und ein wenig menschliche Gesellschaft haben, damit Abwechslung in die Monotonie eines andernfalls überlangen Tages kommt.

Außerdem muss man an die Nachbarn denken. Ein Hund, der allein gelassen wird, kann aus Langeweile nicht nur zerstörerisch, sondern auch laut sein. Es ist gut möglich, dass Sie das als Hundebesitzer

Oben rechts
Alle Hunde, auch Gebrauchshunde, genießen es, einige Zeit in der häuslichen Umgebung zu verbringen.

Rechts
Hunde leiden schnell unter Langeweile, die sich in ständigem Bellen oder störendem Verhalten äußern kann.

nicht bemerken, weil der Hund ruhig ist, sobald ein Familienmitglied nach Hause gekommen ist. Wenn sich Ihre Nachbarn beschweren, dass der Hund den ganzen Tag bellt, tun sie das sicher nicht grundlos.

Die meisten Hunde sind glücklicher, wenn sie im Haus leben und am normalen Alltag teilhaben dürfen. Selbst Gebrauchshunde schätzen es, einige Zeit in einer häuslichen Umgebung zu verbringen, und kein Hund sollte den ganzen Tag draußen angebunden sein. Man möchte glauben, solche Zeiten seien längst vorbei – doch oft genug ist das leider nicht so.

Einer Reise mit Hund ins Ausland sollte immer eine Erkundigung über aktuelle Hundebestimmungen im Reiseland vorausgehen.

Es gibt einige sehr gute Hundepensionen. Diese müssen jedoch sorgfältig ausgesucht werden, am besten auf persönliche Empfehlung. Und selbstverständlich sollte kein Hund nur aus bloßer Bequemlichkeit des Besitzers ständig in Hundepensionen untergebracht werden.

Ein Hund sollte niemals verschenkt werden, ganz gleich, wie begeistert die beschenkte Person davon wäre. Die eigentliche Entscheidung für den Kauf eines Hundes muss allein beim künftigen Besitzer liegen. So verkaufen verantwortungsvolle Züchter etwa in den Wochen vor Weihnachten kaum Welpen, weil sie befürchten, dass der Hund als Überraschungsgeschenk vorgesehen sein könnte.

Hinzu kommt, dass ein Hund aufgrund der Hektik in dieser Jahreszeit wohl kaum die Ruhe und die stabile Umgebung vorfinden wird, die er für eine unproblematische Eingewöhnung braucht.

Oben und oben links
Alle Familienmitglieder müssen sich einen Hund wünschen und die Möglichkeit haben, ihn zu betreuen.

Mitte links
Hunde müssen ausgeführt werden. Daran muss man unbedingt denken, bevor man einen Hund als Haustier aufnimmt.

FRAGEN, DIE MAN SICH UNBEDINGT VOR DEM HUNDEKAUF STELLEN SOLLTE

- Kann ich einen Hund auch in vielen Jahren noch betreuen?
- Werden alle direkten Familienmitglieder damit einverstanden sein, dass ein Hund in die Familie kommt?
- Es ist klar, dass ein Hund nicht dauernd den ganzen Tag allein gelassen werden kann. Ist die meiste Zeit immer jemand zu Hause?
- Sind meine Wohnung und mein Garten für einen Hund geeignet? Wenn nicht, kann ich die eventuell erforderlichen Veränderungen oder Reparaturen vornehmen?
- Wohne ich in einem dicht bebauten Gebiet? Wird es Beschwerden von den Nachbarn geben?
- Es werden Kosten für Futter, Impfungen und Tierarzt anfallen. Kann ich mir die Haltung eines Hundes leisten?
- Sollte ich eine Haustierversicherung abschließen, auch wenn sie nicht für die Routineimpfungen aufkommt?
- Wird ein Baby im Haushalt erwartet? Wenn ja, sollte nicht besser so lange gewartet werden, bis das Baby etwas älter ist?
- Ist ein Mitglied der engen Familie Asthmatiker oder möglicherweise allergisch gegen Hunde?

Hundekauf

DIE ANSCHAFFUNG eines Hundes muss sorgfältig überlegt werden. Ihr künftiger Hausgenosse sollte gesund und wesensfest sein, damit Sie später keine unvorhergesehenen Probleme mit ihm bekommen. Lassen Sie sich daher auf keinen Fall dazu verleiten, einen Hund in einer Tierhandlung oder in einem anderen Geschäft zu kaufen, weil Sie dadurch nur unverantwortliche Züchter darin bestärken, aus reinem Gewinnstreben noch mehr Würfe zu produzieren.

WICHTIG FÜR DIE WAHL der Rasse sind Ihre Lebensumstände, Ihr Lebensstil und Ihre Umgebung. Sie sollten aber auch Ihr Alter und Ihre Kraft sowie die der übrigen Familienmitglieder berücksichtigen. Viele Leute lieben große Hunde, sind ihnen aber einfach nicht gewachsen. Ein großer Hund braucht Platz und Auslauf, und der Besitzer muss kräftig genug sein, um ihn zu kontrollieren und an der Leine zu führen.

Unten
Hundeausstellungen sind ausgezeichnete Orte, um sowohl mehr über die Rasse in Erfahrung zu bringen, an der Sie interessiert sind, als auch über deren Züchter.

WAHL DES ZÜCHTERS

WENN SIE in der Zeitung eine Anzeige für die Rasse oder den Hund Ihrer Wahl gefunden haben, sollten Sie das Angebot sehr sorgfältig prüfen und den Hund wirklich nur dann kaufen, wenn Sie sich sicher sind, dass er gesund und unter artgerechten Bedingungen aufgewachsen ist. Sie sollten sich auch ohne Probleme die Mutter des Welpen ansehen können.

Besuchen Sie nach Möglichkeit eine Hundeausstellung, bei der Sie die Gelegenheit haben, Kontakt zu Züchtern aufzunehmen, ausführlicher über die Rasse zu sprechen und herauszufinden, wer wahrscheinlich in den nächsten Wochen oder Monaten geeignete Welpen zu verkaufen hat. Eventuell müssen Sie eine Weile warten; das sollte Sie aber nicht abschrecken. Viele der besten Züchter haben Wartelisten.

Sprechen Sie auch mit dem Züchter selbst. Ist er verantwortungsvoll, legt er selbst Wert darauf, die Leute kennen zu lernen, die seinen mit hingebungsvoller Pflege und Aufmerksamkeit aufgezogenen Welpen kaufen möchten. Wenn Sie nach reiflicher Überlegung Ihre Wunschrasse gefunden haben, im Moment aber kein geeigneter Welpe verfügbar ist, sollten Sie sich nicht kurzfristig für eine andere Rasse entscheiden, nur um zu diesem bestimmten Zeitpunkt einen Hund zu holen. Es gibt nichts Schlimmeres als einen „falschen" Hund zu haben und ihn ständig mit der Rasse zu vergleichen, an der Ihr Herz hängt.

WELPE ODER ERWACHSENER HUND?

EIN WELPE BRINGT VIEL FREUDE, weil Sie Ihren Hundegefährten ganz jung bekommen und ihn aufwachsen sehen. Allerdings ist ein Welpe sehr anstrengend und nach seiner Ankunft wahrscheinlich weder vollständig stubenrein noch durchgeimpft.

Ein junger Welpe wird Ihnen vor allem während der ersten Wochen viel Arbeit machen. Er muss häufig gefüttert werden, das Erziehungsprogramm beginnt, und die Pfützchen sind zu beseitigen, solange er noch nicht stubenrein ist. Außerdem kommt er in den Zahnwechsel und bedarf speziell in dieser Zeit der ständigen Kontrolle, damit er nichts anknabbert.

Es gibt also gute Gründe für einen älteren Hund, der normalerweise weniger anstrengend ist als ein Welpe, obwohl jeder neue Hund die Hausregeln erst lernen muss. Aber er kann sofort draußen spazieren geführt werden und ist wahrscheinlich stubenrein.

AUFNEHMEN EINES STREUNERS

WENN SIE EINEN STREUNENDEN HUND aufnehmen wollen, sollten Sie unbedingt herauszufinden versuchen, warum er zum Streuner geworden ist. So ersparen Sie sich unangenehme Überraschungen, die zur Folge haben, dass Sie Ihre Entscheidung bereuen, wenn es schon zu spät ist. Außerdem darf in Deutschland niemand einen

Links
Viele Leute ziehen es vor, ihre Hunde als Welpen zu kaufen. Welpen brauchen aber mehr Zeit und Aufsicht.

Mitte und unten
Hunde in Not sollten von einem Tierarzt untersucht worden sein, bevor sie vermittelt werden, damit die neuen Besitzer sich über ihre speziellen (physischen und psychischen) Bedürfnisse informieren können.

streunenden Hund einfach als seinen Besitz beanspruchen, ohne ihn zuvor zur Ermittlung des rechtmäßigen Besitzers bei der Polizei gemeldet zu haben.

EIN HUND VOM TIERSCHUTZ

ES GIBT ZAHLREICHE große und kleine Hundeschutzorganisationen. Haben Sie sich für eine bestimmte Rasse entschieden, empfiehlt es sich, Kontakt zu den entsprechenden Organisationen aufzunehmen. Die Telefonnummern erhalten Sie vom Hundeverband des Landes.

Ein Hund kann aus vielen Gründen in eine Notsituation geraten: z. B. weil er unbedacht aufgenommen wurde, weil ein (neues) Baby hinzugekommen ist, weil der Besitzer für längere Zeit ins Krankenhaus muss oder womöglich gestorben ist oder weil jemand ins Ausland zieht und keine Möglichkeit hat, den Hund mitzunehmen. Aber selbst Schutzorganisationen haben Wartelisten. Seien Sie also geduldig und überlegen Sie genau, warum Sie einen älteren Hund haben möchten. Nur dann können die Mitarbeiter dieser Organisationen Hunde dort unterbringen, wo sie am besten aufgehoben sind, denn es wäre schrecklich, wenn ein Tier bald wieder zurückgegeben werden müsste.

Dieselben Kriterien gelten, wenn Sie einen Hund aus einem Tierheim übernehmen möchten. Versuchen Sie immer, möglichst viel über seine Vorgeschichte in Erfahrung zu bringen, und überlegen Sie umgekehrt ehrlich, ob Sie sich zum Hundebesitzer eignen.

Hunde im Haus

VORBEREITUNGEN, die vor dem Einzug des neuen Hausgenossen getroffen werden müssen, hängen wesentlich von der Art des Hundes ab, von seiner Größe, seinem Bewegungsdrang und, überraschend genug, davon, ob er eine Rute hat oder nicht. Denn mit seiner enthusiastisch wedelnden Rute kann ein großer Vierbeiner bei wertvollen Einrichtungsgegenständen immensen Schaden anrichten. Also denken Sie daran und bringen Sie wertvolle Gegenstände aus der Gefahrenzone.

Rechts
Welpen sind von Natur aus neugierig und fressen möglicherweise Dinge, die ihnen schaden können.

Unten und gegenüber
Hunde brauchen Platz, müssen gefüttert werden und fordern Aufmerksamkeit. Sie müssen sicher sein, dass Sie die nötige Zeit dafür haben.

HUNDE UND SICHERHEIT

GANZ GLEICH, wie groß Ihr Hund ist, jeder Gegenstand, an dem er sich äußerlich oder innerlich (etwa wenn er Glasscherben verschluckt) verletzen könnte, sollte außer Reichweite gebracht werden.

Denken Sie daran, dass Welpen besonders neugierig sein können und nicht wissen, was gefährlich ist und was sich einfach als spaßig erweisen könnte.

Elektrische Kabel müssen sicher verborgen werden, da sie eine tödliche Gefahr bergen. Ebenso dürfen giftige Substanzen wie etwa Haushaltsreiniger nicht für den Hund leicht erreichbar stehen gelassen werden. Sie sind häufig in Plastikbehältern verpackt, die ein Hund mit seinen scharfen Zähnen allzu leicht durchstechen kann. Auch im Badezimmer kann ein neugieriger Hund alles Mögliche finden, was ihm gefährlich werden kann. Zu guter Letzt sind auch einige Pflanzen schädlich für Tiere.

Tore müssen gesichert sein, und nach draußen darf der Hund nur in einen sicheren Bereich gelangen. Wenn Türen geschlossen bleiben müssen, müssen alle im Haushalt lebenden Personen darauf achten.

Einige Hunde sind so klein, dass sie durch eine Katzenklappe passen – eine weitere mögliche Gefahrenquelle.

Ein Hinweis am Tor, der Besucher bittet, es zu schließen, kann ebenfalls eine kluge Vorsichtsmaßnahme sein.

Die Türen im Haus sollten stabil sein. Vor allem in die Küche sollte der Hund nicht ohne weiteres gelangen können, denn dort lauern häufig Gefahren (z. B. heiße Herdplatten). Außerdem gehören Hunde grundsätzlich nicht in die Küche.

DER GARTEN

AUCH IHR GARTEN muss vollkommen sicher sein. Einige Hunde sind Kletterer, andere graben gern, und Hunde mit langer Schnauze scheinen ein Talent dafür zu haben, jede winzige Lücke im Holzzaun zu vergrößern.

Viele Gegenstände, die für den Garten verwendet werden, sind ebenfalls höchst gefährlich. Daher sollten Gartenhäuschen unzugänglich sein. Viele Schneckenkörner, Unkrautvernichtungsmittel, Dünger und ähnliche Mittel enthalten gefährliche Substanzen, die zu Erkrankungen und sogar zum Tod führen können.

Im Garten sollten Sie besonders darauf achten, wenn der Hund seine Pfoten sorgfältig leckt, denn er könnte in etwas Giftiges getreten sein oder etwas Giftiges ausgegraben haben.

Schwimmbecken und tiefe Teiche sollten ebenfalls abgesichert werden. Die meisten Hunde können zwar schwimmen, doch unter Umständen finden sie bei einem Schwimmbecken keinen geeigneten Ausstieg.

AUSSTATTUNG

JEDER HUND BRAUCHT eine Futter- und eine Wasserschüssel, am besten aus rostfreiem Stahl. Beide müssen immer sauber gehalten werden.

Der Schlafplatz sollte keinen Luftzug abbekommen. Zum Schlafen sind Körbchen aus Korbmaterial, obwohl sie nett aussehen, nicht besonders geeignet, da die meisten Hunde dazu neigen, sie zu zernagen, wodurch gefährliche Kanten entstehen. Ein Hundebett aus Kunststoff, das sich leicht säubern lässt, eignet sich besser und kann aus Komfort- und Hygienegründen mit waschbarem Veterinärbettzeug ausgelegt werden.

Eine zusammenlegbare Hundekiste leistet ebenfalls gute Dienste, und zwar sowohl auf Reisen als auch zu Hause. Ein Hund darf seinen Schlafplatz nie mit einem Ort der Bestrafung in Verbindung bringen, sondern sollte sie als Zufluchtsort für einige ruhige Momente empfinden.

Unten
Sorgen Sie dafür, dass der Hund nicht aus dem Garten ausbrechen kann.

Hundeerziehung

DAMIT SICH DIE BEZIEHUNG zu Ihrem Hund zur beiderseitigen Zufriedenheit gestaltet, braucht der Vierbeiner ein Mindestmaß an Erziehung. Einige Rassen lassen sich zwar einfacher erziehen als andere, aber alle können die Grundlagen lernen. Gelingt dies nicht, liegt der Fehler wahrscheinlich beim Hundeführer. Leinentraining ist ein Muss, denn in öffentlichen Bereichen muss der Hund an einer sicheren Leine geführt werden.

GEHORSAM

BEVOR SIE IHREN HUND an geeigneten Orten frei laufen lassen, müssen Sie sich sicher sein, dass er auf Ihren Befehl hin zurückkommt.

Nicht jeder mag Hunde, und Ihr Vierbeiner sollte lernen, dass er nicht an jedem vorbeikommenden Fußgänger hochspringen darf.

Ihr Hund kann sehr bald einfache Befehle lernen. Das Wort „Nein" ist ein unverzichtbarer Befehl, Gleiches gilt für „Hier", „Sitz", „Platz" und „Bleib", die dem Hund alle mit Erfolg beigebracht werden können.

Oben
Leckerchen sind hilfreich beim Üben mit einem Hund.

Rechts
Hunde können verschiedene Befehle lernen, so z. B. „Nein", „Hier", „Sitz" und „Bleib".

Hunde sollten sowohl mit Artgenossen als auch mit Menschen umgehen können, aber beim Kontakt mit kleinen Kindern beaufsichtigt werden, denn diese nähern sich einem Tier oft zu plötzlich und können so einen Hund erschrecken.

In Erziehungskursen lernt man, wie man einen Hund am besten zu richtigem Verhalten erzieht. Der Verband für das Deutsche Hundewesen e. V. (VDH) bietet bereits seit mehreren Jahren allen Hundehaltern die Möglichkeit, ihre Kenntnisse zu allen Fragen der Hundehaltung und -zucht zu vertiefen. Mit dem 2001 neu geschaffenen Ausbildungsangeboten zum *VDH-Hundeführerschein* wird eine enge Verbindung von Theorie und Praxis geschaffen, die für jeden Hundehalter interessant ist.

Für alle Hundebesitzer in Deutschland gelten zudem die Bestimmungen des aktuellen Landeshundegesetzes (LHundG) des jeweiligen Bundeslandes, das seit 2002 u. a. das Führen von Hunden im öffentlichen Raum strenger regelt als bisher. So sind für einige Hunderassen das Anleinen sowie das Anbringen von Maulkörben vorgeschrieben. Auch muss der Halter bestimmter Hunderassen die Eignung zum Führen dieser Hunde sowie Sachkunde und Zuverlässigkeit mitbringen und diese nachweisen können. Da die Bestimmungen nicht nur für die im Gesetz als „gefährlich" eingestuften Hunderassen gelten, sollte jeder zukünftige Hundebesitzer das LHundG seines Bundeslandes kennen.

WELPEN STUBENREIN MACHEN

WENN EIN WELPE in seinem neuen Zuhause ankommt, ist er wahrscheinlich noch nicht stubenrein. Falls doch, kann die neue Umgebung einen Rückfall verursachen, sodass die Erziehung wieder von vorn beginnen muss.

Auf jeden Fall sollte ein Welpe sofort nach dem Schlafen oder nach dem Fressen nach draußen gebracht werden. Am besten nimmt man ihn die erste Zeit hoch,

bis er sich an die Tür gewöhnt hat, da er sonst wahrscheinlich auf dem Weg dorthin sein „Bächlein" macht. Bleiben Sie draußen bei ihm, ohne aber mit ihm zu spielen, da er lernen muss, warum er nach draußen gebracht wurde.

Üben mit Papier ist ebenfalls eine vernünftige Methode, besonders für sehr kleine Welpen, die viel lieber auf Papier statt auf den Fußboden urinieren. Legen Sie mehrere Schichten Zeitungspapier auf den Fußboden und schieben Sie es nach und nach zur Tür, bis Sie es schließlich nach draußen legen können. Ab diesem Zeitpunkt ist der Welpe normalerweise so weit, dass er von selbst hinaus will.

Für das Üben kann man auch einen kleinen Rest der Hinterlassenschaft auf dem Papier zurücklassen, damit der Welpe es mit dem Platz verknüpft, an dem er sich beim nächsten Mal wieder erleichtern soll.

Wenn der Hund sein „große Geschäft" im öffentlichen Bereich erledigt, müssen Sie es sofort beseitigen und entsprechend entsorgen. Sie können eigens dafür vorgesehene Hygienetüten kaufen, eine Plastiktüte tut es aber auch.

Links
Professionelle Hundeerziehungskurse können für scheinbar nicht erziehbare Hunde hilfreich sein und so die Frustration des Besitzers reduzieren.

Unten
Ein Griff in das Nackenfell eines Hundes reicht als Bestrafung.

Ganz unten
Ermahnen Sie einen Hund nur, wenn Sie ihn auf frischer Tat ertappt haben, denn sonst versteht er die Bestrafung nicht.

BELOHNEN UND BESTRAFEN

IMMER WENN sich ein junger – oder auch ausgewachsener – Hund richtig verhalten hat, sollte er belohnt werden. Es muss nicht unbedingt mit einem Leckerchen sein, es genügt auch reichliches Lob, das ihn sehr freut und ihn darin bestärkt, das gewünschte Verhalten auch künftig zu zeigen.

Leckerchen werden häufig beim Üben gegeben, dürfen den Hund aber nicht dick machen – einige Rassen neigen mehr zum Dickwerden als andere. Ein Hund, der körperlich trainiert, wird diese gelegentlichen Zusatzkalorien allerdings abarbeiten.

Umgekehrt sollte ein Hund, der sich schlecht benimmt, entsprechend bestraft werden, allerdings nur, wenn er auf frischer Tat ertappt wird. Erfolgt die Bestrafung später, kann weder ein Welpe noch ein ausgewachsener Hund sie mit der Missetat in Verbindung bringen, und sie wird ihn total verwirren.

Verbale Ermahnungen wie „böser Hund" reichen normalerweise völlig aus, wobei der Hund dann auch einige Zeit nicht gestreichelt werden sollte, sonst versteht er dies wiederum als Belohnung. Auf gar keinen Fall darf er mit Gewalt behandelt werden.

Die meisten Hunde reagieren schon auf einen direkten Blick in die Augen und eine gleichzeitige verbale Ermahnung.

Vorausgesetzt, es ist nicht zu befürchten, dass der Hund beißt, können Sie ihn am Nackenfell packen und sein Gesicht vor Ihr Gesicht halten, allerdings bitte nicht zu nah.

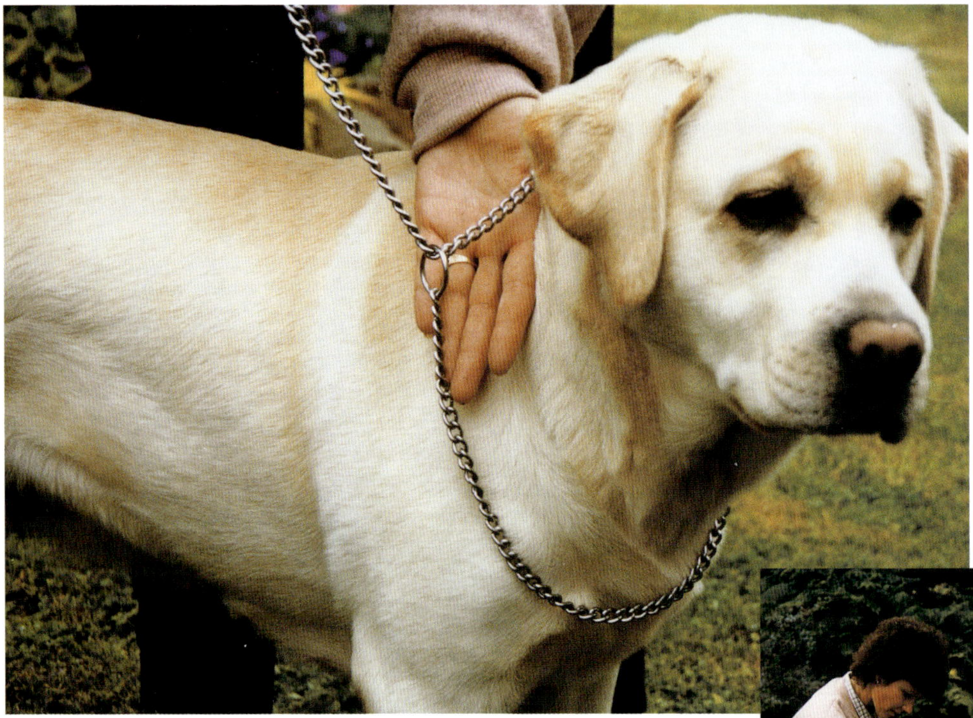

Oben
Leinentraining ist unverzichtbar für die Sicherheit des Hundes.

LEINENTRAINING UND GEHORSAM

BEI EINIGEN RASSEN sind die Welpen sehr schwer an die Leine zu gewöhnen. Zunächst sollte man ihnen daher nur das Halsband umlegen – anfangs nur für einige Minuten, denn der Hund wird gleich versuchen, es abzustreifen. Sobald er sich etwas daran gewöhnt hat, verlängert man die Zeitspanne immer mehr.

Wichtig ist die Wahl des richtigen Halsbands und der richtigen Leine. Ein Nylonhalsband, das nicht zu eng sitzen darf, lässt sich gut reinigen. Die Leine sollte stark und kurz sein. Eine für das Ringtraining verwendete Ausstellungsleine ist für Spaziergänge nicht geeignet, da sie zu leicht abrutschen kann.

EINEN WELPEN AN DIE LEINE GEWÖHNEN

HAT SICH DER KLEINE an das Halsband gewöhnt, hakt man eine Leine ein und geht mit dem Welpen hinaus, möglichst an einen sicheren Platz, der aber nicht mit Spielen verknüpft ist.

Je nach Größe und Rasse eines Hundes gibt es verschiedene Methoden, um ihn an die Leine zu gewöhnen. Bei kleinen Rassen gestattet man dem Welpen, einen am Anfang „mitzunehmen", wobei die Leine locker gehalten werden sollte, sodass er kaum mitbekommt, dass jemand das andere Ende in der Hand hat. Dann übernimmt man langsam die Kontrolle, zwangsläufig mit etwas Widerstand des Hundegefährten.

Größere Hunde scheinen sich grundsätzlich etwas leichter an die Leine zu gewöhnen. Daher sollten Sie sich von Beginn an durch Vorgabe der Richtung durchsetzen können.

Zunächst sollte ein Hund lernen, auf der linken Seite zu gehen. Später, wenn er für Ausstellungen trainiert wird, muss er allerdings auch auf der anderen Seite gehen lernen, denn ein Richter muss den Hund manchmal aus einem anderen Winkel sehen (meist bedingt durch die Form des Ausstellungsrings).

Sobald ein Hund ohne Probleme leinenführig ist, kann man ihn überall hin mitnehmen.

Mitte rechts
Handzeichen sind häufig nützlich, um einem Hund den Befehl „Bleib" beizubringen.

Nur wenn Sie absolut sicher sind, dass Ihr Hund nicht wegläuft, also keine Unfallgefahr darstellt, sollten Sie mit ihm das Gehen ohne Leine üben. In der Nähe von Verkehrswegen muss ein Hund aber immer angeleint sein.

BEFEHLE LERNEN

ZUNÄCHST MUSS der Hund lernen, sich zu setzen. Dazu drückt man ihm sanft das Hinterteil hinunter und sagt dazu „Sitz". Sobald er diesen Befehl einwandfrei ausführen kann, lernt er „Bleib".

Für diese Übung ist eine lange Leine erforderlich. Zunächst lassen Sie den Hund sich setzen und bewegen sich dann langsam fort, wobei Sie „Bleib" mehrmals wiederholen. Ein Handzeichen kann den verbalen Befehl verstärken.

Wenn sich der Hund bewegt, ermahnen Sie ihn und bringen ihn in seine ursprüngliche Sitzposition zurück. Anschließend wird die Übung wiederholt.

Vergrößern Sie allmählich den Abstand zwischen sich und dem Hund; verhält sich der Hund wie gewünscht, sollten zunächst Sie zu ihm zurückkehren, nicht umgekehrt. Nach relativ kurzer Zeit können Sie dann dem Hund beibringen, auf Rufen zu kommen; allerdings sollte er in diesem Stadium immer noch an der langen Leine sein. Jetzt ziehen Sie vorsichtig an der Leine und sagen „Hier". Wenn der Hund die Befehle „Sitz", „Bleib" und „Hier" beherrscht, ist es an der Zeit, ohne Leine zu arbeiten, allerdings immer an einem sicheren Ort.

Belohnungen, entweder durch großzügiges Loben oder durch Leckerchen, erfolgen während der gesamten Übungseinheiten.

Aufbauend auf dem bisher Gelernten folgen nun schwierigere Gehorsamsübungen, wobei „Platz" und „Bring" üblicherweise als nächste Befehle geübt werden.

Auch hierbei muss der Trainer anfangs leichte Hilfestellung geben, indem er den Hund sanft in die gewünschte Liegeposition bringt. Sobald dies klappt, entfernt sich der Hundeführer immer weiter, möglicherweise sogar außer Sichtweite.

Ein Hund muss seinem Ausbilder uneingeschränkt vertrauen (und umgekehrt), damit diese Übung erfolgreich funktioniert.

Bringt man einem Hund das Apportieren bei, kann es zu Beginn schwierig sein, ihn auf Befehl zum Loslassen des Gegenstandes zu veranlassen. Zu diesem Zweck sollten Sie während der Übung Leckerchen dabei haben. Gegen diese wird der Hund normalerweise begeistert den apportierten Gegenstand tauschen.

Einige Besitzer bringen ihren Hunden auch bei, sich auf Befehl zu lösen (sein „großes Geschäft" zu verrichten). Obwohl die Autorin bisher hierbei nicht sehr erfolgreich war, ist es äußerst nützlich für jeden, dessen Hund dies beherrscht.

Mitte links
Am Anfang kann der Besitzer Schwierigkeiten haben, den Hund zum Freigeben eines apportierten Gegenstandes zu bewegen.

Unten links
Ein Hund sollte auf der linken Seite geführt werden; nur im Ausstellungsring muss er gelegentlich rechts gehen können.

Ernährung

HUNDE WERDEN ZWAR als reine Fleischfresser angesehen, sind aber tatsächlich Allesfresser. Für sie ist kein so hoher Proteinanteil in ihrer Nahrung erforderlich wie für Katzen. Ein Hund kann zwar problemlos mit einem vollständig ausgewogenen, aber immer gleichen Futter leben, schätzt aber Abwechslung trotzdem.

UNVERZICHTBARE BESTANDTEILE

EGAL, OB SIE EINES der vielen Komplettfuttermittel oder eine eigene Mischung füttern, das Futter muss gut ausgewogen sein und sowohl Proteine als auch Kohlenhydrate enthalten. Außerdem sind eine bestimmte Menge an Fettsäuren sowie Vitamine und Mineralien für eine gesunde Haut und ein gesundes Fell sowie für viele Körperfunktionen erforderlich.

Obst und Gemüse sind ebenfalls empfehlenswert. Für einen rekonvaleszenten Hund sind Hühnchen ohne Knochen oder Fisch mit gekochtem Reis äußerst bekömmlich.

Ein aktiver Hund benötigt einen höheren Proteingehalt in seinem Futter als einer, der sich wenig bewegt; entsprechend sollte auch ein übergewichtiger Vierbeiner weniger Kalorien bekommen.

Auf der Verpackung jedes Fertigfutters befindet sich eine ausführliche Liste mit den Inhaltsstoffen. Lesen Sie sie sorgfältig, bevor Sie Ihre Wahl treffen.

RICHTIG FÜTTERN

AUSGEWACHSENE HUNDE BRAUCHEN normalerweise eine tägliche Hauptmahlzeit und eine kleine Mahlzeit am Ende des Tages. Die Futtermenge kann aber auch in zwei gleiche Mahlzeiten aufgeteilt werden. Frisches Wasser muss jederzeit verfügbar sein.

Oben rechts
Futterschüsseln aus rostfreiem Stahl sind aus Hygienegründen am besten geeignet.

Rechts
Der Appetit eines Hundes hängt von hormonellen Veränderungen und von äußeren Einflüssen, wie z. B. dem Klima, ab.

Auf keinen Fall sollte sich ein Hund innerhalb der ersten halben Stunde nach einer üppigen Mahlzeit körperlich anstrengen.

Nicht gefressenes Frisch- und Dosenfutter sollte entsorgt werden, während Trockenfutter den ganzen Tag stehen bleiben kann.

Wechseln Sie möglichst nie plötzlich die Futtersorte, da dies Durchfall verursachen kann. Gehen Sie allmählich zum neuen Futter über, indem Sie mehrere Tage lang immer größere Mengen davon mit der alten Futtersorte mischen.

Knochen können für Hunde gefährlich sein, da sie splittern und daher zu inneren Verletzungen führen können. Markknochen (vom Rind) dagegen sind üblicherweise sicher, außer sie sind bereits vorher in Stücke gebrochen.

Futter und Wasser sollten aus hygienischen Gründen in (rostfreien) Edelstahlnäpfen oder -schüsseln bereitgestellt werden. Achten Sie dabei auf deren Rutsch- und Standfestigkeit. Für einen großen Hund sollte die Futterschüssel etwas erhöht stehen, damit er sich nicht so weit hinunterbeugen muss und um seine Verdauung zu unterstützen.

FETTLEIBIGKEIT UND ÜBERFÜTTERN

VIELE HUNDE LEIDEN unter Fettleibigkeit und diese hat ihre Ursache hauptsächlich im häufigsten Ernährungsproblem: dem Überfüttern. Einige Rassen neigen eher zur Fettleibigkeit als andere. Der Cocker Spaniel und der Labrador Retriever sind zwei gute Beispiele dafür, wogegen die meisten Terrierrassen weniger gefährdet sind. Allerdings gibt es manchmal auch medizinische Gründe für Übergewicht. Wenden Sie sich also an Ihren Tierarzt, bevor Sie Ihren Hund auf Diät setzen.

Wenn ein Hund Gewichtsprobleme hat, sollten Sie sich vergewissern, dass er nur das frisst, was Sie ihm geben. Verhindern Sie, dass andere Leute ihm zwischendurch Leckerchen geben.

Der Appetit eines Hundes wird auch durch einen sozialen Faktor mitbestimmt: Welpen fressen in einer Gruppe im Durchschnitt mehr, als wenn sie allein gefüttert werden. Grund dafür ist der Futterneid, der auch für ausgewachsene Hunde gilt. Im Allgemeinen haben Hunde, die beim Futter anspruchsvoll sind, weniger Probleme mit Fettleibigkeit. Gefährdeter sind die üblicherweise weniger wählerischen Rassen. Übergewicht bei Hunden kann auch hormonell bedingt sein. Eine sterilisierte Hündin oder ein kastrierter Rüde unterliegt hormonellen Veränderungen, die den gewichtsregulierenden Mechanismus beeinflussen.

In der kalten Jahreszeit braucht ein Hund gehaltvollere Nahrung; dabei muss man jedoch auf die Kalorienmenge achten, sollte der Hund zu Übergewicht neigen.

Rohe Möhren sind ein guter Ersatz für Hundekekse, weil ein Hund das Gemüse meist ganz gern knabbert und es, abgesehen von der geringen Kalorienmenge, eine gute Hilfe beim Reinigen der Zähne ist. Möhren können statt Knabbereien gegeben oder klein geschnitten unter das normale Futter gemischt werden.

Oben
Ausgewogenes Futter ist die Voraussetzung für ein gesundes Fell.

Links
Betteln nach Futter sollte man unterbinden, da es sonst zur Gewohnheit wird und zu Übergewicht führt.

Unten
Größeren Hunden hilft das Hochstellen der Schüssel bei der Verdauung.

Bürsten und allgemeine Pflege

WIE VIEL FELLPFLEGE Ihr Hund braucht, hängt entscheidend von der Rasse ab. Länge und Struktur des Fells spielen eine wichtige Rolle, auf jeden Fall aber muss es in einem guten Zustand gehalten werden.

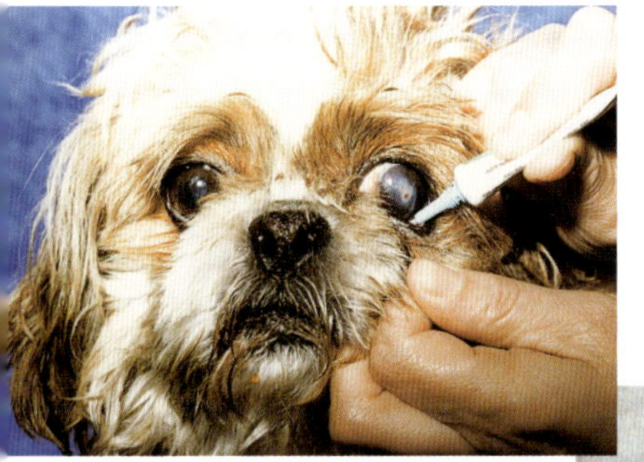

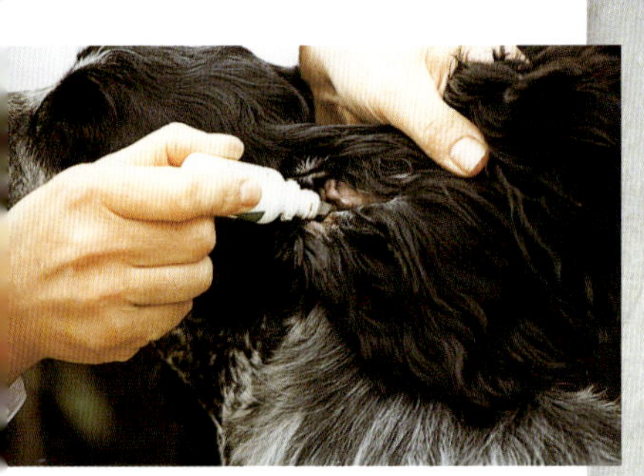

Ganz oben und oben
Einbringen von Augensalbe in ein verletztes Auge und Einbringen einer Ohrensalbe

Rechts
Einige dieser Fellpflegeutensilien sind nur für bestimmte Rassen geeignet.

EINEN HUND SAUBER HALTEN

EINIGE LANGHAARIGE Hunderassen brauchen ein Bad pro Woche, damit ihr Fell nicht verfilzt, und müssen dazwischen täglich gebürstet werden.

Hunde mit kurzem Fell, wie z. B. Whippets, müssen nur gelegentlich gebadet werden. Aber auch bei solchen Hunden sind die abgestorbenen Haare zu entfernen. Dazu bürstet man mit einem Hundehandschuh und fährt zum Schluss mit einem Ledertuch über das Fell.

BÜRSTEN UND TRIMMEN

EIN GUT ERZOGENER HUND wird sich beim Bürsten immer ruhiger verhalten als ein schlecht erzogener. Wenn ein kleinerer Hund nicht gelernt hat, „Platz“ zu machen, können Sie ihn dazu bringen, indem Sie ein Vorder- und das gegenüberliegende Hinterbein halten und ihn vorsichtig hinunterdrücken. Anfangs streicheln Sie ihn und setzen dann behutsam die Bürste ein, wobei Sie die ganze Zeit ruhig mit dem Hund sprechen. Schon sehr bald wird er das als Vergnügen empfinden, und das Bürsten wird für beide Seiten einfacher sein.

Ein Hund sollte außerdem lernen, auf dem Trimmtisch zu stehen. Das hat den Vorteil, dass er von allen Seiten gebürstet werden kann.

Beim Bürsten sollte das Fell nie vollkommen trocken sein, sonst brechen die Haarspitzen. Verwenden

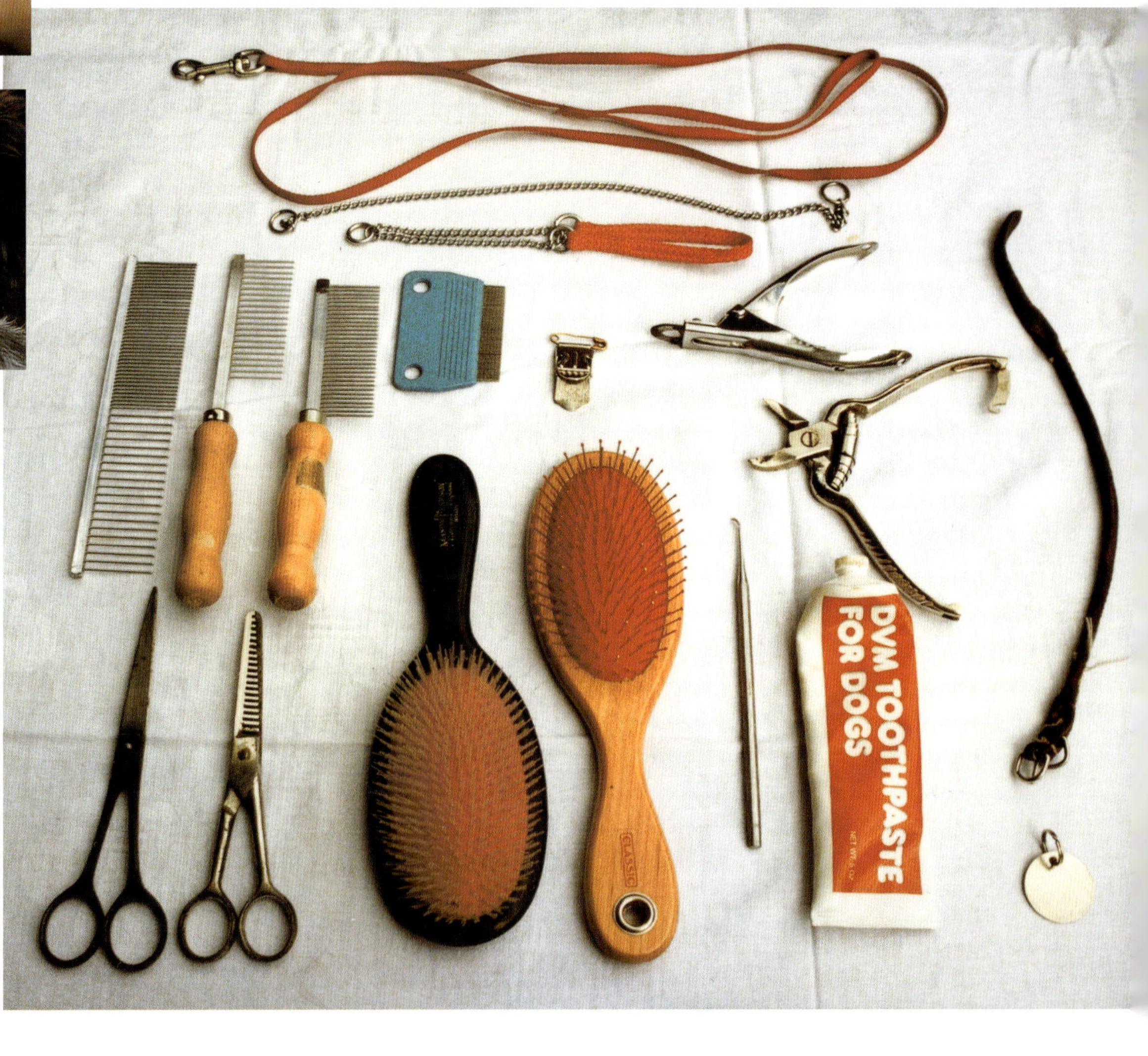

Sie ein für Hunde geeignetes mildes Konditionierungsspray. Die meisten guten Tierfachgeschäfte bieten eine Reihe solcher Mittel an. Nach den Angaben auf den Sprayflaschen können Sie entscheiden, welches für Ihren Hund am geeignetsten ist. Oder – noch besser – Sie lassen sich ein Spray von einem erfahrenen Hundebesitzer empfehlen oder von jemandem, der dieselbe Hunderasse besitzt.

Pflegen Sie das Fell für eine Ausstellung, sollten Sie unbedingt die Regeln des jeweiligen Hundeverbandes lesen, da einige Arten der Fellvorbereitung in manchen Ländern verboten sind.

Wenn das Fell auf dem Rücken gescheitelt sein soll, ziehen Sie einen Kamm ab dem Nacken gerade und ohne abzusetzen durch das Fell nach hinten.

Einige Rassen müssen geschoren oder getrimmt werden, und das ist eine Kunst für sich. Überlassen Sie die daher lieber einem Fachmann, bevor Sie viel Geld für teure Schermaschinen ausgeben. Aber auch wenn Sie das Fell Ihres Hundes professionell pflegen lassen, dürfen Sie die Pflege zwischendurch nicht vernachlässigen.

Links
Das Fell eines Yorkshire Terriers, der ausgestellt werden soll, in einem Topzustand zu halten bedeutet viel Arbeit.

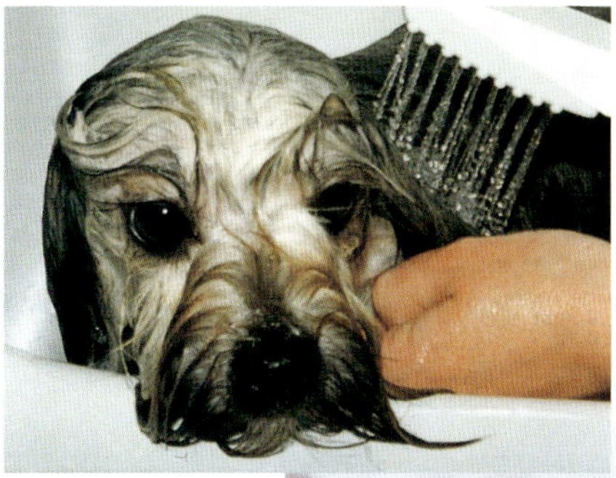

Mitte links
Alle Hunde müssen regelmäßig gebadet werden, damit ihr Fell sauber bleibt.

Unten
Einige Rassen, wie z. B. Spaniels, müssen geschoren werden.

BADEN

EIN HUND, DER VON KLEIN AUF daran gewöhnt wurde, kann ein Bad wirklich genießen. Wichtig ist, dass der Vierbeiner nicht ausrutschen kann und dass das Wasser niemals zu heiß oder zu kalt ist. Achten Sie darauf, dass die verwendeten Produkte für die Rasse geeignet sind.

Massieren Sie das Shampoo und die anschließende Pflegespülung nicht ins Fell, sondern streichen Sie beides hinein, sonst können Haarknoten entstehen, deren Entfernung schmerzhaft ist. Spülen Sie das Shampoo und die Spülung gründlich aus und drücken Sie anschließend das restliche Wasser mit einem sehr saugfähigen Lappen aus dem Fell. Lassen Sie den Hund sich noch schütteln, bevor Sie ihn in ein angewärmtes Handtuch wickeln und ihn aus der Badewanne heben.

Trocknen Sie das Fell mit einem Fön, der aber nur auf warm, nicht auf heiß eingestellt werden darf. Bei den meisten Rassen empfiehlt es sich, den Hund dabei weiter zu bürsten.

BESONDERE PFLEGE

DIE AUGEN und die Region um den Anus müssen jeden Tag auf allfällige Verschmutzungen hin kontrolliert werden. Außerdem müssen die Ohren untersucht werden. In ihnen sollten sich keine Pfropfen aus Ohrenschmalz befinden. Wenn sich doch Pfropfen gebildet haben, lassen sie sich in der Regel am Geruch oder auch an einer Entzündung erkennen.

Ferner sind die Krallen zu kontrollieren. Wie häufig dies notwendig ist, hängt davon ab, ob Ihr Hund regelmäßig auf hartem Untergrund läuft. Zum Kürzen verwenden Sie am besten eine Krallenzange, wobei Sie darauf achten müssen, nicht ins Nagelbett zu schneiden, um nicht Schmerzen und Blutungen zu verursachen. Lassen Sie sich von einem erfahrenen Hundefreund oder von Ihrem Tierarzt zeigen, wie Sie am besten mit Krallen umgehen. Außerdem sollten Sie auf keinen Fall die Wolfskrallen vergessen, da sie sich nicht natürlich abnutzen.

Von früher Jugend an sollten die Zähne regelmäßig mit einer Zahnbürste und einer speziellen Hundezahnpasta gereinigt werden.

Gesundheit und Zucht

UNMITTELBAR NACH DEM KAUF empfiehlt es sich, den Hund vom Tierarzt untersuchen zu lassen. Aber auch gesunde Hunde können krank werden. Es würde den Rahmen dieses Buches sprengen, ausführlich alle möglichen Gesundheitsprobleme darzustellen, die auftauchen können. Daher finden Sie hier nur einige häufig vorkommende Krankheiten.

Abszess: Ein Abszess ist sehr schmerzhaft und wird bei langhaarigen Rassen möglicherweise erst in einem bereits fortgeschrittenen Stadium entdeckt. Er sollte vorsichtig mit einer Lösung aus warmem Salzwasser eingeweicht werden. Das lässt ihn reifen, sodass er aufplatzt und der enthaltene Eiter abfließen kann. Danach sollte die Stelle gut ausgewaschen werden, damit die Haut zuheilen kann.

Wenn der Abszess nicht aufplatzt oder wenn mehrere Abszesse vorhanden sind, sollten Sie einen Tierarzt aufsuchen, der möglicherweise eine Behandlung mit einem Antibiotikum verschreibt.

Analdrüsen: Sie befinden sich beiderseits der Afteröffnung und verursachen Unbehagen, wenn sie voll sind. Das ist häufig daran zu erkennen, dass der Hund mit dem Hinterteil über den Boden rutscht. Der Tierarzt kann die Analdrüsen leicht ausdrücken und Ihnen auch zeigen, wie Sie das künftig selbst vornehmen können.

Verstopfung: Sie wird meist durch das Futter verursacht und lässt sich in vielen Fällen durch eine Futterumstellung beseitigen.
Geben Sie eingeweichte Hundekekse und leicht gekochtes Gemüse statt völlig trockenem Futter. Ein Teelöffel Öl ist ebenfalls hilfreich, um eine Verstopfung zu beseitigen.

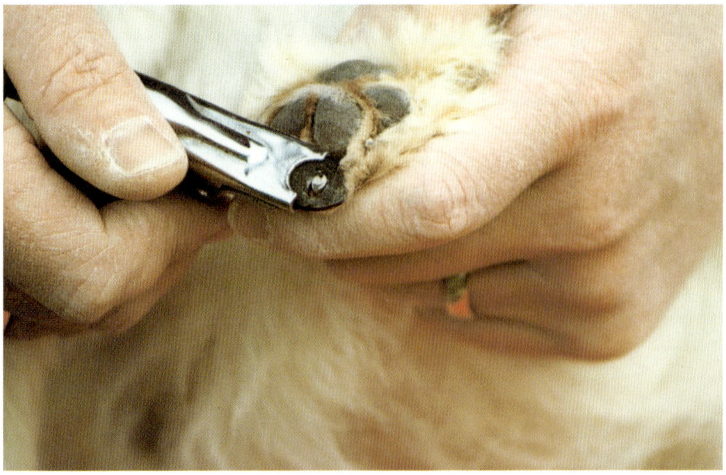

Oben
Ein glücklicher, gesunder Basset

Oben rechts
Die Zähne Ihres Hundes müssen regelmäßig gesäubert werden.

Rechts
Die Krallen sollten regelmäßig geschnitten werden, damit sich der Hund beim Gehen und Rennen nicht gestört fühlt.

Schuppen: Sie können ein Hinweis darauf sein, dass der Hund mehr Fett im Futter braucht. Fügen Sie jeder Mahlzeit etwas Pflanzenöl hinzu oder geben Sie Futteröl für Hunde.

Durchfall: Er wird häufig durch einen Futterwechsel oder eine leichte Erkältung verursacht und kann meist beseitigt werden, indem der Hund 24 Stunden nichts zu fressen bekommt. Dadurch wird der Magen geleert und kann sich beruhigen.
Frisches Trinkwasser muss immer verfügbar sein. Füttern Sie an den nächsten Tagen leichtes Futter.
Ist Blut im Stuhlgang oder treten neben dem Durchfall auch Erbrechen oder andere Symptome auf, gehen Sie sofort zum Tierarzt.

Ohrentzündung: Pfropfen aus Ohrenschmalz sowie Ohrmilben können Ohrräude verursachen. Der Hund kratzt sich eventuell am Ohr, schüttelt den Kopf oder hält ihn schräg, häufig gibt es übel riechenden Ausfluss. Spezielle Ohrentropfen beseitigen das

Problem normalerweise, wenn die Ohren aber heiß und rot sind, sollten Sie sofort einen Tierarzt aufsuchen.

Augenprobleme: Es gibt sehr viele verschiedene Augenprobleme, wobei einige Rassen angeborene Probleme haben und daher entsprechend untersucht werden müssen. Bei dem kleinsten Anzeichen von Geschwürbildung oder bläulicher Farbe im Auge sollten Sie sofort einen Tierarzt aufsuchen, um irreparable Schäden zu verhindern.

Herzprobleme: Anders als der Mensch stirbt ein Hund äußerst selten an einem Herzanfall. Er kann aber an einer Herzkrankheit leiden, die eine allmähliche oder plötzliche Verringerung der Blutzufuhr zum Gehirn verursacht, wodurch das Tier kollabiert und schwach und bewusstlos wird. Meist erholt es sich innerhalb weniger Sekunden und sollte danach sofort an die frische Luft gebracht werden.

Bei einem Herzanfall, der durch unzureichende Blutzufuhr zum Herzen verursacht wird, äußert sich das Kollabieren anders: Die Gliedmaßen bleiben meist steif, und der Hund verliert nicht das Bewusstsein. In beiden Fällen sollte das Tier unverzüglich zu einem Tierarzt gebracht werden.

Heuschnupfen: Hunde können wie Menschen allergisch gegen Pollen sein. Das zeigt sich durch ständiges Tränen der Augen und dauerndes Niesen, das durch die Entzündung der Nasenschleimhäute hervorgerufen wird. Ein Tierarzt oder ein Homöopath kann die Beschwerden lindern.

Hitzschlag: Ein Hund sollte immer einen schattigen Platz aufsuchen können und bei warmem Wetter nicht in einem Auto gelassen werden, auch nicht bei geöffneten Fenstern. Hitze staut sich bei Hunden extrem schnell, und der Tod tritt bald ein, wenn die Körpertemperatur steigt. Symptome eines Hitzschlags sind Erbrechen, Durchfall und Kollabieren. Um die Körpertemperatur zu verringern, tauchen Sie den Hund bis zum Hals in kühles, möglichst fließendes Wasser. Haben Sie nur wenig Wasser zur Verfügung, gießen Sie so viel wie möglich über den Hund. Suchen Sie anschließend sofort einen Tierarzt auf.

Leistenbruch: Sowohl bei Rüden als auch bei Hündinnen kann in einer oder in beiden Leisten ein Leistenbruch auftreten. Manchmal bleibt er unbemerkt, bis der Hund schon älter ist. Sobald eine solche Schwellung bemerkt wird, sollte ein Tierarzt wegen einer möglichen Operation um Rat gefragt werden.

Überempfindlichkeit gegen Milchprodukte: Sie kann zu einem Ausschlag in Form von Flecken oder Pusteln auf dem Bauch oder an den Läufen führen. Durch Reduzieren oder Weglassen der Milchprodukte lässt sich feststellen, ob sie tatsächlich die Ursache für den Ausschlag sind.

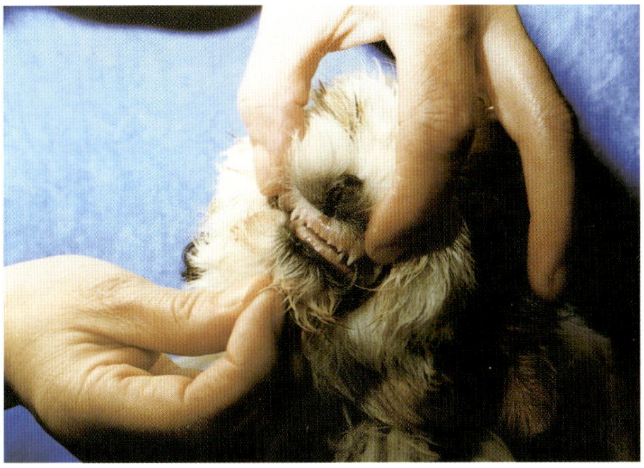

Links
Das Zahnfleisch eines Welpen ist entzündet, wenn die Zähne wachsen.

Unten
Hunde können Heuschnupfen bekommen, der aber, wie beim Menschen, behandelbar ist.

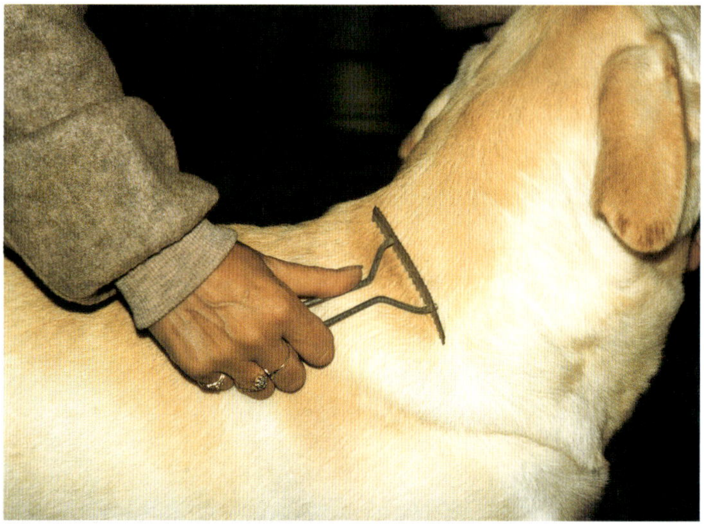

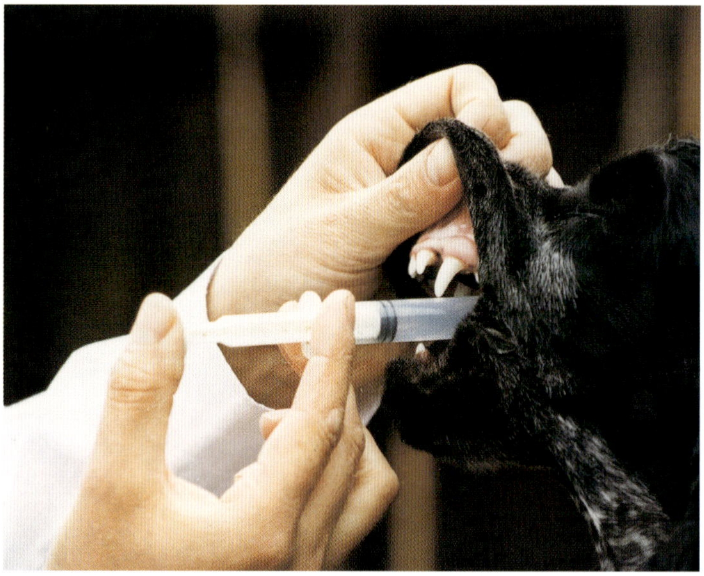

Oben
Kurzhaarige Hunde sollte man ebenfalls bürsten, um Parasiten zu entdecken.

Mitte
Manchmal ist es einfacher, eine Medizin mit einer Spritze zu verabreichen.

Rechts
Haare zwischen den Ballen müssen geschnitten werden, damit sich keine Knoten bilden.

Zwingerhusten: Es gibt Schutzimpfungen gegen diese Erkrankung, die hoch ansteckend ist. Im Anfangsstadium versucht der Hund, sich den Rachen frei zu räuspern. Daraus entwickelt sich später ein heiserer Husten. In diesem Fall muss der Hund isoliert und zum Tierarzt gebracht werden. Normalerweise lässt sich das Problem durch Medikamente beheben, aber bei Welpen und bei älteren oder gebrechlichen Hunden besteht die Gefahr bleibender Schäden oder sogar des Todes.

Nierenversagen: Häufiges Wasserlassen kann auf ein Nierenproblem hindeuten, besonders wenn es mit beschleunigter Atmung und vorzeitigem Altern gekoppelt ist. Es ist tierärztlicher Rat erforderlich.

Leberkrankheiten: Alle Leberprobleme sind ernster Natur, sodass bereits beim ersten Anzeichen einer Störung ein Tierarzt zu Rate gezogen werden muss. Ein deutliches Symptom ist eine Gelbfärbung des Weißen des Augapfels und der Schleimhäute in Mund und Augen. Außerdem ist eventuell die Unterseite der Ohrmuscheln gelb gefärbt. Andere Symptome sind Übelkeit, Appetitlosigkeit, Verstopfung und seltenes Absetzen von dunklem Urin.

Pyometra: Die Gebärmuttervereiterung stellt ein ernstes Problem dar. Anfangssymptome sind meist hohe Temperatur und vermehrter Durst. Es gibt zwei Formen der Pyometra: eine mit Ausfluss aus der Vagina und eine ohne. Da beide Formen lebensbedrohlich sind, sollten Sie sofort zum Tierarzt gehen.

Rückenprobleme: Dafür sind speziell kurzbeinige Rassen mit langem Rücken anfällig. Besonders aufpassen sollten Sie auch, wenn ältere Hunde auf Möbel springen und von ihnen herunter. Beim ersten Anzeichen einer Rückenverletzung muss das Tier sofort zum Tierarzt gebracht werden. Manchmal kann ein Hund ganz gesund werden, in anderen Fällen bleibt zumindest eine Teillähmung zurück. Wenn der Tierarzt es empfiehlt, kann Schwimmen eine sinnvolle Übung nach der

Verletzung sein. Einige Halter haben ihre Hunde mit gutem Erfolg von Chiropraktikern behandeln lassen.

Reisekrankheit: Manche Hunde leiden als Welpen daran, aber das verliert sich, sobald sie ausgewachsen sind. Wenn die Tabletten gegen Reisekrankheit, die Sie problemlos in einer Tierhandlung bekommen, nicht wirken, sollten Sie sich welche von Ihrem Tierarzt besorgen. Lesen Sie immer sorgfältig den Beipackzettel.

Nabelbruch: Bestimmte Linien einiger Hunderassen scheinen anfällig für Nabelbrüche zu sein, die sich als Sack auf dem Nabel äußern. Er ist bereits beim Welpen zu erkennen. Solche Brüche sind unterschiedlich groß und normalerweise weich. Eine tierärztliche Untersuchung ist wichtig, denn wenn ein Nabelbruch hart wird, kann er Darmteile einklemmen, was eine sofortige Operation erforderlich macht.

Zurückbleibende Hoden: Bei Rüden sollten sich beide Hoden vollständig im Hodensack (Skrotum) befinden. Das ist normalerweise im Alter von vier bis fünf Monaten eindeutig zu erkennen. Wenn ein oder beide Hoden im Skrotum fehlen, sollten Sie unbedingt einen Tierarzt zu Rate ziehen, da ein erhöhtes Risiko der Tumorbildung vorliegt, wenn die Hoden zwar vorhanden, aber nicht abgestiegen sind.

PARASITEN

Innenparasiten: Die beiden wichtigsten sind der Spulwurm und der Bandwurm. Welpen müssen unbedingt bereits vom Züchter einer kompletten Wurmkur unterzogen worden sein und auch später müssen diese Kuren regelmäßig durchgeführt werden. Ausgewachsene Hunde werden üblicherweise etwa alle sechs Monate entwurmt. Kaufen Sie das Entwurmungsmittel immer beim Tierarzt statt im Tierfachhandel und wiegen Sie Ihren Hund genau, damit Sie die korrekte Dosis verabreichen können. Da Flöhe ein Zwischenwirt für Bandwürmer sind, sollten Sie sich vergewissern, dass die Wurmkur noch wirkt, wenn der Hund Flöhe hat.

Außenparasiten: Wenn Ihr Hund, sich häufiger kratzt, müssen Sie sofort nach dem Grund suchen. Ein leichter Ausschlag auf dem Bauch kann durch eine allergische Reaktion auf irgendetwas verursacht sein. Wahrscheinlicher ist aber, dass der Hund mit Kratzen auf eine Reizung durch einen Parasiten reagiert, wobei er natürlich auch gegen Flöhe allergisch sein kann.

Flöhe sind kaum sichtbare rötlichbraune Insekten, die sich von Blut ernähren. Sie bewegen sich schnell durch das Fell und können große Distanzen überspringen. Entdecken Sie auf Ihrem Hund Flohkot – er sieht aus wie kleine schwarze Sandkörnchen –, ist das ein sicheres Zeichen dafür, dass er Flöhe hat. Lassen Sie sich von Ihrem Tierarzt beraten, was Sie dagegen tun können.

Läuse sind ebenfalls beißende Insekten, bewegen sich aber langsamer und springen nicht, sodass sie einfacher zu entdecken und zu entfernen sind. Sie haben die Tendenz, sich an den Ohren und am Hals eines Tieres zu sammeln.

Herbstgrasmilben sehen aus wie kleine orangefarbene Sandkörner, die sich zwischen den Zehen des Hundes und manchmal über den Augen sammeln. Sie können mit einem geeigneten Shampoo beseitigt werden, das Sie beim Tierarzt kaufen können.

Schließlich gibt es noch Zecken. Diese Blut saugenden Insekten bohren sich in die Haut und sind mittlerweile fast überall anzutreffen, besonders dort, wo es Schafe oder Rotwild gibt. Sie müssen sorgfältig mit einer Zeckenzange oder manuell entfernt werden, wobei darauf zu achten ist, dass der Kopf nicht stecken bleibt. Das früher übliche Ersticken in Öl, um die Zecke am Atmen zu hindern, wird heute nicht mehr empfohlen.

Oben
Hunde sollten bereits als Welpen entwurmt werden und später, wenn sie ausgewachsen sind, alle sechs Monate, damit sie keine Innenparasiten bekommen.

Mitte
Hunde können, speziell in den Sommermonaten, Zecken aufnehmen, wenn sie in hohem Gras herumlaufen.

Erste Hilfe

DIE SCHLIMMSTEN UNFÄLLE für einen Hund sind Verkehrsunfälle. Dabei kann es passieren, dass sich ein normalerweise ruhiger und zahmer Hund vor Angst oder Schmerzen kaum bändigen lässt und so die Situation nur verschlimmert, besonders, wenn er bei dem Unfall eingeklemmt wurde.

SCHNELL HANDELN

BEI EINEM UNFALL müssen Sie sofort einen Tierarzt verständigen. Ist der Hund transportfähig, sollten Sie ihn schnellstens in eine Tierarztpraxis bringen, denn dort hat der Tierarzt alle Möglichkeiten für eine gründliche Untersuchung.

Kündigen Sie Ihr Kommen an, damit er alles vorbereiten kann. Informieren Sie ihn bereits am Telefon umfassend über den Zustand Ihres Hundes – wie sind Herzschlag und Atmung, keucht er, blutet er, hat er blasses Zahnfleisch, kann er noch stehen, ist etwas gebrochen – sowie über den genauen Unfallhergang.

Auf dieser Seite und gegenüber
Passen Sie gut auf Ihre Hunde auf, damit sie nicht frei herumlaufen und dadurch einen Unfall verursachen.

Bleiben Sie ruhig. Nähern Sie sich dem Hund vorsichtig, aber beruhigend und beherrscht mit einer Leine. Bei Bedarf können Sie einen Maulkorb improvisieren, indem Sie z. B. einen Schal um den Fang und um den Hinterkopf binden. Ein Maulkorb darf aber nicht angelegt werden bei Anzeichen für eine Brustverletzung oder Schwierigkeiten mit der Atmung. Ein Hund mit Maulkorb darf nicht allein gelassen werden.

Bewegen Sie den Hund sehr vorsichtig und achten Sie darauf, ob er blau anläuft oder Probleme mit der Atmung hat. Sie können ihn auf eine Decke legen, die als Tragbahre dient, wobei idealerweise drei Leute anfassen, damit Kopf, Rücken und Becken gestützt werden können. Sind keine Helfer verfügbar, sollten Sie den Hund langsam und vorsichtig auf die Decke schieben. Zum Glück sind nicht alle Verletzungen schwerwiegend, sodass die folgenden Informationen helfen können, kleinere Probleme selbst zu beheben:

Bisse: Waschen Sie die Wunde mit warmem Wasser aus. Wenn die Haut eingerissen ist, sollte die Wunde von einem Tierarzt untersucht werden, weil sie möglicherweise mit Antibiotika behandelt oder genäht werden muss.

Bluten: Kleine Schnittwunden hören normalerweise nach einigen Minuten auf zu bluten. Sofortige professionelle Hilfe ist erforderlich, wenn die Blutung nicht aufhört oder das Blut aus einer Arterie schießt. Legen Sie im Notfall aus angefeuchtetem sauberem Stoff eine feste Kompresse an, um die Blutung zu stoppen.

Verbrennungen: Lassen Sie zunächst viel kaltes Wasser über den verbrannten Bereich fließen. Kleinere Verbrennungen können mit einer Brandsalbe behandelt werden. Bei schweren Verbrennungen müssen Sie aber einen Tierarzt aufsuchen, da sie immer von Schock begleitet sind.

Kollabieren: Schnelle Behandlung durch einen Tierarzt ist unerlässlich. Halten Sie zwischenzeitlich die Atemwege des Tieres frei, indem Sie Schleim aus dem Rachen entfernen und die Zunge nach vorn ziehen. Bei Bedarf stimulieren Sie die Atmung, indem Sie alle zehn Sekunden fest auf den Brustkorb drücken.

Fremdkörper, die im Maul stecken geblieben sind: Ein Hund, der sein Maul nicht schließen kann, sich ständig daran kratzt oder übermäßig speichelt, hat vielleicht einen Fremdkörper zwischen den Zähnen oder sogar quer über den Gaumen zwischen den oberen Molaren eingeklemmt. Wenn Sie diesen Fremdkörper nicht selbst relativ leicht entfernen können, müssen Sie sofort zum Tierarzt gehen, denn zusätzlich zu den offensichtlichen Beschwerden droht eine Entzündung.

Fellballen: Rassen mit langem oder schwerem Fell erbrechen manchmal Fellballen, ohne dass es Anzeichen für Beschwerden gibt. Das sollten Sie nicht auf die leichter Schulter nehmen, denn der Hund kann daran ersticken.

Grassamen und Kletten: Sie können sich überall am Hundekörper anheften. Durch ihre Grannen und Widerhaken setzen sie sich fest und tief im Fell fest. Dadurch

kann es zu Reizungen, Entzündungen oder Abszessen kommen, und häufig muss ein Tierarzt eingreifen.

Lahmen: Es gibt viele Ursachen, wenn es aber plötzlich auftritt, ist wahrscheinlich ein Ballen oder eine Pfote verletzt oder tut weh. Hat sich der Hund geschnitten, lässt sich das leicht feststellen. Dann sollten Sie einen Tierarzt aufsuchen. Manchmal findet man den Grund für plötzliches Humpeln jedoch nicht so leicht. Vielleicht wurde der Hund gebissen, was sich an einer Schwellung erkennen lässt, oder er hat sich einen scharfen Gegenstand (z. B. einen Dorn) eingetreten. Wenn bei einer langhaarigen Rasse die Haare zwischen den Ballen nicht gekürzt wurden, hat sich eventuell ein Knoten gebildet, der sehr schmerzhaft sein kann und äußerst vorsichtig herausgeschnitten werden muss. Es ist sogar möglich, dass ein kleiner Stein zwischen den Ballen eingeklemmt ist. Dieser lässt sich jedoch recht einfach entfernen.

Lahmen, das sich nicht schnell von allein gibt, sollte immer von einem Tierarzt untersucht werden.

Vergiftung: Trotz sehr unterschiedlicher Ursachen sind die ersten Anzeichen meist ähnlich: Erbrechen, Muskelkrämpfe und/oder Blutungen einer Körperöffnung (z. B. Zahnfleisch). Sagen Sie dem Tierarzt möglichst, welches Gift Ihr Hund aufgenommen hat, dann findet er leichter das entsprechende Gegenmittel. Fragen Sie den Tierarzt auch, ob Sie Erbrechen herbeiführen sollen (in manchen Fällen ist dies ein ungeeignetes Mittel). Halten Sie Ihren Hund warm und ruhig und sorgen Sie für viel frische Luft.

Insektenstiche: Hunde können geschickt nach fliegenden Insekten schnappen. Das muss verhindert werden, da Insektenstiche im Maul und im Rachen gefährlich sind und sofortige tierärztliche Behandlung mit Antihistaminspritzen erfordern. Ist Ihr Hund dennoch gestochen worden, so halten Sie ihn kühl und ziehen Sie die Zunge nach vorn, damit die Atemwege frei bleiben. Stiche in einen Ballen sind weniger gefährlich. Antiseptische Lösungen bringen Linderung, und Essig ist gut gegen Wespenstiche. Entfernen Sie bei Bienenstichen den Stachel mit einer Pinzette und bringen Sie Natriumbikarbonat auf.

Unten
Langhaarige Hunde, wie z. B. Afghanische Windhunde, können Fellballen aushusten. Es muss dafür gesorgt werden, dass die Hunde nicht daran ersticken.

Der ältere Hund

DIE EINZELNEN RASSEN altern unterschiedlich schnell und einige leben länger als andere. Im Allgemeinen werden kleinere Rassen älter als größere. So wird ein Lhasa Apso durchschnittlich mindestens 14 Jahre alt, während eine Deutsche Dogge Glück hat, wenn sie zehn Jahre lebt. Natürlich gibt es immer Ausnahmen, wobei der allgemeine Gesundheitszustand eine wichtige Rolle spielt. So leiden etwa schwere Hunde häufig unter anderen altersbedingten Krankheiten als leichtgewichtige Rassen.

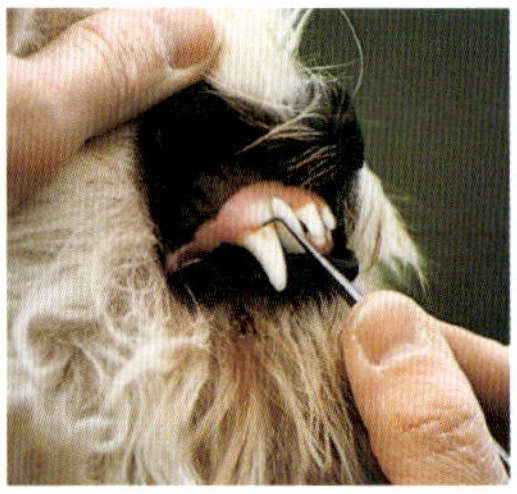

ZÄHNE

WENN EIN ÄLTERER HUND nicht daran gewöhnt ist, dass seine Zähne regelmäßig geputzt werden, wird ihm das wahrscheinlich jetzt nicht mehr beizubringen sein. Es gibt aber schmackhafte Kauknochen oder Kaustreifen, die als Reinigungsmittel dienen können.

Bei sorgfältiger Gebisspflege bestehen bei vielen Rassen gute Aussichten, dass sie ihre Zähne bis ins hohe Alter alle oder fast alle behalten. Das gilt allerdings nicht für Kleinhunde und für Rassen mit flachen Zahnwurzeln. Diese Tiere verlieren die Zähne meist früher, gelegentlich sogar in recht jungen Jahren. Wenn einige Backenzähne ausgefallen sind, wird Ihr Hund weicheres Futter bevorzugen.

GEWICHT

FÜR DIE ERHALTUNG der Gesundheit bis ins hohe Alter spielt das richtige Gewicht eine große Rolle, denn ein übergewichtiger Hund belastet seine Gelenke und Bänder mehr und bekommt wahrscheinlich in seinem späteren Leben Bewegungsprobleme. Außerdem belastet Übergewicht zusätzlich das Herz und andere Organe und kann Atemprobleme verursachen. Zudem ist zu bedenken, dass ältere Hunde eher zur Gewichtszunahme neigen als jüngere, besonders wenn sie sterilisiert oder kastriert wurden.

Wenn ein Hund immer nur einmal am Tag gefüttert wurde, wird er auf seine alten Tage lieber die gleiche Futtermenge in zwei Mahlzeiten erhalten. Das ist nicht nur der Verdauung förderlich, sondern bereichert den Tag um einen weiteren „Höhepunkt".

Einigen älteren Hunden bekommt entsprechend ihrem Gesundheitszustand ein hochwertiges proteinarmes Futter besonders gut. Ihr Tierarzt kann Sie hier sicherlich beraten.

WÜRMER UND ENTWURMEN

HUSTEN KANN ZWAR auf ein Herzproblem hindeuten, er kann aber auch Wurmbefall signalisieren. Wenn ein Hund ernsthaft krank ist, kann eine Wurmkur ihn weiter schwächen. Deshalb sollten Sie sich erst von einem Tierarzt beraten lassen, bevor Sie dem Hund ein Entwurmungsmittel geben.

SEHVERMÖGEN

EINIGE HUNDE BEHALTEN ihr Sehvermögen bis zum Tod, während andere unter nachlassendem Augenlicht leiden. Sofern ein Hund nicht plötzlich blind geworden ist, kann er mit schlechter werdenden Augen gut

Oben
Konsequente Kontrolle und Pflege der Zähne Ihres Hundes garantieren im Alter einen gesunden Fang.

Mitte rechts
Verringerte Mobilität im Alter kann zu Gewichtszunahme führen.

Rechts
Ein älterer Lhasa Apso ist ein äußerst liebenswürdiges Haustier.

zurechtkommen – manchmal so gut, dass der Besitzer gar nicht merkt, dass der Hund nur noch wenig oder gar nichts mehr sieht.

Sieht Ihr Hund schlechter, sollten Sie die Möbel im Haus möglichst nicht mehr umstellen. Außerdem sollten Sie ihn draußen überall gut beaufsichtigen, damit keine Unfälle passieren.

BLASENSCHWÄCHE

EIN ÄLTERER HUND kann manchmal Probleme haben, das Wasser zu halten. Die Ursache lassen Sie am besten durch einen Tierarzt feststellen.

Es hat keinen Sinn, den Hund nach einem „Malheur" zu bestrafen, denn ein normalerweise stubenreiner Vierbeiner verursacht eine solche Verschmutzung nicht aus Lust und Laune. Führen Sie einen alten Hund häufig nach draußen, damit verringern Sie die Gefahr solcher „Unfälle".

EINEN WELPEN DAZUHOLEN

EIN ALTER HUND kann manchmal neuen Schwung bekommen, wenn ihm ein Welpe Gesellschaft leistet. Dabei muss das alte Tier aber unbedingt seine angestammte Position im Haus behalten. Man sollte die beiden Tiere auch nur unter Aufsicht zusammen lassen, denn der ältere Hund braucht seine Ruhe und ein wenig Privatsphäre.

Wenn ein Hund nicht mehr lange zu leben hat, sollte man keinen Welpen ins Haus nehmen, sondern seine ganze Aufmerksamkeit dem alten Tier schenken.

ZEIT FÜR DEN ABSCHIED

FRÜHER ODER SPÄTER naht der Abschied. Wenn Sie Glück haben, stirbt Ihr alter Hund friedlich und ohne Schmerzen im Schlaf. Zeigt er aber Anzeichen von Erschöpfung und Schmerzen und ist das Leben für ihn nur noch eine Qual, dann ist es wahrscheinlich für alle Beteiligten das Beste, wenn Sie Ihren Tierarzt zu sich nach Hause bitten, damit der Hund in der gewohnten Umgebung sterben kann.

Sie können Ihr Tier in einem Krematorium einäschern lassen. Das ist zwar ziemlich teuer, hat aber den Vorteil, dass Sie bestimmen können, was mit Ihrem toten Hund geschieht.

Links
Ein Lhasa Apso kann gut 14 Jahre alt werden.

Mitte links
Mit 13 Jahren kann dieser Lhasa Apso immer noch auf einen Zaun klettern.

Unten
Ältere Hunde genießen es nach wie vor, draußen zu sein, auch wenn sie nicht mehr so aktiv sind wie früher.

Die Hundezucht

DIE ENTSCHEIDUNG, Hunde zu züchten, sollte sehr gut überlegt werden. Sowohl der Deckrüde als auch die Hündin müssen gesunde, kräftige und typische Exemplare ihrer Rasse sein und einander ergänzen. Wenn ein Elterntier einen anatomischen Fehler hat, sollte das andere ihn nicht haben, damit er ausgemerzt werden kann. Außerdem müssen die Stammbäume über mehrere Hundegenerationen hinweg ausgewertet werden. Ganz wichtig ist es auch, vorher zu überlegen, ob man für alle Welpen geeignete Abnehmer finden wird.

PLANEN FÜR DIE ZUCHT

EINE HÜNDIN SOLLTE mindestens 18 Monate und höchstens vier Jahre alt sein, wenn sie das erste Mal wirft. Das Höchstalter, bis zu dem mit einem weiblichen Tier gezüchtet werden darf, liegt in Deutschland normalerweise bei sieben bis acht Jahren.

Rechts
Sowohl die Hündin als auch der Rüde sollten typische Vertreter ihrer Rasse sein, damit die Welpen reinrassig sind.

Unten
Ein hervorragender Welpenplatz, der genügend Platz für die Hündin und ihre drei Welpen bietet

Die lange gehegte Meinung, eine Hündin sollte in ihrem Leben mindestens einmal geworfen haben, ist ein Ammenmärchen. Das Tier kann ein ebenso erfülltes und glückliches Leben führen, ohne jemals Welpen gehabt zu haben. Daher sollten Besitzer, die nur aus diesem Grund züchten möchten, ihre Pläne überdenken.

Es empfiehlt sich, die Hündin zu entwurmen, bevor sie läufig wird.

DIE VERPAARUNG

WÄHREND DER LÄUFIGKEIT ist eine Hündin normalerweise nur drei bis fünf Tage paarungsbereit. Davor und danach ist sie für Annäherungsversuche eines Rüden nicht empfänglich.

Hat man einen geeigneten Deckrüden gefunden und hat dessen Besitzer einer Verpaarung zugestimmt, sollte man am ersten Tag der Läufigkeit das ungefähre Datum der Verpaarung festlegen. Sie sollte immer beim Deckrüden stattfinden; häufig werden, mit einem Tag Pause, zwei Verpaarungen vorgenommen.

Vertragliche Vereinbarungen zwischen beiden Parteien sollten schriftlich festgehalten werden.

War der erste Versuch nicht erfolgreich, stimmt der Besitzer eines Deckrüden häufig einer weiteren Verpaarung zu.

Bei einer idealen Verpaarung zeigen beide Tiere Interesse aneinander und tollen ein bisschen herum, bevor der Rüde die Hündin besteigt. Probleme kann es geben, wenn einer der Hunde sich noch nie gepaart hat. Daher empfiehlt es sich nicht, zwei unerfahrene zusammenzubringen.

Bei einer erfolgreichen Verpaarung bleiben beide Tiere eine Weile miteinander verbunden; das geht meist etwa 15 Minuten, kann aber bis zu einer Stunde dauern.

Man sollte die Vereinigung ständig beobachten und die Hündin gegebenenfalls daran hindern, sich wegzubewegen, da der Rüde sonst verletzt werden kann. Zum Schluss entspannen sich die Muskeln der Hündin, um den Rüden freizugeben. Danach lässt man die beiden häufig noch eine kurze Zeit beisammen.

Wenn eine Hündin von mehreren Rüden gedeckt wurde, werden die Welpen wahrscheinlich von unterschiedlichen Vätern stammen. Daher ist unbedingt darauf zu achten, dass eine Zuchthündin keinen Kontakt zu anderen Rüden hat.

DIE TRAGEZEIT

DIE TRAGEZEIT DAUERT im Durchschnitt 63 Tage. In den ersten Wochen nach der Verpaarung ist noch kaum eine Veränderung an der Hündin zu bemerken. Erst etwa ab der fünften Woche beginnt sie zuzunehmen. Bis dahin ist ihr Futterbedarf ziemlich normal, aber während der gesamten Trächtigkeit braucht sie hochwertige Nahrung. Außerdem sollte sie erst einmal weiter ihren normalen Auslauf haben, damit sie in guter Verfassung bleibt. Während der letzten Wochen wird der Auslauf reduziert, und sie muss davon abgehalten werden zu springen.

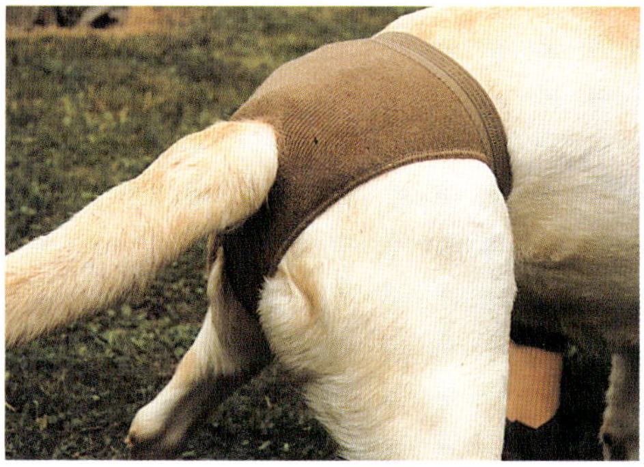

Ab der sechsten Woche bekommt die Hündin mehr zu fressen, wobei die Gesamtfuttermenge auf mehrere kleinere Portionen verteilt werden sollte. Etwa ab der siebenten Woche beginnen sich ihre Milchdrüsen zu vergrößern. Bei der Fellpflege sollten Sie darauf achten, nie übermäßig lange zu bürsten.

Die Hündin braucht einen ruhigen Platz, um sich ausruhen zu können, und sollte spätestens in der achten Woche mit dem späteren Wurfplatz vertraut gemacht werden.

Während der letzten 24 Stunden der Tragezeit verweigert die Hündin eventuell jegliches Futter. Ihre Temperatur sinkt, und sie wird unruhig und zerwühlt ihre Schlafstätte. All dies zeigt an, dass die Geburt sehr bald einsetzen wird. Benachrichtigen Sie Ihren Tierarzt für den Fall, dass Komplikationen auftreten.

DIE WURFKISTE

Eine ideale Wurfkiste bietet der Hündin genügend Platz, um sich zu drehen, ohne auf ihre Welpen zu treten. Entlang den Seiten muss sie ein Gitter haben, damit die Hündin die Kleinen nicht versehentlich einquetscht. Dieses Geländer kann entfernt werden, wenn die Welpen etwas größer geworden sind und besser auf sich aufpassen können.

Die Kiste sollte an einem warmen Ort stehen, und die Tiere dürfen keinen Luftzug abbekommen. Außerdem sollte die Hündin problemlos hinein- und herausspringen können. Gleichzeitig müssen die Gitter aber hoch genug sein, um ein Ausbrechen der Welpen zu verhindern.

Es ist hilfreich, wenn die Kiste eine verstell- und abnehmbare Front hat, denn dann haben die Welpen, sobald sie stehen können, Zugang zu einem kleinen zusätzlichen Spielbereich vor der Kiste.

Oben
Ein Shih-Tzu-Welpe

Mitte links
Eine läufige Hündin, die einen Hundeslip trägt.

Mitte rechts
Das Gesäuge einer Boxerhündin

DIE GEBURT DER WELPEN

WIE LEICHT ES EINE HÜNDIN mit dem Werfen hat, hängt größtenteils von ihrem Körperbau ab. Mitunter kann auch bei einem Hund ein Kaiserschnitt erforderlich sein. Normalerweise bringt eine Hündin ihre Jungen ohne Hilfe zur Welt. Sie sollten aber immer in der Nähe sein, um bei Bedarf eingreifen zu können.

Eine Hündin, die das erste Mal Junge bekommt, kann etwas verwirrt sein, bis der erste Welpe geboren ist und saugt. Daher sollten erfahrene Züchter gefragt werden, welche Probleme bei einer Geburt auftreten können. Außerdem gibt es lohnenswerte Züchterkurse.

Oben
Ein Shih-Tzu-Welpe, der wenige Tage alt ist und noch geschlossene Augen hat

Oben rechts
Shih-Tzu-Welpen mit offenen Augen

DIE NEUGEBORENEN WELPEN

WELPEN MÜSSEN SO FRÜH WIE MÖGLICH an ihrer Mutter saugen. Achten Sie darauf, dass keiner zu kurz kommt, sonst müssten Sie den Kleinen vorsichtig an eine Zitze der Hündin legen.

Es empfiehlt sich, die Welpen nach der Geburt auf Wolfsrachen hin zu untersuchen.

Die Lücke im oberen Gaumen lässt sich mit dem kleinen Finger fühlen. Obwohl ein Welpe mit einem Wolfsrachen eventuell saugen kann, ist es unwahrscheinlich, dass er mit fester Nahrung zurechtkommt.

Manche Züchter wiegen jeden Welpen nach der Geburt und überwachen die Gewichtszunahme während der ersten zwei oder drei Wochen.

Zumindest während der ersten Wochen sollte die Mutterhündin ihre Welpen ohne große Störung durch neugierige Nachbarn oder Freunde genießen können. Es wird genügend Gelegenheiten geben, die Welpen vorzuzeigen, wenn sie etwas älter sind und die Mutter nicht mehr so eifersüchtig über sie wacht.

Ein neugeborener Welpe verschläft ungefähr 90 Prozent des Tages, und dabei zucken seine Muskeln ziemlich viel. Das ist normal und wichtig für die Entwicklung der Muskulatur.

Die Krallen eines Welpen sind sehr scharf und sollten regelmäßig mit einer Nagelschere gekürzt werden, damit er die Hündin nicht verletzen kann.

Welpen werden immer mit geschlossenen Augen geboren, die sich üblicherweise zwischen dem neunten und dem elften Tag öffnen. Zunächst können die Kleinen aber noch nicht scharf sehen.

Die Ohren sind bei der Geburt ebenfalls verschlossen. Sie öffnen sich zwischen dem 13. und dem 17. Tag, und ab dann können die Welpen Geräusche hören und so langsam beginnen, die Welt wahrzunehmen.

NAHRUNGSUMSTELLUNG

DIE NAHRUNGSUMSTELLUNG BEGINNT normalerweise während der dritten oder vierten Woche, zunächst mit Mahlzeiten auf Milchbasis und dann mit Fleischmahlzeiten, die allmählich im Wechsel eingeführt werden.

Von vier Mahlzeiten pro Tag wird nach und nach auf drei oder zwei reduziert, und wenn die Welpen sieben Wochen alt sind, sollten sie ohne Muttermilch auskommen.

WOLFSKRALLEN UND RUTE

WENN SIE GEMÄSS RASSESTANDARD züchten möchten, erkundigen Sie sich beim Tierarzt wegen des Entfernens der Wolfskrallen. Bei einigen Rassen verlangt es der Standard, bei anderen müssen sie bleiben; bei den meisten bleibt es den Züchtern überlassen, wie sie damit umgehen.

Sollen die Wolfskrallen entfernt werden, muss das am dritten, allerspätestens am vierten Tag geschehen. Kann Ihr Tierarzt nicht zu Ihnen kommen, dann bringen Sie die Welpen in seine Praxis; die Mutterhündin müssen Sie ebenfalls mitnehmen. Sie darf allerdings während des Eingriffs auf keinen Fall in Hörweite der

Welpen sein, da sie durch deren Schreie unnötig verängstigt würde.

Hinsichtlich des Rutenkupierens herrschen sehr unterschiedliche Gesetze und Meinungen; außerdem haben sich die gesetzlichen Bestimmungen in einigen Ländern in letzter Zeit geändert. Sie sollten sich daher beim entsprechenden Hundeverband die neuesten Vorgaben hinsichtlich des Rutenkupierens besorgen, um sich nicht womöglich strafbar zu machen.

SORGEN FÜR DIE MUTTERHÜNDIN

EINE HÜNDIN, DIE EINEN WURF Welpen großzieht, benötigt viel Fürsorge und Aufmerksamkeit. Sie muss in kleinen Portionen hochwertiges Futter bekommen. Flüssigkeit muss verfügbar sein, die idealerweise aufgelösten Traubenzucker enthält.

Auch rohes Eigelb (das Eiweiß sollte nicht gegeben werden) wird ihr gut tun.

Um Eklampsie (Geburtskrämpfen) vorzubeugen, geben die meisten Züchter außerdem Kalzium.

Die Autorin gibt ab dem Tag der Welpengeburt Kalzium in flüssiger Form mit Eigelb vermischt, das die Hündin problemlos aufleckt.

Nach dem Werfen können Eklampsie, Metritis und Mastitis (Milchdrüsenentzündung) auftreten. Daher sollten Sie die Mutterhündin ziemlich bald vom Tierarzt untersuchen lassen. Achten Sie außerdem im weiteren Verlauf auf Verhaltensänderungen, die auf Probleme hindeuten könnten.

Unten
Ein Lhasa-Apso-Welpe entdeckt aufgeregt den Garten.

Mitte
Welpen finden alles aufregend, ohne zu wissen, was sicher ist und was nicht.

Unten
Ein Shetland-Sheepdog-Welpe

Die Geschichte des Hundes

DIE VORFAHREN des Hundes passten sich allmählich den Veränderungen des Klimas und des Lebensraums an. Im Laufe der Zeit entwickelten sie die sozialen Beziehungen, die für die erfolgreiche Jagd im Rudel notwendig waren. Auf diese Weise konnten sie Tiere erlegen, die ihnen an Größe und Gewicht überlegen waren.

Rechts
Der Schakal ist möglicherweise ein Verwandter des Haushundes.

Ganz rechts
Der Hund entwickelte sich aus dem Wolf und wurde nach und nach domestiziert.

Unten
Aufgrund seines Rudelinstinktes konnte der Hund für die Jagd ausgebildet werden.

GATTUNGSZUGEHÖRIGKEIT

DER HUND GEHÖRT zu einer der zehn Gattungen der Kaniden: zur Gattung *Canis,* die auch Schakale, Kojoten und Wölfe umfasst. Sie sind die nächsten Verwandten des Hundes. Alle haben dieselbe Anzahl an Chromosomen und können sich untereinander paaren.

ANDERE VERWANDTE

ETWASENTFERNTERE Verwandte des Hundes sind die Tiere der anderen neun Kaniden-Gattungen. Eine davon ist der Fuchs, von dem es 21 verschiedene Arten gibt.

Zu den weiteren Gattungen bzw. Arten gehört der Afrikanische Wildhund, auch Hyänenhund genannt, der in Rudeln von sechs bis 25 Tieren lebt, der Indische Rothund, der unter allen wild lebenden Kaniden am weitesten verbreitet ist, und der Mähnenwolf, der sich erheblich vom echten Wolf unterscheidet und in einigen Ländern Südamerikas anzutreffen ist; außerdem der Marderhund, der angeblich nicht bellen kann, jedoch andere Verhaltensmerkmale mit Mitgliedern der Hundefamilie gemeinsam hat. Der Südamerikanische Waldhund kommuniziert durch Jaulen und unterscheidet sich deutlich von den anderen entfernten Verwandten des Hundes.

Obwohl Kojote und Schakal sehr wahrscheinlich ebenfalls mit dem Haushund verwandt sind, zeigen sie nicht das Sozialverhalten des Wolfes, der mittlerweile als direktester Vorfahr des Hundes angesehen wird.

DER WOLF

DER WOLF ist ein soziales Raubtier, das vor der Intervention durch den Menschen überall in Europa, Asien und Nordamerika anzutreffen war. Seit den Anfängen des *Homo sapiens* war der Wolf als Aasfresser oftmals in der Nähe menschlicher Siedlungen zu finden. Neueren Theorien zufolge liegen die Ursprünge dieser Verbindung sogar noch 1 000 000 Jahre weiter zurück.

Es gab zahlreiche unterschiedliche Wolfsarten, vom Kenai Wolf, der seit 1915 ausgestorben ist, über den Timberwolf, das größte Mitglied der Wolfsfamilie, den es heute noch gibt, bis zum Japanischen Wolf, dem vermutlich kleinsten, der bis Anfang des 20. Jahrhunderts überleben konnte; das letzte Exemplar wurde 1905 getötet.

Der Asiatische oder Arabische Wolf, ein besonders anpassungsfähiges und geselliges Tier, bewohnte Gegenden, in denen sich Hunde entwickelt haben. Es ist somit wahrscheinlich, dass sein Blut in den Adern vieler der heutigen europäischen und asiatischen Haushunde fließt.

Viele Verhaltensweisen von Wolf und Hund sind ähnlich. Auch Wolfsjunge entwickeln ein Folgeverhalten, und genau wie der Hund zeigt der Wolf Dominanz- und Unterwerfungsgesten.

DIE ENTWICKLUNG DES HAUSHUNDES

IN DEN FRÜHEN PHASEN erfolgte die Entwicklung vom Wolf zum Hund höchstwahrscheinlich durch natürliche Selektion. Als Aasfresser hielt sich der Wolf bevorzugt in der Nähe menschlicher Siedlungen auf, und vermutlich wurden einige Wolfsjunge von Menschen aufgenommen, großgezogen und versorgt. Diese halbdomestizierten Tiere waren wohl die Vorläufer des Haushundes. Sie dienten als Wachtiere und halfen bei der Jagd, hielten als Aasfresser die Lagerplätze sauber und versorgten sich, wenn Fleisch knapp war, vermutlich auch selbst mit Futter.

HUND UND MENSCH

IM LAUFE DER JAHRE passte sich der Hund mehr und mehr an den Menschen an. Man betrachte nur das Zusammenleben der Ureinwohner Australiens mit dem Dingo, um zu verstehen, wie leicht der Hund zum Vorteil aller in das Leben solcher Gemeinschaften integriert werden konnte. Die Aborigines zogen junge Dingos groß und kümmerten sich um sie wie um Kinder. Sobald die Tiere ausgewachsen waren, wurden sie erfolgreich zum Treiben von Wild eingesetzt. Damit statteten sie gewissermaßen ihren Dank für die gute Behandlung ab, die ihnen zuteil geworden war.

Natürlich hat auch der Mensch durch das selektive Herauszüchten von wesensmäßigen und körperlichen Eigenschaften eine wichtige Rolle bei der optimalen Anpassung des Hundes an sein Umfeld gespielt. Je nach Bedarf und Geschmack wurden größere oder kleinere Hunde gezüchtet. Die, die als Wachhunde eingesetzt wurden, mussten vor allem laut bellen können. Dies, gepaart mit einer beeindruckenden Größe, konnte einen Eindringling in die Flucht schlagen.

Hunde, die bei der Treibjagd verwendet wurden, brauchten lange Beine und kräftige Muskeln, wogegen bei Hunden, die nach Fährte jagten, Wert auf einen ausgeprägten Geruchssinn gelegt wurde.

RUDELVERHALTEN

ALS RUDELTIERE konnten sich Hunde bereitwillig in Menschengruppen einfügen. Sie waren in der Lage, mit Menschen und mit Artgenossen zusammenzuarbeiten und andere Haustiere zu beschützen.

Neue Jagdmethoden wurden entwickelt, und man erkannte bald die natürliche Fähigkeit des Hundes, Wild aufzuspüren und zu apportieren. Was früher jedoch lebensnotwendig war, wurde im Laufe der Jahrhunderte zunehmend zum Freizeitvergnügen.

Hunde wurden für ihre Arbeit belohnt und sie wurden darüber hinaus zu Gefährten des Menschen. Möglicherweise spendeten sie Wärme, und ihre Zuneigung und Ergebenheit wurde zweifellos geschätzt; später jedoch stand mehr und mehr das Aussehen der Tiere im Vordergrund, das ästhetische Kriterien erfüllen und persönlichem Geschmack gerecht werden musste.

WISSENSWERTES
Der Greyhound ist der schnellste Hund und das achtzehntschnellste Landsäugetier der Welt.

Oben
Durch selektive Züchtung gelang es dem Menschen, die Besonderheiten des Hundes für eigene Aktivitäten. wie beispielsweise die Jagd zu nutzen.

Links
Der Pariahhund ist halbdomestiziert und überlebt, indem er Abfälle frisst.

Unten
Über Hunderte von Jahren hinweg musste der Hund für Futter und Schlafplatz arbeiten. Heutzutage wird er in erster Linie als Gefährte geschätzt.

WISSENSWERTES
1944 umfasste der Wurf eines American Foxhounds in Pennsylvania, USA, 23 Welpen.

Der Hund in der Antike

ALTE BILDERSCHRIFTEN geben Aufschluss über die Bedeutung des Hundes im Alten Ägypten und in anderen Hochkulturen. In den Grabkammern hoch gestellter Persönlichkeiten der Antike finden sich Darstellungen von Hunden, die zu Lebzeiten deren Gefährten waren. Die älteste Abbildung in Ägypten ist der „Khufu-Hund" im Grab des Pharaos Khufu (auch als Cheops oder Chufu bekannt), der um 2680–2520 v. Chr. lebte und vermutlich für den Bau der Großen Pyramide verantwortlich war. Auf den Abbildungen sieht man Khufus Hund, Akbaru, immer nah beim Thron seines Herrn angeleint und mit einem reich verzierten Halsband geschmückt, das viermal um seinen Hals geschlungen ist.

Oben rechts
Auf dem Grabmal von Ptahhetep in Sakkara aus der Zeit um 2500 v. Chr. finden sich Darstellungen von Windhunden.

Rechts
Mumifizierte Hunde weisen darauf hin, dass die Ägypter den Hund als Gefährten hoch schätzten.

Unten
In einigen Kulturen galten Hunde als heilig. Sie wurden als Begleiter der Götter dargestellt oder sogar selbst als Götter verehrt.

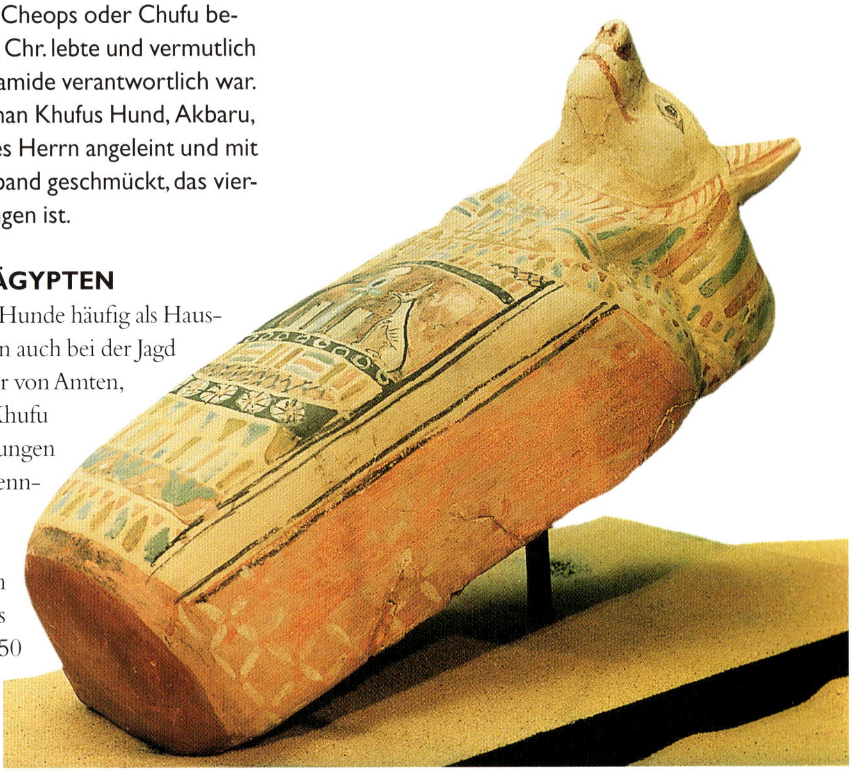

IM ALTEN ÄGYPTEN

IM ALTEN ÄGYPTEN wurden Hunde häufig als Haustiere gehalten. Manche wurden auch bei der Jagd eingesetzt. In der Grabkammer von Amten, der ungefähr 200 Jahre nach Khufu herrschte, finden sich Darstellungen von Hunden, die deutlich erkennbar Wild zur Strecke bringen.

Aus etwa derselben Zeit stammen Aufzeichnungen von Hundenamen in Tempeln. Das Grabmal von Antef II. (um 2050 v. Chr.) zeigt vier Hunde zu Füßen des Pharaos, von denen einer ein schmales, vorn zu einer Schleife gebundenes Halsband trägt. Dieser Hund mit Namen Bahakaa war weiß mit hängenden Ohren, obwohl die meisten Darstellungen aus dieser Zeit Hunde mit Stehohren zeigen.

Aus späteren Jahren finden sich Abbildungen von dachshundähnlichen Hunden mit langem Körper und mit schwarz und rotbraun geflecktem Fell. Gestalt und Farbe der Hunde, die in Mode waren, scheinen sehr vom Geschmack des jeweiligen Pharaos bestimmt worden zu sein.

Möglicherweise haben die Ägypter das Fell ihrer Hunde gefärbt; auf jeden Fall finden sich auch Darstellungen von Hunden mit blauem, rotem und grünem Fell.

Der Tod eines Haustieres wurde tief betrauert und jeder, der einen toten Hund fand, war verpflichtet, ihn in seinen Heimatort zurückzubringen, damit er dort ordnungsgemäß bestattet werden konnte. Daraus lässt sich schließen, dass bereits den Ägyptern Methoden der Identifizierung zur Verfügung standen.

HEILIGE GESCHÖPFE

AUCH WENN STIER und Ibis weiterhin höher geachtet wurden, wurde der Hund von vielen als heiliges Wesen anerkannt, so z. B. in Cynopolis, einer Stadt, die nach einem Hund benannt wurde. Die Menschen dort waren verpflichtet, bestimmte Nahrungsmengen als Futter für die Hunde bereitzustellen. Einmal kam es sogar zu einem Krieg mit einer benachbarten Stadt, da einer ihrer Bewohner einen Hund aus Cynopolis gegessen hatte.

Beim Tod eines Hundes rasierten sich die Menschen den Kopf und beweinten den Verlust laut. Zudem fasteten sie und mitunter vernichteten sie sämtliche Nahrungsmittel im Haus. Sorgfältig einbalsamiert wurde der Hund an einer speziellen Begräbnisstätte für Hunde bestattet, die oft so voll war, dass das Areal vergrößert werden musste. In der Grabrede wurden alle seine guten Taten genannt, während die Trauernden sich selbst durch Schläge Schmerzen zufügten, um ihren Kummer zum Ausdruck zu bringen. Viele Hunde, die später bei Ausgrabungen entdeckt wurden, waren mit ihren Lederhalsbändern begraben worden.

DER HUNDSSTERN

DIE HUNDEVEREHRUNG lässt sich teilweise auf Sirius, den Hundsstern, zurückführen, der den wichtigsten Tag im ägyptischen Jahr kennzeichnete, denn sobald er am Horizont aufstieg, hieß das, dass der Nil bald über die Ufer treten würde. Diese Überschwemmungen aber sicherten das Überleben der Menschen. Der Hundsstern stieg jedoch auch in der heißesten Zeit des Jahres auf, und daher glaubten die Menschen, dass er die Hunde übellaunig und anfällig für Hydrophobie (Angst vor Wasser) mache.

Die Verehrung des Hundes ist auch mit den ägyptischen Göttern Isis und Anubis verknüpft. Ein Hund hatte Isis bei der Suche nach dem Körper von Osiris geholfen.

Anubis, der den Kopf eines Schakals trägt, überwachte bei der Einbalsamierung von Körpern die Position des Balkens der Waage, mit der das Herz des Toten gewogen wurde. Anubis erschien darüber hinaus vor dem Leichnam, um ihn vor der „Fresserin der Toten" zu beschützen.

Um 625 v. Chr. wurden viele dem Mastiff ähnliche Hunde für die Jagd auf Löwen und Wildesel verwendet. Einige trugen so bildhafte Namen wie „Beißer seiner Gegner", „Fänger seiner Feinde" oder „Er lief und bellte".

Hundert Jahre später besaß ein ägyptischer Herrscher große Rudel scharfer Hunde, die für den Angriff in Formation abgerichtet waren.

DIE ROLLE DES HUNDES IN ANDEREN KULTUREN

IN PERSIEN GALT das Töten eines Hundes als Verbrechen. In Babylon waren vier Städte von sämtlichen Steuern befreit; dafür wurden ihre Einwohner für die Zucht von Mastiffs für die Armee ausgebildet.

Im alten Griechenland setzte man Hunde zum Hüten und für die Jagd ein. Jagen war beliebt, da sich die Griechen dabei selbst für den Krieg ausbildeten. Einige größere Hunderassen kamen auch im Krieg zum Einsatz. Man nimmt an, dass Korinth von Hunden gerettet wurde, die den Befestigungswall bewachten, während ihre Herren schliefen.

In Japan wurde der Hund aufgrund seiner Verbindung mit dem Gott Omisoto verehrt. Hier begrub man die Hunde aufrecht, wobei der Kopf aus der Erde herausschaute. Die Menschen kamen noch Tage nach dem Tod zum Grab und stellten Futter für das Tier hin.

Oben
Assyrische Truppen setzten Hunde im Krieg ein.

Unten
Der hundeköpfige ägyptische Gott Anubis

Beliebte Hunde

DA DER MENSCH bald die vielfältigen Charaktereigenschaften des Hundes erkannte, erfreute dieser sich schnell nicht nur als Jagd- und Arbeitstier, sondern auch als Haustier großer Beliebtheit. Als Motiv fand der Hund nicht nur Eingang in die unterschiedlichen Kunstformen, er spielte auch eine wichtige Rolle in Brauchtum und Religion.

Oben und unten
Vom Alten Ägypten an bis heute haben Hunde stets eine wichtige Rolle im Leben der Menschen gespielt.

DIE ROLLE DES HUNDES IN DER ANTIKE

DIE ALTEN ÄGYPTER haben Hunde nach ihrem Tod mumifiziert, und Anubis, die ägyptische Gottheit, die die Seelen der Toten auf dem Weg zum letzten Gericht begleitete, wurde mit dem Körper eines Menschen und dem Kopf eines Schakals dargestellt.

Sogar im Christentum findet sich das Motiv des Hundes: der Hl. Christophorus wurde mit einem Hundekopf dargestellt.

Hunde wurden für Tierkämpfe verwendet; in einigen Fällen sogar zusammen mit Löwen in einen Käfig gesperrt. Ein weiterer Brauch war das Bullenrennen, bei dem Hunde einen Bullen jagten, was bei den Menschen gleichzeitig Begeisterung und Angst auslöste.

Schließlich wurden diese so genannten Sportarten unter Strafe gestellt; stattdessen erfreuten sich Hundekämpfe, bei denen gewettet wurde, zunehmender Beliebtheit und ersetzten bis zu einem gewissen Grad andere Tierkämpfe. So mancher Hund ließ in diesen Wettkämpfen sein Leben.

Viele Terrier stehen in dem Ruf, gute Rattenjäger zu sein, aber diese Eigenschaft wurde auch für Wettkämpfe missbraucht. Es gab spezielle Rattengruben und man wettete, wie viele Ratten ein Hund in einem bestimmten Zeitraum töten würde. Einmal soll ein Hund es auf 100 große Ratten in nur fünfeinhalb Minuten gebracht haben.

HUNDE UND JAGD

HEUTZUTAGE IST der Jagdsport umstritten, aber früher waren Jagdgesellschaften häufig spektakuläre Ereignisse. In alten Schriften finden sich oft anschauliche Beschreibungen von Wildschweinjagden.

Hunde dienten sowohl zum Jagen als auch zum Apportieren der erlegten Tiere. Der Irische Wolfshund und der Barsoi wurden sehr erfolgreich bei der Wolfsjagd eingesetzt; letzterer in den großen Jagdgesellschaften des russischen Großfürsten Nicolai Nikolajewitsch, an denen häufig bis zu 32 Hundepaare beteiligt waren – damals bestand ein Paar nicht wie heute aus zwei, sondern aus drei Hunden. Der schottische Landadel verwendete hingegen bevorzugt den Deerhound für die Hirschjagd.

Über viele Jahre hinweg setzte man Hunde auch auf Dachse und andere Tiere an, was heutzutage jedoch verboten ist.

Bluthunde wurden zum Aufspüren von Menschen eingesetzt.

IM DIENSTE DES MENSCHEN

NUR DIE WENIGSTEN WISSEN, dass Hunde auch bei einer Jagd im weitesten Sinne, nämlich bei der Trüffelsuche, eine wichtige Rolle spielten, da ihr

von der Außenwelt abgeschnitten gewesen wären.

In Kriegszeiten wurden mit Hilfe von Hunden sehr häufig Geschütze oder Minen verlegt und verwundete Soldaten sowie Vorräte transportiert. Einige Hunde dienten sogar zum Transport verwundeter Kriegshunde und stellten somit eine Art Hundesanitätsdienst dar. Auch ließ man Hunde Nachrichten an Truppen überbringen, die hinter der Front stationiert waren, wobei die Tiere manchmal Gasmasken trugen.

Links
Hunde waren bei der Dachsjagd unverzichtbar und wurden wegen ihres Mutes und ihrer Ausdauer geschätzt.

Unten
Tierkämpfe waren ein beliebter Zeitvertreib, und Hunde mussten gegen unterschiedlichste Tiere, darunter auch Löwen, antreten.

Geruchssinn besser ausgeprägt ist als der von Schweinen oder Wildsäuen, die man zuvor dafür verwendet hatte.

Ein Hund, der zumindest für das Küchenpersonal nützlich war, war der Turnspit, ein langer, kurzbeiniger Hund, der in einem Rad beim Feuer den Bratspieß drehte.

Besonders in Europa mussten Hunde oft die Karren von Kaufleuten, Kohlenhändlern oder Bauern ziehen. Im Rückblick gehen die Meinungen darüber, ob diese Verwendung „richtig“ war, weit auseinander. Hingegen stößt sich niemand daran, dass Hunde Schlitten ziehen. Denn man kann sich gut vorstellen, dass Schlittenhunde eine unverzichtbare Hilfe für ihre Besitzer waren, die andernfalls komplett

HELFER DES MENSCHEN

DER ERSTE dokumentierte Versuch, Hunde zu Blindenhunden auszubilden, fand im 18. Jahrhundert in einem Pariser Krankenhaus statt. Bei diesem Versuch sollten Hunde blinden Patienten auf der Straße den Weg weisen.

Seit damals haben unzählige blinde oder sehbehinderte Menschen von der Unterstützung durch Blindenhunde profitiert. Diese Hunde werden einer strengen Ausbildung unterzogen, bevor sie zugelassen werden.

Vergleichbare Dienste werden für Gehörlose oder Körperbehinderte geleistet.

Und so genannte Therapiehunde können Trost für Kranke und Pflegebedürftige sein.

Unten
Hunde dienten in der Vergangenheit häufig als Zugtiere. Außer bei den Huskys stößt dies in westlichen Ländern heutzutage jedoch auf Ablehnung.

Tierkämpfe

TIERKÄMPFE STELLEN EIN DUNKLES KAPITEL in der Geschichte des Hundes dar. Das Thema gleichwohl zu betrachten, erlaubt uns, an das Leiden der armen Tiere zu erinnern sowie an die Mahnung und Selbstverpflichtung, Tiere zukünftig besser zu behandeln. Tierkämpfe lassen sich bis in die frühe Geschichte des Menschen zurückverfolgen, ihren Höhepunkt erfuhren sie jedoch während des Römischen Reiches, als sowohl wilde Tiere als auch Haustiere gegeneinander, gegen Verbrecher oder auch gegen professionelle Jäger kämpfen mussten.

BULLENBEISSEN

IN ENGLAND wurde im Mittelalter das Bullenbeißen außerordentlich populär. Auf dem Höhepunkt ihrer Beliebtheit wurden diese Veranstaltungen von den Gemeindeverwaltungen nicht nur gestattet, sondern sogar gefördert. Zu den Aufgaben der Bürgermeister gehörte es, dafür zu sorgen, dass ausreichend Tiere verfügbar waren, und Aufzeichnungen im Stadtarchiv von Leicester berichten von einem Erlass, der örtlichen Metzgern das Schlachten eines Bullen nur dann erlaubte, wenn das Tier zuvor in einem Kampf eingesetzt worden war.

In Chesterfield in der Grafschaft Derbyshire musste man für einen geschlachteten Bullen, der nicht zuvor auf dem Marktplatz an einem Tierkampf teilgenommen hatte, drei Schillinge und vier Pence Strafe zahlen.

Unter Heinrich II. (1154–1189) unterhielt sich die Londoner Jugend bei Spektakeln, bei denen Wildschweine gegeneinander kämpften oder Hunde auf Bären gehetzt wurden. An Orten wie dem ersten Bärengarten Londons, der unter dem Namen Paris Gardens bekannt wurde, wurden Bullen und Bären angebunden und dann von Englischen Bulldoggen attackiert. Für die Hunde war dies mit beträchtlichen Risiken verbunden, und manch einer wurde direkt im Kampf getötet. Stark verwundete oder getötete Hunde wurden sofort durch andere ersetzt.

Aus den deutschsprachigen Ländern sind derartige Veranstaltungen nicht bekannt.

EIN GRAUSAMER „SPORT"

SAMUEL PEPYS BEGEGNETE DIESEM THEMA mit deutlichem Mitgefühl für die Tiere. 1666 beschrieb er die Tierkämpfe als „sehr primitives und abscheuliches Vergnügen" und berichtete, dass die Hunde von den Bullen durch die Luft und in einem Fall sogar bis in die Zuschauerränge geschleudert wurden.

Oben
Im alten Rom waren Wettkämpfe zwischen exotischen wilden Tieren ein beliebter Zeitvertreib.

Rechts
Tierkämpfe gab es in vielen Formen. Das Schauspiel endete immer mit dem blutigen Tod aller Tiere.

WISSENSWERTES
1835 wurden Hundekämpfe in England verboten; illegal wurde aber noch im 20. Jahrhundert weitergewettet.

In einem Bericht aus dem Jahre 1670 beschreibt John Evelyn, dass Bullen einen Hund in den Schoß einer Frau schleuderten, die auf den Zuschauerrängen ziemlich hoch über dem Kampfplatz saß. Auch Evelyn war von dieser Art des Zeitvertreibs abgestoßen. Seine Darstellung beschreibt anschaulich, wie mehrere Metzger und andere Männer um einen angebundenen Bullen herumstanden und ihre Hunde bis zum Beginn des Kampfes an den Ohren festhielten.

Der Bulle wurde von den Hunden schwer verletzt und tötete etliche, indem er sie hoch in die Luft schleuderte.

Besonders in Mittelengland war das Bullenbeißen stark verwurzelt, und die Menschen schreckten vor nichts zurück, um Bullen zu bekommen – nicht selten wurden sie sogar aus einem Nachbarort gestohlen.

Die Bewohner von Coventry verpfändeten einmal sogar ihre Kirchenglocken und kauften für dieses Geld einen Bullen. Doch die Strafe folgte auf dem Fuße: Genau dieser Bulle wurde von Bewohnern Nuneatons gestohlen, die ihn schließlich auch in einem Kampf einsetzten.

In Warwickshire erhoben die Besitzer eines Bullen normalerweise eine Gebühr von acht Pence für jeden Hund, der auf den Bullen losgelassen wurde, wobei ihm vier bis fünf Minuten für den Kampf zur Verfügung standen.

Viel hing von den Fähigkeiten, der Abrichtung und auch der Zucht der verwendeten Hunde ab. Eine zu forsche und unvorsichtige Bulldogge wäre auf den Kopf des Bullen zugestürmt und von diesem sofort in die Luft geschleudert worden. Ein besser abgerichteter Hund näherte sich dem Bullen von hinten, griff zwischen den Beinen des Tieres an, verbiss sich in Nase und Maul und hielt fest und beharrlich daran fest.

Berkshire war eine der letzten Grafschaften in England, in denen das Bullenbeißen stattfand, und der Ort Bracknell war für die dort abgehaltenen Kämpfe berühmt.

In jeder Stadt gab es einen öffentlichen Platz, auf dem mindestens einmal im Jahr durch derartige Kämpfe sehr viel Bullen- und Hundeblut vergossen wurde. Ein besonders beliebter Tag für diesen grausamen Sport war der Karfreitag.

DAS VERBOT DER TIERKÄMPFE

GEGEN ENDE des 18. Jahrhunderts wandelte sich die öffentliche Meinung, und es kam zu Protesten gegen den so genannten Sport. Doch während einige Gemeinden alles daransetzten, die Tierkämpfe zu beenden, hielten andere an der alten Tradition fest.

Preston war vermutlich eine der ersten Gemeinden, die gegen diesen Sport vorzugehen versuchten. Am 11. November 1726 wurde ein Beschluss verabschiedet, der verbot, mit öffentlichen Geldern Bullen zu erwerben, die bei Kämpfen eingesetzt werden sollten.

1801 schrieb Joseph Strutt: „Heutzutage wird das Bullen- und Bärenbeißen nicht mehr von Personen von Rang und Ansehen unterstützt. Finden diese Kämpfe dennoch statt, was selten der Fall ist, wohnen ihnen nur die niedrigsten und verachtenswertesten Menschen bei."

Oben
Obwohl sich der angegriffene Bär nur eingeschränkt bewegen konnte, da er an eine Mauer angebunden war, konnte er immer noch einen unvorsichtigen Hund töten.

Mitte
Das Bullenbeißen stellte für die Hunde eine große Gefahr dar, da sie aufgespießt oder in die Luft geschleudert werden konnten. Viel hing vom Geschick eines Hundes und davon ab, wie er abgerichtet worden war.

Unten
Gegen Ende des 18. Jahrhunderts wandelte sich die öffentliche Meinung und Tierkämpfe stießen zunehmend auf Ablehnung. Traditionen werden jedoch nur langsam aufgegeben und obwohl Tierkämpfe verboten sind, finden sie weiterhin statt.

Karrenhunde

METZGERKARREN wurden im Mittelalter nicht selten von Hunden gezogen. Auch sah man häufig Kinder in kleinen, Ziegenkarren ähnlichen Karren, die von einem oder zwei stattlichen Hunden, z. B. Neufundländern, gezogen wurden. In Neufundland selbst wurden die Hunde darüber hinaus eingesetzt, um Holz aus den Wäldern zu den Häusern zu ziehen.

HUNDEKARREN

HUNDEKARREN DIENTEN ganz unterschiedlichen Zwecken: sowohl als „Verkaufsstände" für Obst und Gemüse als auch, um mit der Angebeteten einen vergnüglichen Ausflug zu unternehmen.

Ein Holzschnitt von 1837 zeigt den „Katzenfleischmann". Der Straßenverkäufer sitzt auf dem Karren und bietet jedem Interessierten Fleisch auf einem Spieß an. Unter dem Holzschnitt steht das folgende Gedicht:

Man nennt mich „Wachsender Wanst durch Katzenfleisch"
In Peters Straße wohne ich, mein Herr
Dort betreibe ich mein Schnippelbüro
Und Mäusefängers Essen verkaufe ich, der Herr.

Karren wurden nicht nur für Waren, sondern auch zur Personenbeförderung verwendet.

John Gregory, 1799 in Großbritannien geboren, hatte in seiner Jugend bei einer Explosion in einem Kohlenbergwerk im Norden Englands beide Beine verloren.

Um sich leichter bewegen zu können, verwendete Gregory einen Hundekarren, und die Gründe dafür werden in dem folgenden Gedicht erklärt:

Der Grund, warum ich halte einen Hund
Und fahre umher und greine,
Ist nicht, weil mir das so gut bekommt,
Sondern weil ich verlor meine Beine.

Oben rechts
Hundekarren wurden von Kaufleuten wie diesem belgischen Milchmann verwendet.

Rechts
Im 19. Jahrhundert wurden Hundekarren in Großbritannien verboten.

Unten
Der behinderte John Gregory stellte fest, dass ein Hundekarren ihm größere Bewegungsfreiheit verschaffte.

Noch zu Beginn des 20. Jahrhunderts leisteten Hundekarren beispielsweise in Belgien und den Niederlanden Kleinhändlern und Bauern so wertvolle Dienste, dass keine Gemeindeverwaltung ihre Verwendung zu untersagen wagte. Das hätte einen Sturm der Entrüstung ausgelöst und verheerende Folgen gehabt, denn viele vergleichsweise wohlhabende Familien wären mittellos geworden.

Als Kompromiss wurde ein Verein für die Verbesserung der Lebensbedingungen von Zughunden gegründet. Seine Ziele waren die Zucht von Hunden zu fördern, die sich als Zughunde am besten eigneten, das Geschirr der Hunde zu verbessern und eine bessere Führung und Haltung der Tiere zu erreichen. Außerdem sollten die Karren besser ausbalanciert und leichtgängiger werden. Die Karrenlenker konnten sich speziell unterweisen lassen und sogar Preise gewinnen, angefangen von Urkunden und Medaillen bis hin zu Bargeld.

Noch in den 30er-Jahren des 20. Jahrhunderts wimmelte es auf belgischen Märkten von zahllosen kleinen Hundekarren, die von fröhlich bellenden Vierbeinern gezogen wurden.

Die Karren wurden nicht nur von Gemüsebauern, sondern auch von Milchmännern und -frauen, Metzgern, Bäckern und sogar Kohlenhändlern verwendet. Vielfach waren nur ein oder zwei Hunde angeschirrt, manchmal wurden jedoch auch bis zu fünf Zughunde verwendet. Karrenhunde kosteten ungefähr £ 4 und wurden normalerweise mit Pferdefleisch gefüttert.

In den Niederlanden wurden die Gesetze zur Regelung des Einsatzes von Zughunden nicht sehr streng gehandhabt; Hundekarren gab es jedoch auch in der Schweiz, in Österreich und in der Tschechoslowakei, wo ihre Verwendung durch städtische Verordnungen geregelt wurde. Hunde, die zu alt, zu jung oder trächtig waren oder noch ihre Welpen säugten, durften nicht eingesetzt werden, und als Mindest-Widerristhöhe für einen Zughund waren 61 cm vorgeschrieben.

Hunde durften nicht in der Sonne und an ihren Karren angeschirrt zurückbleiben, und einige Karren wurden so umgearbeitet, dass die Hunde sich darunter legen konnten, während die Waren ausgeliefert wurden.

Kindern unter 14 Jahren war es verboten, Hundekarren zu führen.

ANSCHIRREN DES HUNDES

DIE TEILE DES GESCHIRRS, mit denen der Hund in Berührung kam, hatten gepolstert zu sein. Fahrzeuge mit weniger als vier Rädern mussten entweder mit einer Stütze oder mit nach außen gedrehten Deichselarmen ausgestattet sein, sodass sich der Hund ungehindert hinlegen konnte. Damit die Last nicht auf seinen Nacken drückte, passte man einen dritten Deichselarm ein.

Die Karren mussten gefedert und die Achsen geschmiert sein. Darüber hinaus gab es Gewichtsbeschränkungen und es war Vorschrift, den Hund bei schlechtem Wetter mit einer Decke zu schützen.

HUNDEKARREN WERDEN VERBOTEN

IN GROSSBRITANNIEN wurden die Hundekarren im 19. Jahrhundert größtenteils auf Betreiben der Kutschunternehmen offiziell verboten, die in ihnen besonders bei der Paketauslieferung eine Konkurrenz hatten. Da die meisten Menschen, die Karren verwendeten, den unteren Gesellschaftsschichten angehörten, konnten sie bei den damaligen gesellschaftlichen Machtverhältnissen nichts gegen die Verabschiedung dieses Gesetzes unternehmen.

WISSENSWERTES
Zum Spaß traten die Lenker von Hundekarren mit ihren Gespannen häufig gegeneinander zu Rennen über eine Distanz von 4,8 km an.

Oben
In Neufundland wurden Hundekarren für unterschiedlichste Zwecke verwendet, z. B. als Transportmittel für die Familie oder auch zum Sammeln von Feuerholz.

Links
Der Gebrauch von Karrenhunden war in vielen europäischen Ländern weit verbreitet. Zwar galten unterschiedliche Verordnungen, aber die meisten Länder waren bemüht, das Wohlergehen der Hunde sicherzustellen.

Kutschenhunde

IN DALMATIEN an der ostadriatischen Küste wurden Dalmatiner bis ins 18. Jahundert dazu abgerichtet, Reiter zu begleiten, da sie für diese schwierige Aufgabe sehr gut geeignet waren und außerdem über große Ausdauer verfügten. Im späteren 18. Jahrhundert gelangten Dalmatiner erstmals nach Großbritannien. Hier fanden sie als so genannte Kutschenhunde immer mehr Verbreitung, wobei es – höchstwahrscheinlich aus ästhetischen Gründen – üblich war, die Ohren zu kupieren. Mitunter wurde sogar der gesamte Ohrlappen entfernt, sodass der äußere Gehörgang vollkommen offen lag. Da sich dadurch jedoch das Infektionsrisiko erheblich steigerte, hörte man damit bis ungefähr 1880 wieder ganz auf.

WISSENSWERTES:
Dalmatiner sind vergleichsweise anfällig für Taubheit und Hüftgelenksdysplasie.

KUTSCHENHUNDE

WÄHREND DER BLÜTEZEIT des Kutschenwesens fungierte der Dalmatiner als Wachhund für Pferde, Karossen, Kutschen und ihre Ladung und zur Viktorianischen Zeit konnte man ihn oft neben diesen Gefährten einhertraben sehen. Angeblich sah man sogar in den 1950er-Jahren gelegentlich noch Dalmatiner zwischen den Rädern einer Kutsche laufen.

Aufgrund seines Fleckenmusters ist der Dalmatiner nachts leicht zu sehen, sodass er sich besonders in ländlichen Gebieten als Kutschenbegleithund nützlich machte.

Da man ihn lange Zeit für wenig intelligent hielt, sah man zunächst keine andere Verwendungsmöglichkeit außer als Begleitung einer Kutsche oder seines Herrn beim Ausritt. Im Laufe der Zeit erkannte man jedoch die tatsächlichen Fähigkeiten dieses Hundes.

Sich bei einer Kutschfahrt oder beim Ausritt von einem Hund begleiten zu lassen, galt als ausgesprochen schick. Doch auch diese Mode wandelte sich, und schon bald fand sich der Dalmatiner unter der Achse der Kutsche wieder. Egal, ob ein Hund der Kutsche folgte, ihr vorausspranq oder neben ihr herlief, er bewies stets eine erstaunliche Ausdauer.

Auch die Deutsche Dogge diente als Begleiter von Kutschen und wurde ebenfalls oft als Kutschenhund bezeichnet. Zur Unterscheidung zwischen den beiden Rassen musste sich der Dalmatiner mitunter mit dem Namen „Gewöhnlicher Kutschenhund" begnügen, in Frankreich hieß er „Kleine Dogge".

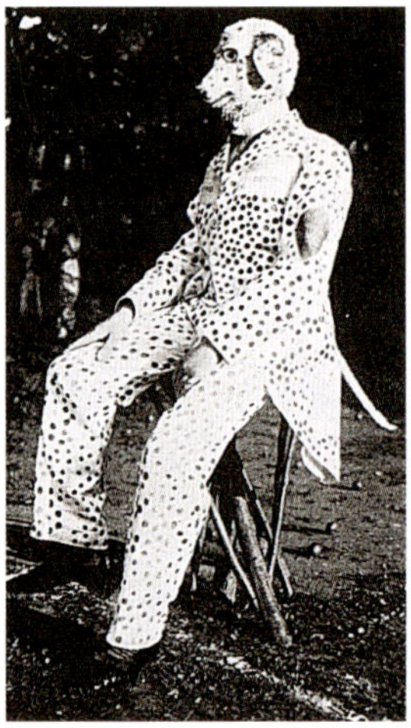

Oben rechts
Viele Menschen sind von Dalmatinern begeistert, aber nur wenige würden so weit gehen, sich derart zu kostümieren.

Rechts
Der Dalmatiner, der ursprünglich als Gebrauchshund diente, wurde durch Disneys 101 Dalmatiner *zum Modeobjekt.*

GEFÄHRLICHE FAHRTEN

DER DALMATINER BEWIES bei der anstrengenden Arbeit auf der Straße großes Durchhaltevermögen und konnte an einem Tag durchschnittlich 24–32 km zurücklegen, die übliche Strecke für private Transportmittel. Während der Fahrt blieb der Hund immer neben dem Pferd und der Kutsche, hielt sie jedoch an,

verhielt er sich wie jeder andere Hund auch.

Durch das Laufen neben einer Kutsche war ein Hund ständiger Gefahr ausgesetzt: So kam ein Hund, der regelmäßig der Kutsche folgte, die um 1851 als einzige die Strecke von London über Dorking, Horsham und Henfield nach Dover fuhr, auf tragische Weise um, als er von der Kutsche sprang, um seine Position zwischen den Hinterrädern einzunehmen. Der tote Körper wurde ausgestopft und in einer Glasvitrine in einem Pub in Londons Edgware Road ausgestellt.

RÜCKGANG DER KUTSCHENHUNDE

GEGEN ENDE DES 19. JAHRHUNDERTS sah man immer seltener Dalmatiner als Kutschenbegleitung. Eine Schilderung eines Ausflugs aus dieser Zeit beschreibt die große Begeisterung, die eine unerwartete Begegnung mit einem Dalmatiner bei Kindern auslöste.

Der Dalmatiner war im Grunde ein Stallhund und hielt sich nur selten im Haus auf. Die Meinungen darüber, ob die „Pferdeliebe" dieser Rasse angeboren oder lediglich das Ergebnis ihrer Lebensumstände war, gingen jedoch auseinander. Sicherlich entstand vielfach eine enge Beziehung zwischen Hunden und Pferden, und Dalmatiner fühlten sich angeblich am wohlsten, wenn sie einen Schlafplatz in einem Pferdestall erhielten.

OLD SAM

EIN BEKANNTER HUND, der Anfang des 19. Jahrhunderts dem Pferdewagen seines Besitzers folgte, war Old Sam. Er und seine Hundegefährten lernten viele große Hotels und Gasthäuser kennen und machten sich häufig allein zu Orten auf den Weg, an denen sie zuvor gastfreundlich aufgenommen worden waren. Sie wurden so oft erst spät nach Hause gebracht, dass ihr Besitzer jedem Hund ein Halsband mit der Aufschrift „An die Restaurantbesitzer: Halten Sie diesen Hund bitte nicht fest" anlegte.

Oben
Dalmatiner wurden zum Bewachen von Karossen und Kutschen verwendet und waren daran gewöhnt, während der Fahrt neben ihnen herzulaufen.

Links
Nachdem der Dalmatiner seine Funktion als Kutschenhund verloren hatte, wurde er zum modischen Haustier.

WISSENSWERTES
Zwei Harvard-Forscher wiesen in den 1930er-Jahren an Dalmatinern, die als Kutschenhunde arbeiteten, die genetische Kontrolle und Vererbung von guten Laufpositionen nach.

Der Hund und die Kirche

BEIDE HABEN eine lange gemeinsame Geschichte, auch wenn die Haltung der Kirche dem Hund gegenüber nicht immer sehr wohlwollend war. Nur sehr selten wurde es gestattet, Haustiere in geweihter Erde zu begraben, doch immer wieder versuchten Hundebesitzer, vor Gericht das Recht zu erstreiten, dass ihre Haustiere neben ihnen beerdigt werden durften.

HUNDE UND HEILIGE

WÄHREND DER HUND im Alten Testament vor allem als „unreines" Tier erscheint, zeigt die christliche Überlieferung ihn vielfach im positiveren Licht. Um zahlreiche katholische Heilige ranken sich Geschichten von Hunden als treue Gefährten. Vor allem die Legende des Hl. Patrick aus dem 5. Jahrhundert, der „Apostel Irlands", erzählt von Hunden als Gefährten des Heiligen, die seine Frömmigkeit oft vor den Menschen erkennen und darauf reagieren. Auch die Bildnisse der Hl. Margareta von Cortona zeigen sie meist mit einem, an ihrem Rocksaum ziehenden Hund, der seinen Herrn, Margaretas Gemahl, erschlagen aufgefunden und sie zu ihrem to-ten Gatten geführt hatte.

WISSENSWERTES

Im Jahr 585 wurde Priestern die Haltung von Hunden untersagt. Begründet wurde dies mit dem offen ausgelebten Sexualtrieb der Hunde, ihrem Lärm und der Tollwutgefahr.

Rechts
Hunde wurden auf religiösen Gemälden oder auf Grabsteinen abgebildet, aber in vielen Gemeinden war es verboten, Hunde mit ihren Besitzern zu beerdigen.

Unten
Mithilfe von Hundezangen wurden nicht erwünschte Hunde aus den Kirchen gezogen, was jedoch häufig zu Verletzungen führte.

HUNDE IN DER KIRCHE

ADLIGEN WURDE vorgehalten, dass sie ihre Greyhounds zum Gottesdienst mitbrachten, woraufhin sie der Messe außerhalb der Kirche beiwohnten. Daher gewöhnte man sich daran, die Kirchentüren offen zu lassen, und einige Priester begaben sich tatsächlich auf den Kirchhof, um den Segen zu spenden. Daraus entstand schließlich die Gepflogenheit, an der Kirchentür einen Segen für alle Tiere auszusprechen.

Ab wenig später und bis vor vergleichsweise kurzer Zeit galt es nicht als pietätlos, Hunde mit in die Kirche zu nehmen, zumal viele Gläubige einen langen Weg hatten und deshalb einen Vierbeiner zu ihrem Schutz gut gebrauchen konnten.

Es gab Kirchen, die in Lincolnshire eine Bank speziell für die Hunde des Gutsherrn hatten, die während der Messe dort untergebracht wurden.

Natürlich verhielten sich die vierbeinigen „Kirchgänger" nicht immer friedlich, wie etwa im englischen Durham, wo sich die Hunde zwischen den Messdienern balgten, sodass der Gottesdienst unterbrochen werden musste.

In einer Kirche in Schottland konnte ein Kampf trotz zahlreicher Versuche nicht gestoppt werden. Plötzlich ließ der Pfarrer verlauten, dass er auf den gelben Hund setzen würde, woraufhin die ganze Gemeinde wieder Platz nahm, um sich das Schauspiel anzusehen.

Mit der Zeit stellten Hunde ein immer größeres Problem für die Kirchenoberen dar. 1636 bestellte Bischof Wren, ein Onkel des berühmten Architekten Sir Christopher Wren, eine Kommunionbank mit so eng beieinander stehenden Streben, dass sich kein Hund hindurchquetschen konnte; sie sollte vor dem Abendmahlstisch angebracht werden.

HUNDEVERBOT IN DER KIRCHE

IM 17. JAHRHUNDERT WURDEN HUNDE erneut aus den Kirchen verbannt. So genannte Hundetreiber oder Hundescheucher waren damit beschäftigt, die Tiere außerhalb der Kirchen zu halten.

Im Jahr 1659 verfügte ein wohlhabender Mann in seinem Testament, dass jährlich acht Schilling aus seinem Vermögen für die Bezahlung eines armen

Mannes aufgewendet werden sollten, damit dieser die Hunde aus Claverley Church fern hielte.

1725 wurde der Trysull Church in Staffordshire Geld hinterlassen. In diesem Fall sollte der Hundescheucher jedoch nicht nur die Hunde aus der Kirche vertreiben, sondern auch dafür sorgen, dass die Gemeinde während der Predigt wach blieb – eine durchaus nicht ungewöhnliche Doppelaufgabe. Er verwendete in der Regel einen langen Stock mit einem Fuchsschwanz am einen Ende, mit dem er schlafende Frauen im Gesicht kitzelte, und einem Knauf am anderen, mit dem er schlafenden Männern auf den Kopf klopfte.

In Prestwick wurde für die dreifache Aufgabe, schlafende Kirchenbesucher zu wecken, Hunde zu vertreiben und die Kanzel sauber zu halten, 13 Schilling bezahlt.

Die St.-Pauls-Kathedrale in London stand früher sechseinhalb Tage in der Woche für Hunde offen und war demzufolge oft in einem furchtbaren Zustand, wenn die Menschen zum Gottesdienst erschienen. Am Sonntagmorgen kam der Hundescheucher eine halbe Stunde vor Messebeginn, um die Hunde aus der Kirche zu vertreiben. Es wurde berichtet, dass blinde und lahme Tiere und sogar ganze Würfe von Welpen aus der Kathedrale hinaus auf die Straße purzelten.

Nicht selten schlüpfte ein Hund während der Messe unbemerkt in die Kirche zurück, aber in der Regel erwischte ihn der Hundescheucher schon nach wenigen Augenblicken wieder.

WISSENSWERTES

Aus Aufzeichnungen geht hervor, dass eine Sonntagsmesse ohne Kommunion stattfinden musste, da ein Hund das Brot vom Altar gestohlen hatte.

Oben links und rechts
Bis vor nicht allzu langer Zeit wurden Hunde in Kirchen geduldet und es kam vor, dass Bänke und Türen speziell an ihre Bedürfnisse angepasst wurden.

Links
Da Hundebesitzern oft verweigert wurde, ihre Tiere auf einem kirchlichen Friedhof zu begraben, kamen mehr und mehr private Tierfriedhöfe auf – oft mit kunstvollen Gräbern.

Hunde sammeln Geld

STECK DEINE HAND in deine Tasche,
Mach sie leer;
Gib dein Gold oder sogar ein Medaillon her,
Wenn du knapp bei Kasse bist,
Für das Unternehmen, um das wir uns sorgen –
Indem wir Britannien in den Hafen bringen.
Aus *Tommy's Little Dog* von F. Harald Williams (1900)

WOHLTÄTIGKEITSUMZÜGE

ÜBER VIELE JAHRE HINWEG erwiesen sich Hunde als sehr nützlich und sogar als talentiert beim Geldsammeln für einen guten Zweck. Im Jahre 1900 organisierte die Ladies' Kennel Association einen Umzug mit 400 Hunden, um Geld für den Soldier's Widow and Orphan Fund (Fonds für Soldatenwitwen und -waisen) zu sammeln. Es kam die stolze Summe von £ 3000 zusammen.

Die Veranstaltung war streng durchorganisiert. Viele waren patriotisch bekleidet und die Hunde waren in „Kompanien" unterteilt, von denen jede unter der Leitung eines „Divisionsoffiziers" stand. Die Gruppe der Englischen Bulldoggen wurde beispielsweise von einem Hund namens Simple Simon angeführt.

Einen wunderbaren Anblick bot der Hund von Sergeant Locker aus Cheltenham, der kleine rote Kniebundhosen und einen scharlachroten Mantel sowie ein Miniaturgewehr und eine Flagge auf dem Rücken trug.

Den Ehrenplatz und einen Silberpokal erhielt an diesem Tag ein kleines Mädchen mit seinem „winzigen Jap", den sie unter ihrem Umhang hielt, wobei sie gleichzeitig eine Fahne trug.

Dieser besondere Umzug war ein sehr wichtiger Tag für Hunde und Halter, aber viele Vierbeiner wurden über viele Jahre hinweg allein für das Sammeln von Geld eingesetzt.

Oben
Zulu gehörte zum lebenden „Inventar" der Strandpromenade von Hastings und genoss wegen seiner Fähigkeit, Geld für wohltätige Zwecke zu sammeln, hohes Ansehen.

Unten
Absent-Minded Beggar (Zerstreuter Bettler) machte seinem Namen alle Ehre, als er die Münzen aus seiner Sammelbüchse auf die Straße kippte.

GYP

GYP WAR EIN INTELLIGENTER drahthaariger Terrier, der für unzählige wohltätige Einrichtungen sammelte, u. a. für den Transvaal War Fund (Fonds für den Transvaal-Krieg), für den er £ 9 zusammentrug. Ihm wurde nachgesagt, dass er eine für diese Zwecke perfekte Geldgier mitbrachte, da er vom Klingeln der Münzen magnetisch angezogen wurde. Sobald er eine Münze zwischen seinen Zähnen hatte, hielt er sie beharrlich wie mit einer Zange fest. Zum Betteln setzte er sich hin, und wurde ihm eine Münze zugeworfen, fing er sie mit erstaunlicher Präzision mit seiner Schnauze auf.

BHUTAN, DER LHASA APSO

EIN WEITERER HUND, der beim Betteln Männchen machte, war Bhutan, ein Lhasa Apso, der aus dem Himalaya importiert und 1896 beim British Kennel Club registriert wurde. Er bettelte bei Ausstellungen, wobei er stundenlang in seiner Position verharrte. Prinzessin Alexandra, eine regelmäßige Besucherin dieser Veranstaltungen, bemerkte bei einer Gelegenheit: „Dieser kleine Hund bettelt darum, endlich die Ausstellung verlassen zu dürfen."

Unglücklicherweise infizierte sich Bhutan, während er für den Hospital Fund (Krankenhausfonds) bettelte,

mit der Staupe. „Er starb gewissermaßen im Dienst“, so sein Besitzer.

ABSENT-MINDED BEGGAR

ER WAR EIN flauschiger weißer Hund mit einer ausgeprägten Aversion gegen die Polizei und ebenso gegen Zeitungsboten. Diese schlechten Eigenschaften wurden ihm jedoch aufgrund seiner außerordentlichen Qualitäten als Geldsammler für patriotische Zwecke gern nachgesehen. Einmal passierte es jedoch, dass ihn das Klingeln der Münzen in der Sammelbüchse an seinem Hals offenbar irritierte. Also leerte er die Dose auf dem Bürgersteig aus, sehr zur Freude der Gassenjungen, die sich mit dem Geld schnell auf und davon machten.

Ein weiterer berühmter Sammelhund war Zulu, ein Curly-Coated Retriever, der auf der Strandpromenade von Hastings an der englischen Südküste bettelte. Normalerweise sammelte er dort, wo die Kapelle spielte, und war mit roten, weißen und blauen Schleifen und einer khakifarbenen Kappe geschmückt. Im Jahr 1900 „händigte“ Zulu dem *Hastings Observer* £ 20 aus und wurde in der Zeitung für seine wertvollen Dienste gelobt.

WISSENSWERTES

Dadles fing vor dem Hotel die Gäste regelrecht ab und setzte seinen Auftritt gekonnt in Szene.

WISSENSWERTES

Als Sammelbehälter wurden Tabakdosen, Spielzeugbriefkästen, Satintäschchen, Geldbüchsen und Lederbeutel jeder Art verwendet.

DADLES

DADLES SAMMELTE in Cirencester für mehrere wohltätige Einrichtungen, so auch für das Cottage Hospital. Er zeigte keinerlei Scheu vor Fremden, die sich von seinen Kunststückchen gern unterhalten ließen.

Dadles wartete zwischen den Kutschen am äußersten Ende des Vorplatzes eines Hotels. Sobald sich jemand dem Hotel näherte, lief er los, um sein Opfer am Hoteleingang zu treffen und es bis ins Raucherzimmer zu begleiten. Sobald derjenige es sich bequem gemacht hatte, fing Dadles mit seinem un-widerstehlich komischen Programm an, das eine Reihe pantomimischer Darstellungen aus dem Leben eines Hundes umfasste. Die Darbietung endete stets damit, dass Dadles „krank wurde und starb“. Nach einer Weile wurde er auf wundersame Weise „wieder lebendig“ und begann mit dem Sammeln, wobei er alle ihm zur Verfügung stehenden Mittel und seine ganze Pfiffigkeit einsetzte, bis eine Münze in die Sammeldose gesteckt wurde.

Oberhalb, oben und oben rechts
Gyp sammelte Geld für etliche wohltätige Einrichtungen; andere Hunde sammelten für Blinde.

Links
Beim Umzug der Ladies' Kennel Association im Jahr 1900 versammelten sich über 400 Hunde. Die Frauen und die Tiere brachten £ 3000 zusammen.

Hunde auf Reisen

ZU BEGINN DES 20. Jahrhunderts besaßen nur sehr wenige Menschen ein Auto, sodass der Transport eines Hundes erheblich schwieriger war als heutzutage. Allerdings waren viele Hundefreunde durchaus wohlhabend und ließen sich für Anzeigen in den damaligen Hundemagazinen gern zusammen mit ihren Vierbeinern in einem luxuriösen Automobil, mitunter sogar auf einem großen Motorrad und in einem Beiwagen sitzend ablichten. Die Mehrzahl der Hunde reiste jedoch mit dem Zug.

ZÜGE

HÄUFIG REISTEN HUNDE ohne Begleitung zu Hundeausstellungen oder zu anderen Reisezielen. Gegen Ende des 19. Jahrhunderts galten Einrichtungen für die Beförderung wertvoller Tiere allgemein als vollkommen unzulänglich, und im Jahr 1883 empfand man es vielfach als äußerst ungerecht, dass die Beförderung eines Pakets von London nach Plymouth neun Pence kostete, wogegen für den Transport eines Hundes über dieselbe Strecke fünf Schilling (60 Pence) zu bezahlen waren.

Oben und rechts
Zu Beginn des 20. Jahrhunderts konnten sich nur wohlhabende Menschen ein Auto leisten. Die Hundebesitzer unter ihnen genossen es, ihre Hunde zu einer Spazierfahrt mitzunehmen.

Unten
Die meisten Hunde und ihre Halter mussten mit dem Zug reisen. Hunde wurden auch häufig ohne Begleitung verschickt.

Große Hunde mussten im Gepäckabteil eines Zuges reisen, kleinere konnten auch in kleinen Kisten unter den Sitzen befördert werden. Das sah man jedoch als Notlösung an, die für hochsensible Tiere wenig angenehm war.

Viele Hundehalter behaupteten, dass sie für die Beförderung ihrer Hunde durchaus mehr zu zahlen bereit wären, wenn die Unterbringung bequemer und sicherer wäre.

Nicht selten wurden einige der wertvollsten Hunde des Landes in brüchigen, alten Körben befördert, aus denen sie sich problemlos befreien konnten. Oft wurden auch nur sehr minderwertige Halsbänder und Leinen oder Ketten verwendet. Und in einigen ganz besonders schlimmen Fällen befand sich der Hund nicht einmal in einer Kiste, sondern wurde einfach ohne Transportbehälter verschickt.

Umgekehrt schossen einige Besitzer mit ihren Ansprüchen auch deutlich über das Ziel hinaus. So bestanden einige Leute, die mit ihren Hunden verreisten, darauf, dass ihnen annähernd der Platz eines Zweite-Klasse-Abteils zur Verfügung stehen müsse, und wehe dem, der es wagte zu widersprechen.

HUNDEUNTERBRINGUNG AUF BAHNHÖFEN

ZAHLREICHE BAHNHÖFE in London verfügten über Unterbringungsmöglichkeiten für Hunde, und die Eisenbahngesellschaften waren sehr wohl darum bemüht, ihren vierbeinigen Reisegästen ein gewisses Maß an Komfort zu bieten. Einige Gepäckträger an den Bahnhöfen erwiesen sich auch als geeignete Hundepfleger und kümmerten sich liebevoll um ihre Schutzbefohlenen.

Ein Gepäckträger am Bahnhof Euston genoss diesbezüglich höchstes Ansehen, und viele „seiner" Hunde verhielten sich ihm gegenüber, als hätten sie ihn schon ein Leben lang gekannt.

Auch der Bahnhof Kings Cross hatte gute Unterbringungsmöglichkeiten für Hunde. In eine Wand waren bequeme kleine „Krippen" eingelassen, die sowohl warm als auch sauber waren.

Die Beamten der Great Northern Line kümmerten sich ebenfalls sehr gut um reisende Hunde, und sogar Vierbeiner, die für mehrere Tage am Bahnhof zurückgelassen wurden, wurden ordentlich versorgt.

Die schlechteste Unterbringung für Hunde fand sich am Bahnhof Paddington. Hier gab es lediglich zwei oder drei schäbige Kisten am Ende des Bahnsteigs. Mitunter wurden Hunde, die an diesem Bahnhof zurückgelassen worden waren, in einem nahe gelegenen Schuppen untergebracht, der von der Straße aus zugänglich war, sodass jedermann problemlos einen Hund stehlen konnte.

Am Bahnhof Liverpool Street waren die Hundeboxen in die Bahnhofsmauer eingelassen und somit sicherer. Obgleich sehr klein, hatten diese Boxen eine ausreichende Luftzufuhr und stabile Klappen mit Schlössern.

Auch auf diesem Bahnhof genoss der Gepäckträger hohes Ansehen als Hundepfleger, und Besitzer wertvoller Tiere zögerten nicht, ihm ihre vierbeinigen Gefährten auch über Nacht anzuvertrauen.

Die Bahnhöfe Waterloo und St. Pancras hatten ebenfalls einen guten Ruf, jedoch nicht so gut, wie die Bahnhöfe Euston, Kings Cross und Liverpool Street.

Auch wenn die Eisenbahngesellschaften die Unterbringung von Hunden nicht offiziell anboten, so erhöhten derartige Möglichkeiten doch das Ansehen.

STEIGENDE KOSTEN FÜR DIE HUNDEBEFÖRDERUNG

DIE 1883 GEÄUSSERTEN Klagen über die hohen Kosten waren wahrscheinlich berechtigt, denn 1931 mussten für einen Hund, der mit der North East Railway über London bis zu 25 km weit befördert werden sollte, sechs Pence bezahlt werden. 120–160 km kosteten drei Schilling und sechs Pence, und Strecken von über 480 km schlug mit 10 Schilling zu Buche, wobei es für Strecken zwischen 160 und 480 km noch weitere Abstufungen gab.

Das waren die Preise für eine einfache Fahrt. An bestimmten Tagen galten sie jedoch für Hin- und Rückfahrt, sofern sich der Hund in Begleitung seines Besitzers befand.

1934 kostete die Beförderung eines Hundes im Schaffnerabteil über eine Strecke von bis zu 16 km drei Pence. Bedingung hierfür war eigentlich, dass der Hund einen Maulkorb trug, doch die Schaffner nahmen das nicht immer so genau.

WISSENSWERTES
1957 flog Laika, eine Finnische Spitz-Hündin, als erstes Lebewesen in den Weltraum.

Oben
Hunde ohne Begleitung wurden im Gepäckwagen des Zuges untergebracht, wogegen andere Hunde sehr komfortabel im Auto ihrer Besitzer verreisten.

Dressierte Hunde

ES IST SCHÖN zu wissen, dass ich bewundert werde,
Aber, ganz ehrlich, ich werde müde.
Ich machte Männchen, bettelte, trug viele Hüte,
Ich „starb für England" auf der Matt',
Bis ich es hatte ganz satt,
Also lassen Sie sich bitte belehren,
Ich werde Sie nicht mehr mit meinen Aufführungen beehren!
Frei nach *Mercenary Montmorency* von Joe Walker (1930)

Oben
Schausteller brachten ihren Hunden das Dominospielen bei – sehr zum Vergnügen der Zuschauer, die keinen Schwindel erkennen konnten.

Rechts
Hunde in Kostümen galten seit jeher als beliebte Unterhaltung, besonders wenn ihre Darbietung überzeugend war.

WISSENSWERTES
Der königliche Puppenspieler verwendete normalerweise Mischlinge für die Rolle des Toby, da sie angeblich besser dressiert werden konnten.

UNTERHALTSAME HUNDE

IM MITTELALTER erfüllten Hunde oft eine dreifache Funktion: als Wachhund, Gefährte und Arbeitskollege von reisenden Schaustellern. Elisabethanische Clowns, als Tumbler (Jahrmarktskünstler) bezeichnet, traten ebenfalls zusammen mit dressierten Hunden auf. Berichte aus dieser Zeit erwähnen Hunde, die „vagabundierenden Herren" gehörten und zu Musik tanzten sowie „zahlreiche kleine Kunststücke vorführten, wie z. B. Männchen machen, sich flach auf den Boden legen oder sich mit dem Schwanz zwischen den Zähnen wie ein Reifen drehen."

In William Harrisons *Description of England* von 1586 lesen wir von Hunden, die darauf dressiert waren, um Fleisch zu betteln oder einem Mann die Mütze vom Kopf zu ziehen. Laut Harrison trugen diese Hunde bunte kurze, taillierte Jacken.

Darüber hinaus existieren ernst zu nehmende Berichte über Hunde, denen das Sprechen beigebracht worden sein soll. So soll im 18. Jahrhundert ein Hund nach dreijährigem Training 30 deutsche Wörter beherrscht haben.

THEATERSCHAUSPIELER

HUNDE ÜBERNAHMEN auch Rollen in Theateraufführungen, besonders im frühen 19. Jahrhundert, als „Hundedramen" in Mode waren. 1814 wurde im Gaité-Theater in Paris das Stück *Le Chien de Montargis ou La Fôret de Bondy (Der Hund von Montargis oder Der Wald von Bondy)* aufgeführt, das so erfolgreich war, dass es ins Niederländische, Deutsche, Italienische, Polnische, Russische, Spanische und Englische übersetzt wurde. In Großbritannien wurde das Stück über 1100 Mal gezeigt.

Im 19. Jahrhundert wurde auf der Bühne von Sadler's Wells ein seltsames Hundeschauspiel aufgeführt. Inmitten von Gewehrsalven und Pulverdampf eroberten Hunde eine Festung; ein „Deserteur" wurde erschossen und von seinen Kameraden fortgetragen. Gleichzeitig zeigten andere Hunde Anzeichen schrecklicher Schmerzen, von denen sie sich Schritt für Schritt erholten und daraufhin auf unterschiedlichste Weise ihre Freude zeigten.

BETRÜGER UND SCHAUSTELLER

HUNDEN VON Schaustellern hatte man beigebracht, Domino zu spielen. Dabei wurden die Steine von den Akteuren streng nach den Regeln im Wechsel abgelegt. Die Hunde brachten die Steine, und auch sehr gute Beobachter konnten dabei nicht erkennen, dass ihnen Zeichen gegeben würden, welchen Stein sie jeweils nehmen sollten; möglicherweise waren sie jedoch auf Laute ihrer Besitzer trainiert.

KOSTÜMVORFÜHRUNGEN

DER SCHRIFTSTELLER General W. N. Hutchinson berichtete von einer faszinierenden Begebenheit in Paris, bei der sechs Hunde paarweise vor einen leichten Wagen gespannt waren. Auf dem Gespann saß ein verkleideter Terrier, der sogar während der Fahrt auf den Hinterbeinen stehen blieb.

Im Wagen befanden sich weitere Hunde, zwei Greyhounds und ein „Russischer Pudel", die viele Kunststücke vorführten. Einer dieser Hunde, mit einem Unterrock und einer schicken Kappe bekleidet, tanzte ein Menuett, während einer der Greyhounds durch einen Reifen sprang, den ein Junge hoch über seinem Kopf hielt. Nach dem Sprung trottete der Hund davon, wobei er so tat, als ob alle vier Läufe abwechselnd lahm wären.

Nach und nach wurde der Kreis vergrößert, indem der Wagen in immer größeren Runden gezogen wurde. Dann legte der Hundedompteur zehn Karten an den Seiten eines alten Tuches aus. Jede Karte trug eine Ziffer, und die Zuschauer wurden aufgefordert, eine beliebige, maximal dreistellige Zahl zu rufen. Die Hunde wurden wahllos von der Leine gelassen, sammelten unverzüglich die Karten mit den Ziffern ein, aus denen sich die geforderten Zahlen zusammensetzten, und brachten sie brav ihrem Dompteur.

Zahlreiche Versuche wurden unternommen, um einer möglichen Betrügerei auf die Schliche zu kommen, aber alles schien mit rechten Dingen zuzugehen.

DRESSIERTE PUDEL

BESONDERS PARIS war für seine Unterhaltungshunde berühmt und galt als Hauptstadt der dressierten Pudel. Die Hunde auf dem Pont Neuf waren dafür bekannt, die Stiefel von Passanten zu beschmutzen, sodass sie zur Reinigung die Dienste eines Schuhputzers in Anspruch nehmen mussten.

Punch und Judy waren in den Straßen Londons ein vertrauter Anblick. In ihrer Begleitung war ihr Hund Toby, der eine Halskrause mit Glöckchen trug, um dem Teufel Angst einzujagen und ihn so von seinem Herrn fern zu halten.

Dieses berühmte „Theaterstück" wurde 1662 in Covent Garden uraufgeführt, und Toby war nur eine Puppe. Erst in den 1820er-Jahren übernahm ein dressierter Hund diese Rolle. Das Stück trug zuerst den Namen *Punch und Toby*, wurde später jedoch in *Punch und Judy* umbenannt. Sogar königliche Puppenspieler führten *Punch und Judy* für die Kinder von Königin Victoria und von Edward VII. auf.

Ganz oben
Hunde können als Wachhunde, Gefährten und Unterhalter dienen.

Oben
Hunde können so ausgebildet werden, dass sie unzählige unterhaltsame Kunststücke vorführen und sich auch menschliche Kleidung anziehen lassen.

Links
Pudel konnten Dressurübungen sehr leicht erlernen und waren besonders in Paris äußerst berühmt.

WISSENSWERTES:
Dem Hund Toby wurde beigebracht, zu singen und Pfeife zu rauchen. Auch konnte er Pfötchen geben und Punch fest an der Nase packen.

Schlittenhunde

SEHR ALTE NIEDERSCHRIFTEN der Inuit, die grob in Stein oder Knochen eingraviert wurden, belegen, dass Hunde schon früh zum Schlittenziehen eingesetzt wurden. Im 16. Jahrhundert weckte der praktische Nutzen dieser wolfsähnlichen Hunde das Interesse von Abenteurern, die auf Goldsuche nach Grönland gekommen waren, sowie von Seefahrern im arktischen Meer.

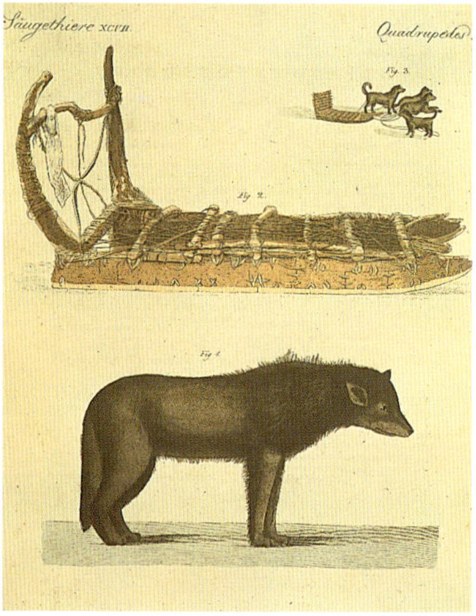

REISEN IN DER ARKTIS

IM 17. UND 18. Jahrhundert unternahmen Russen ausgedehnte Expeditionen vom Ural bis zur Bering-Straße, stets von einer stattlichen Anzahl von Hunden begleitet.

An europäischen Expeditionen waren weniger Hunde beteiligt, aber der amerikanische Forscher Peary erkannte die Vorteile ihres Einsatzes und soll mit über 100 Hunden unterwegs gewesen sein.

Aus Arbeiten des Schriftstellers Taplin im 19. Jahrhundert geht hervor, dass Hunde, die unter arktischen Bedingungen lebten, ihr Lager im Schnee aushoben, sodass anschließend kaum mehr als deren Nasen zu sehen waren. Sie waren großartige Schwimmer und jagten im Rudel wie auch einzeln.

Sie wurden zur Jagd auf Polarfüchse, Robben und Eisbären eingesetzt und standen im Ruf, sehr angriffslustig auf jedes Haustier zu reagieren, das ihnen begegnete. Auch untereinander kämpften sie oft auf Leben und Tod.

Oben und rechts
Die frühen Schlittenhunde unterschieden sich stark von den heutigen Huskys.

Unten
Im Sommer wurden Hunde zum Ziehen von Booten eingesetzt; als Lasttiere waren sie jedoch geeigneter.

SIBIRISCHE SCHLITTENHUNDE

DIE KAMTSCHATKA-HUNDE waren kräftig und lebhaft, unterschieden sich in ihrer Größe kaum von russischen Boor-Hunden und galten als die ausdauerndsten Läufer Sibiriens. Im frühen 19. Jahrhundert ließen sich dort für Hunde hohe Preise erzielen. Auch für elegantes Hundezubehör wurden große Summen ausgegeben. Die Sitze der Schlitten wurden mit Pelzen oder Bärenfellen bedeckt, und jeder Schlitten hatte eine Querstange, an der das Geschirr zusammenlief. Das Geschirr wiederum war mit Eisenschnallen oder Glöckchen besetzt, deren ständiges Geräusch die Hunde unterwegs anspornte.

In einem Schlitten saß selten mehr als eine Person, aber hinter dem Lenker war viel Platz für Vorräte. Die Schlitten wurden von einem Gespann aus vier, manchmal auch fünf Hunden gezogen.

WISSENSWERTES:
Husky-Gespanne sind noch heute beinahe wie Wolfsrudel organisiert: ein Leittier (oder „König") koordiniert die Bewegungen der anderen Tiere.

HUNDE UND IHRE LENKER

DIE HUNDE REAGIEREN in erster Linie auf Lautbefehle, die Lenker verwendeten jedoch zusätzlich einen gebogenen Stock, mit dem sie in den Schnee schlugen, um die Geschwindigkeit zu steuern. Die wahrscheinlich schwierigste Übung hatte ein Lenker zu bewältigen, wenn er den Stock nach den Hunden warf, um sie zu züchtigen, und ihn dann bei voller Fahrt wieder aufhob, was eine enorme Geschicklichkeit erforderte.

Obwohl die Besitzer sehr stark von ihren Hunden abhängig waren, waren sie nicht gerade für deren gute Behandlung berühmt. So blieb die Futterbeschaffung oft den Hunden selbst überlassen, und diese ernährten sich von Muscheln, Beeren und allem Essbaren, was sie sonst noch finden konnten. Gelegentlich, wenn die Jagd nach Robben sehr erfolgreich war, überließ man den Hunden das Blut und andere nicht verwertete Teile.

Einige Hunde dienten sogar selbst als Nahrung und wurden zu diesem Zweck gemästet. Die Hundefelle wurden dann als Decken und für Kleidung sowie zum Auskleiden und Abdichten der Iglus verwendet, aus den Gedärmen fertigte man Nähgarn.

AUSDAUERTEST

IN GRÖNLAND wurden Gespanne von bis zu zehn Hunden eingesetzt, um einen mit fünf oder sechs schweren Robben beladenen Schlitten an einem Tag über eine Strecke von bis zu 95 km zu ziehen. Mitte des 19. Jahrhunderts setzte man manchmal sogar zwölf Hunde ein, die nur mit einem einzigen Riemen und ohne Zügel vor den Schlitten gespannt waren. Jeder Hund soll in der Lage gewesen sein, Lasten bis zu 55 kg mit einer Geschwindigkeit von 11 bis 13 km/h über den Schnee zu ziehen.

Im Sommer fungierten die Hunde als Packtiere und trugen Lasten, die bis zu einem Drittel ihres eigenen Gewichts ausmachten und fest auf ihren Rücken geschnallt waren.

Während dieser Jahreszeit erging es den Hunden besser, da sie sich von den Überresten von Walen und Seehunden ernähren konnten.

Aus Berichten vom Ende des Jahrhunderts geht hervor, dass Gespanne aus vier Hunden bei guten Streckenverhältnissen insgesamt 135–182 kg über Entfernungen von bis zu 56 km pro Tag transportieren konnten.

In Lappland und Island wurden kleinere, aber ähnliche Rassen gehalten, doch in der Regel wurden sie alle mit dem Oberbegriff Eskimohunde beschrieben. Bei diesen Hunden waren noch viele wolfsähnliche Eigenschaften zu beobachten; so bellten sie normalerweise nicht, sondern heulten. Sie waren zudem in der Lage, Fischgräten so sauber abzunagen, als wäre das Fischfleisch abgelöst worden.

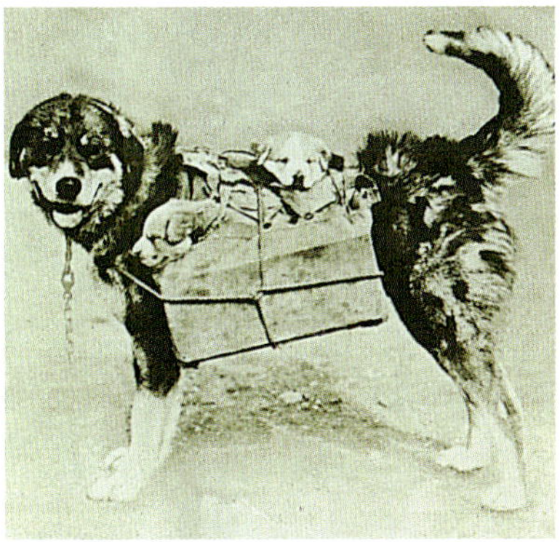

Eine Hundeart, die zu Beginn des 20. Jahrhunderts in Kanada zum Einsatz kam, war eine Kreuzung zwischen dem Eskimohund und einer Rasse, die Staghound genannt wurde. In Schnelligkeit, Stärke und Ausdauer waren diese Hunde angeblich unübertroffen.

Auch der Samojede wurde im Winter als Schlittenhund verwendet, war jedoch besser bekannt als Hütehund für Rentiere und als Wachhund. Die Hunde, die in kalten Gegenden als Schlittenhunde eingesetzt wurden, variierten beträchtlich.

Diese Seite
Schlittenhunde wurden wegen ihrer Schnelligkeit, Stärke und Ausdauer geschätzt. Bei der Suche nach Nahrung und Unterschlupf blieben sie normalerweise sich selbst überlassen.

James Spratt

IN DER HUNDEWELT war der Name James Spratt ein Synonym für weltbekannte Hundekuchen. Der Brite Spratt, der weit gereist war und viele Jahre in Amerika lebte, hatte seine Karriere nicht in der Welt der Hunde begonnen. Ursprünglich war er Elektriker und hatte sich auf Blitzableiter spezialisiert.

ALLES FÜR DEN HUND

SEIN GESCHÄFT als Hersteller von Hundefutter und -zubehör begann vergleichsweise bescheiden in Holborn, einem Stadtteil von London. Als seine Produkte sich steigender Beliebtheit erfreuten, zog die Firma in größere Räumlichkeiten um. Da Spratt befürchtete, dass Kopien seiner Artikel auf den Markt gebracht werden könnten, hielt er es für notwendig, ein Warenzeichen sowie Reklametafeln zu haben. Er kaufte daher eine vollständige Auflage von Stichen von Sir Edwin Landseer auf, um diese auf seinen Tafeln verwenden zu können.

Der junge Charles Cruft war einer seiner ersten Angestellten und war Spratt beim Aufbau des Unternehmens eine große Hilfe. Das bekannte „X", das als Spratts Markenzeichen fungierte, basierte auf der Kennzeichnung, die Cruft bei seiner Tätigkeit als Buchhalter zur Unterscheidung zwischen Firmen- und Privatkunden verwendete.

Cruft machte später in der Firma Karriere und übernahm eine leitende Funktion.

James Spratt machte um das Fleisch, das er zur Herstellung der Hundekuchen verwendete, stets ein großes Geheimnis, und auch nach dem Verkauf des Unternehmens behielt er sich vertraglich das Recht zur Lieferung des Fleisches vor – ein Vertrag, der angeblich bis zu seinem Tod im Jahre 1880 gültig gewesen sein soll.

> WISSENSWERTES:
> Hundekuchen sind heute als Belohnung und als Zahnpflegemittel unentbehrlich in der Hundekost.

Oben
Spratts Hundefutter und Hundezubehör waren in der ganzen Hundewelt berühmt.

Rechts
James Spratt war Elektriker und reiste leidenschaftlich gern, bevor er seine Firma für Hundefutter gründete.

DIE FIRMA WÄCHST

DAS UNTERNEHMEN wuchs in vielerlei Hinsicht und hatte schon bald Tausende von Vertretern auf allen fünf Kontinenten, die Artikel nicht nur für Ausstellungshunde, sondern auch für Sport- und für Haushunde verkauften.

Das Unternehmen war schließlich auch in den Bereichen Wild- und Geflügelfütterung erfolgreich.

Neben den Futtermitteln verkaufte die Firma auch unterschiedlichstes Hundezubehör, darunter Leinen, Halsbänder und Hundekleidung, außerdem exklusive, tragbare, geschlossene Hundekörbe, die als „prachtvoll" oder als „Salonliegen" beschrieben wurden und zweifellos durch ihre Gestaltung den anspruchsvollsten und wertvollsten Kleinhunden gerecht wurden. Das Unternehmen hatte nun nicht mehr viel mit der kleinen Firma gemein, als die es begonnen hatte. Dies galt besonders, als man damit begann, zusätzlich diverse Produkte zur Behandlung von Krankheiten zu verkaufen.

VERSORGEN UND INFORMIEREN

JAMES SPRATT WAR SEHR darauf bedacht, seine Kunden umfassend über sein Angebot zu informieren. Daher brachte er regelmäßig kleine Broschüren heraus, in denen der Leser praktische Tipps finden konnte. In einigen dieser Hefte wurde sogar das Verfahren zur Herstellung der Hundekuchen beschrieben:

Vom Limehouse-Becken ließ Spratt Getreide, verschiedene Mehlsorten und andere Zutaten mit Schiffen und Lastkähnen bei der

Fabrik anliefern, wo sie mit einer Winde in den fünften Stock des großen Gebäudes hochgezogen wurden, um dort gelagert zu werden. Das Gemisch wurde mit Fleischfasern und Blut zu Meat Fibrine (das war der Produktname) vermengt und in einer Menge von achteinhalb Zentnern automatisch in einen großen Behälter, eine so genannte Teigtrommel, befördert, wo es mechanisch verarbeitet wurde. Anschließend wurde der Teig in eine Maschine gefüllt, die ihn zu einer riesigen Teigplatte in der gewünschten Dicke ausrollte. Diese Teigplatte wurde zu einer Schneidemaschine transportiert, die pro Stunde nahezu 50 000 Hundekuchen ausstanzte.

Die Hundekuchen, die nun mit dem berühmten „X" versehen waren, wurden in riesige Öfen geschoben, aus denen dann „Reihe für Reihe braune, gesunde und gut durchgebackene Hundekuchen herauskamen". Danach wurden sie in Trockenbehältern getrocknet und nach 48 Stunden herausgenommen und verpackt – fertig für unsere vierbeinigen Freunde, die schon begierig darauf warteten.

HUNDEKUCHEN, HUNDEKUCHEN UND NOCH MEHR HUNDEKUCHEN

DIE MENGE DER Hundekuchen, die vom Unternehmen Spratt hergestellt wurden, ist ausgesprochen gut dokumentiert. Während des Ersten Weltkriegs belief sich das Gesamtgewicht der für Armeehunde gelieferten Hundekuchen auf 70 144 Tonnen, was der kaum vorstellbaren Zahl von 1 256 976 708 Stück entspricht. Hätte man sie flach ausgelegt, hätten sie eine Fläche von nahezu 10,5 km² bedeckt. Aneinander gereiht hätten sie den Äquator mehr als dreimal umspannen können. Aufeinander gestapelt hätten sie einen 15 955 km hohen Turm ergeben.

Die von Spratt herausgegebenen Broschüren enthielten zudem nützliche Hinweise zur Behandlung harmloserer Hundekrankheiten, da das Unternehmen auch diverse Medikamente und andere Gesundheits-Präparate verkaufte. So gab es beispielsweise Abführtabletten, ein Mittel gegen Gelbsucht, eine anregend wirkende Tinktur zum Einreiben des Hundes und als eine Art Aufbaupräparat die „Tonic Condition Pills".

Darüber hinaus waren ausgezeichnete Mittel gegen Ungeziefer erhältlich, so z. B. eine besondere Hundeseife, die „vollkommen frei von Giftstoffen" war. Spratt behauptete sogar, ein Mensch könnte diese Seife schlucken, ohne Schaden zu nehmen.

Das Angebot umfasste verschiedene Wurmkuren, und sollte deren Verabreichung Durchfall zur Folge haben, hatte Spratt auch hierfür das geeignete Mittel.

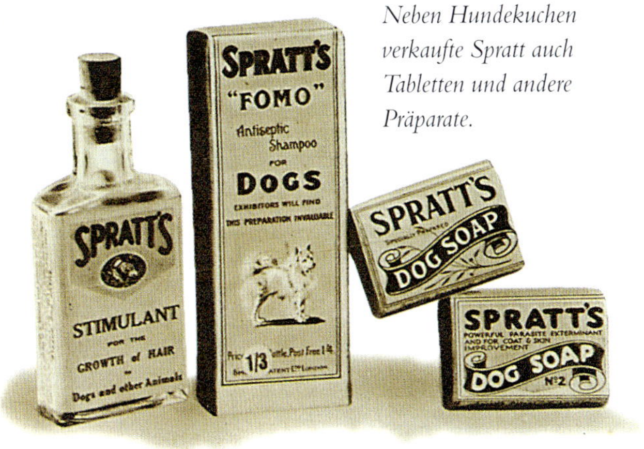

Oben
In Spratts Londoner Fabrik wurden pro Stunde nahezu 50 000 seiner berühmten mit „X" gekennzeichneten Hundekuchen hergestellt.

Unten
Neben Hundekuchen verkaufte Spratt auch Tabletten und andere Präparate.

Kriegshunde

WÄHREND DES Ersten Weltkriegs waren Hunde für die europäischen Armeen von unschätzbarem Wert. Die Anweisungen für ihre Abrichtung waren genauso penibel wie die zum Laden von Gewehren und Pistolen, da man erkannt hatte, dass von diesen Hunden und insofern natürlich auch vom Können ihrer Ausbilder sehr viel abhing.

WISSENSWERTES: Einem weißer Bullterrier, der 1949 der Territorialarmee übergeben wurde, wurde der Rang eines Sergeants verliehen.

„HUNDE DES KRIEGES"

DIE RASSEN, die man normalerweise mit dem Kriegseinsatz in Verbindung bringt, sind der Deutsche Schäferhund (Alsatian), der Airedale Terrier, der Rottweiler und der Riesenschnauzer. Es wurden aber auch viele andere Rassen verwendet, da der Erfolg nicht nur von den Fähigkeiten des Ausbilders, sondern auch von der Intelligenz und dem Durchhaltevermögen des Hundes abhing.

Frankreich war vermutlich das erste Land, das Hunde bei Infanteriemanövern einsetzte. Aber dieses Experiment war nur von kurzer Dauer, denn im Budget des Kriegsministeriums war hierfür kein fester Posten vorgesehen.

Zu einem weitreichenden Einsatz von Hunden kam es in Deutschland und Russland, wo es auf jeder Hundeausstellung eine Abteilung für „Hunde des Krieges" gab.

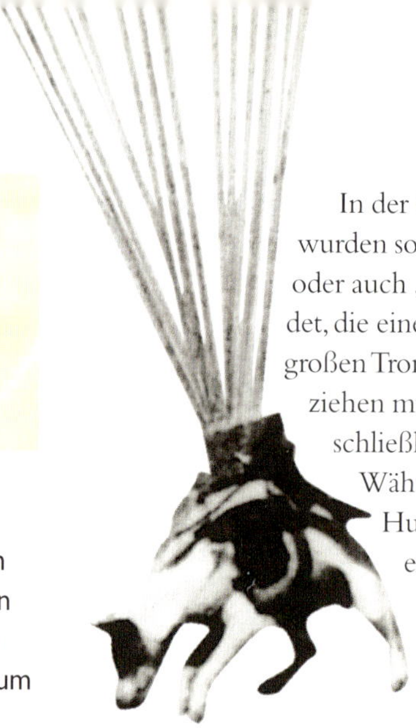

In der österreichischen Armee wurden so genannte „Paukenhunde" oder auch „Trommelhunde" verwendet, die einen kleinen Wagen mit der großen Trommel der Regimentskapelle ziehen mussten. Sie wurden jedoch schließlich durch Ponys ersetzt.

Während des Krieges erfüllten Hunde viele wertvolle Dienste; einige fungierten als Nachtwächter, andere leisteten beim Transport von Verwundeten, Menschen wie Hunden, erstklassige Arbeit. Für den Transport verwundeter Hunde gab es sogar einen speziellen Hundesanitätsdienst. Man erkannte, dass es sich lohnte, einen verletzten Hund, der sich bewährt hatte, wieder gesund zu pflegen, und viele wurden nach ihrer Genesung zurück an die Front geschickt.

Hunde erwiesen sich auch als sehr nützlich beim Ziehen von Wagen, auf denen Vorräte oder leichte Artillerie transportiert wurden.

HUNDESOLDATEN

ZU BEGINN DES ERSTEN WELTKRIEGS erhielten Hunde nicht immer die Anerkennung, die ihnen zustand, und Meldehunde wurden nur selten eingesetzt. Es zeigte sich aber sehr bald, dass diese Tiere wichtige Aufgaben übernehmen konnten, und sie wurden dann für ihre Arbeit hoch geschätzt.

Auch als Meldehunde kamen viele unterschiedliche Rassen zum Einsatz, wobei man jedoch Airedale, Schäfer-

Oben und unten
Im Ersten Weltkrieg wurden Hunde mit Fallschirmen hinter den feindlichen Linien abgesetzt sowie zum Transport von Feldrationen eingesetzt.

hund, Lurcher (eine Kreuzung aus Greyhound und einer anderen Rasse, häufig Collie) und Collie bevorzugte. Mit der Zeit wurden jedoch immer mehr Hunde benötigt, sodass auch mancher Mischling, der durch die Straßen streunte, aufgelesen und für den Militärdienst rekrutiert wurde. Das Kriegsministerium veröffentlichte sogar einen Aufruf an Privathaushalte und Hundeheime, auf den hin viele Hunde für die Ausbildung vorgestellt wurden.

Manch einer von ihnen hätte andernfalls schwere Zeiten durchgemacht, denn mit fortschreitender Kriegsdauer wurde es für die Familien immer schwieriger, ihre Haustiere zu ernähren.

Viele dieser Hunde waren zu Beginn der Ausbildung in eher schlechter körperlicher Verfassung, aber das Militär war in der Lage, ihnen ausreichend Futter und Bewegung zu verschaffen.

Meldehunde trugen dazu bei, die Nachrichtenverbindungen des Heeres aufrecht zu erhalten, da sie Geschützfeuer sicher durchqueren sowie gefährliche Gebiete leichter überwinden und somit wichtige Nachrichten zum und vom Hauptquartier bringen konnten. Ein menschlicher Bote hätte dabei oft nahezu keine Überlebenschance gehabt.

Außerdem waren die Hunde sehr schnell – sie legten in wenigen Minuten ca. 3–5 km zurück.

Vor Angriffen wurden die Hunde in den Frontschützengräben in Sicherheit gebracht.

Wichtige Nachrichten wurden mit dem Vermerk der Uhrzeit, zu der der Hund losgeschickt wurde, in einen kleinen Lederbeutel gesteckt, der am Hals des Hundes befestigt wurde. Im Erfolgsfall konnte man davon ausgehen, dass das Tier das Hauptquartier innerhalb einer halben Stunde erreichen würde.

GEWÖHNUNG AN DAS KRIEGSGESCHEHEN

WÄHREND DER Ausbildung gewöhnten sich die Hunde an alle kriegstypischen Geräusche, einschließlich Granaten, die über ihren Köpfen heulten, oder vorbeifahrenden Lastwagen. Diese Gewöhnung war zwingend notwendig, damit sie sich nicht durch den Lärm des Artilleriefeuers vom Überbringen der Nachrichten abschrecken ließen. So konnte sie sogar die Explosion einer Handgranate in unmittelbarer Nähe nicht von ihrer Aufgabe abbringen.

Auf Strafen wurde während der Ausbildung verzichtet, und den meisten Hunden schienen die Übungen Spaß zu machen.

Als Boten hatten Hunde eindeutige Vorzüge im Vergleich zu anderen Kommunikationsmethoden, und kannten sie erst einmal ihr Ziel, setzten sie alles daran, es zu erreichen.

Bei Nebel und im Dunkeln konnte man keine Tauben schicken, aber einige Hunde transportierten auf ihrem Rücken Brieftauben in Kisten.

Senfgas war zwar auch für Hunde gefährlich, jedoch nicht so gefährlich wie für Soldaten.

Während sie im Dienst waren, durften Hunde nicht gestreichelt werden, damit sie ihre Aufmerksamkeit nicht von ihren Haltern abwandten. Vor jedem Einsatz an der Front – einer dauerte nie länger als zwölf Stunden – wurden sie ausreichend gefüttert.

Oben
Ein Hund, der einen Korb mit einer Brieftaube durch einen Fluss trägt.

Links
Hunde wurden so ausgebildet, dass sie an Artilleriefeuer und andere laute Geräusche wie Explosionen und Schüsse gewöhnt waren.

Links und unten
Hunde konnten selbst dort noch wichtige Nachrichten überbringen oder Fernmeldekabel verlegen, wo Soldaten getötet worden wären.

Frühe Hundepflege

DIE ARABER ließen ihre kranken und verwundeten Hunde ärztlich behandeln und nahmen sogar Operationen an verletzten Hunden vor. Die christliche Welt hingegen begegnete Hunden bis zum 18. Jahrhundert mit Missachtung, und nur jenen von hoch gestellten Persönlichkeiten wurde eine sorgsame Behandlung zuteil. Mit der Zeit wurde Hunden jedoch mehr Aufmerksamkeit und Zuneigung geschenkt, und man begann, sich um deren Gesundheit zu kümmern.

Unten

In der christlichen Welt dauerte es lange, bis Hunden echte Aufmerksamkeit geschenkt wurde. Als es aber soweit war, wurde die Krankenpflege zu einem wichtigen Thema.

UNTAUGLICHE PFLEGE

UNWISSENHEIT in der Tiermedizin führte dazu, dass viele „Behandlungen" nur selten von echtem Nutzen waren. So behandelt man im 11. Jahrhundert einen tollwütigen Hund, indem man ihm den „Wurm" herausnahm, ihn in Stücke schnitt und in einer Feige vergrub. „Wurm" wurde das fadenförmige Gewebestück zwischen Zunge und Mundboden genannt.

WEITERENTWICKLUNG DER PFLEGE

AUS DEM 14. JAHRHUNDERT stammen einige wunderbar illustrierte Bücher für Jäger, die viele Anleitungen zum optimalen Einsatz von Hunden sowie Beschreibungen zur Pflege enthalten. Hundezwinger sollten an einem sonnigen Platz aufgestellt, täglich gesäubert und mit frischem Stroh ausgelegt werden. Nach der Jagd, so wurde empfohlen, sollte den Hunden eine Pause in einem beheizten Raum mit Feuerstelle oder Kamin gegönnt werden. Hierbei darf man nicht vergessen, dass beheizte Häuser zu dieser Zeit höchst selten und Feuerstellen in der Regel nur in Form von Kochstellen vorhanden waren.

Meist schlief ein Zwingerbursche auf dem Speicher über den Hundezwingern, sodass er eingreifen konnte, falls die Hunde nachts miteinander zu kämpfen anfingen.

Als Nahrung wurden Fleisch und Brot empfohlen, und nach dem Spaziergang sollte jeder Hund gründlich mit Stroh trockengerieben werden.

In einigen Dokumenten empfahl man, Hunde jeden Abend zu baden, was für den Zwingerburschen zweifellos sehr zeitaufwändig gewesen sein dürfte. Darüber hinaus war er auch für das Anfertigen der Hundeleinen zuständig, mit denen die Tiere bei der Jagd zusammengebunden wurden.

Im 16. Jahrhundert war es einigen Hunden sogar erlaubt, in den Schlafzimmern ihrer Herrchen zu schlafen. Tatsächlich eroberte der Hund sogar in der christlichen Welt immer mehr die Herzen der Menschen.

VERWÖHNTE HUNDE

ZUR ZEIT LUDWIGS XIV. (1638–1715) wurden in Frankreich kleine Hunde übermäßig verwöhnt. Ihr Fell wurde in Locken gelegt, geschnitten und nach der damaligen Mode frisiert. Für Jagdzwinger wurden geradezu absurde Beträge ausgegeben.

Im 18. Jahrhundert wurde das Italienische Windspiel besonders verhätschelt; es galt als sehr empfindlich und daher nur geeignet, „die Bequemlichkeiten des Salons, des Kaminvorlegers, des luxuriösen Sofas und des warmen Schoßes seiner Herrin zu genießen". Windspiele, die im Winter spazieren geführt wurden, hüllte man deshalb in warme Kleidung.

In ländlichen Gegenden wurden Hütehunde – als Haustiere wie auch als Gebrauchshunde sehr beliebt – nach Verletzungen sorgsam gesundgepflegt. In einer alten Zunderbüchse entfachte man ein Feuer, um Wasser aufzukochen, und die Wunden wurden mit Verbänden aus alten Lappen umwickelt.

DIE TIERMEDIZINISCHE VERSORGUNG WIRD BESSER

IM LAUFE DER Jahrhunderte wurden die tiermedizinischen Verfahren, die anfangs eher eine „Kunst" als eine Wissenschaft waren, nach und nach verbessert. Hunde, die bis zur Erschöpfung gelaufen waren, wurden zur Ader gelassen, was ihre Genesung fördern sollte. Doch es ist ziemlich wahrscheinlich, dass es nicht der Aderlass, sondern eher die Ruhepause war, die sie genesen ließ.

Die Halter begriffen allmählich, dass Ungeziefer wie beispielsweise Zecken entfernt werden sollten. Hierzu rieben sie die Haut des Hundes mit Öl ein, um auf diese Weise die Zecken zu ersticken.

HEILMITTEL

TIEFE WUNDEN wusch man mit Milch und Wasser aus; anschließend legte man einen Breiumschlag aus Brot und Milch auf. Nach erneuter Reinigung wurde die Wunde mit Mull trockengerieben, dann mit gebranntem Alaun bedeckt und für zehn Tage verbunden, wobei man den Verband täglich wechselte. Entzündete Stellen rieb man mit gemahlener Wurzel der weißen Nieswurz und Schweineschmalz ein. Zeigte dies keine Wirkung, wurde zerlassene Butter mit Schießpulver vermischt. Diesen Brei trug man abends auf die Wunde auf und wusch ihn am folgenden Morgen mit Essig ab. Drei dieser Behandlungen galten normalerweise als ausreichend.

Ein weiteres Problem bei der Hundehaltung stellte die Ohrräude dar. Man versuchte, dem Hund mit in Wasser gekochtem Pfeifentabak Linderung zu verschaffen. Die Ohren wurden bis zu 5 cm oberhalb der befallenen Stelle in die heiße Brühe getaucht – eine Prozedur, die das arme Tier drei Tage in Folge ertragen musste. Dieses „Heilverfahren" führte zu Fellausfall, was jedoch meist durch die Anwendung einer Mischung aus verbranntem „alten Schuh" und Schweineschmalz behoben wurde. Schweineschmalz war sehr nützlich und wurde auch gebraucht, um die Pfoten von Vorstehhunden (Pointer und Setter) nach der Arbeit einzureiben, wenn sie in Salzwasser gebadet hatten. Ersatzweise nahm man auch warmes Bier und Butter.

Zum Verbinden von Schusswunden konnte zerlassenes und durch ein Sieb gestrichenes Gänsefett verwendet werden, das mit Spiritus oder Terpentinöl gemischt wurde.

WISSENSWERTES

Mithilfe von mit Rum vermischtem Gänsefett wurde dafür gesorgt, dass eine Hündin keine Milch mehr produzierte.

Oben
Dieser Trinkwasserbrunnen aus dem 19. Jahrhundert veranschaulicht die gewaltige Änderung der Haltung der Menschen gegenüber Hunden. Sie wurden nicht mehr verachtet, sondern waren nun verwöhnte Haustiere.

Oben links
Mit der Einführung von Hausmitteln wie Spülungen aus Milch und Wasser sowie Schweineschmalzsalben wurde auch die tiermedizinische Versorgung langsam besser.

Links
Diese wundervolle Illustration zur Hundepflege stammt aus einem französischen Jagdbuch aus dem 14. Jahrhundert.

Frühes Hundezubehör

DIE IN DER VERGANGENHEIT verwendeten Halsbänder waren weitaus kunstvoller als die heutigen. Große Hunde, die ihren Besitzern in erster Linie als schmückendes Beiwerk dienten, trugen normalerweise Halsbänder aus Messing. An ihnen war ein kleines Schloss mit dem Namen des Besitzers befestigt, der in ein eingelassenes Schild aus Silber oder Stahl eingraviert war. Stachelhalsbänder sollten den Hund schützen, falls er in einen Kampf verwickelt wurde. Sie waren aus dickem Messing oder Leder gefertigt und mit Metallspitzen besetzt. Häufig wurden sie von Haltern verwendet, die ihren Hund zu einem Kampf anstacheln wollten, wohl wissend, dass er seinem Widersacher gegenüber im Vorteil war.

Rechts
Halsbänder gab es in unterschiedlichster Ausführung, angefangen von einfachen Lederbändern bis hin zu dekorativen Messinghalsbändern. Im Laufe der Zeit wurden sie weniger dekorativ, dafür aber funktionaler.

Unten
Transportbehälter sahen häufig wie Miniaturhundehütten aus und waren mitunter sehr kunstvoll gearbeitet.

HALSBANDAUSFÜHRUNGEN

EINE WEITERE AUSFÜHRUNG war das Kandarenketten-Halsband, eine normalerweise aus Stahl gefertigte Nachahmung der Kandarenkette, die zum Befestigen einer Pferdetrense verwendet wurde. Dieses Halsband war stets poliert und wurde mit einem abschließbaren Riegelschloss zusammengehalten. Die Mehrzahl der Halsbänder war aus Leder, einige davon mit Flanell oder Waschleder ausgekleidet.

Für schwere Hunde wurden breite Halsbänder verwendet, doch unglücklicherweise legten viele Besitzer diese Halsbänder zu eng an, um das Aussehen von schlaffer Haut und Falten bei den Bull-Rassen zu verbessern.

SCHLAFPLÄTZE

DA HUNDE NORMALERWEISE auf Stroh schliefen und ihre Auslauffläche in der Regel mit Asche bedeckt war, trugen sie vor dem Besuch einer Ausstellung oftmals Mäntel, denn die Besitzer hatten erkannt, dass der Erfolg ihrer Hunde im Ausstellungsring sehr wesentlich von einem gepflegten und schönen Fell abhing.

Im Haus wurden während des Sommers einfacher weißer Nesselstoff und bei kühlerer Witterung rehbraune Pferdedecken verwendet. Bei Regen kamen spezielle Regencapes zum Einsatz. Sehr beliebt war auch eine Art von Mantel, der vorn mit einer Schnalle zuhalten wurde und bei kaltem Wetter um ein Brusttuch ergänzt werden konnte. Dies erwies sich besonders bei Hundeausstellungen als nützlich, um das Tier vor Zugluft zu schützen.

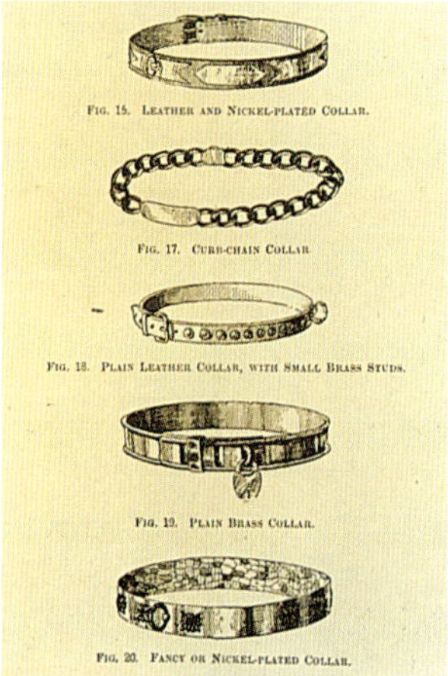

Wenig Bedeutung wurde der Bereitstellung von Welpenkisten bei einem bevorstehenden Wurf beigemessen. Stattdessen erhielt die Hündin einen warmen Platz in der Küche, z. B. in der Nähe des Ofens.

FUTTERZUBEREITUNG

JEDES GRÖSSERE HUNDEHEIM hatte seinen eigenen speziellen „Futterkessel", bei dem man aufpassen musste, dass das Futter heiß blieb, ohne anzubrennen.

Mit Einführung von Parishs Dampfkessel wurde die Futterzubereitung einfacher. Dieser Kessel ermöglichte, eine gleich bleibende Temperatur beizubehalten, die nie über 100° C stieg, sodass Fleischstücke, Knorpel und allerlei Reste geschmort werden konnten und so kein Abfall

übrig blieb. Diese Kessel waren in Größen von etwa neun bis etwa 145 Litern verfügbar, sodass sie in Hundeheimen verschiedenster Größe verwendet werden konnten.

HUNDEHÜTTEN UND TRANSPORTBEHÄLTER

VIELE KLEINE Haushunde hatten als Schlafplatz kunstvoll gefertigte Körbe, von denen einige wie Miniaturen der größeren, im Freien verwendeten Hundehütten aussahen.

Diese Körbe erwiesen sich jedoch als nur bedingt geeignet, da die Hunde das Flechtwerk sehr leicht beschädigen konnten. Sie wurden deshalb normalerweise mit einer Matte oder einem Teppich ausgelegt, um zu verhindern, dass das Tier den Boden des Korbes aufkratzen konnte. Praktischer für die Verwendung im Haus waren auf Rollen montierte Kleinhütten.

Einige der im Freien verwendeten Hundehütten waren sehr gut gearbeitet. Es gab sogar eine tragbare Klapphütte aus Holz, die besonders für Reisen sehr zweckmäßig war.

Wurden Hunde per Bahn ohne Begleitung zu einer Hundeausstellung geschickt, brauchte man dafür einen Reisekorb als Transportbehälter. Anfangs waren diese jedoch sehr primitiv gebaut und gerade groß genug, dass der Hund hineinpasste. Unglücklicherweise dachte man offensichtlich kaum an die Luftzufuhr und Fälle von Erstickung waren somit keine Seltenheit.

MODERNES ZUBEHÖR

GLÜCKLICHERWEISE wurden den Haltern die Bedürfnisse ihrer Haustiere allmählich mehr und mehr bewusst, sodass schon bald dafür gesorgt wurde, dass jeder Transportkorb eine ausreichende Luftzufuhr hatte.

Großer Beliebtheit erfreute sich ein hüttenförmiger Korb mit Luftzufuhr, der in unterschiedlichsten Größen für alle Hunderassen erhältlich war. Im Stauraum unter dem Dach ließen sich Gegenstände unterbringen, die der Halter bei einer Ausstellung benötigte, während der Platz darunter für den Hund vorgesehen war.

Bei Spratt war ein weiteres raffiniertes Reiseutensil erhältlich: eine Kombination aus Hundehütte und Transportkiste. Diese Kiste hatte ein herausziehbares Fach für das Unterbringen von Ausstellungszubehör sowie eine aus Draht gefertigte Tür, die den Kisteneingang verschloss.

Für kräftige Hunde genügte ein Korb jedoch nicht. Für sie gab es eine sichere Transportkiste mit Schloss und zwei stabilen Tragegriffen.

Wichtiger Bestandteil jedes Transportbehälters war ein außen angebrachter Anhänger, auf dem Abfahrtszeit und -datum des Zuges aufgeführt waren. Dadurch wollte man verhindern, dass die wertvolle Fracht auf dem Bahnsteig zurückgelassen wurde, was mitunter vorkam.

Oben
Das kunstvolle Halsband dieses Schoßhundes war passend zur Kleidung seiner Besitzerin ausgewählt worden.

Oben links
Ein Miniaturhimmelbett

Unten
Die Lieblingscouch!

Zwingerpersonal und Hundepflege

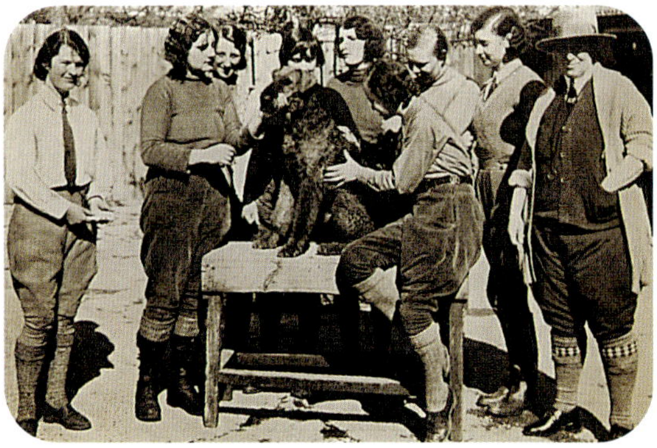

Oben und unten
Einige Zwingermädchen machten zusätzlich eine Ausbildung zur Hundekrankenschwester, wofür es jedoch kein anerkanntes Diplom gab.

ALS SICH DAS LEBEN nach Ende des Ersten Weltkriegs normalisiert hatte, erfreute sich die Hundehaltung zunehmender Beliebtheit. Das führte zu einer Zunahme von Zucht- und Pensionszwingern und deshalb zu einer steigenden Nachfrage nach Personal. Es gab sehr viele Bewerber für derartige Stellen. Häufig waren es gebildete junge Frauen, die über ein gewisses Vermögen verfügten – die Ausbildung für die Arbeit mit Hunden war anspruchsvoll und mitunter auch kostspielig – und hier eine gesunde, angenehme und interessante Beschäftigung vor ihrer Heirat sahen. Andere Bewerber befanden sich in einer ungünstigeren finanziellen Lage und waren sehr auf die eher dürftige Bezahlung angewiesen, die sich zwischen zehn und 50 Schilling plus Unterkunft und Verpflegung bewegte.

ZWINGERPERSONAL

EINIGE HILFSKRÄFTE waren inkompetent und nahmen ihre Aufgabe nicht ernst, was zu ständiger Unruhe in einem Zwinger führen konnte. Andere dagegen waren mehr wert als das Geld, das man ihnen zahlte.

Frauen standen im Ruf, sich besser als Männer um kranke wie um gesunde Tiere zu kümmern. Viele Halter, die ihre Hunde in Pensionszwingern unterbrachten, zogen es vor, ihre Lieblinge von Zwingermädchen statt von Jungen oder Männern betreuen zu lassen.

BESITZER VON ZWINGERN

ES GAB SEHR verschiedene Ausbildungszwinger. Einige hatten sich auf eine oder zwei Rassen spezialisiert, wogegen andere viele Rassen betreuten. Einige Zwinger im Besitz bekannter Aussteller boten sogar eine Ausbildung für zahlende Schüler oder „arbeitende Gäste" an. Diese Aussteller betrieben oft Zwinger mit 50 bis 100 Hunden, sodass sich den Praktikanten, die ihre Arbeitskraft gegen Unterkunft und Unterricht zur Verfügung stellten, viele Gelegenheiten zum Lernen boten. Gegenstand der Ausbildung waren Abstammung, gezielte Paarung, Geburtshilfe und Welpenaufzucht sowie allgemeine Aufgaben im Zwinger und im Büro. Dies kam den Auszubildenden zugute, falls sie selbst einen Zwinger gründen wollten.

Nach der Ausbildung wurde dem Zwingerpersonal manchmal eine bezahlte Stelle angeboten. Oft fingen diese Auszubildenden auf der untersten Stufe der Karriereleiter an, und einigen von ihnen gelang es, sich systematisch nach oben zu arbeiten und schließlich sogar die Leitung eines Zwingers zu übernehmen.

Rechts
Zwingermädchen arbeiteten in der Regel viele Stunden für niedrigen Lohn. Dennoch war diese Form der Arbeit nach dem Ersten Weltkrieg bei vielen jungen Frauen sehr beliebt.

UNIFORM FÜR DAS PERSONAL

IN GRÖSSEREN ZWINGERN trug das Personal häufig einheitliche Kleidung, die aus leichten Reithosen, Golfstrümpfen und -schuhen und einem Hemd oder einer Bluse mit einer Krawatte bestand. Mitunter wurden auch khakifarbene oder dunkelblaue Latzhosen getragen, was vielen Frauen jedoch zu maskulin aussah. Als Alternative konnten sie auf hellblaue Latzhosen ausweichen.

Den Beschäftigten eines Zwingers war es nicht erlaubt, unordentlich oder schmutzig herumzulaufen, da dies nicht nur ein schlechtes Licht auf ihre Arbeit, sondern auch auf den Zwinger insgesamt warf.

AUFGABEN EINES ZWINGERMÄDCHENS

DAS PERSONAL musste oft um sechs Uhr morgens aufstehen, damit alle Zwinger vor dem Frühstück gesäubert werden konnten. So stand der verbleibende Morgen für Trimmen, Bürsten und Spazieren-

führen der Hunde zur Verfügung. Die Nachmittage waren normalerweise dem Reinigen der Futter- und Wasserschüsseln und dem Vorbereiten der Abendfütterung gewidmet. Da es damals noch kein Fertigfutter gab, erforderte die Futterzubereitung vergleichsweise viel Zeit.

Abgesehen von den Frühstücks- und Mittagspausen konnte sich ein Zwingermädchen glücklich schätzen, nachmittags eine Stunde Pause zu haben. Um 17.30 Uhr endete der Arbeitstag normalerweise. Die meisten Mädchen arbeiteten neun Stunden am Tag, sechs Tage pro Woche. Jedes Mädchen musste seine Stube in Ordnung halten, sodass es günstig war, wenn es sein Bett machen, abwaschen und einfache Speisen zubereiten konnte, was jedoch oft nicht der Fall war.

Außer der Erledigung der täglichen Arbeiten musste ein Zwingermädchen auch wissen, woran Krankheiten und Läufigkeit zu erkennen sind, wie man mit bissigen Hunden umgeht und wie ein Hund gebürstet, gebadet und getrocknet wird. Darüber hinaus musste es das Verabreichen von Medizin beherrschen und wissen, wie Zwinger und Kleidung desinfiziert wurden.

HUNDEKRANKENSCHWESTERN

IM ANSCHLUSS AN die Ausbildung im Zwinger entschieden sich einige Mädchen für die Ausbildung zur Hundekrankenschwester – eine weitere Tätigkeit im Bereich der Hundehaltung, die seit Kriegsende verstärkt nachgefragt wurde und seinerzeit als schick galt. Wie schon bei der Arbeit im Zwinger hielt man Frauen auch hier für besser geeignet.

Nicht immer umfasste die Ausbildung auch einen praktischen Teil. Wollte man die überaus wichtigen praktischen Fertigkeiten erlernen, bestand die einzige Möglichkeit darin, für einige Monate in einer Tierarztpraxis oder einer Tierklinik zu arbeiten.

Es war möglich, ein Diplom für Hundekrankenpflege zu erwerben. Da es aber keine anerkannten Ausbildungseinrichtungen gab, waren viele der Zertifikate kaum das Papier wert, auf dem sie geschrieben waren.

Oben
Von den Zwingermädchen wurde ein sauberes und ordentliches Äußeres erwartet; häufig trugen sie einheitliche Kleidung, wie z. B. Reit- oder Latzhosen.

Links
Die Zwingermädchen waren für Sauberkeit, Fütterung und Ausführen der Hunde verantwortlich. Darüber hinaus mussten sie lernen, wie ein Hund gebadet und gebürstet wird, wie Medizin verabreicht wird und wie mit schwierigen oder bissigen Hunde umzugehen ist.

WISSENSWERTES:
In Zwingern mit viel Personal bestand mitunter die Möglichkeit, unter der Woche einen halben oder ganzen Tag frei zu bekommen. Sonntagsarbeit und -freizeit regelte man mit Hilfe eines Plans.

Frühe Tiermedizin

DIE TIERMEDIZINISCHE Versorgung wurde zwar in den vergangenen Jahrzehnten stark verbessert, doch bereits in den 1930er-Jahren wurde hierfür wichtige Pionierarbeit geleistet, sodass die Veterinärmediziner zu Recht stolz auf diese Zeit zurückblicken können. Nach dem Ersten Weltkrieg gab es viele technische Neuerungen, und der Tierpflege wurde immer mehr Bedeutung beigemessen, wodurch mit der Zeit viele unterschiedliche Einrichtungen und Behandlungsmöglichkeiten zur Verfügung standen.

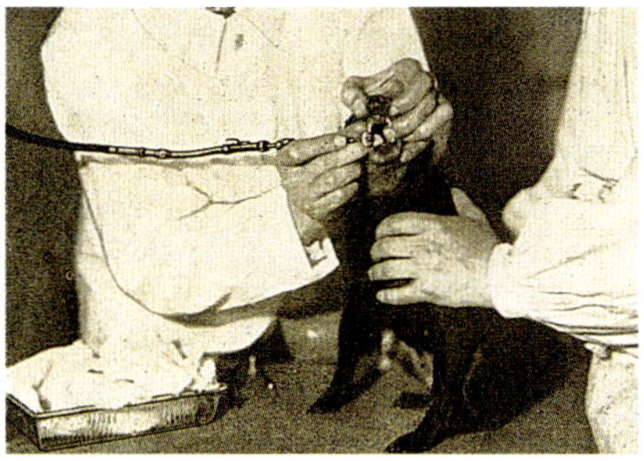

TIERKLINIKEN

HUNDEKLINIKEN wurden in verschiedene Klassen unterteilt, wobei die besseren Kliniken sehr gut ausgestattet waren, wie z. B. an tiermedizinischen Fakultäten. Meist gab es auch eine Obduktionsabteilung, in der man Todesursachen zu ermitteln versuchte, wodurch viele wertvolle Informationen gewonnen wurden.

So genannte Hundekrankenhäuser, die von einzelnen Tierärzten geführt wurden, waren erheblich kleiner und nur wenige verfügten über eine teure Ausstattung.

RÖNTGENUNTERSUCHUNGEN – EINE BAHNBRECHENDE NEUERUNG

BEI EINFÜHRUNG der Röntgenuntersuchung 1896 war eine Belichtungszeit von 20 Minuten erforderlich, sodass dieses Verfahren im Rahmen der Tiermedizin kaum zum Einsatz kam. In den 1930er-Jahren wurde es jedoch auch für Hunde sehr häufig eingesetzt. Mittlerweile konnte mit einem guten Gerät in nur zwei Sekunden ein Röntgenbild von jedem Teil des Hundekörpers gemacht werden. Man verwendete oft tragbare Geräte, da sich die meisten Tierärzte kein eigenes leisten konnten. Röntgenaufnahmen waren besonders hilfreich, um Bein- oder Pfotenverletzungen von Greyhounds korrekt zu diagnostizieren, da gute Rennhunde bis zu £ 300, einige sogar bis zu £ 1000 wert waren. Auch ließen sich so Knochenanomalien, z. B. krankhafte Veränderungen des Kieferknochens, beurteilen. Viel Aufsehen erregte ein Elchhund, dessen Oberkiefer geschädigt war. Ohne Röntgenuntersuchung hätten ihm alle Zähne gezogen werden müssen.

Die zahnmedizinische Versorgung für Hunde galt als fast genauso weit entwickelt und effizient wie die für Menschen. Oft entfernten Fachleute bereits Zahnstein, und bis zu zehn bereits gelockerte Zähne konnten ohne Betäubung gezogen werden, vorausgesetzt, derjenige, der den Eingriff vornahm, war geschickt und flink genug.

WISSENSWERTES

In den 1930ern konnten kleine gebrochene Knochen mit Silberdraht zusammengehalten werden – ein Zeichen für die Fortschritte der Hundechirurgie.

Oben
Die zahnmedizinische Versorgung von Hunden wurde sehr ernst genommen und umfasste regelmäßige Zahnsteinentfernung sowie das Zähneziehen.

Rechts
Auch die diagnostischen Möglichkeiten wurden verbessert. In den 1930ern nutzten viele Tierärzte z. B. Röntgenaufnahmen zur Diagnostik.

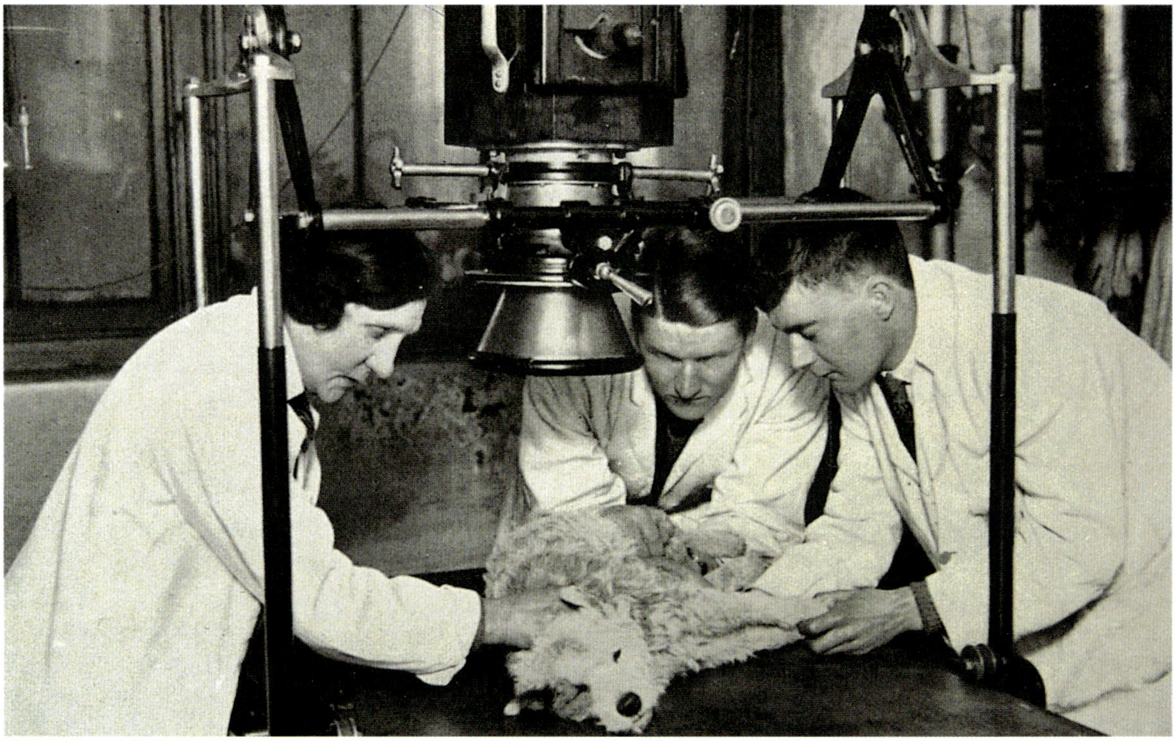

War der Fall schwierig oder der Hund nervös, wurde ihm eine Stunde vor dem Eingriff Morphium verabreicht, um seine Nerven zu beruhigen.

In sehr modernen Praxen führte man UV-Strahlen-Behandlungen durch, auch wenn sie keine 100-prozentige Wirkung zeigten und die Hunde mit ihren Schutzbrillen einen merkwürdigen Anblick boten. So konnten mit einigem Erfolg Rachitis und nicht durch Parasiten hervorgerufene Hauterkrankungen behandelt werden; auch bei Ausschlägen, Geschwüren, Furunkeln, Abszessen, Akne, Alopezie (krankheitsbedingte Kahlheit) und Blutergüssen erwies sich diese Methode mitunter als nützlich.

CHIRURGISCHE VERFAHREN

MITTLERWEILE HATTE MAN die Notwendigkeit einer sauberen Operationsumgebung erkannt, und es wurden häufig komplizierte Eingriffe vorgenommen. Viele Hündinnen wurden sterilisiert, und vielfach wurden erfolgreiche Blasenoperationen durchgeführt, auch wenn ein solcher Eingriff immer ein gewisses Risiko darstellten. Besonders bei Augenoperationen hing der Erfolg des Eingriffs sehr wesentlich von den Fähigkeiten des Operateurs ab.

Es war möglich, Gliedmaßen zu amputieren und Beinprothesen anzupassen. Darüber hinaus, obschon deutlich riskanter, wurden Fremdkörper oder Tumore aus Eingeweiden chirurgisch entfernt.

Trotz der Hygienevorschriften kam es häufig zu Infektionen, die bereits kurze Zeit nach der Operation zum Tode führten.

In den Jahren zwischen den beiden Weltkriegen waren ein weißer Kittel, tadellos saubere Räumlichkeiten und hohe Honorare durchaus keine Garantie dafür, dass ein so genannter Chirurg tatsächlich als solcher qualifiziert war. Zu dieser Zeit traf man überall auf Quacksalber und Scharlatane, die keinerlei Skrupel hatten, ehrliche Menschen glauben zu machen, dass sie über anerkannte Qualifikationen verfügten.

NEUE GESETZE

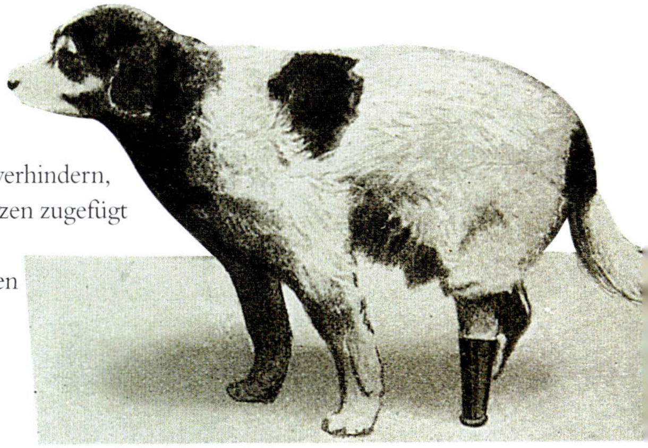

1919 WURDE DER Animals' (Anaesthetics) Act (Gesetz über Betäubungsmittel für Tiere) verabschiedet, um zu verhindern, dass Tieren unnötige Schmerzen zugefügt wurden. Hierdurch wurde es illegal, bestimmte Operationen ohne Vollnarkose durchzuführen.

Bei einem ersten Verstoß war ein festgelegtes Bußgeld zu entrichten, und bei wiederholten Verstößen drohte sogar eine Gefängnisstrafe. Aber die Bestimmungen waren eher unzureichend, sodass eine Neufassung dringend erforderlich war.

Ein großes Manko des Gesetzes war, dass es eine Vollnarkose obligatorisch nur bei einem Tier vorsah, das älter

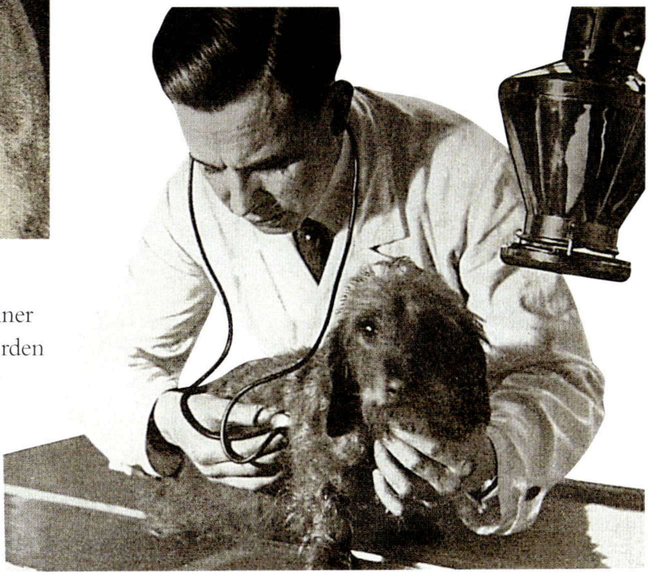

als sechs Monate war. Darüber hinaus wurde eine Narkose nur für bestimmte Amputationen gefordert, andere konnten auch ohne Betäubung vorgenommen werden.

Für das Kupieren von Schwanz oder Ohren war eine örtliche Betäubung notwendig, jedoch nur, wenn das Tier älter als sechs Monate war. Und auch bei der Behebung von Nabelbrüchen und bei Schnitten in die Harnröhre war nur eine örtliche Narkose verlangt.

Auch wenn die Tiermedizin in den 1930er-Jahren bereits große Fortschritte gemacht hatte, lohnt es sich, die damaligen Errungenschaften mit den heutigen Standards zu vergleichen. Hierdurch wird das Ausmaß der Entwicklung und der Verbesserungen offenkundig, die in den letzten Jahrzehnten auf diesem Gebiet erreicht wurden.

Oben
Operationen wie etwa Amputationen wurden erfolgreich durchgeführt, vorausgesetzt, es traten keine Infektionen auf.

Ganz links
Zu den neuen Techniken zählte die Behandlung von nicht durch Parasiten hervorgerufenen Hautkrankheiten mittels UV-Strahlen.

Links
Die Standards bei der tiermedizinischen Versorgung variierten beträchtlich, angefangen von erstklassigen tiermedizinischen Fakultäten bis hin zu Quacksalbern, die über keinerlei anerkannte Qualifikation verfügten.

WISSENSWERTES
Beim Entfernen von Zahnstein verwendeten Tierärzte normalerweise eine Art Knebel, um zu verhindern, dass sie gebissen wurden.

Frühe Formen der Fellpflege

ANFANG DES 20. Jahrhunderts wurde der Fellpflege immer mehr Beachtung geschenkt. Das Baden des Hundes lehnte man aber oft noch ab in der Annahme, dass das Fell zwar vorübergehend sauberer aussehen, Schmutz jedoch leichter haften bleiben würde. Grund für die Ablehnung waren auch die merkwürdigen Präparate, die man zum Baden eines Hundes benutzte. Bei größeren Rassen hielt man es für ausreichend, wenn der Hund in einem Teich schwimmen ging und danach Auslauf bekam. Hunde mit weichem Fell hielt man mit Wurzelbürste oder Pflegehandschuh in „Form".

Oben

In den 1920ern wurden Hunde regelmäßig gebadet und gebürstet, um ihre Chancen bei Ausstellungen zu verbessern.

Oben rechts

Die anfangs für Hunde verwendeten Wannen waren aus Holz. Zinkwannen waren aber viel einfacher zu handhaben.

REINIGUNGSMITTEL

ANFANGS RIEB MAN EIGELB in das Fell und massierte es mit Wasser gut ein, um es zum Schäumen zu bringen. Da es sich jedoch nicht so einfach wieder ausspülen ließ, waren zahlreiche Waschdurchgänge erforderlich. Einer der wesentlichen Vorteile von Eigelb im Vergleich zu Seife lag darin, dass es weder zu Augen- noch zu Hautreizungen führte und der Hund nicht krank wurde, wenn er sich während des Badens das Fell leckte. Außerdem konnte er Reste, die versehentlich nicht ausgewaschen worden waren, durch Lecken des Fells selbst entfernen.

Kurz vor dem Ersten Weltkrieg standen den Haltern, die ihre Hunde gern baden wollten, dann mehr und mehr Präparate zur Verfügung. Die herkömmliche weiße Kernseife war weiter das beliebteste Mittel. Verbreitung fand auch die Teerseife, die allerdings, besonders beim Baden einer größeren Rasse, nicht sehr lange vorhielt.

Die bequemste Art der Verwendung von Seife war, sie in handliche Stücke zu schneiden. Schmierseife war eher ungünstig, da bei zu reichlicher Verwendung oft kleine Seifenklümpchen im Fell zurückblieben. Oft wurden auch eigene Rezepturen kreiert, indem man z. B. ein Pfund Schmierseife mit zerstoßenem Kampfer und quecksilberhaltiger Salbe mischte.

Andere Hundehalter begnügten sich mit der Verwendung einer neuen, angeblich sehr wirkungsvollen Seife, die von Spratt unter dem netten Namen „Fomo" vertrieben wurde.

Bestand der Verdacht auf Hautprobleme oder -erkrankungen, war Karbolseife ein Muss. Unangenehmerweise haftete ihr strenger Geruch dem Fell lange an, sodass die Hauterkrankung des Hundes nie lange ein Geheimnis blieb.

PROBLEME BEIM BADEN

EINES DER HAUPTRISIKEN beim Hundebad waren Verbrühungen. Hingegen fanden die meisten Menschen nichts dabei, dem Badewasser Desinfektionsmittel oder etwas Ammoniak beizufügen, um Fett besser zu entfernen. Kaum zu vermeiden war der Befall durch Flöhe und andere Parasiten, die die Angewohnheit hatten, sich während des Bades zu den Ohren des Hundes zu flüchten. Vorbeugend konnte man Hals und Nacken einseifen, bevor der Rest des Körpers mit Wasser in Berührung kam, und diesen Bereich gut eingeschäumt belassen, bis der übrige Schaum ausgespült war. Flöhe überstanden die Badeprozedur oft unbeschadet. Dann wurde der Hund nach draußen geführt und großzügig mit Pyrethrum oder Keating eingepudert. Der Schlafplatz wurde mit Paraffin eingesprüht und Fellbürsten mit Paraffin und Olivenöl oder Kampfergeist getränkt.

NACH DEM BADEN

NACH DEM BAD wurde der Hund in ein im Winter beheiztes Zimmer gebracht und in eine Kiste mit sauberem Stroh gelegt. Da der Weg zum Haus oft mit Asche bedeckt war, wurden kleine Hunde getragen und größere an der kurzen Leine geführt, damit sie dem Drang, sich in der Asche zu wälzen, nicht nachgeben konnten. Asche aus dem nassen Fell zu entfernen, war äußerst aufwändig und keinesfalls einfacher als das Entfernen von Sand und Lehm.

BADEWANNEN

BEVORZUGT WURDEN WANNEN aus Holz mit einem Loch in der Unterseite verwendet, das mit einem Korken verschlossen werden konnte. Sie wurden über einer Abflussrinne oder einem Ablauf platziert, sodass sie leicht geleert werden konnten. Bis in die 1920er-Jahre hatte sich die Qualität der Hundewannen deutlich verbessert; mittlerweile waren sie aus verzinktem Blech, in verschiedenen Größen erhältlich und leichter zu handhaben.

GUT VORBEREITET UND PRÄSENTIERT

IN DEN 1920ER-JAHREN war bereits allgemein bekannt, dass man die Chancen auf Erfolg bei einer Ausstellung durch eine bessere Präsentation des Fells steigern konnte, sodass sich besonders bei Hunden mit schwarz-weißem Fell das Bad lohnte. Drahthaarige Hunde wurden aus Angst, das Fell könnte zu weich werden, nur selten gebadet; bei Rassen mit anderen Fellarten war ein wöchentliches Bad hingegen keine Seltenheit.

Die Pflege des Fells wurde zur Kunst erhoben. Es kamen viele kleine Zusätze zum Einsatz, z. B. ein blauer Beutel im Badewasser, um ein weißes Fell noch weißer erscheinen zu lassen, oder ein paar Tropfen Brillantine für Hunde, deren Fell glänzen sollte.

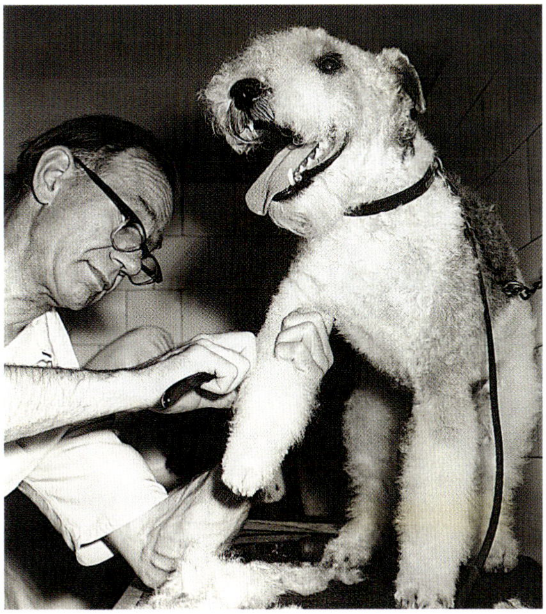

Oben
Früher ließ man Hunde vor dem Kamin trocken werden, ab den 1930er-Jahren fönte man sie immer häufiger mit Haartrocknern.

Links
Je ernster die Pflege des Hundes genommen wurde, desto mehr Zeit wurde damit verbracht, das Aussehen des Fells zu verbessern.

Unten
Flöhe bekämpfte man, indem man Fellbürsten in einer Mischung aus Paraffin und Olivenöl oder Kampfergeist tränkte.

WISSENSWERTES
In Paraguay und Peru wurden extra Ammen eingestellt, die sich um verwaiste Welpen zu kümmern hatten.

Einige vierbeinige Helden

IM LAUFE DER Jahrhunderte haben viele Hunde für die Dienste, die sie dem Menschen geleistet haben, Ruhm und Anerkennung geerntet. Geschichten von Hunden wie die von Greyfriars Bobby sind vielen Hundefreunden gut bekannt. Weniger bekannt sind die Geschichten der Hunde, denen Viktoriakreuz-Halsbänder verliehen wurden, weil sie ihr eigenes Leben für das Leben von Menschen aufs Spiel gesetzt hatten. In den 1930er-Jahren rief die *Daily Mail* die League of Kindness (Liga der Freundlichkeit) ins Leben, was zur Einrichtung einer Ehrenliste für mutige Hunde führte. Hunderte von Einzelfällen wurden untersucht, aber nur wenige ausgewählt, die diesen angesehenen Preis in Form eines hübschen Halsbandes erhielten. Das Halsband war aus blauem Saffianleder und silbernen Beschlägen gefertigt. Auf einer silbernen Plakette stand schlicht: „For Bravery" (Für Tapferkeit).

Oben rechts
Nip bezahlte sein Viktoriakreuz-Halsband mit zwei gebrochenen Beinen.

Rechts
Chum war eine sehr intelligente Sealyham-Dame, der es Spaß machte, vor Publikum Kunststücke vorzuführen. Ihre Tapferkeit bei der Rettung ihrer Besitzer vor einem Feuer brachte ihr schwere Brandwunden ein und kostete sie ein Auge.

WISSENSWERTES
Bei seiner Heldentat, für die ihm das Viktoriakreuz-Halsband verliehen wurde, sprang Nip aus einem Fenster, sodass seine Beine eingegipst werden mussten.

BEZAUBERNDE CHUM

EINER DER AUSGEZEICHNETEN HUNDE war Chum, eine bezaubernde Sealyham-Terrier-Dame, die in ihrer Jugend zudem eine sehr talentierte Schauspielerin war und ein aufmerksames Publikum unermüdlich mit ihren Kunststücken unterhalten konnte, nicht zuletzt zu ihrem eigenen Vergnügen. Ihre Darbietungen bestanden aus kurzen Szenen, in denen sie vorgab, krank zu sein, einen Brief schrieb, über einen Spaß lachte, betete und ihre Pfote um die Taille einer Katze legte, die es sich auch nicht nehmen ließ, in einer Badenummer mitzuspielen.

Am Ende einer Vorstellung machte Chum Männchen und klatschte vor Begeisterung – offenbar über ihre eigene Klugheit – in die „Hände".

1929 führte Chum ein reales Meisterstück vor und verdiente sich damit ein Viktoriakreuz-Halsband; der Preis hierfür war jedoch der Verlust des Augenlichts auf einem Auge. Chum lebte zusammen mit ihren Besitzern in Southsea. Eines Nachts weckte Chum ihre Besitzer gegen ein Uhr morgens, indem sie an der Schlafzimmertür kratzte. Das Ehepaar bemerkte einen verbrannten Geruch und eilte nach unten. Das Erdgeschoss stand bereits in Flammen, und aus allen Räumen drang dichter Rauch. Der Mann stürzte auf die Straße, um die Feuerwehr zu rufen. Aufgrund des dichten Rauchs konnte seine Frau ihm jedoch nicht folgen; sie kehrte stattdessen um, kletterte aus einem Fenster und kroch ein schmales Sims entlang bis zum Nachbarhaus.

Was folgte, war ein großes Durcheinander aus Feuerwehrmännern, Löschwagen, Wasserschläuchen und Schaulustigen. Chum war nirgends zu finden, doch da man sie bereits vor dem Haus gesehen hatte, nahmen alle an, dass sie sich in Sicherheit befand.

Als die Feuerwehrmänner jedoch später die erste Etage erreichten, fanden sie eine vom Russ „ergraute" Sealyham-Dame, die geduldig neben dem Bett ihres Frauchens saß. Offenbar hatte Chum das Haus verlassen, war dann jedoch durch die Flammen zurück ins Schlafzimmer gelaufen, um nach ihrem Frauchen zu suchen. Da das Zimmer leer war, hatte sie sich neben dem Bett niedergelassen, um auf seine Rückkehr zu warten.

Chum hatte schlimme Brandwunden am Kopf und an den Ohren, wodurch sie letztendlich auf einem Auge erblindete. Dank unermüdlicher und umsichtiger Pflege wurde sie jedoch ansonsten wieder vollständig gesund.

Durch dieses Ereignis nahm auch Chums „Schauspielkarriere“ ein Wendung. Ihr Bild wurde in etlichen Zeitungen abgedruckt und da damals das öffentliche Interesse an Hunden, die solche erstaunlichen Heldentaten vollbracht hatten, so groß war, dass bei Ausstellungen die Besucher sie in einer eigens eingerichteten Abteilung bewundern konnten, wurde Chum zusammen mit anderen tapferen Hunden auf Hundeausstellungen im ganzen Land vorgeführt.

TAPFERER BUNTY

EIN WEITERER HUND, dem nach einem Brand ein Viktoriakreuz-Halsband verliehen wurde, war Bunty, ein Mischlingsrüde mit einer ordentlichen Portion Labrador Retriever.

Bunty hatte nachdenkliche, dunkelbraune Augen, war jedoch ein eher schüchterner Welpe und wurde häufig durch den Familienpapagei verwirrt, der seinen Namen rief und Bunty somit dazu brachte, umsonst ins Zimmer zu kommen. Dies war höchstwahrscheinlich der Grund dafür, dass der Hund durch ungewohnte Geräusche verängstigt wurde und sich von Fremden nicht anfassen ließ.

Vier Jahre später wechselte Bunty den Besitzer und entwickelte schnell eine enge Beziehung zu seinem neuen Herrchen, dessen Haushälterin unter Anfällen litt. Bei einem dieser Anfälle fiel sie über die geöffnete Frontklappe des Küchenherds, wobei ihr Kleid sofort Feuer fing. Glücklicherweise war Bunty, der sein Selbstvertrauen mittlerweile wiedergewonnen hatte, gleich zur Stelle. Er riss die brennenden Stücke der Kleidung des Mädchens weg, indem er mit den Pfoten kratzte und mit den Zähnen am Kleid zerrte, wobei er sich Schnauze und Pfoten verbrannte. Dann zog er den schlaffen Körper des Mädchens am Rock vom Feuer weg. Es dauerte fünf Wochen, bis die Brandwunden, die die Haushälterin und Bunty erlitten hatten, wieder verheilt waren.

Die Nachricht von Buntys Tapferkeit sprach sich schnell herum, und er erhielt ein mit Silber besetztes Halsband und sein Viktoriakreuz sowie viele andere Medaillen, die ihm von bewundernden Tierliebhabern geschenkt wurden.

Chum und Bunty waren nur zwei der sorgfältig ausgewählten Hunde, denen ein Viktoriakreuz-Halsband verliehen wurde. Es gab jedoch noch viele Hundert weitere Hunde, die Großes leisteten, diese Auszeichnung aber knapp verfehlten.

WISSENSWERTES

Der Zwergschnauzer Major rettete seinem Herrn Stephan Marks bei der Pazifikdurchsegelung als einziger Gefährte und Wächter mehrmals das Leben.

Oben

Bunty zerrte die bewusstlose Haushälterin seines Besitzers vom Küchenherd weg und riss ihr dann die brennende Kleidung vom Leib.

Oben links

Nachdem sich Chum vollständig von ihren Verletzungen erholt hatte, nahm ihre Schauspielkarriere eine neue Wendung, und sie trat als „Tapferer Hund“ bei Hundeausstellungen auf.

Links

Tess rettete den zwei Jahre alten Aaron, der in ein Felsenbecken gefallen war, vor dem Ertrinken.

Der Tail-Waggers' Club

MIT GROSSEM Enthusiasmus wurde 1928 der Tail-Waggers' Club (Club der Schwanzwedler) gegründet. Sein Ziel war es, alle verantwortungsbewussten Hundehalter und ihre Tiere in einer großen Organisation zur Förderung des Wohlergehens von Hunden zu vereinen. Bei der ersten Versammlung wurden 15 Hunde angemeldet, und schon kurz darauf trafen massenweise Anmeldungen ein, sodass die Mitgliederzahl nur knapp drei Monate nach der konstituierenden Versammlung auf 10 000 angestiegen war und dem Royal Veterinary College Canine Diseases Appeal Fund ein Scheck über £ 1000 überreicht werden konnte.

Oben
Jedes neue Mitglied des „Tail-Waggers' Clubs" erhielt einen Halsbandanhänger, auf dem die Mitgliedsnummer eingraviert war.

Rechts
Es gab einen Tag, an dem sich das Gesamtgewicht der ausgehenden Post auf 810 kg belief.

WISSENSWERTES
Arthur Croxton Smith wurde 1899 Mitglied des Kennel Clubs. Später wurde er stellvertretender Vorsitzender und von 1937–1948 Vorsitzender.

BEITRITT ZUM CLUB

DER MINDESTMITGLIEDSBEITRAG, der für die Lebensdauer des angemeldeten Hundes galt, betrug nur zwei Schilling. Die Anmeldung war vergleichsweise einfach. Man musste nur den Namen seines Hundes sowie den eigenen Namen und die Adresse angeben.

Jedes neue Mitglied erhielt einen Halsbandanhänger aus oxidiertem Silber, auf dem als Symbol zwei gekreuzte Ruten und der Wahlspruch „I Help My Pals" („Ich helfe meinen Freunden") dargestellt waren. Auf der Rückseite befanden sich die Mitgliedsnummer des Hundes sowie Angaben zur Hauptgeschäftsstelle des Clubs.

Zu den ersten Mitgliedern gehörten die Hunde des Prinzen von Wales, von Prinzessin Mary, der Gräfin von Harewood, und von Königin Maud von Norwegen. Bald folgten andere Mitglieder königlicher Familien diesem Beispiel, und die Mitgliederzahl stieg weiter in einem rasanten Tempo an.

Nach fünf Monaten hatte der Club bereits 22 000 Mitglieder, und der Wahlspruch von 1929 lautete „Die 100 000 im Visier!" Im August jenes Jahres hatte die Mitgliederzahl diese Marke bereits überschritten. Täglich gingen mehrere Tausend Anmeldungen ein, und innerhalb von zwölf Tagen gewann der Club 55 000 neue Mitglieder hinzu, was die Organisatoren einerseits freute, was aber gleichzeitig wahre Albträume hervorrief.

DAS HANDBUCH DES TAIL-WAGGERS' CLUBS

FÜR SEINE VERSCHIEDENEN PUBLIKATIONEN konnte der Tail-Waggers' Club Arthur Croxton Smith, Träger des britischen Verdienstordens, als Unterstützer gewinnen – der Autor hatte sich seit 1909 auf das Thema Hunde spezialisiert.

Auch Messrs Spratt's Patent Limited erteilte dem Tail-Waggers' Club die Erlaubnis, Informationen aus seinen Broschüren für die clubeigenen Publikationen zu verwenden, und bot großzügig an, die Kosten für Druck und Vertrieb des Handbuchs zu übernehmen.

Gemäß der damaligen Vorliebe für Statistiken wurden diese auch vom Club gern verbreitet. Im Laufe eines Jahres wurden Mitgliedsurkunden mit 2,5 Tonnen Gesamtgewicht und ca. 360 000 Briefbögen für Schriftverkehr benötigt. Die täglich eingehende Post wog im Schnitt 45 kg, wogegen die versandten Anhänger und Urkunden etwa 171 kg wogen. Es gab einen Tag, an dem die eingehende Post 281 kg und die ausgehende 810 kg wog. Die Akten des Clubs beanspruchten mehr als 19,6 m³ Raum.

VORTEILE DER MITGLIEDSCHAFT

EINE DER AM HÖCHSTEN geschätzten Aufgaben des Tail-Waggers' Clubs wurde der Tiersuchdienst. Dank des Halsbandanhängers konnten viele verloren gegangene Hunde zu ihren Besitzern zurückgebracht werden.

Aufgrund seiner ständig wachsenden Mitgliederzahl konnte der Club bald selbst für wohltätige Zwecke spenden und erwies sich somit in praktischer Hinsicht wie auch als Hilfsorganisation als äußerst wirkungsvoll.

WISSENSWERTES
Das Royal Veterinary College war eine von vielen Organisationen, die von Spenden des Tail-Waggers' Clubs profitierte, und davon Begleithunde für Blinde kaufte.

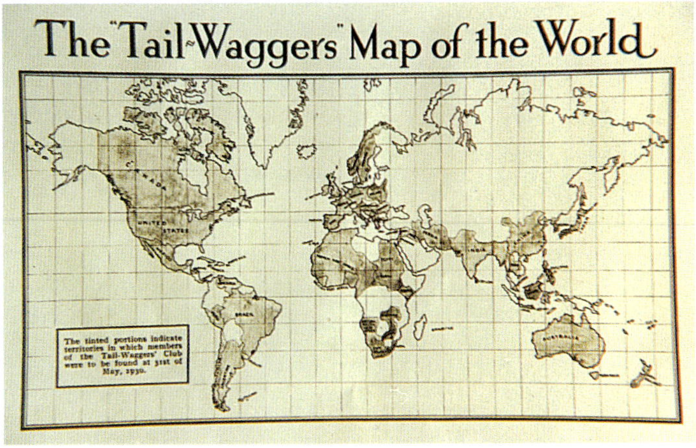

In ärmeren Gegenden wurden Hunde häufig ausgesetzt, da ihre Besitzer sich die Gebühren für die Hundemarke schlichtweg nicht mehr leisten konnten. Deshalb richtete der Tail-Waggers' Club eigene Hundemarken-Vereine ein. Hier konnten Menschen mit geringem Einkommen zwei Pence pro Woche bezahlen, wobei die Verantwortung für die Entrichtung der Gebühr beim Verein verblieb. So wurde es einfacher, die nötige Summe aufzubringen, wobei die letztlich tatsächlich gezahlten acht Schilling und acht Pence sogar einen Überschuss von einem Schilling und zwei Pence ergaben, von denen sechs Pence als Aufwandsentschädigung einbehalten wurden und sechs Pence als Spende an die örtliche Niederlassung einer anerkannten Tierschutzorganisation gingen.

GLOBALE ANZIEHUNGSKRAFT

DER CLUB FAND weltweite Verbreitung von Albanien über die Fidschi-Inseln, Siam und Neuseeland bis nach Venezuela und Sansibar.

Der Hund, dem die Ehre zuteil wurde, Tail-Wagger Nr. 0 zu sein, hieß Bobby. Bobby (eine Hündin!) gehörte dem Clubgründer und wurde als „Mother of all Tail-Waggers" („Mutter aller Schwanzwedler") bezeichnet. Besonders berühmt war auch der Cocker Spaniel Lucky Star of Ware, der 1930 bei der Crufts Sieger bei „Best of Show" wurde; dort gab es sogar eine Tail-Waggers'-Klasse.

Einen Wettbewerb anderer Art gab es für Fotos von Mitgliedshunden. Durch den „Schnappschuss-Wettbewerb" konnte jeder Mitgliedshund an Clubaktivitäten teilnehmen.

Praktische Tipps wurden in einer Reihe von Faltblättchen bereitgestellt.

Dank des Tail-Waggers' Clubs erhielten viele Hunde zweifellos eine bessere Behandlung.

1958 trat das einmillionste Mitglied dem Club bei.

Oben und links
Aus allen Teilen der Welt trafen Anmeldungen ein, etwa aus Albanien ebenso wie aus Sansibar. Nur fünf Monate nach seiner Gründung hatte der Club bereits 22 000 Mitglieder.

Unten
Lucky Star of Ware war 1930 bei der Crufts der Sieger bei „Best of Show".

Mythen und Magie

IN DEN UNTERSCHIEDLICHEN KULTUREN und verschiedenen Zeitaltern mussten Hunde häufig viel Leid ertragen, da sie immer wieder als rituelle Objekte behandelt wurden. Oftmals beinhalteten die jeweiligen Bräuche Zeremonien, durch die den Hunden Schmerzen zugefügt wurden und die manchmal sogar ihren Tod zur Folge hatten.

Oben
Hunde wurden häufig mit Hexerei in Verbindung gebracht und waren entsprechend gefürchtet.

Rechts
In einigen Kulturen war das Blut eines Hundes wesentlicher Bestandteil der Hochzeitszeremonie, da es für den Treueschwur des Paares benötigt wurde.

> WISSENSWERTES
> Chinesische Hunde, deren Fell mehr als eine Farbe hat, werden oft „Hua Tse" („Blumenkind") genannt.

Rechts
Zeremonien und Rituale, bei denen Hunde eine Rolle spielten, bedeuteten für den betreffenden Hund häufig Schmerz oder Tod.

CHINESISCHER ABERGLAUBE

IN CHINA haben viele Hunde gelitten. Dort wurden Hunde aus unterschiedlichsten Gründen getötet, z. B. für die Herstellung von Arzneimitteln.

Große Hunde wie etwa der Tibetische Mastiff (Do Khyi) wurden früher getötet, da sie ein Symbol für Treue und Wildheit waren. Verliebte Frauen zahlten Höchstpreise für sie: Um sich der Treue ihrer Männer zu versichern, beschworen sie den Geist des Hundes, der dem Mann verbieten sollte, andere Frauen zu besuchen. Stattdessen sollte ihm der Geist den Weg zu der Frau weisen. Oft waren die Frauen eher bereit, mehr Geld für einen kleinen Teil eines Do Khyis zu bezahlen, als für einen ganzen Mops oder einen anderen kleinen Hund.

Dieser Brauch wurde später zum Glück aufgegeben, denn man ging dazu über, Hundeköpfe auf Papier zu zeichnen und als Fetisch zu verwenden. Diese Zeichnungen waren nicht nur billiger, sondern auch praktischer. Die Frau erklärte dem Hundefetisch, was sie von ihm erwartete, und verbrannte die Zeichnung dann, um den Liebhaber anschließend heimlich mit der Asche zu bestreuen oder sie in seinen Tee zu rühren.

Ein Brauch aber hielt sich sehr lange: Man stellte Fleisch oder Blut eines Hundes vor einem Haus, um Einbrecher, Krankheiten oder Insektenplagen abzuschrecken.

ABERGLAUBE IN ANDEREN LÄNDERN

IN JAPAN sollte ein als Hundekiste bezeichneter Talisman Glück bringen und eine leichte Geburt garantieren. Auch sollte er Kinder vor Fiebergeistern und Menschtieren schützen. Die Kiste befand sich tagsüber neben dem Kinderbett, nachts wurde sie über das Bett gehängt, um böse Geister von den Träumen des Kindes fern zu halten.

In Babylon war auf beiden Seiten des Hauseingangs eine Art Mastiff als magische Wache abgebildet. Außerdem sandten die Babylonier im Rahmen einer religiösen Zeremonie einen weißen und einen schwarzen Hund aufs Meer hinaus und sie glaubten, dass der Biss eines Hundes, je nach Farbe des Tieres, ein gutes oder ein schlechtes Zeichen sein konnte.

In der hebräischen Literatur wurden die Menschen gewarnt, an Orten zu wohnen, an denen bellende Hunde zu hören waren. Vernahm man auf dem Weg zu einer Hochzeit Hundegebell, war man gut beraten, die Hochzeit abzusagen.

In einigen Kulturen wiederum war ein Hund Teil der Hochzeitszeremonie. Der Bräutigam legte einen Eid ab, indem er das Blut eines getöteten Hundes trank, woraufhin die Braut ihre Treue beim Hund schwor.

Hunde wurden auch zur Heilung von Krankheiten verwendet. So trennte man einem Hund den Schwanz ab und trug das vor Schmerzen heulende Tier in jedes Zimmer des Hauses, um es anschließend mit Gewalt aus dem Haus zu stoßen. Dieses Ritual symbolisierte die Geister der Krankheit, die von Ecke zu Ecke liefen, um schließlich vom Hund verfolgt das Haus zu verlassen. Je weiter der Hund auf die Straße getreten wurde, umso weiter jagte er die Geister fort, wodurch sich die Gefahr ihrer Rückkehr verringerte.

HUNDE ALS HEILMITTEL

NICHT NUR IN CHINA, sondern auch in vielen anderen Kulturen wurden Hunde als Heilmittel verwendet. Drei Dosen „getrockneten Hundes" sollten die Bauchschmerzen eines Kindes lindern. Im 18. Jahrhundert wendeten die Chinesen eine vergleichsweise harmlose Methode an, um ein weinendes Kind zu beruhigen. Ein kurzes Haar, dass einem Hund unterhalb der Kehle ausgezupft worden war, wurde in einem roten Beutel verschnürt, der dem Baby in die Hände gelegt wurde, woraufhin es angeblich sofort zu weinen aufhörte.

DIE HEXE UND IHR HUND

HEXEN WURDE REGELMÄSSIG nachgesagt, sie könnten sich in Hunde verwandeln, um auf dieses Weise die bösen Kräfte zu nutzen, die sie vom Teufel erhalten hatten. Goyas faszinierendes Gemälde „La Transformation des Sorciers" zeigt vier Hexen in ihrer Hütte, die einen Zauber ausüben, während sie sich in Hunde verwandeln.

Umgekehrt galten Hunde als Schutzgeister der Hexen: Angeblich gab der Teufel einer Hexe, wenn sie den Pakt mit ihm schloss, ein kleines Tier, das sie bewachen sollte. Der Schutzgeist durfte das Blut der Hexe saugen, um seine Kraft zu erneuern und so ein Band zwischen sich und der Hexe zu knüpfen. Hier verwandelten sich die Hexen nicht selbst in Hunde, sondern sandten ihre Schutzgeister aus.

Es gab Menschen, die sich als Hexensucher betätigten; einer von ihnen, Matthew Hopkins, erklärte in einem faszinierenden Buch die Methoden, wie man sie erkennt.

RELIGIÖSE SYMBOLE

IN FRÜHESTEN ABBILDUNGEN des westlichen Christentums wurde der Hl. Christophorus als junger Mann mit dem Kopf eines Hundes dargestellt. Nach der Legende war Christophorus einst ein außergewöhnlich gut aussehender römischer Soldat, was zur Folge hatte, dass sowohl Männer als auch Frauen ihn zu verführen versuchten. Um erlöst zu werden, betete er zu Gott, er möge ihm ein hässliches Gesicht geben, woraufhin ihm ein Hundekopf wuchs.

Im 18. Jahrhundert glaubten einige Forscher, sie hätten ein hundeköpfiges Wesen gesehen. Sie behaupteten, auf ein Tier gestoßen zu sein – teils Vogel, teils Schwein und teils Hund. Es sei ihnen angeblich gefolgt und habe jedes Lebewesen, ob Mensch oder Tier, das sich ihnen näherte, angegriffen und ihnen so die sichere Durchquerung eines unheimlichen neuen Landes ermöglicht.

Oben
Zerberus, der dreiköpfige Hund, bewachte den Eingang zur Unterwelt.

Unten
Wenn eine Hexe den Pakt mit dem Teufel schloss, gab er ihr einen Hund, der sie zu beschützen hatte.

Hunde und das englische Königshaus

SEIT JAHRHUNDERTEN gibt es bemerkenswerte Freundschaften zwischen Angehörigen des britischen Königshauses und Hunden. Im 15. Jahrhundert schenkte Edward IV. dem König von Frankreich fünf Mastiffs. Zwei Jahrhunderte später machte Jakob I. dem König von Spanien Mastiffs zum Geschenk. In Sarkophagen in Kathedralen sind Haustiere oft zu Füßen gekrönter Häupter beigesetzt, um die Treue des Tieres zu seinem Herrchen oder Frauchen – sogar noch im Tod – zum Ausdruck zu bringen. So findet sich in der Kathedrale von Canterbury das Grab Edwards, des „schwarzen Prinzen". Zu seinen Füßen liegt seine Französische Bulldogge.

Ganz oben und oben
Die Kinder von König Karl I. hielten Spaniels; Königin Elisabeth II. bevorzugt ihre Corgis.

Rechts
Den Herzog und die Herzogin von Windsor verband eine tiefe Zuneigung mit ihren vierbeinigen Freunden.

> WISSENSWERTES
> König Georg V. verfügte, dass auf königlichen Ländereien keine Fallen mit Eisenzähnen verwendet werden durften.

HEINRICH VIII.

AM HOF VON HEINRICH VIII. wimmelte es derart von Hunden, dass Heinrich ein Dekret erließ, das die Haltung anderer Hunde als kleiner Spaniels am Hof untersagte, es sei denn, es gäbe einen entsprechenden Befehl des Königs oder der Königin. Cut, einer der Spaniels des Königs, muss verloren gegangen oder gestohlen worden sein, denn in den Aufzeichnungen des Königs findet sich ein Eintrag über fünf Schilling und zehn Pence für die Rückgabe des Hundes. Ein weiterer königlicher Hund, Cutie, wurde für vier Schilling und acht Pence zurückgegeben.

Heinrich sorgte dafür, dass sich das Wissen um die Bedeutung einer ordentlichen Pflege der Hunde verbreitete, er hatte jedoch keine Einwände gegen Tierkämpfe. Im Gegenteil, denn unter seiner Regentschaft wurde das Amt des „Beauftragten für königliches Wild, Bären und Mastiff-Hunde" eingerichtet, das bis 1642 fortbestand. Aus Aufzeichnungen geht hervor, dass Heinrich 400 Hunde an Karl V. von Spanien senden ließ, die er im Krieg gegen Frankreich einsetzen sollte.

KÖNIG KARL (CHARLES) UND DIE SPANIELS

BESONDERS UNTER den Tudors und Stuarts nahmen Beliebtheit und Bedeutung kleiner Spaniels ständig zu. Am Hof Karls II. (1660–1685) wimmelte es von diesen Hunden, und der König war bekannt dafür, dass er lieber mit seinen Spaniels spielte, als sich um die Regierungsgeschäfte zu kümmern. Seine Beziehung zu den Hunden war so eng, dass der King Charles Spaniel sogar nach ihm benannt wurde.

DAS VIKTORIANISCHE ZEITALTER

KÖNIGIN Viktoria war eine leidenschaftliche Hundeliebhaberin: Nach der Krönungszeremonie eilte sie nach Hause, um ihrem Hund das gewohnte Bad zu bereiten. Ihre Hunde wurden oft auf Ausstellungen präsentiert, und sie selbst wie auch die Prinzessin von Wales waren regelmäßige Ausstellerinnen bei Crufts. Königin Viktoria unterstützte auch Hütehundwettbewerbe in Wales und wohnte einem 1889 sogar persönlich mit anderen Mitgliedern der königlichen Familie bei. Ihre Deerhounds in Windsor und Sandringham trugen dazu bei, dass ein breites Interesse an dieser Rasse erwuchs.

Zu ihren zahlreichen Haustieren zählten drei Turnspit Tykes, ungewöhnliche Hunde mit langem Körper, die normalerweise in der Küche in einem Laufrad laufen mussten, um den Bratspieß zu drehen. In Viktorias Haushalt wurden sie aber ausschließlich als Schoßtiere gehalten.

Bei seiner Ankunft in Neufundland 1860 wurde dem Prinzen von Wales ein herrlicher Neufundländer überreicht, der ein schweres Silberhalsband trug. 1875 wurde er Schirmherr des Kennel Clubs und blieb es auch, nachdem er als König Eduard VII. den Thron bestiegen hatte.

Königin Alexandra war eine ebenso große Hundeliebhaberin. Zu ihren Haustieren zählten Barsois, Bassets, Chow-Chows, Skye Terrier, Japanese Spaniels und Möpse. Sie und ihr Ehemann waren regelmäßige Besucher bei Ausstellungen, wobei sie oft mit den Hunden sprachen und so offen ihre Hundeliebe demonstrierten, besonders, wenn sie auf Hunde aus ihren eigenen Zwingern trafen.

Die königlichen Zwinger waren genauso gepflegt wie die königlichen Stallungen und verfügten über erstklassige Belüftung und Warmwasserversorgung. Damit die Hunde die nötige Bewegung erhielten, befanden sich vor den Zwingern drei Koppeln bzw. ein mit roten und blauen Steinen gepflasterter Hof. Außerdem gab es eine Pflege- und eine Krankenstation sowie eine Küche, in der das Hundefutter zubereitet wurde.

EDUARD VII.

EDUARD VII. hatte eine Abneigung gegen die Jagd auf zahmes Wild, weshalb er die königlichen Bluthunde abschaffte. Ähnlich vehement lehnte er das Kupieren der Ohren ab, sodass es in Großbritannien verboten wurde. Der wohl berühmteste seiner vierbeinigen Freunde war ein Terrier, in dessen Halsband die Worte „I am Caesar. I belong to the King" („Ich bin Caesar. Ich gehöre dem König") eingraviert waren. Caesar bereiste mit seinem Herrchen ganz Europa, und nach dem Tod des Königs war er untröstlich, jaulte jämmerlich und verweigerte sein Futter. Königin Alexandra ließ Caesar beim Trauerzug hinter der Geschützlafette laufen, und der Anblick dieses kleinen Terriers rührte Tausende, die am Wegrand standen, zu Tränen.

König Georg V. hatte seine Liebe zu Hunden von seiner Mutter, Königin Alexandra, geerbt und hielt es für äußerst wichtig, dass ein Hund täglich genug Bewegung hatte. 1893, noch als Herzog von York, wurde er erster königlicher Präsident des RSPCA (Royal Society for the Prevention of Cruelty to Animals).

WISSENSWERTES

König Eduard VII. interessierte sich für verschiedenste Rassen, z. B. für den Tibetischen Hirtenhund. Sein treuester Gefährte war jedoch ein Dandie Dinmont mit Namen Venus.

Links
Königin Viktoria im Jahr 1874 in Balmoral mit einem ihrer zahlreichen Lieblingshunde

Unten und ganz unten
Eduard VII. mit seinem Hund Caesar und Prinzessin Alexandra mit ihrem Rudel Greyhounds

Hunde in der Kunst

DIE GESAMTE GESCHICHTE hindurch spielte der Hund eine bedeutende Rolle in der Literatur. Wir wissen, dass die Griechen Hunde schätzten; viele sind in griechischen Schriften mit Namen erwähnt, wobei sie fast immer als treue Gefährten ihrer Besitzer beschrieben werden. Es gibt sogar eine recht amüsante Episode, in der der Hund Labes beschuldigt wird, ein Stück Käse gestohlen zu haben. Ein außergewöhnlicher Hinweis auf einen Hund findet sich bei Plutarch, der von einem Hund mit einem luxuriösen Schwanz erzählt. Der Besitzer des Hundes ordnete an, dass der Schwanz abzuschneiden sei, damit die Leute ihn – den Besitzer – als leichten Exzentriker ansehen würden.

HUNDE IN DER ANTIKE

ZU ZEITEN DER RÖMER vermitteln die Autoren eher den Eindruck, dass Hunde Arbeitstiere waren, vorwiegend Wächter der Herde und des Hofs. Auch hier ist wieder von ihrer Treue zu lesen, aber es werden weniger Hunde mit Namen genannt als in den Schriften der Griechen.

Im Alten Testament werden Hunde zwar erwähnt, aber man merkt fast immer die Verachtung und den Hass der Hebräer, die Hunde zweifellos gering schätzten. Es steht zu lesen: „Wer von ihnen in der Stadt umkommt, den fressen die Hunde“ (1. Könige 14,11) und „Sie sind … wie stumme Wachhunde“ (Jesaja 56,10).

GELERT UND LLEWELLYN

ENDE DES 12. JAHRHUNDERTS taucht der Hund in der Literatur wieder in einem ganz anderen Licht auf. Die legendäre Fabel des Hundes Gelert wurde im Laufe der Jahrhunderte auf viele verschiedene Arten erzählt, aber das von dem Ehrenwerten William Robert Spencer (1770–1834) verfasste Gedicht hinterlässt wahrscheinlich

Oben
Sir Percy Fitzpatricks Chronik des schwächlichen Welpen, der als Jock of the Bushveld berühmt wurde, ist ein literarischer Klassiker geworden.

Rechts und oben rechts
Hunde sind sowohl in römischen und griechischen Mythen und Sagen als auch in der Bibel zu finden. Allerdings werden sie nicht immer in einem positiven Licht dargestellt. Diese Gemälde aus dem 15. Jahrhundert zeigen eine zeitgenössische Sicht.

den größten Eindruck. Prinz Llewellyns treuer Hund, der immer mit ihm zur Jagd gegangen war, blieb eines Tages zurück, und als Llewellyn von der Jagd zurückkehrte, fand er ihn blutverschmiert neben dem leeren Wiege seines Sohnes sitzen:

Er rief sein Kind – keine Stimme antwortete;
Er suchte – vor Sorge fast wild.
Blut! Blut! fand er überall,
Aber nirgends war das Kind zu sehen.

Höllenhund! Du hast mein Kind verschlungen!
Schrie der verzweifelte Vater;
Und, bis zum Griff, sein rachsüchtiges Schwert
Stach er in Gelerts Seite!

Sein ergebener Hund schaut, als auf den Bauch er fiel,
Kein Mitleid konnte aufkommen;
Aber dennoch, Gelerts Todesschrei
Drang schwer in sein Herz.

Aufgeschreckt durch Gelerts Todesschrei,
Ein Schlummernder wachte auf nahbei:
Welche Worte können des Vaters Freude fassen,
Als er hört seines Kindes Schrei?

Weil verborgen unter einem unordentlichen Haufen;
Seine hastige Suche war missglückt,
Ganz friedlich von seinem rosigen Schlaf,
Den engelsgleichen Jungen er küsste.

Weder Schramme noch Verletzung noch Angst er hatte –
Aber auf derselben Liege darunter
Lag ein hagerer Wolf, ganz zerfetzt und tot –
Riesig noch im Tod!

Oh, wie groß dann war Llewellyns Schmerz,
Denn jetzt die Wahrheit war klar:
Der tapfere Hund hatte den Wolf bezwungen,
Um Llewellyns Erben zu retten.

Das Gedicht endet mit der Beschreibung von Llewellyns unglaublicher Reue und der Behauptung, dass jetzt ein geweihter Ort den Namen „Grab von Gelert" als Andenken an den toten Hund trägt. Tatsächlich gibt es ein solches Grab in Snowdon in Wales. Es wurde aber in Wirklichkeit von einem Gastwirt angelegt, der den Umsatz seines Lokales steigern wollte.

In der Literatur vieler Länder lassen sich zahlreiche Geschichten finden, die der Erzählung von Gelert ähneln. In einigen Sagen ist der böse Wolf durch eine Schlange ersetzt.

Oben
Diana war die römische Göttin der Jagd und wurde daher häufig mit einem Hund als Begleiter porträtiert.

Unten
Viele Menschen haben einen besonderen Hund in Versen verehrt, andere in Büchern und noch mehr in ihrer bildenden Kunst.

DIE GRABINSCHRIFT

VIELE SCHRIFTSTELLER haben eine Grabinschrift für ihren Hund verfasst, woran zu erkennen ist, wie sehr der Hund bereits seit Jahrhunderten vom Menschen geliebt wird. In einigen dieser Gedichte geht es um bestimmte Rassen, wie den Neufundländer von Lord Byron oder den reizenden Dachshund Islet, über den Folgendes zu lesen ist:

Dies, unser Eiland fern von Helgoland, es ist
kein mal'risches Gestade mehr, flieht Hass und Liebe nun.
Dort lebte mit uns einst ein schwanzwedelnder Humorist,
ein Hundeschelm auf krummen Beinen und mit Boxhandschuhn.
George Meredith (1828 – Datum unbekannt)

So manche Grabinschrift treibt einem eine Träne ins Auge, und am bewegendsten sind oft die Gedichte, in denen keine spezielle Rasse erwähnt ist. Das ermöglicht es sogar den meisten heutigen Lesern, ihren eigenen Hund in den Texten wiederzufinden. Ein solches Gedicht ist *Tory, A Puppy (Tory, ein Welpe)* von Mortimer Collins (1827–1876):

Er liegt in der weichen Erde unter dem Gras,
Wo die, die ihn lieben, häufig geh'n vorbei.
Und sein Grab ist unter einem Limonenbaum, einem jungen schlanken,
In dessen Ästen blasse grüne Blüten blühen;
Aber sein Geist – wo ist geblieben sein Geist?
Es war Gott, der ihn gemacht – und Gott am besten es weiß.

Rudyard Kipling

JOSEPH RUDYARD KIPLING, 1865 in Indien geboren und später Literaturnobelpreisträger, war nicht nur Romanautor und Dichter, sondern auch Verfasser von Kurzgeschichten, der große Achtung vor Hunden besaß, ohne dass deren Status eine Rolle gespielt hätte. Er hatte keine Probleme damit, über Mischlinge oder sogar Indische Rothunde zu schreiben. Seine Erzählung *Wie spricht der Hund* wurde erst 1930 veröffentlicht und 1934 in den Band *Collected Dog Stories* (keine deutsche Ausgabe erhältlich) aufgenommen, eine bezaubernde Sammlung von Geschichten und bewegender Gedichte. Der Band ist mit wunderbar einfachen Zeichnungen illustriert, die die Charaktere der Tiere zum Ausdruck bringen.

Oben rechts
„Hüte Dich davor, Dein Herz an einen Hund zu geben, damit Du nicht leidest."

Unten rechts
Stapf ist der zentrale Charakter in mehreren von Kiplings Hundeerzählungen.

Unten
Die ansprechenden Zeichnungen der Hundecharaktere in Collected Dog Stories *ergänzen den Text perfekt.*

EIN HUND NAMENS STAPF

IN *WIE SPRICHT DER HUND* geht es um den Terrier Stapf, der seine Geschichte selbst in einer einfachen, hundlichen Sprache „geschrieben" hat. Mit seinen Artgenossen unterhält er sich über ihre verschiedenen Götter und über Menschen, die ihnen nützlich sind, wie z. B. die Köchin und Harry-mit-dem-Spaten.

In der Erzählung plaudern die verschiedenen Tiere miteinander und erleben alle möglichen aufregenden Geschichten, so z. B. bei den Hühnern, wenn sie einen Fischkopf finden, wobei sie unterwegs vorsichtig jemandem aus dem Weg gehen, den sie „Schwein-Frau mit Jungen" nennen.

Obwohl simpel, ist diese Geschichte nicht einfach zu lesen, aber zweifelsohne auch attraktiv für junge Menschen von heute.

„Bitt schön, darf ich rein? Ich bin Stapf. Ich bin Sohn von Schwarzbart von Kildonan – preisgekrönte Familie – Goldne Medaille – sehr feiner Hund [...] Ich erzähle: [...]" Stapf taucht erneut in der Erzählung *Die große Spiel-Jagd* auf, in der es um solche Abenteuer wie die Suche nach Rattenlöchern im alten Kinderzimmer und die – wenn auch nicht sonderlich erfolgreiche – Jagd nach einem Fuchs geht!

„Bitt schön! Tür! Tür aufmachen! ... Das ist Ich – Stapf – der euch alles erzählt hat von meinem Guten Freund Roland an Großer Weg und Mister-Kent-Leut und Küchenkatz und Herrchen-Frauchen und Kleinstes, als ich noch fast Baby war. Jetzt bin ich verantwortlicher Hund, acht Zoll hoch. Ich weiß alles, was Leute reden. Ganz von selber. Nicht-nötig mir sagen."

Stapf ist auch der Erzähler in *Toby-Hund*. Er berichtet von seinem Freund Schlapper, mit dem er um die Bettränder nach Knochen jagte, die sie versteckt hatten, für den Hunger-Fall. „Sie waren weggenommen – alle! Schlapper sagte: ‚Das ist dieser 'dammte-Toby-Hund! Komm mit, wir woll'n ihn erziehen!' Wir witterten ihn in Mauer-Garten. Wir sagten Laut. Er sagte nicht. Er verdrehte Augen, dass Weißes rauskam. Er tat Kopf unter sich vorn. Er hob sich hoch hinten. Er rollte Hinter-Ende-über-Kopf. Er rollte uns an! [...] Wir hatten noch nie so gesehen. Er war abscheulich unhundisch!"

Toby-Hund wurde als ziemlicher Schwächling angesehen, war aber in seinem Herzen ein richtiger Terrier, der Stapf viel über das Fangen von Ratten beibrachte.

Links
„Unsere Liebe ist nicht geschenkt, sondern nur geliehen" schreibt Kipling in seinem sentimentalen Gedicht The Power of the Dog.

Unten
Der große Schriftsteller Sir Rudyard Kipling wurde 1865 in Indien geboren, kam aber bereits als Kind nach Großbritannien. Er hat viele Geschichten über Hundehelden geschrieben, bevor er 1936 starb.

In seinen 1894 und 1895 erschienenen *Dschungelbüchern*, die ihn weltberühmt machten, streut Kipling immer wieder Gedichte ein, in denen er, parallel zum Schicksal Mowglis und seinen Tierfreunden im Dschungel, andere Tiergeschichten erzählt.

Im Gedicht *Rothund* gewährt er dem Leser Einblicke in das Erleben indischer Rothunde:

Jalahi, unsre wilden Rennen
In weißer, wohliger Nacht!
Weit spüren, scharf äugen,
schlau schleichen, gut Jagd!
Jalahi, das Wittern der Spur,
noch frisch im tauigen Naß,
Jalahi, im Satz durch den Nebel,
die stutzende Beute – faß!

Jalahi, der Gefährten Geheul,
und der Hirsch, der sich keuchend stellt,
Jalahi, Wagnis und lärmender
Kampf in der Nacht!
Jalahi, schlaf am Tag
Vor der Höhl' am Feld –
Jalahi, es gilt, in die Schlacht,
in die Schlacht, Jalahi, o, Jalahi!

QUIQUERN

KIPLINGS GUT RECHERCHIERTE Erzählung von *Quiquern* handelt von einem Inuit-Teenager. Sie beginnt mit der anschaulichen Darstellung eines Welpen, der in einer Tasche aus Robbenfell über einer wärmenden Specklampe baumelt, während Fleisch für die Hunde an einer Art Galgen, bestehend aus den Kieferknochen eines Wals, hängt.

Die Hunde mussten extrem fit sein, da sie zum Ziehen von Schlitten eingesetzt wurden und am Tag 32–48 km zurückzulegen hatten, wenn die Inuit auf der Suche nach Nahrung waren. Manchmal durften sie mit den Menschen in deren großen Hautbooten fahren. Die Hunde und die kleinen Kinder lagen zusammen zu Füßen der Erwachsenen, und die Frauen sangen Lieder, während die Boote über das spiegelglatte eisige Wasser glitten.

Dies ist eine Erzählung, in der Kipling zur Höchstform aufläuft und aus der man viel über das Leben von eingeborenen Volksstämmen erfährt. Der Leser kann sich mühelos in die Schwierigkeiten der Inuit-Familie hineinversetzen, wobei er sowohl an deren glücklichen Zeiten als auch an deren Kummer teilhat.

WEITERE ERZÄHLUNGEN

Es gibt noch mehr Erzählungen von Kipling, besonders *A Sea Dog, A Hostage* und *The Dog Hervey,* in denen Hunde eine zentrale Rolle spielen. Hervey ist ein gerissener kleiner Schlingel, über den ein kleines Mädchen bemerkte: „Ich mag seinen Gesichtsausdruck." So kam es, dass Hervey als entzückend erachtet wurde und sich in einer neuen Familie und einem neuen Zuhause wiederfand. Hervey, der die Staupe überstanden hatte, war ein sandfarbener gefleckter Terrier mit gebrochenen Haaren, einem aufrechten und einem hängenden Ohr und mit schielenden Augen. Er war ein absoluter „Traum" eines Hundes.

Rudyard Kipling starb am 18. Januar 1936, aber seine Werke und viele der Hundecharaktere, die er porträtiert hat, werden sicherlich auch in den kommenden Jahrhunderten weiterleben.

Oben
Obwohl Hervey kein attraktiver Hund war, wurde er sehr geliebt und stand viele Abenteuer mit seinen Menschen durch.

Rechts
Die Erzählung vom Inuit-Teenager Quiquern, seiner Familie und deren Hunden zeichnet ein anschauliches Bild des Lebens, das dieses Nomadenvolk geführt hat.

Andere Schriftsteller

VIELE SCHRIFTSTELLER haben „ihren“ Hunden starke Charaktere verliehen. In Dickens’ Werken zeigen die Hunde eine gewisse Unabhängigkeit, so z. B. Dora Spendlows Hund Jip in *David Copperfield.* Bei seiner ersten Begegnung mit Jip sagt er: „Ich näherte mich ihm zärtlich, denn ich liebte selbst ihn, aber er zeigte mir grimmig die Zähne, lief unter einen Stuhl, um zu knurren, und wollte nichts von Vertraulichkeit wissen.“

DICKENS HUNDECHARAKTERE

DER HUND VON BILL SIKES (der im Original Bull’s-Eye heißt, in der deutschen Übersetzung aber keinen Namen hat) findet in *Oliver Twist* ein schreckliches Ende: „Unfähig, sich festzuklammern, stürzte er hinab in den Graben, überschlug sich während des Sturzes, fiel mit dem Schädel auf einen spitzen Stein und blieb tot liegen.“

In etwas lockererem Ton sagt Herr Jingle in *Die Pickwickier:* „Ah, Sie sollten Hunde halten – herrliche Tiere – schlaue Geschöpfe – hatte selbst mal einen – Hühnerhund – merkwürdiger Instinkt – gehe eines Tages auf den Anstand – trete in eine Umzäunung – pfeife – Hund wie festgenagelt – pfeife wieder – Ponto! – Rührt sich nicht. – Rufe noch mal: – Ponto, Ponto – rührt sich nicht – wie festgewurzelt – stiert auf ein Brett – sehe auf und lese die Inschrift – ‚Der Wildhüter hat Befehl, alle Hunde, die er im Bereich dieser Umzäunung antrifft, totzuschießen.‘ – Wundervoller Hund, unschätzbarer Hund – kolossal.“

ANDERE „LITERARISCHE“ HUNDE

HUNDE ERSCHEINEN durch die Epochen hinweg in so vielen Büchern, dass es unmöglich ist, allen gerecht zu werden. Einer der berühmteren ist sicherlich Elizabeth Barrett Brownings Flush, über den Virginia Woolf in der Biographie über die Dichterin geschrieben hat.

Es ist zweifellos schwierig, einen ganzen Roman zu schreiben, in dem es um ein Tier geht. Manche Autoren haben das aber mit Erfolg geschafft, wie z. B. Sir Percy Fitzpatrick mit seiner Erzählung von *Jock of the Bushveld,* die so schön von E. Caldwell bebildert wurde.

Ein literarischer Hochgenuss – nicht nur für Liebhaber von Vierbeinern – ist der Roman des erst jüngst als einer der Großen des 20. Jahrhunderts entdeckten und heute international anerkannten ungarischen Schriftstellers Sándor Márai (1900–1989): *Ein Hund mit Charakter.* Darin lässt er einen Schriftsteller im wahrsten Sinn des Wortes „auf den Hund kommen“:

Weihnachten steht vor der Tür; ein Mann beschließt, das Fichtenbäumchen, das in diesem Jahr noch kläglicher ausgefallen ist, mit den bereits zerschlissenen Strohsternen und abgeplatzten Kugeln zu schmücken. Denn seine Frau besteht auf den alljährlichen Duft nach Wachs und Festlichkeit, und das ganze Haus, samt Köchin und Hausmeister, ist in froher Erwartung. Entgegen der Abmachung begibt sich der Mann mit seinen letzten 100 Pengö in die Stadt, vorbei an den glitzernden Auslagen ... in den Zoo. Dort, am Hundzwinger, blickt er einem zotteligen schwarzen Stück Fell auf vier tollpatschigen Beinen in die Augen – und das wird sein Leben und das seiner Frau von Grund auf verändern ...

Oben
Bull’s-Eye und sein Herr Bill Sykes geben in Dickens’ Oliver Twist *ein unangenehmes Gespann ab.*

Links
Schriftsteller haben häufig ihre eigenen Lieblingshunde porträtiert, einige davon in einer Nebenrolle, andere als zentrale Figur.

Sir Walter Scott

IM JAHR 1812 ließ Walter Scott sich mit seiner Familie und seinen Hunden in Abbotsford in Schottlands Melrose nieder. Das sollte ihr wunderbarer Familiensitz werden. Heute beherbergt das Gebäude eine reichhaltige Sammlung interessanter Gemälde und Souvenirs.

DER HUNDEFREUND

SEIN GANZES LEBEN HINDURCH kamen Scotts Hunde unmittelbar nach seinen Kindern. Sie hatten jederzeit freien Zugang zu Scotts Arbeitszimmer, und seine Greyhounds, Douglas und Percy, waren berühmt dafür, durch das Fenster des Arbeitszimmers hinein- und hinauszuspringen. Alle Hunde schienen Scott zu mögen, der während der Arbeit mit ihnen zu sprechen pflegte, obwohl er schnell und mit voller Konzentration schrieb.

Es gab einen schwarzen Greyhound, Finnette, Lady Scotts Spaniel Ourisque, einen Highland Terrier und drei Dandie Dinmont Terrier, die nach Gewürzen benannt waren: Pepper, Mustard und Ketchup.

Camp war ein großer Bullterrier. Von ihm sprach Scott immer so, als sei er ein Mann, wobei er ihn als klugen alten Kameraden betrachtete. Camp wurde im Garten hinter Scotts Haus in der Castle Street in Edinburgh begraben.

Oben
Der schottische Schriftsteller Sir Walter Scott wohnte die meiste Zeit seines Lebens in Abbotsford in der Borders-Region von Südschottland.

MAIDA

SCOTTS BERÜHMTESTER vierbeiniger Gefährte war wohl Maida. Er war das Ergebnis einer Verpaarung zwischen einer Glengarry-Deerhound-Hündin und einem Pyrenäen-Berghund-Rüden, dessen weißes Fell vielleicht die Ursache für den kleinen Anteil Weiß ist, der bis heute in Deerhound-Fellen zu finden ist.

Wenn Maida den Raum verlassen wollte, trat er mit seiner großen Pfote so kräftig gegen die Tür, wie es ein vornehmer Diener jener Tage getan hätte. Maidas Ernst amüsierte Scott, der bemerkte: „Ich bin ganz sicher, wenn Maida mit diesen jungen Hunden allein ist, legt er den Ernst ab und spielt genauso den Knaben wie alle anderen, aber er schämt sich, dies in unserer Gegenwart zu tun…“ Maida blieb bis ins hohe Alter äußerst aktiv, aber zum Ende hin war Scott während des Winters von seinem treuen Hund getrennt und machte sich große Sorgen um dessen Wohlergehen. Er schrieb an William Laidlaw:

„Lieber Willie – Ich hoffe, Maida wird gut versorgt. Er sollte ein Bett in der Küche haben und immer hereingerufen werden, wenn es dunkel ist, denn alle Arten sind nachts wild. Beauftragen Sie bitte Swanson, ihm eine Kiste hinzustellen und diese von Zeit zu Zeit mit Stroh zu füllen. Ich füge einen Scheck über £ 50 bei, um die Rechnungen usw. zu bezahlen. Ihr W. S.“

Am 22. Oktober 1824 starb Maida friedlich auf seinem Lager nach einem guten Abendessen. Er wurde unter seinem stei-

Unten
Walter Scott hatte viele Lieblingshunde als Gefährten, aber Maida ist zweifelsohne der berühmteste. Seine Statue befindet sich nach wie vor auf dem Gelände von Abbotsford.

nernen Abbild begraben, das Scotts Steinmetz gefertigt hatte und das ein Jahr vor Scotts Tod am Tor von Abbotsford aufgestellt wurde. Als Grabinschrift ist ein lateinischer Vers zu lesen, der in seiner deutschen Übersetzung ungefähr lautet: „Unter der gemeißelten Gestalt, die spät Du getragen, ruhe sanft, Maida, an Deines Herren Tor."

Unglücklicherweise war ein Fehler im lateinischen Text; er wurde in der Presse verbreitet und verursachte einen „verachtenswerten Krawall", der Scott verärgerte, obwohl er später schrieb: „So Maida died, but lives" (sinngemäß: „Maida starb zwar, lebt aber weiter").

BEVORZUGTE LIEBLINGE

DIE VIELEN HUNDE, die in den Waverley-Romanen vorkommen, boten Anhaltspunkte für die Identität des Autors, dessen Name Scotts Verleger nicht preisgeben durften. Bevis und Roswal stellen eindeutig Maida dar, während Fangs, Wasp und Juno die „Gewürz"-Terrier sind.

In den Wochen vor Scotts Tod waren seine Hunde bei ihm: „Seine Hunde hatten sich an seinem Sessel versammelt – sie begannen, ihn zu umschwänzeln und seine Hände zu lecken, und im Wechsel weinte und lachte er über sie, bis ihn der Schlaf übermannte."

Maida, unter seinem steinernen Abbild am Tor des Anwesens ruhend, konnte nicht ahnen, dass Walter Scotts Nachfahren, Patricia und Jean Maxwell-Scott, 1992 ihr Haus und ihre Gärten für die Deerhound-Gemeinde öffnen würden, die 71 Deerhounds mitbrachte, um Maida und seinem Herrn, Sir Walter Scott, die Ehre zu erweisen.

Sehr bewegend ist dieser Auszug aus einem Brief von Scott, den er am 24. April 1822 in Abbotsford geschrieben hat: „Ich habe manchmal über den letztlichen Grund nachgedacht, warum Hunde ein so kurzes Leben haben, und ich bin ziemlich sicher, es ist aus Mitgefühl mit der menschlichen Rasse. Wenn wir schon so sehr darunter leiden, einen Hund nach einem Zusammenleben von zehn oder zwölf Jahren zu verlieren, was wäre dann erst, wenn sie doppelt so lange leben würden?"

Oben links
Das Weiß im Fell eines Deerhounds ist auf Maidas Vater, einen Pyrenäen-Berghund, zurückzuführen.

Oben
1992 kamen 71 Deerhounds nach Abbotsford, um die Beziehung zwischen Scott und Maida zu würdigen.

Mitte links
Die Statue von Maida, unter der seine Gebeine liegen, bewacht immer noch die Tür von Abbotsford.

Hunde in der bildenden Kunst

SELBST FRÜHE Felsmalereien können als Kunst angesehen werden und Gleiches gilt für in Stein gemeißelte Figuren, die bei alten Grabstätten zu finden sind. Daher lässt sich nur schwer festlegen, wo und wann genau in der Geschichte der Kunst dieses Buchkapitel einsetzen sollte. Aus der Kunst, und nicht zuletzt aus der der Assyrer, Ägypter, Griechen und Römer lange vor Christi Geburt, können wir sehr viel darüber erfahren, wie Hunde sich entwickelt haben.

Oben rechts
Die Hirschjagd mit Hunden ist seit Jahrhunderten populär, wie diese aus dem 15. Jahrhundert stammende Darstellung einer Jagd zeigt.

Unten
Sir Edwin Landseer war einer der von Königin Viktoria bevorzugten Künstler. Hier ist sie bei einer Truppenbesichtigung mit dem Herzog von Wellington dargestellt.

KERAMIK UND SKULPTUREN

IM BRITISCHEN MUSEUM ist eine herrliche schwarze Amphore ausgestellt, eine griechische Vase, die auf 520–500 v. Chr. datiert wird und Herakles darstellt, wie er Zerberus, den Wächter der Unterwelt mit drei Hundeköpfen, an einer Leine führt.

Eine der vielleicht berühmtesten Hundeskulpturen aller Zeiten ist die mit zwei sitzenden Windhunden (Greyhounds), die im 18. Jahrhundert in Italien entdeckt wurde und auf das 2. Jahrhundert v. Chr. datiert wird. Diese Skulptur befindet sich jetzt in London im Britischen Museum und es ist faszinierend festzustellen, wie wenig sich diese Rasse über die Jahrhunderte hinweg verändert hat.

Man hat Keramikgefäße mit einfachen dekorativen Mustern gefunden, wobei mehrere dieser Muster Hunde darstellen, die eindeutig für die Jagd verwendet wurden. In chinesischen Gräbern der Han-Dynastie wurden viele Wachhunde aus Keramik entdeckt.

HANDSCHRIFTEN, WANDTEPPICHE UND WAPPEN

IN FRÜHEN HANDSCHRIFTEN und auf frühen Wandteppichen werden häufig Hunde beschrieben bzw. dargestellt.

Ganz besonders interessant ist *Das Buch über die Jagd (Le Livre de Chasse)* von Gaston Phoebus. Dieses 1382 verfasste Buch ist eine Abhandlung über die Jagd. Aus ihm können Leser und Betrachter sehr viel darüber erfahren, wie Hunde damals behandelt und wie sie eingesetzt wurden und sogar, welche Halsbänder sie trugen.

Hunde wurden sogar in Wappen aufgenommen, um so die Identität des Inhabers bildlich darzustellen. Am populärsten war der Greyhound, gefolgt vom Talbot-Hund, der als Wappen der Familien von Talbot, Earl von Shrewsbury, verwendet wurde. Die Hunde wurden häufig in stilisierter Form gezeigt, einige Darstellungen sind aber auch recht naturgetreu.

GEMÄLDE

DAS BERÜHMTE TAFELBILD *Vision des heiligen Eustachius* von Antonio Pisano (1395–1455) zeigt deutlich windhundartige Hunde sowie kräftigere, die nicht so groß sind und ein längeres Fell haben. Pisano, auch als Pisanello bekannt, besaß sicherlich hervorragende Kenntnisse über die Hundeanatomie und konnte diese Tiere deshalb weitestgehend naturgetreu malen.

Die italienische Tierkunst war vom Hl. Franz von Assisi beeinflusst, der für seine große Tierliebe bekannt war. Daher verwundert es nicht, dass auf so vielen italienischen Gemälden Hunde dargestellt werden.

Paolo Caliari (1528–88), besser unter dem Namen Veronese bekannt, malte verschiedene Hunderassen, wobei auf über 30 Gemälden Salukis zu sehen sind.

In Spanien sind die Gemälde von Velázquez (1599–1660) wegen der Hunde, die auf ihnen zu sehen sind, berühmt. Der Künstler verwendete häufig große Hunde als Kontrast zu den Kindern, die er in seinen Arbeiten porträtierte.

Verschiedene französische Künstler des 17. Jahrhunderts haben in ihren Arbeiten häufig Dwarf Spaniels abgebildet, die heute allgemein als Papillons bekannt sind. Andere sind für ihre Darstellung von Diana, der Jägerin, mit ihren Greyhounds berühmt.

Zwei der weltweit berühmtesten Hundemaler sind zweifellos Alexandre-François Desportes (1661–1743) und Jean Baptiste Oudry (1686–1755). Oudry wurde von Louis XV. abgöttisch verehrt, der ihn bat, mehrere Hunde für den Louvre zu malen. Er produzierte nicht nur Hunderte Hundegemälde, er war auch engagiert als Direktor einer Gobelin-Manufaktur und entwarf die zur Serie *Die Jagden von Louis XV.* gehörenden Wandteppiche, auf denen Jagden bei Fontainebleau, Rambouillet und Chantilly dargestellt sind.

Auch später im 18. Jahrhundert spielten Hunde weiter eine wichtige Rolle auf Gemälden. Oft wird eine Rasse dargestellt, die sehr dem heutigen Cavalier King Charles Spaniel ähnelt, wobei die Hunde gelegentlich nur Farbtupfer sind, die das Hauptmotiv beleben.

DIE BENELUXSTAATEN

IN DEN BENELUXSTAATEN haben viele Künstler Hunde in ihre Gemälde aufgenommen. Die meisten haben aber das tägliche Leben der Menschen dargestellt, statt mythologisch oder religiös inspirierte Themen zu zeigen.

Jan van Eyck (ca. 1385–1441) stellt in einem seiner Gemälde einen nun bekannten rauhaarigen Terrier dar. In Hieronymus Boschs (1450–1516) Triptychon *Anbetung der Könige* findet sich ein weißer Windhund, und in seinem Triptychon *Der Garten der Lüste* gibt es viele Hunde neben anderen bizarren Tieren und grotesken Menschen.

Peter Paul Rubens (1577–1640) scheint Hunde gemocht zu haben, denn auf seinen Gemälden hat er sie offensichtlich mit Freude und Überschwänglichkeit gemalt. Neben anderen Werken gibt es eine Serie von Jagdszenen, unter anderem *Wolf und Hund*, die mehrere große Hunde zeigt, die einen Wolf angreifen.

DEUTSCHLAND

FRANZ MARC (1880–1916) hat zunächst impressionistisch gemalt und zahlreiche Tierstudien gezeichnet; vor allem seine späten Arbeiten, in denen Farben und Formen des Tieres immer mehr mit denen seiner Umwelt verschmelzen, sodass es in der übergeordneten Einheit abstrakter Gestaltung aufging, wurden weltberühmt. Zu diesen Werken gehört auch sein Gemälde *Hund vor der Welt* aus dem Jahre 1912. Der Thurgauer Maler Adolf Dietrich (1877–1957) porträtierte dagegen in beinahe naiver Manier eine Reihe von Hunden.

GROSSBRITANNIEN

AUCH AUF DEN GEMÄLDEN zahlreicher berühmter britischer Künstler sind Hunde zu sehen; spontan fallen einem hier Sir Joshua Reynolds (1723–92) und Thomas Gainsborough (1727–88) ein. Reynolds Gemälde eines schwarzen Cocker Spaniels gilt als erste Abbildung dieser Rasse auf Leinwand, und von ihm stammt auch das erste bekannte britische Gemälde eines Maltesers. Häufig stellte er auf seinen Gemälden auch Kinder dar und er verstand es sehr gut, die Herzlichkeit zwischen den Modellen und ihren Hundefreunden zu vermitteln.

Unten
Eine typische Jagdszene aus dem 19. Jahrhundert: Reiter, Pferde und Hunde erfrischen sich.

GEORGE STUBBS UND PHILIP REINGALE

GEORGE STUBBS (1724–1806), eigentlich bekannter für seine hervorragenden Darstellungen von Pferden, hat auch Hunde gemalt. Viele dieser Gemälde sind Studien

Oben
Die Hunde sind in dieser anschaulichen Darstellung eines Picknicks aus dem Livre de Chasse *nicht zu übersehen.*

von Fino, einem schwarz-weißen Spitz, der dem Prinzen von Wales, dem nachmaligen Georg IV., gehörte.

Philip Reingale (1749–1833) kam ebenfalls mit Hunden in Kontakt, als er begann, Sportthemen zu malen. Einige dieser Gemälde sind sehr bekannt und zeigen Setter, Greyhounds und Italienische Windspiele.

Was vielleicht überrascht: Reingale war für die 24 Studien von Hunderassen verantwortlich, die für das 1803 veröffentlichte Buch *The Sportsman's Cabinet* in Auftrag gegeben wurden.

JOHN EMMS

EIN WEITERER BRITISCHER KÜNSTLER, der wegen seiner kunstvollen Gemälde von Terriern und Foxhounds angesehen war, ist John Emms (1843–1912), außerdem ein anerkannter Hundeexperte.

Von besonderer Bedeutung für alle, die Hunde ausstellen, ist R. Marshalls komplexes Gemälde *Jemmy Shaw's Canine Meeting (Jemmy Shaws Hundetreffen)* aus dem Jahr 1855, das heute dem British Kennel Club gehört. Seine spezielle Bedeutung liegt darin, dass es wohl das erste bekannte Gemälde von einer Hundeausstellung ist. Diese Ausstellung fand in London auf dem Haymarket in der Queen's Head Tavern statt. Auf dem Gemälde sind mindestens neun Rassen dargestellt, und die wunderbar ausgeführten „Gemälde", die an den Wänden der Taverne hängen, zeigen neben anderen Sportarten Wettkämpfe zum Töten von Ratten.

GEORGE UND MAUD EARL

GEORGE EARL, MAUDS VATER, war nicht nur künstlerisch an Hunden interessiert, weswegen er viele verschiedene Rassen gemalt und ihre Porträts sogar auf Holz gezeichnet hat.

Mauds Arbeiten wurden in den frühen 1880er-Jahren hoch gelobt. Daraus ergab sich, dass sie von Königin Viktoria den Auftrag erhielt, deren Lieblingscollie zu malen.

HIS MASTER'S VOICE

GEGEN ENDE DES 19. Jahrhunderts schuf der Fotograf und Maler Francis Barraud (1856–1924) das berühmte Bild *His Master's Voice (Die Stimme seines Herrn).*

Als Vorlage diente sein Hund Nipper, ein Mischling mit Bullterrier-Anteil. Später verkaufte Barraud das Bild an eine Grammophongesellschaft als Logo für Werbezwecke.

Der Vorstand der Gesellschaft stellte dem Künstler später ein kleines Studio zur Verfügung, in dem er Kopien des Originalbildes von Nipper für die ausländischen Niederlassungen der Gesellschaft malte.

Das Originalbild hängt immer noch im Sitzungssaal von EMI, und der kleine Hund Nipper bleibt einer der berühmtesten Hunde der Welt, denn dieses Bild hat sich dauerhaft in den Köpfen der Menschen festgesetzt.

ARTHUR J. ELSLEY

ARTHUR J. ELSLEY (1860–1952) malte größtenteils Kinder und deren Haustiere. Seine Gemälde wurden sehr häufig als Poster reproduziert und sind immer noch als Motive für Grußkarten und Kalender sehr beliebt. Ihm wurde nachgesagt, dass ihm seine Arbeit sehr viel Spaß gemacht hätte, und das ist an der Naturtreue zu sehen, mit der er Kinder und Hunde porträtiert hat. Seine Werke erzielen heutzutage hohe Preise auf Auktionen, und einige sind für sechsstellige Summen verkauft worden.

Selbst die Arbeiten heutiger Karikaturisten werden als Kunst angesehen, so dass fast jeder etwas finden kann, das ihm gefällt.

DEIRDRE ASHDOWN

DIE GEGENWARTSKÜNSTLERIN Deirdre Ashdown ist eine Autodidaktin, deren unverwechselbare Arbeiten hohes Ansehen bei Hundefreunden genießen. Sehr bewundert für ihre einfühlsamen Darstellungen von Hunderennen, arbeitet sie hauptsächlich mit sehr feinen und harten Federn und manchmal bis zu 30 verschiedenfarbige Tuschen, die immer überlagert, nie gemischt werden.

Eine der großen Leidenschaften von Deirdre Ashdown waren immer Hundeausstellungen. Sie kann sich kaum an eine Zeit erinnern, in der sie keine Hunde gemalt hätte und sie weiß noch, dass sie es als Kind besonders mochte, Hundebilder zu malen, sie dem jeweiligen Besitzer in die Hand zu drücken und dann wegzulaufen.

Mit 14 Jahren arbeitete sie jeden Samstag als Zwingermädchen für einen bekannten Züchter von Boston Terriern, der ein Freund fürs Leben wurde.

Sie lernte, wie Pudel geschoren werden, wobei sie mehr über die Anatomie der Hunde erfuhr. Das Anfassen und Untersuchen von Hunden beim Baden und Trimmen, das Abtasten des Körpers und der Muskulatur, das Trainieren des Auges und ihre Fähigkeit, die Defizite eines Hundes auszugleichen und seine Vorteile herauszustellen war eine hervorragende Lernerfahrung, die sie in den kommenden Jahren gut zu nutzen wusste.

Deirdre Ashdown war immer auf die Porträtmalerei von Hunden spezialisiert, allerdings hauptsächlich von Ausstellungshunden, und sie greift auf ihre enorme Kenntnis der Rassestandards zurück, die für ihre Arbeiten unerlässlich ist.

Die Kunst besteht nach ihrem Verständnis darin, den Hund von seiner besten Seite zu porträtieren. Das bedeutet, dass die Künstlerin nicht nur wissen muss, wie der Hund tatsächlich aussieht, sondern auch, wie er aussehen sollte. Sie bevorzugt es, ihre Hundemodelle in deren heimischer Umgebung zu beobachten und selbst zu fotografieren, damit sie alle Fehler so weit wie möglich reduzieren kann. Manche, wie z. B. flache, gespreizte Pfoten, können in einem Gemälde verdeckt werden, indem der Hund stehend dargestellt wird, wobei er munter und neugierig blickt. Wo nichts verborgen werden kann, ohne den Hund zu verfälschen, lenkt sie die Aufmerksamkeit auf die positiven Merkmale der Tiere.

Ganz oben
Möpse in Gestalt von Engeln *von Deidre Ashdown*

Mitte
Shar Pei mit Kolibri

Unten
Papillons

Edwin Landseer

SIR EDWIN LANDSEER (1802–1873) kann wahrscheinlich als der bekannteste Hundemaler aller Zeiten angesehen werden. Seine Werke sind den meisten Hundeenthusiasten bekannt. Dieser wohl wichtigste Künstler wurde zum Liebling von Königin Viktoria und Prinz Albert. Er malte viele ihrer Hunde, darunter auch Eos, den großartigen Greyhound, den der Prinzgemahl so sehr ins Herz geschlossen hatte. Er frönte ebenfalls der von der Königin neu entdeckten Leidenschaft für Schottland und malte und skizzierte für sie romantische Szenen in den Highlands.

FRÜHES TALENT

MAN BEHAUPTETE ZWAR, dass Landseer mit fünf Jahren Hunde zu malen begonnen hätte, doch die früheste Hundezeichnung, auf die die Autorin gestoßen ist, hat er erst mit etwa zehn Jahren angefertigt – sie ist mit 1812 datiert. Unter dem Titel *Among the Turnips (Zwischen den Rüben)* ist ein Setter dargestellt, der scheinbar einige Rüben in einem Pastinakenfeld erschnüffelt hat. Mit seiner nach vorn gerichteten Nase und seiner aufgestellten Rute lenkt er die Aufmerksamkeit auf seine Entdeckung.

Mit 14 Jahren zeichnete Landseer *The Dustman's Dog (Der Hund des Müllmanns)*, eine einfache Erinnerung an die Tage, als sich die Müllmänner in den Straßen der Stadt durch laut klingelnde Glocken ankündigten. Der Hund des Müllmanns wartet geduldig auf einer Matte und bewacht die Glocke seines Herrn, während dieser gegangen ist, um den Mülleimer eines der umliegenden Häuser zu leeren.

Bei dieser Bleistiftzeichnung lässt sich an dem handschriftlichen Text unter dem Bild erkennen, wie jung der Künstler noch war.

Oben
Diese Lithographie eines nachdenklichen Hundes trägt den Titel Cora.

Rechts
Dogs at Bay *ist eine lebhafte Bleistiftskizze, in der zwei Hunde einen Igel ärgern.*

SZENEN UND PORTRÄTS

EINE ANDERE FRÜHE SKIZZE in Feder und Tusche trägt den Titel *The Braggart (Der Prahler)*. Sie wurde 1819 ausgestellt. Auf dem fertigen Bild, das vermutlich bekannter ist, sieht man auf der rechten Seite zusätzlich noch eine schöne Landschaft.

The Rescue (Die Rettung) ist der Vorläufer des bekannteren Werks *Highland Shepherd's Dog in the Snow (Hund des Hochlandschäfers im Schnee)*. Auf Ersterem scharrt ein Schäferhund energisch den Schnee von einem liegen gebliebenen Mutterschaf. Der Künstler möchte deutlich machen, dass der Hund alles in seinen Kräften Stehende tut, um das Schaf halbwegs zu befreien, bevor er den Schäfer alarmiert.

Eine andere Studie, sie trägt den Namen *Highland Maiden (Hochlandjungfer)*, führte zu *The Highland Whisky-still (Die Hochland-Whiskybrennerei)*, obwohl in diesem Fall das fertige Werk ziemlich von der Vorlage abweicht. In der vorbereitenden Skizze scheint die Jungfer verletzlich zu sein und in irgendeiner Form Schutz zu benötigen. Ihr Hund, so einfach und doch großartig porträtiert, wird an einer Leine gehalten, die anzeigt, dass er zurückgehalten werden müsste, wenn ein Einbrecher käme.

Nur wenige Pinselstriche reichten aus, um in *The Fisherman's Dog (Der Hund des Fischers)* den Jungen und den Hund am Strand von Hastings zu porträtieren. Sie liegen in wundervoll entspannter Haltung da, und doch erscheint die Skizze voller Leben. Sie sind so echt, dass sie jeden Moment wach werden könnten, um ihre Arbeit fortzusetzen.

Der Hund Cora war das Motiv für eine Lithographie von 1824, die die Vorlage für eine spätere Veröffentlichung unter einem anderen Titel bildete, bei der die Hündin einen leicht maskulinen Ausdruck erhielt. In der ersten Skizze bewacht sie einige Gepäckstücke, die in der Nähe einer Passagierkutsche stehen. Dem Hintergrund lässt sich entnehmen, dass die Kutsche zum Pferdewechsel angehalten wurde, währenddessen die Passagiere in einem an der Straße gelegenen Gasthaus zu Mittag essen, wie es damals üblich war.

Oben
Alpine Mastiffs *ist eine Kreideskizze. Auch wenn der Titel anderes vermuten lässt, ist nur ein Hund zu sehen.*

Alpine Mastiffs (Bernhardiner) wurde 1820 in Kreide auf blaugrauem Papier skizziert. Obwohl der Titel im Plural formuliert ist, ist nur ein Hund richtig zu sehen. Der andere ist lediglich schwach umrissen und existiert mehr in der Phantasie des Künstlers. Das Kloster vom Berg St. Bernhard ist in der oberen rechten Ecke der Skizze angedeutet. Es scheint ziemlich sicher, dass sie der Ausgangspunkt war, der die Anregung zu dem bekannteren Bild *Alpine Mastiffs Re-animating a Traveller (Wiederbelebung eines Reisenden durch St. Bernhardshunde)* bot, das 1830 von John Landseer, Sir Edwins Vater, gemalt wurde.

Stilistisch völlig anders ist eine naturgetreue und ziemlich detaillierte Studie des Kopfes eines Neufundländers mit dem Namen Cäsar. Über diesen Hund ist wenig bekannt, aber er war offensichtlich als Jagdhund ausgebildet. Landseers Bildunterschrift lautet *Newfoundland dog of Wales (Neufundlandhund von Wales)*.

Rechts
Highland Maiden *folgte dem Trend der viktorianischen Zeit zu allem schottisch Geprägten.*

Unten
The Braggart *ist eine frühe Skizze mit Feder und Tusche, die 1819 ausgestellt wurde.*

Jocko with a Hedgehog (Jocko mit einem Igel) ist das Originalmotiv des bekannteren Bildes *Dogs at Bay (Hunde beim Bellen)*. Man sieht zwei Hunde, die mit furchterregendem Gesichtsausdruck einen Igel angreifen. Hundebesitzer wissen aber, dass die Stacheln den Igel schützen, und daher ist es wahrscheinlich, dass er unverletzt entkommen konnte. Dies ist ein amüsantes kleines Werk, das mit Bleistift auf Lederpapier erstellt wurde, wobei Kreide für die Schlaglichter verwendet wurde.

Oben
Das Ölgemälde King Charles Spaniels

Links
Ausschnitt mit dem Greyhound aus Landseers Queen Victoria and the Duke of Wellington (Königin Viktoria und der Herzog von Wellington)

Hunde in Film und Theater

SEIT URZEITEN haben Hunde den Menschen auf verschiedenste Art unterhalten und amüsiert, obwohl einige dieser so genannten Unterhaltungen sicher nicht im Interesse der Tiere waren. Zwar haben Hunde bereits einige Rollen in der frühen Commedia dell'Arte gespielt, das wahre Debüt des Hundes auf der Bühne findet aber wohl in Shakespeares *Zwei Herren aus Verona* statt, wenn Lanz im 2. Akt in der 3. Szene „mit einem Hund an der Leine" auftritt. Obwohl es keine Regieanweisung für das Tier gibt, hat es aller Wahrscheinlichkeit die Szene dominiert.

AUF DER BÜHNE

ERST LANGE nach Shakespeares Zeit konnten Hunde in Theateraufführungen wirklich zeigen, was in ihnen steckt.

Philip Astley führte 1770 Reiterschauspiele im Amphitheater in Londons Westminster Bridge Road auf und stellte fest, dass die Darbietungen der Pferde die der Artisten in den Schatten stellten. Astley eröffnete Theater in Dublin und Paris und, angeregt durch den Erfolg der von ihm engagierten Pferde, kündigte er „eine erstaunliche Vorstellung tanzender Hunde aus Frankreich und Italien sowie aus anderen vornehmen Teilen des Globus" an.

Ganz oben
Hundestars Blair und Rin-Tin-Tin

Oben
Renée Adorée und Kamerad in Man and Maid

Rechts
Charlie Chaplin und Hund in Der Champion

Anfang des 19. Jahrhunderts kamen Hundedramen in Europa und Amerika in Mode. 1810 war der Hund Carlos der Held in einem kurzen „Nachstück" im Drury-Lane-Theater, wobei sein Auftritt darin bestand, eine Person aus einem Wasserbecken zu retten. Der lebendige Hund und das richtige Wasser auf der Bühne begeisterten das Publikum.

Das Stück *Le Chien de Montargis ou La Forêt de Bondy* hatte am 18. Juni 1814 in Paris Premiere. In diesem Stück gibt es einen Hundestar, dessen Erfolg bereits beschrieben wurde (siehe Seite 86). Im Laufe des 19. Jahrhunderts traten immer häufiger Hunde in spektakulären Melodramen auf, die in Amerika populär waren.

AUF DER LEINWAND

IN DRAMEN wurden Hunde oft mit menschlichen Eigenschaften und Gefühlen dargestellt. Das Kino war ein ausgezeichnetes Medium, um diesen Bedarf zu befriedigen. Durch den Einsatz von Trickfotografie und geschickten Schnitten konnte man erstaunliche Illusionen erzeugen.

In der Folge hat man – so wie heute – die tierischen Künstler mit Leckerchen gelockt, während die Kameraführung später dem Publikum den Eindruck vermittelte, der Hund würde eine geschickte oder heroische Tat vollbringen. Diese Praxis ist auch heute noch üblich, wie etwa bei dem erfolgreichen Streifen *Ein Schweinchen namens Babe* von 1995, in dem ein sehr begabtes Schwein effektvoll mit seinen Hundekameraden zusammenarbeitet.

In den Anfängen des Kinos, Ende des 19. Jahrhunderts, beschränkten sich die Rollen der Hunde auf Statistenrollen, aber in Cecil Hepworths Film *Gerettet durch Rover* von 1905 wurde das tatsächliche Potential des Hundes erkannt. In dem sieben Minuten langen Drama befreit ein Collie ein Baby aus den Händen von Geiselnehmern. Es klingt fast unglaublich, aber der Film wurde für weniger als umgerechnet 12 € hergestellt. Hunderte von Filmkopien wurden für etwa umgerechnet 15 € pro Stück verkauft, und der Film war so gefragt, dass er zweimal neu hergestellt werden musste, denn in jenen Tagen lösten sich Negativfilme durch häufige Nutzung auf.

Dieser erfolgreiche Kurzfilm war Auslöser für mehrere Fortsetzungen, aber der Collie starb 1910. Nach seinem Tod schrieb Hepworth: „Selbst sein Name war nur ein für theatralische Zwecke angenommener Name. Sein richtiger Name war Blair, zur Erinnerung an seine schottische Herkunft. Er war ein wirklicher Freund und ein großartiger Gefährte, was mir aber am besten in Erinnerung geblieben ist, war die Art, wie er jeden Morgen auf einen Wäschekorb neben meinem Frisiertisch sprang und sehnlichst darauf wartete, einen Spritzer von meinem Rasierpinsel auf die Nase zu bekommen. Dann leckte er, mit einem unsagbar glücklichen Gesichtsausdruck, jeden Seifenklecks auf und wartete auf mehr."

RIN-TIN-TIN, DER ERSTE HUNDESTAR

ZWEIFELLOS EINER der größten Hundestars war Rin-Tin-Tin, ein Deutscher Schäferhund. Er wurde von einem amerikanischen Soldaten in einem deutschen Schützengraben gefunden. Der Soldat nahm ihn mit und brachte ihn in die USA, wo er zum Polizeihund ausgebildet wurde. Zunächst wurde mit Rin-Tin-Tin eine beeindruckende Kriegsdokumentation gedreht, in der er wichtige Beförderungs- und Bewachungspflichten für das Rote Kreuz erfüllte. 1923 erschien er in dem Film *Where the North Begins* (*Wo der Norden beginnt*, Regie Chester Franklin). Dieser Film war ein großer Erfolg und brachte Warner Brothers nach einem finanziellen Rückschlag wieder auf die Beine. Rin-Tin-Tin konkurrierte in seiner Popularität mit großen Namen wie Charlie Chaplin und den Gish Sisters und wurde 1925 zum populärsten Star in Amerika gewählt. Er spielte in über 40 Filmen mit und es wird behauptet, dass er 1927 pro Woche 1000 Dollar verdient hat. Diese Summe ermöglichte es dem Star, ein eigenes Bankkonto zu haben und ein Auto zu unterhalten, neben dem Luxus, jeden Tag zwei frische Steaks zu fressen.

Dieser außergewöhnliche Hund teilte sich mit menschlichen Stars Seiten in Klatsch- und Fanmagazinen, und man war besorgt, als man erfuhr, dass er Hollywood verlassen würde, um Europa zu besuchen.

Rin-Tin-Tin kam nicht dazu, seinen Ruhestand zu genießen: er starb 1932 während Dreharbeiten. Er hatte ein bemerkenswertes Leben und war sogar der Grund für die Scheidung seines Trainers, dessen Ehefrau das Gefühl hatte, der Hund hätte sie ihrem Mann entfremdet. Das Gericht gab ihrer Klage statt, ohne Zweifel zu äußern. Rin-Tin-Tin war Deckrüde für mehrere Würfe, von denen einer – Rin-Tin-Tin Junior – ebenfalls für Filme eingesetzt wurde. Allerdings hat kein Hund jemals annähernd die Berühmtheit von Rin-Tin-Tin Senior erlangt.

Oben
Lassie, einer der berühmtesten Hundestars aller Zeiten, war in Wirklichkeit ein Collierüde mit dem Namen Pal.

LASSIE

DER BERÜHMTE Langhaar-Collie Lassie war tatsächlich ein Rüde namens Pal und, so erstaunlich es klingt, der Kleinste seines Wurfes. Sein Trainer, Rudd Weatherall, brachte Lassie durch Kommandos dazu, Angst, Erschöpfung oder Entschlossenheit zu spielen.

Der Schauspieler Roddie MacDowell hatte mit dem Hund außerhalb der Dreharbeiten nichts zu tun. Einzige Ausnahme war die berühmte Heimkehrszene, für die er eine Woche mit dem Hund verbrachte, der den Tag vor dem Dreh isoliert wurde. MacDowell war dann die erste Person, die Lassie nach ihrer Freilassung sah, und ihre freudigen Gefühle wurden durch die Eiscreme verstärkt, die man sie von Roddies Gesicht ablecken ließ.

Rechts
Charlie Chaplin mochte Scraps, den Mischling, sehr gern, der mit ihm die Hauptrolle in Ein Hundeleben *spielte.*

Unten
Hunde werden nicht immer als freundliche Begleiter gezeigt. In einigen Filmen werden sie als wilde Bestien dargestellt.

WEITERE HUNDESTARS

VIELE ANDERE Hunde sind häufig im Zusammenhang mit namhaften Schauspielern berühmt geworden.

Charlie Chaplin hatte gelegentlich Hunde als Komödienpartner. Einer davon wurde als „großartiger reinrassiger Mischling" beschrieben. Er war es, der 1918 in *Ein Hundeleben* mitwirkte. Der Hund, der Scraps hieß, wurde sogar in Chaplins Hose in einen Tanzsaal geschmuggelt, wo er zur unbestreitbaren Freude von Chaplins treuen Publikum ein großes Chaos verursachte. Von Scraps wird berichtet, dass er seine Freundschaft zu dem Schauspieler noch lange nach dem Ende ihrer Arbeitsbeziehung fortgesetzt hat – er war offensichtlich jeden morgen am Tor, um Chaplin bei dessen Ankunft zur Arbeit zu begrüßen.

Hunde haben viele Rollen in Filmen als Nebendarsteller an der Seite bekannter Schauspieler oder Schauspielerinnen gespielt.

Ein kleiner Terrier, der in *Der Schatten des dünnen Mannes* mit William Powell spielte, bekam von MGM 1000 $ pro Woche. Derselbe Hund verdiente 7500 $ für seine Rolle in *Piccadilly Circus* mit Gracie Fields. Während der Dreharbeiten für diesen Film war der Terrier in einer Luxuskabine an Bord der „Queen Mary" untergebracht, wo er angeblich gelegentlich irischen Eintopf aus Kartoffeln, Fleisch und Gemüse sowie Eiscreme aß.

Auch in anderen Ländern fielen Hunde als Filmstars auf. Eines der früheren Beispiele findet sich in einer Adaption von Tschechows Kurzgeschichte *Die Dame mit dem Hündchen,* die in der ehemaligen Sowjetunion produziert wurde.

DER HUND ALS HELD IM ZEICHENTRICKFILM

MANCH UNVERGESSLICHER HUND hat eine Rolle in Walt-Disney-Produktionen gespielt. Ursprünglich waren dies kluge Zeichentrickcharaktere, in jüngerer Zeit spielen vermehrt echte Hunde die Hauptrolle.

Die Produktion von *101 Dalmatiner* entfachte eine heftige Debatte unter Hundefreunden, wobei nicht nur das Training der Tiere Anlass zur Sorge bot, sondern auch die verständliche Furcht geäußert wurde, es könnte zu einer Kommerzialisierung der Rasse der Dalmatiner kommen.

Zweifellos besteht für Rassen, die hoch im Kurs stehen, immer die echte Gefahr, dass Hunde häufig rein aus kommerziellen oder aus Modegründen gezüchtet werden, was der Rasse meistens schadet.

In dem Film wurde mit mehreren ausgewachsenen Dalmatinern gearbeitet, wobei deren Punkte sorgfältig angepasst wurden, damit die Hunde gleich aussahen. Außerdem setzte man viele Welpen ein, denn sobald die Welpen einer Gruppe etwas gewachsen waren, wurden sie durch eine andere Gruppe junger Hunde ersetzt.

Alle Hunde wurden in tadellosem Zustand gehalten und bestens durch die Filmgesellschaft versorgt.

HUNDE AUF DEM BILDSCHIRM

IM FERNSEHEN DAUERTE es etwas länger als auf der Leinwand, bis Hunde großen Ruhm erlangten. Als der Film *Lassie* zu einer Fernsehserie gemacht wurde, entfachte er sofort die Begeisterung und Bewunderung der Fernsehzuschauer.

Hunde wurden auch in Fernsehsendungen für Kinder aufgenommen. Das war z. B. in der Sendung *Blue Peter* der Fall, in der die Hunde Petra, ein Deutscher Schäferhund, und Shep, ein Hütehund, jede Woche eine aktive Rolle im Programm spielten. Nachdem Petra sich zu einem kooperativen ausgewachsenen Hund entwickelt hatte, kam man überein, dass das Programm in die Unterstützung von Blindenhunden einbezogen werden sollte.

Programme wie dieses waren eine große Hilfe für unsere vierbeinigen Freunde, indem sie per Fernsehbildschirm in die Häuser gebracht wurden. Und in den zurückliegenden Jahrzehnten entstanden immer mehr Programme, in denen Hunde zu sehen waren und Themen angesprochen wurden, die für Hundebesitzer oder Hundefreunde interessant sind.

In jüngster Zeit haben verschiedene Fernsehsender den „Blick über die Schulter von Experten" zur Grundlage für eine Reihe von erfolgreichen Programmen gewählt, die eine interne Sicht des Lebens von Tierärzten, von Ausbildern von Polizeihunden und von Mitarbeitern von Tierschutzorganisationen vermitteln. Außerdem wurden Dokumentationen über Tierheime hergestellt.

Oben
Dem Star von Der Schatten des dünnen Mannes *wurden pro Woche 1000 $ gezahlt.*

Links
Hunde spielten eine wichtige Rolle in dem Film Goldfieber in Alaska *von 1935.*

Unten
Bekannte TV-Persönlichkeiten bei einem „Hundelauf" für einen wohltätigen Zweck

Der Hund in der Welt des Menschen

SEIT HUNDE die Bekanntschaft des Menschen gemacht haben, hat sich eine Arbeitsgemeinschaft und eine enge Freundschaft entwickelt, bei der beide voneinander profitieren. Klimabedingungen, Zeiten und Sitten haben sich geändert, aber die Beziehung zwischen diesen beiden Spezies ist nach wie vor intensiv. Im Laufe der Zeit wurden Hunde gezüchtet, die an die Bedürfnisse des heutigen Menschen angepasst sind.

Rechts
Polizeihunde und ihre Führer entwickeln eine enge Arbeitsbeziehung, die durch tiefes Vertrauen geprägt ist.

DER BESTE FREUND DES MENSCHEN

ES IST SCHWIERIG, genau festzulegen, wann Hund und Mensch ihre großartige Partnerschaft eingegangen sind. Wir wissen aber, dass sie bisher mindestens 5000 Jahre überdauert hat (wahrscheinlich sogar sehr viel mehr).

Oben und rechte Seite
Unabhängig von Alter, Nationalität und Lebensstil eines Menschen bietet ein Hund immer Vergnügen und Gesellschaft.

Einer der frühesten Hunde, der sich auf ägyptischen Monumenten findet, ist (siehe auch Seite 70) der Hund des Pharaos Khufu (Cheops). Später, um 2000 v. Chr., wird Antef II. mit vier Hunden zu seinen Füßen dargestellt. Selbst heute noch können Reisende in der Wüste häufig Hunde sehen, die den Karawanen folgen und mit Beduinenstämmen wandern. Auch das ist eine der vielen bedeutenden Beziehungen, die sich in der symbiotischen Welt von Hund und Mensch finden lassen.

Der Sage nach wurde in den Ruinen von Pompeji das Skelett eines großen Hundes gefunden, das um die Knochen eines kleinen Jungen geschlungen war. Das Halsband des Tiers trug eine Inschrift, aus der sein Mut und seine Treue zu seinem Herrn hervorgingen. Sie besagte, dass der Hund zweimal das Leben des Kindes gerettet hatte: einmal vor dem Angriff durch Räuber und einmal vor dem Ertrinken.

DER BESTE FREUND DES KINDES

VIELE BEISPIELE BELEGEN das innige Verhältnis zwischen Hunden und Kindern. Vermutlich erkennt der Hund, dass ein solch junges Geschöpf seinen Schutz braucht.

Wer Hunde aufmerksam beobachtet, wird die Treue, die Ergebenheit, das instinktive Schutzverhalten und manchmal sogar die Selbstaufopferung bemerken, die die Hunde ihren Besitzern entgegenbringen.

In den USA wurde in den 1930er-Jahren eine sehr interessante Studie durchgeführt, die enthüllte, dass nur ein Prozent der Männer mit Gefängnisstrafen als Kind einen Hund besessen hatte – ein unglaublich niedriger Prozentsatz. Auch wenn man aus dieser Statistik selbstverständlich keine sicheren Schlüsse ziehen kann, legt sie doch nahe, dass Kinder, die näheren Kontakt zu einem Hund haben, sich zu gefestigteren Erwachsenen entwickeln.

Die erhöhte Sorge, dass der Hundespulwurm *(Toxocara canis)* oder die Tollwut auf Kinder übertragen werden könnte, und das Medieninteresse an den wenigen Fällen, in denen Hunde Kinder beißen, bewirken heutzutage viele negative Schlagzeilen rund um unsere Hunde-Freunde. Dennoch, das gute Verhältnis, das immer zwischen Kindern und Hunden bestanden hat, ist ganz sicher nicht einfach verloren gegangen, denn es gibt so viele Geschichten, die die Zeit überdauert haben und überdeutlich die gegenseitige Zuneigung zeigen.

GEBORENE HUNDEFREUNDE

MENSCHEN, DIE ALS HUNDELIEBHABER bezeichnet werden können, ist vielleicht eine enge Verbundenheit mit dieser Spezies bereits angeboren. Schon bei der Beobachtung kleiner Kinder läßt sich häufig feststellen, welche von ihnen vermutlich als Hundeliebhaber aufwachsen werden und welche nicht.

Eine große Rolle spielen natürlich auch Umgebung und Erziehung. Haben Eltern Angst vor Hunden oder betrachtet der jeweilige Kulturkreis Hunde als unrein oder als Tiere, vor denen man Angst haben muß, werden diese Kinder weniger gern Freundschaft mit einem Hund schließen. Außerdem mangelt es ihnen dann an Kontakt mit diesen Tieren.

Im Gegensatz dazu werden Eltern, die ihren Kindern Respekt vor Tieren und den vorsichtigen Umgang mit ihnen beibringen, obwohl sie selbst vielleicht noch nicht einmal Hundebesitzer sind, wahrscheinlich viel eher ein Interesse an Hunden wecken. Auf diese Weise wird erreicht, dass die Kinder selbst frei entscheiden können, ob sie ihr Leben mit diesem tierischen Gefährten teilen möchten oder nicht.

Ohne Zweifel können Menschen jedes Alters eine enge Beziehung zu Hunden aufbauen, und in vielen Fällen ist einer dem anderen treu ergeben. Hunde sind gute Zuhörer und spielen sich, wenn sie freundlich behandelt werden, nicht zum Richter auf. Ein Hund kann einen armen Menschen ebenso sehr lieben wie einen reichen und macht sich überhaupt keine Gedanken über dessen äußere Erscheinung.

WISSENSWERTES

Trotz ihrer wichtigen öffentlichen Position nimmt sich Ihre Majestät Königin Elisabeth II. regelmäßig Zeit für ihre Hunde.

Das Verhalten von Hunden

HUNDE SIND VON NATUR aus Rudeltiere. Diese Mentalität haben sie vom Wolf geerbt. Jeder Welpe ist von Geburt an Teil seines eigenen kleinen Rudels, das aus den Geschwistern und seiner Mutter, der Rudelführerin, besteht. Sie gibt Futter, bietet Wärme und Sicherheit und sorgt für Disziplin im Minirudel.

LERNEN ALS WELPE

SOBALD SICH DIE AUGEN eines Welpen geöffnet haben und er begonnen hat zu krabbeln, lernt er, mit seinen Geschwistern und seiner Mutter zu spielen. Die Mutterhündin bringt ihm Sozialverhalten bei, das er im späteren Leben braucht, denn ein Großteil der Wesensstärke eines Hundes hängt von seiner Fähigkeit ab, auf Artgenossen zu reagieren und mit ihnen zu kommunizieren. Diese frühen Wochen sind äußerst wichtig, denn in diesem Stadium ist ein Welpe noch sehr formbar.

Wird ein Welpe in eine neue Umgebung gebracht, solange er noch in diesem empfänglichen Alter ist, sollte er problemlos die menschliche Familie als sein neues Rudel anzusehen lernen, schließlich kann ein Hund sich auch mit Menschen sozialisieren und mit ihnen kommunizieren. Eines der Familienmitglieder wird der natürliche Anführer. Das ist meist die Person, die die Mahlzeiten gibt, mit dem Welpen nach draußen geht und für seine Erziehung zuständig ist.

> WISSENSWERTES
> Ein Hund, der keine Gesellschaft von Menschen oder von Artgenossen hat, kann sehr schnell zum Zerstörer werden. Man sollte einen Hund also niemals den ganzen Tag allein lassen.

DER RUDELINSTINKT

BEKOMMT DER ÄLTER gewordene Hund die Gelegenheit dazu und hat er die entsprechende Mentalität, übernimmt er vielleicht die Rolle des Anführers – deshalb sind menschliche Kontrolle und entschiedene Disziplin während dieser prägenden Monate so wichtig, damit der Mensch die Alpha-Tier-Rolle behält. Wenn in einem Haushalt mehrere Hunde leben, klären diese unter sich, wer der „Chef" ist. Diese Hierarchie kann sich im Laufe der Zeit aber unter Umständen ändern.

Ganz gleich, welche Stellung ein Hund im Rudel einnimmt, sein natürlicher Instinkt lässt ihn das Rudel und dessen Territorium bewachen. Das drückt sich darin aus, dass er Fremde anbellt, um vor der möglichen Gefahr für die anderen Rudelmitglieder und das Haus zu warnen. Ebenso möchte er Menschen, Möbelstücke, Spielzeug oder sogar andere Haustiere schützen, denen er besonders zugetan ist. Auch aus diesem Grund sind eine angemessene Erziehung des Hundes und Disziplin unverzichtbar, damit bestimmte Situationen nicht außer Kontrolle geraten. Denn ein schlecht erzogener Hund, der alles schützt, was er als sein Eigentum ansieht, kann peinlich und im schlimmsten Fall gefährlich sein.

Innerhalb eines Rudels bilden die zugehörigen Hunde kleinere Rudel. Das lässt sich häufig bei ausgewilderten oder bei Pariahhunden beobachten, die sich jeden Tag neu zu kleinen Gruppen zusammenfinden, um ihre lokale Umgebung zu erkunden. Manchmal bilden diese kleinen Rudel

Oben rechts
Hunde im selben Haushalt können treue Kameraden werden und sind sehr traurig, wenn ihr Freund abwesend ist.

Rechts
Welpen lernen, mit ihren Geschwistern zu spielen. Wenn sie als junge Welpen in eine neue Umgebung kommen, werden sie ihre neuen Besitzer als Spielpartner annehmen.

eigene Jagdgruppen und verlassen dann irgendwann das Hauptrudel, um ein eigenes neues Rudel zu gründen. Ursache hierfür ist, dass in der Hundewelt ein Rudel nur eine bestimmte Größe erreichen darf. Wird sie überschritten, teilt sich das Rudel, sodass sich der Tierbestand über ein größeres Gebiet verteilt, wodurch für jede Gruppe die Überlebensaussichten steigen.

DIE HUNDEGEMEINSCHAFT

IN EINER AUSGEGLICHENEN Hundegemeinschaft ist sowohl kooperatives als auch konkurrierendes Sozialverhalten erforderlich, denn Hunde verbringen die meiste Zeit in unmittelbarer Nähe zueinander. Sie tun häufig Dinge gemeinschaftlich; so fallen, wenn ein Hund ein Heulen anstimmt, die anderen ein.

Dies bedeutet jedoch nicht, dass einige Hunde sich bisweilen ganz individuell verhalten, manchmal auch, weil sie ihre Rolle im Rudel noch nicht definiert haben.

Beim Jagen im Rudel profitieren die einzelnen Mitglieder von ihrem einander ergänzenden Verhalten: Während einige die Beute jagen, kreisen andere sie ein, um ihr den Rückweg abzuschneiden. So wird die Basis für eine erfolgreiche Jagd gelegt. Dieses Verhalten ist besonders wichtig, wenn die Beute größer oder stärker ist als jedes einzelne Rudelmitglied.

GESELLSCHAFT IST WICHTIG

GESELLSCHAFT IST SOWOHL für einen Welpen als auch für einen heranwachsenden und ausgewachsenen Hund wichtig. Manche Hunde zeigen eindeutig Kummer, wenn ihnen jegliche Gesellschaft von Artgenossen verwehrt wird. Das lässt sich deutlich beobachten, wenn ein Hund von seinem Rudel getrennt wird. Zieht z. B. ein Hund aus einem Tierheim in einen Haushalt um, wird er üblicherweise glücklicher sein, wenn er andere Hunde zur Gesellschaft hat.

Leben zwei Hunde in einem Haushalt und einer stirbt, wird sich der andere einsam fühlen und unter dem Verlust leiden. Meist empfiehlt es sich dann, ihm einen neuen Gefährten an die Seite zu geben.

Dagegen muss man äußerst behutsam vorgehen, wenn ein neues Tier in eine Umgebung kommt, in der es schon andere Tiere gibt, die bereits ihre Hierarchie festgelegt haben und den Neuankömmling eventuell als Eindringling empfinden. Dann sind Geduld und einfühlsames Vorgehen des Besitzers gefordert, damit der Neue schnell in die Gemeinschaft aufgenommen wird.

Oben und unten
Hunde sind Rudeltiere und daher normalerweise glücklicher, wenn sie ihr Leben mit mindestens einem Artgenossen teilen können.

Erstaunliche Partnerschaften

HUNDE KÖNNEN NICHT NUR mit Artgenossen und mit Menschen ein Verhältnis aufbauen, sondern auch Beziehungen oder Partnerschaften mit anderen Tieren eingehen, vielfach in den ungewöhnlichsten Kombinationen. Aufmerksamkeit, Zeit und sensible Begleitung sind allerdings geboten, wenn ein neuer Hund in eine bereits bestehende Hundegemeinschaft integriert werden soll, da die „Alteingesessenen" bereits eine Hierarchie untereinander ausgemacht haben und den Neuling als Eindringling empfinden können. Auch Hunde können besondere Vorlieben entwickeln; so gibt es z. B. solche, die offensichtlich musikalisch sind.

TIERFREUNDSCHAFTEN

ES GIBT VIELE FÄLLE enger Verbindungen zwischen Hunden und anderen Tieren. Mit Katzen kommen Hunde, obwohl eigentlich Erzfeinde, häufig äußerst gut aus, wobei aber oft ein Hund, der die Familienkatze toleriert, jede eindringende Katze jagen und möglicherweise töten würde.

Während viele Hunde ein Kaninchen jagen und fangen würden, wenn sie Gelegenheit dazu haben, sind andere wiederum einem Kaninchen gegenüber wohlgesonnener. Die Autorin hatte als Kind z. B. einen langhaarigen Collie, der ihr zahmes Kaninchen regelmäßig im Garten umkreiste, um es ins Haus zurückzutreiben, sobald er meinte, es sei Schlafenszeit.

Rechts
Hunde gehen häufig enge Beziehungen mit anderen Tieren ein, angefangen von Küken bis hin zu Lämmern.

Unten
Buddy, ein Deutscher Schäferhund, führte nicht nur seinen blinden Kameraden durch die Straßen von Boston, sondern holte auch die Tageszeitung für seinen Besitzer.

„NÄCHSTENLIEBE" UNTER HUNDEN

GESCHICHTEN über ungewöhnliche Hundefreundschaften werden heutzutage vielleicht als selbstverständlich betrachtet. Zu Beginn des letzten Jahrhunderts wurden viele solcher Geschehnisse genau dokumentiert. So weiß man von einem Deutschen Schäferhund in Washington, der seinen halbblinden Hunde-Freund durch die Straßen führte. Ein anderer Deutscher Schäferhund entwickelte eine väterliche Zuneigung für einen Scottish Terrier, den er regelmäßig an der Leine spazieren führte.

Im Krieg hat ein Hund 16 Stunden in den Trümmern eines zerbombten Hauses gewühlt, bis schließlich sein Foxterrier-Freund geborgen wurde.

Eine weitere bemerkenswerte Geschichte berichtet von einem Collie, der außerhalb eines Bauernhauses mit einer sehr kurzen Kette an seiner Hundehütte angebunden war. In einer bitterkalten Nacht, in der es außerdem heftig hagelte, wurde der Hund draußen liegend gefunden, während in der Hütte komfortabel untergebracht eine fremde Hündin mit fünf neugeborenen Welpen lag.

HUNDE UND ANDERE TIERE

DUKE BESASS KEINEN eindeutigen Stammbaum, aber es wurde ihm nachgesagt, in vieler Hinsicht außerordentlich klug zu sein. Er hatte die Angewohnheit, das Pferd seiner Herrin am Zügel auf eine nahe gelegene Wiese zu führen und es dort zu bewegen.

Ein Border Collie war erstaunlicherweise trainiert, junge Lämmer mit der Flasche zu füttern. Er hatte gelernt, ein Lamm mit seiner Pfote in Position zu halten. Ein Lamm wiederum lernt schnell, dem zu trauen, der es füttert. Der Hund war damit von unschätzbarem Wert für den Bauern, der gerade in dieser Jahreszeit nahezu keine Minute übrig hatte.

MUTTERINSTINKT

ES KOMMT IMMER WIEDER VOR, dass Hunde die Welpen eines anderen Hundes aufziehen, häufig sogar einer anderen Rasse. Das kann sich manchmal als hilfreich erweisen, wenn eine Hündin bei der Geburt der Welpen gestorben ist oder wenn sie einen besonders großen Wurf oder zu wenig Milch hat. Noch bemerkenswerter sind Fälle, in denen Hunde die Nachkommen anderer Tiere aufgezogen haben, wie z. B. eine Hündin, die sechs Ferkel gesäugt hat.

HUNDE UND MUSIK

HUNDE KÖNNEN AUCH andere interessante starke Neigungen entwickeln, die hier ebenfalls erwähnt werden sollten. Man nimmt zwar allgemein an, dass die meisten Hunde Musik nicht mögen, doch diese Theorie wurde schon vielfach widerlegt. In Japan „sang" ein Hund mit Vorliebe zu einer Mundharmonika, während anderswo ein Boxer, der angeblich Klavier spielte, gereizt und missmutig wurde, wenn man ihn von diesem Instrument trennte.

Beim Thema Musik darf ein Pudel mit Namen Bobo nicht unerwähnt bleiben. Er genoss Musikabende mit seinem Besitzer und wurde ganz verträumt, wenn er Sibelius hörte, während er bei den Klängen von Bach einschlief.

Der Organist der Hereford Cathedral, ein Freund Sir Edward Elgars, hatte eine Bulldogge namens Dan. Der Hund lauschte den Chorproben in der Kathedrale und knurrte, wenn jemand falsch sang. Elgar mochte Dan besonders gern und in einer Bemerkung zu Nr. XI der *Enigma Variations* führt er aus, dass die ersten Takte durch den Hund angeregt wurden. Der erste Takt der Musik stellt Dan dar, wie er die Böschung des Flusses Wye hinunterfällt, während der zweite und dritte Takte ausdrücken, wie er flussaufwärts schwimmt, um einen „Landungsplatz" zu finden, und die zweite Hälfte des fünften Taktes ist sein glückliches Bellen, als er an Land geht.

Oben und unten
Viele Hunde reagieren positiv auf Musik. Einige „singen" mit, während manche sogar gelernt haben, ein Instrument zu „spielen", wie z. B. ein Klavier oder eine Mundharmonika.

Haustier und Helfer

HUNDE SIND WUNDERBARE Gefährten und, wenn sie gut behandelt werden, ihren Besitzern absolut treu. Sie kennen keine sozialen Unterschiede, und manches Hundeohr hört Geschichten, die der Besitzer keinem anderen Menschen erzählen kann oder will. Der Hund versteht zwar nicht die Bedeutung der Wörter, hört aber aufmerksam zu, und der Besitzer hat sich wahrscheinlich von einer schweren Last befreit. Es macht außerdem große Freude, einen Hund zu berühren; sanftes Streicheln genießen beide Seiten und man weiß inzwischen, dass es den Blutdruck senkt und den Herzschlag verlangsamt.
Als Helfer werden Hunde so ausgebildet, dass sie ihre Besitzer je nach deren Behinderung in geeignetster Weise unterstützen.

Rechts
Es gibt viele Hundebesitzer, die mit ihren Hunden alte Menschen in Krankenhäusern und Seniorenheimen besuchen.

Rechts und gegenüber
Ein Hund kann nicht nur Begleiter sein, sondern auch praktische Hilfe für seinen älteren, blinden oder körperbehinderten Besitzer leisten.

DER GEFÄHRTE EINSAMER MENSCHEN

ALLEIN LEBENDEN MENSCHEN bringt die Gesellschaft eines Hundes häufig viel Freude. Mit ihm an der Seite ist es viel angenehmer, fernzusehen oder ein Buch zu lesen, als wenn man ganz allein ist.

Ein Hund im Haus zwingt einen einsamen Besitzer, aktiv zu bleiben, und den Menschen macht es Spaß, mit ihrem Tier zu spielen. Auch Spazierengehen ist für die meisten Menschen viel vergnüglicher, wenn sie von einem Hund begleitet werden. Durch ihn ist es außerdem oft einfacher, Kontakt zu anderen Menschen zu bekommen, denen man andernfalls nicht einmal „Guten Tag" gesagt hätte. So ergeben sich auch oft neue Freundschaften. Darüber hinaus fördern solche Spaziergänge selbstverständlich die Gesundheit und trainieren die Muskulatur bei Hund und Besitzer.

BLINDENHUNDE

WEIL HUNDE SOLCH wundervolle Gefährten und sehr lernfähig sind, wurden sie durch die Jahrhunderte hindurch in unterschiedlichster Weise als Helfer für den Menschen eingesetzt, so beispielsweise als Blindenhunde. 1916 wird die erste Blindenführhund-Schule in Oldenburg gegründet. Zunächst wurden vor allem Deutsche Schäferhunde ausgebildet – heute sind es zu einem großen Teil auch Labrador oder Golden Retriever.

Ein gut ausgebildeter Blindenführhund ist in der Lage, mit seinem Halter alle gewünschten Wege zu gehen und ihn sicher ans Ziel zu führen.

Es gibt auf der ganzen Welt viele Zentren, Verbände und Gruppen für Blindenhunde, von den USA bis nach Fernost, mit Organisationen sowohl auf der nördlichen als auch auf der südlichen Halbkugel. Sie alle leisten eine Arbeit, die nicht nur von denjenigen sehr geschätzt wird, die selbst einen Blindenhund haben, sondern auch von den vielen, die anerkennen, welche wertvollen Partnerschaften hier entstehen. Denn in den meisten Fällen ergibt sich eine lebenslange Bindung zwischen dem Hund und dem blinden oder sehbehinderten Besitzer.

Ein Blindenhund macht einem Menschen, der nicht gut sieht, das Leben zweifellos einfacher und angenehmer. Ganz wesentlich ist dabei, dass solche Hunde ihre Rolle zu mögen scheinen, wodurch die Beziehung doppelt lohnend wird.

HÖRHUNDE

NOCH NICHT SO LANGE, aber mittlerweile gut eingeführt, gibt es Hunde für Gehörlose (Hörhunde). Zu deren Unterstützung lernen die Hunde z. B., Laut zu geben, wenn das Telefon klingelt. Auch bei vielen anderen Geräuschen im und rund um das Haus kann ein Hund aktiv werden, so etwa beim Ertönen der Türklingel oder einer Alarmanlage oder sogar wenn ein Baby schreit. Um den Besitzer aufmerksam zu machen, führt der Hund eine vereinbarte Handlung aus: beispielsweise zieht er seinen Besitzer an einem Hosenbein und führt ihn so zu der Geräuschquelle.

HILFE FÜR KÖRPERBEHINDERTE

MITTLERWEILE WERDEN HUNDE auch zu Helfern für Körperbehinderte ausgebildet. Der Verein „Hunde für Handicaps – Verein für Behinderten-Begleithunde e.V." in Berlin hilft seit 1991 behinderten Menschen auf vielfältige Weise. Die Hunde lernen, mit der Lebenssituation des jeweiligen Behinderten zurechtzukommen und die dringlichsten Aufgaben auszuführen. So wird einem solchen Hund etwa beigebracht, den Telefonhörer aufzunehmen und seinem Besitzer zu bringen.

Vergleichbar mit Blindenhunden oder mit Hörhunden werden die Hunde auch hier dem einzelnen Behinderten zur Verfügung gestellt.

WISSENSWERTES

2003 gibt es ca. 1500 Blindenführhunde in Deutschland. Sie brauchen keinen Maulkorb zu tragen, sind von der Hundesteuer befreit und als medizinisches Hilfsmittel anerkannt.

Auf Hundeausstellungen ist es wunderbar zu sehen, wenn Menschen mit physischen Behinderungen ihre Hunde mit genauso viel Geschick und Können vorstellen wie gesunde Hundeführer. Auch das ist ein wichtiges Band zwischen Hund und Besitzer für diejenigen, die an einem weiteren Aspekt des Lebens mit einem Hund teilnehmen möchten.

Hunde, die als Therapie- oder Begleithunde eingesetzt werden, gehören engagierten Menschen, welche die Lebensqualität anderer Menschen mit Hilfe ihrer eigenen Hunde verbessern möchten. Nachdem das Temperament solcher Hunde entsprechend eingestuft wurde, werden sie in Krankenhäuser und Seniorenheime mitgenommen. Viele Besuche gelten Langzeitpatienten, und durch die regelmäßigen Begegnungen können dauerhafte Freundschaften entstehen.

Hunde als Arbeitstiere

SEIT DER MENSCH sein Leben mit dem Hund teilt, spielt dieser eine wichtige Rolle für ihn. Die Funktionen haben sich zweifellos mit den Lebensumständen der Menschen verändert, aber vielfach werden Hunde heute ähnlich eingesetzt wie früher, lediglich angepasst an die modernen Umstände. Auch heutzutage betrachten viele Bauern wie schon seit Generationen ihre Hunde als große Hilfe und verlassen sich wie ehedem auf ihre „Hundearbeiter" beim Hüten der Herden.

VIELE VERSCHIEDENE ROLLEN

ES IST BEKANNT, dass Hunde früher als Wächter eingesetzt wurden. Das geschieht auch heute noch, aber es gibt zusätzliche Aufgaben. So werden Hunde nicht nur zur Bewachung, sondern auch in der Polizeiarbeit eingesetzt, z. B. als Spürhunde, weil ihre gute Nase hervorragend zum Aufspüren von Drogen und anderen verbotenen Gütern genutzt werden kann.

Eine gute Gelegenheit, Hunde beim Demonstrieren ihrer vielen Talente zu beobachten, ist ein Besuch der VDH-Europasieger-Zuchtschau oder der Crufts. Bei beiden Veranstaltungen werden jedes Jahr die Fähigkeiten der Hunde im großen Rahmen vorgestellt.

Neben den Vorführungen von Blindenhunden und Hunden für Gehörlose gibt es bemerkenswerte Darbietungen, bei denen Jagdhunde ihre Fähigkeiten, Wild im Freien aufzustöbern und zu apportieren, unter Beweis stellen. Bei der Crufts zeigen auch verschiedene Terrierrassen, wie sie einen Köder mit unglaublicher Geschwindigkeit jagen, wobei die ganze Zeit der wahre Terriercharakter zu erkennen ist.

Die hervorragenden Polizeihundvorführungen verdeutlichen eindrucksvoll die Harmonie zwischen Hunden und Hundeführern. Dabei werden Situationen nachgestellt, die bei der Polizeiarbeit auftreten können, wozu auch das Arbeiten inmitten einer Schießerei gehört.

Oben rechts
Hunde sind sehr wertvoll in bestimmten Bereichen der Polizeiarbeit und des Schutzdienstes.

Oben
Hunde wurden seit frühester Zeit zum Jagen eingesetzt. Diese anschauliche Darstellung einer Hasenjagd stammt aus dem Livre de Chasse *aus dem 15. Jahrhundert.*

HUNDE IM EINSATZ

DEUTSCHLAND WAR DAS ERSTE LAND, in dem Hunde im Krieg eingesetzt wurden (siehe Seite 92f.). Großbritannien folgte einige Jahre später. Die Hunde waren von enormem Wert beim Überbringen von Meldungen durch die feindlichen Linien und halfen beim Transport von Munition und verletzten Menschen oder Hunden, indem sie speziell konstruierte Karren zogen.

Der Einsatz von Hundekarren ist in Deutschland seit langem verboten, aber die Erinnerung an dieses Transportmittel ist in ganz Europa durchaus noch lebendig, wo Hundekarren ausgiebig genutzt wurden.

In eisigen Klimazonen haben Hunde unschätzbare Dienste beim Ziehen von Schlitten geleistet, und manches Menschenleben wurde gerettet, indem in arktischer Umgebung – aus Not – Hundefleisch verzehrt wurde.

Der gute Ruf, den Hunde als Retter genießen, führt zu ihrem Einsatz bei Such- und Rettungsarbeiten, und wir verdanken den Hunden viele gerettete Menschen.

DER „JÄGER“

JAGDMEUTEN WERDEN IN einem späteren Abschnitt beschrieben (siehe Seite 152f.), es gibt aber viele Hunde, die allein jagen. Obwohl das Jagen von vielen Menschen missbilligt wird, wurden Jagdhunde durch die Jahrhunderte zu Recht eingesetzt, um Nahrung für ihre Besitzer zu liefern. Das geschah häufig in Gegenden, in denen schwierige Lebensbedingungen herrschen, etwa im australischen Busch, wo der Känguruhund (Kangaroo Hound) erfolgreich als Jagdhund arbeitete. Einige Rassen wurden auch mit Erfolg gegen gefährliche Raubtiere wie Löwen und Wölfe eingesetzt.

SCHÄDLINGS-JÄGER

HUNDE WURDEN auch zur Jagd auf Schädlinge eingesetzt, die ansonsten noch weitaus mehr Schaden angerichtet hätten. Die meisten Terrier sind berühmt für ihre Fähigkeit, Ratten zu fangen. Glücklicherweise sind Ratten heute, hauptsächlich dank der modernen Wissenschaft, längst kein so großes Problem mehr wie früher. Es gibt aber faszinierende Geschichten über alte Gebäude, nach deren Abriss Hunderte von Ratten herauskamen. Das macht deutlich, wie wichtig es war und ist, die Rattenpopulation klein zu halten.

In Amerika wurden Hunde für die Jagd auf Waschbären eingesetzt. Diese Tiere müssen nachts gejagt werden, da sie nachtaktiv sind. Die so genannten Waschbärenhunde (Coonhounds) mussten ein Training durch Jahrhunderte durchlaufen, um der Intelligenz ihrer Beute gewachsen zu sein. Selbstverständlich wurden auch Wildschweine, Nerze und andere Tiere von Hunden gejagt, und es fällt nicht leicht, eine strikte Trennung zwischen dem zu ziehen, was im Laufe der Jahre wirkliche Arbeit und was streng genommen Sport war.

Leider haben sich aus einigen Jagdarten, die früher lebenswichtig waren, Sportarten entwickelt, auf die die Dezimierung oder die Gefährdung verschiedener Wildtierspezies zurückzuführen ist.

WISSENSWERTES
Ein tüchtiger Hund für die Kojotenjagd war u. a. eine Kreuzung aus Deerhound (Schottischer Hirschhund) und Greyhound.

Ganz oben und oben
Gute Jagdhunde wurden in jeder Gesellschaft und in jedem Zeitalter geschätzt. Der Wandteppich von Bayeux zeigt Harolds Männer, die ihre besten Hunde in die Normandie mitnehmen. Im kleinen Bild posiert ein erfolgreicher Löwenjäger stolz mit seinen beiden Hunden.

Links
Foxterrier sind exzellente Rattenjäger und wurden vielerorts eingesetzt, um Ackerland oder Gebäude von Schädlingen zu befreien.

Such- und Rettungshunde

DEN GRÖSSTEN EINDRUCK in den Köpfen der Menschen hinterlassen wahrscheinlich Hunde, die sich nach einer Katastrophe Anerkennung für das Retten von Menschen erworben haben. Mit der Zeit hat sich das Aufgabenspektrum dieser Hunde ständig erweitert und wurden mehr Rassen für die Rettungsarbeit eingesetzt. Alle verdienen höchstes Lob.

Unten und rechts
Bernhardiner sind als Rettungshunde die bekannteste Rasse und werden immer mit einem kleinen Fass um den Hals dargestellt, das Nahrung und ein anregendes Getränk enthält.

DER BERNHARDINER

DAS HOSPIZ VON ST. BERNHARD wurde um 1050 gegründet und von Mönchen des Augustinerordens betrieben. Deren Pflicht war es, Reisenden in Not zu helfen, denn damals waren Reisende zwischen der Schweiz und Italien gezwungen, den Großen St.-Bernhard-Pass zu Fuß zu überwinden. Die Mönche bemerkten, dass ihre Hunde ihnen bei der Suche nach verschollenen Menschen halfen, denn sie konnten Opfer aufspüren, die unter tiefen Schneewehen begraben waren. Und wenn sie einen erschöpften Reisenden auf den trostlosen Bergpässen antrafen, legten sie sich über ihn, um ihn zu wärmen, und bellten und heulten, bis Hilfe kam.

Die Hunde des frühen St.-Bernhard-Hospizes sahen anders aus als jene, die uns heute als Bernhardiner (St. Bernhardshunde) bekannt sind. Sie hatten ein kurzes Fell, einen außergewöhnlich breiten Brustkorb und einen massigen Kopf. Anfang des 19. Jahrhunderts bemerkten die Mönche, dass ihr Bestand an Hunden abnahm. Daher brachten sie neues Blut ein, indem sie einige Rüden mit langhaarigen Neufundländer-Hündinnen zusammenbrachten.

Schon vom Welpenalter an wurden Bernhardiner an Attrappen in Erster Hilfe ausgebildet. Die Hunde trugen mit Spitzen versehene Halsbänder, die sie vor Wölfen schützen sollten, und trugen einen kleinen Behälter mit Nahrung und einem anregenden Getränk um den Hals. Viele Mönche glaubten, dass ein Bernhardiner die Gabe besitze, Gefahren vorherzusehen, und es gibt viele Aufzeichnungen über Situationen, in denen die Hunde die Mönche daran gehindert haben, auf dem normalen Weg zum Kloster zurückzukehren, und sie so vor einem Lawinenabgang bewahrt haben.

ANDERE BERG-RETTUNGS-HUNDE

AUCH HEUTE setzen viele Bergrettungsorganisationen bei ihrer Arbeit Hunde als Unterstützung ein, denn sie können sich in einem Gelände bewegen, das für Menschen schwierig ist, und sie können problemlos Gelände überqueren, das für Fahrzeuge unpassierbar ist. Hinzu kommt, dass der feine Geruchssinn der Hunde bei der Rettungsarbeit in den Bergen äußerst hilfreich ist und dass sie den großen Vorteil haben, in Schnee graben zu können.

DER NEUFUNDLÄNDER

AUCH DIE NEUFUNDLÄNDER sind eine für ihre mutige Arbeit bekannte Rasse, um die sich viele rührende Geschichten ranken. Dieser Hund scheint, ähnlich wie der Bernhardiner, einen Sinn für drohende Gefahr zu haben und gibt wegen seiner Hartnäckigkeit und Ausdauer zudem nur selten eine einmal angefangene Aufgabe auf. Auch hat er scheinbar seit jeher eine natürliche Freude daran, Menschen aus dem Wasser zu retten, und bei mehreren Gelegenheiten waren Neufundländer an der Rettung ganzer Schiffsbesatzungen beteiligt: Sie haben eine Rettungsleine zwischen dem sinkenden Schiff und den Rettern am Ufer gezogen, wenn die

Links
Ein koreanischer Rettungshund und sein Führer üben, in Trümmern nach Spuren eines verschütteten Menschen zu suchen.

Situation so gefährlich war, dass kein Rettungsboot ausgesetzt werden konnte. Neufundländer haben aber nicht nur Menschen, sondern auch andere Tiere gerettet. So berichtet eine rührende Geschichte von einem Kanarienvogel, der der Liebling von Matrosen war, die sich auf einer Ausbildungsfahrt im Mittelmeer befanden. Als ein Neufundländer sah, dass der kleine Vogel aus seinem Käfig floh, sprang er ins Meer, nahm den Vogel in seinen Fang und schwamm zum Schiff zurück. Der Vogel war verängstigt, aber unverletzt. Das beweist, wie vorsichtig ein großer Hund etwas Kleines selbst dann halten kann, wenn er schwimmt.

POLIZEIARBEIT UND SCHUTZDIENST

SUCHEN UND RETTEN ist heute ein wichtiger Bereich der Polizeiarbeit und des Schutzdienstes auf der ganzen Welt, und im gleichen Maß, in dem sich der Nutzen solcher Arbeit herumgesprochen hat, wurden Ausbildung und Informationsaustausch ausgeweitet.

In den letzten Jahren wurden Ausbilder sogar bis nach Südkorea geschickt. Sie haben Hunde und Hundeführer darin unterwiesen, wie die Tiere an unterschiedlichsten Orten – z. B. auch in gebirgigem Gelände – am besten zur Rettung von Menschen einzusetzen sind.

Solche Hunde sind häufig vielseitig einsetzbar, denn sie werden auch für das Aufspüren von Drogen, Waffen, Munition und Sprengstoff ausgebildet. Dadurch haben sich die Einsatzmöglichkeiten von Rettungshunden gegenüber früher deutlich erweitert. Diese Spürhunde werden nicht nur in vielen Ländern im Heer, in der Marine und in der Luftwaffe, sondern auch von Zoll- und Steuerbehörden eingesetzt, sodass sie oft auf Flug- und in Seehäfen zum Einsatz kommen.

Viele verschiedene Rassen haben auf diese Weise ihren Dienst geleistet, sodass das besondere Hervorheben einiger unfair erscheinen mag, aber in den zurückliegenden Jahren wurden hauptsächlich Deutsche Schäferhunde, Labrador Retriever und weitere Jagdhundrassen wie English Springer Spaniel, Flat-Coated Retriever, Golden Retriever, Irish Water Spaniel und Deutsch-Kurzhaar eingesetzt. Diese und andere haben bewiesen, dass sie auf ihre vielfältige Weise von unschätzbarem Nutzen sind.

WISSENSWERTES

Trotz enormer Größe und schweren Fells kann der Neufundländer extrem gut schwimmen, weil er besonders gut angepasste Pfoten mit ausgeprägten Zehenhäuten hat.

Oben
Bernhardiner sind sehr große, intelligente und sanfte Hunde, die ideale Retter abgeben.

Links
Bernhardiner werden vom Welpenalter an für die Rettungsarbeit ausgebildet.

Fährtenhunde

AUS DER ZEIT der Feudalherren sowie der Beutezüge über Grenzgebiete hinweg werden viele Märchen erzählt, in denen Hunde Menschen verfolgen. Der Einsatz von Hunden als Fährtenhunde zum Verfolgen von Menschen wurde aber aus bitterer Notwendigkeit heraus geboren. Sie wurden in Irland und Schottland gegen Clanmitglieder und im Grenzland eingesetzt. Hier trieben Banden ihr Unwesen, die alles an sich nahmen, was sie in die Hände bekamen.

BLUTHUNDE – DIE ERSTEN FÄHRTENHUNDE

ZWEI BERÜHMTE schwarze St. Hubertus Hunde, „unübertroffen in Mut, Ausdauer und Geschwindigkeit", wurden von Pilgern im Heiligen Land gekauft. Andere Hunde mit dem gleichen Namen waren größer und völlig weiß, während ein anderer ähnlicher Hund gräulich rot war. Höchstwahrscheinlich fließt in den Adern heutiger Bluthunde das Blut vieler dieser Spezies. Heinrich VIII. von England setzte Bluthunde in Kriegen gegen die Franzosen ein, und während der Herrschaft von Königin Elisabeth I. halfen 800 Bluthunde bei der Unterdrückung der irischen Rebellion. Später lösten Bluthunde bei Hirsch- und Rinderdieben sowie bei Wilderern Angst und Schrecken aus, da sie auf großen Anwesen gehalten wurden, um Eindringlinge aufzuspüren.

Rechts
Dieses aufmerksam dreinschauende Team hat die Fährte in der Nase und wartet nur darauf, dass der Hundeführer ihm das Stichwort gibt.

Unten
Der Bluthund rühmt sich einer alten Abstammung, die möglicherweise noch bis vor den normannischen Eroberungszug zurückreicht.

BLUTHUNDE IM DIENST DES MENSCHEN

1805 STELLTE EINE Vereinigung zur Abwehr von Verbrechern in Northamptonshire einen Bloodhound zur Verfügung und bildete ihn für das Aufspüren von Schafdieben aus. Um die Fähigkeiten des Hundes zu demonstrieren, wurde ein Tag für eine öffentliche Probe festgesetzt. Es versammelte sich eine große Menschenmenge, in der sich auch der Verbrecher befand. Schließlich wurde der Hund von der Leine gelassen. Er rannte zu einem Baum, auf dem der Mann Zuflucht gesucht hatte – etwa 24 km vom Ausgangsort des Tests.

Der Kubanische Bluthund, der eher dem Mastiff oder der Bulldogge als dem Bluthund glich, wurde verwendet, um auf Jamaika und auf den Sklaven haltenden Gütern von Amerika entlaufene Sklaven aufzuspüren. Sein massiger Körper wurde mit dem des Mastiffs, sein Mut mit dem der Bulldogge, sein Geruchssinn mit dem des Bluthunde und seine Beweglichkeit mit der des Greyhounds verglichen, wodurch er den Ruf bekam, sowohl klug als auch grausam zu sein.

Der Einsatz beim Verfolgen von Wilderern und Verbrechern führte zu argen Vorurteilen gegenüber Bluthunde. In einem Dorf in Sussex glaubten die Einwohner Anfang des 20. Jahrhunderts, dass diese Hunde jedes Kind angreifen und wahrscheinlich verschlingen würden, das ihnen zu nahe käme. Daher mussten Besitzer von Bluthunde immer vor vergiftetem Fleisch auf der Hut sein. In ländlichen Gebieten war die öffentliche Meinung sicherlich gegen die Absicht der Polizei, solche Hunde einzusetzen.

HUNDE FÜR DIE VERBRECHENSBEKÄMPFUNG

VOR DEM ERSTEN WELTKRIEG besaß Oberstleutnant E. H. Richardson, ein bekannter Hundetrainer, mehrere Bluthunde. Manchmal wurde er mit seinen Hunden

von der Polizei für die Fährtensucharbeit angefordert. Mindestens ein Mörder wurde auf diese Weise festgenommen, indem ein Hund die komplizierten Spuren zu einem Bahnhof verfolgte, in dem der Mörder einen Zug bestiegen hatte.

Richardson stellte fest, dass Bluthunde besonders hilfreich beim Verfolgen von Geflügeldieben, Brandstiftern und Wilderern waren, weil sie die Spur des Übeltäters bis zu dessen Haus verfolgten. Ein Bluthund, der an den Besitzer eines großen Anwesens ging, folgte der Spur einer Wildererbande über knapp 15 km über Land, wobei der Halter ihm dadurch half, dass er ihn auf die Spur setzte, bevor die Sonne und der Wind die Fährte verwischt hatten. Bei Tagesanbruch und während der Dämmerung liegt eine Fährte, die ja normalerweise über offenes Gelände oder durch Wald verläuft, am besten, daher arbeitet man gewöhnlich in dieser Zeit mit den Hunden.

FURCHT ERREGENDE FÄHRTENHUNDE

DIE FÜR DIE FÄHRTENSUCHE eingesetzten Hunde waren nur damit beschäftigt und waren selten aggressiv. Sie zeigten keine böse Absicht gegen verfolgte Personen, aber der einprägsame Name Bloodhound bzw. Bluthund weckte Furcht und Aberglauben und schreckte stark ab. Das tiefe, gruselige Gebell eines Bluthunde versetzte die verfolgte Person in Angst, wogegen es für den Hundeführer Musik war, erkannte er doch daran, dass der Hund eine sichere Fährte entdeckt hatte.

Hin und wieder waren Bluthunde gefährlich. Diese Hunde hatten scheinbar Vorfahren, die auf den Kubanischen Bluthund zurückgingen, mit Kreuzungen, die absichtlich zwischen aggressiven Rassen vorgenommen wurden. Sie mussten entlaufene Sklaven auf den Plantagen verfolgen. Noch Anfang des 20. Jahrhunderts wurden in Amerika etwas leichtere, aber ansonsten sehr ähnliche Hunde eingesetzt, um entflohene Häftlinge zu verfolgen.

Bluthunde wurden wahrscheinlich mehr als andere Rassen mit der Fährtensuche in Verbindung gebracht, aber auch diverse andere Hunde werden sowohl bei der Arbeit als auch im Sport zur Fährtensuche verschiedenster Art eingesetzt.

Links und unten links
Bluthunde wurden häufig eingesetzt, um Verbrecher oder Wilderer aufzuspüren. Ihre Ausdauer und ihre Hartnäckigkeit gewährleisteten ein hohes Maß an Erfolg.

WISSENSWERTES
Ausgebildete Bluthunde lassen sich kaum von einer Spur ablenken und tun alles, um eine verlorene Spur selbst durch ein Gewässer wieder aufzunehmen.

Unten
Der Bluthund ist ein liebevoller, intelligenter Begleiter. Es ist aber nicht einfach, ihm Gehorsam beizubringen.

Polizeihunde

ANFANG DES 20. Jahrhunderts wurde in einigen Ländern – besonders in Belgien – damit begonnen, Hunde für die Arbeit bei der Polizei auszubilden. Am bekanntesten waren collieartige Hunde; eine Reihe belgischer Collies wurde nach Amerika eingeführt und bildete den Kern eines Arbeitsteams, das die dortige Polizei unterstützen sollte. Andere Hunde wurden nach China und Japan exportiert.

SCHWIMMHUNDE

IM JAHR 1900 wurden der Wasserpolizei von Paris Chiens Plongeurs (Schwimmhunde) zugeteilt, die entlang der Seine eingesetzt wurden. Sie sorgten dafür, dass das Flussufer während der Dunkelheit für Fußgänger sicherer wurde. Auch waren sie ausgebildet, Kriminelle dingfest zu machen sowie Personen zu retten, die in den Fluss gefallen waren oder sich hineingestürzt hatten. Die meisten dieser Hunde waren Retriever oder Kreuzungen aus Leonberger und Neufundländer. Sie wurden in speziellen Unterkünften der Polizeistation des Quai de Tournelle gehalten.

In Europa wurden Hunde auch an den Grenzen eingesetzt, um Schmuggler aufzuspüren und zu stellen. Die Schmuggler wiederum besaßen ihre eigenen Hunde, die nachts illegale Waren über die Grenzen transportierten, und hatten damit einen guten Weg gefunden, den Polizeihunden auszuweichen.

Oben
Bei der modernen Polizei werden Hunde für viele Aufgaben eingesetzt, von der Verbrechensbekämpfung bis zur Rettungs- und Schutzarbeit.

Mitte und rechts
Hunde wurden so ausgebildet, dass sie alle möglichen Situationen meistern konnten, vom Stoppen eines Einbrechers an Ort und Stelle bis zum Fortsetzen der Verfolgung, obwohl sie mit einer Waffe bedroht wurden.

DIE ERSTEN POLIZEIHUNDE

SEIT ETWA 100 Jahren werden in Deutschland Hunde im Dienste der Polizei genutzt. Zunächst bezeichnete man sie als Kriminalhunde oder Fährtenhunde, später als Schutzhunde und in ihrer spezifischen Anwendung als Spürhunde. Aufgrund ihrer artspezifischen Fähigkeiten werden Hunde immer noch erfolgreich im Rahmen der präventiven und repressiven Kriminalitätsbekämpfung eingesetzt. In Deutschland erreichten neun Rassen die Anerkennung als Polizeihund: Airdale Terrier, Bouvier des Flandres, Deutscher Boxer, Deutscher Schäferhund, Dobermann, Hovawart, Malinoi, Riesenschnautzer und Rottweiler.

Die deutsche Polizei bevorzugte zunächst Hunde, die angreifen konnten, denn die deutschen Gesetze gingen damals noch nicht von der Unschuldsvermutung bis zum Beweis der Schuld aus, wie dies in anderen Ländern wie z. B. Großbritannien der Fall war und ist.

Heute setzt man Hunde ein, die höchst wachsam, klug und souverän, aber zugleich in der Lage sind, ihre Hundeführer zu unterstützen. Und sie dürfen kein ungestümes Wesen haben.

In Großbritannien waren Hunde gut einsetzbar, um an schmalen Landstraßen und in Vorstadtvierteln zu patrouillieren und nach Einbrechern und Gelegenheitsdieben Ausschau zu halten. Diese Hunde brauchten keine aufwändige Ausbildung und es war lediglich eine natürliche Begabung zum Arbeiten erforderlich.

AUSBILDUNG EINES POLIZEIHUNDES

ES GAB EINEN gewissen Unterschied in der Ausbildung für Hunde, die in einer Stadt arbeiten sollten, gegenüber denen, die für ländliche Gebiete vorgesehen waren. In Städten wurden sie eingesetzt, um nachts öffentliche Parks zu räumen sowie die Polizisten auf etwas Verdächtiges aufmerksam zu machen, z. B. Diebe hinter den geschlossenen Fensterläden eines Juweliergeschäfts oder verdächtige Personen, die auf der Straße herumlungerten. Diese Hunde waren so ausgebildet, dass sie vor dem Hundeführer bis zur nächsten Abbiegung liefen und zu ihm zurückkehrten, sobald sie etwas zu melden hatten. Zudem hatten sie Apportieren gelernt, auch potenziell gefährliche Gegenstände, wie Schusswaffen, Dolche, Messer und Glasobjekte. Das entsprechende Training war ein Schritt in Richtung Unterscheidungsübungen, zu denen es gehört, dass der Hund bestimmte Gegenstände heraussucht, die einer bestimmten Person gehören.

Im Rahmen der Ausbildung mussten die Hunde viele Fertigkeiten lernen, wie z. B. auf höher gelegene Flächen zu klettern, damit sie Tore überwinden konnten. Auch die Spurarbeit oder das Verfolgen einer Spur gehörten dazu. Dafür wurde einem Hund beigebracht, bestimmten Fährten zu folgen, etwa der Fährte eines Fußabdrucks oder eines Kleidungsstücks.

Dann gab es die Ausbildung für die Arbeit am Mann, bei der einem Hund beigebracht wurde, eine gestellte Person niemals zu beißen, sie aber festzuhalten und an der Flucht zu hindern.

Für eine vollständige Ausbildung war ein Jahr intensiver und höchst spezialisierter Arbeit erforderlich. Hunde, die nur den Gehorsamsteil durchlaufen sollten, waren meist nach drei Monaten fertig. Verschiedene Ausbildungsvereine wurden gegründet, die die Gehorsamsausbildung übernahmen. An den entsprechenden Lehrgängen nahmen häufig Amateure teil, die ihre eigenen Hunde nur aus persönlichem Interesse oder für private Zwecke ausbilden wollten. Allerdings wurde bei diesen Vereinen darauf geachtet, dass Amateure keine Kurse belegten, die über den Gehorsam und die Spurarbeit hinausgingen. Es wäre nicht klug gewesen, einen Hund voll auszubilden, wenn er nicht in Wettbewerben für Polizeihunde eingesetzt werden sollte, sodass er ständig in Übung blieb.

Mit der Zeit wurden Hunde, die bei der Polizei arbeiten, ein vertrauterer Anblick, und sie genießen heute große Anerkennung.

Viele der Fähigkeiten, die den Hunden in den frühen Jahren des 20. Jahrhunderts beigebracht wurden, sind an die heutigen Verhältnisse angepasst worden. Die Einsatzmöglichkeiten sind vielfältiger geworden, und selbstverständlich arbeiten Hunde auch im Schutzdienst und als Rettungshunde, denn all dies fällt in den Bereich der Polizeiarbeit und zugeordneter Dienste.

Oben und unten
Zur Ausbildung kann es gehören, eine verdächtige Person anzugreifen, ohne sie zu verletzen, und nicht vor Feuer zurückzuschrecken. Die Ausbildung ist intensiv und dauert sehr lange.

Hütehunde

HUNDE SIND SCHON lange Helfer von Viehtreibern und Schäfern, überlebt haben aber nur diejenigen, die den physischen Anforderungen gewachsen waren. Sie mussten an ein raues Klima angepasst sein, und daher war ein Fell nötig, das Nässe und Kälte widerstehen konnte. Die Autorin bereist regelmäßig Regionen des Himalaja, wo sie immer wieder die Art bewundert, in der Hunde dort Schafe und Ziegen aus großer Höhe auf niedriger gelegenes Weideland bringen.

Unten
Schäfer auf der ganzen Welt setzen Hunde als Helfer zur Betreuung ihrer Herden ein. Diese Hunde sind ausnahmslos robust und intelligent.

DIE GESCHICHTE DER HÜTEHUNDE

IN BELGIEN wurden mit großem Erfolg Schäfereien betrieben, und es gab viele Arten von Hunden, die dort eingesetzt wurden. Alle hatten Stehohren und vermittelten, nach Aussagen früher Autoren, in ihrem allgemeinen Aussehen einen leicht wolfsähnlichen Eindruck. Man glaubte, dass Wölfe an Würfen von Hündinnen beteiligt waren, die Schafe auf abgelegenen Weiden hüteten. Obwohl die Schäferhunde in Holland ihren belgischen Verwandten sehr ähnelten, standen sie in dem Ruf, weniger sorgfältig gezüchtet worden zu sein. Auch sie wurden nach dem Fell in Arten unterteilt, wobei einige Hängeohren hatten.

In Deutschland waren die besten Hirten- und Hütehunde diejenigen, die noch Wolfeinschläge hatten. Diese Hunde wurden mit extremer Sorgfalt gezüchtet, nicht nur für die Arbeit an Schafen, sondern auch für Wettbewerbe auf Ausstellungen. Viele Schäferhunde in Deutschland hatten einen etwas spitzähnlichen Typ. Dieses Kennzeichen war wesentlich ausgeprägter bei den Schäferhunden in Dänemark, Norwegen und Schweden, wo man tatsächlich Schäferhunde kaum von anderen Rassen, wie z. B. Elchhund und Samojede, unterscheiden konnte.

Die größten aller europäischen Hirtenhunde, mit einer Widerristhöhe von bis zu 79 cm, waren in Russland anzutreffen.

Rechts
Ein ungarischer Schäfer mit seinen Hunden in den 1930er-Jahren – die Hunde mussten in der Lage sein, raue Umstände und ein extremes Klima zu ertragen.

Schäfer, nicht nur Wettbewerbe zur Unterhaltung.

Der Old English Sheepdog wurde hauptsächlich als großer Treib- und Hütehund gezüchtet, der sowohl zäh als auch folgsam ist. Der Old English Sheepdog ist größer als die anderen Schäferhundrassen Großbritanniens, kann aber trotzdem große Distanzen überwinden und das Gebiet mit häufigen leichten Wendungen erforschen. Heutzutage ist diese Rasse allerdings eher bei Ausstellungen oder auch als Familienhund anzutreffen.

Auf der ganzen Welt gibt es viele unterschiedliche Rassen, die als Hütehunde eingesetzt werden. In diesem Abschnitt können nicht alle erwähnt werden, sie sind aber zusammen mit ihren artverwandten Rassen im Rasseteil dieses Buchs zu finden (siehe Seite 222–237). Der Welsh Corgi Pembroke und der Welsh Corgi Cardigan werden häufig von denen, die diese Rassen nicht so gut kennen, als Hütehunde übersehen. Diese lang gestreckten niedrigen Hunde sind robust und flink und haben sich in Wales seit Jahren zum Treiben von Rindern hervorragend bewährt. Sie zwicken die Rinder in die Hinterläufe, damit sie in Bewegung bleiben.

WISSENSWERTES

Der Australische Treibhund (Australian Cattle Dog) arbeitet auf ähnliche Weise wie ein Corgi. Diese Rasse wird manchmal auch als Queensland Heeler bezeichnet.

Links
Hütewettbewerbe sind zwar eine populäre Art der Unterhaltung, sie sind aber zuallererst Tests für die praktische Arbeit des Schäfers und seiner Hunde.

Unten
Ein Australischer Kelpie, der über Schafe springt, um zu den Schafen zu gelangen, die der Schäfer von der Herde getrennt haben möchte

Das waren die Kaukasischen Owtscharkas, die entsprechend ihrer Größe kräftig waren, denn sie mussten Herden gegen reißende Wölfe schützen.

DIE TRADITION DER SCHÄFERHUNDE IN GROSSBRITANNIEN

IN GROSSBRITANNIEN sind die Schäferhunde in der Regel kleiner und weniger aggressiv als Hunde, die im übrigen Europa ähnliche Aufgaben erfüllen. Das liegt wahrscheinlich daran, dass sie sich nicht gegen Wölfe oder andere ähnlich gefährliche Raubtiere behaupten mussten. Bei einzelnen Rassen hat es ziemlich lange gedauert, bis sie gezüchtet waren, denn es wurden eine Reihe von Hunden gekreuzt und verpaart, um den für die entsprechende Aufgabe besten Hund zu erhalten. Ästhetische Gründe spielten dabei keine Rolle.

Der Border Collie ist in Großbritannien gegenwärtig der bekannteste Schäferhund. Auch er braucht, wie alle Rassen, die mit Vieh arbeiten, eine konsequente und sorgfältige Ausbildung. Den Hunden muss viel Arbeit gegeben werden, damit sie beschäftigt bleiben, denn gelangweilte Hunde können zu Schafjägern werden.

Hütewettbewerbe sind seit ihrer Einführung im Jahr 1873 immer populärer geworden. Diese Wettbewerbe sind Tests für die praktische Arbeit der Hunde und der

AUSTRALISCHE KELPIES

IN AUSTRALIEN, wo es riesige Schafherden gibt, wurde der Kelpie gezüchtet. Vom Aussehen her ähnelt er einer Kreuzung zwischen Collie und Dingo. Wahrscheinlicher ist aber, dass er von aus Schottland importierten Hunden abstammt. Diese Rasse war schon immer für ihre große Intelligenz berühmt, und ein solcher Hund soll sich, wenn er jemals von der Arbeit entfernt wird, angeblich Sorgen machen und daran sterben. Mit einem guten Kelpie konnte ein Viehhalter Schafe zusammentreiben, die auf Tausenden Morgen Land verteilt waren. Mit einer solchen Aufgabe wären vier oder fünf Männer eine Woche oder länger beschäftigt gewesen.

Jagdhunde

VOR DER VERÖFFENTLICHUNG von Scotts *Antiquary* im Jahre 1816 beschäftigten sich nur wenige Bücher mit dem Thema Jagd, aber ein Autor schrieb 1789, es gebe nur drei Hunderassen, die Befehlen gehorchen und als Jagdhunde ausgebildet werden könnten: der glatthaarige Pointer, der Spaniel und der drahthaarige Pointer, der als ein Hund mit langen, gelockten Haaren geschildert wurde und Anteile vom Wasserhund und vom Spaniel haben sollte.

Oben rechts und unten *Hunde sind unverzichtbar bei der Jagd, denn sie werden zum Suchen, Vorstehen und Apportieren gebraucht. Apportieren ist besonders wichtig, wenn in der Nähe von Wasser oder in dichtem Unterholz gejagt wird.*

KEINE GENAUE DIFFERENZIERUNG

ES MAG MÖGLICHERWEISE manchen heutigen Leser überraschen, aber tatsächlich hat es lange gedauert, bis Jagdhunde in spezielle Rassen unterteilt wurden. Das lag teilweise daran, dass die verwendeten Namen häufig uneinheitlich waren, und es kam hinzu, dass Hunde für einen bestimmten Zweck und auf die Verstärkung ihrer Fähigkeiten hin gezüchtet wurden und nicht dazu, dem Standard einer Rasse mit einem bestimmten Namen zu entsprechen. Heutzutage werden die Namen glücklicherweise exakter verwendet als früher, aber noch Anfang des 19. Jahrhunderts wurden Pointer, Setter und Retriever als Spaniels bezeichnet.

DIE GESCHICHTE DER JAGDHUNDE

DIE GESCHICHTE DER JAGDHUNDE ist eng verknüpft mit den Veränderungen bei den Jagdmethoden. Im frühen Mittelalter gab es zunächst laut jagende Hunde, die das Wild aufspüren und aufsprengen mussten, sodass es von Falken oder anderen Greifvögeln geschlagen werden konnte. Mit dem Aufkommen der Netzjagden wurde es nötig, dass die Hunde das Wild zwar aufspürten, dann aber regungslos in einer Stellung verharrten, die den Jägern anzeigte, wo die Beute sich befand. Schließlich wurde über Hund und Vogel das Netz gezogen.

Mit der Entwicklung von Schusswaffen vermehrten sich die Anforderungen an die Hunde. Die Hunde mussten nicht nur das angeschossene Wild finden und apportieren, sondern auch noch gute Nerven haben.

Die Modernisierung der Landwirtschaft brachte wiederum andere Anforderungen an die Hunde mit sich. Wurden früher die Felder mit Sensen abgemäht, gingen nun Getreidemäher über die Felder. Statt gelegter und gebundener Halme hinterließen sie nur noch zentimeterhohe Stoppel. Die Vögel verkrochen sich im Dickicht und gerieten außer Sichtweite, sodass es nötig wurde, Hunde zum Aufspüren und Treiben der Beute im Dickicht zu verwenden. Bis dahin brauchten die Hunde das gelegte Wild nur aufzunehmen.

DER RETRIEVER

DER RETRIEVER GALT als „der König aller Sporthunde … ohne die Schwere des Pointers oder die unterwürfige

Vergötterung für seinen Herrn, die der Setter oder Spaniel zeigt." Die Aufmerksamkeit und Klugheit eines gut ausgebildeten Retrievers ließ ihn selten im Stich, dennoch war es schwierig, genau zu definieren, was ein Retriever sein sollte: „...ohne Zweifel eine moderne Erfindung, deren Notwendigkeit sich aus der Zunahme von Wild, aus dessen Wildheit, die dazu führt, dass es häufiger verwundet wird, und aus der Dekadenz (wegen ihrer relativen Nutzlosigkeit beim Jagen heutzutage) der Pointer und Setter ergab." Pointer kamen zu der Zeit sicherlich aus der Mode, aber es gab immer noch Menschen, die die Schönheit des Körpers und der Haltung eines arbeitenden Pointers bewunderten: „... das Feld heraufkommend mit dem Wind zu ihrem Vorteil beim Erreichen der Mitte, nach dem Anhalten in eine Staubwolke gehüllt und wie eine Statue stehend, eine Haltung wie ein Bühnentänzer einnehmend, wobei ihre Pfoten kaum die Erde berührten, am ganzen Körper bebend." In der Tat ist es einer der schönsten Anblicke im Moor oder auf dem Feld, Pointer unter einem guten Hundeführer beim Durchstreifen des Geländes zu beobachten.

DER SETTER

DER NAME SETTER war ein anderes altes englisches Wort für Sitter (hier als Vorsteher zu übersetzen). Solche Hunde wurden häufig auch als Spaniels bezeichnet. Sie wurden allgemein in zwei Größen unterteilt: die kleineren Hunde hatten das Wild aufzustöbern und zu treiben, die größeren Hunde mussten sitzen, während das Netz über die Kette der Rebhühner geworfen wurde.

JAGDHUNDE BEI DER ARBEIT

AUCH HEUTE NOCH sind Jagdhunde und ihre Arbeit von einem gewissen Geheimnis umgeben. Es gibt nach wie vor Jagden alten Stils, die als gesellschaftliches Ereignis betrieben werden, aber viele kleine Bauern und Landarbeiter haben ebenfalls Jagdhunde und setzen diese zur Jagd mit dem Gewehr ein, wenn auch in weniger grandiosem Stil. Beim Jagen mit dem Gewehr gibt es drei Phasen: Entdecken der Beute und dem Jäger deren Position anzeigen, Hinaustreiben des Wildes und schließlich Apportieren des geschossenen Wildes. Obwohl es mittlerweile Rassen gibt, die jagen, vorstehen und apportieren, werden Pointer und Setter, die als stille Hunde das Wild nicht beunruhigen, üblicherweise in der ersten Phase eingesetzt, meist auf offenem Feld, denn würden die Hunde das Wild hinaustreiben, könnte es den Schussbereich der Gewehre verlassen.

Robustere Hunde mit kleinerer Widerristhöhe sind erforderlich, um Wild in dichtem Unterholz zu jagen. Diese Aufgabe wird meist Spaniels zugedacht, sie wird aber auch von vielen anderen Rassen ausgeführt, unter denen sich Retriever, Deutsche Vorstehhunde, Weimaraner und Vizslas befinden. Spaniels und andere Jagdhunde apportieren zwar auch, das ist aber traditionell die Domäne der Retrieverrassen, die diese Arbeit sehr geschickt, schnell, genau und besonnen ausführen.

WISSENSWERTES

Von Jagdhunden ist bekannt, dass sie ihre Fähigkeiten von ihren Eltern erben. Daher haben Welpen aus einem Zwinger mit gut arbeitenden Hunden einen Vorsprung vor anderen.

Ganz oben
Ein Springer Spaniel, der einen Fasan apportiert. Ein solcher Hund muss einen weichen Fang haben, damit der Vogel nicht beschädigt wird.

Oben links
Der English Setter wird in Großbritannien trotz seiner hervorragenden Fähigkeiten bei der Fährtensuche nicht mehr als Jagdhund eingesetzt.

Oben rechts
Der Gordon Setter ist der einzige rein schottische Jagdhund. Er ist besonders gut beim Jagen von Wildvögeln.

Hundemeuten

UNABHÄNGIG DAVON, ob man der Jagd mit Hundemeuten zustimmt oder nicht, kann es keinen Zweifel daran geben, dass sie Teil der Geschichte des Hundes ist. Ihn in einer umfassenden Darstellung wie dieser auszulassen, wäre daher falsch. Bei der „Hound Show" in Großbritannien dürfen sich Hunde aus verschiedenen Meuten vermischen, und keiner zeigt irgendwelche Feindseligkeit, selbst wenn das Publikum aufgefordert wird, sich für ein freundliches Wort zu den Hunden zu gesellen.

HIRSCHJAGD MIT HUNDEN

JAGEN WAR DER SPORT des Adels und das Jagen von Hirschen war besonders mit Erinnerungen an mittelalterliche Höfe verknüpft. In vielen französischen Wäldern wurde es als Frevel angesehen, einen Hirsch anders zu töten als mit Laufhunden. Französische Laufhunde wurden deshalb speziell für diesen Jagdsport gezüchtet. Die Hirschgebiete waren auf die Wälder des Nordens und Nordostens von Frankreich und bestimmte Teile von Burgund beschränkt.

FRANZÖSISCHE UND DEUTSCHE LAUFHUNDRASSEN

ES GIBT SEHR VIELE französische Laufhundrassen. Einige waren groß, wie z. B. der Normannische Hund (Grand Chien normand), der während der Herrschaft von Ludwig XIV. ins Land kam, während andere ziemlich klein sind. Einige Rassen haben ein rauhaariges Fell, andere ein glattes – die Vielfalt ist enorm. Jede Rasse erfüllte eine spezielle Aufgabe.

In Deutschland wurde in der Umgebung von Hannover der Hannover'sche Schweißhund eingesetzt, um verwundetes Hirschwild zu verfolgen. Es gibt wunderbare Geschichten über die Fährtenleistungen dieser Rasse. Wegen ihrer muskulösen Läufe, ihres elastischen Gangs und ihres schwungvollen Ausdrucks galten die besten Hunde der Rasse als hervorragende Vertreter der Laufhunde des europäischen Festlands.

RUSSISCHE LAUFHUNDE

IN RUSSLAND hielten der Zar und die Großfürsten riesige Meuten russischer Laufhunde, die so genannten Gontschagaja Sobaka, eine exklusive und aristokratische Rasse. Es wurde behauptet, dass diese Hunde von weitem Wölfen ähnlich sehen würden, wobei ihre Hinterläufe viel kürzer als ihre Vorderläufe waren. Das ist allerdings auf alten Bildern dieser Rasse nicht immer zu erkennen. Auch der Kopf wurde als wolfs-

__Oben__
Die Hirschjagd mit Hunden ist seit Jahrhunderten populär, wie diese aus dem 15. Jahrhundert stammende Darstellung einer Jagd zeigt.

__Rechts__
Eine typische Jagdszene aus dem 19. Jahrhundert: Reiter, Pferde und Hunde erfrischen sich.

Links
Der Otterhund wurde, wie sein Name schon vermuten lässt, ursprünglich zum Jagen von Ottern eingesetzt. Seine dicke isolierende Unterwolle bewirkt, dass er unempfindlich gegen kaltes Wasser ist. Heutzutage wird er mehr für allgemeine Jagden im Freien verwendet.

WISSENSWERTES
Die bekanntesten Meuten französischer Hirschhunde waren in der Umgebung von Paris anzutreffen, so z. B. in den Wäldern von Rambouillet, Chantilly und Fontainebleau.

ähnlich beschrieben, breit zwischen den Ohren und sich zu einem schmalen Fang verjüngend.

Ein anderer russischer Hund, massiger als der zuvor genannte, war der Medelan oder Bärenhund. Bären wurden nicht nur in Russland, sondern auch in Norwegen gejagt, wobei ihre Anzahl in der zweiten Hälfte des 19. Jahrhunderts in den skandinavischen Wäldern stark zurückging. Dessen ungeachtet gab es nach wie vor den Norwegischen Bärenhund als gut ausgebildeten und intelligenten Jäger, der hervorragende Fährtensuchfähigkeiten hatte.

BRITISCHE LAUFHUNDE

IN GROSSBRITANNIEN bekannter als anderswo, obgleich mittlerweile durch Rückgang bedroht, sind Foxhound-Meuten, für die eine genau begrenzte Jagdzeit einzuhalten ist. Die Foxhounds wurden wahrscheinlich von den Normannen aus Frankreich eingeführt und zu jener Zeit für die Hirschjagd eingesetzt. Während einer Jagdzeit wurde früher zwei- oder dreimal pro Woche mit einer Meute gejagt, wobei jedes Mal 15 bis 20 Paare aus der ganzen Meute ausgewählt wurden.

Oben
Jede lokale Jagdgesellschaft hatte eine große Meute Foxhounds. Für jede Jagd wurden etwa 15 bis 20 Paare ausgewählt.

Links
Der Otterhund ist kein guter Familienhund, denn sobald er eine Fährte entdeckt hat, ist er nicht mehr ansprechbar und gehorcht keinem Befehl mehr.

Der Beagle wird in Großbritannien und Europa nach wie vor eingesetzt, um Hasen zu verfolgen, während er in den USA zur Verfolgung von Kaninchen gebraucht wird. Mit Ausnahme von Perioden des 17. und 18. Jahrhunderts, wo die Fuchsjagd bevorzugt wurde, ist die Jagd mit Beagles seit Jahrhunderten populär.

Es gibt außerdem noch beeindruckende Otterhund-Meuten, die für ihre besonderen Fährtensuchfähigkeiten und ihre „Musik" berühmt sind.

Hunde-ausstellungen

VERANSTALTUNGEN MIT HUNDEN oder solche, in denen Hunde als zusätzliche Attraktion gezeigt wurden, gibt es schon seit Tausenden von Jahren. Aber erst seit dem 18. Jahrhundert werden Wettbewerbe abgehalten, die den heutigen Hundeausstellungen ungefähr gleichkommen.

SO FING ALLES AN

DIE ERSTE Jagdhundeausstellung fand im Sommer 1776 statt. Eigentlich war sie nur ein Zusammentreffen der Fuchsjäger außerhalb der Saison. Ende des 18. Jahrhunderts gab es auch auf einigen Landwirtschaftsausstellungen spezielle Abteilungen für Hunde, die zu dieser Zeit auch in der Stadt immer beliebter wurden. Schätzungen zufolge wurden damals in einem Viertel aller Haushalte Hunde gehalten. Gegen die z. T. äußerst brutalen Wettbewerbe, die man mit den Tieren abhielt, wurden allerdings kritische Stimmen laut.

Im Jahr 1834 zeigte sich erstmals die vornehme Seite des Hundesports: Bei einer Ausstellung der „9 Pfund schweren Spaniels" wurde als Preis ein silbernes Sahnekännchen vergeben. Die Veranstaltung fand in einem Wirtshaus statt – genau wie zuvor die Hundekämpfe. Die Art des Wettbewerbs hatte sich geändert, nicht aber der Austragungsort.

Hundeclubs wurden gegründet, die gelegentlich vorschrieben, dass jeder Besucher einer Ausstellung einen Hund mitzuführen habe, sei es nun zur Bewertung oder zum Verkauf. Um eine „gute Show" bieten zu können, sollten immer reichlich Tiere präsent sein. Die Teilnehmer waren ausnahmslos Männer, die jedoch mittlerweile aus unterschiedlichen Gesellschaftsschichten stammten.

Rechts
Die ersten Hundeausstellungen fanden in Gasthäusern statt und wurden ausschließlich von Männern besucht.

Unten
Im Jahre 1862 waren Hundeausstellungen so beliebt, dass man bei der Islington Show schon 803 Hunde besichtigen konnte.

HUNDEAUSSTELLUNGEN WERDEN IMMER POPULÄRER

HUNDEWETTBEWERBE wurden in Wirtshäusern auf dem Land und in der Stadt abgehalten, doch bis zum Ausbau des Schienennetzes war es nur wenigen Interessierten möglich, diese Veranstaltungen zu besuchen.

Eine der berühmtesten frühen Hundeausstellungen, die oft zu Unrecht als die erste bezeichnet wird, fand im Englischen Newcastle-upon-Tyne im „New Corn Exchange" am 28. und 29. Juni 1859 statt. Einer der Richter war sogar aus dem weit entfernten London angereist! Die Hunde wurden im Rahmen einer großen Geflügelausstellung gezeigt; deshalb bewertete man auch nur Pointer und Setter, obwohl auch andere Rassen präsentiert wurden. Die Hunde waren zum Schutz der Besucher angekettet und durch Barrieren abgetrennt, und die Organisation der Show wurde sehr gelobt. 26 Vorstehhunde und 36 Setter bewarben sich um den ersten Preis: eine der berühmten doppelläufigen „Pape"-Schrotflinten, die damals 15 bis 20 Pfund wert war. Bei diesem wichtigen Wettbewerb kamen die Teilnehmer schon aus der gesamten Region.

Einer der Richter war J. H. Walsh, Herausgeber der Zeitschrift *The Field*. Er war auch Mitorganisator der nächsten Hundeausstellung, die noch im selben Jahr in Birmingham ausgerichtet wurde. Die Stadt war eine Hochburg der Hundehalter, und so gründete man nach der Ausstellung die Birmingham Dog Show Society. Die Liebe zum Hund war in Birmingham so groß, dass im Jahr 1902 der Rekord von 43 regelmäßig abgehaltenen Wettbewerben in ebenso vielen Jahren unter den Briten Zweifel daran aufkommen ließ, ob irgend eine andere Stadt wohl ebenso hundefreundlich sein könnte.

DIE DAMEN EROBERN DIE HUNDEAUSSTELLUNGEN

IM 19. JAHRHUNDERT stieg die Zahl der ausgestellten Hunde stark an. 1862 wurden in Islington 803 Tiere gezeigt, und im selben Jahr waren erstmalig zwei Damen unter den Gewinnern. Der Fortschritt machte also auch vor den Hundeausstellungen nicht Halt. Der Durchbruch für die Damen kam 1867, als die Princess of Wales (die spätere Königin Alexandra) einen Hund bei einem Wettbewerb vorstellte. Obwohl der Mastiff der Prinzessin nur den zweiten Platz belegte, wurde er als der „beste jemals ausgestellte" bewertet. Man begann, von den Damen Notiz zu nehmen, und es dauerte nur drei Jahre, bis ein Preis für den besten von einer Frau vorgestellten Hund ausgeschrieben wurde.

GROSSBRITANNIENS „ERSTE GROSSE INTERNATIONALE HUNDEAUSSTELLUNG"

IM JAHR 1863 meldeten sich bei der „Ersten großen internationalen Hundeausstellung" Großbritanniens 1678 Teilnehmer an. In der Halle selbst sollen sich sogar fast 2000 Hunde befunden haben. Im selben Jahr gab es in Chelsea einen Wettbewerb in kleinerem Rahmen, dessen Organisator später vernichtend kritisiert wurde: „Er wurde erdrückt von der Schwierigkeit der übernommenen Aufgabe" – hatte er doch angenommen, dass man den Zuschauern einfach einige Hunde präsentieren könnte, ohne sich um wichtige Details zu kümmern. So gab es kein Wasser für die ausgestellten Tiere, die zudem unter der schrecklichen Enge litten. Ein offener Drahtzaun diente als einzige Absperrung zwischen den Hunden, von denen 1214 in einer Halle untergebracht waren, die nur für 600 Platz bot.

Klein- und Schoßhunde stellte man in einem neuen Flügel aus, dessen Glasdach den Raum entweder zu heiß oder zu kalt werden ließ. Am ersten Ausstellungstag soll es so warm gewesen sein, dass die ohne Wasser angebundenen Hunde an Dehydrierungserscheinungen litten.

Oben
Mitte des 19. Jahrhunderts begannen auch einige Frauen, ihre Hunde auszustellen.

Oben links
Mit steigender Beliebtheit der Hundeausstellungen wurde die Ausrichtung der Veranstaltungen besser. Für die Hunde gab es bereits Ausstellungsboxen.

Links und unten
Erst nach Gründung des Kennel Clubs im Jahr 1873 fanden ordentlich organisierte Zuchtschauen für die einzelnen Rassen statt.

Kennel Club und Cruft's Dog Show

FÜR DIE ZUSCHAUER war es fast unmöglich, die im Katalog aufgeführten Hunde zu finden – oft genug waren sie einfach nicht anwesend. Darüber hinaus tummelten sich auf den Ausstellungen auch noch fremde Hunde ohne jede Kennzeichnung. Nur die Richter waren in der Lage, anhand eines Schildchens am Halsband den jeweiligen Hund seinem Besitzer zuzuordnen.

Oben
Zu Beginn des 20. Jahrhunderts waren weibliche Aussteller nicht mehr ungewöhnlich.

DIE GRÜNDUNG DES KENNEL CLUBS

UM 1860 WAR die Qualität der ausgestellten Hunde bereits sehr hoch. Einige Jahre später hatte man jedoch erkannt, dass die Veranstaltungen selbst oft nicht sehr sinnvoll organisiert waren. Einige kleinere Clubs bemühten sich um Verbesserungen, scheiterten jedoch an der Unvereinbarkeit der Ansichten und am Geldmangel. Mr. Shirley, Organisator verschiedener Shows und selbst Aussteller seit dem Jahre 1870, sah das Problem und setzte es sich zum Ziel, eine ständige Einrichtung für diese Veranstaltungen zu schaffen. 1873 gründete er zusammen mit einer kleinen Gruppe Interessierter in einer Dreizimmerwohnung den Kennel Club und organisierte dessen erste Ausstellung, die im selben Jahr mit 975 Teilnehmern im Crystal Palace in London stattfand.

Rechts
Im Jahr 1874 veröffentlichte der Kennel Club sein erstes Zuchtbuch mit 40 verschiedenen Rassen.

DIE ANFÄNGE DES KENNEL CLUBS

DIE ERSTE GENERALVERSAMMLUNG des Kennel Clubs wurde im Dezember 1874 im Great Western Hotel in Birmingham abgehalten. Noch im selben Jahr gab der Verein sein erstes Zuchtbuch mit den Stammbäumen von 4027 Hunden aus 40 verschiedenen Rassen heraus. Der noch junge Kennel Club hatte keine Angst vor Reformen: 1880 erließ er eine Vorschrift, dass bei seinen Veranstaltungen nur beim Kennel Club registrierte Hunde zugelassen waren – eine Regel, die von vielen Hundebesitzern begrüßt wurde. Auf diese Art übertrug sich der Kennel Club sozusagen selbst die Führung für alle Zuchtschauen; er setzte sogar Gebühren für Ausstellungshunde fest. Seit der Gründung dieser Organisation hält Großbritannien die Vormachtstellung in der Welt der Hundeausstellungen.

Natürlich gab es auch Kritik, besonders von der einflussreichen Birmingham Dog Show Society. Ab dem Jahr 1885 wurden nach heftigen Diskussionen auch zwei Mitglieder dieser Gesellschaft in das Komitee des Kennel Clubs aufgenommen.

Es war der Kennel Club, der das Ausstellen von Hunden als Sport populär machte und diese Veranstaltungen von den Bars und Gasthöfen an vornehmere Austragungsorte wie den Crystal Palace, die Ranelagh Gardens und den Botanischen Garten in London verlegte. Der Club stellte

Stammbäume aus und ermöglichte es den Besitzern, ihre Tiere offiziell eintragen zu lassen. Auch als Schiedsgericht wurde er im Fall von Streitigkeiten angerufen.

Heute steht der Kennel Club in dem ehrenvollen Ruf, für die Hundewelt das Gleiche geleistet zu haben wie seinerzeit der Jockey Club für die Vollblutrennen.

DIE TEILNEHMER

ERST GEGEN ENDE DES 19. Jahrhunderts und durch die Arbeit des Kennel Clubs erlangten Hundeausstellungen und ihre Teilnehmer ein gewisses Ansehen. Zuvor wurden Hundeliebhaber eher mit einer gewissen Skepsis und als sozial minderwertig betrachtet. Im Laufe der Jahrzehnte nahmen jedoch immer mehr Angehörige der Highsociety an diesen Veranstaltungen teil – sogar Königin Victoria stellte Hunde aus. Der Prince of Wales, der später als König Eduard VII. regierte, züchtete selbst Hunde und präsentierte sie auch gelegentlich. Er wurde 1875 Schirmherr des Kennel Clubs. Seine Gemahlin, die spätere Königin Alexandra, hielt Barsois, Bassetts, Chow-Chows, Skye Terrier, Japan Chins und Möpse, und das Paar besuchte Hundeausstellungen nicht nur in offizieller Funktion, sondern weil beide gern gute Hunde sahen.

Auch die persönliche Schirmherrschaft der Herzogin von Newcastle machte das Ausstellen von Hunden gesellschaftsfähig. Die Gräfin von Aberdeen, die den Skye Terrier besonders schätzte, hatte das Patronat über die Ladies Kennel Association inne. Auf Hundeausstellungen fanden sich in der Tat alle Gesellschaftsschichten, und Richter hatten oft die Qual der Wahl zwischen Hunden berühmter Züchter und solchen, die von Haltern aus der Arbeiterklasse vorgeführt wurden. Es ist allerdings anzunehmen, dass für Besitzer aus höheren Gesellschaftsschichten auch Ausnahmen gemacht wurden. Als Königin

Victoria z. B. drei Pommersche Spitze eines Farbschlags auszustellen wünschte, der in England gewöhnlich nicht bewertet wurde, richtete man eine eigene Klasse für diese Hunde ein und setzte zwei der Tiere gemeinsam auf den ersten Platz.

Heute sind Zuchtschauen wesentlich demokratischer, obwohl auch die Mitglieder des englischen Königshauses immer noch regelmäßig die Cruft's Dog Show besuchen; übrigens tauschen sie – sozusagen von Züchter zu Züchter – Erfahrungen mit Ausstellern und Richtern aus.

Oben
Hundeausstellungen waren nicht mehr nur Veranstaltungen für die Arbeiterklasse. Sogar Mitglieder des Königshauses nahmen daran teil.

Unten
Ein Richter begutachtet die Deerhounds.

SO KAM CRUFT „AUF DEN HUND“

IM ALTER VON 14 JAHREN wandte sich Charles Cruft gelangweilt von seinen akademischen Studien ab. Auch in das Juweliergeschäft seines Vaters wollte er nicht eintreten. So bewarb er sich beim Hundekuchenhersteller James Spratt, wurde Assistent in dessen Geschäft und stieg zu einem der ersten Handelsreisenden in der Branche auf. Der Beruf brachte ihn in Kontakt mit britischen und ausländischen Hundebesitzern. Als rechte Hand von James Spratt knüpfte er Verbindungen zu Jagdrevierinhabern und Wildhütern. Bald wurde er zum Direktor der Abteilung für Hundeausstellungen des mittlerweile stark gewachsenen Unternehmens ernannt.

Oben
Charles Cruft erkannte, dass professionell organisierte Wettbewerbe auch besseres Zuchtmaterial hervorbringen würden.

Rechts
Cruft arbeitete eng mit dem Kennel Club zusammen. Sowohl auf der Cruft's Dog Show als auch auf den Veranstaltungen des Kennel Clubs stieg die Anzahl der Klassen wie auch die Zahl der Teilnehmer ständig.

DER WEG IN DIE SELBSTSTÄNDIGKEIT

CHARLES CRUFT hatte erkannt, dass professionell organisierte Zuchtschauen auch besseres Zuchtmaterial hervorbringen. Zudem sollten diese Veranstaltungen Hundebesitzer motivieren, sich reinrassige Hunde mit Stammbaum zu halten. Ihm war bewusst, dass das Ausstellungsmanagement dringend der Verbesserung bedurfte. Zu dieser Zeit war Cruft bei den Hundehaltern bereits so bekannt, dass man ihm die Organisation der Pariser Hundeausstellung übertrug. Seine Erfahrung mit Wettbewerben auf dem europäischen Festland kam ihm zugute, als auf seinen eigenen Ausstellungen später ausländische Hunde gezeigt und Richter aus dem Ausland verpflichtet werden konnten. Cruft verließ die Firma Spratt, brach aber aus Dankbarkeit den Kontakt niemals ab und blieb dem Unternehmen stets freundschaftlich verbunden. Häufig stellte Spratt auf den von Cruft organisierten Ausstellungen auch das Futter und die Boxen zur Verfügung.

CRUFTS ZUCHTSCHAUEN

IM JAHR 1886 meldete Cruft seine „Erste große Terrier-Ausstellung“ an, die in einem viktorianischen Varieté namens Royal Aquarium in Westminster abgehalten wurde. 600 Hunde, von denen die meisten beim Kennel Club registriert waren, wurden in den 57 ausgeschriebenen Klassen vorgestellt, und ausführliche Zeitungsartikel in der *Times* sorgten für reichlich Publikumsandrang.

Obwohl er auch Geschäftsführer zahlreicher anderer Zuchtschauen war, galt Crufts Hauptinteresse der Organisation einer weiteren Terrierausstellung in der St. Stephen's Hall in Westminster. Sir Humphrey Trafford, ein begeisterter Teilnehmer an diesen Veranstaltungen, wurde zum Präsidenten ernannt, und als Veterinär verpflichtete man den Tierarzt des Kennel Clubs. Ihren großen Erfolg verdankte die Veranstaltung vor allem der Tüchtigkeit und dem Fachwissen der Mitarbeiter. Obwohl bei dieser zweiten Terrierzuchtschau bereits 75 Klassen ausgeschrieben waren, blieb die Anzahl der Hunde unter der der ersten Ausstellung.

Charles Cruft war sich bewusst, dass die Qualität der Show allein nicht ausreichte. Auch der Transport der Tiere musste organisiert werden, und daher traf er sich regelmäßig mit Vertretern der Eisenbahnverwaltung. Die Bahn war seinerzeit nicht das beliebteste Transportmittel, aber sowohl die Londoner als auch die North Western Railway boten spezielle Arrangements für Hundebesitzer an, die zur Ausstellung fuhren. Bei der ersten der beiden Terrierschauen des Jahres 1888 trugen einige Hunde die falschen Schildchen, was zu großer Verwirrung und später zu einer Änderung im Nummerierungssystem führte.

Die letzte Terrierausstellung im Royal Aquarium im Jahr 1889 umfasste bereits 164 Klassen, und auch die Zahl der Teilnehmer stieg ständig. Die ausgeschriebenen Ehrenpreise wurden zahlreicher und wertvoller – der beste Dandie Dinmont Terrier erhielt einen Pokal im Wert von 50 Guineas. Zwei weitere Pokale hatten 25 Guineas pro

Stück gekostet. Jetzt kam „Cruft's" erst richtig in Fahrt: In den nächsten Jahren wurden mehr als 1500 Hunde gemeldet und Preise im Wert von fast £ 1500 vergeben. Offiziell lief die Veranstaltung immer noch als „Große Terrier-Ausstellung", aber allen Beteiligten war klar, dass es Crufts ganz persönliche Hundeausstellung war.

NOCH MEHR KLASSEN, IMMER WERTVOLLERE PREISE

DIE AUSGESCHRIEBENEN PREISE wurden immer großartiger; zur Zeit von Queen Anne erhielt der beste Yorkshire Terrier eine Hundehütte aus solidem Messing. Die Gewinner der Teamklassen wurden jeweils mit einer Goldmedaille bedacht. Obwohl Crufts Ausstellung einen guten Ruf hatte, wurden nach der Show im Jahr 1890 kritische Stimmen laut, die darauf hinwiesen, dass trotz der bemerkenswerten Anzahl der ausgestellten Hunde deren Qualität sehr zu wünschen übrig ließ. Tatsächlich hatte Cruft einige sehr seltsame Wettbewerbe ausgeschrieben, deren erstaunlichster wohl die Bewertung von „ausgestopften Hunden oder solchen aus Holz, Porzellan usw." war. In dieser ungewöhnlichen Klasse sah man u. a. zwei Möpse aus Terrakotta, die Marmorstatuette eines Toy Spaniels sowie zwei Vitrinen mit ausgestopften Hunden.

DAS EREIGNIS DES JAHRES FÜR DIE HUNDEWELT

IM JAHRE 1891 nannte sich die Veranstaltung „Cruft's größte Hundeausstellung"; sie war die erste ihrer Art, bei der alle Rassen gerichtet wurden. Es gab 2000 gemeldete Hunde und 2500 Auftritte. 20 Richter bewerteten in 12 verschiedenen Ringen. Besonderes Ansehen erhielt die Show durch die Teilnahme von Königin Victoria und Prinz Albert, die ebenfalls Hunde ausstellten.

Mit Ausnahme der Jahre 1918–1920 fand „Cruft's" bis 1939 jedes Jahr in der Royal Agricultural Hall in London statt. Ende des 19. Jahrhunderts war die Teilnehmerzahl schon auf über 3000 angestiegen, und die Ausstellung wurde häufig von Mitgliedern des englischen und anderer Königshäuser besucht. Prinz Konstantin von Oldenburg, Großfürst Nikolaus von Russland und sogar der russische Zar, der Barsois aus seinen eigenen Zwingern ausstellen ließ, waren einige der prominentesten Besucher.

Oben
„Cruft's größte Hundeausstellung" im Jahr 1891 war für alle Rassen offen und zog über 2000 Teilnehmer an.

Links
Crufts erste Hundeausstellungen waren nur für Terrier ausgeschrieben. Auch als weitere Rassen hinzukamen, galt sein Hauptinteresse dem Terrier.

Oben
Ab den 1930er-Jahren konnte man bei Cruft's auch Hundezubehör besichtigen.

Links
Eine Cruft's-Urkunde aus dem frühen 20. Jahrhundert für den stolzen Hundebesitzer

CRUFT'S IM 20. JAHRHUNDERT

IM 20. JAHRHUNDERT war die Organisation der Ausstellung fast perfekt – Charles Cruft wurde Geschäftsführer und Direktor. Bis zum Jahr 1930 änderte sich außer der Zulassung von Hunderassen aus der ganzen Welt wenig am Reglement. Um die Trophäen und die Sonderpreise konnten sich jedoch nur Mitglieder der Cruft's International Dog Show Society bewerben, die dafür die Gebühr von einer Guinea zu zahlen hatten.

CRUFT'S NACH DEM ERSTEN WELTKRIEG

DIE AUSSTELLUNGSHUNDE wurden kostenlos gefüttert und versorgt, und Hundezubehör gehörte nun zum ständigen Ausstellungssortiment – die Vorläufer der Verkaufsstände für Hundehütten, Körbe, Bekleidung und Pflegeartikel, die man heute bei Cruft's sieht.

Während der Kriegsjahre musste Cruft das Interesse des Publikums weiterhin aufrechterhalten und so arrangierte er im Jahr 1915 eine eigene Ausstellung für „vierbeinige Kriegshelden". Auch spezielle Armee- und Marineklassen waren ausgeschrieben, in denen man Hunde von Frontsoldaten vorführte. 1917 wurde die Ausstellung vorläufig beendet; ab dem Jahr 1921 konnten sich Hundeliebhaber jedoch wieder über erfreulich hohe Teilnehmerzahlen und über königliche Unterstützung freuen.

Im Jahr 1922 war der Papillon eine neue Attraktion der Show und auch der Afghane zog viele Schaulustige an. 1925 bekam Cruft eine Assistentin: Miss Hardingham, die 17 Jahre später – nach Charles Crufts Tod – auch seinen Platz als Geschäftsführerin der Cruft's International Dog Show Society einnahm.

DIE JUBILÄUMSAUSSTELLUNG

IM JAHR 1936 FEIERTE Cruft's das goldene Jubiläum. Die Zahl der Teilnehmer erreichte Schwindel erregende Höhen und mehr als 80 verschiedene Rassen wurden angemeldet. Man bemühte sich vor allem um ausländische Rassen und um Richter, die nicht aus Großbritannien stammten. Die Jubiläumsshow hielt den Rekord mit 10650 Nennungen für 4388 Hunde. 898 Labrador Retriever, 766 Cocker Spaniels und 226 Golden Retriever waren gemeldet; bei den Terriern lag der Cairn mit 296 Meldungen vorn. Auch der Deutsche Schäferhund (DSH) war mit 255 Nennungen häufig vertreten. Ungeschlagen in diesem Jahr waren allerdings die Chow-Chows, bei denen ein Hund namens Choonam Hung Kwong den ehrenvollen Titel „Best in Show" („Bester Hund der Ausstellung") erhielt.

DER KENNEL CLUB ÜBERNIMMT DIE REGIE

LANGE ZEIT STAND DER NAME Cruft als Synonym für Hundeausstellungen und die Cruft's Shows waren zu einer Zeit, als das noch zulässig war, ein großer finanzieller Erfolg. Heute untersagt der British Kennel Club, dass mit solchen Veranstaltungen persönlicher Profit gemacht wird.

Charles Cruft starb im Jahr 1939. Drei Jahre später entschied seine Witwe, die berühmte Hundeausstellung nicht weiterzuführen. Der Name sollte jedoch erhalten bleiben, und so bat sie den Kennel Club, die Organisation zu übernehmen. Der Zweite Weltkrieg unterbrach die Veranstaltungsreihe, aber im Oktober 1948 fand die erste durch den Kennel Club ausgeschriebene Cruft's Show mit 92 gemeldeten Rassen im Londoner Olympia-Theater statt. Teilnehmer und Besucher waren begeistert und Cruft's wurde seitdem von Jahr zu Jahr besser und größer.

Seit dem Jahr 1891 beinhaltete jeder Ausstellungskatalog eine Kurzbeschreibung und ein kleines Foto oder einen Stich der gezeigten Rasse. Diese Tradition wird ungebrochen fortgeführt und ist für Besucher ein unschätzbarer Vorteil. 1959 hatten die laufenden Kosten zum Leidwesen vieler Aussteller die Erhöhung der Teilnahmegebühren erforderlich gemacht; dennoch wurde mit 13211 Nennungen ein neuer Weltrekord aufgestellt.

Nachdem sich herausstellte, dass fast 10 % der genannten Hunde Kryptorchiden waren, schloss der Kennel Club einhodige Hunde und solche, bei denen ein oder beide Hoden in der Bauchhöhle lagen, von der Show aus. Weitere Restriktionen gab es nicht, bis im Jahr 1965 das Komitee beschloss, die Ausstellung u. a. dadurch zu verkleinern, dass keine Welpen unter acht Monaten mehr präsentiert werden durften. Nachdem sich auch dadurch keine nennenswerte Verringerung der Teilnehmerzahlen erreichen ließ, wurden nur noch Hunde zugelassen, die im Vorjahr einen Preis bei einer Championship Show gewonnen hatten. Im Laufe der Jahre wurden die Zulassungsbestimmungen für die Ausstellung noch weiter verschärft.

ANDERE VERANSTALTUNGSORTE

OBWOHL DAS Olympia-Theater immer häufiger als zu klein und zu eng für diese angesehene Hundeausstellung bemängelt wurde, blieb Cruft's noch einige Jahre dort beheimatet. 1974 änderte man das von Charles Cruft eingeführte fröhliche Rot und Gelb in seriösere Hell- und Dunkelgrüntöne, und der Apostroph im Ausstellungsnamen fiel weg. Die Show hieß von nun an Crufts.

1979 zog die Veranstaltung in den Londoner Earl's Court um. Auch der Hauptring wurde aufsehenerregender gestaltet. Gleichzeitig stieg die Zahl der Verkaufsstände, für die Crufts heute noch berühmt ist.

Bis 1999 blieb die Ausstellung in London. Die Millennium-Show im folgenden Jahr wurde bereits im wesentlich geräumigeren und verkehrsgünstiger gelegenen Nationalen Messezentrum von Birmingham abgehalten, obwohl insbesondere ausländische Aussteller und Besucher über die Verlagerung des Austragungsortes nicht allzu glücklich waren.

Heute findet Crufts an vier aufeinander folgenden Tagen in Birmingham in immer mehr Hallen statt, aber es bleibt ein wenig die wehmütige Erinnerung an die unvergleichliche Atmosphäre der Londoner Ausstellungen.

Oben
Bei der Jubiläumsausstellung im Jahr 1936 gewann ein Chow-Chow den Titel „Bester Hund der Ausstellung".

Mitte
Die erste Crufts-Ausstellung unter der Schirmherrschaft des Kennel Clubs fand im Londoner Olympia-Theater statt.

Links
Ausstellungsbester 1998: ein Airedale Terrier

Moderne Hundeausstellungen

DIE MEISTEN Hundeausstellungen finden unter der Schirmherrschaft der FCI (in kontinentaleuropäischen Ländern) bzw. des Kennel Clubs (in Großbritannien) statt. Es gibt verschiedene Ebenen, auf denen sich ein Hund qualifizieren kann. Ganz oben stehen die rasseübergreifenden Championship Shows – an der nur Hunde teilnehmen dürfen, die bereits bestimmte Preise auf anderen Wettbewerben erhalten haben. Darüber hinaus gibt es rasseinterne Veranstaltungen, meist mehrere im Jahr, die auch von den Rasseverbänden organisiert werden. Zuchtschauen für bestimmte Gruppen (z. B. Hütehunde) dauern einen Tag, Ausstellungen, die für alle Rassen offen sind, bis zu vier Tagen. Auf der Welthundeausstellung (WHA) 2003 in Dortmund gab es darüber hinaus erstmals einen Mischlingswettbewerb.

GROSSE KONKURRENZ

BEI CHAMPIONSHIP-WETTBEWERBEN ist der Konkurrenzdruck sehr hoch. Hunde, die hier regelmäßig platziert werden, gehören zur Elite ihrer Rasse. Bei diesen Ausstellungen werden für viele Rassen auch so genannte Challenge Certificates (CC) – Anwartschaften – ausgeschrieben, die auf dem Weg zum Titel eines Champions zuvor errungen werden müssen. Der Champion-Titel wird nur an Hunde vergeben, die zuvor drei Anwartschaften unter verschiedenen Richtern gewonnen haben. Auch in der Jüngsten- und Jugendklasse kann ein Hund bereits Punkte gewinnen.

Oben und rechts
Bei der scharfen Konkurrenz in den Championship Shows ist der Titel des „Best in Show" („Bester Hund der Ausstellung") immer ein Anlass zu großer Freude.

Das Ausstellen eines Hundes bei einer renommierten Zuchtschau ist nicht ganz billig. Die Nenngelder sind relativ hoch; dazu kommen noch die Reise- und Unterbringungskosten.

Der Champion-Titel wird nur an Hunde vergeben, die zuvor drei Anwartschaften unter verschiedenen Richtern gewonnen haben. In Großbritannien ist das noch schwieriger als in anderen Ländern, denn oft muss der Hund für einen Titel zahlreiche andere Champions schlagen. So müssen z. B. Jagdhunde erst einmal bei den so genannten Field Trials (Leistungswettbewerben) den Titel des Show Champions erringen, bevor sie ein Anrecht auf die volle Championats-Anwartschaft haben. Auch Border Collies sind bei solchen Ausstellungen nur für die Show-Champion-Wettbewerbe zugelassen.

ANWARTSCHAFTEN

NICHT FÜR ALLE RASSEN werden bei Championship-Wettbewerben Anwartschaften vergeben. Oft hängt die Zuteilung des CC von der Zahl der Nennungen für diese Rasse ab oder vom Ort der Ausstellung. Letztlich entscheidet die FCI, für welche Rasse und auf welcher Zuchtschau diese Zertifikate vergeben werden, und die Zuweisung kann von Jahr zu Jahr unterschiedlich sein. So genannte seltene Rassen dürfen zwar vorgestellt werden, aber sie erhalten kein CC, weil für die Zulassung zu Championship-Wettbewerben eine Rasse zunächst von der FCI anerkannt sein muss. Innerhalb der FCI stellt jeder Landesverband – in Deutschland ist das der Verband des deutschen Hundewesens (VDH) – seine eigenen Ahnentafeln aus und bildet auch die Richter aus. Die FCI garantiert innerhalb ihrer Organisation die gegenseitige Anerkennung der Abstammungsurkunden (Pedigrees) der Länder, wie auch der Richter.

Auf Championship-Shows dürfen Anwartschaften nur von Richtern vergeben werden, die durch die FCI anerkannt sind. Auch die Zuchtverbände der einzelnen Rassen werden vor der Zulassung eines Richters befragt, sodass nur Personen zugelassen sind, die über langjährige Erfahrungen verfügen. Einige Richter bewerten nur eine Rasse im Ring, andere richten mehrere Rassen und können nach einigen Jahren auch Anwartschaften erteilen.

WELTHUNDEAUSSTELLUNG (WHA) 2003

NACHDEM IN Deutschland seit einer tödlichen Hundeattacke auf einen kleinen Jungen im Jahr 2000 ein zunehmend negatives Bild von Hunden und Hundebesitzern in

Links
Die entspanntere Atmosphäre auf dieser Ausstellung in Rotterdam ist typisch für die der Shows auf dem europäischen Festland.

Links unten
Nervosität bei den Besitzern, während die Richterin sich Notizen macht.

Oben
Ein Amerikanischer Cocker Spaniel gewinnt in Rotterdam den Titel „Best in Show“.

der Öffentlichkeit entstanden war, sah der Verband für das Deutsche Hundewesen (VDH) mit seinen 160 Vereinen und aktuell ca. 650 000 Mitgliedern seit kurzem seine Aufgabe vor allem darin, das öffentliche Bild zu korrigieren und die Interessen aller, nicht nur der Rasse-Hundehalter, zu vertreten. Ein Beleg dafür ist auch der erstmalig veranstaltete Mischlingswettbewerb auf der WHA 2003 in Dortmund: Neben den Wettbewerben in 68 Wertungsringen, in denen über 300 Rassen um den von Hundezüchtern begehrten Titel des Weltsiegers konkurrierten, wurden erstmals auf einer Welthundeausstellung auch Mischlinge bewertet. Weil es für sie, naturgemäß, keine Rassestandards gibt, wurden sie nach ihrem Pflegezustand und ihrer Sozialverträglichkeit gegenüber Mensch und Artgenossen bewertet. Mit nahezu 20 000 Anmeldungen – mehr als die Hälfte davon internationale Teilnehmer, die nicht nur aus den Nachbarländern Holland, Belgien, Frankreich usw. sondern auch aus fernen Ländern wie Peru, Kanada, Japan, Indonesien anreisten – und rund 100 000 Besuchern hat die WHA neue Maßstäbe für zukünftige Hundeausstellungen in Europa gesetzt.

Shows und offene Wettbewerbe

FÜR OFFENE WETTBEWERBE wie auch für Championship Shows müssen Hunde im Voraus gemeldet werden. Dies gilt auch für viele andere Hundeausstellungen. Bei Sonderveranstaltungen, die meist für wohltätige Zwecke durchgeführt werden, können die Teilnehmer jedoch am Tag der Veranstaltung gemeldet werden.

KONKURRENZ AUF ALLEN EBENEN

BEI DIESEN SPEZIELLEN Shows sind Champions oder andere hoch prämierte Tiere nicht zugelassen. Die Veranstaltungen dienen nur der Unterhaltung der Zuschauer und dem Vergnügen der Aussteller, die diese Dinge nicht ganz so ernst nehmen. Hier gibt es auch Schönheitskonkurrenzen für Mischlinge und Preise für den „besten Wedler" oder den „nettesten Gesichtsausdruck". Auch Prüfungen für Hund und Halter wie „die schönsten sechs Beine" oder der „Kostümwettbewerb" sind Publikumsattraktionen. Die Nenngelder sind gering; die Preise, die viele Teilnehmer anlocken und die Show damit für die unterstützte Wohltätigkeitsveranstaltung lukrativer machen sollen, werden von Sponsoren gestiftet.

Bei Wohltätigkeitsausstellungen kommen unterschiedlich erfahrene Richter zum Einsatz, von Neulingen bis hin zu bekannten Zuchtrichtern, die eine gute Sache unterstützen möchten. Viele ernsthafte Aussteller nutzen diese Shows als Übung für ihre jungen Hunde. Sie eignen sich gut, um den Nachwuchs ohne Stress an die Ausstellungssituation zu gewöhnen. Oft verlieren Hunde im Ring nur deshalb Punkte, weil sie ungenügend vorbereitet oder einfach schlecht vorgestellt sind. Unvorsichtiges Handling kann einem jungen Hund leicht den Spaß an Ausstellungen verderben.

ÜBUNGSKLASSEN UND SHOWTRAINING

ES GIBT ERFOLGREICHE Züchter, die ihre Hunde nie in Übungsklassen vorgestellt haben. Für Ausstellungsneulinge – Hund und Halter – sind solche Veranstaltungen jedoch ebenfalls eine gute Gelegenheit, sich für den Ernstfall vorzubereiten.

Übungsklassen sind nicht gleichzusetzen mit Gehorsamsprüfungen, sondern hier erfahren Hund und Halter, was man im Showring von ihnen erwartet. Kleine Hunde lernen, ruhig vor dem Richter auf einem Ausstellungstisch zu stehen und sich auf die beste Art zu zeigen. Große Hunde sollen lernen, bei Fuß zu gehen, zu sitzen und zu stehen, sich im Ring unauffällig zu verhalten, still auf dem Boden zu stehen und ihre Vorzüge bestens zu präsentieren.

Empfehlenswert ist immer eine nahe gelegene Übungsstätte, die von Fachleuten geleitet wird. Die Trainer sollten möglichst selber Ausstellungserfahrung mitbringen. Beim ersten Besuch sollte der Besitzer nur beobachten, um herauszufinden, ob sich der Kurs für ihn und seinen Hund eignet. Welpen können sich dabei an die neue Umgebung gewöhnen.

Übungskurse finden gewöhnlich einmal in der Woche statt und werden oft in Gebäuden abgehalten, die

Oben rechts
Wohltätigkeitsausstellungen ziehen besonders die weniger fanatischen Aussteller an – hier ein hübsches Beispiel für einen Kostümwettbewerb.

Rechts
Auf diesen Sonderausstellungen werden Rassehunde und Mischlinge gerichtet und es geht weniger förmlich zu als auf den großen Shows.

Ausstellungshallen ähneln, in denen ein Ring in Ausstellungsdimensionen aber aus Platzgründen nicht einzurichten ist. Die provisorischen Ringe sind jedoch meist groß genug, um den Hund in der erforderlichen Geschwindigkeit vorzuführen. Der Hund muss lernen, so zu laufen, dass er sich in einem vorteilhaften Bewegungsablauf präsentiert. Gebäudefehler, die in der Bewegung deutlicher hervortreten, können durch korrektes Tempo oft relativiert werden.

Neben Übungsklassen und Showtrainings hat sich jüngst „Obedience" (engl.: Gehorsam) als Hundesportart etabliert, die anlässlich der WHA 2003 in Dortmund als FCI-Obedience-Weltmeisterschaft ausgetragen wurde: Präzise Umsetzung von Gehorsamsübungen und anspruchsvolle Übungen zur Prüfung der Sinneswahrnehmung des Hundes stehen dabei im Mittelpunkt.

PRÄSENTATION UND BEURTEILUNG

NICHT ZULETZT HÄNGT DIE Vorstellung eines Hundes auch von seiner Rasse ab. Die meisten Tiere werden im Profil gezeigt, während Englische Bulldoggen und manche andere Rassen mit dem Gesicht zum Richter stehen. Bei einigen Jagdhunden wird die Rute vom Besitzer in der vorgeschriebenen Winkelung (z. B. auf Rückenhöhe) gehalten. Bei den meisten inspiziert der Richter auch das Gebiss auf Vollständigkeit und Zahnstellung. Bei manchen ist die Farbe der Zunge, des Zahnfleisches, der Lefzen und des Gaumens vorgeschrieben. Die Tiere müssen sich das Öffnen des Fangs ruhig gefallen lassen und dürfen nicht aggressiv werden – Hunde, die drohen oder gar beißen, müssen den Ring verlassen und können sogar disqualifiziert werden.

Auf dieser Seite
Auf den weniger formellen Wohltätigkeitsausstellungen werden Besitzer angeregt, ihren Hund zur regulären Bewertung vorzustellen – und wohl auch dazu, Shows insgesamt nicht zu ernst zu nehmen.

BEURTEILUNG

UM WÄHREND EINER Ausstellung einen allgemeinen Eindruck zu gewinnen, bittet der Zuchtrichter die im Ring versammelten Teilnehmer, sich im Kreis vorwärts zu bewegen. Besonders junge Tiere können sich dabei akklimatisieren. Danach wird jeder Hund einzeln begutachtet, je nach Größe auf einem Tisch oder auf dem Boden. Anschließend läuft er an der linken Seite des Ausstellers auf einer Dreiecksbahn und danach eventuell noch einmal quer durch den Ring (in Großbritannien) oder im Bogen zurück an seinen ursprünglichen Platz im Ring (in den übrigen europäischen Ländern). Bei einem sehr kleinen Ring kann der Richter den Hund auch zweimal quer laufen lassen.

Beim ersten Vorführen wird das Gangwerk von vorn und hinten, dann von der Seite bewertet. Auf keinen Fall darf sich der Vorführer zwischen Hund und Richter befinden. Darum sollte auch der Wechsel des Hundes von der linken auf die rechte Hand geübt werden.

Oben
In Übungsklassen erhält der Besitzer wertvolle Tipps für die Ausstellung. Hier trägt die Dame einen roten Anzug, von dem sich der weiße Hund perfekt abhebt.

DER GEWINNER

NACH DER EINZELBEGUTACHTUNG nimmt der Richter die Endauswahl vor. Sind von einer Rasse besonders viele Tiere vertreten, wird er vor der letzten Entscheidung wahrscheinlich einige Hunde gesondert bewerten. Danach treten die Rassesieger gegeneinander an. Bei Wettbewerben, die nach Gruppen gerichtet werden, ermittelt man den besten Hund der Gruppe. Aus diesen Gruppenbesten wird zum Schluss der beste Hund der Ausstellung ausgewählt. Fairness ist oberstes Gebot für Gewinner und Verlierer. Das Urteil der Richter mag Einzelnen nicht gefallen, aber es ist unantastbar. Ein anderer Richter bei einer neuen Ausstellung bewertet denselben Hund vielleicht ganz anders. Aber auch wenn man nicht so hoch bewertet worden ist, wie man es sich gewünscht hatte, gilt doch für alle Besitzer: Mein Hund ist und bleibt der Beste!

AUSSTELLUNGSJARGON

WER ZUM ERSTEN MAL bei einer Hundeausstellung dabei ist – sei es als Besucher oder als Aussteller –, wird sich wahrscheinlich über den Fachjargon zwischen Richtern und Ausstellern wundern und verwirrt sein. Doch man wird relativ schnell mit dem Ausstellungsjargon vertraut, auch wenn einige Begriffe einer Erläuterung bedürfen. Da die nachfolgenden Beispiele aus dem englischen Hundeausstellungswesen stammen und einige in Deutschland selten gebräuchlich sind, wurden die Originalbegriffe in Klammern hinzugefügt.

Abtasten *(„Go over"):* Einen Hund und seine Konstruktion durch Abtasten beurteilen.

Anwartschaftskarte *(„Ticket")*

Auf dem Tisch mustern *(„Table dog"):* Ein Hund wird auf dem Tisch und weniger auf dem Boden bewertet.

Rechts
Auf Hunde und Halter, die sich zuvor nicht mit dem Showring vertraut machen konnten, wirken solche großen Shows eher abschreckend.

Auf den 1. Platz stellen *(„Put up")*: Auf Platz Eins stellen; auch Ausdruck dafür, dass der Hund der Gewinner der Anwartschaft auf einen Champion-Titel ist.

Aufstellen *(„Set up"/„Stack")*: Einen Hund zur Beurteilung hinstellen.

Bereits vorgeführt *(„Seen dog")*: Der Hund wurde bereits vom selben Richter auf dieser Ausstellung bewertet.

Das andere Ende der Leine bewerten *(„Judging the other end of the lead")*: Der Richter bewertet den Vorführer und nicht den Hund.

Die große Grüne (Karte) *(„Big Green One")*: Anwartschaft auf einen Titel, bezieht sich gewöhnlich auf das CC (Challenge Certificate).

Erreicht *(„Made up")*: Zum Champion gemacht.

Etwas zum Schein tun *(„Laying on of hands")*: Ein Richter tastet zwar den Hund scheinbar ab, fühlt aber nicht gründlich genug, um die Struktur zu bestimmen.

Auf die Dritte aus sein *(„Looking for his third")*: Auf das dritte CC (Anwartschaft) hoffend, um Champion zu werden.

Ewiger Bewerber *(„Bridesmaid")*: Ein Hund, der meist auf den zweiten Platz kommt und nur selten gewinnt; das kann sich auch auf einen Hund beziehen, der regelmäßig die Reserve-Anwartschaft erhält, aber nicht genügend Anwartschaften erreicht, um den Champion-Titel zu erzielen.

Gut-Entwickler *(„Good oder")*: Ein Hund, der gut frisst und bestens gedeiht.

Hat es geschafft *(„Gained his/her crown or title")*: Der Hund errang seinen Champion-Titel.

Herausgezogen *(„Pulled out")*: Aus den letzten der Klasse herausgezogen; oft sagt man, dass ein Hund zwar „herausgezogen", dann aber doch nicht platziert wurde.

Hinten angesiedelt *(„Down the line")*: Hinter dem ersten oder zweiten Platz; bezieht sich gewöhnlich auf ‚Reserve' (4. Platz) oder andere hintere Plätze.

In guter Gesellschaft *(„In good company")*: Der Hund wurde nicht platziert, aber in derselben Klasse gab es andere verdienstvolle Hunde, die auch erfolglos geblieben sind.

In Karten-Qualität *(„In the cards")*: Ein Hund, der einen der Klassen-Preise errungen hat.

Nach dem Gesicht/dem Namen (des Vorführers) richten *(„Facey"/„Face judging")*: Ein Richter, der hohe Beurteilungen an sehr bekannte Aussteller vergibt (Allerdings haben berühmte Vorführer häufig genug auch sehr gute Hunde).

Neuzugang *(„New dog")*: Ein Hund, der von dem Richter in dieser Klasse noch nicht beurteilt wurde.

Nicht daran vorbeikommen *(„Can't get past")*: Andeutung, dass es schwierig ist, einen bestimmten Hund zu schlagen.

Reserve-Anwartschaftskarte *(„Reserve ticket")*

Unplatziert *(„Thrown out")*

Verdroschen *(„Knocked")*: Schlechter platziert als erwartet.

Weiter geschickt *(„Put through")*: Ein Hund wurde als Rassebester bewertet und somit ausgewählt, diese Rasse im Gruppenwettbewerb zu vertreten.

Oben
Um an Agility-Wettbewerben teilnehmen zu können, müssen Hund und Halter gut trainiert sein.

Links
Gehorsamsprüfungen sind ein gutes Training und beeindruckend für die Zuschauer.

Unten
Agility-Wettbewerbe fördern die Partnerschaft zwischen Hund und Halter, und die Tiere genießen das Training.

GEBRÄUCHLICHE ABKÜRZUNGEN

BIG: *Best in Group* (Bester Hund der Gruppe)

BIS: *Best in Show* (Bester Hund der Ausstellung)

BOB: *Best of Breed* (Bester Hund der Rasse)

BOS: *Best of Sex* (Bester Rüde/Beste Hündin)

BPIP: *Best Puppy in Breed* (Bester in der Jüngstenklasse dieser Rasse)

CC: *Challenge Certificate* (Anwartschaft)

RCC: *Reserve Challenge Certificate* (Reserve-Anwartschaft)

WEITERE WETTBEWERBE

FÜR HUND UND HALTER gibt es zahlreiche Möglichkeiten, an sportlichen Wettbewerben teilzunehmen. Bei einigen sollte der Besitzer mindestens so fit sein wie sein Hund, an anderen können sogar körperbehinderte Hundehalter teilnehmen.

Bei Hundeausstellungen werden im Nebenprogramm viele dieser Wettbewerbe auf sehr hohem Niveau gezeigt. Crufts z. B. hatte in den letzten Jahren neben den normalen Rasseausstellungen auch Sonderringe, in denen Hundesportarten wie Agility, Dog Dancing (Obedience-Übungen im Takt von Musik in absoluter Harmonie zwischen Hund und Hundeführer) oder Heelwork to Music (s. S. 169) vorgeführt wurden.

Ganz oben
Bei Vorführwettbewerben für Jugendliche können junge Leute von sechs bis 18 Jahren ihre Hunde ausstellen.

Oben
Dieser Tibet Terrier genießt ganz offensichtlich seine Teilnahme an einem Agility-Wettbewerb.

Rechts
Heelwork to Music (HTM) erfordert absolute Konzentration von Hund und Halter. Diese Prüfungen sind eine erweiterte Form der Gehorsamsarbeit, die nur bei perfektem Zusammenspiel zwischen den Partnern möglich ist.

VORFÜHRWETTBEWERBE FÜR JUGENDLICHE

KINDER UND JUGENDLICHE dürfen genauso wie Erwachsene an Hundeausstellungen teilnehmen. Für sie gibt es jedoch auch spezielle Klassen wie den Vorführwettbewerb für Jugendliche. Nachwuchsvorführer zwischen sechs und 18 Jahren können hier in zwei verschiedenen Altersklassen ihr Talent unter Beweis stellen, das höher bewertet wird als die Qualität des Hundes. Im Halbfinale und in der Finalausscheidung treffen sich die Platzierten, und der Sieger tritt später gegen die Gewinner aus anderen Ländern an.

Die Teilnahme an diesen Wettbewerben ist rege, und es ist zu hoffen, dass sie für Jugendliche und Junioren nicht zur Konkurrenzsportart ausarten. Die meisten jungen Vorführer sind talentiert, engagiert und wohlerzogen, und viele von ihnen sieht man als Erwachsene im Show-Ring wieder. Dank ihrer Fähigkeiten sind sie in der Lage, Hunde vorteilhaft zu präsentieren, und manche werden später sogar zu professionellen Vorführern.

DIE JUGENDORGANISATION DES KENNEL CLUBS

1985 GRÜNDETE DER KENNEL CLUB seine „Junior Organisation", die auch unter der Abkürzung KCJO bekannt ist. Ziel dieses Vereins ist es, Jugendliche für die Pflege und die Erziehung von Hunden zu interessieren und ihnen gleichzeitig angemessenes Benehmen, Fairness und Disziplin zu vermitteln. Für den Besitzernachwuchs werden jedes Jahr zahlreiche Veranstaltungen aus allen Bereichen der Hundewelt durchgeführt. Es gibt Gesprächsrunden, Quizveranstaltungen, praktische Demonstrationen und Besuche bei Einrichtungen, die mit Hunden zu tun haben. Die beliebten KCJO-Spiele werden das ganze Jahr über auf verschiedenen Hundeausstellungen abgehalten.

AGILITY

BEI AGILITY KOMMEN alle auf ihre Kosten: Hund, Halter und Zuschauer. Für diese immer beliebter werdenden Wettbewerbe müssen Tier und Mensch körperlich in Bestform sein. Die Vorführer laufen den gesamten Parcours mit, während die Hunde Hindernisse überwinden, durch Reifen springen, Tunnels durchlaufen und über Wippen balancieren. Für Fehler wie z. B. das Einschlagen eines falschen Weges oder das zu frühe Herunterspringen von einem Tisch gibt es Strafpunkte. Auch die Zeit für die Bewältigung des Parcours wird gestoppt.

Für sehr kleine Hunde gibt es mittlerweile Mini-Agility, bei dem die Tiere einen entsprechend verkleinerten Parcours absolvieren.

Agility-Training ist Spaß in jeder Hinsicht für Hund und Halter. In den oberen Klassen herrscht starke Konkurrenz, aber auch hier zählt hauptsächlich der Zusammenhalt zwischen beiden Teampartnern und die Freude an der Arbeit.

FLYBALL

BEI DIESEM HUNDESPORT betätigt sich ausschließlich der Hund sportlich. Er muss, im Idealfall ohne Hilfe des Hundeführers, nach dem Startzeichen vier hintereinander aufgestellte Hürden überspringen, die Taste an der Flyballbox drücken, den herausgeworfenen Ball fangen und mit ihm im Maul über die Hürden zurück zur Start-Ziel-Linie rennen. Sobald der eine Hund sie überquert, läuft der nächste los.

OBEDIENCE

DAS IST EINE FORM der Gehorsamsarbeit, die auch als Wettbewerb auf vielen Ausstellungen angeboten wird. Obedience gestaltet sich wesentlich vielseitiger als das „übliche" Gehorsamstraining, und neben den Grundübungen wie „Sitz", „Platz", „Bleib", Ablegen, Apportieren und Bei-Fuß-Gehen werden auf verschiedenen Schwierigkeitsstufen zusätzliche Aufgaben gestellt. Die Grundlagen des Obedience sollte jeder gut erzogene Hund beherrschen, auch wenn er nicht auf Ausstellungen geht.

HEELWORK TO MUSIC

DAHINTER VERBIRGT SICH eine Weiterentwicklung von Obedience, bei der der Hund Gehorsamsübungen im Rhythmus der Musik in verschiedenen Geschwindigkeiten ausführt.

Dieses Zusammenspiel von Hund und Halter kann man nicht beschreiben – man muss es gesehen haben. Wer die Arbeit kennt, die schon bei normalem Obedience-Training geleistet wird, kann vielleicht einschätzen, wie viel Zeit und Mühe Hundebesitzer in diese neueste Form des Hundewettkampfsports investieren, die Zuschauer regelmäßig zu Begeisterungsstürmen hinreißt.

Oben und Mitte
Obedience-Training erfordert viel Zeit und Geduld. Es ist eine gute Übung für Hund und Besitzer. Man kann es auch weiterführen, z. B. bis zur Blindenhundausbildung.

Links
Heute gibt es viele Trainingshilfen – hier ein Apportiersack aus Stoff.

Klassifikation von Hunden

IN DEN ZURÜCKLIEGENDEN Jahrzehnten entstanden verschiedene Theorien darüber, welche Tiere die nächsten Verwandten des Hundes sind. Mittlerweile gilt es als weitgehend gesichert, dass der Wolf der direkte Vorfahr des domestizierten Hundes ist.

Rechts
Einige Menschen glauben, dass der Dingo vom Phu Quoc aus Ostasien abstammt.

Unten
Pariahhunde sind keine Mischlinge, sondern natürliche Rassen, wobei einige domestiziert sind. Üblicherweise bilden Pariahhunde Rudel und ernähren sich hauptsächlich von Aas.

WISSENSWERTES
2003 waren 18 000 Hunde aus 200 verschiedenen Rassen auf der Welthundeausstellung in Dortmund dabei.

WÖLFE

SO WIE HUNDE unterscheiden sich auch Wölfe vielfach in ihrer Größe. Der größte ist der Timberwolf, der aus seinem Ursprungsgebiet Eurasien nach Nordamerika einwanderte.

Der europäische Grauwolf wurde in den meisten Teilen Westeuropas ausgerottet. Er ist lediglich noch in Zentral- und Osteuropa sowie auf der iberischen Halbinsel und in Skandinavien anzutreffen.

Eine kleinere Unterart ist der Rotwolf. Er ist schlank und wiegt nur 15–30 kg. Aber auch diese Wolfsart ist wahrscheinlich ausgestorben; ihr Blut fließt vermutlich durch die Adern anderer wolfähnlicher Tiere, die noch existieren, so beispielsweise der Kojoten.

Den kleinen mexikanischen Wolf trifft man noch in den Bergregionen Zentralmexikos an.

Der Asiatische oder Arabische Wolf, wahrscheinlich der Vorfahr vieler asiatischer und europäischer Hunde, findet sich in ganz Asien nach wie vor in großer Zahl. Dieses anpassungsfähige und gesellige Tier war sicherlich in den Regionen der Erde verbreitet, in denen der Hund entstanden ist.

AUSGESTORBENE WOLFSARTEN

ES GIBT WEITERE faszinierende Unterarten des Wolfes, die mittlerweile ausgestorben sind. Der Kenai-Wolf lebte in Alaska, wog bis zu 45 kg und war eng mit dem Grauwolf verwandt. Der Neufundland Wolf, als Newfoundland White Wolf bekannt und ebenfalls mit dem Grauwolf verwandt, wurde leider, wie der kleine Japanische Wolf, zu Beginn des 20. Jahrhunderts ausgerottet.

WISSENSWERTES
Zum 100-jährigen Jubiläum der Crufts fand im Jahre 1991 die größte Ausstellung mit 22 993 Hunden statt.

KOJOTEN

DER KOJOTE IST EBENFALLS ein weiterer naher verwandter Wildkanide. Er ist nicht so gesellig wie der Wolf und jagt allein, bildet allerdings Gruppen mit Blutsverwandten, wenn es um die Verteidigung seines Territoriums oder seiner Nahrung geht. Der Kojote, der mittlerweile in Mexiko und Alaska sowie von der Pazifikküste bis Zentralkanada und Neuengland anzutreffen ist, wanderte nach Norden und Osten, als die Wolfspopulation in den

Vereinigten Staaten durch den Menschen dezimiert wurde. Er kann sich, wie der Schakal, sowohl mit dem Wolf als auch mit Haushunden paaren.

Obwohl Kojote und Schakal vom Aussehen her dem Hund ähneln, den wir als Haustier kennen, unterscheiden sich ihre Verhaltensweisen von seinen doch mehr als die des Wolfs.

DIE FAMILIE DER FÜCHSE

AUF DER GANZEN WELT gibt es viele andere Wildhunde, die entfernter mit unserem heutigen Hausgenossen verwandt sind als Wolf, Kojote und Schakal. Dazu gehören sämtliche Füchse sowie der Mähnenwolf, der Indische Rothund und der Afrikanische Wildhund. Letzterer hat ein außergewöhnliches Fellmuster und ist für seine Jagdfähigkeiten berühmt.

Oben
Der Dingo ist bei vielen Farmern unbeliebt, weil er Vieh töten kann. Dagegen sind die australischen Aborigines häufig zum beiderseitigen Vorteil eine enge Beziehung mit den Dingos eingegangen.

DINGOS

EINIGE THEORIEN BESAGEN, dass Dingos von Phu-Quoc-Hunden aus Ostasien abstammen, die von Seefahrern vor etwa 8000 Jahren nach Australien gebracht wurden. Im Gegensatz zu den Seefahrern haben die Hunde aber überlebt und sicher wurden viele von Aborigines, den Ureinwohnern Australiens, aufgezogen. Die Dingos entwickelten trotzdem einen ausgeprägten Sinn fürs Töten und bevorzugen kleine Beuteltiere sowie Schafe, Hühner und andere Haustiere. Viele Menschen glauben, dass dieser Kanide, der oftmals als Plage angesehen wird – wenn auch ebenso häufig unberechtigterweise –, für das Ausrotten der Tasmanischen Wölfe verantwortlich ist.

Nach einer anderen Theorie soll er ursprünglich ein Haustier gewesen sein, das dann später verwilderte. Dass das nicht den Tatsachen entsprechen kann, behaupten dagegen alle, die versucht haben, einen Dingo auszubilden – ein äußerst schwieriges Unterfangen. Wie dem auch sei, ohne Zweifel hat es eine enge Beziehung zwischen den Dingos und den Aborigines gegeben, von der mit Sicherheit beide sehr profitierten.

Unbestritten ist außerdem, dass es Menschen gibt, die sowohl mit Dingos als auch mit Wölfen zusammenleben und sie ohne wesentliche Probleme ausbilden. Jeder, der an einem solchen Programm teilnimmt, weiß aber, dass diese Tiere sich anders verhalten als unser Haushund, wobei manche sich besser an Menschen anpassen können als andere.

PARIAHHUNDE

ZWAR GELTEN PARIAHHUNDE, die über die ganze Welt verstreut sind, nicht als völlig verwildert, trotzdem fallen sie in keine andere Kategorie in diesem Buch, sodass es angebracht ist, sie hier zu erwähnen.

Pariahhunde, auch als Pi-Hunde bekannt, sind in Asien und Nordafrika weit verbreitet. Sie leben hauptsächlich als Aasfresser, bilden Rudel und bleiben unbedingt innerhalb der Grenzen ihres jeweiligen Reviers. Sie sind eine genau definierte Gruppe natürlicher Rassen, die relativ reinrassig geblieben sind. Nicht alle herrenlose Straßenhunde in den genannten Teilen der Welt sind Pariahhunde und den wirklichen Pariahhund würden viele sicherlich nur als Mischling betrachten. Einige wurden gezähmt und leben unmittelbarer bei den Menschen, und ihre Nachkommen sind nach zwei bis drei Generationen ziemlich zahm.

WISSENSWERTES
Wilde Dingos heulen; domestizierte dagegen können das Hundebellen imitieren.

Rassen und Kreuzungen

EIN HUND WIRD ALS RASSEHUND bezeichnet, wenn seine Eltern reinrassig und seine weiteren Vorfahren über mehrere Generationen hinweg bekannt sind. Falls die Abstammung des Hundes nicht geprüft werden kann, kann er nicht registriert werden.

Rechts
Jede Rasse hat ihren eigenen offiziellen Standard, der vom Rasseverband aufgestellt und vom Entscheidungsgremium bestätigt wurde.

Unten
Der Basset Hound kommt ursprünglich aus Frankreich, ist aber mittlerweile auch in Deutschland, vor allem aber in den USA populär.

VDH

IN DEUTSCHLAND ist der Verband für das Deutsche Hundewesen (VDH) die maßgebliche Instanz für die Anerkennung von Hunderassen. In den Zuchtvereinen des VHD werden mehr als 250 verschiedene Hunderassen betreut und unter strengsten Kontrollen gezüchtet. Der VDH hat ca. 650 000 Mitglieder, die in den 160 Mitgliedsvereinen des Verbandes organisiert sind. Die Vereine unterhalten 5000 Übungsplätze in Deutschland und bieten Hundesport an.

Neben der Organisation und Durchführung von internationalen Ausstellungen hat es sich der VHD zur Aufgabe gemacht, Hundehaltern eine qualifizierte Ausbildung in Form des „Hundführerscheins" anzubieten. Daneben hält die VDH-Fortbildungsakademie für die Teilnehmer Angebote aus den Bereichen Zucht, Tierschutz, Haltung, Erziehung und Ausbildung, Öffentlichkeitsarbeit und Recht sowie aus Wissenschaft und Forschung bereit.

HAUPTVERBÄNDE UND HUNDEVERBÄNDE IN ANDEREN LÄNDERN

DER VHD WIEDERUM ist Mitglied der Fédération Cynologique Internationale (FCI), der Weltorganisation der Kynologie, mit Sitz in Belgien. Insgesamt gehören der FCI 79 Mitglieds- und Partnerländer an (pro Land nur ein Verband), die ihrerseits eigene Ahnentafeln ausstellen und die Richter ausbilden. Die FCI erkennt zurzeit 330 verschiedene Rassen an, wobei jede Rasse das „Eigentum" eines bestimmten Landes ist. D. h. dieses Land gilt als das Ursprungsland der Rasse. Die Ursprungsländer erstellen in Zusammenarbeit mit der Standards- und der Wissenschafts-Kommission der FCI die Standards ihrer Rassen. Bei Ausstellungen in den FCI-Ländern stellen die Rassestandards für die Richter die Bewertungsgrundlage dar.

Weitere wichtige Verbände, die die Aufsicht über Rassehunde haben, sind der bereits 1873 gegründete British Kennel Club (BKC, siehe Seite 156 f.) und der American Kennel Club (AKC). Der BKC erkennt derzeit 189 Rassen an, von denen jede einen eigenen Rassestandard besitzt. Die Standards werden offiziell vom Entscheidungsgremium herausgegeben, regelmäßig überprüft und gelegentlich geändert. Das ist besonders für Rassen wichtig, die neu nach Großbritannien eingeführt und von denen zunächst nur wenige Hunde gesehen und beschrieben wurden.

RASSESTANDARDS – BEDEUTUNG UND VIELFALT

DIE REGISTRIERUNG bei einem Hundeverband bedeutet eigentlich in keinem Land eine Garantie für die Qualität eines Hundes. Nach wie vor haben die Züchter die Verantwortung dafür, dass die bei ihnen geborenen Tiere – egal, ob reinrassig, eine Kreuzung oder ein Mischling –

so gesund wie möglich sind. Hunde sind Lebewesen und haben als solche einen Anspruch auf angemessene Pflege und aufmerksame Betreuung, und jeder Wurf sollte, unabhängig von seiner Abstammung oder seinem materiellen Wert, den bestmöglichen Start ins Leben erhalten.

Rassehunde gibt es in allen Formen und Größen, als Schwergewichte und als winzige Kleinhunde, mit langem Fell, das viel Pflege erfordert, und mit kurzem, das kaum mehr als ein schnelles Abreiben mit einem sauberen Tuch braucht. Einige, wie der Mexikanische Nackthund und der Chinesische Schopfhund, haben gar kein Fell; bei ihnen muss die Haut sorgfältig gepflegt werden, damit sie nicht zu trocken wird.

Einer der Hauptvorteile eines Rassehundes besteht darin, dass man beim Kauf eines Welpen ungefähr weiß, was man zu erwarten hat, obwohl es zweifellos viele Unterschiede selbst innerhalb einer Rasse gibt. Sie liegen in den beteiligten Stammbäumen begründet und natürlich in der Sorgfalt, mit der geplant und gezüchtet wurde.

KREUZUNGEN

KREUZUNGEN SIND HUNDE, bei denen die Elterntiere zwar reinrassig sind, aber zu einer jeweils anderen Rasse gehören. Gelegentlich entsteht eine Kreuzung einfach durch ein Missgeschick, aber es gibt Menschen, die Hunde gezielt kreuzen – entweder weil ihnen eine bestimmte Kombination besonders gefällt oder auch bloß, um mit dem Verkauf der Welpen Geld zu machen.

Mitunter kommt es vor, dass eine gezielt gezüchtete Kreuzung im eigenen Land schließlich offiziell registriert wird. Der Kyi Leo aus den USA ist ein Beispiel hierfür. Es ist eine neue Rasse, die ursprünglich aus der versehentlichen Paarung zwischen einem Lhasa Apso und einem Malteser hervorging, dann aber weite Verbreitung fand und eigenständig sehr populär wurde.

Vor der Entscheidung, eine Kreuzung zu sich zu nehmen, sollte man sich darüber informieren, wie die Welpen als ausgewachsene Hunde aussehen werden, denn die Phänotypen (äußere Erscheinung) beider Elternteile sind bekannt. Wenn beispielsweise ein Lhasa Apso, der langes Fell hat, und ein Pudel, der lockiges Fell besitzt, verpaart werden, dann werden voraussichtlich die Welpen teilweise wie der Vater, teilweise wie die Mutter und teilweise wiederum wie eine Mischung aus beiden aussehen. Natürlich ist keiner dieser Welpen reinrassig, auch wenn einige wie eine annehmbare Variante einer der beiden ursprünglichen Rassen wirken, denn jeder trägt sowohl die Gene seines Vaters als auch die seiner Mutter. Zeugen diese Welpen später Nachwuchs, werden ihre eigenen Nachkommen eventuell nicht ihnen ähneln, sondern eher dem Großvater oder der Großmutter.

Oben
Es gibt sechs Arten des Dachshundes: je eine Zwerg- und eine Standardart des Kurzhaar-, des Langhaar- und des Rauhaardackels.

Oben links
Für diese Kreuzung wurde ein Englischer Mastiff mit einem Mastino Napoletano verpaart.

Links
Hier hat man einen Lhasa Apso mit einem Pudel verpaart, um eine ansprechende Kreuzung mit den Eigenschaften der beiden ursprünglichen Rassen zu erhalten.

Hunde ohne Stammbaum

HUNDE MIT vollständig gemischter Abstammung werden als Mischlinge bezeichnet. Auch sie können wunderbare Haustiere sein. Wenn es auch viele Geschichten von Mischlingen gibt, die ausgesetzt wurden, so sind doch viele andere gut versorgte, sehr geliebte Gefährten. Sie machen gleich viel Freude und sind ebenso gute Begleiter wie ein Rassehund, denn viele stammen von Eltern ab, die wegen ihrer Eigenschaften ausgewählt wurden.

AUFNEHMEN EINES MISCHLINGSWELPEN

EINES DER HAUPTPROBLEME beim Kauf eines Mischlingswelpen ist, dass man nicht weiß, wie er sich entwickeln wird, bis er ausgewachsen ist. Ein kleiner kuscheliger Welpe kann zu einem großen, kräftigen Hund heranwachsen, der wahrscheinlich viel größer als erwartet und weder für die eigene Wohnung noch den eigenen Lebensstil geeignet ist. Eine gute Richtlinie bietet hier die Größe der Pfoten: Hunde, die später groß und schwer sein werden, haben normalerweise bereits als Welpen große Pfoten.

Ist nichts über die weiter zurückliegende Abstammung und über die Aufzucht eines jungen Hundes bekannt, so lässt sich auch sein Temperament nur schwer einschätzen. Kennt man die Elterntiere, so bieten sich zumindest Anhaltspunkte dafür, was man wesensmäßig zu erwarten hat. Man sollte trotzdem immer bedenken, dass sowohl gute als auch schlechte Eigenschaften nach mehreren Generationen unerwartet zum Vorschein kommen können.

Ein Mischlingshund braucht genauso viel Zuneigung und Aufmerksamkeit wie jeder andere Hund, geeignetes Qualitätsfutter sowie genügend Auslauf. Bei den meisten Ausstellungen gibt es für Mischlingshunde keine Wettbewerbe, aber die Juxklassen bei freien Ausstellungen können großen Spaß machen und bieten die Möglichkeit, Gleichgesinnte zu treffen, die ihre Mischlinge ebenso lieben. Andere Aktivitäten, an denen Mischlinge teilnehmen können, sind Obedience, Agility, Flyball und mittlerweile sogar musikunterstütztes Heelwork.

WISSENSWERTES

Ist das Fell eines jungen Welpen am Bauch dicht, kann das auf dichtes Fell beim erwachsenen Hund hinweisen.

TIERHEIMHUNDE

DAS AUFNEHMEN eines Hundes aus einem Tierheim, egal ob Mischlings- oder Rassehund, birgt eine gewisse Unsicherheit. Alle Tierschutzorganisationen versuchen daher, möglichst viel über die Vorgeschichte eines Hundes sowie über die Umstände in Erfahrung zu bringen, die ihn letztlich ins Tierheim brachten. Das gelingt nicht immer, zumal Besitzer, die sich von ihren Haustieren trennen möchten, die Gründe oft nicht ehrlich angeben.

Mancher neue Halter würde sich gern mit dem früheren in Verbindung setzen, um zu erfahren, wie der Hund zuvor gelebt hat, doch die Tierschutzorganisationen geben oft keine Adressen weiter.

Rechts
Mischlinge können zwar nicht an normalen Ausstellungen teilnehmen, aber die Juxklassen wie beispielsweise Kostümierung (Fancy Dress) bei Freien Ausstellungen machen Spaß und bringen viele Kontakte.

NICHT ANERKANNTE „RASSEN“

ES GIBT EINIGE „Rassen“ (oder Variationen von Rassen, manche davon sehr populär), die nicht von allen Verbänden anerkannt sind. Der Jack Russell Terrier – für uns der Inbegriff des englischen Rassehunds schlechthin – ist z. B. von der FCI, allerdings nicht vom British Kennel Club anerkannt. Der Jack Russel Terrier besitzt einen ausgeprägten Charakter und hat auf der ganzen Welt viele Anhänger. Grundsätzlich klein und niedrig über dem Boden gibt es ihn mit leichten Variationen in Größe und Körperbau. Jack Russells werden häufig mit großer Sorgfalt und großem Weitblick gezüchtet und sind gute Arbeitsterrier sowie hervorragende, liebenswürdige und spaßige Gefährten.

Der Lurcher ist eine andere Hundeart, die bewusst gezüchtet wird. Für diese Hunde gibt es sogar eigene Ausstellungen, die begeistert angenommen werden. Ein Lurcher entsteht aus einer gezielten Kreuzung zwischen einem so genannten Langhund (Longdog) – einem Windhund oder dergleichen – und üblicherweise einem irgendwie gearteten Hütehund. Ein Lurcher kann auch aus einer Verpaarung von Eltern hervorgegangen sein, die bereits auf diese Weise gezüchtet wurden. Die Meinungen darüber, welche Kreuzungen genau einen wahren Lurcher hervorbringen, gehen etwas auseinander, meist ist aber eine Kreuzung aus Collie und Greyhound gemeint.

Auch über die Bedeutung des Begriffs Langhund ist man sich nicht einig. Einige sind der Ansicht, er sei auf eine Kreuzung zwischen zwei Arten von Hetzjagdhunden beschränkt, während andere auch reinrassige Hetzjagdhunde gelten lassen. Das erklärt, warum solche Hunde, obwohl sie mit einiger Sorgfalt gezüchtet wurden, von keinem Hundeverband als Rasse anerkannt werden.

Lurcher und Langhunde werden, wie viele Vertreter reinrassiger Windhunde, für Hetzjagden und neuerdings auch für Köderhetzjagden eingesetzt. Letztere sind eine vergnügliche Übung für Hunde und Besitzer, ohne dass lebende Beute verletzt oder getötet wird.

Weiße und langhaarige Deutsche Schäferhunde haben ebenfalls eine ziemlich große Anhängerschaft, obwohl sie nicht offiziell zu Ausstellungen zugelassen werden. Sie haben ihren eigenen Verband, der allerdings nicht vom British Kennel Club anerkannt ist, und können, so wie ihre farblich vertrauteren direkten Verwandten, an Obedience- sowie an Behendigkeitsveranstaltungen und dergleichen teilnehmen.

Auch der Lucas Terrier, ebenfalls nicht vom British Kennel Club anerkannt, hat enthusiastische Anhänger. Dieser Terrier wurde in den 1950er-Jahren von Sir Jocelyn Lucas eingeführt, der Sealyham-Terrier-Hündinnen mit Norfolk-Terrier-Rüden verpaarte.

WISSENSWERTES
Jüngst wurde der Boerboel vom Kennel Club of Southern Africa (KUSA) als Standardrasse anerkannt.

Oben
Obwohl der Jack Russell Terrier eine sehr populäre Rasse ist, wird er nicht von allen Verbänden anerkannt.

Oben links
Der Lurcher ist das Ergebnis der Kreuzung zweier Rassen; da er aber nicht standardisiert ist, wird er nicht als offizielle Rasse anerkannt.

Links
Ein Mischling kann genauso reizend sein wie ein Rassehund und kann ebenso viel, wenn nicht sogar mehr, Charakter haben.

Alte Hunderassen

IN ALTEN AUFZEICHNUNGEN finden sich viele Rassen, die heute nicht mehr bekannt sind, obwohl ihr Blut ganz sicher noch durch die Adern vieler unserer heutigen Hunde fließt.

WIEDER BELEBTE RASSEN

GELEGENTLICH WURDEN aussterbende Rassen durch Menschen wieder belebt, die davon überzeugt waren, dass die jeweilige Rasse mit allen verfügbaren Mitteln gerettet werden müsse. Ausnahmslos war die Folge, dass andere ausgewählte Rassen in ein sorgfältig geplantes Programm einbezogen wurden, und erst nach vielen Generationen hatten die Züchter das Gefühl, allmählich an ihr Ziel zu gelangen.

In einigen Fällen haben sich ihre ausdauernden Bemühungen als erfolgreich erwiesen, in anderen weniger, sodass die wiedererstandene Rasse das Original nicht ganz erreichte.

Rechts
Dieser junge Alcowelpe ist vielleicht ein Schoßhund gewesen.

The Hare-Indian Dog. (Youatt.)

Unten
Der Hund der Hare-Indianer lebte in Nordamerika und jagte auf Sicht wie ein Windhund.

ALCO

1840 WURDE DER ALCO als „noch zu enträtselndes" Tier beschrieben und war lange Zeit nur von einer Zeichnung von Fernandez bekannt, der ihn *Michua canens* nannte. Um die Verwirrung noch zu steigern, wurde er auch als *Yzicinte potzotli* bezeichnet. Er hatte einen kleinen Kopf, einen kurzen Hals, einen sehr massigen Körper und wurde von manchen als Hütehundrasse eingestuft. Seine Farbe wurde als normalerweise weiß-gelb angegeben, aber nach Buffons *Histoire Naturelle* war er schwarz-weiß mit rotbraunen Punkten über den Augen. Sicher wurde der Alco von Frauen als Schoßhund gehalten, doch man meinte, dass er gelegentlich zu seiner wilden Art zurückfand.

Ein Exemplar kam von Mexiko nach Großbritannien. Nach seinem Tod wurde es ausgestopft und in London in einer Ausstellung mexikanischer Raritäten gezeigt.

Obwohl der Alco als Wildrasse bezeichnet wurde, hielten ihn viele für einen Neufundländerwelpen, auch wenn die Verbindung zwischen diesen Rassen kaum vorstellbar ist. Er war „klein mit einem ziemlich großen Kopf; gestrecktem Hinterhauptstachel; vollem Fang; herabhängenden Ohren; langem weichem Fell auf dem Körper. Seine Farbe war vollkommen weiß mit Ausnahme eines großen schwarzen Flecks, der beide Ohren sowie einen Teil der Stirn und der Wange bedeckte, mit einem lohfarbenen Abzeichen über jedem Auge und einem weiteren schwarzen Fleck auf den Hinterbacken; die Rute war ziemlich lang, gut befedert und weiß."

LASTENHUND DER INDIANER

DER LASTENHUND der Indianer, auch unter dem Namen Techichi von Mexiko bekannt, war ein kräftig aussehendes Tier mit langem Rücken und mit „dem Fang, der Rute und den Farben eines Terriers". Das Fell war glatter als das der meisten Terrier, kurz, aber nicht wollig. Die Ohren waren kupiert und im Vergleich zur Rumpflänge waren die Beine ziemlich kurz, aber nicht krumm.

DER „HUND DER NORDAMERIKANISCHEN INDIANER"

EIN ANDERER HUND, der in Nordamerika anzutreffen war, hieß „Hund der nordamerikanischen Indianer". Der als Wachhund klassifizierte Hund war eine einheimische Rasse, aber möglicherweise nicht domestiziert, sondern eher wild oder zumindest verwildert. Die abgebildeten Hunde wurden 1840 folgendermaßen beschrieben: von der Größe her wie „ein Spaniel" und von „reinem Blut", allerdings „ablehnend gegen den weißen Mann". Ein unverwechselbares Merkmal war der Kopf, der gemessen

von der Nasenspitze bis zur Spitze jedes Ohrs ein gleichseitiges Dreieck bildete. Die Fellfarbe war der des Wolfes ähnlich, und obwohl der Hund angeblich wild aussah, soll er niemals geheult oder gebellt haben.

„HUND DER HARE-INDIANER"

DER HUND DER HARE-INDIANER lebte in Gebieten am Fluss Mackenzie und an den Großen Seen Amerikas, wo er Elche und Rentiere auf Sicht jagte, gelegentlich unterstützt durch seinen Geruchssinn. Obwohl die Grundform des Körpers nahe legt, ihn heute in die Gruppe der Hirten- und Hütehunde aufzunehmen, führten Kopfform, Länge und sein schlanker Fang dazu, dass die frühe Hundeautorität „Stonehenge" (Pseudonym von J. H. Walsh, Herausgeber von *The Field*) ihn in die Gruppe der domestizierten Hunde aufnahm, die hauptsächlich auf Sicht jagten und die getötete Beute den Menschen überließen. Der tiefe Brustkorb, die aufgezogenen Flanken und die muskulösen Läufe zeigten, dass es ein schneller Hund war. Er hatte einen leichten Körperbau und war nicht in der Lage, ein größeres Tier zu halten. Die Länge seiner Krallen und die „Schwimmhäute" dazwischen ermöglichten ihm, ohne Einsinken über Schnee zu laufen. Es war kein Problem für ihn, seine Jagdbeute zu überholen, die er dann so lange in Schach hielt, bis die Jäger kamen. Das Fell war weiß mit gräulich schwarzen oder braunen Flecken und die aufrechten Ohren waren am Ansatz breit und am Ende spitz, wodurch der Eindruck von Lebhaftigkeit und Pfiffigkeit entstand.

Der hier vorgestellte Hund war einer von drei Hunden der Hare-Indianer, die im Zoologischen Garten von London lebten. Sie waren sanft und selbstbewusst, aber wegen des fehlenden Auslaufs überlebte keiner lange. In ihrer Heimat waren diese Hunde ausgeglichen und gut führbar und sie waren wertvoll für die Indianer, die nahezu vollständig von dem lebten, was die Tiere auf der Jagd erbeuteten. Diese Hunde bellten zwar nie, sie heulten und jaulten aber, obwohl der jüngste der drei im Zoologischen Garten, der einige Tage nach der Ankunft seiner Elterntiere geboren worden war, wie die Hunde bellte, die in der Nähe untergebracht waren.

Oben
Der Lastenhund der Indianer hatte kurze Beine und den Fang eines Terriers.

Unten
Der mindestens halbwilde Hund der nordamerikanischen Indianer könnte als Wachhund eingesetzt worden sein.

Rechts
Laufhunde (Hounds) wurden schon früh zum Jagen von Hirschen und Wildschweinen eingesetzt.

Unten
Der Talbot scheint eine Kreuzung zwischen Northern und Southern Hound gewesen zu sein.

Die abgeschorenen Hundehaare wurden zusammen mit anderen Haaren gesponnen und zu Kleidungsstücken weiterverarbeitet. Im 19. Jahrhundert kam man auf die Idee, dass diese Rasse den Kleinbauern von Norwegen oder Schottland äußerst nützlich sein könnte.

ASIATISCHER NOOTKA-HUND

WEITER IM NORDEN war zu Beginn des 19. Jahrhunderts der Asiatische Nootka anzutreffen, scheinbar ein Vorfahr des Eskimohundes und des Neufundländers. Er war ein großer und sanftmütiger Hund mit spitz zulaufenden aufrechten Ohren. Das Wertvollste an diesem Hund, den es in den Farben Weiß, Braun oder Schwarz gab, war sein sehr üppiges Fell, das so wollig, dicht und fein war, dass es als Vlies oder Pelz beschrieben wurde.

LAUFHUNDE (HOUNDS)

DER TALBOT ist in Großbritannien heute noch bekannt, weil er sich gelegentlich auf Pub-Schildern findet. Er ähnelte sehr dem Bluthund und unterschied sich nur wenig von den als Southern und Northern Hounds bezeichneten Hunden. Alle hatten eine laute und klangvolle Stimme und waren schwer, wobei der Northern Hound einen schlankeren Kopf, ein längeres Vorgesicht und kürzere Lefzen hatte als der Southern Hound, dem man im Süden von England, in Devon und in Wales begegnete.

Um die Mitte des 19. Jahrhunderts wurden im Dorf Aveton Gifford in Devon von einigen reichen Bauern jeweils zwei oder drei Southern Hounds gehalten. Sie besaßen einen hervorragenden Geruchssinn und konnten einer Fährte länger folgen. Sie gelangten an Stellen, die fuchsjagende Laufhunde nicht zu erreichen vermochten.

Der Talbot wird von frühen Autoren unterschiedlich geschildert, war aber scheinbar eine Rasse genau in der Mitte zwischen Northern und Southern Hound. Er hatte einen großen Kopf, eine sehr breite Nase, sehr breite herabhängende Ohren und ein ziemlich raues Fell. Normalerweise war er komplett weiß, wird z. T. aber auch als gefleckt beschrieben. Es scheint allerdings, dass die weißen gegenüber andersfarbigen Hunden bevorzugt wurden. In Buchmalereien früher Manuskripte wird der Talbot nicht besonders groß dargestellt, aber den meisten Schilderungen zufolge erreichte er eine beachtliche Größe. Es gibt außerdem Hinweise, dass er mehr zum „Vorzeigen" als zum Arbeiten gehalten wurde.

Das alte Haus Shrewsbury war sehr eng mit dem Talbot verbunden, und diese Rasse war Teil des Familienwappens. Der Kopf eines Talbots wurde außerdem als Emblem verschiedener alter Fürstenfamilien in Deutschland verwendet. Der St. Hubertus Hund war entweder mit dem Talbot identisch oder eng mit ihm verwandt. 1867 gab es noch mehrere Rudel sehr schwerer, langsamer Talbot in Devon, Yorkshire, Sussex und South Wales; es wurde aber bezweifelt, dass diese wirklich repräsentativ für den ursprünglichen Bestand waren. 1931 berichtete der angesehene Hundeautor Edward Ash, dass seinerzeit von Waldhütern im New Forest verlangt wurde, bei ihren Gängen einige „Bloodhounds" mitzunehmen. Weiter sagte er, dass diese speziellen „Bloodhounds" als Talbots bezeichnet wurden. Einer der Waldhüter behauptete, dass es in seiner Familie seit mehr als 300 Jahren Talbots gab. Auf alle Fälle ist es höchst wahrscheinlich, dass der Talbot, der jetzt leider ausgestorben ist, der älteste Fährtenhund in Großbritannien war.

TURNSPIT

UM 1860 galt der fleißige kleine Turnspit als nahezu ausgestorben. Den Turnspit gab es in unterschiedlichen Typen und er war keine „Rasse" im eigentlichen Sinn, aber alle Turnspits hatten kurze Beine und einen relativ langen Rumpf. Sie wurden in dieser Art gezüchtet, damit sie in die Räder passten, mit denen die Bratspieße in den Küchen großer Häuser gedreht wurden. Im Allgemeinen hatten sie krumme Beine, Hängeohren und geringelte Ruten. Diese Hunde arbeiteten paarweise und wurden zuletzt in Wales und in Deutschland angetroffen.

TRÜFFELHUNDE

DER TRÜFFELHUND war wohl Mitte des 17. Jahrhundert von einem Spanier nach Großbritannien gebracht worden, der eine Menge Geld mit den Trüffeln verdient hatte, die sein Hund in seinem Heimatland gefunden hatte. Die Bauern ließen normalerweise Schweine nach Trüffeln suchen, aber der Trüffelhund hatte einen noch viel besseren Geruchssinn. In Frankreich und Skandinavien fand er unter dem Namen Truffleur Anerkennung und wurde im Botanischen Garten von London (Kew Gardens) gezeigt.

Links
Der Southern Hound war farblich gefleckt und ein hervorragender Fährtenhund.

Unten links
Der eigenartige kleine Turnspit ist jetzt leider ausgestorben.

Unten
Der Trüffelhund wurde Mitte des 17. Jahrhunderts aus Spanien eingeführt.

Trüffel liegen direkt unter dem Erdboden und ein guter Hund konnte pro Woche bis zu 45 kg finden. Trüffelhunde sahen ein wenig wie Pudel aus und wogen 7–11,5 kg; sie hatten schwarze Abzeichen auf dem Fang und den unteren Lefzen. Sie waren meist weiß, schwarz oder schwarz und weiß. Wenn ein schwarzer Trüffelhund nachts arbeitete, wurde ihm etwas Weißes angelegt, damit er zu sehen war.

Oben rechts
Foxhounds wurden um 1840 als eigene Hunderasse klassifiziert.

Unten rechts
Springer Spaniels waren populäre Stöber- und Jagdhunde.

HUNDE, WIE SIE WAREN

IM FRÜHEN 19. JAHRHUNDERT, mehrere Jahrzehnte vor der Gründung des ersten Hundeverbands, des Kennel Clubs, wurden sehr viele Hunde als einzelne Rasse klassifiziert. In einigen Fällen sind die Namen unbekannt, und es war nicht immer möglich, auch nur eine Zeichnung zu finden, die zu der Beschreibung passte. Glücklicherweise gibt die Reihe *Naturalist's Library* von W. H. Lizars, die 1840 veröffentlicht wurde, einen wunderbaren Einblick in Beispiele von Rassen jener Zeit. Viele davon kennen wir auch heute noch, aber einige wurden verändert und in verschiedene Rassen aufgeteilt. Andere sehen nur vage den Rassen ähnlich, die uns heutzutage vertraut sind.

Die Klassifikation hat sich im Laufe der Zeit erheblich geändert, denn zu den Hunden, die im Abschnitt Laufhunde (Hounds) beschrieben sind, kamen Rassen wie King Charles Spaniel, Setter, Spaniel, Springer Spaniel, Cocker Spaniel, Pointer und der Wasserhund oder Pudel hinzu. Es scheint daher, dass damals der Begriff Laufhund als „Sporthund" interpretiert werden konnte, obwohl andererseits einige wirkliche Laufhundrassen aufgenommen wurden, während viele Windhunde auch eigenständig als Greyhounds klassifiziert wurden.

Natürlich gab es bedeutende Autoren zum Thema Hunde, deren Arbeiten im 19. Jahrhundert und später veröffentlicht wurden. Damit der Leser ein möglichst klares Bild davon erhält, welche Ansichten in der ersten Hälfte jenes Jahrhunderts herrschten, wurden die folgenden Beschreibungen, einige zusammen mit den zugehörigen Originalfarbzeichnungen, speziell aus der Reihe *Naturalist's Library* übernommen. Auf Rassebeschreibungen anderer Autoren wurde weitgehend verzichtet, um die Dinge nicht weiter zu verkomplizieren.

SPANIELS UND WASSERHUNDE

ES GAB NUR WENIGE Beschreibungen des King Charles Spaniels. Sie beschränkten sich darauf, dass er eine großartige Rasse, normalerweise schwarz und weiß und vermutlich Vorfahr des Cocker Spaniels war, der einen kürzeren Rücken hatte als der King Charles.

Soweit es um Cocker Spaniels geht, werden in dem Buch die Farben Blenheim, Marlborough und Pyrame aufgeführt; bei schwarzen Spaniels wird die Farbe durch „Feuerpunkte" über den Augen und durch die gleiche Art von Abzeichen auf der Brust und auf den Pfoten aufgelockert.

SETTER UND WASSERHUNDE

BEIM SETTER WURDE sein langes seidenes Fell hervorgehoben und er wurde gewöhnlich als große Spanielrasse geschildert, die ihren Ursprung auf der spanischen Halbinsel hatte. Man nahm an, dass der Kopf dieser Rasse eine erstaunliche Entwicklung des Gehirns ausdrückte. Über die Intelligenz des Setters, seine Zuneigung und seine Sanftmut wurde gesagt, dass sie von keiner anderen Art von Hund übertroffen würden. In Irland, wo die älteren Farben als dunkel Kastanienfarben und Weiß oder als Rot anerkannt waren, wurden für Setter hohe Preise bezahlt. In England waren sie dagegen meist weiß mit schwarzen oder braunen Abzeichen.

Der Springer Spaniel von 1840 war ganz anders als die Rasse, die wir heute unter diesem Namen kennen. Er wurde als kleiner als der Setter beschrieben und hatte „eine elegante Form und eine heitere Erscheinung". Ungeachtet der Abbildungen, die ein überwiegend rotes Fell zeigen, war er üblicherweise weiß mit roten Punkten sowie mit einer schwarzen Nase und einem

Links
Der Setter galt als großer Spaniel. Die Hunde waren als gute Vorstehhunde bekannt und wechselten für viel Geld den Besitzer.

Unten
Die als äußerst attraktiv angesehenen King Charles Spaniels hatten bereits in den 1840er-Jahren schwarze Abzeichen auf weißem Untergrund.

schwarzen Gaumen. Während dieser Zeit wurde der Wasserhund auch als der Barbet des Kontinents und gelegentlich als Pudel bezeichnet. Man behauptete von ihm, er hätte ein größeres Gehirnvolumen als jeder andere Hund. Diese Rasse war intelligent und an ihren Herrn gebunden und war für ihre Ausdauer beim Suchen nach verlorenen Gegenständen berühmt. In einem Fall hatte der Besitzer versehentlich eine Goldmünze fallen lassen und der Hund bestand so beharrlich darauf, die Münze zu bewachen, dass er jegliches Futter verweigerte, bis die Münze wieder aufgehoben worden war.

Die Läufe des Wasserhundes oder Pudels waren kurz und sein langes, gelocktes Fell schwarz, weiß oder manchmal rotbraun. Die Schulterhöhe betrug 46 bis 51 cm. Die Rasse war in Deutschland, Frankreich, Spanien und den Niederlanden zu finden, und offensichtlich war ein „grober, steifhaariger" Wasserhund schon lange in Englands Mittelklasse bekannt. Ein solcher Hund war auch Fischern und professionellen Wasservogeljägern vertraut. Gelegentlich waren Wasserhunde auch direkt in oder in der Nähe von London anzutreffen. Sie wurden aber hauptsächlich auf dem Land für einen brutalen „Sport" eingesetzt, bei dem sie domestizierte Enten, die nur zu diesem Zweck in einen Teich gesetzt wurden, zu Tode jagten und attackierten.

WOLFSHUNDE

DER ALPEN- ODER St. Bernhardshund (Bernhardiner), der nur selten anzutreffen war, wurde zusammen mit anderen, wie etwa dem Eskimohund, dem Neufundländer und dem Schäferhund, als Wolfshund klassifiziert. Man sagte, er habe einen Kopf und Ohren wie ein Water Spaniel. Seine Grundfarbe war Weiß mit schwarzen oder lohfarbenen Punkten, einige hatten aber graue und leberfarbene Abzeichen sowie „schwarze Wolken". Diese Tiere besaßen ein dichtes, kurzes Fell und, obwohl sie in Bergregionen dieselben Aufgaben erfüllten, soll in ihren Adern entweder Blut vom Französischen Mastiff oder von der Deutschen Dogge geflossen sein. St. Bernhardshunde lernten, Körbe mit Nahrung und Wein zu tragen, wenn sie sich vom Hospiz von St. Bernhard aufmachten, um nach verirrten Reisenden zu suchen. Der Hund Bass wurde dagegen vom örtlichen Postboten eingesetzt, um eine Tasche mit Briefen von Haus zu Haus zu tragen. Als der Postbote einmal krank war, wurde er durch einen Kollegen vertreten. Dieser erlaubte es Bass nicht, die Tasche zu tragen, da er nichts von der normalen Arbeitsbeziehung zwischen seinem Kollegen und dem Hund wusste. Schließlich drückte Bass den neuen Postboten mit seine großen Pfoten rücklings auf die Straße und setzte dann ruhig mit der Tasche im Maul seinen üblichen Weg fort. Der Neufundländer war eine weitere große und kräftige Rasse, galt als attraktiver Hund und war seinerzeit in Großbritannien recht verbreitet. Angeblich soll er aber teilweise mit anderen Hunden gekreuzt worden sein und deshalb etwas von der in Amerika heimischen Rasse abweichen. Normalerweise war der Neufundländer weiß mit schwarzen Flecken und einige waren enorm groß. Einem war speziell beigebracht worden, seine besondere Größe dadurch zu zeigen, dass er sich auf Befehl mit seinen Vorderpfoten gegen den Sturz einer Zimmertür lehnte. 1840 wurde allgemein angenommen, dass die Hunde des ursprünglichen Bestandes kleiner waren als die sehr großen Hunde dieser Rasse, die damals in England anzutreffen waren.

Es gibt zahlreiche Erzählungen über die Fähigkeiten und das Können des Neufundländers im Wasser. Aufgrund seines freundlichen Charakters ließ er sich leicht ausbilden.

Man schätzte, dass es in den 1830er-Jahren über 2000 solcher Hunde in Neufundland gab. Sie

Rechts
Der Pudel hatte kurze Beine und wurde auch als Wasserhund bezeichnet. Bulldoggen waren mittelgroß und wegen ihrer Kraft beachtet.

Unten
Der Große St. Bernhardshund ähnelt der heutigen Rasse nur wenig; sein Fell war kürzer und enthielt mehr Weiß.

waren während der gesamten Fischfangsaison weitgehend sich selbst überlassen und wurden danach hauptsächlich eingesetzt, um Holz, Fische oder andere Handelswaren aus entlegenen Landesteilen zum jeweils nächsten Markt zu ziehen. Ein guter Hund war in der Lage, während der Wintermonate seinem Herrn den vollständigen Unterhalt zu gewährleisten.

Anfang des 19. Jahrhunderts kamen nach einer Nordpolexpedition mehrere Eskimohunde nach England. Viele dieser Hunde waren schwarz-weiß oder schmutzigweiß, obwohl die Hunde an der Küste von Labrador häufig braun-weiß waren. Die hier abgebildete Zeichnung zeigt den Hund eines Herrn, der in Edinburgh in Princes Street Gardens wohnte. Genau in dieser Straße soll ein Hund seine außergewöhnliche Treue bewiesen haben, nachdem sein Herr eine steile Böschung hinuntergefallen war. Der Hund packte ihn angeblich sofort beim Mantel und half ihm, wieder aufzustehen. Über diesen besonderen Eskimohund wurde gesagt, dass er in puncto Gerissenheit wie ein Fuchs sei, denn er würde sein Fleisch um sich herum verstreuen, um Geflügel und Ratten in seine Nähe zu locken, während er in Lauerstellung wartete und wahrscheinlich vortäuschte zu schlafen. Nachdem sich die Hühner und Ratten genähert hatten, würde der Hund sich, immer mit Erfolg, auf sie stürzen. An Intelligenz stand angeblich der Schäferhund dem Neufundländer kaum nach. Tatsächlich wurde er sogar als dieser Rasse überlegen angesehen, weil er problemlos lange Ausbildungseinheiten durchstehen konnte. In Schottland waren seine Fellfarben gemischter als in England, aber in beiden Ländern war das Fell ziemlich lang und rau. Ein Schäferhund erreichte selten eine Widerristhöhe von 61 cm, aber er hatte einen muskulösen Körper und eine lange, ziemlich spitze Nase.

vergleichbaren Rassen früherer Jahrhunderte, aber immer noch erwiesen sie sich einem in einen Käfig gesperrten Löwen als überlegen. Die mittelgroße Bulldogge wurde auf Stärke und Elastizität hin gezüchtet. Wegen ihres

Links
Der Neufundländer ist eine kraftvolle Rasse und war ursprünglich nur schwarz, heute gibt es ihn auch in Braun.

Unten links
Eskimohunde wurden zu Beginn des 19. Jahrhunderts aus der Arktis nach Europa gebracht.

DIE BULLDOGGENRASSEN

IN *NATURALIST'S LIBRARY* findet sich eine wenig schmeichelhafte Beschreibung der Bull-Rassen. Sie werden, wie schon von den Römern, folgendermaßen beschrieben: Die „Lefzen schmutzig und lose hängend, sehen sie wie Monster aus". Der Schreiber von 1840 stellte fest, dass die damals bekannten Bulldoggen kleiner waren als die gegenüber dem Oberkiefer längeren Unterkiefers und der häufigen Rötung der Augen hatte diese Rasse ein äußerst abschreckendes Äußeres. Eine Bulldogge wurde dabei beobachtet, wie sie einen amerikanischen Bison zu Fall brachte, obwohl der Hund am Ende den Kürzeren zog.

GREYHOUNDS

SCHON 1840 war der Britische Greyhound sehr bekannt, trotzdem wurde nur wenig über ihn geschrieben, außer dass er „im offenen Gelände hinsichtlich Geschwindigkeit, Schönheit und Geist unübertroffen, gepaart mit Sanftmut" sei – sicherlich ein höchstes Lob.

Die als Schottischer Greyhound bezeichnete Rasse, die wir heute als Deerhound kennen, soll schlauer gewesen sein als die russischen Laufhunde, was z. T. daran gelegen haben soll, dass sie früher mit dem Hirschhund gekreuzt worden war. Vom Irischen Greyhound (heute Irischer Wolfshund) nahm man an, dass er ursprünglich mit dem Schottischen Greyhound identisch war. Gelegentlich heißt es, in Irland habe es den Irischen Greyhound in der damals bekannten Form nicht gegeben, bevor die Dänen die irische Küste erreicht hatten, obwohl eine solche Rasse wiederum in keinem der skandinavischen Länder bekannt war.

Oben
Als sehr schneller Hund mit einem sanften Charakter war der Britische Greyhound als Jagdhund ein klarer Favorit.

Rechts
Der Isle of Skye Terrier hatte blasse Farben und war manchmal sogar weiß.

Als erste Farbe der Rasse wurde Gelbbraun oder Hellocker angenommen, und man vermutete, dass die uralte Rasse, ähnlich wie der Schottische Greyhound, von „Nordmenschen" mit dem Dänischen Hund gekreuzt wurde, wodurch seine große Statur noch weiter vergrößert wurde. 1840 hieß es, es gäbe keine zwei Exemplare des Irischen Greyhounds, deren Körperbau oder Farbe gleich sei. Das legt nahe, dass Mastiff, Hirschhund oder Bluthund mit frühen Hunden gekreuzten wurden, um die seinerzeit bekannten Irischen Greyhounds zu erhalten. Diesen Hund hielt man für den größten in Westeuropa, und der Rückgang der Wölfe in Irland war, zumindest teilweise, auf die Arbeit dieser Rasse zurückzuführen.

TERRIER

DER TERRIER, DER AUS GROSSBRITANNIEN stammen soll, trug seinen Kopf so hoch und so keck wie kein anderer Hund, was Lebhaftigkeit und Energie ausdrückte. Es gab jedoch zwei sehr unterschiedliche Arten, und es war nicht sicher, ob sie gewollt oder zufällig entstanden waren.

Die erste Art war glatt, rund und ziemlich elegant, meist schwarz mit lohfarbenen Punkten über den Augen und derselben Farbe auf dem Bauch und auf den Extremitäten. Einige dieser Terrier waren auch weiß. Der Fang war scharf geschnitten, ihre Augen waren hell und lebhaft, die Ohren liefen spitz zu oder klappten etwas nach unten, während die Rute hoch getragen wurde und ziemlich gebogen war.

Die zweite Art wurde als „ehrlichere" Rasse angesehen. Sie wurde üblicherweise als Drahthaar-Terrier oder Scottish Terrier bezeichnet, manchmal aber auch als der Isle of Skye Terrier. Der Fang war kürzer und voller, die Gliedmaßen kräftiger und das Fell hart und struppig. Der Scottish Terrier war hellsandfarben oder hellocker, manchmal weiß.

Die Beine beider Terrierarten waren allerdings weder so krumm wie die des Turnspits, noch waren ihre Rücken so lang.

In Deutschland gab es einen großen rauhaarigen Terrier, dessen Aufgabe es war, selbst die wildesten Tiere des Waldes aus ihrem Unterschlupf im dichtesten Unterholz herauszutreiben. Solche Terrier arbeiteten mit Verwegenheit unter heftigem Lautgeben, dabei immer mit Erfolg. Sie waren normalerweise wolfsähnlich graubraun mit etwas Weiß um Hals und Brust und mit gut befederter, über dem Rücken geringelter Rute.

In England sah man, dass Terrier mit Schäfer- und Treibhunden gekreuzt wurden und die bemerkenswerteste unter diesen Kreuzungen war der Bullterrier, der diesen Namen wegen seines Aussehens erhielt. Er wurde abschätzig als „entschlossenste und brutalste bekannte Rasse" bezeichnet. Er fand im Allgemeinen Verwendung „für Zwecke, die wenig ehrenhaft für die menschliche Natur und höchst skandalös für die unteren Schichten von England sind, wo, zum Zwecke des Wettens, die wahren wilden Spielqualitäten der Tiere in gegenseitigen Kämpfen gezeigt [wurden], in denen keiner aufgibt, solange er noch lebt, und der letzte Kampf wird ohne ein Stöhnen ertragen!".

DALMATINER UND SAURÜDEN

DER DALMATINER oder Kutschenhund wurde in diesen Abschnitt über alte Rassen wegen der allgemeinen Struktur dieser Rasse aufgenommen. Er wurde als sehr attraktiver und den wirklichen Laufhundrassen in eleganter Form und schöner Zeichnung keineswegs unterlegener Hund anerkannt. Es fehlten ihm aber Geruchssinn und Klugheit der meisten Laufhunde. Daher wurde er ausnahmslos zur Arbeit mit Pferden eingesetzt. Neben einer Zeichnung eines Hundes aus den 1840er-Jahren zeigte die *Naturalist's Library* auch einen, der von Indien nach Großbritannien

gebracht worden war und als Hund beschrieben wurde, der „kleine, halb hängende Ohren und eine windhundähnliche Form" hat. Man vermutete, dass die Rasse, die in den 1840er-Jahren in Großbritannien bekannt war, von diesem Hund abstammte.

Der Suliot-Hund, auch als Deutscher Saurüde (großer Hund für die Wildschweinjagd) bezeichnet, war eine der größten Rassen, die in den 1840er-Jahren bekannt waren. Man sah in ihm den wahren Molosser des Altertums. Er hatte einen kräftigen Fang, war scharf, mit grobem Aussehen und robustem Fell. Es gab keinen, dessen Ohren nicht kupiert waren, und die Rute war immer struppig. Als Farben wurden Lohfarbe mit Braun oder Schwarz auf dem Rücken, an den Schultern und über den Ohren angegeben. Allerdings passen diese Farben überhaupt nicht zu denen, die auf der zugehörigen Zeichnung zu sehen sind. In den Kriegen zwischen Österreich und den Türken setzten die moslemischen Soldaten viele solche Hunde zum Bewachen der Außenposten ein. Im Verlauf der Feldzüge wurden viele von ihnen gefangen genommen und von Offizieren zum privaten Eigentum erklärt oder sogar von den kaiserlichen Truppen als Regimentshunde übernommen. Einer dieser Hunde wurde dem König von Neapel präsentiert und soll der größte Hund auf der Welt gewesen sein – mit 122 cm Widerristhöhe. Die wenigen, die gesehen worden waren, wurden als etwas kleiner als ein Shetlandpony beschrieben. Der Kopf eines solchen Hundes glich eher dem des großen Dänischen Hundes (heute als Deutsche Dogge bekannt) als dem des heutigen Mastiffs.

Die in Großbritannien im frühen 19. Jahrhundert populären Hunde waren ohne Zweifel sehr verschieden, und schon damals gab es Hunde für jeden Geschmack, so wie es auch heute der Fall ist.

Oben
Terrier wurden schon immer als Rattenjäger eingesetzt.

Links
Do Khyis (Tibetische Mastiffs) kamen in den 1840er-Jahren nach Europa.

Unten links
Die Deutschen Saurüden wurden, als sie das erste Mal in Europa zu sehen waren, für die größten Hunde der Welt gehalten.

Unten
Ein Scottish Terrier verbellt einen Dachs.

Die beliebtesten Hunderassen

IM FOLGENDEN TEIL des Buches werden nahezu 400 Hunderassen vorgestellt und mit ihren besonderen Merkmalen beschrieben.

Oben
Ein Deutsch-Kurzhaar draußen in Aktion

FCI

DIE IN DEUTSCHLAND geltenden Standards für Rassehunde folgen der Nomenklatur der Fédération Cynologique Internationale, FCI. Die Weltorganisation wurde 1911 gegründet (siehe auch die Seiten 172 und 288).

Der Verband für das Deutsche Hundewesen (VDH) ist der FCI als Mitgliedsland unterstellt. Über den VDH und seine Mitgliedsvereine werden Abstammungsurkunden und Zuchtbücher herausgegeben.

Oben und rechts
Ein Brüsseler Griffon und ein eleganter Afghanischer Windhund

Die FCI teilt die von ihr anerkannten Hunderassen in zehn Gruppen: Hüte- und Treibhunde, ausgenommen Schweizer Sennenhunde (1); Pinscher und Schnauzer – Molossoide – Schweizer Sennenhunde u. a. Rassen (2); Terrier (3); Dachshunde (4); Spitze und Hunde vom Urtyp (5); Laufhunde, Schweißhunde und verwandte Rassen (6); Vorstehhunde (7); Apportier-, Stöber- und Wasserhunde (8) Gesellschafts- und Begleithunde (9); Windhunde (10).

RASSEINFORMATIONEN

DEMGEGENÜBER KLASSIFIZIERT der British Kennel Club die anerkannten Hunderassen in sieben Gruppen – Jagdhunde, Lauf- und Windhunde, Hirten- und Hütehunde, Terrier, Kleinhunde, Begleithunde, Gebrauchshunde. Nach diesen Gruppen sind die folgenden Seiten aufgebaut. Um die Zuordnung der Rasse zu den Nomenklaturen zu ermöglichen, enthalten die RASSEINFORMATIONEN alle z. Zt. verfügbaren Angaben der offiziellen Anerkennung (UK = British Kennel Club; FCI; AKC = American Kennel Club).

Ganz oben
Der Rhodesian Ridgeback wurde ursprünglich für die Löwenjagd eingesetzt.

Mitte
Der Pyrenäen-Berghund hat ein weißes Fell.

Links
Der Rottweiler, in Deutschland häufig als Wachhund eingesetzt, ist weltweit populär.

REGELN ZUR ABSTAMMUNG

DIE FÉDÉRATION CYNOLOGIQUE internationale (FCI) ist das Gremium, das Hunderassen anerkennt oder ablehnt, und für das Registrieren von Rassehunden verantwortlich ist.

Eine vollständige Registrierung durch den FCI bzw. seine Mitgliedsverbände wie den Verband für das Deutsche Hundewesen (VDH) kann nur dann erfolgen, wenn drei Elterngenerationen nachgewiesen werden können. Diese Vorfahren müssen ebenfalls ein Stammbuch der FCI bzw. des VDH aufweisen können. Nur dann gilt ein Hund vor der FCI als reinrassig.

Meist gehören alle Hunde eines Stammbaums zwar zur selben Rasse, doch wird oft eine andere Rasse eingekreuzt, um die ursprüngliche Rasse zu verbessern. In dem Fall ist es bis zur vierten Filialgeneration nicht möglich, eine vollständige Registrierung durch den VDH zu erhalten.

Jagdhunde

HUNDE WERDEN ZWAR schon lange beim Jagen eingesetzt, das gezielte Züchten der uns heute bekannten Jagdhundrassen wurde aber durch die Entwicklung der Jagdgewehre ausgelöst. Das Wild musste nun aufgespürt werden, bevor es durch den Jäger erlegt werden konnte, und das geschossene Wild musste eingesammelt werden.

Oben
Ein Amerikanischer Cocker Spaniel, der einen Wildvogel apportiert – der Vogel ist fast genauso groß wie dieser kleine Spaniel.

Rechts
Der Clumber Spaniel ist ein schwerer Hund mit kräftigen Knochen und daher lange nicht so populär wie die schnelleren Rassen.

Unten
Der Deutsche kurzhaarige Vorstehhund ist eine schlanke, athletische und leichtführige Rasse, die bei Freizeitjägern beliebt ist.

AUFSPÜREN VON WILD

ALLE ZUR GRUPPE der Jagdhunde gehörenden Hunde wurden gezüchtet, um Jäger mit Gewehr zu unterstützen. Dabei sind einige Rassen echte Generalisten, die sich für alle Zwecke eignen, während andere ganz spezielle Aufgaben im Gelände haben. Manche Rassen spüren das Wild auf, andere scheuchen es auf, damit der Jäger es schießen kann, und wieder andere apportieren es später. Einige Rassen sind als Meister im Wasser bekannt.

Es sind hauptsächlich Pointer und Setter, die Wild aufspüren. Sie arbeiten vor dem Gewehr und zeigen genau an, wo sich das Wild befindet. Die Pointer stehen starr, häufig in der bekannten Haltung mit einer angehobenen Pfote, und tragen die Rute in einer geraden Linie. Setter neigen dazu, sich hinzulegen, wenn sie Wild entdeckt haben. Spaniels scheuchen das Wild auf, indem sie entweder Vögel zum Auffliegen oder Bodenwild zum Weglaufen veranlassen. So jagen sie eifrig vor dem Gewehr, ohne es dabei jemals zuzulassen, dass sich die Beute aus dem Schussbereich entfernt. Geschossenes Wild zu apportieren ist im Allgemeinen Aufgabe der größeren und kräftigeren Rassen. Diese Hunde haben einen hervorragenden Geruchssinn und können sich durch Beobachten der Flugbahnen die Fallstellen von Vögeln merken und diese holen, ohne dass sie viel Unterstützung brauchen.

Sie sind außerdem in der Lage, sich schnell über rauen Untergrund und durch Dickicht zu bewegen.

Zu den oben erwähnten Spezialisten gehört z. B. der Irish Water Spaniel, der besonders für den Einsatz im Wasser gezüchtet wurde, wofür Schutz vor Nässe und Kälte erforderlich ist. Jäger sind begeistert von ihren Rassen, die davon profitieren, dass sie seit Generationen dafür ausgebildet werden, Befehle zu befolgen. Diese Hunde sind hervorragende Gefährten des Menschen.

Der Anblick eines im Gelände arbeitenden Irish Setters, auf dessen dunkelrotem Fell die Sonne schimmert, ist eine besondere Freude. Gleiches gilt für die elegante Haltung eines Pointers. Hinsichtlich Fell, Farben, Haarlänge, und -struktur sowie der erforderlichen Pflege unterscheiden sich die Jagdhunde deutlich voneinander, aber sie alle gehören zu Rassen mit weichem Fang und haben normalerweise ein höchst zuverlässiges Wesen. Keine Rasse dieser Gruppe ist besonders groß und keine besonders

klein, wobei der Amerikanische und der Englische Cocker Spaniel am unteren Ende der Größenskala stehen. Einige Rassen sind kräftig gebaut und arbeiten langsamer, während andere geschmeidig sind und recht hohe Geschwindigkeiten erreichen können. Jeder Hund aus dieser Gruppe hat eine andere Arbeitsmethode, und heute werden viele nicht nur für die Arbeit, sondern auch für den Einsatz im Ausstellungsring gehalten. Sehr viele dieser Hunde sind aber auch einfach nur Gefährten.

Der populärste Hund ist gegenwärtig wohl der Golden Retriever: Auf der Welthundeausstellung 2003 in Dortmund verzeichnete er mit 383 Anmeldungen die bei weitem höchste Anmeldezahl einer Einzelrasse.

RASSEINFORMATIONEN	
NAME	Bracco Italiano
ANDERE NAMEN	Italienische Bracke
OFFIZIELLE ANERKENNUNG	FCI Gruppe 7
	UK Gundog Group,
FARBVARIANTEN	kastanienbraun/weiß,
	kastanienbraun-schimmel, weiß, weiß/orange

Bracco Italiano

Widerristhöhe 56–67 cm

FCI 7 GRUPPE · FELLPFLEGE · groß GRÖSSE · FUTTER

DER ZUM Fährtensuchen, Vorstehen und Apportieren eingesetzte Bracco Italiano war im Italien der Renaissance ein Modehund. Zuerst im Piemont und in der Lombardei gezüchtet, war er möglicherweise Ergebnis der Kreuzung von antikem Asiatischem Mastiff mit Segugio. Andere sagen, die Rasse gehe auf den St. Hubertus Hund zurück. Sicher zählen zu den Vorfahren Lauf- wie auch Jagdhunde, die damals üblicherweise verpaart wurden, um einen Hund hervorzubringen, der vorstehen konnte, aber mehr Ausdauer hatte.

Der Bracco Italiano ist kräftig, muskulös und schlank, sein Kopf lang und eckig, mit ausgeprägtem Hinterhauptstachel. Die ovalen, intelligenten Augen sind bernsteingelb in unterschiedlicher Tönung. Das Fell ist fein, dicht, kurz und glänzend. Das Gewicht liegt zwischen 25 und 40 kg. Diese freundliche, fröhliche Rasse verträgt sich gut mit Artgenossen, ist kinderfreundlich und auch für eine Stadtwohnung geeignet.

WISSENSWERTES

Fresken aus dem 14. Jahrhundert beweisen den fast unveränderten Fortbestand des Bracco Italianos bis heute.

RASSEINFORMATIONEN	
NAME	Bretonischer Vorstehhund
ANDERE NAMEN	Epagneul Breton
OFFIZIELLE ANERKENNUNG	FCI Gruppe 7, UK Gundog Group
	AKC Sporting Group
FARBVARIANTEN	orange/weiß, leberfarben/weiß, schwarz/weiß, trikolor

Bretonischer Vorstehhund

Widerristhöhe 47–50 cm

FCI 7 GRUPPE · FELLPFLEGE · mittel GRÖSSE · FUTTER

DER BRETONISCHE Vorstehhund, 1900 bei der Pariser Hundeschau ausgestellt, war in Europa seit Jahrhunderten bekannt. Die auch Epagneul Breton genannte Rasse ist in Deutschland erst in den letzten Jahren populärer geworden. Sie eignet sich als Hund zum Vorstehen und Apportieren. Obwohl der Bretonische Vorstehhund recht leicht ist, kann er Hasen oder Fasane tragen. Auch ist er ein ausdauernder Läufer, der sich im Wasser wohlfühlt. In einigen Ländern wird er als Spaniel klassifiziert, ähnelt aber einem kleinen Setter und arbeitet wie ein Setter oder Pointer. Die Vorfahren der Rasse kamen vermutlich aus Spanien.

Der solide, lebhafte, kompakte, aufrecht gebaute Hund wiegt 13–15 kg und hat eine ideale Widerristhöhe von 47–50 cm. Die braunen oder dunkelbraunen Augen harmonieren mit dem Fell, das weiß und orange, braun oder schwarz sowie aus diesen Farben geschimmelt sein kann.

Die kinderfreundliche, leicht erziehbare Rasse möchte immer gefallen und ist energiegeladen, intelligent und anschmiegsam.

WISSENSWERTES

Der Bretonische Vorstehhund dient in den USA und in Kanada vielen Jägern als Begleiter und in Frankreich ist diese Rasse äußerst beliebt.

Links

Der Bretonische Vorstehhund hat als die in Frankreich beliebteste einheimische Rasse erst in letzter Zeit nach Deutschland gefunden.

FCI 7
GRUPPE

FELLPFLEGE

groß
GRÖSSE

FUTTER

English Setter

Widerristhöhe 61–68 cm

RASSEINFORMATIONEN	
NAME	English Setter
OFFIZIELLE ANERKENNUNG	FCI Gruppe 7, UK Gundog Group, AKC Sporting Group
FARBVARIANTEN	weiß mit vielen verschiedenen Farben, trikolor

WISSENSWERTES

Der English Setter wurde 1859 in Newcastle bei einer Veranstaltung gezeigt, die von vielen als erste echte Hundeausstellung angesehen wird.

DIE GESCHICHTE des English Setters reicht zwar mindestens 500 Jahre zurück, die modernen Vertreter der Rasse sind aber sehr von Edward Laverack beeinflusst, der 1825 mit zwei reinrassigen English Settern sein Zuchtprogramm begann. Im späteren 19. Jahrhundert wurden Hunde mit Laverack'scher Herkunft zur Verbesserung der jagdlichen Eigenschaften mit anderen Settern verpaart.

Bei einer Widerristhöhe von 61–68 cm und einem Gewicht von 25–30 kg hat der English Setter eine klare Kontur und sowohl sein Aussehen als auch seine Bewegungen sind elegant. Das lange, seidige Fell gibt es in vielen interessanten Farbkombinationen: schwarz und weiß (als blue-belton bezeichnet), orange und weiß (orange-belton), gelb und weiß (lemon-belton), leberfarben und weiß (liver-belton) oder trikolor, das blue-belton und lohfarben (tan) oder liver-belton und lohfarben ist.

Diese sehr aktive Rasse mit einem leidenschaftlichen Jagdtrieb ist äußerst freundlich und gutmütig.

Rechts
Der English Setter lässt sich leicht ausbilden und ist im Gelände ein gut reagierender Arbeiter.

FCI 7
GRUPPE

FELLPFLEGE

groß
GRÖSSE

FUTTER

Deutsch-Langhaar

Widerristhöhe 60–66 cm

RASSEINFORMATIONEN	
NAME	Deutsch-Langhaar
ANDERE NAMEN	Deutscher Langhaar-Vorstehhund
OFFIZIELLE ANERKENNUNG	FCI Gruppe 7, UK Gundog Group
FARBVARIANTEN	braun mit weiß, verschiedene geschimmelte Farben

WISSENSWERTES

Der Rassestandard wurde 1879 in Deutschland eingeführt und 1902 aktualisiert.

DER DEUTSCH-LANGHAAR wurde im 19. Jahrhundert als langhaariger, vielseitig einsetzbarer Jagdhund gezüchtet. Zum Aufbau dieser Rasse wurden hauptsächlich Spanische Vorstehhunde, Irischer roter und Gordon Setter, kleiner Neufundländer und Epagneul français verwendet. Der Deutsch-Langhaar ist vornehmlich ein Gebrauchshund, von dem man erwartet, dass er unermüdlich jagt und apportiert (auch aus dem Wasser). Der Deutsch-Langhaar ist ein nervenfester und gut zu führender Hund mit ruhigem, ausgeglichenem Wesen. Er ist anhänglich und friedlich gegenüber Menschen und deshalb problemlos in der Familie zu halten, jedoch benötigt er unbedingt jagdliche Einsätze; er eignet sich nicht zum reinen Begleithund.

Der kräftige muskulöse Hund hat eine Widerristhöhe von 60–66 cm und wiegt etwa 30 kg. Sein aristokratisches Aussehen erhält er, weil Fang und Schädel gleich lang und die Augen möglichst dunkelbraun sind. Das Fell hat dünne und glatte oder leicht gewellte Haare und eine dichte Unterwolle; die Farben sind Braun, verschiedene Schimmelfarben oder Braun mit Weiß oder Schimmel.

RASSEINFORMATIONEN	
NAME	Deutsch-Kurzhaar
OFFIZIELLE ANERKENNUNG	FCI Gruppe 7, UK Gundog Group, AKC Sporting Group
FARBVARIANTEN	verschiedene Kombinationen aus Leberfarbe, weiß und schwarz mit Fleckenmuster und Tüpfelung

Deutsch-Kurzhaar

Widerristhöhe 53–64 cm

FCI 7
GRUPPE
FELLPFLEGE
groß
GRÖSSE
FUTTER

DIESE RASSE, deren Ursprünge auf spanische Pointer zurückgehen, wurde im 17. Jahrhundert von deutschen Jägern als Vogelhund entwickelt, der vorstehen, apportieren und Fährten folgen und Familiengefährte sein konnte.

Für den Deutsch-Kurzhaar kreuzte man Bluthund, Foxhound und später English Pointer ein.

Dieser noble, beharrliche Hund mit eleganter Kontur besitzt Kraft, Ausdauer und Schnelligkeit. Die zum Vorstehen und Apportieren einsetzbare Rasse hat eine feine Nase und zeigt Ausdauer beim Suchen sowie Eigeninitiative beim Aufspüren von Wild. Daher erweist er sich als ausgezeichneter im Gelände und ist ein begeisterter Arbeiter. Dieser Hund hat eine Widerristhöhe von 53–64 cm bei einem Gewicht von 27–32 kg. Das Fell, in Kombinationen aus Leberfarbe, Weiß und Schwarz mit Fleckenmuster und Tüpfelung, ist kurz, eng anliegend und fühlt sich rau an.

Der Deutsch-Kurzhaar ist aufgeweckt und energiegeladen, treu und gehorsam.

WISSENSWERTES
Prinz Albrecht zu Solms-Braunfeld stellte 1897 Rassekennzeichen, für Jagdhunde, darunter den Deutsch-Kurzhaar, auf.

Links
Der Deutsch-Kurzhaar ist im Gelände und im Wasser gleich gut. Er hat außerdem ein freundliches, hingebungsvolles und ausgeglichenes Wesen.

RASSEINFORMATIONEN	
NAME	Deutsch-Drahthaar
ANDERE NAMEN	Deutscher Drahthaar-Vorstehhund
OFFIZIELLE ANERKENNUNG	FCI Gruppe 7, UK Gundog Group, AKC Sporting Group
FARBVARIANTEN	leberfarben/weiß, leberfarben, schwarz/weiß

Deutsch-Drahthaar

Widerristhöhe 62–66 cm

FCI 7
GRUPPE
FELLPFLEGE
groß
GRÖSSE
FUTTER

AUSGEHEND VOM Deutsch-Kurzhaar und einem in Deutschland sehr verbreiteten Jagdhund hat sich der Deutsch-Drahthaar aus Hunden entwickelt, die unabhängig von Art und Größe als die besten Vorstehhunde galten. Mit Hilfe anderer Rassen wurde das Fell perfektioniert, das ein wichtiges Merkmal ist.

Das dicke Deckhaar ist maximal 4 cm lang und hat dichte Unterwolle. Das Fell soll zwar nicht die Körperform verdecken, aber lang genug sein, um guten Schutz zu bieten, denn dieser Hund zeichnet sich sowohl im Gelände als auch im Wasser aus. Mit seiner Widerristhöhe von 62–66 cm und einem Gewicht von 25–30 kg ist er ein eleganter Hund mit fließenden Linien.

Der Deutsch-Drahthaar ist intelligent, fähig und würdevoll, vom Temperament her forsch und kontaktfreudig. Ein Hund dieser Rasse hat eine freundliche, ausgeglichene Art und ist ein Alleskönner.

WISSENSWERTES
Der Deutsch-Drahthaar wurde in wenigen Jahrzehnten zum beliebtesten und bewährtesten der großen Jagdgebrauchshunde.

Links
Der seit 1870 als Rasse anerkannte Deutsch-Drahthaar ist ein zäher Arbeiter und ein guter Familienhund.

FCI 7
GRUPPE

FELLPFLEGE

groß
GRÖSSE

FUTTER

Gordon Setter

Widerristhöhe 62–66 cm

RASSEINFORMATIONEN	
NAME	Gordon Setter
OFFIZIELLE ANERKENNUNG	FCI Gruppe 7, UK Gundog Group, AKC Sporting Group
FARBVARIANTEN	kohlschwarz mit kastanienroten Abzeichen

WISSENSWERTES
In Großbritannien gab es zwar schon früher Setter, die schwarz und lohfarben waren, die Ursprünge des heute bekannten Gordon Setters liegen aber im 18. Jahrhundert.

Rechts
Der Gordon Setter war früher als Black and Tan Setter bekannt und geht mindestens bis auf das Jahr 1726 zurück.

DER URSPRÜNGLICH in Gordon Castle in Schottland gezüchtete Gordon Setter war der erste offiziell anerkannte schottische Jagdhund. Zu den Vorfahren dieser größten und schwersten Rasse der Setterfamilie gehören Bluthund, Collie sowie andere Setter, möglicherweise auch alte Spaniels. Dieser Setter ist zwar der schwerste und langsamste, kann aber den ganzen Tag unermüdlich arbeiten. Der British Gordon Setter Club wurde 1927 gegründet.

Der harmonisch gebaute Gordon Setter ist ein guter Galoppierer und liebt die ländliche Umgebung. Das schimmernde Fell ist kohlschwarz, hat keine Rußtöne, aber kastanienrote Abzeichen und braucht wegen seiner Länge und Dichte einige Zeit zum Trocknen. Die Widerristhöhe beträgt 62–66 cm, das Gewicht 25–30 kg.

Diese kontaktfreudige, elegante Rasse hat einen ausgeglichenen Charakter und ist intelligent, talentiert und würdevoll.

FCI 7
GRUPPE

FELLPFLEGE

groß
GRÖSSE

FUTTER

Magyar Vizsla

Widerristhöhe 53–64 cm

RASSEINFORMATIONEN	
NAME	Magyar Vizsla
ANDERE NAMEN	Rövidszörü Magyar Vizsla, Kurzhaariger Ungarischer Vorstehhund
OFFIZIELLE ANERKENNUNG	FCI Gruppe 7, UK Gundog Group, AKC Sporting Group
FARBVARIANTEN	rotbraun/golden

WISSENSWERTES
Nach der sowjetischen Besatzung 1945 flohen viele Ungarn mit ihren einheimischen Hunden nach Österreich.

DER MAGYAR Vizsla ist der Hund der ungarischen Jäger. Ein als Vizsla identifizierter Hund ist bereits in einer ungarischen Schrift aus dem 14. Jahrhundert beschrieben. Zwischen den beiden Weltkriegen wäre die Rasse beinahe ausgestorben, hat aber dank einiger engagierter Züchter überlebt.

Der Magyar Vizsla hat bei einem mittelkräftigen Knochenbau ein gut proportioniertes Aussehen und bewegt sich anmutig mit einem munteren Trab und einem raumgreifenden Galopp. Diese robuste Rasse hat eine Widerristhöhe von 53–64 cm und wiegt 20–30 kg. Sie wurde gezüchtet, um bei der Jagd auf Haar- und Federwild vorzustehen sowie im Gelände und aus Wasser zu apportieren. Das auffallende rotbraun-goldene Fell ist kurz, gerade, dicht, glatt und glänzend und fühlt sich fettig an. Kleine weiße Flecken auf der Brust und auf den Pfoten sind zwar zulässig, aber unerwünscht.

Der Magyar Vizsla ist lebhaft, intelligent, gehorsam, feinfühlig, sehr anhänglich und leicht auszubilden.

RASSEINFORMATIONEN	
NAME	Magyar Vizsla Drahthaar
ANDERE NAMEN	Drotzörö Magyar Vizsla, Drahthaariger Ungarischer Vorstehhund
OFFIZIELLE ANERKENNUNG	FCI Gruppe 7, UK Gundog Group, AKC Sporting Group
FARBVARIANTEN	rotbraun/golden

Magyar Vizsla Drahthaar

Widerristhöhe 53–64 cm

FCI 7 — GRUPPE
FELLPFLEGE
groß — GRÖSSE
FUTTER

DER GEGENÜBER dem kurzhaarigen Magyar Vizsla weniger bekannte Magyar Vizsla Drahthaar erfreut sich seit Beginn der 1990er-Jahre großer Beliebtheit. Er unterscheidet sich vom anderen Vizsla hauptsächlich durch das Fell. Außerdem ist in seinem Rassestandard kein Gewicht angegeben, er sollte aber einen kräftigen Knochenbau haben, ohne seine Eleganz zu verlieren.

Bei dem ebenso rotbraun-goldenen Drahthaarigen Vizsla sind kleine weiße Flecken auf der Brust und auf den Pfoten keine Fehler. Das Fell ist stumpf, das Haar am Kopf ist kurz und rau, aber am Fang länger, sodass es dort einen Bart bildet. Die Augenbrauen sind ausgeprägt, und die Haare auf den Behängen sind länger und dünner. Am Körper ist das Haar länger, während es auf den Vorderläufen kurz und rau ist. Die Widerristhöhe beträgt wie beim anderen Vizsla 53–64 cm.

Diese sanftmütige und anhängliche Rasse ist furchtlos und hat einen Schutzinstinkt.

WISSENSWERTES
Der Magyar Vizsla Drahthaar entstand durch Kreuzung des Ungarisch-Kurzhaar mit dem Deutsch-Drahthaar.

Links
Der Magyar Vizsla Drahthaar wird seit den 1930er Jahren gezüchtet. Er hat eine feine Nase und gute Fährtensuchfähigkeiten.

RASSEINFORMATIONEN	
NAME	Irish Red and White Setter
ANDERE NAMEN	Rossmore Setter
OFFIZIELLE ANERKENNUNG	FCI Gruppe 7, UK Gundog Group
FARBVARIANTEN	perlweiß mit nicht durchbrochenen roten Platten

Irish Red and White Setter

Widerristhöhe 57–66 cm

FCI 7 — GRUPPE
FELLPFLEGE
groß — GRÖSSE
FUTTER

VON DEN beiden Irish-Setter-Rassen ist der rotweiße die ältere. Auf frühen Bildern von Settern ist sogar zu sehen, dass viele fast ganz weiß waren. Es gibt aber auch die Ansicht, dass beide Irish-Setter-Rassen immer schon nebeneinander existierten und dass der rot-weiße im Norden Irlands populärer war. In Irland wurden beide Rassen bei Hundeausstellungen fast immer zusammen vorgeführt. Mehrere Exemplare wurden im 17. und 18. Jahrhundert in berühmten Zwingern gehalten, darunter auch im Zwinger von Lord Rossmore von Monaghan.

Der weniger leichtfüßige, sondern athletische Irish Red and White Setter ist stark und robust. Das fein strukturierte Fell hat eine gute Befederung. Im britischen Rassestandard gibt es keine Vorgaben für Widerristhöhe und Gewicht. In Irland liegt die Widerristhöhe bei 57–66 cm, das Gewicht bei 27–32 kg.

Dieser fröhliche, gutmütige Hund ist liebevoll, fügsam, äußerst intelligent und ein guter Arbeiter, dessen Popularität zu Recht zunimmt.

WISSENSWERTES
Ende des 19. Jahrhunderts wurde angenommen, der Irish Red and White Setter sei ausgestorben.

Links
Der Irish Red and White Setter ist kräftiger als sein roter Bruder – und in den letzten Jahren wieder häufiger anzutreffen.

FCI 7
GRUPPE

FELLPFLEGE

groß
GRÖSSE

FUTTER

Irish Red Setter

Widerristhöhe 59–70 cm

RASSEINFORMATIONEN	
NAME	Irish Red Setter
ANDERE NAMEN	Irish Setter, Irischer roter Setter
OFFIZIELLE ANERKENNUNG	FCI Gruppe 7, UK Gundog Group, AKC Sporting Group
FARBVARIANTEN	satt kastanienbraun

WISSENSWERTES
Angeblich sind erstarrte, bleiche Knochen eines Irish Red Setters in sitzender Position gefunden worden.

DER IRISCHE ROTE SETTER, wohl der bekannteste irische Hund, soll von Landspaniels abstammen, die beim Fangen von Wild mit Netz eingesetzt wurden. Im 18. Jahrhundert wurden Setter, die als Vorstehhunde für die Jagd mit dem Gewehr ausgebildet waren, besonders in Irland populär. Durch sorgfältige Zucht entwickelte sich die charakteristische kräftige rote Farbe.

Der leichtfüßige, ausgewogene und niveauvolle Irish Red Setter hat ein großartiges und attraktives Äußeres mit einem satt kastanienbraunen Fell mittlerer Länge. Er ist sehr aktiv mit unermüdlicher Bereitschaft, unter allen Bedingungen zu stöbern und zu jagen. Im britischen Rassestandard gibt es keine Vorgaben für Widerristhöhe und Gewicht. In Irland liegt die Widerristhöhe bei 59–70 cm und das Gewicht bei 29–39 kg.

Der als liebebedürftig bekannte Irish Red Setter ist verspielt, und angemessenes Training ist hilfreich, wobei er unbedingt viel Auslauf braucht.

RASSEINFORMATIONEN	
NAME	Spinone Italiano
ANDERE NAMEN	Italienischer Vorstehhund
OFFIZIELLE ANERKENNUNG	FCI Gruppe 7, UK Gundog Group, AKC Miscellaneous Class (Unterschiedliche Rassen)
FARBVARIANTEN	weiß, weiß/orange, weiß/braun

Spinone Italiano

Widerristhöhe 59–66 cm

FCI 7 GRUPPE · FELLPFLEGE · groß GRÖSSE · FUTTER

DER SPINONE ITALIANO, der ursprünglich aus Frankreich aus der Bresse-Gegend stammt, ist eine alte Rasse, die im norditalienischen Piemont beheimatet ist. Dieser populäre Allzweckjagdhund ist im Gelände ein zäher Arbeiter, der jagen, vorstehen und apportieren kann und für seine guten Fährtensuchfähigkeiten sowie seinen weichen Fang bekannt ist. Der Spinone kann besonders in sumpfigem Gebiet oder rauen Wäldern gut arbeiten und lässt sich angeblich ohne Probleme ausbilden.

Der mit starken Knochen quadratisch gebaute Spinone Italiano ist unerschrocken und unermüdlich. Er ist ein zäher Hund, und passt sich jedem Gelände (auch Wasser) an. Das robuste, dicke und leicht borstige Fell ist 3,5–6 cm lang, wobei das Haar auf den Augenbrauen länger ist. Die Farben reichen von Weiß über Orange bis Braun, häufig mit Sprenkelung und Tüpfelung. Die Widerristhöhe beträgt 59–66 cm, das Gewicht 25–30 kg. Vom Charakter her ist er treu, intelligent, geduldig und anschmiegsam. Dies wird in einer freundlichen und ernsten Miene deutlich zum Ausdruck gebracht.

WISSENSWERTES

Der Spinone Italiano wurde, nicht zuletzt wegen seines Charakters, in Europa und Amerika weithin populär.

RASSEINFORMATIONEN	
NAME	Kooikerhondje
ANDERE NAMEN	Kleiner holländischer Wasserwild-Hund
OFFIZIELLE ANERKENNUNG	FCI Gruppe 8, UK Gundog Group
FARBVARIANTEN	weiß mit klar abgegrenzten orangeroten Platten

Kooikerhondje

Widerristhöhe 35–40 cm

FCI 8 GRUPPE · FELLPFLEGE · mittel GRÖSSE · FUTTER

DER AUS DEN Niederlanden kommende Kooikerhondje hat ein zweifarbiges Fell – klar abgegrenzte orangerote Platten auf weißem Untergrund. Er wird als Lockhund für Enten eingesetzt, dient aber auch als Apportier- und Stöberhund. Der Bestand der Rasse ging stark zurück, wurde in den 1940er-Jahren aber vor dem völligen Niedergang gerettet und 1966 als niederländische Rasse standardisiert und anerkannt.

Die Rasse trägt den Kopf aufrecht und die gut befederte Rute mit ihrer weißen Fahne wird in Linie mit dem Rücken oder leicht aufwärts getragen. Sie liebt normalerweise Wasser und ist ein ausgezeichneter Schwimmer. Die Widerristhöhe beträgt 35–40 cm, das Gewicht 9–11 kg. Das mittellange Fell mit Unterwolle ist leicht gewellt oder glatt, auf dem Kopf ist eine weiße Blesse erwünscht.

Der freundliche, gutmütige und aufgeweckte Kooikerhondje ist vielseitig und anpassungsfähig, was ihn zu einem idealen Familienhund macht.

WISSENSWERTES

Nur etwa 25 Kooikerhondjes haben den Zweiten Weltkrieg überlebt, daher ist der genetische Pool dieser Rasse verständlicherweise klein.

Links
Der Kooikerhondje liebt Wasser und ist ein ausgezeichneter Schwimmer.

FCI 7 — GRUPPE | FELLPFLEGE | groß — GRÖSSE | FUTTER

Großer Münsterländer

Widerristhöhe 58–65 cm

RASSEINFORMATIONEN	
NAME	Großer Münsterländer
ANDERE NAMEN	Großer Münsterländer Vorstehhund
OFFIZIELLE ANERKENNUNG	FCI Gruppe 7, UK Gundog Group
FARBVARIANTEN	schwarz/weiß

WISSENSWERTES
Die Rasse geht zurück auf den weißbunten Vogel- und Beizhund, eine alte, kontinentale Jagdhundrasse.

OBWOHL DIE Vorfahren des Großen Münsterländers so alt wie die anderer deutscher Jagdhunde sind, ist er eine neue vorstehende und apportierende Rasse. Die 23 schwarz-weißen Hunde, die 1921 bei der ersten Ausstellung des Münsteraner Rasseklubs eingetragen wurden, sind die Vorfahren des Großen Münsterländers.

Der vielseitig einsetzbare Jagdhund mit muskulösem Körper ist ideal für anspruchsvolle Jäger. Mit exzellenter Nase und großer Ausdauer arbeitet er gleich gut in Gelände und Wasser. Er ist ein begeisterter, leicht auszubildender Arbeiter. Das lange, dichte Fell ist weder lockig noch grob, das Haar am Kopf liegt kurz und glatt. Der Kopf ist komplett schwarz, eine weiße Blesse, ein weißer Strich oder Stern ist zulässig. Der Rumpf ist weiß mit schwarzen Platten und Tupfen sowie überwiegend mit schwarzer Schimmelung. Bei einer Widerristhöhe von 58–65 cm wiegt er 25–29 kg.

Der Große Münsterländer ist aufmerksam, energiegeladen und wird heute auch als Begleithund gehalten.

Rechts
Der leicht auszubildende und fleißig arbeitende Große Münsterländer ist ein hervorragender Jagdhund und gehorsamer Gefährte.

FCI 8 — GRUPPE | FELLPFLEGE | groß — GRÖSSE | FUTTER

Nova Scotia Duck Tolling Retriever

Widerristhöhe 45–51 cm

RASSEINFORMATIONEN	
NAME	Nova Scotia Duck Tolling Retriever
ANDERE NAMEN	Toller, Nova Scotia Retriever
OFFIZIELLE ANERKENNUNG	FCI Gruppe 8, UK Gundog Group
FARBVARIANTEN	rot, orange

WISSENSWERTES
Der Nova Scotia Duck Tolling Retriever wurde über Generationen hinweg selektiv auf Ausbildbarkeit und Intelligenz gezüchtet.

DIESE RASSE stammt ursprünglich aus Kanada und kam erst spät im 20. Jahrhundert nach Europa. Seitdem ist sie immer beliebter geworden. Sie springt und spielt, wobei sie die Rute einsetzt, um Wasservögel vor die Flinte zu treiben. Der Toller apportiert geschossene Vögel, wobei ihm im Wasser die Pfoten mit ausgeprägten Zehenhäuten hilfreich sind.

Die mittelgroße Rasse mit einer Widerristhöhe von 45–51 cm und einem Gewicht von 17–23 kg ist ein kompakter, kräftiger und gut bemuskelter Hund. Die mittelgroßen mandelförmigen Augen sind braun bis bernsteinfarben und haben einen munteren Ausdruck. Das gerade, wasserabweisende Fell mit Unterwolle ist pflegeleicht, kommt in allen Tönen von Rot oder Orange vor und hat unter der Rute eine leichtere Befederung. Manchmal gibt es weiße Abzeichen auf Rutenspitze, Pfoten und/oder Brust sowie eine Blesse auf dem Kopf.

Diese freundliche, selbstbewusste und intelligente Rasse lässt sich leicht erziehen.

Rechts
Dieser Retriever scheint einen sonderbaren Namen zu haben, aber Tolling kommt vom altenglischen Wort tollen, *was locken bedeutet.*

RASSEINFORMATIONEN

NAME	Pointer
ANDERE NAMEN	English Pointer
OFFIZIELLE ANERKENNUNG	FCI Gruppe 7, UK Gundog Group, AKC Sporting Group
FARBVARIANTEN	schwarz/weiß oder eigenfarben und trikolor

Pointer

Widerristhöhe 61–69 cm

FCI 7 GRUPPE | FELLPFLEGE | groß GRÖSSE | FUTTER

OBWOHL BEI DIESER Rasse spanische Ursprünge vermutet werden, hat sie sich über die letzten zwei bis drei Jahrhunderte als englische Rasse etabliert. Man nimmt an, dass der Spanische Pointer mit dem Französischen Laufhund und später dem Foxhound gekreuzt wurde, um Ausdauer und Struktur zu verbessern. Die Rasse kam etwa 1650 nach Großbritannien und wurde mit Greyhounds für die Hetzjagd auf Hasen eingesetzt: Der Pointer findet den Hasen, der Greyhound jagt ihn.

Durch seine eleganten Kurven erhält der gut gebaute Pointer eine harmonische Kontur. Er ist ein aristokratischer, wachsamer Hund mit einer Ausstrahlung von Stärke und Schnelligkeit. Das feine, kurze und harte Fell ist völlig glatt, anliegend, glänzend und kommt in verschiedenen Farbvarianten vor. Die Widerristhöhe beträgt 61–69 cm, das Gewicht 20–30 kg. Mit freundlichem, ausgeglichenem Charakter ist diese Rasse ein hervorragender Gebrauchshund, der Wild vor dem Gewehr aufstöbert.

WISSENSWERTES
Ein Pointer trägt den Kopf hoch, wenn er die Luft prüft, und niedrig, um Beute anzuzeigen.

Links
Der Pointer wurde in früheren Zeiten häufig für die Hasenjagd eingesetzt.

RASSEINFORMATIONEN

NAME	Chesapeake Bay Retriever
OFFIZIELLE ANERKENNUNG	FCI Gruppe 8, UK Gundog Group, AKC Sporting Group
FARBVARIANTEN	strohfarben, rotgolden, braun

Chesapeake Bay Retriever

Widerristhöhe 53–66 cm

FCI 8 GRUPPE | FELLPFLEGE | groß GRÖSSE | FUTTER

IM JAHR 1807 WURDE die Besatzung eines sinkenden englischen Schiffs von dem Schiff Canton aufgenommen, das auf dem Weg nach Maryland war. An Bord waren zwei Neufundländerwelpen. Sie wurden später verpaart und ihre Nachkommen wurden mit Curly- und Flat-Coated Retrievern sowie mit Otterhunden gekreuzt. Um 1885 hatte sich die Rasse herausgebildet, die ihren Namen vom eisigen Wasser der Chesapeake Bay erhielt und zum Apportieren von Wildenten eingesetzt wurde.

Hunde dieser Rasse sind aktive Arbeiter und haben bloße Pfoten mit Schwimmhäuten. Das typische Fell ist dick und recht kurz (bis 4 cm) mit hartem, fettigem Deckhaar und feiner Unterwolle. Wegen der Arbeit bei allen Wetterbedingungen, auch bei Eis und Schnee, ist die Fellstruktur äußerst wichtig. Das Fell ist strohfarben, rotgolden oder braun in allen Schattierungen. Bei einer Widerristhöhe von 53–66 cm und einem Gewicht von 25–34 kg sieht der Chesapeake Bay Retriever kräftig und muskulös aus.

Die aufgeweckte, fröhliche Art dieses Hundes zusammen mit seiner Selbstständigkeit und seinem Mut machen ihn zu einem guten Wächter und Gefährten.

WISSENSWERTES
Der Chesapeake Bay Retriever hat im Verhältnis zu seiner Größe einen besonders guten Appetit.

Links
Der Chesapeake Bay Retriever ist ein exzellenter Familienhund, der besonders freundlich zu Kindern ist.

FCI 8	
GRUPPE	FELLPFLEGE
groß	
GRÖSSE	FUTTER

Curly-Coated Retriever

Widerristhöhe 53–66 cm

RASSEINFORMATIONEN	
NAME	Curly-Coated Retriever
OFFIZIELLE ANERKENNUNG	FCI Gruppe 8, UK Gundog Group, AKC Sporting Group
FARBVARIANTEN	schwarz, leberfarben

WISSENSWERTES
1889 wurden Curly-Coated Retriever nach Neuseeland exportiert, um dort Vögel zu jagen.

UNTER DEN Apportierrassen ist der Curly-Coated Retriever eine der ältesten. Er entstand durch Kreuzen von Irish Water Spaniel, Pudel und Labrador Retriever sowie möglicherweise anderer Retrieverrassen und Pointer. Diese erstmals 1860 bei der Birminghamer Ausstellung gezeigte Rasse hatte ihren Popularitätshöhepunkt als Jagdhund Ende des 19. Jahrhunderts. Obwohl 1896 ein Rasseverein gegründet wurde, ging diese Rasse stark zurück. Der heutige Verein datiert aus dem Jahr 1933.

Dieser Hund kann sich an die Fallstellen von Flugwild erinnern und steht im Ruf, ganz hervorragend beim Apportieren von verwundeten Enten zu sein, die versteckt in Binsen oder im Wasser liegen. Er ist kräftig, groß gewachsen, mit einem gewissen Maß an Eleganz, und das charakteristische schwarze oder leberfarbene dicke Fell hat viele kleine feste, krause Locken, die eng auf der Haut liegen. Diese Rasse, die viel Auslauf braucht, hat eine Widerristhöhe von 53–66 cm und wiegt 32–36 kg.

Ein Curly-Coated Retriever mag zurückhaltend erscheinen, ist aber mutig, freundlich, selbstbewusst und selbstständig sowie intelligent, beharrlich und zuverlässig.

Rechts
Der Curly-Coated Retriever ist ein attraktiver Hund mit einem dicken Fell aus eng wachsenden Locken.

FCI 8	
GRUPPE	FELLPFLEGE
groß	
GRÖSSE	FUTTER

Flat-Coated Retriever

Widerristhöhe 56–61 cm

RASSEINFORMATIONEN	
NAME	Flat-Coated Retriever
OFFIZIELLE ANERKENNUNG	FCI Gruppe 8, UK Gundog Group, AKC Sporting Group
FARBVARIANTEN	schwarz, leberfarben

WISSENSWERTES
Sewallis Shirley, Gründer und früherer Vorsitzender des Kennel Clubs, war stark an der Erhaltung des Flat-Coated Retrievers beteiligt.

DIE RASSE, von der man annimmt, sie sei aus Neufundländer und Labrador wahrscheinlich mit Einkreuzen von Irish und Gordon Setter entwickelt worden, war zunächst unter dem Namen Wavy-Coated Retriever bekannt. Wie der Curly-Coated wurde auch diese Rasse 1860 bei der Birminghamer Ausstellung erstmals vorgestellt. Der auch Wildhüterhund genannte unermüdliche Arbeiter und Schwimmer wurde in großen Jagdgebieten als Gebrauchshund eingesetzt.

Der reichlich mit natürlichen Jagdhundfähigkeiten ausgestattete Flat-Coated Retriever hat einen langen, hübschen Kopf, einen flachen Schädel und intelligente dunkel- oder haselnussbraune Augen. Seine Widerristhöhe beträgt 56–61 cm und sein Idealgewicht 25–36 kg. Die kleinen Behänge sind direkt an der Seite des Kopfes gut angesetzt und das dichte Fell hat eine feine bis mittlere Struktur und sollte möglichst glatt sein.

Diese Rasse ist sehr optimistisch und freundlich, was sie durch enthusiastische Rutenbewegungen zeigt, und sie ist sehr aktiv.

RASSEINFORMATIONEN

NAME	Golden Retriever
OFFIZIELLE ANERKENNUNG	FCI Gruppe 8, UK Gundog Group, AKC Sporting Group
FARBVARIANTEN	gold, creme

Golden Retriever

Widerristhöhe 51–61 cm

FCI 8
GRUPPE

FELLPFLEGE

groß
GRÖSSE

FUTTER

IM 19. JAHRHUNDERT wurde ein gelber Wavy-Coated Retriever mit einem Tweed Water Spaniel verpaart. Aus dieser Verbindung erhielt man vier gelbe Welpen. Sie gelten als Vorfahren aller Golden Retriever. Lord Tweedmouth führte die Golden Retriever als eigene Rasse ein. Sie wird bei der Jagd zum Apportieren von Wild eingesetzt, lässt sich aber auch für viele andere Zwecke ausbilden, z. B. als Blindenhund, Spürhund für Drogen und Sprengstoffe, Fährtenhund und für Obedience.

Das glatte oder wellige Fell hat eine gute Befederung und eine dichte, wasserabstoßende Unterwolle. Als Farbe ist jede Schattierung von Gold bis Cremefarbe zulässig, nicht jedoch Rot oder Mahagoni. Diese aktive, kraftvolle Rasse hat eine Widerristhöhe von 51–61 cm und ein Gewicht von 27–36 kg.

Der Golden Retriever ist gehorsam und intelligent und besitzt eine natürliche Arbeitsveranlagung. Dieser liebenswürdige, freundliche und selbstbewusste Hund ist weltweit eine der beliebtesten Rassen.

WISSENSWERTES

Den Namen Golden Retriever erhielt die Rasse 1920. Vorher wurde sie Flat-Coated Retriever genannt und nur durch ihre „gelbe" Farbe definiert.

Links
Der Golden Retriever ist zur Zeit eine der international populärsten Rassen, als Jagdhund weniger denn als Familienhund.

FCI 8 GRUPPE | FELLPFLEGE | groß GRÖSSE | FUTTER

Labrador Retriever

Widerristhöhe 54–57 cm

RASSEINFORMATIONEN

NAME	Labrador Retriever
OFFIZIELLE ANERKENNUNG	FCI Gruppe 8, UK Gundog Group, AKC Sporting Group
FARBVARIANTEN	schwarz, gelb, leber-/schokoladenfarben

WISSENSWERTES

Der Labrador Retriever wurde als „Kleiner Wasserhund" bezeichnet, um eine Verwechslung mit dem Neufundländer zu verhindern.

ALS HERKUNFT des Labradors werden Neufundland und die Küste Grönlands vermutet. Er wurde von den Fischern dafür verwendet, die Netze an ihren Enden zu greifen und an Land zu ziehen. Dieser exzellente Wasserhund wird eingesetzt, um Wild zu apportieren, und hat einen hervorragenden Ruf als Blindenhund sowie als Spürhund für Drogen und Sprengstoffe.

Der Labrador hat ein unverwechselbares kurzes, dichtes Fell, das sich hart anfühlt, mit einer wasserabstoßenden Unterwolle. Es kann schwarz, gelb oder leber-/schokoladenfarben sein, wobei die Gelbtöne von hellcremefarben bis fuchsrot reichen. Ein weiteres Merkmal der Rasse ist ihre otterähnliche Rute, am Ansatz sehr dick und sich zur Spitze hin verjüngend. Ein Labrador ist kräftig gebaut, kurz in der Lendenpartie und breit. Seine ideale Widerristhöhe ist 54–57 cm bei einem Gewicht von 25–34 kg.

Regelmäßiger Auslauf und maßvolles Füttern sind wichtig, damit ein solcher Hund nicht übergewichtig wird. Der Labrador Retriever ist ausgeglichen und sehr lebhaft, ein anpassungsfähiger und anhänglicher Gefährte, der intelligent, leidenschaftlich und gehorsam ist und unbedingt gefallen möchte.

Rechts
Der Labrador Retriever ist nicht nur robust und ein harter Arbeiter, sondern auch ein liebevoller und gehorsamer Gefährte.

FCI 8 GRUPPE | FELLPFLEGE | mittel GRÖSSE | FUTTER

Amerikanischer Cocker Spaniel

Widerristhöhe 34–39 cm

RASSEINFORMATIONEN

NAME	Amerikanischer Cocker Spaniel
ANDERE NAMEN	American Cocker Spaniel
OFFIZIELLE ANERKENNUNG	FCI Gruppe 8, UK Gundog Group, AKC Sporting Group
FARBVARIANTEN	verschiedene Kombinationen

WISSENSWERTES

Der Amerikanische Cocker Spaniel ist das kleinste Mitglied in der Gruppe der Hunde für Jagd- und Fischereiliebhaber.

IN DEN USA entwickelte sich diese Rasse in verschiedenen Linien aus dem Englischen Cocker Spaniel, wobei Ersterer etwas kleiner ist und einen kürzeren Rücken, eine andere Kopfform und längeres Fell hat. Wegen der wachsenden Unterschiede wurden Cocker Spaniels in den 1940er-Jahren in zwei Rassen aufgeteilt. Im Rassestandard ist die Rasse wie folgt beschrieben: ein „robust aussehender Hund" mit fein gemeißelten Kopf und stabilen Läufen mit kräftigen Knochen und einem kompakten, kräftigen Körper.

Entsprechend dem Rassestandard sollte das seidige Fell nicht zu üppig sein und weder die Körperlinien verdecken noch die Bewegung behindern. Die heute im Ausstellungsring präsentierten Hunde haben aber viel Fell, das regelmäßiger Pflege bedarf. Die zulässigen Farben sind im Standard ausführlich beschrieben und die ideale Widerristhöhe ist 34–39 cm. Das Gewicht beträgt normalerweise 11–15 kg.

Sein liebenswürdiges Wesen macht ihn zu einem guten Begleithund.

Rechts
Das Fell eines Amerikanischen Cocker Spaniels muss sorgfältig gepflegt werden, damit es in gutem Zustand bleibt.

RASSEINFORMATIONEN	
NAME	Clumber Spaniel
OFFIZIELLE ANERKENNUNG	FCI Gruppe 8, UK Gundog Group, AKC Sporting Group
FARBVARIANTEN	weiß mit zitronenfarbenen Abzeichen, orange Abzeichen sind zulässig

Clumber Spaniel

Widerristhöhe 48–51 cm

FCI 8 GRUPPE · FELLPFLEGE · groß GRÖSSE · FUTTER

DIE GESCHICHTE des Clumber Spaniels, der sich sehr von anderen Spaniels unterscheidet, ist unklar. Man glaubt, dass die Rasse vom europäischen Festland nach Großbritannien kam und möglicherweise aus einer Kreuzung des alten Alpinen Spaniels mit St. Hubertus Hunden oder Bassets hervorging. Der Herzog von Newcastle erhielt die ersten Hunde vom Herzog de Nouailles und züchtete sie in Clumber Park, Nottingham.

Die Gesamterscheinung des Clumber Spaniels drückt Kraft aus. Die Rasse ist starkknochig und gut ausgewogen.

Unerschütterlich, großmütig, hochintelligent und mit entschlossener Körperhaltung ist der Clumber ein stummer Arbeiter mit einer ausgezeichneten Nase. Das reichliche Fell ist seidig und glatt. Ein einfarbig weißer Rumpf mit zitronenfarbenen Abzeichen wird bevorzugt, wobei orange Abzeichen zulässig sind. Rüden dieser schweren Rasse wiegen idealerweise 36 kg, Hündinnen 30 kg.

Der Clumber Spaniel ist zurückhaltender als andere Spaniels, zeigt keine Neigung zur Aggressivität und ist beharrlich, zuverlässig, freundlich und würdevoll.

WISSENSWERTES
Da es im 18. und 19. Jahrhundert sehr viel Wild gab, stieg das Ansehen des langsameren Clumber Spaniels.

Links
Der nachdenkliche Ausdruck des Clumber Spaniels spiegelt seine beharrliche und würdevolle Art wider.

RASSEINFORMATIONEN	
NAME	Cocker Spaniel
ANDERE NAMEN	Englischer Cocker Spaniel
OFFIZIELLE ANERKENNUNG	FCI Gruppe 8, UK Gundog Group, AKC Sporting Group
FARBVARIANTEN	verschiedene Farben

Cocker Spaniel

Widerristhöhe 38–41 cm

FCI 8 GRUPPE · FELLPFLEGE · mittel GRÖSSE · FUTTER

DER COCKER SPANIEL, dessen Ursprung im 14. Jahrhundert in Spanien vermutet wird, ist eine der ältesten Spanielrassen. Für die zur Jagd auf Waldschnepfe, Wachtel und Rebhuhn eingesetzten Spaniels dieser Art gab es verschiedene Namen, darunter „Cocker" und „Cocking Spaniel". Die Rasse wurde 1892 vom British Kennel Club anerkannt und der Cocker Spaniel Club wurde 1902 gegründet.

Diese robuste und kompakte Rasse hat ein fröhliches Wesen mit unermüdlichem Rutenspiel. Die großen Augen drücken Intelligenz und Sanftmut aus, zeigen sich aber hellwach; die langen, tief angesetzten Behänge werden als „lappig" beschrieben. Die Bewegung ist meist eifrig, besonders beim Folgen einer Fährte, und der Hund ist unerschrocken in unwegsamem Dickicht. Das glatte und seidige Fell hat verschiedene Farben. Die Widerristhöhe ist 38–41 cm, das Gewicht 12,5–14,5 kg.

Der beliebte Cocker Spaniel hat einen sanften, anhänglichen Charakter und ist trotzdem voller Leben und Überschwang.

WISSENSWERTES
Mitte der 1930er Jahre waren Cocker Spaniels die populärsten Hunde in Großbritannien. 1930 und 1931 wurde ein Cocker bei der Crufts „Best of Show".

FCI 8	
GRUPPE	FELLPFLEGE
groß	
GRÖSSE	FUTTER

English Springer Spaniel

Widerristhöhe ca. 51 cm

RASSEINFORMATIONEN	
NAME	English Springer Spaniel
ANDERE NAMEN	Englischer Springer Spaniel
OFFIZIELLE ANERKENNUNG	FCI Gruppe 8, UK Gundog Group, AKC Sporting Group
FARBVARIANTEN	leberfarben/weiß, schwarz/weiß oder eine Kombination dieser Farben mit lohfarbenen Abzeichen

WISSENSWERTES

Diese Rasse war früher als Norfolk Spaniel bekannt, seit 1900 wird aber der Name English Springer Spaniel verwendet.

Rechts

Der Englische Springer Spaniel hat eine warme und freundliche Ausstrahlung, ist ein guter Gebrauchshund und ein gehorsamer Gefährte.

VIELE MEINEN, dass aus dem Englischen Springer Spaniel, einem traditionellen Hund für professionelle Jäger, alle Landspaniels außer dem Clumber entwickelt wurden. Im Rassestandard wird gesagt, dass die Rasse alten und reinen Ursprungs und die älteste Jagdhundrasse ist. Der ursprüngliche Zweck der Rasse, die einen hervorragenden Allroundjagdhund abgibt, war das Finden und Aufjagen von Wild bei der Jagd mit Netz, Falken oder Greyhound. Heute wird diese Rasse eingesetzt, um Wild zu finden, hochzumachen und nach dem Schuss zu apportieren.

Dieser symmetrisch gebaute und kräftige Hund hat ein glattes und wetterresistentes Fell mit mäßiger Befederung; es ist leberfarben-weiß, schwarz-weiß oder eine Kombination dieser Farben mit lohfarbenen Abzeichen. Die Widerristhöhe beträgt etwa 51 cm, das Gewicht 22–24 kg.

Diese fröhliche, lebhafte Rasse hat einen freundlichen, unbekümmerten Charakter und ist gelehrig und gehorsam. Der Englische Springer Spaniel benötigt regelmäßigen Auslauf, damit er gesund bleibt und es ihm nicht langweilig wird.

RASSEINFORMATIONEN	
NAME	Field Spaniel
OFFIZIELLE ANERKENNUNG	FCI Gruppe 8, UK Gundog Group, AKC Sporting Group
FARBVARIANTEN	schwarz, leberfarben, schimmel

Field Spaniel

Widerristhöhe ca. 46 cm

FCI 8 GRUPPE — FELLPFLEGE — mittel GRÖSSE — FUTTER

DIESE RASSE wurde Ende des 19. Jahrhunderts von Jägern eingeführt, die einen Spaniel wünschten, der schwerer als der Cocker, aber leichter als der Sussex sein sollte. Daher wurden beide gekreuzt. Zunächst war die Rasse zu niedrig und hatte einen zu langen Körper, sodass sie sich für die vorgesehene Arbeit nicht eignete. Schließlich wurden übertriebene Zuchtanstrengungen aufgegeben und in den letzten Jahrzehnten wurde ein überaus brauchbarer Hund gezüchtet.

Kopf und Schädel vermitteln den Eindruck von vornehmer Herkunft, Charakter und Adel. Die weit geöffneten, aber mandelförmigen Augen haben straffe Lider und zeigen keine Schleimhaut. So vermitteln sie einen ernsten und sanften Ausdruck. Das schwarze, leberfarbene oder geschimmelte Fell ist lang, glatt, glänzend und von seidiger Beschaffenheit. Die Widerristhöhe beträgt ca. 46 cm, das Gewicht 18–25 kg.

Der auf Aktivität und Ausdauer ausgelegte Field Spaniel ist geeignet für Jagdeinsätze oder als Begleiter für Landbewohner, nicht aber für das Stadtleben. Sein Wesen ist gelehrig, feinfühlig und selbstständig.

WISSENSWERTES

Ursprünglich wurden Field Spaniels strikt nach Farbe getrennt, wobei die schwarzen wichtiger waren und „Black Spaniels" genannt wurden.

Links
Der Field Spaniel war am Ende des Zweiten Weltkriegs fast verschwunden und ist immer noch nicht so populär wie der Cocker Spaniel.

RASSEINFORMATIONEN	
NAME	Irish Water Spaniel
ANDERE NAMEN	Irischer Wasserspaniel
OFFIZIELLE ANERKENNUNG	FCI Gruppe 8, UK Gundog Group, AKC Sporting Group
FARBVARIANTEN	satt dunkelleberbraun mit violetter Tönung

Irish Water Spaniel

Widerristhöhe 51–58 cm

FCI 8 GRUPPE — FELLPFLEGE — groß GRÖSSE — FUTTER

DIE GENAUEN Ursprünge des Irish Water Spaniels sind unbekannt. Man vermutete, dass die Rasse das Ergebnis von Experimenten war, bei denen Pudel, Spaniels und Bluthunde gekreuzt wurden. Nun nimmt man jedoch an, dass sich die Water Spaniels aus Hunden entwickelten, deren Ursprung in Persien lag und die über Spanien nach Irland kamen. Ein irischer Hinweis auf „Wasserhunde, die Wasservögel jagen" datiert von 1600.

Dieses größte Mitglied der Spanielfamilie (Widerristhöhe 51–58 cm) ist ein elegant, aufrecht und kräftig gebauter Hund, der als ausdauernder und vielseitiger Jagdhund für alle Arten der Jagd mit dem Gewehr (besonders für die Flugwildjagd) eingesetzt wird. Das Gewicht liegt normalerweise bei 20–30 kg. Das satt dunkelleberbraune Fell mit seiner violetten Tönung ist dicht und hat enge, krause Ringellöckchen sowie eine natürliche Fettigkeit, sodass es sorgfältiger Pflege bedarf.

Der zunächst zurückhaltende Irish Water Spaniel hat einen gewinnenden Sinn für Humor sowie einen ausgeglichenen und liebevollen Charakter.

WISSENSWERTES

Vor dem Ersten Weltkrieg ging diese Rasse stark zurück, erfreut sich aber seitdem immer größerer Popularität.

Links
Das Fell des Irish Water Spaniels hat eine natürliche Fettigkeit. Die Locken formen einen Haarknoten auf dem Kopf.

FCI 8
GRUPPE

FELLPFLEGE

mittel
GRÖSSE

FUTTER

Sussex Spaniel

Widerristhöhe 38–41 cm

RASSEINFORMATIONEN	
NAME	Sussex Spaniel
OFFIZIELLE ANERKENNUNG	FCI Gruppe 8, UK Gundog Group, AKC Sporting Group
FARBVARIANTEN	satt goldleberfarben

WISSENSWERTES

Der Sussex Spaniel unterscheidet sich vor allem durch die rollende Gangart von allen übrigen Spaniels.

ENDE DES 18. JAHRHUNDERTS wurde der Sussex Spaniel speziell dafür entwickelt, in großen Jagdgebieten als Apportierhund in dichtem Gestrüpp zu arbeiten. Dieser gegenüber anderen Spanielarten langsamere Spaniel hat einen breiten Schädel und eine gerunzelte Augenbrauenpartie, ist massiv und kräftig gebaut und arbeitet von Natur aus gern, wenn auch etwas langsam. Die Rasse ist lebhaft und tatkräftig und hat einen charakteristischen rollenden Gang. Die dicken, mäßig großen und lappigen Behänge sind knapp über Augenhöhe angesetzt und die haselnussfarbenen Augen mit ihrem sanften Ausdruck zeigen nicht viel Bindehaut. Das satt goldleberfarbene Fell ist reichlich und glatt mit viel Unterwolle als Wetterschutz. Der Hund hat einen langen, breiten Rücken, der gut bemuskelt ist. Bei einer Widerristhöhe von 38–41 cm wiegt er etwa 23 kg.

Dieser Spaniel mit freundlichem Charakter eignet sich sehr gut als Familienhund in einem ländlichen Haushalt.

RASSEINFORMATIONEN	
NAME	Spanischer Wasserhund
ANDERE NAMEN	Perro de Agua Español
OFFIZIELLE ANERKENNUNG	FCI Gruppe 8, UK Gundog Group
FARBVARIANTEN	weiß, kastanienbraun, weiß/kastanienbraun, schwarz

Spanischer Wasserhund

Widerristhöhe 38–50 cm

FCI 8
GRUPPE

FELLPFLEGE

mittel
GRÖSSE

FUTTER

WISSENSWERTES

Der Name Wasserhund ist in Kantabrien geläufig, wo es für einen Hund dieser Rasse viele Gelegenheiten gibt, seine Tauchfähigkeiten einzusetzen.

DER SPANISCHE Wasserhund ist außerhalb Spaniens kaum bekannt. In Großbritannien ist er zwar vom Kennel Club anerkannt, bis jetzt gibt es aber noch keinen offiziellen Rassestandard. In Spanien werden Hunde dieser Rasse hauptsächlich zum Hüten von Schafen, Ziegen und Rindern eingesetzt, gelegentlich aber auch, um Enten oder um Fische von außerhalb des Netzes zu apportieren, wobei sie auch tauchen. Verweise auf einen alten Spanischen Wasserhund reichen bis ins 10. Jahrhundert zurück, sein Ursprung wird in Andalusien vermutet.

Bei sehr unterschiedlicher Größe beträgt die Widerristhöhe 38–50 cm und das Gewicht 12–20 kg. Das wollige Fell ist gelockt und wird nicht gewechselt, bildet aber zottelige Zöpfe, wenn es lang ist. Es darf geschoren werden, sollte aber überall gleich lang sein.

Rechts
Obwohl ein Spanischer Wasserhund gehorsam ist und einen freundlichen Charakter hat, kann er gegenüber Kindern gereizt sein.

Die Farben sind Schwarz, Braun, Weiß, Weiß-Schwarz oder Weiß-Braun, niemals trikolor.

Der Hund ist treu, gehorsam und ausgeglichen.

RASSEINFORMATIONEN	
NAME	Welsh Springer Spaniel
OFFIZIELLE ANERKENNUNG	FCI Gruppe 8, UK Gundog Group, AKC Sporting Group
FARBVARIANTEN	satt rot/weiß

Welsh Springer Spaniel

Widerristhöhe 46–48 cm

FCI 8
GRUPPE

FELLPFLEGE

mittel
GRÖSSE

FUTTER

DER WELSH SPRINGER SPANIEL wird in Wales seit Jahrhunderten als Jagdhund eingesetzt. Diese Rasse gilt als alt und eigenständig und ist reinen Ursprungs.

Der Welsh ist ein treuer und ausdauernder Arbeiter, liegt mit seiner Widerristhöhe von 46–48 cm zwischen English Springer Spaniel und Cocker Spaniel und ist etwas leichter gebaut als der English Springer. Das Gewicht beträgt normalerweise 16–20 kg. Er bewegt sich schnell und lebhaft und zeigt viel Schwung und Schub. Die gut angesetzte Rute sollte nie über der Rückenlinie getragen werden; sie wurde früher üblicherweise kupiert, was jedoch in Deutschland seit 1998 verboten ist. Das dichte Fell ist glatt und hat eine seidige Beschaffenheit. Als Farben sind nur sattes Rot und Weiß zulässig.

Der kräftige, fröhliche und sehr aktive Welsh Springer besitzt einen freundlichen Charakter.

WISSENSWERTES

Die Behänge eines Welsh Springer Spaniels sind verhältnismäßig klein, laufen zur Spitze hin schmaler zu und werden als „ähnlich einem Weinblatt" beschrieben.

Links
Ein Welsh Springer Spaniel ist ein sehr aktiver Hund, der einen aktiven und begeisterten Besitzer braucht.

FCI 7
GRUPPE

FELLPFLEGE

groß
GRÖSSE

FUTTER

Weimaraner

Widerristhöhe 56–69 cm

RASSEINFORMATIONEN	
NAME	Weimaraner
OFFIZIELLE ANERKENNUNG	FCI Gruppe 7, UK Terrier Group, AKC Sporting Group
FARBVARIANTEN	silber-, maus- oder rehgrau zulässig

DIESE RASSE, die ihren Namen vom Hof zu Weimar erhalten hat, bekam wegen ihrer silbrigen Fellfarbe den Spitznamen „Grauer Geist". Der Weimaraner war zunächst ein Hund für die Jagd auf Großwild. Über die Herkunft gibt es viele Theorien, von denen keine überprüfbar ist. Als die Jagd auf Großwild in Deutschland zurückging, wurde die Rasse für verschiedene Wildvögel und als Wasserapportierhund eingesetzt. Ein Weimaraner arbeitet, obwohl er auch Begleithund ist, meist als Vorsteh- und Apportierhund, sodass die jagdlichen Fähigkeiten sehr wichtig sind.

Es gibt zwei Fellarten, wobei die Art mit kurzem, dichtem und glattem Haar weitaus populärer ist. Beim langhaarigen Fell ist das Haar an den Seiten 3–5 cm lang und an der Halsunterseite, an der Vorbrust und am Bauch etwas länger, die Rute und die Rückseiten der Läufe sind befedert. Die Augen sind hell- bis dunkelbernsteinfarben oder blaugrau. Bei einer Widerristhöhe von 57–70 cm wiegt dieser Hund 25–40 kg.

Der Weimaraner ist furchtlos, freundlich, wild- und mannscharf, leichtführig und wachsam.

WISSENSWERTES

Der Weimaraner ist eine der ältesten deutschen Vorstehhund-Rassen. Seine Ursprünge sind nicht eindeutig geklärt.

Links
Der Weimaraner ist mit seiner ungewöhnlichen Farbgebung von Fell und Augen ein auffälliger Hund.

Lauf- und Windhunde

ZUR GRUPPE DER LAUF- und Windhunde gehören einige der ältesten Rassen der Welt. Viele der Hunde, die auf Gräbern der Pharaonen und auf ägyptischen Kunstgegenständen dargestellt sind, zählen dazu.

Oben
Trotz seiner Größe hat der Irische Wolfshund ein sanftes, geduldiges Wesen.

Rechts
Der Saluki stammt aus dem Nahen Osten, wo er als Jagdhund äußerst geschätzt war.

Unten
Der glatthaarige Dachshund ist eine selbstständige und intelligente Rasse mit einem wachsamen Ausdruck.

VERFOLGEN VON WILD

AUCH WENN PFEIL und Bogen ihren Zweck gut erfüllten, musste Wild im offenen Gelände verfolgt und gestellt werden. Dazu waren Schnelligkeit und Ausdauer erforderlich – Eigenschaften, an die sich die Windhunde (Sichthunde) gut anpassten. Alle haben einen schlanken, kräftigen Körper sowie lange Läufe, und die meisten haben einen tiefen Brustkorb.

In dicht bewaldetem Gelände, in sumpfigen Gebieten und im Urwald wurden unterschiedliche Arten von Laufhunden benötigt. Um Menschen in diesen Gegenden zu unterstützen, wurden weitere Laufhunde entwickelt, die Fährten über schwieriges Gelände folgten. In den beiden allgemeinen Kategorien Windhunde und Fährtenhunde wurden Hunde herangezüchtet, die ihre Beute fangen und töten, andere, die das Wild stellen und verbellen, während kleinere Hunde in Baue eindringen, wo sie die Jagdbeute festhalten oder heraustreiben. In Größe, Schnelligkeit und Stärke sind die Laufhunde so unterschiedlich, dass einige nur das einfache Kaninchen jagen, wogegen andere mit großen, wilden Tieren, wie etwa Wolf, Wildschwein, Elch oder sogar Leopard oder Löwe, fertig werden. Wieder andere, wie z. B. der Otterhund, können sogar einer Fährte im Wasser folgen, und es gibt viele Berichte über Bluthunde, die über mehrere Tage hinweg erfolgreich einer Fährte gefolgt sind.

Laufhunde wurden lange wegen ihrer Jagdfähigkeiten (Fährtensuche oder Sichtjagd) gehalten, einige der schöneren unter ihnen fungierten aber auch als „modisches Accessoire". Da ihnen das eher zum Nachteil gereichte, gehören solche Zeiten hoffentlich der Vergangenheit an.

Heutzutage werden viele Laufhunde einfach als Begleithunde gehalten, aber die Besitzer sollten auf keinen Fall vergessen, dass jeder Laufhund einige der Fähigkeiten seiner Vorfahren behalten hat und dass dies bei der Haltung zu berücksichtigen ist.

Selbstverständlich arbeiten viele Rassen dieser Gruppe in großen Meuten, heutzutage werden zur Jagd aber immer weniger Hundemeuten eingesetzt. Viele der Windhunde nehmen an Köderhetzjagden und an Rennen teil, und alle Lauf- und Windhundrassen bieten im Ausstellungsring einen großartigen Anblick, wobei manche sich im Laufe der Jahrhunderte ein wenig verändert haben.

Hunde aus dieser Gruppe sind mit ihren unterschiedlichen Fellen herrlich anzuschauen, sei es so kurz wie beim glatthaarigen Dachshund oder so lang wie beim Afghanischen Windhund. Auch bei den Farben gibt es eine wunderbare Vielfalt. Bei einigen Rassen sind alle zulässig, während bei anderen nur bestimmte Farben oder Farbmuster erlaubt sind, wobei trikolor besonders hervorsticht.

Ebenfalls große Unterschiede gibt es bei Größe und Gewicht. Ein Zwergdachshund sollte unter 5 kg wiegen, während ein Basset, ebenfalls eine kurzbeinige Rasse, sehr viel schwerer ist. Bei langbeinigeren Rassen heben sich Barsoi, Deerhound und Irischer Wolfshund durch ihre Größe ab. Jede Rasse hat aber ihre eigene Schar treuer Anhänger.

RASSEINFORMATIONEN	
NAME	Afghanischer Windhund
ANDERE NAMEN	Tazi, Balutschi-Windhund
OFFIZIELLE ANERKENNUNG	FCI Gruppe 10, UK Hound Group, AKC Hound Group
FARBVARIANTEN	alle Farben

Afghanischer Windhund

Widerristhöhe 63–74 cm

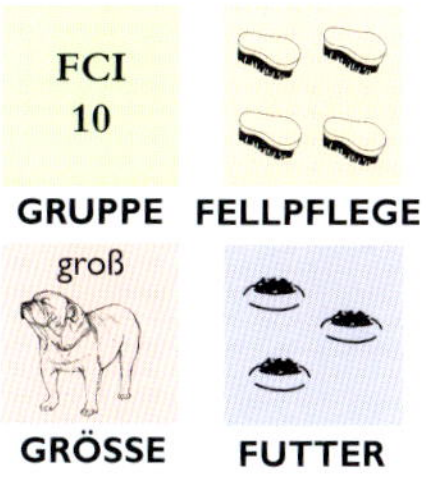

DER wunderbare langhaarige Hund stammt aus Afghanistan. Mit einer Widerristhöhe von 63–74 cm zählt er bei großen Rassen zu den beeindruckendsten. Afghanenrennen sind ein von vielen ausgeübter unterhaltsamer Wettkampfsport.

Mit seinem orientalischen Ausdruck schaut der Afghane jemanden an und durch ihn hindurch, wobei er Zurückhaltung und Würde ausstrahlt. Ein typischer Afghane vermittelt außerdem den Eindruck von Stärke, wobei er Schnelligkeit und Kraft in sich vereint und sich stolz bewegt. Das prächtige lange Fell braucht viel Pflege. Nicht immer vorhanden, aber sehr typisch für die Rasse ist ein Ring am Rutenende. Ein weiteres interessantes Merkmal ist der Sattel aus kurzen, dichten Haaren ab der Schulter nach hinten.

Mit seiner orientalischen Persönlichkeit ist dieser Hund häufig nicht einfach zu handhaben.

WISSENSWERTES

Dieser Windhund, als nobler angesehen als die normalen Hunde, wird von Angehörigen afghanischer Völker ebenso sehr geschätzt wie Pferde und Falken.

Links

Der Afghane ist äußerst selbstständig und schwer zu erziehen, kann sich aber immer der Hingabe seiner Anhänger gewiss sein.

RASSEINFORMATIONEN	
NAME	Basenji
ANDERE NAMEN	Kongo-Hund, Basendschi
OFFIZIELLE ANERKENNUNG	FCI Gruppe 5, UK Hound Group, AKC Hound Group
FARBVARIANTEN	schwarz/weiß, rot/weiß, schwarz/loh/weiß, schwarz, loh/weiß

Basenji

Widerristhöhe 40–43 cm

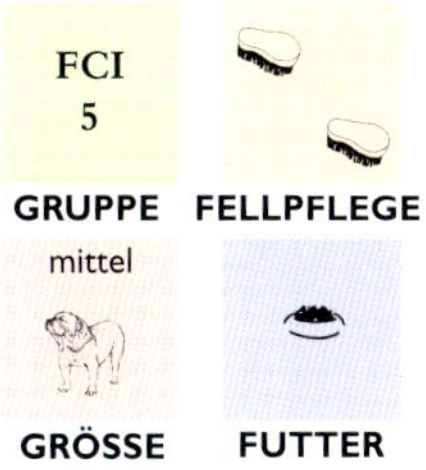

SEINE ABSTAMMUNG liegt im Dunkeln, aber ähnliche Hunde sind auf alten ägyptischen Gräbern dargestellt. In jüngerer Zeit wurde er im Kongo als Rudelhund eingesetzt, um Wild in ein Netz zu treiben.

Der mittelgroße, leicht gebaute Hund mit einer Widerristhöhe von 40–43 cm hat einen faltenreichen Kopf, der einen fragenden Gesichtsausdruck vermittelt. Das Fell ist kurz und glatt, die Rute gut über der Wirbelsäule eingedreht. Diese Rasse kann nicht bellen, sondern stößt eine charakteristische Mischung aus glucksendem Lachen und Jodeln aus.

Die Farben können auffallend sein: rein Schwarz oder Weiß; Rot und Weiß; Schwarz, Lohfarbe und Weiß mit lohfarbenen „Melonenkernen" und lohfarbener Maske; Schwarz oder Lohfarbe und Weiß. Das Weiß findet sich auf den Pfoten, der Brust und der Schwanzspitze, es sind aber auch weiße Läufe, eine Blesse und ein weißer Halsring zulässig. Der selbstbewusste, freundliche und sehr saubere Basenji riecht nicht und ist ein hervorragender Hausgefährte.

WISSENSWERTES

Der Basenji wurde als Afrikanischer Buschhund oder Kongo-Terrier 1937 erstmals bei der Crufts ausgestellt.

Links

Anders als die Hündinnen der meisten Rassen, die zweimal im Jahr läufig werden, wird eine Basenji-Hündin nur einmal jährlich läufig – ähnlich wie eine Wölfin.

FCI 6
GRUPPE

FELLPFLEGE

mittel
GRÖSSE

FUTTER

Basset Hound

Widerristhöhe 33–38 cm

RASSEINFORMATIONEN	
NAME	Basset Hound
OFFIZIELLE ANERKENNUNG	FCI Gruppe 6, UK Hound Group, AKC Hound Group
FARBVARIANTEN	trikolor oder zitronengelb und weiß, aber auch jede andere Laufhundfarbe ist zulässig

WISSENSWERTES
Ein Basset Hound kann einer Fährte folgen, die mehrere Stunden alt ist.

Rechts
Das Wort Basset ist abgeleitet vom französischen bas, niedrig. Der Basset Hound ist recht weit verbreitet.

DER BASSET Hound, ein Laufhund alter Abstammung, stammt aus Frankreich. Er jagt ausdauernd nach Fährte in einer Meute. Der Basset ist für den langen Körper, die lose Haut und lange, niedrig angesetzte Behänge berühmt. Er ist bei einer Höhe von 33–38 cm kräftig gebaut und wiegt 18–27 kg. Die Augen sind rautenförmig, das Rot des unteren Augenlids ist erkennbar. Die Rasse zeichnet sich durch ihren ruhigen, ernsten Gesichtsausdruck aus. Ein Basset watet gern durch schlammige Felder, kann aber dank des glatten kurzen Fells leicht gesäubert werden. Seine Stimme ist tief und melodisch.

Der Basset kann zwar mit geringem Tempo über lange Entfernungen jagen, fühlt sich zu Hause aber genauso glücklich, benötigt allerdings regelmäßigen Auslauf. Er ist anhänglich, gelassen, gelegentlich eigensinnig, jedoch niemals aggressiv.

FCI 6
GRUPPE

FELLPFLEGE

mittel
GRÖSSE

FUTTER

Basset Bleu de Gascogne

Widerristhöhe 34–42 cm

RASSEINFORMATIONEN	
NAME	Basset Bleu de Gascogne
ANDERE NAMEN	Blauer Basset der Gascogne
OFFIZIELLE ANERKENNUNG	FCI Gruppe 6, UK Hound Group
FARBVARIANTEN	schwarz mit weißer Tüpfelung und einigen lohfarbenen Abzeichen

WISSENSWERTES
Der Basset bleu de Gascogne wurde auf Kurzbeinigkeit gezüchtet, um seine Laufgeschwindigkeit zu verringern.

ZURÜCKGEHEND auf alte französische Schläge wird der Basset bleu de Gascogne seit Ende des 19. Jahrhunderts rein gezüchtet. Von da an erlebte diese Rasse eine konstante Entwicklung hinsichtlich Körperbau und Jagdqualitäten. Mit großartiger Stimme und hervorragender Nase kann dieser Hund unter fast allen Bedingungen jagen, sogar bei großer Kälte. Allerdings ist er nicht sehr schnell und tendiert zum „Trödeln“, wobei jeder die Spur der Beute austüftelt.

Diese zurückhaltendste Rasse der Bassets wirkt groß, jedoch nicht zu schwer. Bei einer Widerristhöhe von 34–42 cm wiegt dieser Hund 16–18 kg. Die ziemlich traurigen dunkelbraunen Augen haben einen sanften Ausdruck, die niedrig angesetzten Behänge reichen mindestens bis zur Nasenspitze. Die Farbe ist getüpfelt, es kann ein Sattel vorhanden sein, und es gibt lohfarbene Abzeichen.

Diese Laufhunde sind schlau, kinderfreundlich und brauchen viel Auslauf.

Rechts
Der Basset bleu de Gascogne ist nicht nur ein exzellenter Jagdhund, sondern auch ein gehorsamer Begleiter.

RASSEINFORMATIONEN	
NAME	Basset Fauve de Bretagne
OFFIZIELLE ANERKENNUNG	FCI Gruppe 6,
	UK Hound Group
FARBVARIANTEN	falbfarben, weizengold bis ziegelrot

Basset Fauve de Bretagne

Widerristhöhe 32–38 cm

FCI 6
GRUPPE
FELLPFLEGE
mittel
GRÖSSE
FUTTER

WISSENSWERTES
Der Basset Fauve de Bretagne ist einer der kleinsten französischen Laufhunde und nur in Frankreich und Großbritannien häufiger zu sehen.

DER RAUHAARIGE Basset Fauve de Bretagne stammt ursprünglich aus Frankreich und ist ein lebhafter, freundlicher Hund für die Jagd auf Kleinwild. Früher jagten Hunde dieser Rasse meist zu viert, heute werden sie einzeln oder zu zweit eingesetzt.

Der Basset Fauve hat längere Beine als der bekanntere Basset Hound und verfügt über gute Fährtensuchfähigkeiten. Die langen, niedrig angesetzten Behänge reichen angehoben fast bis zur Nasenspitze. Die Nase sollte schwarz, darf bei Hunden, deren Farbe heller ist, aber dunkelbraun sein. Das harte, dichte und glatte Fell ist immer falbfarben oder weizengold bis ziegelrot. Bei einer Widerristhöhe von 32–38 cm wiegt dieser Hund 16–18 kg.

Dieser Hund ist flink und immer zu Spaziergängen bereit. Er ist sehr mutig und hat ein lebhaftes, freundliches und folgsames Wesen.

Links
Der Basset Fauve de Bretagne braucht viel Auslauf und ist ein guter Arbeiter in schwierigem Gelände.

RASSEINFORMATIONEN	
NAME	Bayerischer Gebirgsschweißhund
OFFIZIELLE ANERKENNUNG	FCI Gruppe 6,
	UK Hound Group
FARBVARIANTEN	falbfarben, rot, eventuell mit dunkler
	Stichelung

Bayerischer Gebirgsschweißhund

Widerristhöhe 44–52 cm

FCI 6
GRUPPE
FELLPFLEGE
groß
GRÖSSE
FUTTER

WISSENSWERTES
Die Pfoten eines Bayerischen Gebirgsschweißhundes sind breit und kräftig mit robusten Krallen und sehr dicken Ballen.

DIESER AUSDAUERNDE und eifrige Schweißhund erhielt seinen Namen 1883. Der Laufhund ist das Ergebnis der Kreuzung von Hannover'schen Laufhunden und kurzbeinigen bayerischen Hochgebirgsbracken; angestrebt wurde ein Hund, der verwundeten Hirschen folgen konnte. Diese hauptsächlich von Jägern in Deutschland sowie in der Tschechischen und der Slowakischen Republik gehaltene Rasse wird häufig zum Wiederfinden einer Fährte eingesetzt, die andere Laufhunde mit weniger gutem Geruchssinn verloren haben.

Das ausdrucksstarke Gesicht hat eine Maske, die Behänge sind relativ lang. Das kurze Fell ist falbfarben oder rot, eventuell mit dunkler Stichelung. Der Hund hat eine Widerristhöhe von 44–52 cm und wiegt 25–30 kg.

Links
Der sanfte Ausdruck des Bayerischen Gebirgsschweißhundes gibt keinen Hinweis auf seinen erstaunlichen Geruchssinn.

FCI 6 GRUPPE · FELLPFLEGE · mittel GRÖSSE · FUTTER

Beagle

Widerristhöhe 33–40 cm

RASSEINFORMATIONEN	
NAME	Beagle
ANDERE NAMEN	English Beagle
OFFIZIELLE ANERKENNUNG	FCI Gruppe 6, UK Hound Group, AKC Hound Group
FARBVARIANTEN	jede anerkannte Laufhundfarbe außer Leberbraun

WISSENSWERTES
Königin Elisabeth I. besaß eine Meute aus Pocket Beagles (Taschenbeagles), deren Widerristhöhe angeblich unter 25 cm lag.

Rechts
Der Nasenspiegel eines Beagles ist nach der Geburt schwarz, kann bei erwachsenen helleren Hunden aber eine abgeschwächte Pigmentierung haben.

DER BEAGLE IST IM Wesentlichen eine Rasse aus Großbritannien. Er wurde vermutlich aus Foxhounds gezüchtet, weil man einen Hund für Jäger brauchte, die zu Fuß unterwegs waren. Diese bereits im 14. Jahrhundert von Chaucer in seinen *Canterbury Tales* erwähnte Hunderasse war auch bei Herrschern sehr beliebt.

Der robuste und kompakte Beagle macht einen sehr aufgeweckten Eindruck und ist ein fröhlicher Laufhund, der hauptsächlich Hasenfährten folgt. Er hat ziemlich große dunkelbraune Augen. Die Widerristhöhe beträgt 33–40 cm, das Gewicht 8–14 kg. Das kurze Fell, das jede der anerkannten Farben für Laufhunde außer Leberbraun haben kann, ist dicht und witterungsbeständig.

Der Beagle ist intelligent und besitzt ein freundliches und ausgeglichenes Wesen.

FCI 6 GRUPPE · FELLPFLEGE · groß GRÖSSE · FUTTER

Bluthund

Widerristhöhe 56–68 cm

RASSEINFORMATIONEN	
NAME	Bluthund
ANDERE NAMEN	Chien de Saint-Hubert, Bloodhound
OFFIZIELLE ANERKENNUNG	FCI Gruppe 6, UK Hound Group, AKC Hound Group
FARBVARIANTEN	schwarz/loh, leberfarben/loh (rot/loh), rot

Rechts
Bluthunde stammen von einer alten Laufhundrasse ab.

ALLGEMEIN wird angenommen, dass der Ursprung des Bluthundes auf französische St. Hubertus Hunde und die Talbot-Hunde zurückgeht.

Die Rasse ist berühmt für ihre „detektivische" Arbeit und kann einer Fährte über allerlei Böden viele Stunden lang folgen.

Der sehr kräftige Laufhund hat eine Widerristhöhe von 56–68 cm bei einem Gewicht von bis zu 50 kg. Besonders am Kopf ist die Haut lose und hängt in tiefen Falten herunter. Die dünnen Behänge fühlen sich weich an. Typisch sind auch die tief ausgesackten Triefaugen. Die lange, spitz zulaufende Rute trägt er nach oben gebogen. Er verkörpert Würde, Erhabenheit, Weisheit und Kraft. Die Töne, die dieser wunderbare Laufhund von sich gibt, glaubt nur, wer sie schon gehört hat.

Trotz seiner imposanten Erscheinung ist der Bluthund ziemlich zurückhaltend und empfindsam, sanftmütig und in keiner Weise aggressiv.

WISSENSWERTES
Der Bluthund kam wahrscheinlich 1066 mit den Normannen nach England. Nach dem Zweiten Weltkrieg war die Rasse nahezu ausgestorben.

RASSEINFORMATIONEN	
NAME	Barsoi
ANDERE NAMEN	Barzaja, Borzoi
OFFIZIELLE ANERKENNUNG	FCI Gruppe 10, UK Hound Group, AKC Hound Group
FARBVARIANTEN	jede Farbe

Barsoi

Widerristhöhe 68–74 cm

FCI 10 — GRUPPE | FELLPFLEGE | groß — GRÖSSE | FUTTER

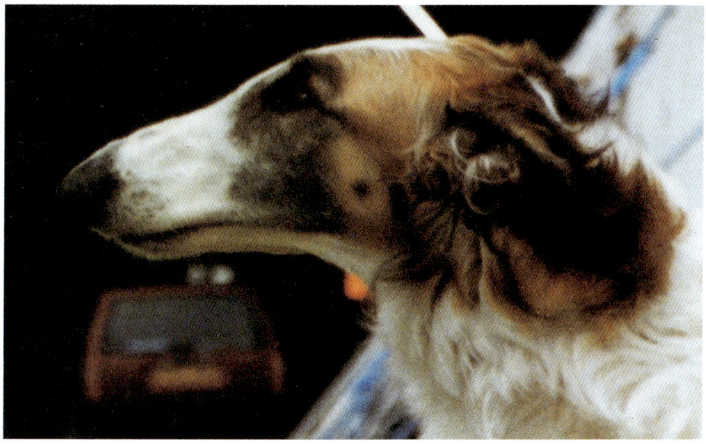

DER AUF GESCHWINDIGKEIT und Eleganz ausgelegte, aristokratische Barsoi wurde in Russland früher für die Jagd auf Wölfe eingesetzt. Die ersten Exemplare dieser Rasse kamen Ende des 19. Jahrhunderts als Geschenk des Zaren an Prinz Friedrich-Karl von Preußen nach Deutschland.

Der Barsoi ist ein unerschrockener und treuer Hetzjagdhund. Das seidige Fell, bei den Rüden länger als bei den Hündinnen, erfordert sorgfältigste Pflege, damit es in gutem Zustand bleibt. Die Mindesthöhe liegt für Hündinnen bei 68 cm, für Rüden bei 74 cm, das Gewicht kann bis 48 kg betragen. Typisch für den Barsoi ist der knochige Rücken, der in eleganter Kurve verläuft. Die Rasse hat einen aufmerksamen, empfindsamen, reservierten Charakter und braucht viel Auslauf, damit sie fit bleibt und ausgeglichen ist.

WISSENSWERTES
Der Barsoi war als der Sibirische Wolfshund bekannt. Das russische Wort *barzaja* ist eigentlich ein Ausdruck, der alle Windhunde bezeichnet.

Links
Der Barsoi wird nicht mehr zum Jagen eingesetzt; die Art, wie er gezüchtet wird, hat ihn zu einem sanften und gehorsamen Gefährten werden lassen.

RASSEINFORMATIONEN	
NAME	Deerhound
OFFIZIELLE ANERKENNUNG	FCI Gruppe 10, UK Hound Group, AKC Hound Group
FARBVARIANTEN	dunkelblaugrau, grau, gestromt, gelb, rotsandfarben, rötlich braun mit schwarzen Punkten

Deerhound

Widerristhöhe 71–76 cm

FCI 10 — GRUPPE | FELLPFLEGE | groß — GRÖSSE | FUTTER

DIESE SEHR ALTE RASSE, auch als Schottischer Hirschhund bezeichnet, wurde im schottischen Hochland zum Jagen von Rothirschen eingesetzt. Der würdevolle Deerhound passt hervorragend in die Kulisse der Herrensitze, und man kann ihn sich problemlos bei der Jagd vorstellen. Der Deerhound ist schnell, ausdauernd und kräftig genug, um einen Hirsch niederzuwerfen.

Das dicke, anliegende Fell fühlt sich harsch an und erfordert nur seltenes Bürsten. Obwohl im Rassestandard für Deerhounds viele Farben aufgeführt sind, sind die meisten dunkel.

Diese Rasse besitzt zwar ein freundliches Wesen, ist aber mit ihrer Größe – einer Widerristhöhe von 71–76 cm – sowie ihrem Gewicht von bis zu 45,5 kg nicht für Wohnungen geeignet.

WISSENSWERTES
Bürgern war verboten, Deerhounds zu besitzen, aus Furcht, sie könnten die Hirsche der Lordschaften jagen.

Links
Der Zusammenbruch des Clansystems und das Fällen der Wälder in Schottland führten zu einem schnellen Rückgang der Deerhounds.

FCI 4 GRUPPE | FELLPFLEGE | klein GRÖSSE | FUTTER

Dachshund

Widerristhöhe 30–35 cm

RASSEINFORMATIONEN	
NAME	Dachshund
ANDERE NAMEN	Teckel, Dackel
OFFIZIELLE ANERKENNUNG	FCI Gruppe 4, UK Hound Group, AKC Hound Group
FARBVARIANTEN	alle Farben, gefleckt gleichmäßig markiert

WISSENSWERTES
Die deutschen Rassebestimmungen für den Dachshund wurden 1879 in Hannover festgelegt. Sie gelten im Wesentlichen heute noch.

DER DACHSHUND, auch Dackel oder Teckel genannt, ist seit dem Mittelalter bekannt. Aus Bracken wurden fortlaufend Hunde gezüchtet, die besonders für die Jagd unter der Erde geeignet waren. Aus diesen niederläufigen Hunden kristallisierte sich der Dachshund heraus, der als eine der vielseitigsten Jagdgebrauchshunderassen anerkannt ist.

Der älteste Zuchtverein für Teckel ist der Deutsche Teckelklub 1888 e.V. Der Dachshund wird seit Jahrzehnten in drei verschiedenen Größen (Teckel, Zwergteckel, Kaninchenteckel) und in drei verschiedenen Haararten (Kurzhaar, Rauhhaar und Langhaar) gezüchtet.

Der Name Dachshund deutet vermutlich auf die ursprüngliche Verwendung dieser Rasse hin, häufiger werden aber die Namen Dackel und Teckel gebraucht. Die Hunde dringen aber auch in die Erdbaue anderer Tiere ein und werden über der Erde eingesetzt, um verwundetes Wild aufzustöbern und Wild aus dem Unterholz zu treiben. Obwohl von der Statur her lang und niedrig, haben sie einen gut bemuskelten Körper. Ihrer Fresssucht sollte nicht nachgegeben werden, da sie sonst möglicherweise Gewichtsprobleme bekommen.

Für das Fell sind alle Farben außer Weiß erlaubt. Weiß ist nur für einen kleinen Brustfleck zulässig, der aber unerwünscht ist. Die herausfordernde Kopfhaltung und der aufmerksame Gesichtsausdruck lassen Mut erkennen, der bis zur Unbesonnenheit gehen kann. Strenge ist während früher Übungen unerlässlich, da Dachshunde ziemlich stur sein können.

FCI 5 GRUPPE | FELLPFLEGE | groß GRÖSSE | FUTTER

Elchhund

Widerristhöhe 49–52 cm

RASSEINFORMATIONEN	
NAME	Elchhund
ANDERE NAMEN	Norsk Elghund, Grauer Elchhund
OFFIZIELLE ANERKENNUNG	FCI Gruppe 5, UK Hound Group, AKC Hound Group
FARBVARIANTEN	grau in verschiedenen Tönungen, mit schwarzen Spitzen

DIESE VON JÄGERN in Norwegen gezüchtete imposante Rasse wurde für die Jagd auf den großen Elch mit ansehnlichem Geweih eingesetzt, wobei die Hunde häufig auf gefrorenem bewaldetem Boden arbeiteten. Der Elchhund ist sicher ein robustes Mitglied der Spitzfamilie mit energischem Charakter. Ausdauer, Beweglichkeit und Mut waren (und sind) unerlässlich.

Mit seinem kompakten Körper und seiner quadratischen Kontur hat der Elchhund eine Widerristhöhe von 49–52 cm bei einem Gewicht von bis zu 23 kg. Er neigt zum Übergewicht und braucht daher viel Bewegung. Das dichte, reichliche und wetterresistente Fell mit Unterwolle lässt sich recht einfach pflegen und bildet eine üppige Halskrause.Diese freundliche, intelligente Rasse ist kinderlieb und lebt gern mit einer Familie, ganz gleich, wie turbulent es dort zugeht. Er neigt dazu, viel zu bellen.

WISSENSWERTES
Es wurden Skelette gefunden, die Elchhunden zugeschrieben und auf 5000 v. Chr. datiert werden.

RASSEINFORMATIONEN	
NAME	Finnenspitz
ANDERE NAMEN	Suomenpystykorva
OFFIZIELLE ANERKENNUNG	FCI Gruppe 5, UK Hound Group, AKC Non-Sporting Group
FARBVARIANTEN	rotbraun, goldbraun

Finnenspitz

Widerristhöhe 39–50 cm

FCI 5	
GRUPPE	FELLPFLEGE
mittel	
GRÖSSE	FUTTER

WISSENSWERTES
Der Finnenspitz – Finnlands Nationalhund – hat einen schriftlich formulierten Standard aus dem Jahr 1812.

DER FINNENSPITZ STAMMT vermutlich vom russischen Laika ab, wurde allerdings in Finnland gezüchtet und für die Vogeljagd eingesetzt.

Diese zur Gruppe der Spitze gehörende Rasse ist einfach an ihrem rot- oder goldbraunen Fell zu erkennen. Die Unterwolle ist kurz, weich und dicht und heller als das Deckhaar, wodurch das ganze Fell glänzt. Das Deckhaar ist, speziell bei Rüden, auf den Schultern länger und steif. Obwohl dieser Spitz nur eine Widerristhöhe von 39–50 cm und ein Gewicht von 7–13 kg hat, ist er bekannt dafür, auch große Wildtiere, wie z. B. Bär und Elch, zu stellen und zu verbellen.

Dieser lebhafte, freundliche und aktive Begleiter hat, wie alle Spitzrassen, gut ausgebildete stimmliche Fähigkeiten und liebt es, im Haus zu sein, obwohl ihm alle Witterungen liegen.

Links
Der Finnenspitz ist ein hervorragender Wachhund und hat eine enorm laute Stimme, die auch im Gelände nützlich ist.

RASSEINFORMATIONEN	
NAME	Foxhound
ANDERE NAMEN	English Foxhound
OFFIZIELLE ANERKENNUNG	FCI Gruppe 6, UK Hound Group, AKC Hound Group
FARBVARIANTEN	alle anerkannten Farben und Abzeichen

Foxhound

Widerristhöhe 58–64 cm

FCI 6	
GRUPPE	FELLPFLEGE
groß	
GRÖSSE	FUTTER

WISSENSWERTES
1880 gab es in England 140 Foxhound-Meuten, von denen jede durchschnittlich 50 Paare umfasste.

DIE GESCHICHTE des Foxhounds ist nicht in Ausstellungs-, sondern in Jagdaufzeichnungen festgehalten und dank der Masters of the Hunt (Jagdvorsteher) kann die Abstammung der modernen Foxhounds weit zurück verfolgt werden. Eine Foxhound-Meute kann den ganzen Tag im Gelände verbringen und jeder Hund muss springen können und in der Lage sein, dichtes Gestrüpp zu durchbrechen.

Foxhounds, von denen mittlerweile häufig einige Exemplare im Ausstellungsring zu sehen sind, sind kräftige, klar konturierte Hunde mit Ausdauer, Geduld und einer natürlichen Jagdfähigkeit. Er hat eine Widerristhöhe von 58–64 cm bei einem Gewicht von 25–34 kg. Das kurze Fell ist witterungsbeständig. Die hell- oder mittelbraunen Augen sind scharf und wachsam, und sein Ausdruck zeigt Begeisterung. Die Behänge sind hoch angesetzt und liegen dicht am Kopf an. Der Fang ist quadratisch und gerade.

Der Foxhound besitzt ein freundliches Wesen und ist nicht aggressiv.

Links
Der Foxhound wird hauptsächlich für die Fuchsjagd eingesetzt, ist aber auch ein aufmerksamer Wachhund mit guter Stimme.

FCI 6
GRUPPE
FELLPFLEGE
mittel
GRÖSSE
FUTTER

Grand Basset Griffon Vendéen

Widerristhöhe 39–43 cm

RASSEINFORMATIONEN	
NAME	Grand Basset Griffon Vendéen
ANDERE NAMEN	Großer Basset Griffon Vendéen
OFFIZIELLE ANERKENNUNG	FCI Gruppe 6, UK Hound Group
FARBVARIANTEN	hasenfarben, weißgrau, weiß und orange/schwarz/grau/loh, trikolor

WISSENSWERTES
Etwa ein Jahrhundert lang hat die Familie Desamy in La Chaize-le-Vicomte Grand Basset Griffon Vendéen gezüchtet.

Rechts
Diese Rasse war am Ende des Zweiten Weltkriegs nahezu ausgestorben. Obwohl sie wieder belebt wurde, kommt sie immer noch selten vor.

DER GRAND Basset Griffon Vendéen ist in seinem Heimatland Frankreich sehr populär und dort eine der am besten dargestellten Laufhundrassen. Dieser gute Kaninchen- und Hasenjäger ist mit seiner Widerristhöhe von 39–43 cm größer als die anderen, bekannteren Bassets.

Der Grand Basset Griffon Vendéen ist ein intelligenter, nobel aussehender Hund mit einem langen, nicht zu üppigen Fell. Es muss glatt sein (niemals seidig oder wollig), und die Unterwolle ist dick.

Die Behänge, die mindestens bis zur Nasenspitze reichen müssen, sind mit langem Haar bedeckt und nach innen gefaltet.

Vendéen-Besitzer galten und gelten als dickköpfig und selbstständig und es wird behauptet, dass diese Eigenschaften auf ihre Hunde übergegangen seien. Denn diese Rasse besitzt einen starken Willen und kann ein wenig stur sein, ist aber aufgeschlossen, aufmerksam, nicht leicht aus der Ruhe zu bringen und möchte, obwohl selbstständig, gefallen.

FCI 6
GRUPPE
FELLPFLEGE
groß
GRÖSSE
FUTTER

Grand Bleu de Gascogne

Widerristhöhe 60–70 cm

RASSEINFORMATIONEN	
NAME	Grand Bleu de Gascogne
ANDERE NAMEN	Großer Blauer Gascogne-Laufhund
OFFIZIELLE ANERKENNUNG	FCI Gruppe 6, UK Hound Group
FARBVARIANTEN	schwarz markiert auf Weiß, mit schwarzer Tüpfelung (erscheint blau)

Rechts
Der Grand Bleu de Gascogne ist nicht schnell, beweist aber auf einer Fährte große Ausdauer.

ALS EINER DER größeren französischen Jagdhunde ist der Grand Bleu de Gascogne eine alte Rasse, deren Ursprünge in Rennhundrassen vermutet werden, die von phönizischen Händlern nach Frankreich gebracht wurden. Diese als Fährtensuchhund arbeitende Rasse verfügt über einen hoch entwickelten Geruchssinn und hat ein tiefes Bellen.

Der große, lange Kopf verleiht dem Hund Vornehmheit, der Blick ist traurig und zutraulich. Die Behänge sind niedrig angesetzt und dünn, sie müssen mindestens bis zur Nasenspitze reichen und sind nach innen eingedreht. Das Fell ist glatt, wetterresistent und interessant gefärbt, wobei über den Augen immer lohfarbene Punkte sind, die einen „Vier Augen"-Effekt ergeben. Bei einer Widerristhöhe von 60–70 cm wiegt dieser Hund 32–35 kg.

Die Rasse ist sanft und hat ein freundliches Wesen.

WISSENSWERTES
Grands Bleus de Gascogne wurden schon Ende des 19. Jahrhunderts in Frankreich ausgestellt. Damals waren sie jedoch meist schwarz.

Greyhound

Widerristhöhe 68–76 cm

RASSEINFORMATIONEN	
NAME	Greyhound
OFFIZIELLE ANERKENNUNG	FCI Gruppe 10, UK Hound Group, AKC Hound Group
FARBVARIANTEN	schwarz, weiß, rot, falbfarben, sandfarben, kann mit Weiß gebrochen sein

FCI 10
GRUPPE

FELLPFLEGE

groß
GRÖSSE

FUTTER

WISSENSWERTES
Der Waterloo-Cup für Greyhound-Rennen wurde 1836 ins Leben gerufen. Ein Greyhound kann Geschwindigkeiten bis zu 60 km/h erreichen.

VON DEM BEREITS in den Waldgesetzen des Königs Canut (Knut) von 1016 erwähnten Greyhound wird allgemein angenommen, dass er von den Kelten auf die Britischen Inseln gebracht wurde. Sein Ursprung liegt aber wahrscheinlich im Nahen Osten, denn gemeißelte Darstellungen von Hunden, die dem Greyhound sehr ähneln, wurden auf mehr als 4000 Jahre alten ägyptischen Gräbern entdeckt. Dieser einfach zu pflegende Windhund hat einen starken Hetztrieb, sodass bei Katzen und kleinen Hunden aufgepasst werden muss. Kleinere Hunde dieser Rasse werden auch für Bahnrennen eingesetzt; im Ausstellungsring findet man die größeren mit einer Widerristhöhe von 68–76 cm und einem Gewicht von 27–32 kg.

Der sanfte, anhängliche und freundliche Greyhound ist ein wunderbarer Gefährte, der sich in Gesellschaft von Kindern wohl fühlt.

Links
Ein Greyhound braucht weniger Auslauf, als viele denken, freut sich aber über jeden Spaziergang.

Hamilton-Stövare

Widerristhöhe 53–57 cm

RASSEINFORMATIONEN	
NAME	Hamilton-Stövare
ANDERE NAMEN	Hamilton Hound, Hamilton Laufhund
OFFIZIELLE ANERKENNUNG	FCI Gruppe 6, UK Hound Group
FARBVARIANTEN	schwarz, braun und weiß

FCI 6
GRUPPE

FELLPFLEGE

groß
GRÖSSE

FUTTER

WISSENSWERTES
Diese 1886 erstmals ausgestellte Rasse ist nach Graf Hamilton benannt, der den schwedischen Hundeverband gegründet hat.

DER HAMILTON-STÖVARE, die in Schweden populärste Laufhundrasse, wurde hauptsächlich aus englischen Foxhounds und deutschen Laufhunden gezüchtet.

Die Rasse ist kräftig, auffällig schön gezeichnet und hat ein Fell in Schwarz, Braun und Weiß. Die Verteilung der Farbanteile ist genau im Rassestandard angegeben. Obwohl kurz und weich, ist das Fell im Winter besonders dick. Zwischen den Ballen befinden sich viele Haare. Der robuste Hamilton-Stövare hat große Ausdauer. Die ideale Widerristhöhe ist 57 cm für Rüden und 53 cm für Hündinnen bei einem Gewicht von 23–27 kg.

Der Hamilton ist als Jagdhund eher für das Land- als für das Stadtleben geeignet. Er genießt es, Stunden im Gelände zu verbringen, und kommt nicht immer schnell zurück. Dieser ausgeglichene Laufhund ist ein fröhlicher Begleiter und Freund.

Links
Diese attraktive Rasse verdient es, auch außerhalb ihres Heimatlandes Schweden bekannter zu sein.

FCI 5 — GRUPPE | FELLPFLEGE | groß — GRÖSSE | FUTTER

Podenco Ibicenco

Widerristhöhe 56–74 cm

RASSEINFORMATIONEN	
NAME	Podenco Ibicenco
ANDERE NAMEN	Ibiza-Podenco
OFFIZIELLE ANERKENNUNG	FCI Gruppe 5, UK Hound Group, AKC Hound Group
FARBVARIANTEN	weiß, kastanienbraun, löwengelb, daraus beliebige Kombination

DARGESTELLT AUF alten ägyptischen Gräbern und Keramiken, weist der Name dieses Hundes auf die Insel Ibiza hin, die im 6. Jahrhundert v. Chr. von den Karthagern besetzt wurde. Ein Jahrhundert später ließen sie ihre Jagdhunde zurück, die somit Vorläufer dieser Rasse waren. Trotz des Namens nimmt man an, dass es diesen Hund seit etwa 5000 Jahren auch auf der Insel Formentera gibt.

Dieser große Hund, der an den großen, aufrechten und sehr beweglichen Ohren zu erkennen ist, hat eine Widerristhöhe von 56–74 cm

und wiegt 19–25 kg. Es gibt zwei Fellarten: rau- und glatthaarig. Der Brustkorb des Ibicencos ist nicht so tief wie bei den meisten Laufhundrassen und zwischen Brustbein und Ellenbogen sollte ein Abstand von 7–8 cm sein.

Podenco Ibicencos sind treue Gefährte des Menschen. Sie können enorm hoch springen und stehen im Ruf, große „Ausbrecher" zu sein, daher benötigen sie eine geduldige und verständige, aber strenge Behandlung.

WISSENSWERTES

Der Podenco Ibicenco wird gern zur Kaninchenjagd ohne Flinte, bei Tag und bei Nacht verwendet.

FCI 10 — GRUPPE | FELLPFLEGE | groß — GRÖSSE | FUTTER

Irish Wolfhound

Widerristhöhe 81–86 cm

RASSEINFORMATIONEN	
NAME	Irish Wolfhound
ANDERE NAMEN	Irischer Wolfshund
OFFIZIELLE ANERKENNUNG	FCI Gruppe 10, UK Hound Group, AKC Hound Group
FARBVARIANTEN	grau, gestromt, rein weiß, rehbraun, rot, schwarz, jede Deerhound-Farbe

BEWUNDERT SEIT der Zeit der römischen Eroberung, wurden die Vorfahren der uns heute bekannten Irischen Wolfshunde in Irland über Jahrhunderte hinweg für die Jagd auf Wölfe, Wildschweine und irische Elche eingesetzt. Im 17. Jahrhundert war die Rasse nahezu ausgestorben, wurde aber Mitte des 19. Jahrhunderts von Captain Graham wieder belebt.

Dieser niemals hektisch erscheinende Hund, der viel Mut besitzt, kann rasch eine enorme Strecke zurücklegen, denn er hat viel Kraft, ist sehr aktiv und sehr schnell. Die für Rüden gewünschte Widerristhöhe beträgt 81–86 cm bei einem Mindestgewicht von 55 kg. Damit sich das riesige Knochengerüst korrekt entwickeln kann, ist ein qualitativ hochwertiges Futter unverzichtbar.

Trotz seiner enormen Größe und Kraft hat der Irische Wolfshund ein sanftes, liebenswürdiges und freundliches Wesen. Allerdings braucht er viel Platz und Auslauf.

WISSENSWERTES

Die Rute des Irischen Wolfshundes ist lang, leicht gebogen, wird niedrig getragen und zeigt zur Spitze hin nach oben.

RASSEINFORMATIONEN	
NAME	Norwegischer Lundehund
ANDERE NAMEN	Norsk Lundehund
OFFIZIELLE ANERKENNUNG	FCI Gruppe 5, UK Hound Group
FARBVARIANTEN	rotbraun bis fahlbraun

Norwegischer Lundehund

Widerristhöhe 32–38 cm

FCI 5

GRUPPE

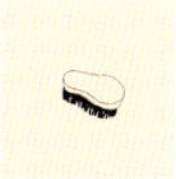

FELLPFLEGE

mittel

GRÖSSE

FUTTER

MITTLERWEILE MEIST ein Begleithund, wurde der Lundehund in Norwegen früher eingesetzt, um Papageientaucher aus ihren Nestern in den Steilklippen zu holen. In Mitteleuropa ist diese außergewöhnliche Rasse kaum bekannt – sie gilt als die weltweit seltenste, weil sie wegen eines genetischen Fehlers kaum noch gezüchtet wird, außer in Norwegen, wo die Zahl der Hunde leicht zunimmt.

Der kleine Spitzhund ist rechteckig und leicht gebaut. Typisch sind eine zusätzliche Zehe an jeder Pfote, Ohren, die zum Schutz geschlossen werden können und eine weitere Wolfskralle an jeder Vorderpfote. Die Vorderläufe können bis zu 180° vom Körper weggestreckt werden, wie bei einem Spagat. Der Nacken ist extrem gelenkig.

Das dichte, raue Deckhaar dieser Rasse liegt flach am Körper an, die Unterwolle ist weich. Ein Lundehund wiegt etwa 6–7 kg bei einer Widerristhöhe von 32–38 cm.

Der immer aufmerksame, energische und lebhafte Norwegische Lundehund ist weder nervös noch aggressiv.

WISSENSWERTES

Der Norwegische Lundehund stammt aus Nordnorwegen und wurde erst 1943 anerkannt, obwohl er seit Jahrhunderten zur Jagd auf Papageientaucher eingesetzt wurde.

Links

Die physische Anpassung des Norwegischen Lundehundes gestattet ihm, bei der Suche nach Papageientauchernestern Klippenpfade zu erklimmen und Felsspalten zu überqueren.

RASSEINFORMATIONEN	
NAME	Otterhund
OFFIZIELLE ANERKENNUNG	FCI Gruppe 6, UK Hound Group, AKC Hound Group
FARBVARIANTEN	jede anerkannte Laufhundfarbe

Otterhund

Widerristhöhe 60–67 cm

FCI 6

GRUPPE

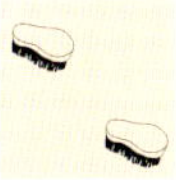

FELLPFLEGE

groß

GRÖSSE

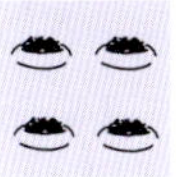

FUTTER

DIE GESCHICHTE der Otterjagd kann man in England bis zur Herrschaft Heinrichs II. (1154–1189) zurückverfolgen, die erste Erwähnung des Otterhundes als Hundeart erfolgte aber erst im 14. Jahrhundert, wobei er als „eine grobe Art von Hund zwischen einem Laufhund und einem Terrier" beschrieben wurde.

Der große, kräftige Laufhund, der lange im Wasser arbeiten kann, muss ebenso in der Lage sein, an Land zu galoppieren. Ein raues Fell mit Unterwolle und große Pfoten sind unerlässlich. Die Widerristhöhe beträgt 60–67 cm, das Gewicht kann sehr variieren (30–55 kg). Die Pigmentierung sollte mit der Fellfarbe harmonieren. Diese Rasse ist eine der wenigen, bei denen eine leichte Schmetterlingsnase zulässig ist.

Dieser ausgeglichene und freundliche Hund hat eine laute, bellende Stimme. Besitzer sollten aktiv, im Haus aber nicht zu pingelig sein.

WISSENSWERTES

Obwohl er einen robusten Eindruck macht, gehört der Otterhund zu den vom Aussterben bedrohten Rassen.

Links

Die dicke, isolierende Unterwolle des Otterhunds ermöglicht ihm, selbst in eiskaltem Wasser sicher zu schwimmen.

FCI 6	
GRUPPE	FELLPFLEGE
mittel	
GRÖSSE	FUTTER

Petit Basset Griffon Vendéen

Widerristhöhe 33–38 cm

RASSEINFORMATIONEN	
NAME	Petit Basset Griffon Vendéen
ANDERE NAMEN	Kleiner Basset Griffon Vendéen
OFFIZIELLE ANERKENNUNG	FCI Gruppe 6,
	UK Hound Group
FARBVARIANTEN	weiß mit zitronengelb, orange, grau

WISSENSWERTES
Der Petit Basset Griffon Vendéen zieht frisches, kühles Wetter drückender Hitze vor.

DER PETIT BASSET Griffon Vendéen kommt aus einer etwas raueren Region Westfrankreichs. Niederläufig und rauhaarig, ist er ein kräftiger, aktiver Laufhund, der den ganzen Tag jagen kann und eine kräftige Stimme hat, die großzügig eingesetzt wird.

Die großen dunklen Augen verleihen ihm einen freundlichen, intelligenten Ausdruck, und die Bindehaut der unteren Augenlider ist nicht zu sehen. Durch die langen Augenbrauen hat er ein etwas lustiges Aussehen, und sein Bart nimmt alles Mögliche an Schmutz auf, während die Nase am Boden ist. Er hat eine Widerristhöhe von 33–38 cm bei einem Gewicht von 14–18 kg.

Diese fröhliche, extrovertierte Rasse ist unabhängig, möchte aber dennoch gefallen. Sie ist bezaubernd und eine gute Wahl für eine lebenslustige Familie.

Rechts
Der populärste der Griffons Vendéens, der Petit Basset, ist ein aufmerksames, freundliches Haustier.

FCI 5	
GRUPPE	FELLPFLEGE
groß	
GRÖSSE	FUTTER

Pharaonenhund

Widerristhöhe 53–56 cm

RASSEINFORMATIONEN	
NAME	Pharaonenhund
ANDERE NAMEN	Pharaoh Hound
OFFIZIELLE ANERKENNUNG	FCI Gruppe 5, UK Hound Group,
	AKC Hound Group
FARBVARIANTEN	rost- bis dunkelrostfarben,
	bestimmte weiße Abzeichen sind erlaubt

Rechts
Phönizische Händler brachten diese Hunde vor etwa 2000 Jahren nach Malta.

HUNDE, DIE DEM Pharaonenhund ähneln, finden sich in alter ägyptischer Kunst. Man nimmt an, dass phönizische Händler die Rasse vor etwa 2000 Jahren nach Malta brachten, das als Heimatland dieser Hunde angesehen wird. Obwohl schon in den 1920er-Jahren nach Europa eingeführt, konnte sich diese Rasse bei uns nicht als Jagdhund etablieren. Als Jäger, der Nase und Augen einsetzt, zeichnet sich der Hund durch aufgestellte Ohren, bernsteinfarbene Augen und einen entschlossenen, intelligenten Ausdruck aus. Das Fell muss rostfarben sein, wobei bestimmte weiße Abzeichen zulässig sind. Die Nase muss fleischfarben sein, um zum Fell zu passen. Die ideale Widerristhöhe beträgt für Hündinnen 53 cm und für Rüden 56 cm, das Gewicht liegt bei 25 kg.

Der Pharaonenhund ist anmutig, dennoch kräftig mit schnellen, freien Bewegungen. Daher braucht dieser freundliche, verspielte Hund nicht nur Zuneigung, sondern auch viel Auslauf.

WISSENSWERTES
Weiß, das manchmal auf der Brust zu finden ist, wird als Stern bezeichnet. Die Zehen dürfen weiß sein und eine weiße Rutenspitze ist sehr erwünscht.

RASSEINFORMATIONEN	
NAME	Rhodesian Ridgeback
ANDERE NAMEN	Ridgeback, Löwenhund
OFFIZIELLE ANERKENNUNG	FCI Gruppe 6, UK Hound Group, AKC Hound Group
FARBVARIANTEN	hellweizen- bis rotweizenfarben

Rhodesian Ridgeback

Widerristhöhe 61–67 cm

FCI 6
GRUPPE
FELLPFLEGE
groß
GRÖSSE
FUTTER

RHODESIAN RIDGEBACKS stammen von Hunden ab, die mindestens seit dem 15. Jahrhundert von den Hottentotten gehalten wurden. Großwildjäger bezeichneten ihn als Löwenhund, weil er in Simbabwe (früher Rhodesien) für die Jagd auf Wild, häufig Löwen, eingesetzt wurde. Er griff den Löwen aber nicht an, sondern verbellte ihn. In Afrika wird der Ridgeback heutzutage als Wachhund eingesetzt und als sein Heimatland gilt Südafrika.

Mit einer Widerristhöhe von 61–67 cm und einem Gewicht von bis zu 39 kg ist er ein ansehnlicher, kräftiger und muskulöser Hund, der sehr aktiv und bei entsprechendem Tempo sehr ausdauernd ist. Ein wichtiges Erkennungsmerkmal ist ein Kamm entlang des Rückens, der aus Haaren gebildet wird, die gegen den Strich wachsen.

WISSENSWERTES
Der Rassestandard des Rhodesian Ridgebacks wurde 1922 in Südafrika formuliert, und seitdem gab es nur kleine Änderungen.

Links
Der Rhodesian Ridgeback ist ein guter Familienhund. Er ist sehr treu und toleriert keine Bedrohung durch Fremde.

RASSEINFORMATIONEN	
NAME	Saluki
OFFIZIELLE ANERKENNUNG	FCI Gruppe 10, UK Hound Group, AKC Hound Group
FARBVARIANTEN	viele, außer gestromt

Saluki

Widerristhöhe 58–71 cm

FCI 10
GRUPPE
FELLPFLEGE
groß
GRÖSSE
FUTTER

DER SALUKI WIRD als älteste Jagdhundrasse der Welt bezeichnet und ist in seinem arabischen Heimatland seit 5000 v. Chr. bekannt. Historisch als wertvollster Besitz angesehen, wird der Saluki ganz anders betrachtet als andere Hunde, wohl hauptsächlich wegen seiner Jagdfähigkeiten und Schönheit. Dieser ehrenvolle Status gewährleistete die Reinheit der Abstammung.

Als Windhund, der mit dem Falken zum Hetzen von Hasen und Gazellen eingesetzt wurde, ist der Saluki sehr schnell und ausdauernd. In ihm verbindet sich nicht nur Anmut mit Ebenmaß, sondern seine in die Ferne blickenden Augen verleihen ihm auch einen würdevollen Ausdruck. Das Fell ist glatt und seidig mit Befederung, die bei der Kurzhaarvarietät fehlt. Die Widerristhöhe beträgt für Rüden 58–71 cm, für Hündinnen einiges weniger, und das Gewicht liegt bei 14–25 kg.

Ein Saluki ist zwar meist weder nervös noch aggressiv, aber sehr empfindsam, Fremden gegenüber reserviert und nicht für eine Familie geeignet, die diesen wirklich speziellen Charakter nicht schätzt.

WISSENSWERTES
Bei FCI-Ausstellungen werden Salukis nach dem Fell unterteilt in langhaarig oder befedert und kurzhaarig.

Links
Der Saluki wurde von den Beduinen zum Jagen von Gazellen eingesetzt, häufig zusammen mit Falken.

FCI 6 GRUPPE | FELLPFLEGE | groß GRÖSSE | FUTTER

Segugio Italiano

Widerristhöhe 48–59 cm

RASSEINFORMATIONEN	
NAME	Segugio Italiano
ANDERE NAMEN	Italienischer Laufhund, Italienische Bracke
OFFIZIELLE ANERKENNUNG	FCI Gruppe 6, UK Hound Group
FARBVARIANTEN	schwarz/lohfarben, dunkelrot bis weizenfarben, bestimmte weiße Abzeichen sind zulässig

WISSENSWERTES

In Italien treibt der Segugio Wildschweine, statt sie zu fangen. Da Wildschweine aber relativ selten geworden sind, wird er auch für die Hasenjagd eingesetzt.

EINE WEITERE RASSE, deren Abstammung auf die Hetzjagdhunde der frühen Ägypter zurückgeht, ist der Segugio Italiano. Um ihm mehr Substanz zu geben, wurden Mastiffs eingekreuzt. Seine langen, windhundähnlichen Läufe und sein Kopf, der dem eines Fährtenhundes ähnelt, verleihen dieser Rasse eine Schönheit, die während der italienischen Renaissance sehr geschätzt wurde.

Der Segugio Italiano hat einen außergewöhnlichen Geruchssinn und fängt Beute nicht nur, sondern tötet sie auch.

Es gibt zwei Fellarten: grobes Haar, das rau, dicht, borstig und eng anliegend ist, und kurzes Haar, das dick und glänzend ist. Der Segugio braucht kaum Fellpflege. Diese mittelgroße Rasse mit 48–59 cm Widerristhöhe wiegt 18–28 kg.

Der Segugio Italiano ist sanft, hingebungsvoll und ausgeglichen und eignet sich gleich gut als Gebrauchshund wie als Gefährte.

Rechts

Segugios stammen von ägyptischen Hetzjagdhunden ab und sind längst nicht mehr nur in Italien beliebt.

FCI 10 GRUPPE | FELLPFLEGE | groß GRÖSSE | FUTTER

Sloughi

Widerristhöhe 60–70 cm

RASSEINFORMATIONEN	
NAME	Sloughi
ANDERE NAMEN	Arabischer Windhund
OFFIZIELLE ANERKENNUNG	FCI Gruppe 10, UK Hound Group
FARBVARIANTEN	Schattierungen von heller bis zu roter Sandfarbe, eventuell schwarze Maske

Rechts

Der große Brustkorb des Sloughi deutet auf seine große Lungenkapazität hin, die ideal für das Jagen von Gazellen und Hasen ist.

WISSENSWERTES

Obwohl der Name Sloughi bereits im Mittelalter verwendet wurde, ist diese Rasse erst Anfang der 1970er-Jahre in Europa bekannt geworden.

DER SLOUGHI STAMMT aus den Wüsten und Bergen Nordafrikas und man nimmt an, dass er auf dem Grab des Tutanchamun abgebildet ist. Es gibt eine Wüsten- und eine Bergart – erstere ist schmal, leicht, graziös und elegant, während letztere kompakter ist und kräftigere Knochen hat.

Dieser Hund, der Hasen, Gazellen und Antilopen stellen kann, sieht muskulös und zugleich schlank aus. Das Haar ist hart und dünn und das Fell kann verschiedene Farben haben (eventuell mit schwarzer Maske), wobei Zweifarbigkeit nicht zulässig ist. Die ideale Widerristhöhe dieser Rasse ist 60–70 cm bei einem Gewicht von 20–27 kg.

Der Sloughi schließt sich bereits sehr jung seinem Besitzer und seiner Familie an und gewöhnt sich normalerweise kaum an einen neuen, wenn er das Zuhause wechseln muss. Fremden gegenüber ist er reserviert.

RASSEINFORMATIONEN	
NAME	Whippet
OFFIZIELLE ANERKENNUNG	FCI Gruppe 10, UK Hound Group, AKC Hound Group
FARBVARIANTEN	jede Farbe oder Farbmischung

Whippet

Widerristhöhe 44–51 cm

FCI 10	
GRUPPE	FELLPFLEGE
mittel	
GRÖSSE	FUTTER

DIESER KLEINSTE Windhund wurde ursprünglich zur Kaninchenhetze eingesetzt. Der Whippet, den wir heute kennen, entstand im 19. Jahrhundert aus verschiedenen Kreuzungen zwischen schnellen und starken Greyhounds und einigen Terriern, die wegen ihrer Größe und Hartnäckigkeit (obwohl es lange davor „Sport"-Windhunde gab) ausgewählt wurden. Im Nordosten Englands und in Mittelengland wurden Whippet-Rennen Ende des 19. Jahrhunderts populär, und Rennen sowie Coursing haben nach wie vor viele Liebhaber.

Der mit einer Widerristhöhe von 44–51 cm recht kleine und etwa 12,5–14 kg schwere Whippet ist eine ausgewogene Kombination aus Muskelkraft und Stärke, gepaart mit großer Eleganz und Grazie. Diese arbeitswillige Rasse ist auf Geschwindigkeit ausgelegt und sollte niemals Übertreibung zeigen. Das feine, kurze Fell erfordert wenig Pflege. Die Haut eines Whippets ist sehr dünn, sodass er kälte- und verletzungsempfindlich ist.

Das freundliche, anhängliche und ausgeglichene Wesen macht diese Rasse zu einem idealen Hausgenossen.

WISSENSWERTES

Whippets wurden „Geradeausrenner", weil viele in den geraden Gassen zwischen Häuserzeilen rennen mussten.

Unten

Der sehr anpassungsfähige und leicht zu erziehende Whippet eignet sich sowohl als Familienhund als auch für sportliche Zwecke.

Hirten- und Hütehunde

ZU DIESER GRUPPE zählen Hüte- und Treibhunde wie auch Herdenschutz- und Hirtenhunde. Sie haben ihr ursprüngliches Einsatzgebiet in der Viehherde, verrichten jedoch durchaus unterschiedliche Aufgaben: Die einen treiben die Herde in eine bestimmte Richtung, bringen einzelne, vom Weg abgekommene Tiere zurück usw., die anderen dagegen wurden zum Schutz der Herde eingesetzt. Entsprechend vielfältige Aufgaben können diese Hunde als Begleiter des Menschen wahrnehmen.

DIE HUNDE DER GRUPPE

DIE GROSSEN RASSEN dieser Gruppe variieren, aber alle wurden und werden oft noch heute in der Landarbeit eingesetzt. Die niederläufigen Welsh Corgis und einige andere Rassen sind bekannt dafür, Rinder anzutreiben, indem sie sie in die Fersen zwicken. Die größeren Rassen wie z. B. der Pyrenäen-Berghund und der Anatolische Hirtenhund schützten Schäfer und Herden vor Raubtieren.

Manche Rassen werden in nördlichen Regionen zum Hüten und zum Schutz von Rentieren eingesetzt, während der Malamute Schutz vor Bären und Wölfen bietet. Der Samojede dient als Schlitten- sowie als Hütehund.

Einige der Hirtenhunde werden überall auf der Welt sehr geschätzt. So sind z. B. viele Bauern davon überzeugt, dass ein gut arbeitender Border Collie so viel wert ist wie mehrere ausgebildete Schäfer, und auch auf den riesigen Weideflächen Australiens sind die Hunde von unschätzbarem Wert.

Der Deutsche Schäferhund war eine der ersten Rassen, die im Krieg eingesetzt wurden, und stellt ein ausgezeichnetes Beispiel dafür dar, was mit Hilfe einer Ausbildung bei den Hirten- und Hütehunden erreicht werden kann. Darüber hinaus sind viele Angehörige dieser Gruppe außerordentlich begabt bei Obedience- und den in jüngster Zeit beliebt gewordenen Agility-Übungen.

Da diese Rassen bei allen Witterungsverhältnissen arbeiten müssen, ist ein robustes und schützendes Fell unverzichtbar. Die meisten verfügen über dichte Unterwolle als Schutz gegen widrige Witterungsverhältnisse. Puli und Komondor besitzen ein charakteristisches, Schnüre bildendes Fell. Das Fell des Bergamaskers hingegen bildet Strähnen oder lockere Haarmatten und fühlt sich fettig an.

Der Shetland Sheepdog (bekannter als Sheltie) ist die kleinste Rasse dieser Gruppe; ein eleganter, kleiner Hund, dessen üppiges, volles Fell verschiedenste Farben aufweisen kann. Jedes seiner Augen kann eine andere Farbe haben.

Der Bearded Collie verfügt ebenfalls über langes Fell, das sich allerdings deutlich von dem des Shelties unterscheidet. Hingegen hat der Anatolische Hirtenhund kurzes Fell, ist ansonsten aber eine stattliche und beeindruckende Rasse mit einem durchschnittlichen Gewicht von weit mehr als 45 kg.

Die Charaktere der einzelnen Rassen unterscheiden sich sehr und sogar innerhalb einer Rasse gibt es Unterschiede. Das ist unbedingt zu beachten, wenn man einen neuen Hund zum Hausgenossen erwählt. Zudem sollte man im Hinterkopf haben, dass Gebrauchshunde ein aktives Leben bevorzugen und daher viel Beschäftigung brauchen.

Viele Hirten- und Hütehundrassen sind sehr eindrucksvolle Tiere, wobei sich einige dieser Rassen in den letzten 100 Jahren so stark verändert haben, dass sie äußerlich kaum noch etwas mit ihren Vorfahren gemein haben. Alle wurden jedoch gezüchtet, um bestimmte Aufgaben zu erfüllen, wozu sie sicher auch heute noch in der Lage wären.

Ganz oben
Der Kurzhaar-Collie hat als einziger Collie kein langes Fell. Er ist heutzutage allerdings seltener anzutreffen als der Langhaar-Collie.

Oben
Da er häufig mit dem berühmten Filmhund in Verbindung gebracht wird, ist der Langhaar-Collie auch unter dem Namen Lassie-Collie bekannt.

Rechts
Der Border Collie wird für seine Fähigkeiten beim Hüten von Schafen geschätzt und beweist dabei viel Ausdauer und Klugheit.

RASSEINFORMATIONEN	
NAME	Anatolischer Hirtenhund
ANDERE NAMEN	Coban Köpegi, Kangal, Karabash
OFFIZIELLE ANERKENNUNG	FCI Gruppe 2, UK Pastoral Group
FARBVARIANTEN	alle reinen Farben

Anatolischer Hirtenhund

Widerristhöhe 71–81 cm

FCI 2
GRUPPE
FELLPFLEGE
groß
GRÖSSE
FUTTER

DER ANATOLISCHE HIRTENHUND, der vom Mastiff und anderen alten als Herdenschutzhunde eingesetzten Rassen des Nahen Ostens abstammt, ist auch unter dem Namen Kangal bekannt. Diese alte Rasse, deren Geschichte sich über 3000 Jahre zurückverfolgen lässt, wird von türkischen Schäfern sehr geschätzt, da die Hunde ihre Arbeit als Herdenschutzhunde auch bei extremer Hitze oder Kälte zuverlässig versehen.

Der Kangal ist ein hoch gewachsener, kräftig gebauter Hund mit einer Widerristhöhe von 71–81 cm. Sein Gewicht beträgt 41–64 kg. Die große, ausdauernde, schnelle Rasse ist lebhaft und fleißig und hat einen breiten, schweren Kopf und kurzes, dichtes Fell. Sämtliche Fellfarben sind erlaubt; wünschenswert sind jedoch cremefarbene bis rehbraune Tiere mit schwarzer Maske und schwarzen Ohren. Die von Natur aus unabhängige Rasse zeichnet sich durch Intelligenz, Stolz, Selbstvertrauen, Beharrlichkeit und Mut aus.

WISSENSWERTES

Die hohe Anerkennung in seiner Heimat hat den Kangal zu einem Nationalhund gemacht und ihm einen Platz auf einer Briefmarke gesichert.

Links
Der Anatolische Hirtenhund ist ein erstklassiger Wachhund; als Begleiter ist er jedoch ein wenig unzuverlässig, es sei denn, er wurde sorgfältig ausgebildet und sozialisiert.

RASSEINFORMATIONEN	
NAME	Australian Cattle Dog
ANDERE NAMEN	Blue Heeler, Queensland Heeler, Australischer Treibhund
OFFIZIELLE ANERKENNUNG	FCI Gruppe 1, UK Pastoral Group, AKC Herding Group
FARBVARIANTEN	blau, rot gesprenkelt

Australian Cattle Dog

Widerristhöhe 43–51 cm

FCI 1
GRUPPE
FELLPFLEGE
mittel
GRÖSSE
FUTTER

DER AUSTRALISCHE TREIBHUND wurde gezüchtet mittels sorgfältiger Selektion durch Kreuzung von Dingo, Kelpie, Bullterrier und Dalmatiner. Er wird in seiner Heimat Australien wegen der Fähigkeit, Rinder in jedem Gelände unter Kontrolle zu halten und anzutreiben, sehr geschätzt. Der dort gebräuchliche Name Heeler stammt daher, weil er sich beim Treiben des Viehs hinter das Rind kauert und es in die Fersen (Heels) zwickt.

Kräftig, kompakt und harmonisch gebaut, verfügt diese Rasse über Substanz und Stärke. Ihre muskulöse Statur verleiht ihr Beweglichkeit, Kraft und Ausdauer. Bei einer Widerristhöhe von 43–51 cm wiegt ein Hund meist 16–20 kg. Das doppelte Haarkleid ist glatt und hat kurze, dichte Unterwolle. Das Fell ist im Wesentlichen blau, blau gesprenkelt oder gefleckt oder rot gesprenkelt.

Der Australische Treibhund beschützt auch den Menschen und seinen Besitz. Die aufgeweckte, intelligente und wachsame Rasse, die Fremden gegenüber ein natürliches Misstrauen an den Tag legt, kann gut zum Gehorsam erzogen werden. Man hat es hier mit einem mutigen, zuverlässigen und tüchtigen Hund zu tun.

WISSENSWERTES

Der Australische Treibhund stammt von unterschiedlichen Rassen ab, seit Mitte der 1890er-Jahre ist er jedoch reinrassig.

FCI 1

GRUPPE FELLPFLEGE

groß

GRÖSSE FUTTER

Australian Shepherd

Widerristhöhe 46–58 cm

RASSEINFORMATIONEN	
NAME	Australian Shepherd
OFFIZIELLE ANERKENNUNG	FCI Gruppe 1, UK Pastoral Group, AKC Herding Group
FARBVARIANTEN	blau, blau-marmoriert, schwarz, rot-marmoriert

WISSENSWERTES

Der Australian Shepherd ist in Wirklichkeit eine amerikanische Rasse, die in den USA erstmalig in den 1950er-Jahren offiziell registriert wurde.

GEGEN ENDE des 19. Jahrhunderts wanderten baskische Hirten von Spanien nach Australien und später nach Amerika aus, stets in Begleitung ihrer Hunde. Von den auf diese Weise in die USA gelangten Hunden stammt der Australian Shepherd ab. Auch wenn er erst vor relativ kurzer Zeit nach Europa gelangte, erfreute er sich schnell großer Beliebtheit. Die Zahl seiner Anhänger nimmt weiterhin zu.

Der Australien Shepherd ist ein intelligenter Hund mit ausgeprägten Hüte- und Schutzinstinkten. Er besitzt viel Ausdauer, ist lebhaft, geschickt und wendig und in der Lage, sofort Tempo und Richtung zu ändern. Das mittellange Fell ist glatt bis wellig, verfügt über eine wetterresistente Unterwolle und weist eine eindrucksvolle Farbenvielfalt auf: angefangen bei Blau, über Blau-merle und Schwarz bis hin zu Rot-merle, wobei alle Farben mit oder ohne lohfarbene Abzeichen vorkommen können. Weiß ist nur in bestimmten Bereichen erlaubt. Die Widerristhöhe beträgt 46–58 cm; das Gewicht variiert zwischen 16–32 kg.

Dieser Hund ist treu und aufmerksam und besitzt ein ausgeglichenes Wesen. Anfangs zeigt er sich vielleicht etwas zurückhaltend, ist jedoch niemals scheu oder aggressiv.

Rechts

Der Australian Shepherd eignet sich sehr gut als Such- und Rettungshund und gibt auch einen ausgezeichneten Familienhund ab.

FCI 1

GRUPPE FELLPFLEGE

groß

GRÖSSE FUTTER

Bearded Collie

Widerristhöhe 51–56 cm

RASSEINFORMATIONEN	
NAME	Bearded Collie
ANDERE NAMEN	Beardie
OFFIZIELLE ANERKENNUNG	FCI Gruppe 1, UK Pastoral Group, AKC Herding Group
FARBVARIANTEN	verschiedene, mit oder ohne weiße Abzeichen

DIESE RASSE, die zuerst als Hairy Mountain Dog, später als Scottish Bearded oder Highland Collie bekannt wurde, wird schon seit langem im schottischen Hochland als Hütehund eingesetzt. Aus Aufzeichnungen geht hervor, dass die Verwendung des Bearded Collies bis ins 17. Jahrhundert zurückreicht. Angeblich sollen Polnische Niederungshütehunde an der schottischen Küste zurückgelassen worden sein, wo sie sich mit heimischen Hirtenhunden paarten.

Rechts

Lebhaft, freundlich und schnell gelangweilt eignet sich der Bearded Collie ideal für Besitzer, die viel Zeit haben und über Ausdauer verfügen.

WISSENSWERTES

Der Bearded Collie, auch bekannt als Beardie, war als Gebrauchshund nahezu verschwunden, wurde 1944 jedoch wieder entdeckt.

RASSEINFORMATIONEN

NAME	Belgischer Schäferhund
ANDERE NAMEN	Chien de Berger Belge
OFFIZIELLE ANERKENNUNG	FCI Gruppe 1, UK Pastoral Group, AKC Herding Group
FARBVARIANTEN	variiert in Abhängigkeit vom Schlag

Belgischer Schäferhund

Widerristhöhe 56–66 cm

FCI 1 – GRUPPE
FELLPFLEGE
groß – GRÖSSE
FUTTER

ES GIBT DIE SCHLÄGE des Groenendaels, Lakenois, Malinois und des Tervuerens, die sich nur in Farbe, Länge und Struktur des Fells unterscheiden. Ihre Namen gehen auf belgische Städte zurück, in denen die einzelnen Spielarten der Rasse beheimatet sind. Sie lassen sich bis ins Mittelalter zurückverfolgen, aber erst 1891 führte ein Professor der belgischen tierärztlichen Hochschule getrennte Standards für die vier Arten ein. In Großbritannien werden sie als eine Rasse klassifiziert.

Alle Schläge haben eine Widerristhöhe von 56–66 cm und ein Gewicht von 27,5–28,5 kg. Die Rasse wird als Wach- und Hirtenhund eingesetzt. Die gewölbten Zehen liegen eng aneinander, die Ballen sind dick und elastisch, die Vorderpfoten rund und die Hinterpfoten oval.

Alle vier Schläge sind intelligent und robust, aber nicht aggressiv.

WISSENSWERTES
In Belgien gab es früher acht unterschiedliche anerkannte Standards für den Belgischen Schäferhund; in Großbritannien wurden die vier Schläge erst vor wenigen Jahren vereint.

RASSEINFORMATIONEN

NAME	Bergamasker
ANDERE NAMEN	Cane da Pastore Bergamasco
OFFIZIELLE ANERKENNUNG	FCI Gruppe 1, UK Pastoral Group
FARBVARIANTEN	grau, schwarz, isabella, hellrehbraun

Bergamasker

Widerristhöhe 54–62 cm

FCI 1 – GRUPPE
FELLPFLEGE
groß – GRÖSSE
FUTTER

DER BERGAMASKER stammt aus Norditalien und kommt anderswo nur selten vor. Dieser mittelgroße Hirtenhund alter Abstammung ist ein aufmerksamer Wachhund mit stark ausgeprägtem Schutzinstinkt.

Charakteristikum dieser im Profil quadratischen Rasse ist ihr volles, langes Fell. Am vorderen Teil des Körpers hart, fühlt es sich an Kopf und Gliedmaßen weicher an. Es ist fettig und bildet Strähnen oder lockere Haarmatten, die vom Körper herabhängen. Das Fell sollte keine Schnüre wie z. B. beim Puli oder Komondor bilden. Es ist einfarbig grau oder grau mit Flecken, die in allen Grauschattierungen oder in Schwarz auftreten können. Bei einer Widerristhöhe von 54–62 cm wiegt der Hund 26–38 kg.

Der Bergamasker ist ein typischer Landhund und für die Haltung in Stadtwohnungen kaum geeignet.

Er ist intelligent, vorsichtig und geduldig und braucht von seinem Halter eine vernünftige Führung und eine feste Hand.

WISSENSWERTES
Römische Schreiber beschrieben den idealen Hirtenhund, der wendig und furchtlos genug war, einen Wolf in die Flucht zu schlagen. Man glaubt heute, dass hier der Bergamasker gemeint war.

Links
Das Fell des Bergamaskers kann auch schwarz oder isabellafarben sein; ein helles Rehbraun ist ebenfalls möglich.

FCI 1 GRUPPE | FELLPFLEGE | mittel GRÖSSE | FUTTER

Border Collie

Widerristhöhe bis zu 53 cm

RASSEINFORMATIONEN	
NAME	Border Collie
OFFIZIELLE ANERKENNUNG	FCI Gruppe 1, UK Pastoral Group, AKC Herding Group
FARBVARIANTEN	verschiedene, weiß sollte nie überwiegen

WISSENSWERTES
Der Border Collie, der einer der fähigsten Hirtenhunde der Welt sein soll, wird schon seit Jahrhunderten zum Hüten von Schafen eingesetzt.

DIESE RASSE ist vor allem als Gebrauchshund bekannt, dessen ursprüngliche Funktion das Schafehüten war, meist an der englisch-walisischen und der englisch-schottischen Grenze („border" – daher der Name). Zwar werden seit 1873 Hütewettbewerbe durchgeführt, aber bei Ausstellungen ist der Border Collie eher ein Neuling. Der Name wird erst seit 1915 verwendet.

Die Kontur zeigt Klasse, Eleganz und perfekte Ausgewogenheit. Bei ausreichend Substanz vermittelt dieser Hund den Eindruck von großem Durchhaltevermögen. Die Widerristhöhe beträgt 53 cm (bei Hündinnen etwas weniger) und das Gewicht variiert zwischen 14 und 22 kg. Es gibt zwei Fellarten, mittellang und glatt, wobei beide dichtes Deckhaar und weiche, dichte und wetterfeste Unterwolle aufweisen. Die Augen sind braun, außer bei Hunden mit merle-farbenem Fell; bei ihnen können ein oder beide Augen ganz oder teilweise blau sein.

Dieser Hund ist lebhaft, leichtführig, intelligent und aufgeweckt und fühlt sich erst beim Arbeiten richtig wohl. Er muss regelmäßig gefordert werden und braucht ausreichend Bewegung.

Rechts
Der Border Collie eignet sich nicht gut als Hausgenosse; er muss ständig gefordert und streng erzogen werden. Wenn er sich langweilt, kann er zu Bissigkeit neigen.

FCI 1 GRUPPE | FELLPFLEGE | groß GRÖSSE | FUTTER

Briard

Widerristhöhe 56–68 cm

RASSEINFORMATIONEN	
NAME	Briard
ANDERE NAMEN	Berger de Brie
OFFIZIELLE ANERKENNUNG	FCI Gruppe 1, UK Pastoral Group, AKC Herding Group
FARBVARIANTEN	rehbraun, gestromt, schwarz, schiefergrau

Unten
Das lange, wellige Fell des Briards benötigt regelmäßige Pflege.

DER BRIARD GEHÖRT einer alten Hirtenhundrasse an und stammt aus dem französischen Brie. Er wurde meist zum Hüten und zum Schutz von Schafen, aber auch beim Militär als Lasthund eingesetzt.

Wildes Aussehen, Geschmeidigkeit und muskulöser Körperbau kennzeichnen diese weder ängstliche noch aggressive Rasse. Wichtiges Merkmal sind die tief an den Hinterläufen angesetzten doppelten Wolfskrallen. Dieser Hund hat eine Widerristhöhe von 56–68 cm und ein Gewicht von etwa 33,5–34,5 kg. Das lange Fell erfordert viel Pflege, ist leicht gewellt, sehr trocken mit feiner, dichter Unterwolle. Das Haar am Kopf bildet einen Bart, Schnurrbart und Augenbrauen. Das Fell ist schwarz, schwarz mit vereinzelten weißen Haaren, rehbraun in einigen Schattierungen (dunklere sind wünschenswert) oder schiefergrau.

Diese fröhliche, lebhafte und intelligente Rasse eignet sich sehr gut als Hausgenosse.

WISSENSWERTES
Während des Ersten Weltkriegs wurde der Briard als Rot-Kreuz-Hund eingesetzt. Nach dem Krieg gelangte er mit heimkehrenden Soldaten in die USA.

RASSEINFORMATIONEN	
NAME	Langhaar-Collie
ANDERE NAMEN	Rough Collie, Collie, Scottish Collie
OFFIZIELLE ANERKENNUNG	FCI Gruppe 1, UK Pastoral Group, AKC Herding Group
FARBVARIANTEN	zobel/weiß, trikolor, blau-marmoriert

Langhaar-Collie

Widerristhöhe 51–61 cm

FCI 1 GRUPPE — FELLPFLEGE — groß GRÖSSE — FUTTER

WISSENSWERTES
Der heutige Langhaar-Collie hat längere Beine als der gleichnamige Hund, der früher als Gebrauchshund diente.

ES SCHEINT, als wären mehrere verschiedene Rassen in den Collie eingeflossen. Vermutlich stammt er von Hunden ab, die um 50 v. Chr. von den Römern nach Schottland gebracht wurden und die sich mit dort heimischen Hunden paarten. Der Langhaar-Collie ist heute eine rein gezüchtete Version des Collie-Gebrauchshundes, der von schottischen Schäfern verwendet wurde. Früher wurden Lang- und Kurzhaar-Collie als eine Rasse, mittlerweile jedoch als zwei getrennte Rassen geführt. Langhaar- und Kurzhaar-Collie unterscheiden sich nur durch ihr Fell. Der Langhaar-Collie hat sehr dichtes Fell, wobei das Deckhaar glatt und hart ist und die Unterwolle eine weiche, pelzige Beschaffenheit aufweist. Die drei anerkannten Farben sind Zobel-Weiß, Trikolor und Blau-marmoriert. Er hat eine Widerristhöhe von 51–61 cm bei einem Gewicht von 18–30 kg.

Der Langhaar-Collie mit seinem freundlichen Wesen und seiner reservierten Würde ist ein ausgesprochen schöner Hund, dessen Körperbau Kraft und Bewegungsfreude, aber keinerlei Derbheit ausdrückt.

Links
Das prachtvolle Fell des Langhaar-Collies braucht regelmäßige Pflege, sonst verfilzt es sehr leicht.

RASSEINFORMATIONEN	
NAME	Kurzhaar-Collie
ANDERE NAMEN	Smooth Collie, Collie
OFFIZIELLE ANERKENNUNG	FCI Gruppe 1, UK Pastoral Group
FARBVARIANTEN	zobel/weiß, trikolor, blau-marmoriert

Kurzhaar-Collie

Widerristhöhe 51–61 cm

FCI 1 GRUPPE — FELLPFLEGE — groß GRÖSSE — FUTTER

WISSENSWERTES
Obwohl sich diese Rasse nur bis 1873 zurückverfolgen lässt, glaubt man, dass der Kurzhaar-Collie auch Spuren von Greyhound-Blut in sich trägt.

DER KURZHAAR-Collie ist zwar weniger verbreitet als der langhaarige, überzeugt aber durch Intelligenz, Aufgewecktheit und Bewegungsfreude.

Der Kopf ist das Aushängeschild und sollte von vorn oder im Profil der Form eines stumpfen Keils mit glatter Kontur entsprechen. Das Ende des Fangs ist glatt, abgerundet und stumpf, jedoch nie eckig. Die mittellangen Ohren sind am Ansatz breiter und im Ruhezustand nach hinten gekippt, werden jedoch nach vorn gerichtet und halb aufgestellt, wenn der Hund aufmerkt. Die Fellfarben entsprechen denen des Langhaar-Collies; tendenziell weist der Kurzhaar jedoch häufiger ein blue-merle-farbenes Fell auf. Die Widerristhöhe beträgt 51–61 cm und er wiegt 18–29,5 kg.

Der Kurzhaar-Collie weist dasselbe fröhliche und freundliche Wesen auf wie sein langhaariger Verwandter.

Links
Das Fell des Kurzhaar-Collies ist kurz und anliegend. Das Deckhaar ist hart und die Unterwolle sehr dicht.

FCI 2 — GRUPPE | FELLPFLEGE | groß — GRÖSSE | FUTTER

Estrela Berghund

Widerristhöhe 62–72 cm

RASSEINFORMATIONEN	
NAME	Estrela Berghund
ANDERE NAMEN	Cão da Serra da Estrela
OFFIZIELLE ANERKENNUNG	FCI Gruppe 2,
	UK Pastoral Group
FARBVARIANTEN	rehbraun, gestromt, wolfsgrau

WISSENSWERTES

Der Estrela Berghund, ein Verwandter des Spanischen Mastiffs, hat eine laute Stimme und kann weite Sprünge machen.

EINE DER ältesten Rassen der iberischen Halbinsel, der Estrela Berghund, stammt aus Mittelportugal und ist mit zahllosen Herdenschutzhunden in vielen Teilen der Welt verwandt.

Dieser kräftige, gut gebaute und dem Mastiff ähnliche Hund vermittelt einen Eindruck von Kraft und Vitalität und verfügt über eine beträchtliche Ausdauer. Sein Fellhaar, das lang oder kurz sein kann, ähnelt Ziegenhaar. Das längere Deckhaar ist dick und hart, die dichte Unterwolle weist normalerweise eine hellere Farbe auf. Bei der kurzhaarigen Variante ist das Deckhaar ebenfalls dick, aber nur mäßig hart; auch hier ist die Unterwolle dicht. Die Widerristhöhe beträgt 62–72 cm, auch wenn Abweichungen nach oben von bis zu 4 cm zulässig sind. Das Gewicht kann beträchtlich zwischen 30 und 50 kg variieren.

Rechts
Der Estrela Berghund ist in Portugal sehr beliebt, außerhalb jedoch nur selten anzutreffen.

Diese Rasse ist intelligent und aufgeweckt, neigt allerdings zu Starrköpfigkeit. Der Estrela ist ein robuster Wachhund, seinem Besitzer ein treuer und anhänglicher Begleiter, der sich anderen Menschen gegenüber jedoch gleichgültig verhält.

FCI 5 — GRUPPE | FELLPFLEGE | mittel — GRÖSSE | FUTTER

Finnischer Lapphund

Widerristhöhe 41–52 cm

RASSEINFORMATIONEN	
NAME	Finnischer Lapphund
ANDERE NAMEN	Suomenlapinkoira, Lapinkoira
OFFIZIELLE ANERKENNUNG	FCI Gruppe 5,
	UK Pastoral Group
FARBVARIANTEN	alle Farben

DER FINNISCHE Lapphund, der zu den Spitzartigen zählt und überall in Nordskandinavien und in der russischen Region Karelien anzutreffen ist, wird immer noch im rauen Klima Finnlands zum Hüten von Rentieren, Schafen und Rindern eingesetzt.

Dieser Hund hat einen kräftigen Körperbau. Die Widerristhöhe beträgt 41–52 cm und das Gewicht etwa 20–21 kg. Das Fell ist sehr dick, das Deckhaar lang und grob, die Unterwolle hingegen weich und dick. Alle Farben sind zulässig, eine Hauptfarbe sollte jedoch dominieren. An Kopf, Hals, Brust, Beinen und Rutenspitze können sich Abzeichen in unterschiedlichen Farben finden.

Der Finnische Lapphund ist intelligent, unerschrocken, besonnen und treu. Er verfügt über gute Hüteeigenschaften und eignet sich als Begleiter und auch als Wachhund. Er fühlt sich bei allen Familienaktivitäten wohl, insbesondere bei solchen, die im Freien stattfinden.

WISSENSWERTES

Der Finnische Lapphund ist, wenngleich eher selten, auch in anderen Ländern als denen seiner Herkunft anzutreffen. Er benötigt für seine Größe relativ viel Futter.

RASSEINFORMATIONEN	
NAME	Deutscher Schäferhund
ANDERE NAMEN	Schäferhund
OFFIZIELLE ANERKENNUNG	FCI Gruppe 1, UK Pastoral Group
	AKC Herding Group
FARBVARIANTEN	schwarz/loh, gold, hellgrau, zobel

Deutscher Schäferhund

Widerristhöhe 57,5–62,5 cm

FCI 1 — GRUPPE
FELLPFLEGE
groß — GRÖSSE
FUTTER

DER DEUTSCHE Schäferhund ist heutzutage eine der beliebtesten Rassen und hat auf der ganzen Welt begeisterte Anhänger. Dieser in Deutschland gezüchtete und von alten Hüte- und Hofhundrassen abstammende Hund bietet dem Menschen eine breite Palette an Einsatzmöglichkeiten. Früher als Kriegshund verwendet, arbeitet er seit geraumer Zeit als Polizei- oder Schutzhund, als Blindenhund sowie als Wach-, Spür- und Rettungshund.

Der Deutsche Schäferhund hat einen im Verhältnis zur Höhe langen Rumpf; seine Widerristhöhe beträgt im Idealfall 57,5–62,5 cm.

Diese Proportionen zusammen mit der Position der Vorder- und der Hinterläufe ermöglichen einen raumgreifenden und ausdauernden Gang. Das Gewicht liegt zwischen 34 und 43 kg. Das Fell sollte für Ausstellungszwecke glatt, hart und eng anliegend sein und eine dicke Unterwolle aufweisen.

Diese wachsame, aufgeweckte und zähe Rasse ist nervenstark, treu, selbstbewusst, mutig und lässt sich sehr gut zum Gehorsam erziehen. Sie sollte sich aber nie übermäßig aggressiv oder scheu zeigen.

WISSENSWERTES

Während des Ersten Weltkriegs war die eindrucksvolle Zahl von 48 000 Deutschen Schäferhunden beim deutschen Heer gemeldet; viele von ihnen wurden ihren Besitzern zwangsweise abgenommen.

Links
Wird der Deutsche Schäferhund als Haustier gehalten, braucht er strenge Erziehung und regelmäßige Bewegung.

RASSEINFORMATIONEN	
NAME	Hovawart
OFFIZIELLE ANERKENNUNG	FCI Gruppe 2,
	UK Pastoral Group
FARBVARIANTEN	schwarz/gold, schwarz, blond

Hovawart

Widerristhöhe 58–70 cm

FCI 2 — GRUPPE
FELLPFLEGE
groß — GRÖSSE
FUTTER

DER HOVAWART, ursprünglich unter dem Namen Hofwart bekannt, wurde bereits im Mittelalter als zuverlässiger Wachhund beschrieben. Deutsche Züchter haben diese Rasse erfolgreich unter Verwendung von Hofhunden aus dem Harz, dem Schwarzwald und anderen Bergregionen neu gezüchtet. In einigen ländlichen und abgeschiedenen Gegenden sollen sogar einige Exemplare des ursprünglichen Hovawarts überlebt haben.

Mit einer Widerristhöhe von 58–70 cm und einem recht geringen Gewicht von 25–40 kg ist er ein robustes Tier, das bei jedem Wetter zur Arbeit eingesetzt werden kann. Das Fell hat eine Durchschnittslänge von 10–22,5 cm und weist eine längere Befederung auf. Es ist schwarz, schwarz mit gold oder blond, wobei die Pigmentierung der Farbe des Hundes entspricht.

Diese Rasse ist wachsam, wendig, schnell, stattlich und selbstbewusst. Der verspielte, aufgeweckte und intelligente Hund ist ein treuer Familienhund; gegenüber Artgenossen zeigt er sich mitunter eigensinnig und dominant.

WISSENSWERTES

Diese Rasse, in den 1930er-Jahren offiziell vom VDH (Verband für das Deutsche Hundewesen) anerkannt, wurde in Großbritannien im letzten Viertel des 20. Jahrhunderts bekannt.

Links
Der Hovawart ist ein angenehmes, zurückhaltendes Haustier, das leicht ausgebildet werden kann, aber zum Angstbeißen neigt.

FCI 1 — GRUPPE | FELLPFLEGE
groß — GRÖSSE | FUTTER

Kuvasz

Widerristhöhe 66–75 cm

RASSEINFORMATIONEN	
NAME	Kuvasz
ANDERE NAMEN	Ungarischer Kuvasz
OFFIZIELLE ANERKENNUNG	FCI Gruppe 1, UK Pastoral Group, AKC Working Group
FARBVARIANTEN	rein weiß

WISSENSWERTES
Der Kuvasz wurde als Rasse erstmalig im 17. Jahrhundert erwähnt. Man nimmt jedoch an, dass er bereits im 12. Jahrhundert nach Ungarn gelangt ist.

Rechts
Der Name Kuvasz leitet sich vom türkischen Wort kavas *her, was bewaffneter Wächter bedeutet.*

DER ALTBEKANNTE HIRTENHUND gelangte im Mittelalter mit einem nomadischen türkischen Hirtenvolk nach Ungarn. In seiner Heimat ursprünglich als Hütehund eingesetzt, hat er sich zum Wachhund für den Menschen und seinen Besitz entwickelt. Der große, stämmige Kuvasz hat eine Widerristhöhe von 66–75 cm und wiegt 30–52 kg. Der Hund mit ausgewogenem Körperbau strahlt Kraft und Klasse aus. Er ist kein massiger, sondern ein muskulöser Hund. Das doppelte Haarkleid ist leicht gewellt mit leicht rauem Deckhaar und feiner, wolliger Unterwolle. Das Fell ist rein weiß, die Haut weist schiefergraue Flecken auf. Die dunkelbraunen, mandelförmigen Augen sind leicht schräg gestellt, Lidränder und Lefzen sind schwarz und der Nasenschwamm schiefergrau.

Dieser tapfere und furchtlose Hund hat einen starken Beschützertrieb gegenüber seinem Halter. Er zeigt sich trotz anhänglichen, sanften und geduldigen Wesens Fremden gegenüber misstrauisch. Er braucht eine feste, erfahrene Hand; auf ungerechte Bestrafungen reagiert er negativ.

FCI 1 — GRUPPE | FELLPFLEGE
mittel — GRÖSSE | FUTTER

Puli

Widerristhöhe 37–44 cm

RASSEINFORMATIONEN	
NAME	Puli
ANDERE NAMEN	Ungarischer Puli
OFFIZIELLE ANERKENNUNG	FCI Gruppe 1, UK Pastoral Group, AKC Herding Group
FARBVARIANTEN	schwarz, rostig schwarz, weiß, grau, apricot

WISSENSWERTES
Das charakteristische Schnürenfell des Pulis dient zum Schutz vor Regen. Die Kopfhaare verdecken die Augen und wirken wie ein Schirm.

DER PULI, außerhalb Ungarns besser bekannt als die anderen dort beheimateten Rassen, gelangte angeblich im 9. Jahrhundert von Asien nach Ungarn. Die Rasse wird zum Hüten von Schafherden eingesetzt und hält auch extreme Kälte aus.

Der Puli mit seinem robusten und muskulösen Körperbau und einer feinen Knochenstruktur weist eine insgesamt quadratische Kontur auf, ähnlich der des Tibet Terriers, mit dem der Puli entfernt verwandt ist. Die Widerristhöhe beträgt 37–44 cm und das Gewicht 10–15 kg. Das hervorstechendste Merkmal des Pulis ist sein Fell. Durch das richtige Verhältnis zwischen Deckhaar und Unterwolle bildet es beim ausgewachsenen Hund natürliche Schnüre. Als Fellfarben kommen Schwarz, rostig Schwarz, Weiß, unterschiedliche Grauschattierungen und Apricot vor.

Dieser lebhafte, flinke Hund ist sehr intelligent und zeigt – obgleich vorsichtig gegenüber Fremden – keine Nervosität oder grundlose Aggression.

RASSEINFORMATIONEN	
NAME	Komondor
ANDERE NAMEN	Ungarischer Komondor
OFFIZIELLE ANERKENNUNG	FCI Gruppe 1, UK Pastoral Group
	AKC Working Group
FARBVARIANTEN	weiß

Komondor

Widerristhöhe 60–80 cm

FCI 1	
GRUPPE	FELLPFLEGE
groß	
GRÖSSE	FUTTER

WISSENSWERTES
Der Komondor ist in Ungarn seit über tausend Jahren bekannt und wurde 1544 erstmals namentlich erwähnt.

EINE WEITERE RASSE aus Ungarn, jedoch deutlich größer als der Puli, ist der Komondor. Er stammt ebenfalls von Hunden ab, die aus dem Osten nach Ungarn gelangt sind, als die nomadischen Magyaren nach Westen zogen und ihre zu den Owtscharkas zählenden Hunde mit sich nahmen.

Der Komondor beeindruckt durch Stärke und Tapferkeit. Mit schwerem Skelett und guter Substanz weist er eine Widerristhöhe von durchschnittlich 60–80 cm und ein Gewicht von 36–61 kg auf. Unter dem langen, weißen und groben Deckhaar befindet sich eine weichere Unterwolle, wobei die Haare wie Troddeln aneinander kleben und somit wie Schnüre wirken. Das Fell des Welpen ist weich und flaumig; die Schnüre bilden sich erst nach zwei Jahren vollständig aus.

Der Komondor ist ein ausgezeichneter Hütehund und auch ein starker, aufmerksamer Wachhund, der mit Respekt behandelt werden muss. Er gibt einen treuen und anhänglichen Begleiter ab, der Fremden gegenüber misstrauisch ist. Vor dem Kauf sollte man sich umfassend über diese Rasse informieren.

Links
Das Haar des Komondors benötigt regelmäßige Pflege, damit es nicht verfilzt.

RASSEINFORMATIONEN	
NAME	Lancashire Heeler
OFFIZIELLE ANERKENNUNG	UK Pastoral Group
FARBVARIANTEN	schwarz/loh

Lancashire Heeler

Widerristhöhe 25–30 cm

FCI –	
GRUPPE	FELLPFLEGE
klein	
GRÖSSE	FUTTER

WISSENSWERTES
Obwohl diese Art über Generationen in Großbritannien gezüchtet wurde, ist der heutige Lancashire Heeler eine Neuzüchtung aus den 1960er-Jahren.

DIE GESCHICHTE dieses Hundes ist unklar, doch vermutlich trafen Welsh Corgis, die zwischen Wales und dem Gebiet um Ormskirk als Hütehunde eingesetzt wurden, dort auf Manchester Terrier. Der Lancashire Heeler ist das Ergebnis dieser zufälligen Begegnungen. Er ist ein niederläufiger, kräftiger und lebhafter Arbeiter. Er verfügt über gute Hüteeigenschaften, aber auch über den Terrierinstinkt, der seine Vorliebe für das Jagen von Kaninchen und Ratten begründet.

Trotz kleiner Statur (die Widerristhöhe beträgt etwa 25–30 cm und das Gewicht 3–6 kg) strotzt die Rasse vor Energie und braucht regelmäßige Beschäftigung. Die Felllänge variiert geringfügig nach Jahreszeit, wobei sich glattes, glänzendes Fell mit längerem abwechselt, das eine Art Mähne bilden kann. Das Fell ist schwarz mit lohfarbenen Abzeichen.

Dieser fröhliche und anhängliche Hund möchte gefallen und ist gern in Gesellschaft von Kindern – jederzeit bereit, sich ihrem Spiel anzuschließen.

FCI 1 — GRUPPE | FELLPFLEGE | groß — GRÖSSE | FUTTER

Maremmen-Abruzzen Schäferhund

Widerristhöhe 60–73 cm

RASSEINFORMATIONEN	
NAME	Maremmen-Abruzzen Schäferhund
ANDERE NAMEN	Maremmaner Hirtenhund, Cane da Pastore Maremmano-Abruzzese
OFFIZIELLE ANERKENNUNG	FCI Gruppe 1, UK Pastoral Group
FARBVARIANTEN	weiß

WISSENSWERTES

Der bekannteste italienische Hirtenhund ist der Maremmen-Abruzzen Schäferhund. In Großbritannien wurde er 1872 erstmals verzeichnet.

DIESER HUND ist nach der Ebene in der südlichen Toskana benannt. Seine Herkunft ist unklar, aber man vermutet, dass er ein Nachfahre der weißen Gebrauchshunde der Magyaren ist. Er diente dazu, Schafe vor Bären und Wölfen, aber auch vor Dieben zu schützen, und er fungierte als Wachhund für Haus und Hof.

Dieser majestätische Hund mit einer Widerristhöhe von 60–73 cm und einem Gewicht zwischen 30 und 45 kg ist wendig, robust und kräftig gebaut und besitzt einen Ausdruck distanzierter Wachsamkeit. Der Kopf ist kegelförmig und wirkt groß im Verhältnis zur Körpergröße. Die Kiefer sind kräftig und das Vorgesicht hat viel Substanz. Das lange, volle und ziemlich harte Fell ist weiß, wobei leichte elfenbeinfarbene oder hell rehbraune Schattierungen zulässig sind.

Dieser auffällige Hund ist lebhaft, intelligent und mutig, aber nicht aggressiv.

FCI 5 — GRUPPE | FELLPFLEGE | mittel — GRÖSSE | FUTTER

Norwegischer Buhund

Widerristhöhe ca. 45 cm

RASSEINFORMATIONEN	
NAME	Norwegischer Buhund
ANDERE NAMEN	Norsk Buhund
OFFIZIELLE ANERKENNUNG	FCI Gruppe 5, UK Pastoral Group
FARBVARIANTEN	weizen, schwarz, rot (nicht zu dunkel), wolf/zobel

DER BUHUND, der schon seit Tausenden von Jahren in Norwegen gehalten wird, dient meist als Hofhund. Buhund bedeutet so viel wie „Hund auf der Farm oder dem Hof" und tatsächlich handelt es sich bei dieser fleißigen Rasse um einen scharfen Wach- und fähigen Hütehund. Rüden haben eine Widerristhöhe von 45 cm; Hündinnen sind etwas kleiner. Die Rasse ist mit einem Gewicht von 24–26 kg leicht gebaut. Der Buhund hat aufgestellte, sehr bewegliche und spitz zulaufende Ohren. Die Rute trägt er über dem Rücken. Das Fell ist weizenfarben, schwarz, wolfzobelfarben oder rot, das jedoch nicht zu dunkel sein sollte. An manchen Stellen sind kleine, symmetrische weiße oder schwarze Abzeichen zulässig. Das Deckhaar ist eng anliegend und hart, aber glatt, die Unterwolle weich und wollig. Die dunkelbraunen Augen blicken furchtlos und stehen in Einklang mit dem energiegeladenen, mutigen Wesen dieser Rasse.

Rechts
Der Norwegische Buhund hat einen schlanken, keilförmigen Kopf, der zur Nase hin schmaler wird. Die dunklen Augen haben dunkle Lider.

WISSENSWERTES

Der Norwegische Buhund wurde trotz seiner nicht gerade großen Statur ursprünglich als Jagd- und Schlittenhund verwendet.

RASSEINFORMATIONEN	
NAME	Bobtail
ANDERE NAMEN	Old English Sheepdog
OFFIZIELLE ANERKENNUNG	FCI Gruppe 1, UK Pastoral Group, AKC Herding Group
FARBVARIANTEN	grau, grizzle, blau

Bobtail

Widerristhöhe 56–61 cm

FCI 1
GRUPPE
FELLPFLEGE
groß
GRÖSSE
FUTTER

DIE GESCHICHTE des Bobtails scheint nur wenige Jahrhunderte zu umfassen. Obwohl vielfach vermutet wird, dass diese Rasse ein Nachfahr kontinentaleuropäischer Hirtenhunde ist, wird sie mittlerweile als aus Großbritannien stammende Rasse eingestuft, die sich möglicherweise im Südwesten Englands als Gebrauchs- und Hirtenhund entwickelt hat.

Der Bobtail ist sehr ausdauernd und hat einen charakteristischen rollenden Gang. Der starke, quadratisch wirkende Hund ist stämmig, muskulös und kräftig und besitzt einen intelligenten Ausdruck. Das verschwenderisch dicke Fell ist relativ hart mit einer wasserabstoßenden Unterwolle. Zulässige Farben sind alle Grauschattierungen, Grizzle oder Blau mit oder ohne weiße Socken. Die Widerristhöhe beträgt 56 cm oder mehr bei Hündinnen und 61 cm oder mehr bei Rüden; das Gewicht bewegt sich in einem Bereich von 29,5–30,5 kg.

Der Bobtail ist mutig, treu, zuverlässig und gehorsam und hat ein ausgeglichenes Wesen. Seine Pflege erfordert sowohl Zeit als auch Geduld.

WISSENSWERTES
Der Bobtail wurde 1771 von dem Künstler Gainsborough gemalt und wird heutzutage gern und erfolgreich für Werbezwecke eingesetzt.

Links
Trotz seiner Größe und Kraft ist der Bobtail ein sehr sanftes Tier, besonders im Umgang mit Kindern.

RASSEINFORMATIONEN	
NAME	Polnischer Niederungshütehund
ANDERE NAMEN	Polski Owczarek Nizinny
OFFIZIELLE ANERKENNUNG	FCI Gruppe 1, UK Pastoral Group
FARBVARIANTEN	alle Farben

Polnischer Niederungshütehund

Widerristhöhe 40–52 cm

FCI 1
GRUPPE
FELLPFLEGE
mittel
GRÖSSE
FUTTER

MAN GLAUBT, dass diese Rasse im 17. Jahrhundert nach Großbritannien gelangte. Danziger Seeleute sollen die Hunde in schottischen Häfen als Tauschmittel verwendet haben. Die Rasse ist seit dem 16. Jahrhundert als Gebrauchshund bekannt und ein Nachfahr der langhaarigen Hütehunde Polens und des ungarischen Pulis. In Großbritannien ist der Hund bei Ausstellungen eher ein Neuling und wird erst seit den 1980er-Jahren präsentiert.

Mit einer Widerristhöhe von 40–52 cm und einem Gewicht von etwa 14–16 kg ist der Hund gedrungen, kräftig und muskulös. Der Körper ist mit einem langen, dichten, zotteligen Fell beliebiger Farbe bedeckt. Es ist hart mit weicher Unterwolle. Der mittelgroße Kopf hat eine dem Körper angemessene Größe, weist jedoch reichlich Haar auf Stirn, Wangen und Kinn auf, sodass er größer wirkt, als er tatsächlich ist.

Der Polnische Niederungshütehund ist wachsam, intelligent, schlau und aufmerksam, lässt sich gut zum Wachhund ausbilden und ist mit seinem aufgeweckten, ausgeglichenen Temperament lebhaft und doch gleichzeitig beherrscht.

WISSENSWERTES
Während des Zweiten Weltkriegs war der Polnische Niederungshütehund fast ausgestorben, sein Fortbestand ist heute aber gesichert.

Links
Heutzutage wird der Polnische Niederungshütehund nur noch selten zum Hüten verwendet und erfreut sich stattdessen in Polen als Haustier großer Beliebtheit.

FCI 2 — GRUPPE | FELLPFLEGE | groß — GRÖSSE | FUTTER

Pyrenäen-Berghund

Widerristhöhe 65–70 cm

RASSEINFORMATIONEN	
NAME	Pyrenäen-Berghund
ANDERE NAMEN	Chien de Montagne des Pyrénées
OFFIZIELLE ANERKENNUNG	FCI Gruppe 2, UK Pastoral Group
	AKC Working Group
FARBVARIANTEN	weiß mit dachsfarbenen/wolfsgrauen/
	gelben Flecken

WISSENSWERTES
Der Pyrenäen-Berghund ist seit Jahrhunderten bekannt und wurde im Zweiten Weltkrieg von den Franzosen für die Nachrichtenübermittlung und den Transport von Gepäck eingesetzt.

Diese Rasse kennt man in den Pyrenäen als natürlichen Wachhund und Beschützer der Hirten und ihrer Herden vor Wölfen und anderen Raubtieren. Hunde dieses Typs waren in Frankreich schon lange vor Christi Geburt bekannt. Angeblich soll diese Rasse von Franzosen entdeckt worden sein, und Ludwig XIV. machte den Pyrenäen-Berghund sogar zum „Königlichen Hund von Frankreich“.

Durch imposante Größe, Substanz und Kraft wirkt der Pyrenäen-Berghund außerordentlich stark. Die Widerristhöhe des Rüden beträgt mindestens 70 cm, die der Hündin 65 cm, wobei diese Werte meist deutlich überschritten werden. Das Gewicht bei der erforderlichen Mindesthöhe muss bei mindestens 50 kg bzw. 40 kg liegen. Durch das attraktive, füllige Fell und den starken Kopf, der überhaupt nicht grob wirkt, strahlt diese Rasse eine gewisse Eleganz aus. Das Fell kann weiß oder vorwiegend weiß mit dachsfarbenen, wolfsgrauen oder blassgelben Flecken sein.

Die Rasse besitzt ein ruhiges, aber selbstbewusstes Wesen.

Rechts
Die imposante Größe des Pyrenäen-Berghundes macht ihn für die Haltung in der Stadt ungeeignet.

FCI 1 — GRUPPE | FELLPFLEGE | mittel — GRÖSSE | FUTTER

Pyrenäen-Schäferhund

Widerristhöhe 38–48 cm

RASSEINFORMATIONEN	
NAME	Pyrenäen-Schäferhund
ANDERE NAMEN	Berger des Pyrénées
OFFIZIELLE ANERKENNUNG	FCI Gruppe 1,
	UK Pastoral Group
FARBVARIANTEN	diverse

WISSENSWERTES
Der Pyrenäen-Schäferhund wurde in ländlichen Gegenden gezüchtet; er besitzt ein unerwartet hohes Maß an Energie und Ausdauer.

Dieser temperamentvolle, kleine Hirtenhund wurde in ländlichen Gegenden zum Hüten großer Schafherden gezüchtet. Das Fell dieser Rasse kommt in verschiedenen Farben vor und kann rehbraune Schattierungen annehmen, hell- bis dunkelgrau (oftmals mit weiß), blau-merle, blaugrau, gestromt, schwarz oder schwarzweiß sein. Es gibt zwei Fellarten: lang mit langem Haar an den Beinen, das die Zehen bedeckt, oder halblang mit Fransen an den Vorderläufen und kurzem Haar unterhalb der Sprunggelenke. Das Fell ist hart, dicht und fast glatt oder leicht gewellt. Die Widerristhöhe liegt bei 38–48 cm; das Gewicht bei 8 bis 15 kg.

Der Pyrenäen-Schäferhund hat einen ausgeprägten Beschützerinstinkt, ist sehr intelligent und verfügt über eine bei seiner Größe kaum zu erwartende Energie und Ausdauer. Damit sich dieser aufgeweckte, lebhafte Hund an das Leben im Haus gewöhnt, ist eine vernünftige Sozialisierung während der ersten Lebenswochen unverzichtbar.

RASSEINFORMATIONEN	
NAME	Samojede
ANDERE NAMEN	Samoiedskaja Sabaka
OFFIZIELLE ANERKENNUNG	FCI Gruppe 5, UK Pastoral Group
	AKC Working Group
FARBVARIANTEN	rein weiß, weiß und blassbraun/
	cremefarben

Samojede

Widerristhöhe 46–56 cm

FCI 5
GRUPPE

FELLPFLEGE

groß
GRÖSSE

FUTTER

DER SAMOJEDE, ein Mitglied der Spitzfamilie, ist ein auffälliges Tier, das über Jahrhunderte als Schlitten- und Hütehund diente und erst 1889 in den Westen kam. Um 1900 wurde er von Pelzhändlern erstmals in Großbritannien eingeführt. Damals gab es noch einen schwarzen und einen weißen Schlag, die beide bei Polarexpeditionen zum Einsatz kamen.

Typisch für diese intelligente, aufgeweckte und temperamentvolle Rasse ist ihr „lächelnder" Ausdruck. Das rein weiße Fell mit gelegentlichen cremefarbenen oder blassbraunen Einfärbungen und das Deckhaar mit silbernen Spitzen ist dick und dicht und erfordert regelmäßige Pflege, damit es sein attraktives Aussehen behält. Die Widerristhöhe beträgt 46–56 cm, das Gewicht liegt bei 23–30 kg.

Der Samojede ist kräftig, lebhaft und anmutig, verfügt über große Ausdauer und ist meist sehr anhänglich.

WISSENSWERTES

Der Samojede wurde nach dem gleichnamigen sibirischen Nomadenstamm benannt, mit dem er über Jahrhunderte umherzog.

Links
Der Samojede hat ein doppeltes Haarkleid, wobei das Deckhaar hart und wasserabweisend, die Unterwolle weich und sehr dicht ist.

RASSEINFORMATIONEN	
NAME	Shetland Sheepdog
ANDERE NAMEN	Sheltie
OFFIZIELLE ANERKENNUNG	FCI Gruppe 1, UK Pastoral Group
	AKC Herding Group
FARBVARIANTEN	zobel, trikolor, blau-marmoriert,
	schwarz/weiß, schwarz/loh

Shetland Sheepdog

Widerristhöhe 35,5–37 cm

FCI 1
GRUPPE

FELLPFLEGE

mittel
GRÖSSE

FUTTER

VON DEN DER Nordküste Schottlands vorgelagerten Shetlandinseln stammt die Rasse, die ursprünglich unter dem Namen Shetland Collie bekannt war. Mit Gründung des Shetland Sheepdog Clubs in Lerwick im Jahre 1908 wurde dieser Name geändert. Ein Vertreter dieser Rasse, der auf den Namen Loggie hörte, wurde bei der Crufts 1906 als Miniaturcollie ausgestellt.

Dieser kleine, langhaarige Gebrauchshund zeichnet sich durch außergewöhnliche Schönheit und harmonische Konturen aus; kein Körperteil wirkt zu groß oder zu klein. Das Fell ist voll und bildet eine Mähne und einen Kragen. Es kann blassgolden bis hin zu dunkel-mahagonizobelfarben, trikolor, blau-merle, schwarz-weiß oder schwarz und lohfarben sein. Die Widerristhöhe beträgt 35,5–37 cm, das Gewicht liegt erstaunlicherweise bei nur 6–7 kg.

Der Shetland Sheepdog ist eine aufgeweckte, sanfte und intelligente Rasse, anhänglich und leichtführig, die sich Fremden gegenüber zurückhaltend, jedoch nie nervös zeigt.

Links
Der Shetland Sheepdog wird heute kaum noch als Hütehund eingesetzt und gilt besonders in Japan und Großbritannien als beliebtes Haustier.

WISSENSWERTES

Der Shetland Sheepdog, der früher auch als Dwarf Scotch Shepherd bezeichnet wurde, ist heute vielfach unter dem Namen Sheltie bekannt.

FCI 5 GRUPPE | FELLPFLEGE | mittel GRÖSSE | FUTTER

Schwedischer Lapphund

Widerristhöhe 43–48 cm

RASSEINFORMATIONEN	
NAME	Schwedischer Lapphund
ANDERE NAMEN	Svensk Lapphund, Lappenspitz
OFFIZIELLE ANERKENNUNG	FCI Gruppe 5,
	UK Pastoral Group
FARBVARIANTEN	bärenbraun, schwarz, braun, schwarz/braun

WISSENSWERTES

In Norwegen wurden 7000 Jahre alte Überreste eines Hundeskeletts gefunden, die angeblich den Knochen eines Schwedischen Lapphundes ähneln.

DER SCHWEDISCHE LAPPHUND ist seit langem bekannt und diente den Samen (Lappen) als Wach- und Hütehund, der auch ihre Rentiere vor Raubtieren schützte. 1960 initiierte der schwedische Hundeverband ein spezielles Zuchtprogramm, um die Gebrauchstüchtigkeit dieser Rasse, die außerhalb von Schweden sehr selten ist, weiter zu verbessern.

Rechts
Trotz seiner vielen positiven Eigenschaften ist der Schwedische Lapphund außerhalb Schwedens nur sehr selten anzutreffen.

Der mittelgroße Schwedische Lapphund mit seiner rechteckigen Form ist ein typischer Vertreter der Spitzfamilie. Die Widerristhöhe beträgt im Idealfall 43 cm bei Hündinnen und 48 cm bei Rüden bei einem Gewicht von ungefähr 19,5–20,5 kg. Das Haar des wetterresistenten Fells steht vom Körper ab und bildet am Hals eine Krause. Als Farben sind Bärenbraun, Schwarz, Braun oder eine Kombination aus Schwarz und Braun erlaubt. Einfarbiges Fell ist wünschenswert, aber kleine weiße Abzeichen an Brust, Pfoten und Rutenspitze sind zulässig.

Dieser intelligente, geduldige Hund verfügt über eine rasche Auffassungsgabe, ist nett, freundlich und anhänglich und zugleich lebhaft und aufgeweckt.

FCI 5 GRUPPE | FELLPFLEGE | mittel GRÖSSE | FUTTER

Västgötaspets

Widerristhöhe 31–35 cm

RASSEINFORMATIONEN	
NAME	Västgötaspets
ANDERE NAMEN	Schwedischer Schäferspitz
OFFIZIELLE ANERKENNUNG	FCI Gruppe 5,
	UK Pastoral Group
FARBVARIANTEN	diverse

WISSENSWERTES

Der Fortbestand dieser Rasse, die in den 1930er-Jahren beinahe ausgestorben war, wurde in den 1940er-Jahren dank der Bemühungen des Grafen Björn von Rosen gesichert.

DIESE RASSE, auch unter dem Namen Schwedischer Schäferspitz bekannt, diente in Schweden lange als Wach- und Hütehund. Der Västgötaspets ist möglicherweise entfernt mit dem Welsh Corgi verwandt und gelangte wahrscheinlich mit Wikingern, die zuvor in Pembrokeshire ansässig waren, nach Skandinavien.

Dieser vielseitige Hofhund eignet sich hervorragend als Wachhund, Treibhund und Schädlingsjäger. Stämmig gebaut und mit einem vergleichsweise langen Rumpf hat der Västgötaspets eine Widerristhöhe von 31–35 cm und ein Gewicht von 11,5–16 kg. Das mittellange Fell ist hart, dicht und eng anliegend mit einer vollen, weichen und wolligen Unterwolle. Es ist stahlgrau, graubraun, graugelb, rotgelb oder rotbraun mit dunklerem Deckhaar.

Die Rasse ist eher zurückhaltend und verfügt über einen ausgeprägten Schutzinstinkt, hat aber auch ein lebhaftes und gutmütiges Naturell. Aussehen und Ausdruck lassen Wachsamkeit, Aufgewecktheit und Tatendrang erkennen.

RASSEINFORMATIONEN	
NAME	Welsh Corgi (Cardigan)
OFFIZIELLE ANERKENNUNG	FCI Gruppe 1, UK Pastoral Group, AKC Herding Group
FARBVARIANTEN	alle Farben, mit oder ohne weiße Abzeichen

Welsh Corgi Cardigan

Widerristhöhe ca. 30 cm

FCI 1 — GRUPPE | FELLPFLEGE | klein — GRÖSSE | FUTTER

DER CARDIGAN, der ältere der beiden Welsh-Corgi-Schläge, ist eine der ältesten Rassen Großbritanniens und wurde über Jahrhunderte hinweg von den walisischen Bauern zum Schutz ihrer Herden verwendet. Das keltische Wort *corgi* heißt übrigens nichts anderes als Hund.

Erst in den 1930er-Jahren wurden die beiden Corgi-Schläge getrennt. Der Cardigan verfügt über eine Rute und es sind mehrere Fellfarben zulässig; Weiß sollte jedoch nicht vorherrschen. Diese Rasse, die einen im Verhältnis zur Höhe langen Rumpf hat, ist robust, zäh, wendig und sehr ausdauernd. Die fuchsartige Rute ist mittellang und so angesetzt, dass sie eine gerade Verlängerung des Rumpfes darstellt. Bei einer Widerristhöhe von 30 cm wiegt der Hund 11–17 kg. Das kurze bis mittellange Fell ist hart, wetterfest und hat eine wärmende Unterwolle.

Der Cardigan ist ein aufgeweckter, intelligenter und verlässlicher Hund ohne Anzeichen von Scheu oder Aggressivität.

WISSENSWERTES
Einige Fachleute meinen, der Welsh Corgi Cardigan sei vor 3000 Jahren nach Großbritannien gelangt, andere, dass er „erst" vor 1000 Jahren auf die Insel kam.

Links
Der Welsh Corgi Cardigan ist bissig und neigt zum Fersenzwicken. Für das Zusammenleben mit Kindern ungeeignet, ist er jedoch ein guter Wachhund.

RASSEINFORMATIONEN	
NAME	Welsh Corgi (Pembroke)
OFFIZIELLE ANERKENNUNG	FCI Gruppe 1, UK Pastoral Group, AKC Herding Group
FARBVARIANTEN	rot, zobel, rehbraun, schwarz/loh, mit oder ohne weiße Abzeichen

Welsh Corgi Pembroke

Widerristhöhe 25,5–30,5 cm

FCI 1 — GRUPPE | FELLPFLEGE | klein — GRÖSSE | FUTTER

DER AUS Pembrokeshire in Wales stammende Hund ist möglicherweise um 1100 mit flämischen Webern nach Großbritannien gelangt. Glaubt man anderen Quellen, war er bereits seit dem Jahr 920 dort anzutreffen.

Pembrokes und Cardigans wurden untereinander verpaart, bis die beiden Schläge 1934 getrennt wurden. Der Pembroke ist ein niederläufiger, stämmig gebauter Hund, der trotz seiner geringen Größe Substanz und Ausdauer ausstrahlt. Der Kopf ist fuchsähnlich, die Rute kurz. Das mittellange Fell verfügt über eine glatte, dichte Unterwolle, seine Farben sind Rot, Zobelfarbe, Rehbraun oder Schwarz und Lohfarbe. Weiße Abzeichen an Beinen, Brust und Hals sind zulässig. Die Widerristhöhe beträgt ungefähr 25,5–30,5 cm, das Gewicht 10–12 kg.

Der Pembroke ist aufgeweckt, lebhaft, mutig und tüchtig und hat ein freundliches und offenes Wesen.

WISSENSWERTES
Der Welsh Corgi Pembroke ist der Lieblingshund von Königin Elisabeth II., die mehrere Hunde dieser Rasse besitzt.

Links
Der Pembroke neigt weniger zu Bissigkeit als der Cardigan, stellt aber dennoch nicht das ideale Haustier für Familien mit kleinen Kindern dar.

Terrier

DIE RASSEN DIESER GRUPPE sind in der Mehrzahl Schädlingsjäger; ein großer Teil von ihnen stammt aus Großbritannien. Bereits 1677 unterteilte Nicholas Cox die ihm damals bekannten Terrier in zwei Gruppen: die kurzhaarige und krummbeinige Art, die gut für die Jagd in Tierbauen geeignet war, sowie die langbeinige, struppige Art, die über der Erde jagte, aber auch leidenschaftlich gern in Tierbauen stöberte. Überflüssig zu erwähnen, dass es heutzutage einigen der deutlich größeren Terrier-Rassen Schwierigkeiten bereiten dürfte, tatsächlich unter die Erde „abzutauchen".

Oben
Der Norfolk Terrier ist zwar einer der kleinsten Terrier, aber dennoch ausgesprochen furchtlos.

Rechts
Der Soft-Coated Wheaten Terrier wurde vorwiegend als Hofhund verwendet.

Unten
Dieser Welsh Terrier wurde Ausstellungssieger bei der Crufts 1998.

GEZIELTES ZÜCHTEN

VIELFACH TRUGEN die geografischen Gegebenheiten Großbritanniens und die Mühen, die in der Vergangenheit mit dem Reisen verbunden waren, dazu bei, dass sich in Gebieten wie Irland oder den Inseln vor der schottischen Küste sowie in sehr abgeschiedenen Gegenden spezielle Terrierarten entwickelten.

Durch Selektion entstand eine große Anzahl verschiedener Arten, deren heutiges Aussehen bis zu einem gewissen Grad auf die Ausstellungsanforderungen zurückgeht.

Für die Züchtung der unterschiedlichen Rassen gab es jeweils unterschiedliche Gründe. Einige Rassen wurden von Arbeitern gehalten, die zum Vergnügen Ratten in und um Fabrikgebäude jagten. Andere Terrier arbeiteten zusammen mit Jagdhund-Meuten, um den Fuchs aus seinem Bau zu treiben und ihn zu stellen, bis er von den Jägern zur Strecke gebracht werden konnte. Wieder andere wurden bei der Otterjagd verwendet. Zu Zeiten, als noch offiziell Jagd auf den Dachs gemacht wurde, waren stärkere Terrier mit kräftigeren Kiefern gefragt. Einige Terrier wurden sogar mit Bulldoggen gekreuzt, um spezielle Hunde für Tierkämpfe zu schaffen, die im 18. Jahrhundert ein beliebter, wenn auch abstoßender Sport waren.

Durch Gesetzesänderungen wurden einige dieser Sportarten und Freizeitbeschäftigungen dankenswerterweise verboten, was aber der Beliebtheit der entsprechenden Rassen bei ihren Anhängern keinen Abbruch tat. Die Zahl der auf Ausstellungen präsentierten Terrier ist jedoch nicht so groß wie die anderer Gruppen, obwohl sich hier einige Prachtexemplare finden lassen.

Der größte Vertreter der Terriergruppe ist ganz klar der Airedale, während sich der Soft-Coated Wheaten Terrier hinsichtlich des Fells sehr deutlich von den anderen Terrierrassen unterscheidet. Die meisten Rassen in dieser Gruppe sind klein bis mittelgroß und bei der Mehrzahl ist die Fellpflege ziemlich aufwändig, sodass der Halter entweder professionelle Unterstützung in Anspruch nehmen oder selbst bereit sein muss, die hierfür erforderlichen Fertigkeiten zu erlernen. Ausnahmen stellen lediglich die glatthaarigen Bull- und Staffordshire Bullterrier dar. Wie bei den Hunden anderer Gruppen variieren die Farben beträchtlich, von Weiß über unterschiedliche Farben und Farbkombinationen bis hin zu Schwarz.

Terrier sind sehr eigenwillig und selbstbewusst und auch wenn kaum ein Hund aktiv den Kampf sucht, reagieren die meisten aggressiv, wenn sie herausgefordert werden. Halter sollten sich dessen stets bewusst sein und dementsprechend vernünftig mit ihrem Hund umgehen.

RASSEINFORMATIONEN	
NAME	Airedale Terrier
ANDERE NAMEN	Waterside Terrier
OFFIZIELLE ANERKENNUNG	FCI Gruppe 3, UK Terrier Group, AKC Terrier Group
FARBVARIANTEN	schwarz/loh, rot bis leberfarben, weißer Brustfleck

Airedale Terrier

Widerristhöhe 56–61 cm

FCI 3 — GRUPPE · FELLPFLEGE · groß — GRÖSSE · FUTTER

DER AUS YORKSHIRE stammende Airedale ist der größte Terrier, auch König der Terrier genannt. Mit kleinen, dunklen Augen, wachem Ausdruck und schnellen Bewegungen erweckt der Airedale den Eindruck, auf etwas Aufregendes zu warten. Er ist stets wachsam und furchtlos, jedoch nicht aggressiv. Die Rute ist hoch angesetzt und wird fröhlich aufrecht getragen. Die Widerristhöhe beträgt 56–61 cm, das Gewicht 20–23 kg. Das harte, dichte, drahtige Fell ist nicht so lang, dass es zottig wirkt. Das Haarkleid ist doppelt und muss ausgezupft werden. Das wasserabweisende Fell wird zweimal pro Jahr gewechselt. Der Körpersattel, der obere Nacken und die Oberseite der Rute sind schwarz, alle anderen Körperteile lohfarben.

Dieser muskulöse, lebhafte, aufgeschlossene und freundliche Hund ist ein wunderbarer Familienhund, der gern mit Kindern spielt und sowohl in der Stadt als auch auf dem Land einen perfekten Begleiter abgibt.

WISSENSWERTES
Die ersten Rasseklassen für Airedale Terrier gab es 1879 bei der Airedale Agricultural Society Show in Yorkshire.

Links
Der andere Name der Rasse, Waterside Terrier, weist den Airedale als tüchtigen Wasserarbeiter aus. In den letzten Jahren hat seine Beliebtheit allerdings nachgelassen.

RASSEINFORMATIONEN	
NAME	Australian Terrier
OFFIZIELLE ANERKENNUNG	FCI Gruppe 3, UK Terrier Group, AKC Terrier Group
FARBVARIANTEN	blau, stahlblau oder dunkel graublau mit loh, einfarbig sandfarben oder rot

Australian Terrier

Widerristhöhe 25,4 cm

FCI 3 — GRUPPE · FELLPFLEGE · klein — GRÖSSE · FUTTER

DER VON MEHREREN Terrierrassen abstammende Hund ist niederläufig und kräftig und wurde als Wachhund eingesetzt. Er hat einen im Verhältnis zur Widerristhöhe von etwa 25,4 cm eher langen Rumpf. Das Gewicht beträgt meist 5–6 kg. Das harte Fell wird nicht getrimmt und bildet am Hals eine Krause, was mit den wachen, dunkelbraunen Augen einen „mit allen Wassern gewaschenen" Eindruck vermittelt. Die Unterwolle ist kurz und weich. Bei den Blau- und Grauschattierungen sind intensive und reine Farben erwünscht. Bei allen Farben weist der Haarschopf (Topknot) eine hellere Schattierung auf. Die Ohren sind klein, aufrecht und spitz und liegen weit auseinander.

Der Australian Terrier – vor allem ein Gebrauchshund – ist extrovertiert, folgsam und bemüht zu gefallen. Er ist ein treuer Begleiter und passt sich gut an städtische und ländliche Umgebungen an. Er ist nicht aggressiv, aber ausgesprochen tapfer, wenn er angegriffen wird.

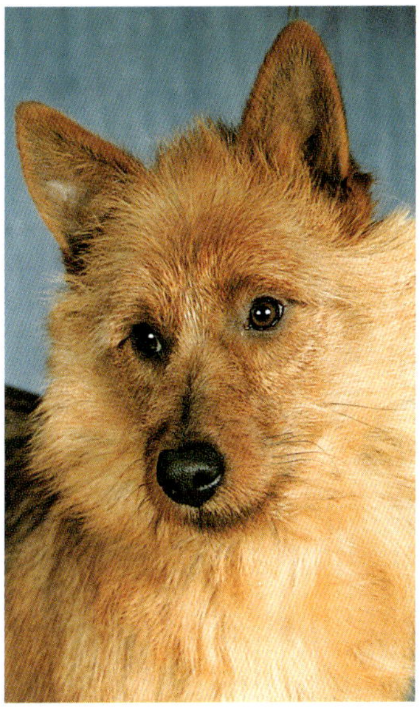

WISSENSWERTES
Bereits Anfang des 19. Jahrhunderts gab es, alten Berichten zufolge, rund um Tasmanien blau/lohfarbene drahthaarige Terrier.

Links
Diese Rasse, die 1899 erstmalig in Australien ausgestellt wurde, besitzt scharfe Augen und gute Reflexe, was sie zu einem ausgezeichneten Schädlingsjäger macht.

FCI 3 — GRUPPE | FELLPFLEGE | mittel — GRÖSSE | FUTTER

Bedlington Terrier

Widerristhöhe ca. 41 cm

RASSEINFORMATIONEN	
NAME	Bedlington Terrier
ANDERE NAMEN	Rothbury Terrier
OFFIZIELLE ANERKENNUNG	FCI Gruppe 3, UK Terrier Group, AKC Terrier Group
FARBVARIANTEN	blau, leberfarben, sandfarben, eventuell auch lohfarben

WISSENSWERTES

Der Bedlington wurde nach der gleichnamigen Bergbaustadt in Northumberland benannt.

TROTZ LAMMÄHNLICHEN Aussehens ist der Bedlington ein „lupenreiner" Terrier und wurde ursprünglich in Nordengland zur Kaninchenjagd verwendet.

Bei einer Widerristhöhe von etwa 41 cm und einem Gewicht von 8–10 kg strahlt der Hund Sanftmut aus, sofern er entspannt ist. Die kleinen, leuchtenden und tief liegenden Augen sind im Idealfall dreieckig. Tiere mit blauem Fell haben dunkle Augen, die Augen der blau- und lohfarbenen Hunde sind heller mit bernsteinfarbenen Sprenkeln, während die Augen der leber- und sandfarbenen Tiere von einem hellen Haselnussbraun sind. Das charakteristische Fell ist dick und mullartig und steht vom Körper ab; es sollte jedoch nicht drahtig sein. Der schmale Schädel

ist mit einem seidigen, fast weißen Haarschopf bedeckt. Der Bedlington ist ein intelligenter, freundlicher und anhänglicher Hund. Er sucht den Kampf nicht, hat jedoch ein temperamentvolles, unerschrockenes und selbstsicheres Naturell und ist sehr mutig, wenn er gereizt wird.

FCI 3 — GRUPPE | FELLPFLEGE | groß — GRÖSSE | FUTTER

Bullterrier

Widerristhöhe 53–56 cm

RASSEINFORMATIONEN	
NAME	Bullterrier
ANDERE NAMEN	English Bullterrier
OFFIZIELLE ANERKENNUNG	FCI Gruppe 3, UK Terrier Group, AKC Terrier Group
FARBVARIANTEN	weiß, gestromt, schwarz, rot, rehbraun,

Zucht und Import von Bullterriern sind in D seit 2001 verboten.

DER ALS GLADIATOR unter den Hunden bekannte Bullterrier wurde gegen Ende des 19. Jahrhunderts von englischen Züchtern entwickelt, indem traditionelle Kampfhunde, in deren Adern Bulldoggenblut floss, mit Terriern, u. a. dem mittlerweile ausgestorbenen White English Terrier, und sogar mit Dalmatinern gekreuzt wurden.

Der Hund ist kräftig gebaut, muskulös und hat ein eiförmiges Kopfprofil. In Großbritannien gibt es keine offizielle Beschränkung für Größe oder Gewicht, das Tier sollte aber gemessen an seiner Größe maximale Kraft vermitteln. Die Widerristhöhe beträgt meist 53–56 cm, das Gewicht 24–28 kg.

Der Bullterrier ist temperamentvoll und mutig, braucht daher eine feste Hand und sorgfältige Erziehung. Er hat aber im Allgemeinen ein ausgeglichenes Wesen und ist durchaus ein freundlicher, anhänglicher Hund. Allerdings sollte er nie zum Kampf ermutigt werden.

WISSENSWERTES

James Hinks aus Birmingham im Westen Mittelenglands war der erste Züchter, der in den 1850er-Jahren eine Typisierung dieser Rasse vornahm.

RASSEINFORMATIONEN	
NAME	Border Terrier
OFFIZIELLE ANERKENNUNG	FCI Gruppe 3, UK Terrier Group, AKC Terrier Group
FARBVARIANTEN	rot, weizen, grizzle/loh, blau/loh

Border Terrier

Widerristhöhe 25–28 cm

GRUPPE	FELLPFLEGE	GRÖSSE	FUTTER
FCI 3		klein	

WISSENSWERTES
In Anlehnung an die Gegenden, in denen die Rasse bekannt war, wurde der Border Terrier in der Vergangenheit auch Coquetdale oder Reedwater Terrier genannt.

DIESER TERRIER, der vor allem ein Arbeitstier ist, stammt ursprünglich aus der Grenzregion zwischen England und Schottland. Er ist ein unerschrockener, lebhafter Hund, der problemlos mit einem Pferd Schritt halten und einen Fuchs in seinem Bau aufstöbern kann. 1920 wurde der Border-Terrier-Club gegründet, und im selben Jahr wurde die Rasse vom British Kennel Club anerkannt.

Der Kopf ähnelt einem Otterkopf, die Augen sind dunkel mit einem wachen Ausdruck und die V-förmigen, mäßig dicken Ohren sind entlang der Wangen nach vorn gekippt. Das Gewicht bewegt sich im Bereich von 5 kg bei Hündinnen bis 7 kg bei Rüden. Die Widerristhöhe beträgt meist 25–28 cm.

Der Border Terrier ist ein mutiger Gebrauchshund und ein treuer Begleiter, braucht jedoch eine geduldige und feste Hand.

Links
Das Deckhaar des Border Terriers ist dicht und hart, verfügt über eine dichte Unterwolle und erfordert somit nicht übermäßig viel Pflege.

RASSEINFORMATIONEN	
NAME	Miniatur-Bullterrier
OFFIZIELLE ANERKENNUNG	FCI Gruppe 3, UK Terrier Group, AKC Terrier Group
FARBVARIANTEN	weiß, gestromt, schwarz, rot, rehbraun, trikolor

Zucht und Import von Miniatur-Bullterriern sind in D seit 2001 verboten.

Miniatur-Bullterrier

Widerristhöhe bis zu 35,5 cm

GRUPPE	FELLPFLEGE	GRÖSSE	FUTTER
FCI 3		klein	

WISSENSWERTES
Wie der Bullterrier wurde auch der Miniatur-Bullterrier früher für Hundekämpfe verwendet. Er ist aber auch ein sehr guter Rattenjäger.

WEIT unbekannter als der Bullterrier ist der Miniatur-Bullterrier, der demselben Rassestandard folgt. In Großbritannien unterscheiden sich die beiden Rassen lediglich in ihrer Widerristhöhe, die beim kleineren 35,5 cm nicht überschreiten sollte, wobei der Eindruck von Kraft erhalten bleiben muss. In den FCI-Regeln werden Bullterrier und die Miniaturversion als eine Rasse klassifiziert, ersterer wird jedoch als Standard bezeichnet. Das Gewicht des Miniatur-Bullterriers liegt bei etwa 11–15 kg.

Die schmalen Augen sind schräg gestellt, dreieckig und tief liegend. Sie sollten entweder schwarz oder so dunkelbraun sein, dass sie schwarz erscheinen und dem Tier dadurch einen durchdringenden, funkelnden Blick verleihen. Die kleinen, dünnen Ohren stehen eng beieinander und können steif aufgerichtet werden, sodass sie nach oben zeigen. Bei rein weißen Hunden werden Hauptpigmentierungen und Abzeichen auf dem Kopf akzeptiert. Bei farbigen Tieren soll die Farbe das Weiß dominieren, wobei ein gestromtes Fell wünschenswert ist.

Links
Der Miniatur-Bullterrier eignet sich nicht für das Zusammenleben mit Kindern.

FCI 3 — GRUPPE | FELLPFLEGE | klein — GRÖSSE | FUTTER

Cairn Terrier

Widerristhöhe 28–31 cm

RASSEINFORMATIONEN	
NAME	Cairn Terrier
OFFIZIELLE ANERKENNUNG	FCI Gruppe 3, UK Terrier Group, AKC Terrier Group
FARBVARIANTEN	cremefarben, weizen, rot, grau oder annähernd schwarz

WISSENSWERTES
Bei seiner ersten Teilnahme an einer Ausstellung im Jahr 1909 wurde der Cairn Terrier unter dem Namen Short-haired Skye Terrier vorgestellt.

Rechts
Der Cairn Terrier kann leichter als die meisten anderen Terrier zum Gehorsam erzogen werden. Begegnungen mit kleinen Kindern sollten jedoch nur unter Aufsicht stattfinden.

DER CAIRN TERRIER ist im schottischen Hochland und auf den schottischen Inseln schon lange bekannt und stammt wahrscheinlich von der Isle of Skye, wo er für die Jagd in Tierbauen verwendet wurde. Er ist ein wahrer Terrier und wurde 1910 vom British Kennel Club unter seinem jetzigen Namen anerkannt.

Die kompakt gebaute Rasse steht leicht vorgebeugt mit dem Hauptgewicht auf den Vorderpfoten, hat gewölbte Rippen und bewegt sich frei und flüssig. Das Fell muss wetterresistent sein. Das doppelte Haarkleid besteht aus sehr vollem, hartem Deckhaar und einer kurzen, weichen Unterwolle. Für alle genannten Farben ist ein gestromtes Fell zulässig. Der Cairn Terrier sollte jedoch nicht schwarz, weiß oder schwarz und lohfarben sein. Typisch sind die dunklen Abzeichen an Ohren und Fang.

Die Widerristhöhe variiert zwischen 28 und 31 cm, muss jedoch im richtigen Verhältnis zum Gewicht stehen, das im Idealfall 6–7,5 kg beträgt. Der Cairn Terrier ist furchtlos, heiter und energisch, jedoch nie aggressiv.

FCI 3 — GRUPPE | FELLPFLEGE | klein — GRÖSSE | FUTTER

Czesky Terrier

Widerristhöhe 28–35,5 cm

RASSEINFORMATIONEN	
NAME	Czesky Terrier
ANDERE NAMEN	Böhmischer Terrier, UK Terrier Group, Cesky Terrier
OFFIZIELLE ANERKENNUNG	FCI Gruppe 3, GB Terrier-Gruppe
FARBVARIANTEN	graublau, hellbraun

WISSENSWERTES
Mit der Züchtung begann Frantisek Horák aus Klánovice bei Prag im Jahre 1949. Die FCI hat die Rasse im Jahre 1963 anerkannt.

DER TSCHECHISCHE Terrier wurde in der Tschechischen Republik von Dr. Frantisek Horák gezüchtet, indem er Sealyham, Scottish und eventuell auch Dandie Dinmont Terrier kreuzte. Ziel war es, eine Rasse mit den Qualitäten des Deutschen Jagdterriers, jedoch mit kurzen Beinen zu schaffen, damit der Hund für die Arbeit unter der Erde geeignet war. Trotz seiner großen Beliebtheit in Tschechien und der Slowakei gelangten Züchter in den 1980er-Jahren zu der Ansicht, die Rasse habe von ihrer ursprünglichen Form verloren, und kreuzten erneut Sealyham-Blut ein.

Der robuste, niederläufige, zähe und ausdauernde Hund hat einen im Vergleich zur Höhe eher langen Rumpf. Das wellige, graublaue oder hellbraune Fell mit seidigem Schimmer wird bis auf das Haar im oberen Kopfbereich, an den Beinen, am Brustkorb und am Bauch geschoren, was eine spezielle Technik erfordert. Die Widerristhöhe beträgt 28–35,5 cm, das Gewicht liegt idealerweise bei 7–8 kg.

Die Rasse ist sehr wendig, nicht aggressiv, sondern hat ein freundliches, umgängliches Naturell.

RASSEINFORMATIONEN	
NAME	Dandie Dinmont Terrier
OFFIZIELLE ANERKENNUNG	FCI Gruppe 3, UK Terrier Group, AKC Terrier Group
FARBVARIANTEN	pfefferfarben, senffarben

Dandie Dinmont Terrier

Widerristhöhe 20–28 cm

FCI 3
GRUPPE
FELLPFLEGE
klein
GRÖSSE
FUTTER

DIESE IM 17. Jahrhundert für die Otter- und Dachsjagd gezüchtete Rasse wurde durch den 1814 veröffentlichten Roman *Guy Mannering* von Sir Walter Scott berühmt. 1876 wurde der erste Verein für diese Rasse gegründet.

Mit langem, niederläufigem und wieselähnlichem Körper unterscheidet sich der Dandie stark von anderen Terrierrassen. Der typische Kopf ist mit einem seidenen Schopf bedeckt, die großen Augen verleihen ihm

einen klugen und intelligenten Ausdruck. Das wetterfeste doppelte Haarkleid mit hartem Deckhaar und weicher, mullartiger Unterwolle braucht regelmäßige Pflege. Die Farben werden bildhaft mit pfefferfarben (von blauschwarz bis silbergrau) bzw. senffarben (von rötlichem Braun bis Rehbraun) beschrieben, auch eine Anleihe aus Scotts Buch. Bei beiden Farbvarianten weist der Haarschopf eine hellere Schattierung auf. Das Gewicht liegt zwischen 8 und 11 kg, die Widerristhöhe zwischen 20 und 28 cm.

Der unerschrockene, kompakte Hund wirkt entschlossen, beharrlich, anhänglich und elegant und ist ein angenehmer Hausgenosse und guter Wachhund.

WISSENSWERTES

Benannt ist der Dandie Dinmont nach dem gleichnamigen fiktiven Gutsbesitzer und Jäger aus Sir Walter Scotts Roman *Guy Mannering*.

Links
Der Dandie Dinmont ist der sanftmütigste Terrier. Er kann mit Kindern allein gelassen werden, ist pflegeleicht und nicht besonders anspruchsvoll.

RASSEINFORMATIONEN	
NAME	Foxterrier Glatthaar
ANDERE NAMEN	Smooth Fox Terrier
OFFIZIELLE ANERKENNUNG	FCI Gruppe 3, UK Terrier Group, AKC Terrier Group
FARBVARIANTEN	vorwiegend weiß mit lohfarbenen, schwarz/lohfarbenen oder schwarzen Abzeichen

Glatthaar-Foxterrier

Widerristhöhe 38–40 cm

FCI 3
GRUPPE
FELLPFLEGE
mittel
GRÖSSE
FUTTER

DER FÜR DIE DACHSJAGD über und unter der Erde entwickelte Foxterrier erreichte den Höhepunkt seiner Beliebtheit gegen Ende des 19. Jahrhunderts. Mit Festlegung des ursprünglichen Rassestandards wurde 1876 der English Fox Terrier Club gegründet. Mit kurzem Rücken, aber ausgreifenden Bewegungen erfüllt diese Rasse sämtliche Anforderungen an einen guten Jäger.

Der Foxterrier ist eines der lebhaftesten und aufgewecktesten Mitglieder der Terriergruppe, zeichnet sich durch Schnelligkeit und wachen Ausdruck aus und ist jederzeit auf alles gefasst. Das Fell ist gerade, eng anliegend und glatt, aber hart und dicht. Das Gewicht reicht von 6,5–8,5 kg; die Widerristhöhe liegt aber normalerweise bei 38–40 cm. Obgleich sehr anpassungsfähig, freundlich, offen und furchtlos, kann sich diese Rasse bei Begegnungen mit anderen Hunden zuweilen auch bissig zeigen. Besitzer sollten ihn zu stetigem Gehorsam anleiten.

WISSENSWERTES

Die heute bekannte Form des glatthaarigen Foxterriers trägt die Gene der ausgestorbenen Cheshire und Shropshire Terrier in sich.

Links
Der Glatthaar-Foxterrier ist ein außerordentlich geschickter und energischer Hund, der permanent zum Gehorsam angehalten werden muss.

FCI 3	
GRUPPE	FELLPFLEGE
mittel	
GRÖSSE	FUTTER

Drahthaar-Foxterrier

Widerristhöhe bis zu 39 cm

RASSEINFORMATIONEN	
NAME	Drahthaar-Foxterrier
ANDERE NAMEN	Wire Fox Terrier
OFFIZIELLE ANERKENNUNG	FCI Gruppe 3, UK Terrier Group, AKC Terrier Group
FARBVARIANTEN	vorwiegend weiß mit schwarzen Farbvarianten

WISSENSWERTES

Den Drahthaar-Foxterrier, der gern zum Jagdsport verwendet wurde, nannte man früher auch Rough-Haired Terrier.

EINE WEITERE LEBHAFTE und übermütige Rasse, der Drahthaar-Foxterrier, hat dieselbe Abstammung wie sein glatthaariger Verwandter.

Rechts
Diese Rasse ist beliebter als der Glatthaar-Foxterrier, obwohl sie dickköpfig ist und bissig sein kann.

Ein gut getrimmter Drahthaar-Foxterrier ist ein sehr elegantes Tier. Sein dichtes, drahtiges Fell hat eine kurze, weichere Unterwolle und die abstehenden Barthaare sind lang genug, um dem Vorgesicht einen kräftigen Ausdruck zu verleihen. Die Fellfarben entsprechen den oben genannten Farben; gestromte, rote, leberfarbene oder blaugraue Abzeichen sind jedoch nicht erwünscht. Die dunklen Augen sind lebhaft, intelligent und beinahe kreisförmig; die Spitzen der kleinen V-förmigen Ohren sind nach vorn in Richtung der Wangen gekippt. Die Widerristhöhe der Rüden soll 39 cm nicht überschreiten; das Idealgewicht bei Ausstellungen ist 8,25 kg. Bei Hündinnen sind beide Werte etwas niedriger.

Drahthaar-Foxterrier sind mutig, ungestüm und reagieren auf kleinste Herausforderungen.

FCI 3	
GRUPPE	FELLPFLEGE
mittel	
GRÖSSE	FUTTER

Glen of Imaal Terrier

Widerristhöhe 35–36 cm

RASSEINFORMATIONEN	
NAME	Glen of Imaal Terrier
ANDERE NAMEN	Irish Glen of Imaal Terrier
OFFIZIELLE ANERKENNUNG	FCI Gruppe 3, UK Terrier Group,
FARBVARIANTEN	blau, gestromt, weizen

DIE ALTE RASSE wurde nach dem rauen Glen of Imaal in Irland benannt und ist außerhalb ihrer Heimat kaum anzutreffen. Sie wurde für Hundekämpfe, als Rattenjäger und für die Fuchs- und Dachsjagd eingesetzt. Jahrzehntelange Zuchtarbeit hat diesen Terrier zu einem unerschrockenen, temperamentvollen Hund gemacht. Länger als hoch, sollte er eine Widerristhöhe von 35–36 cm nicht überschreiten. Das Gewicht liegt meist bei 15,5–16,5 kg. Das mittellange, harte Fell mit weicher Unterwolle muss eventuell gekämmt werden, um eine gepflegte Kontur zu präsentieren, und kann blau, gestromt oder weizenfarben in allen Schattierungen sein.

Dieser lebhafte, wendige und bei der Arbeit ruhige Hund ist unter normalen Umständen ein sanftes und gutmütiges Tier, verfügt aber auch über großen Mut.

WISSENSWERTES

Der Glen of Imaal Terrier wurde auch als Turnspit-Hund eingesetzt, der in einem Hunderad laufen musste, um den Bratspieß am Küchenfeuer zu drehen.

RASSEINFORMATIONEN	
NAME	Irish Terrier
ANDERE NAMEN	Irish Red Terrier
OFFIZIELLE ANERKENNUNG	FCI Gruppe 3, UK Terrier Group, AKC Terrier Group
FARBVARIANTEN	rot, rötlich weizenfarben, gelbrot

Irish Terrier

Widerristhöhe 46–48 cm

FCI 3 GRUPPE | FELLPFLEGE | mittel GRÖSSE | FUTTER

IN IRLAND im 19. Jahrhundert offiziell eingeführt, ist der Irish Terrier eine der ältesten Terrierrassen. Durch Einkreuzung des Black and Tan Terriers wurde sein Körper verfeinert, der viel Substanz hat, ohne jedoch schwerfällig zu wirken.

Das harte, drahtige, einfarbige Fell ist borstig und sollte nicht so lang sein, dass es die Konturen des Körpers verdeckt. Das Fell am Vorgesicht trägt ebenfalls zum Ausdruck von Kraft bei. Die Widerristhöhe beträgt 48 cm bei Rüden und 46 cm bei Hündinnen; das Gewicht liegt normalerweise bei 11–12 kg.

Die Rasse verfügt über an Tollkühnheit grenzenden Mut und greift rücksichtslos jeden Gegner an, was ihr den Beinamen „Daredevil" (Draufgänger) eingebracht hat. Dieser Hund, der bis zum Letzten tapfer wie ein Löwe kämpft, hat dennoch ein ausgesprochen freundliches Wesen, besonders im Umgang mit Menschen.

WISSENSWERTES
Der Irish Terrier wurde in Irland im Jahr 1875 offiziell eingeführt; 1879 wurde der Irish Terrier Club gegründet.

RASSEINFORMATIONEN	
NAME	Kerry Blue Terrier
ANDERE NAMEN	Irish Blue Terrier
OFFIZIELLE ANERKENNUNG	FCI Gruppe 3, UK Terrier Group, AKC Terrier Group
FARBVARIANTEN	alle Blauschattierungen, eventuell mit schwarzen Abzeichen

Kerry Blue Terrier

Widerristhöhe 46–47 cm

FCI 3 GRUPPE | FELLPFLEGE | mittel GRÖSSE | FUTTER

DIESE AUS IRLAND stammende Rasse war ursprünglich unter dem Namen Irish Blue Terrier bekannt und sowohl der Bedlington als auch der Bullterrier sind unter seinen Vorfahren zu finden. Der Überlieferung nach handelt es sich um eine sehr alte Rasse, die zumindest teilweise vom Wolfshund abstammt. 1922 hieß es, dass der Charakter des Kerrys „annähernd perfekt, wenngleich eine gewisse Neigung zum Ausmerzen der Katzenpopulation zu beobachten" sei.

Der Kerry Blue liebt das Wasser und ist leicht auszubilden. Das Fell ist weich, seidig, voll und wellig, es muss jedoch regelmäßig getrimmt werden. Bis ein Junghund die endgültige Farbe angenommen hat, können bis zu 18 Monate vergehen. Das optimale Gewicht des Rüden liegt zwischen 15 und 17 kg bei einer Widerristhöhe zwischen 46–47 cm. Hündinnen sind kleiner.

Der Kerry Blue Terrier ist ein furchtloser Wachhund und ein hervorragender Begleithund. Sein ungestümes Wesen bedarf sanfter Kontrolle.

WISSENSWERTES
Glaubt man der Überlieferung, schwammen die Vorfahren des Kerry Blue Terriers von einem bei Tralee gesunkenen Schiff ans Ufer.

FCI 3	
GRUPPE	FELLPFLEGE
mittel	
GRÖSSE	FUTTER

Lakeland Terrier

Widerristhöhe bis zu 37 cm

RASSEINFORMATIONEN	
NAME	Lakeland Terrier
OFFIZIELLE ANERKENNUNG	FCI Gruppe 3, UK Terrier Group, AKC Terrier Group
FARBVARIANTEN	schwarz/loh, blau/loh, rot, weizen, rötlich grizzle, leberfarben, blau, schwarz

WISSENSWERTES
Der Lakeland Terrier erhielt seinen Namen bei der Gründung eines Rassevereins im Jahr 1912 und wurde 1928 vom British Kennel Club anerkannt.

DIESE AUS DEM LAKE DISTRICT Englands stammende Rasse ist einer der ältesten Gebrauchshunde der Terriergruppe. Von Bauern wurde er gern für die Fuchsjagd in den Bergen eingesetzt.

Er ist elegant und kompakt und hat mit dunklen oder haselnussbraunen Augen einen aufgeweckten Ausdruck. Er hat mäßig kleine, V-förmige und stets wachsame Ohren. Das dichte, harte und wetterresistente Fell besitzt eine dichte Unterwolle und muss regelmäßig ausgezupft werden. Bei Hunden, die als Hausgenossen gehalten und zweimal pro Jahr fachmännisch getrimmt werden, ist die tägliche Fellpflege jedoch vergleichsweise gering. Die Widerristhöhe sollte 37 cm nicht überschreiten. Das durchschnittliche Gewicht beträgt 7,7 kg bei Rüden und 6,8 kg bei Hündinnen. Der robuste und wendige Lakeland Terrier ist mutig, selbstbewusst und furchtlos und hat ein freundliches und fröhliches Wesen.

Rechts
Trotz seiner Qualitäten als Ausstellungshund war der Lakeland Terrier nie so beliebt wie einige der anderen Terrier.

FCI 3	
GRUPPE	FELLPFLEGE
mittel	
GRÖSSE	FUTTER

Manchester Terrier

Widerristhöhe 38–41 cm

RASSEINFORMATIONEN	
NAME	Manchester Terrier
ANDERE NAMEN	Black and Tan Terrier
OFFIZIELLE ANERKENNUNG	FCI Gruppe 3, UK Terrier Group, AKC Terrier Group
FARBVARIANTEN	pechschwarz/loh

WISSENSWERTES
Der Manchester Terrier ist ein ausgezeichneter Rattenjäger. Besonders im 19. Jahrhundert tat er sich hierbei hervor, als das Rattenbeißen als Sport betrieben wurde.

DIE RASSE WURDE nach der englischen Stadt Manchester benannt. In den 1870er-Jahren war der Hund ein beliebter Rattenjäger und wurde auch für die Kaninchenjagd verwendet. Vermutlich durch Kreuzungen mit dem Whippet entstanden, geht sie auf den alten Jagdterrier zurück, hat aber im Gegensatz zu vielen britischen Terrierrassen ein glattes Fell und dient heute vorwiegend als Hausgenosse.

Mit pechschwarzem und satt mahagonifarbenem Fell ist sie eine sehr elegante Rasse. Die kleinen, dunklen, mandelförmigen Augen funkeln und die kleinen V-förmigen Ohren werden hoch über dem Schädeldach getragen und liegen oberhalb der Augen eng am Kopf an. Die Widerristhöhe reicht von 38–41 cm bei einem Gewicht zwischen 5 und 10 kg. Athletisch gebaut ist der Manchester Terrier robust mit guter Substanz.

Wach, aufgeweckt, fröhlich und sowohl hitzig als auch anhänglich gibt er einen zuverlässigen Gefährten ab, der sich gut an das Stadt- und Landleben anpasst.

Rechts
Der Manchester Terrier wurde für alle Arten des Jagdsports eingesetzt.

RASSEINFORMATIONEN	
NAME	Norfolk Terrier
OFFIZIELLE ANERKENNUNG	FCI Gruppe 3, UK Terrier Group, AKC Terrier Group
FARBVARIANTEN	rot (alle Schattierungen), weizen, schwarz/loh, grizzle

Norfolk Terrier

Widerristhöhe 25–26 cm

FCI 3
GRUPPE
FELLPFLEGE
klein
GRÖSSE
FUTTER

DIE IM 19. JAHRHUNDERT für die Fuchs- und Dachsjagd und speziell für die Ratten- und Kaninchenjagd verwendeten Norfolk und Norwich Terrier ähneln einander sehr. Früher wurden beide als Norwich Terrier bezeichnet und 1932 unter diesem Namen registriert. 1964 erkannte sie der British Kennel Club als separate Rassen an, sodass ihre Rassestandards nun feine Unterschiede, vor allem bei den Ohren, aufweisen. Die V-förmigen Ohren des Norfolk Terriers sind entlang der Wangen nach vorn gekippt.

Der aufgeweckte, furchtlose Norfolk Terrier ist einer der kleinsten Terrier, aber – laut Standard – ein „Teufel" für seine Größe, die bei 25–26 cm liegt. Das Gewicht beträgt 5–5,5 kg. Dieser kompakte und kräftige niederläufige Hund hat eine gute Substanz und einen starken Knochenbau. Der freundliche und robuste Hund eignet sich gut als Begleit- und Wachhund.

WISSENSWERTES
Norfolk und Norwich Terrier können anhand ihrer Ohren unterschieden werden; die Ohren des Norwich Terriers stehen aufrecht wie die Spitze eines Kirchturms.

Links
Das harte, drahtige Fell des Norfolk Terriers ist an Hals und Schultern länger und struppiger und muss regelmäßig ausgezupft werden

RASSEINFORMATIONEN	
NAME	Norwich Terrier
OFFIZIELLE ANERKENNUNG	FCI Gruppe 3, UK Terrier Group, AKC Terrier Group
FARBVARIANTEN	rot (alle Schattierungen), weizen, schwarz/loh, grizzle

Norwich Terrier

Widerristhöhe bis zu 25 cm

FCI 3
GRUPPE
FELLPFLEGE
klein
GRÖSSE
FUTTER

WIE DER Norfolk Terrier, mit dem ihn eine gemeinsame Geschichte verbindet, ist auch der Norwich liebenswert, erstaunlich lebhaft und zäh. Der fröhlichen und furchtlosen Art beider Rassen wird auch im Standard Rechnung getragen, der im Kampf erworbene Narben nicht zu hart beurteilt.

Die Lefzen liegen eng an, der Kiefer ist glatt und kräftig mit ziemlich großen und kräftigen Zähnen. Die Ohren des Norwich stehen aufrecht und sind weit auseinander oben auf dem Schädel

angesetzt. Die ausdrucksstarken Augen sind klein, dunkel, strahlend und lebhaft. Das harte, drahtige und eng anliegende Fell hat eine dicke Unterwolle und bildet eine das Gesicht umrahmende Halskrause. Farben, Widerristhöhe und Gewicht entsprechen denen des Norfolk Terriers. Bei beiden sind weiße Abzeichen oder Flecken im Fell unerwünscht.

Dieser selbstbewusste Terrier gibt einen guten Familienhund ab.

WISSENSWERTES
Zu den Vorfahren des Norwich Terriers zählen rote Cairn Terrier, Glen of Imaals und Dandie Dinmonts.

Links
Der Norwich Terrier gehört zu den kleinsten Terrierrassen, ist jedoch außerordentlich temperamentvoll. Mit älteren Kindern kommt er sehr gut zurecht.

FCI 3	
GRUPPE	FELLPFLEGE
mittel	
GRÖSSE	FUTTER

Parson Jack Russell Terrier

Widerristhöhe 33–35 cm

RASSEINFORMATIONEN	
NAME	Parson Jack Russell Terrier
OFFIZIELLE ANERKENNUNG	FCI Gruppe 3, UK Terrier Group (vorläufig)
FARBVARIANTEN	weiß, weiß mit lohfarbenen, zitronengelben oder schwarzen Abzeichen

WISSENSWERTES

Die Rute des Parson Jack Russell Terriers sollte eine gute Handbreit lang sein.

JOHN RUSSELL, ein sportbegeisterter Pfarrer aus dem englischen Devon, war der Begründer des Parson Jack Russell Terriers, der dem Drahthaar-Foxterrier ähnelt, dessen Beine lang genug sind, um mit Pferden Schritt zu halten, und klein genug, um Füchse in ihrem Bau aufstöbern und heraustreiben zu können.

Mit kompaktem Körper und lebhafter, wendiger Art bringt der Parson alle Voraussetzungen eines schnellen und ausdauernden Hundes mit. Die Haut muss dick und lose sein, das Fell ist völlig weiß oder weiß mit lohfarbenen, zitronengelben oder schwarzen Abzeichen, die auf Kopf oder Rutenwurzel beschränkt sein sollten. Das Fell ist hart, eng anliegend und dicht, egal, ob es rau- oder glatthaarig ist. Die Widerristhöhe beträgt 35 cm bei Rüden und 33 cm bei Hündinnen bei einem Gewicht von meist 5–8 kg.

Dieser intelligente Hund braucht sehr viel Beschäftigung und neigt, längere Zeit allein gelassen, zur Zerstörungswut.

Rechts
Die langen Beine des Parson Jack Russell Terriers sind ein charakteristisches Merkmal dieser Rasse.

FCI 3	
GRUPPE	FELLPFLEGE
klein	
GRÖSSE	FUTTER

Scottish Terrier

Widerristhöhe 25,5–28 cm

RASSEINFORMATIONEN	
NAME	Scottish Terrier
OFFIZIELLE ANERKENNUNG	FCI Gruppe 3, UK Terrier Group, AKC Terrier Group
FARBVARIANTEN	schwarz, weizen, gestromt (alle Schattierungen)

WISSENSWERTES

1882 wurde der Scottish Terrier Club gegründet; 1887 wurde der Hund als eigenständige Rasse unter seinem heutigen Namen registriert.

BIS MITTE DES 19. JAHRHUNDERTS wurde jeder Hund, der in Schottland für die unterirdische Jagd auf Füchse eingesetzt wurde, als Scottish Terrier bezeichnet, aber die Rasse, die wir heute unter diesen Namen kennen, wurde seinerzeit Broken-Haired oder Aberdeen Terrier genannt.

Obwohl der Scottie, so die häufige Bezeichnung, stämmig und niederläufig ist, ist er lebhaft und flink. Das eng anliegende, doppelte Haarkleid bietet Schutz vor widriger Witterung und hat hartes, dichtes und drahtiges Deckhaar. Die Widerristhöhe reicht von 25,5–28 cm, das Gewicht von 8,5–10,5 kg. Der Schädel ist lang gestreckt und kann ziemlich breit sein und doch eher schmal wirken. Die mandelförmigen, dunkelbraunen Augen liegen tief unter langen Brauen und zeigen einen wachen Ausdruck.

Dieser als treu, zuverlässig, würdevoll, unabhängig und zurückhaltend beschriebene Hund ist forsch, mutig und sehr intelligent, jedoch niemals aggressiv.

RASSEINFORMATIONEN	
NAME	Sealyham Terrier
OFFIZIELLE ANERKENNUNG	FCI Gruppe 3, UK Terrier Group, AKC Terrier Group
FARBVARIANTEN	weiß, weiß mit zitronengelben, braunen, blauen oder dachsfarbenen Abzeichen an Kopf und Ohren

Sealyham Terrier

Widerristhöhe bis zu 31 cm

FCI 3
GRUPPE

FELLPFLEGE

klein
GRÖSSE

FUTTER

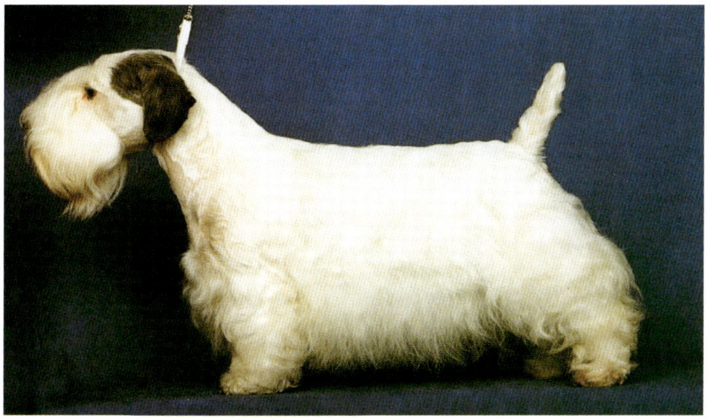

DER SEALYHAM TERRIER, nach der Stadt Sealyham, Haverfordwest, in der walisischen Grafschaft Pembrokeshire benannt, bildete sich zwischen 1850 und 1891 heraus und ist eindeutig walisischen Ursprungs. Der in Sealyham lebende Captain Edwardes beabsichtigte, den idealen Terrier zu schaffen, und kreuzte zu diesem Zweck unterschiedliche Terrier mit dem Welsh Corgi. Das Ergebnis war eine Rasse, die sich hervorragend für die Jagd auf Füchse und Dachse eignete.

In der Kontur ist dieser Hund eher rechteckig als quadratisch, was den Eindruck von viel Substanz in einer kleinen Hülle vermittelt. Das Fell aus wetterresistenter Unterwolle und langem, hartem, drahtigem Deckhaar muss ausgezupft und getrimmt werden. Es ist immer weiß; farbige Abzeichen auf Kopf und Ohren sind jedoch erlaubt. Die Widerristhöhe sollte 31 cm nicht überschreiten; das Gewicht reicht von 8–9 kg.

Der robuste, unerschrockene und kompakte Sealyham ist aufgeweckt und furchtlos und hat doch gleichzeitig einen ausgesprochen freundlichen Charakter.

WISSENSWERTES

Der Sealyham Terrier wurde 1903 in Haverfordwest erstmalig ausgestellt; 1908 wurde der Sealyham Terrier Club von Haverfordwest gegründet.

RASSEINFORMATIONEN	
NAME	Skye Terrier
OFFIZIELLE ANERKENNUNG	FCI Gruppe 3, UK Terrier Group, AKC Terrier Group
FARBVARIANTEN	schwarz, dunkel- oder hellgrau, rehbraun, cremefarben, alle Farben mit schwarzen Abzeichen

Skye Terrier

Widerristhöhe 25–26 cm

FCI 3
GRUPPE

FELLPFLEGE

klein
GRÖSSE

FUTTER

VOR DER NORDWESTKÜSTE Schottlands liegt die Isle of Skye, die als Heimat dieser Rasse angesehen wird. Sie ist seit vier Jahrhunderten bekannt, zählt zu den ältesten schottischen Rassen und wurde als Erdhund zum Aufscheuchen von Füchsen und Dachsen sowie für die Jagd auf Otter und Wiesel verwendet.

Mit einer Widerristhöhe von 25–26 cm bei Rüden (Hündinnen sind etwas kleiner) ist die Rasse doppelt so lang wie hoch. Ein Skye Terrier sollte von der Nasen- bis zur Rutenspitze 103 cm messen. In der Regel liegt das Gewicht bei 8,5–10,5 kg. Läufe, Rumpf und Kiefer sind kräftig; die Ohren stehen aufrecht oder hängen. Die Farbe variiert, das lange, harte doppelte Haarkleid braucht viel Pflege. Der Skye Terrier ist auf seinen Menschen bezogen, sollte jedoch nicht unbedingt mit Kindern zusammen leben. Fremden misstraut er, ist jedoch nie bösartig.

WISSENSWERTES

Ein als Greyfriars Bobby berühmt gewordener Skye Terrier hielt Mitte des 19. Jahrhunderts in Edinburgh nach dem Tod seines Herrn 14 Jahre an dessen Grab Wache, bis er selbst starb.

Links
Der Skye Terrier ist ein bedingungslos treuer Einpersonenhund; für das Zusammenleben mit Kindern eignet er sich jedoch nicht besonders gut.

FCI 3 — GRUPPE | FELLPFLEGE | mittel — GRÖSSE | FUTTER

Soft-Coated Wheaten Terrier

Widerristhöhe 46–49 cm

RASSEINFORMATIONEN	
NAME	Soft-Coated Wheaten Terrier
ANDERE NAMEN	Irish Soft-Coated Wheaten Terrier
OFFIZIELLE ANERKENNUNG	FCI Gruppe 3, UK Terrier Group, AKC Terrier Group
FARBVARIANTEN	einfarbig weizenfarben

WISSENSWERTES
Es gibt Theorien, die behaupten, dass der Soft-Coated Wheaten Terrier die Ausgangsrasse des Irish und des Kerry Blue Terriers ist.

DER VOR ÜBER 200 JAHREN als Hofhund im irischen Munster gezüchtete Irish Soft-Coated Wheaten Terrier wurde als Rasse erstmalig 1937 vom Irish Kennel Club und 1943 vom British Kennel Club registriert.

Er ist ein echter Terrier mit ausgeprägtem Jagdinstinkt, der sich durch Zähigkeit und eine gute Konstitution auszeichnet. Das am ganzen Körper üppige Fell ist besonders an Kopf und Beinen sehr reichlich vorhanden, und es gibt keine jahreszeitlich bedingten Veränderungen in Länge und Beschaffenheit. Das Fell wird nicht gewechselt, erfordert jedoch sorgfältige Pflege.

Rechts
Wie der Name schon sagt, ist das charakteristische Merkmal dieser Rasse ihr weiches, lockiges und seidiges Fell, das die Farbe von reifem Weizen hat.

Dieser mittelgroße Terrier hat eine Widerristhöhe von 46–49 cm und wiegt 16–20,5 kg, wobei die Maße für Hündinnen etwas darunter liegen.

Dieser reizende, anhängliche und intelligente Begleiter hat ein freundliches Wesen, ist voller Selbstvertrauen und fröhlich.

FCI 3 — GRUPPE | FELLPFLEGE | mittel — GRÖSSE | FUTTER

Staffordshire Bullterrier

Widerristhöhe 35,5–40,5 cm

RASSEINFORMATIONEN	
NAME	Staffordshire Bullterrier
OFFIZIELLE ANERKENNUNG	FCI Gruppe 3, UK Terrier Group, AKC Terrier Group
FARBVARIANTEN	rot, rehbraun, weiß, schwarz, blau, gestromt, gestromt/weiß

Zucht und Import sind in Deutschland seit 2001 verboten.

WISSENSWERTES
Der Staffordshire Bullterrier ist eine Kreuzung aus Terrier und Bulldogge und wurde bis weit ins 19. Jahrhundert hinein für das Bullen- und Bärenbeißen gezüchtet.

DER STAFFORDSHIRE Bullterrier ist eine Kreuzung aus Bulldogge und Terrier und vereint das Temperament beider Rassen in sich. Er wurde zunächst für das Bullen- und Bärenbeißen gezüchtet, das aber 1835 in England gesetzlich verboten wurde. Danach setzte man den Hund bei Hundekämpfen ein, bis auch diese illegal wurden.

Die Rasse ist muskulös, lebhaft und wendig und verfügt für ihre Größe über extrem viel Kraft, ist jedoch gleichzeitig sehr intelligent und anhänglich. Das glatte, kurze Fell kommt in verschiedensten Farben vor; Schwarz und Loh oder Leberfarbe sind aber unerwünscht. Widerristhöhe und Gewicht sollten im ausgewogenen Verhältnis zueinander stehen. Die Höhe reicht von 35,5–40,5 cm, das Gewicht von 11–17 kg.

Der traditionell ausgesprochen mutige und hartnäckige Hund ist forsch und furchtlos und braucht eine feste Hand, wenn er auf andere Hunde trifft.

RASSEINFORMATIONEN	
NAME	Welsh Terrier
OFFIZIELLE ANERKENNUNG	FCI Gruppe 3, UK Terrier Group, AKC Terrier Group
FARBVARIANTEN	vorzugsweise schwarz/loh, alternativ auch schwarz, grizzle und loh

Welsh Terrier

Widerristhöhe bis zu 39 cm

FCI 3

GRUPPE

FELLPFLEGE

mittel

GRÖSSE

FUTTER

WISSENSWERTES

Die erste Ausstellung für Welsh Terrier fand 1884 in Pwllheli in Nordwales statt.

DIESER NACHFAHRE des rauhaarigen Black and Tan Foxterriers wurde in Wales für die Fuchs-, Dachs- und Otterjagd verwendet. Man vermutet, dass die Rasse gemeinsamen Ursprungs mit dem Lakeland Terrier aus der Zeit vor dem römischen Eroberungsfeldzug ist.

Der Welsh Terrier hat einen robusten, ausgewogenen, eleganten und kompakten Körper. Sein eng anliegendes und volles, hartes, drahtiges Deckhaar muss regelmäßig getrimmt werden. Darunter findet sich feine Unterwolle. Schwarz mit Loh sind bevorzugte Farben; das Fell kann aber auch schwarz, grizzle und lohfarben sein. Schwarze Strichelungen auf Pfoten oder Fesseln sind jedoch unerwünscht.

Die Widerristhöhe sollte 39 cm nicht überschreiten; das Gewicht variiert kaum zwischen 9 und 9,5 kg.

Der Hund hat einen fröhlichen, temperamentvollen Charakter, ist sehr anhänglich und folgsam und leicht zu kontrollieren. Normalerweise passt er sich gut an das Zusammenleben mit einer Familie an. Der Welsh Terrier ein unerschrockener und furchtloser Hund, der sich gegebenenfalls sehr gut behaupten kann, ohne aggressiv zu sein.

Links

Der Welsh Terrier hat einen offenen, freundlichen Charakter, der ihn zu einem angenehmen Begleithund macht. Er ist jedoch auch ein tüchtiger Schädlingsjäger.

RASSEINFORMATIONEN	
NAME	West Highland White Terrier
OFFIZIELLE ANERKENNUNG	FCI Gruppe 3, UK Terrier Group, AKC Terrier Group
FARBVARIANTEN	weiß

West Highland White Terrier

Widerristhöhe 28 cm

FCI 3

GRUPPE

FELLPFLEGE

klein

GRÖSSE

FUTTER

WISSENSWERTES

West Highland White Terrier wurden selektiv aufgrund ihrer Farbe gezüchtet, damit sie in der Heide der schottischen Moorlandschaften leicht auszumachen waren.

EIN BELIEBTER VERTRETER der Terrier ist der West Highland White Terrier, auch Westie genannt, von dem angenommen wird, dass er aus Argyll in Schottland stammt. Die Rasse hat sich vermutlich in den 1880er-Jahren aus einem Schlag weißer und cremefarbener Cairn Terrier entwickelt, von denen die helleren Tiere weiter gezüchtet wurden. Wie der Scottish Terrier ist der Westie durch eine Werbekampagne für Scotch-Whisky bekannt geworden.

Dieser zähe, lebhafte und unerschrockene kleine Hund ist voller Selbstvertrauen. Seine dunklen Augen, die aufgestellten Ohren und die fröhlich getragene Rute verleihen ihm ein schelmisches Aussehen. Das weiße, doppelte Haarkleid, das regelmäßiger Pflege bedarf, besteht aus langem Deckhaar und einer kurzen, weichen, pelzähnlichen Unterwolle. Die Widerristhöhe liegt bei 28 cm, das Gewicht beträgt etwa 7–10 kg.

Die Rasse ist aufgeweckt, mutig und selbstständig, gibt jedoch gleichzeitig einen freundlichen und reizenden Begleithund ab.

Links

Früher wurde der Westie für die Jagd verwendet. Auch heute noch liebt er es, Katzen, Kaninchen oder anderen kleinen Tieren nachzujagen.

Kleinhunde

VIELE KLEINHUNDRASSEN wurden sorgsam über Jahrhunderte hinweg durch selektive Miniaturisierung gezüchtet. Als Lieblinge bei Hof oder von adeligen Familien wurden sie als kleine Schoß- und Begleithunde gehalten.

BILDLICHE DARSTELLUNGEN

ES GIBT EINE FÜLLE bildlicher Darstellungen von Kleinhunden, denn viele von ihnen wurden in Porträts aufgenommen, häufig auf dem Schoß ihres wohlhabenden Herrchens oder Frauchens. Diese Darstellungen verdeutlichen, wie wenig sich manche Rassen verändert haben, so z. B. der Mops auf dem 1745 von Hogarth gemalten Selbstporträt.

Frühe Schriftsteller waren von den Kleinhundrassen offenbar nicht so begeistert wie von größeren, für die Jagd geeigneten. Dr. Caius, ein bedeutender Autor des 16. Jahrhunderts zum Thema Hund, beschrieb sie so: „Diese Hunde sind klein, hübsch, sauber und edel, und sie sind bemüht, die Zartheit anmutiger Damen und den Charme lüsterner Frauen zu befriedigen, Instrumente der Dummheit für sie, um zu spielen und mit ihnen zu schäkern, die kostbare Zeit zu vergeuden, ihre Gedanken an ihre löblichen Tätigkeiten zu vertreiben." Dr. Caius hat wohl die Tatsache übersehen, dass viele dieser als Kleinhunde eingestuften Rassen zwar einen kleinen Körper, aber keinen kleinen Geist haben. Tatsächlich kann es sehr erheiternd sein, einen dieser winzigen Hunde zu beobachten, wie er sich einen Artgenossen „vornimmt", der um ein Mehrfaches größer ist. Dies ist selbstverständlich nur lustig, wenn die Besitzer gut aufpassen, dass nichts passiert.

Alte Aufzeichnungen fernöstlicher Kulturen geben gute Einblicke in Hunderassen aus dem Orient. Einige Rassen kamen im Zuge des sich entwickelnden Handels nach Europa. Mittlerweile ist der Ferne Osten wichtig für das Züchten von Kleinhunden geworden und sogar der Papillon, der eindeutig einen französischen Namen hat, kam sehr wahrscheinlich aus dem Orient.

Nur wenige Rassen aus der Gruppe der Kleinhunde wurden nicht als Haustiere gehalten. Viele von ihnen wurden aber aus Rassen gezüchtet, die tatsächlich „ihren Lebensunterhalt verdienten". Kleinhunde galten lange Zeit als typische Hunde für Frauen, aber nicht nur die Zeiten, auch die Ansichten haben sich geändert, sodass mancher Mann genauso viel Freude an einem Kleinhund hat wie eine Frau.

Alle Kleinhunde – der kleinste ist der Chihuahua, der größte, das Italienische Windspiel – können sich bequem in einer Ecke eines kleinen Raumes einrollen oder auf dem Schoß eines Menschen sitzen. Hinsichtlich des Fells gibt es eine Vielzahl an Varianten: Der Chinesische Schopfhund hat nahezu gar kein Fell, während der Malteser und der Yorkshire Terrier ein langes, wallendes Fell haben, bei dem selbst die fleißigsten Hände stundenlang mit Bürsten beschäftigt sind, wenn diese Hunde für eine Ausstellung vorbereitet werden sollen.

Kleine Rassen scheinen immer zum Spaßmachen aufgelegt zu sein und sie haben alle Charakter; so kann der Affenpinscher mit seinem affenähnlichen Ausdruck oder der muntere kleine Brüsseler Griffon zwar nicht helfen, bringt aber ein Lächeln in jedes Gesicht und belebt jeden Augenblick des Tages.

Oben
Der Affenpinscher ist eine lebhafte, energiegeladene Rasse voller Charakter.

Rechts
Dieser wunderbar gebürstete Yorkshire Terrier gewann bei der Crufts den Titel „Bester der Rasse".

Unten
Die Abstammung des Pekinesen kann bis zur Tang-Dynastie (618–907) zurückverfolgt werden.

RASSEINFORMATIONEN	
NAME	Affenpinscher
OFFIZIELLE ANERKENNUNG	FCI Gruppe 2, UK Toy Group, AKC Toy Group
FARBVARIANTEN	bevorzugt schwarz, graue Tönungen erlaubt

Affenpinscher

Widerristhöhe 24–28 cm

FCI 2
GRUPPE
FELLPFLEGE
klein
GRÖSSE
FUTTER

DER AUS DEUTSCHLAND stammende Affenpinscher, eine der ältesten Kleinhundrassen, ist lebhaft und selbstbewusst, macht gern Unfug und wird gern als „schwarzer Teufel" bezeichnet. Der Gesichtausdruck ist verschmitzt und affenartig; diese Rasse strahlt eine gewisse komische Ernsthaftigkeit aus.

Obwohl diese Rasse nur eine durchschnittliche Widerristhöhe von 24–28 cm hat und nicht mehr als 3–3,5 kg wiegt, ist sie in keiner Weise empfindlich. Das raue, harte, schwarze Fell – manchmal mit grauer Tönung – ist an einigen Teilen des Körpers kurz und dicht und an anderen struppig. Das Kopfhaar steht radial ab und rahmt die dunklen, funkelnden Augen, die Nase und das Kinn ein.

Der Affenpinscher ist ein treuer und liebevoller Gefährte, wachsam gegenüber Fremden und ohne Angst vor Angreifern.

WISSENSWERTES

Der Namensvorsatz „Affe" passt recht gut zu dieser Rasse, denn selbst im Rassestandard wird ein „affenartiger Gesichtsausdruck" verlangt.

Links
Dieser reizende kleine Terrier hat ein affenähnliches Aussehen.

RASSEINFORMATIONEN	
NAME	Australian Silky Terrier
ANDERE NAMEN	Silky Terrier
OFFIZIELLE ANERKENNUNG	FCI Gruppe 3, UK Toy Group, AKC Toy Group
FARBVARIANTEN	blau/loh, graublau/loh

Australian Silky Terrier

Widerristhöhe 23 cm

FCI 3
GRUPPE
FELLPFLEGE
klein
GRÖSSE
FUTTER

DER FRÜHER als Sydney Silk bekannte Australian Silky Terrier stammt, wie der Name schon sagt, aus Australien. Er ist aus der Kreuzung von Australian und Yorkshire Terriern hervorgegangen, von denen viele Eigenschaften erhalten blieben.

Auch wenn diese Rasse in die Gruppe der Kleinhunde eingestuft ist, sollte sie genügend Substanz haben, um Nagetiere bis zur Größe von Ratten jagen und töten zu können. Die Augen sind klein, rund und möglichst dunkel, sodass sie einen durchdringenden Blick haben und einen intelligenten Ausdruck vermitteln. Die V-förmigen Ohren sind hoch angesetzt, stehen aufrecht und sind ohne lange Haare. Die Widerristhöhe beträgt 23 cm, das Gewicht liegt bei 4 kg. Das lange, gerade und glänzende Fell lässt sich einfach pflegen, indem man es täglich einige Minuten bürstet. Der Scheitel vermittelt ein gepflegtes Erscheinungsbild.

Obwohl ein Kleinhund, ist diese Rasse sehr terrierähnlich – leidenschaftlich, aufmerksam und aktiv mit einem freundlichen und aufgeweckten Wesen.

WISSENSWERTES

Vor dem Zweiten Weltkrieg war der Australian Silky Terrier außerhalb Australiens nahezu unbekannt.

Links
Obwohl sehr bellfreudig, wird der Silky Terrier grundsätzlich als ein äußerst liebevolles Haustier angesehen, das gut zu Kindern passt.

FCI 9	
GRUPPE	FELLPFLEGE
klein	
GRÖSSE	FUTTER

Bichon Frisé

Widerristhöhe 23–28 cm

RASSEINFORMATIONEN	
NAME	Bichon Frisé
ANDERE NAMEN	Gelockter Bichon, Teneriffahund
OFFIZIELLE ANERKENNUNG	FCI Gruppe 9, UK Toy Group, AKC Non-Sporting Group
FARBVARIANTEN	weiß

WISSENSWERTES

Einer Theorie zufolge stammt der Bichon vom alten französischen Wasserhund, dem Barbet ab.

DER URSPRUNG des bezaubernden, rein weißen Bichon Frisé wird im Mittelmeerraum vermutet, wo er möglicherweise schon im Mittelalter bekannt war.

Rechts

Bichon-frisé-Welpen haben eine rosa Nase, die im Laufe der Zeit schwarz wird.

Die dunklen, munteren Augen sind ausdrucksstark, die Nase ist schwarz, weich und glänzend. Das Haar unterstreicht das runde Aussehen des Kopfes. Es muss einiges an Zeit in die Fellpflege investiert werden, um die weichen, korkenzieherartigen Locken in gutem Zustand zu halten. Ein Bichon kann ungeschoren oder mit leicht freigelegten Pfoten und Fang vorgestellt werden. Bei einer Widerristhöhe von 23–28 cm wiegt er 3–6 kg. Eine dunkle Pigmentierung unter dem weißen Fell ist erwünscht und bis zum Alter von 18 Monaten sind creme- oder aprikosenfarbene Abzeichen zulässig.

Diese fröhlichen, kleinen Hunde haben ein freundliches Wesen und lieben es, im Mittelpunkt zu stehen. Sie werden integraler Bestandteil der Familie.

FCI 9	
GRUPPE	FELLPFLEGE
klein	
GRÖSSE	FUTTER

Bologneser

Widerristhöhe 25–30 cm

RASSEINFORMATIONEN	
NAME	Bologneser
ANDERE NAMEN	Bichon Bolognais
OFFIZIELLE ANERKENNUNG	FCI Gruppe 9, UK Toy Group,
FARBVARIANTEN	rein weiß ohne Abzeichen

WISSENSWERTES

Blondus (1388–1463) schrieb über den Bologneser: „Königinnen gaben ihnen kleine Portionen ihrer eigenen Speisen in goldenen Vasen."

DER BOLOGNESER wurde wahrscheinlich aus den Bichons von Süditalien entwickelt, obwohl der Name von der nördlich gelegenen Stadt Bologna stammt. Eine ähnliche Rasse wird seit dem 13. Jahrhundert erwähnt und war während der Renaissance bei der Aristokratie beliebt.

Das für heiße Gegenden geeignete lange, flockige, weiße Fell hat keine Unterwolle, ist nicht gelockt und bedeckt den gesamten Kopf und Körper. Die großen, runden Augen sind dunkel, die Lidränder sowie die Lefzen sind gut pigmentiert, und die Krallen sind ebenso wie die große Nase schwarz. Die Pfoten sind oval, und selbst die Ballen sind im Einklang mit der anderen dunklen Pigmentierung schwarz. Die Widerristhöhe beträgt 25–30 cm, das Gewicht 3–4 kg.

Diese Rasse ist intelligent und geht eine enge Beziehung mit ihrem Besitzer ein, tendiert aber zu einem etwas ernsten Charakter.

Rechts

Obwohl der Bologneser wahrscheinlich aus Italien stammt, ist er dort nicht mehr populär.

RASSEINFORMATIONEN	
NAME	Cavalier King Charles Spaniel
OFFIZIELLE ANERKENNUNG	FCI Gruppe 9, UK Toy Group, AKC Toy Group
FARBVARIANTEN	(kastanienrot/weiß), trikolor

Cavalier King Charles Spaniel

Widerristhöhe 31–33 cm

FCI 9 — GRUPPE | FELLPFLEGE | klein — GRÖSSE | FUTTER

DER URSPRUNG des Cavalier King Charles Spaniels liegt mehrere Jahrhunderte zurück, die Rasse wurde aber erst 1928 von dem etwas kleineren, kurznasigeren King Charles getrennt.

Eines der vielen erfreulichen Merkmale dieser populären Rasse liegt in ihrer unterschiedlichen Farbgebung: black and tan, ruby (ist ein Tiefrot), Blenheim (mit tiefkastanienroten Abzeichen auf perlweißer Grundfarbe) und trikolor (Kombination aus Schwarz, Weiß und Lohfarbe). Das Fell ist lang und seidig, hat keine Locken, aber eine üppige Befederung und darf auf keinen Fall getrimmt werden. Der Cavalier lässt sich gut pflegen und wiegt bei einer Widerristhöhe von 31–33 cm 5,5–8 kg.

Diese absolut furchtlose kleine Spanielrasse ist fröhlich, (kinder)-freundlich und in keiner Weise streitsüchtig; sie ist aber auch beweglich und liebevoll, was sie zu einem idealen und sehr populären Begleiter macht, der, so scheint es, seine Freude durch eine ständig wedelnde Rute zeigt.

WISSENSWERTES

Obwohl der Cavalier King Charles Spaniel erst 1944 vom Kennel Club als eigene Rasse anerkannt wurde, gehörte er 1970 zu den 10 populärsten Rassen.

Links
Die jetzige Popularität des Cavalier King Charles Spaniels hat zu Inzucht und zu einer Neigung zu Herzproblemen geführt.

RASSEINFORMATIONEN	
NAME	Chihuahua
OFFIZIELLE ANERKENNUNG	FCI Gruppe 9, UK Toy Group, AKC Toy Group
FARBVARIANTEN	jede Farbe oder Farbmischung

Chihuahua

Widerristhöhe 15–23 cm

FCI 9 — GRUPPE | FELLPFLEGE | klein — GRÖSSE | FUTTER

DER CHIHUAHUA, der den Namen des größten mexikanischen Bundesstaates trägt, hat vermutlich Wurzeln in Südamerika, und es wird behauptet, er sei den Azteken heilig gewesen.

Diese wohl kleinste Hunderasse der Welt ist zierlich und kompakt, hat ein Idealgewicht von 1–2 kg und sollte auf keinen Fall mehr als 3 kg wiegen. Der Kopf ist gut gerundet und „apfelförmig"; mit seinen großen runden Augen und großen aufgerichteten Ohren, die unter einem Winkel von etwa 45 ° angesetzt sind, wirkt der Hund sehr lebhaft. Es gibt ihn in zwei Fellarten: Kurz- und Langhaar. Beide lassen sich einfach sauber halten und pflegen.

Der Chihuahua ist ein aufmerksamer Hund, freundlich, intelligent und lebhaft, nicht gereizt oder verschlossen.

Dieser fröhliche Schoßhund eignet sich nicht für sehr kleine Kinder. Wenn sich Fremde nähern, meldet er sich meist sehr zuverlässig,

WISSENSWERTES

Der Chihuahua war ein religiöses Symbol der Tolteken (9.–12. Jahrhundert) und ist die kleinste Hunderasse der Welt.

Links
Ursprünglich war der Chihuahua wohl größer und robuster, ist jetzt aber für seine Miniaturgröße bekannt.

FCI 9 — GRUPPE | FELLPFLEGE | klein — GRÖSSE | FUTTER

Chinesischer Schopfhund

Widerristhöhe 23–30 cm

RASSEINFORMATIONEN	
NAME	Chinesischer Schopfhund
OFFIZIELLE ANERKENNUNG	FCI Gruppe 9, UK Toy Group, AKC Toy Group
FARBVARIANTEN	jede Farbe oder Farbkombination

WISSENSWERTES

In den 1830er-Jahren soll es im Zoologischen Garten von London eine äußerst faszinierende Ausstellung von haarlosen Hunden gegeben haben.

ANGEBLICH STAMMT die Rasse aus China und wurde schon in der Han-Dynastie gehalten. Es gibt zwei verschiedene Schläge: den rassigen, feinknochigen („Deer-Typ") und den mit kräftigerem Körper- und Knochenbau („Cobby-Typ"). Außerdem gibt es diese Rasse in den Arten haarlos und Powder-puff (Puderquaste). Der Haarlose fühlt sich warm an und hat keine Haare auf dem Körper, nur einen Haarbusch auf dem Kopf, Befederung auf den letzten zwei Dritteln der Rute und „Socken", die lange Pfoten bedecken. Ein Powderpuff hat einen weichen Schleier aus langen Haaren.

Die fröhliche, aktive Rasse ist anspruchsvoll und elegant. Keine der beiden Arten riecht nach Hund. Die Widerristhöhe beträgt 23–30 cm, das Gewicht bis 5,5 kg. Bei der haarlosen Art wird meist Feuchtigkeitscreme verwendet, um die Haut weich zu halten.

Der anhängliche Schopfhund ist ein guter Gefährte.

FCI 9 — GRUPPE | FELLPFLEGE | klein — GRÖSSE | FUTTER

Coton de Tuléar

Widerristhöhe 25–32 cm

RASSEINFORMATIONEN	
NAME	Coton de Tuléar
OFFIZIELLE ANERKENNUNG	FCI Gruppe 9, UK Toy Group
FARBVARIANTEN	weiß, gelbe/graue Flecken auf Ohren erlaubt

WISSENSWERTES

Der Coton de Tuléar war als „Handelsware" beliebt. Das führte dazu, dass er auf Réunion ausstarb.

DER COTON DE TULÉAR ist mit den französischen Bichons und dem italienischen Bologneser verwandt. Er kam wahrscheinlich mit französischen Truppen nach Madagaskar und wurde dort in der Umgebung von Tuléar (Toliara) gezüchtet. Der Coton war, bis er Ende der 1970er-Jahre wieder nach Europa und Amerika kam, so gut wie unbekannt, obwohl er in Tuléar über Jahrhunderte hinweg von wohlhabenden Familien gehalten wurde. In Großbritannien kennt man ihn kaum.

Wie der Bologneser hat die Rasse ein Fell ohne Unterwolle. Er ist normalerweise komplett weiß, nur an den Ohren ist ein wenig Gelb oder Grau erlaubt. Das Fell hat eine baumwollartige Struktur, ist lang, fein und leicht gewellt und erfordert regelmäßige, Pflege. Der lebhafte, übermütige und intelligente Coton hat eine Widerristhöhe von 25–32 cm und wiegt 5,5–7 kg.

Rechts
Der lebhafte Coton de Tuléar verdiente es, populärer zu sein. In Europa und Amerika ist er noch recht selten anzutreffen.

RASSEINFORMATIONEN	
NAME	English Toy Terrier
ANDERE NAMEN	Englischer Toy Terrier, Toy Manchester Terrier; Black and Tan Toy Terrier
OFFIZIELLE ANERKENNUNG	FCI Gruppe 3, UK Toy Group
FARBVARIANTEN	schwarz und lohfarben

English Toy Terrier

Widerristhöhe 23–33 cm

FCI 3
GRUPPE

FELLPFLEGE

klein
GRÖSSE

FUTTER

WISSENSWERTES

Während des 19. Jahrhunderts wurde der Englische Toy Terrier besonders als Stadthund populär.

DER ENGLISCHE Toy Terrier stammt vom Black and Tan Terrier ab, der mindestens bis ins frühe 16. Jahrhundert zurückverfolgt werden kann. Dieser elegante, makellos gebaute Hund ist aufmerksam und vereinigt das Wesen eines Kleinhundes und eines Terriers in sich. Früher war diese Rasse in der „Rattengrube" sehr erfolgreich.

Die Farbkombination ist auffällig: Die schwarzen Anteile sind ebenholzfarben, das Loh ist ein sattes Kastanienrot. Die Farbverteilung ist im Rassestandard sehr ausführlich beschrieben. Die Ohren haben die Form einer Kerzenflamme und laufen etwas spitz zu. Die Rute ist am Ansatz dick und verjüngt sich zu einer Spitze. Die Widerristhöhe beträgt 23–33 cm, das Gewicht kann sehr unterschiedlich, darf aber nie höher als 5,5 kg sein.

Dieser freundliche und intelligente Hund ist ein reizender Gefährte.

Links
Das glatte, glänzende Fell des Englischen Toy Terriers braucht nur wenig Pflege.

RASSEINFORMATIONEN	
NAME	Brüsseler Griffon
ANDERE NAMEN	Griffon Bruxellois
OFFIZIELLE ANERKENNUNG	FCI Gruppe 9, UK Toy Group, AKC Toy Group
FARBVARIANTEN	weizenfarbig bis rotbraun, schwarz/loh, schwarz

Brüsseler Griffon

Widerristhöhe 18–20 cm

FCI 9
GRUPPE

FELLPFLEGE

klein
GRÖSSE

FUTTER

WISSENSWERTES

Die Kutscher von Brüssel setzten Griffons für die Rattenjagd ein, und die Rasse war als „Belgischer Straßenbengel" bekannt.

DER BRÜSSELER GRIFFON hat einen kecken, affenartiger Ausdruck. Die glatthaarige Art Petit Brabançon muss regelmäßig gebürstet werden; die rauhaarige dagegen muss zweimal jährlich getrimmt werden. In Großbritannien werden die Griffons zusammen ausgestellt. Gemäß FCI-Regeln gibt es drei Arten, wobei die dritte Belgischer Griffon heißt, schwarz ist und ein raues Fell hat. Die in Großbritannien häufigste Farbe ist Rot; es gibt auch Schläge, die schwarz oder schwarz und sattlohfarben sind. Diese lebhafte und wachsame Rasse mit quadratischer Kontur hat den Charakter eines Terriers. Das Idealgewicht ist 2,7–4,5 kg bei einer Widerristhöhe von 18–20 cm. Der furchtlose, treue Griffon eignet sich für das Stadt- und auch das Landleben.

Links
In Belgien hat Griffon die Bedeutung drahthaarig, es gibt aber auch eine glatthaarige Art des Brüsseler Griffons.

FCI 9	
GRUPPE	FELLPFLEGE
klein	
GRÖSSE	FUTTER

Havaneser

Widerristhöhe 23–28 cm

RASSEINFORMATIONEN	
NAME	Havaneser
ANDERE NAMEN	Bichon Havanais, Bichon Habanero
OFFIZIELLE ANERKENNUNG	FCI Gruppe 9, UK Toy Group
FARBVARIANTEN	jede Farbe oder Farbkombination

WISSENSWERTES
Auf den Westindischen Inseln war die Rasse als Havana Silk Dog bekannt, auf Kuba gilt der Havaneser als Nationalhund.

MAN VERMUTET, dass der Havaneser aus der westlichen Mittelmeergegend stammt. Auf Kuba, das als Heimatland der Rasse gilt, gibt es nur noch wenige Exemplare. Auch in Großbritannien werden bisher nur sehr wenige gehalten.

Der Havaneser ist klein, aber robust, etwas länger als hoch und hat eine üppig befederte Rute, die hoch oder über dem Rücken gerollt getragen wird. Das weiche, seidige Fell ist gewellt oder etwas gelockt und sollte nicht in Form geschnitten werden, sondern sich natürlich entwickeln können. Das Fell kann jede Farbe oder Farbkombination haben. Bei Hunden, die braun getönt sind, dürfen Nase und Augenränder braun pigmentiert und die Augen etwas heller sein. Andernfalls sollten die Augen dunkel und das Pigment vollständig schwarz sein. Die Widerristhöhe beträgt 23–28 cm, das Gewicht 3–6 kg.

Diese Rasse hat ein freundliches, kontaktfreudiges Wesen und ist lebhaft, liebevoll und intelligent.

Rechts
Der Havaneser ist trotz seines ansprechenden Aussehens außerhalb seines Heimatlandes Kuba (wo er auf Briefmarken abgebildet war) kaum bekannt.

FCI 10	
GRUPPE	FELLPFLEGE
mittel	
GRÖSSE	FUTTER

Italienisches Windspiel

Widerristhöhe 32–38 cm

RASSEINFORMATIONEN	
NAME	Italienisches Windspiel
ANDERE NAMEN	Piccolo Levriero Italiano
OFFIZIELLE ANERKENNUNG	FCI Gruppe 10, UK Toy Group, AKC Toy Group
FARBVARIANTEN	schwarz, grau, schiefergrau, schiefer, gelb

ALS VIELLEICHT ERSTE RASSE, die jemals als Schoßhund gezüchtet wurde, lässt sich das Italienische Windspiel bis in die Tage von Pompeji zurückverfolgen. Nach Großbritannien kam es aber erst im 17. Jahrhundert.

Diese, weil in allen Proportionen kleiner, als Miniatur-Greyhound beschriebene Rasse ist elegant, anmutig und schnell. Für die tägliche Pflege des kurzen feinen Fells kann man einen Samtlappen oder sogar ein Stück Seide verwenden, um einen glänzenden Schimmer zu erhalten. Zusammen mit den vielen Farben darf Weiß nur an der Brust und den Pfoten vorkommen. Die Haut ist dünn und geschmeidig, und diese Komfort liebende Rasse ist überglücklich, wenn sie es sich an einer weichen und warmen Stelle bequem machen kann. Bei einer Widerristhöhe von 32–38 cm beträgt das Gewicht 2,5–4,5 kg.

Das Italienische Windspiel kann ziemlich zurückhaltend erscheinen, ist intelligent, liebevoll und lebhaft und freut sich, obwohl so klein, über viel Auslauf.

WISSENSWERTES
1820 wurde das Italienische Windspiel das erste Mal in einem englischen Buch erwähnt.

RASSEINFORMATIONEN	
NAME	Japan Chin
ANDERE NAMEN	Chin, Japanischer Spaniel
OFFIZIELLE ANERKENNUNG	FCI Gruppe 9, UK Toy Group, AKC Toy Group
FARBVARIANTEN	schwarz/weiß, rot/weiß

Japan Chin

Widerristhöhe 21–25 cm

FCI 9 GRUPPE · FELLPFLEGE · klein GRÖSSE · FUTTER

DER JAPAN Chin stammt ursprünglich aus China. Er soll als Geschenk einer chinesischen an eine japanische Kaiserin nach Japan gekommen sein. Diese Rasse kann mit den Pfoten ihr Gesicht säubern. Das erinnert an eine Katze – das Wort Chin meint tatsächlich katzenartig. Königin Alexandra war von der eleganten, aristokratischen Rasse mit ihrem aufgeweckten, gutmütigen und liebenswürdigen Wesen begeistert.

Der Chin hat, typisch für die Rasse, einen verblüfften Gesichtsausdruck, und sein langes, weiches, reichlich vorhandenes Fell ist seidig und weder gelockt noch gewellt. Die großen, dunklen Augen liegen ebenso wie die gut befederten Ohren weit auseinander. Die Farben sind auf Schwarz-Weiß und Rot-Weiß beschränkt und je heller und klarer das Rot ist, desto besser. Bei einer Widerristhöhe von 21–25 cm wiegt der Hund idealerweise 1,8–3,2 kg und es gilt: je kleiner, desto besser.

WISSENSWERTES

1881 wurde die Rasse, die heute als Japan Chin bekannt ist, im Alexandra Palace in der Klasse der Toy Spaniels ausgestellt.

Links
Der Japan Chin hat ein für seine Größe erstaunlich tiefes Bellen; er ist ein guter Hausgenosse.

RASSEINFORMATIONEN	
NAME	King Charles Spaniel
ANDERE NAMEN	English Toy Spaniel
OFFIZIELLE ANERKENNUNG	FCI Gruppe 9, UK Toy Group
FARBVARIANTEN	schwarz/rot, trikolor, weiß/kastanienrot, kastanienrot

King Charles Spaniel

Widerristhöhe 25–27 cm

FCI 9 GRUPPE · FELLPFLEGE · klein GRÖSSE · FUTTER

DIESE RASSE, in einigen Ländern als English Toy Spaniel bekannt, war eine der Lieblingsrassen von König Karl II., nach dem sie benannt wurde. Sie ist eng mit dem Cavalier King Charles Spaniel verwandt und besitzt die gleiche Vielfalt an großartigen Farben. Der kompakte und stämmig gebaute King Charles hat sehr große, weit auseinander liegende, dunkle Augen und ist ein lebenslustiger, intelligenter Kleinhundspaniel mit typischer Schädelwölbung. Das Gebiss hat normalerweise einen leichten Vorbiss. Das lange, seidige, glatte Fell mit seinen leichten Wellen lässt sich einfach in Ordnung halten. Bei einem Gewicht von 3,5–6,5 kg hat der Hund normalerweise eine Widerristhöhe von 25–27 cm.

Diese Rasse ist ein anhänglicher Begleiter und hat ein reserviertes, aber sanftes und zärtliches Wesen; sie ist sowohl sauber als auch ruhig.

WISSENSWERTES

Ein dem King Charles ähnlicher Spaniel wurde versteckt in den Kleidern von Maria Stuart gefunden, als sie zu ihrer Hinrichtung ging.

Links
Es ist gut zu verstehen, warum König Karl II. die Rasse so mochte, die nach ihm benannt ist – diese Hunde sind sanft und zärtlich.

FCI 9	
GRUPPE	FELLPFLEGE
klein	
GRÖSSE	FUTTER

Löwchen

Widerristhöhe 25–33 cm

RASSEINFORMATIONEN	
NAME	Löwchen
ANDERE NAMEN	Petit Chien Lion
OFFIZIELLE ANERKENNUNG	FCI Gruppe 9, UK Toy Group
FARBVARIANTEN	jede Farbe oder Farbkombination

WISSENSWERTES

Löwchen wurden früher Tröster genannt. In Frankreich, Spanien und Deutschland ist diese Rasse seit dem 16. Jahrhundert bekannt.

OBWOHL DAS LÖWCHEN mit dem Bichon Frisé verwandt sein kann, ist sein Ursprung unbekannt. Der Name Löwchen kommt daher, dass diese Hunde häufig so geschoren werden, dass eine vollständige Mähne und eine Rutenquaste stehen bleiben, die denen eines Löwen ähneln.

Der Hund hat eine Widerristhöhe von 25–33 cm bei einem Gewicht von 4–8 kg. Damit diese Rasse ihrem Namen Ehre macht und wie ein kleiner Löwe aussieht, muss das kurze Haar auf dem Hinterteil und den Hinterläufen entsprechend sorgfältig bearbeitet werden.

Dieser freundliche, lebhafte kleine Hund ist aktiv und verspielt, sehr intelligent, überhaupt nicht aggressiv, ein guter Gefährte für Kinder und außerdem ein exzellenter Familienhund.

FCI 9	
GRUPPE	FELLPFLEGE
klein	
GRÖSSE	FUTTER

Malteser

Widerristhöhe bis zu 25 cm

RASSEINFORMATIONEN	
NAME	Malteser
ANDERE NAMEN	Bichon Maltais
OFFIZIELLE ANERKENNUNG	FCI Gruppe 9, UK Toy Group, AKC Toy Group
FARBVARIANTEN	rein weiß (blasse Elfenbeintönungist zulässig)

Rechts

Der Malteser ist ein lebhafter und intelligenter kleiner Hund, der viel Charakter und ein kontaktfreudiges Wesen besitzt.

WISSENSWERTES

Malteser wurden als „Treffensspiel-Gefährten für gezierte Fräuleins" angesehen und häufig im Ärmel als „Ärmelhunde" getragen.

ZU NAMEN und Herkunft dieser Rasse gibt es verschiedene Theorien. Eine besagt, sie sei vor 2000 Jahren von phönizischen Händlern nach Malta gebracht worden. Wahrscheinlich blieb die Rasse rein, obwohl der heutige Malteser Ergebnis der Kreuzung von Minispaniels mit dem Zwergpudel sein kann.

Der Malteser wird wegen des auffälligen Kontrastes zwischen seinem weißen Fell und seinen dunklen Augen und Augenrändern geschätzt. Das lange, seidige Fell erfordert viel Pflege, wenn es den besten Zustand behalten und schick aussehen soll, denn es verfilzt schnell, obwohl es nicht haart. Das Kopfhaar ist oben meist mit einer Schleife zusammengebunden. Die Widerristhöhe beträgt maximal 25 cm, das Gewicht liegt bei 3–4 kg.

Der Malteser ist eine sanfte Rasse, intelligent, lebhaft und unternehmungslustig.

RASSEINFORMATIONEN	
NAME	Zwergpinscher
OFFIZIELLE ANERKENNUNG	FCI Gruppe 2, UK Toy Group, AKC Toy Group
FARBVARIANTEN	schwarz-rot/braun, hirschrot, rot/braun

Zwergpinscher

Widerristhöhe 25,5–30 cm

FCI 2 GRUPPE · FELLPFLEGE · klein GRÖSSE · FUTTER

DIESE AUS DEUTSCHLAND stammende Rasse wurde nach dem Zweiten Weltkrieg in Großbritannien populär. Pinscher ist ein anderes Wort für Schnauzer. Die Rasse, die jetzt als Begleithund gehalten wird, ist ein hervorragender Rattenjäger und oft bereit, weit größere Hunde herauszufordern.

Der Zwergpinscher, von Natur aus gepflegt, ist ein robuster, quadratischer, eleganter kleiner Hund, hat eine schöne Körperform und bewegt sich in einer exakten Hackney-Gangart (steppender Gang). Die Ohren können aufrecht stehen oder heruntergeklappt sein. Die Farbe ist Lackschwarz mit klar definierten braunen Abzeichen, und es gibt „Bleistiftstriche" auf den Pfoten. Die Rasse kann auch vollständig rot in verschiedenen Tönungen sein. Die Widerristhöhe beträgt 25,5–30 cm, das Gewicht 4–6 kg; die Rute wurde früher kupiert. Der furchtlose und lebhafte Zwergpinscher ist ein selbstsicherer Hund mit temperamentvollem Auftreten, der sich bestens für eine kleine Wohnung eignet.

WISSENSWERTES
Trotz der Ähnlichkeit der Namen nimmt man an, dass es wahrscheinlich keine direkte Beziehung zwischen dem Zwergpinscher und dem Dobermannpinscher gibt.

Links
Der Zwergpinscher wurde ursprünglich zum Jagen und Töten von Schädlingen eingesetzt, ist heute aber ein wachsamer, temperamentvoller Begleiter.

RASSEINFORMATIONEN	
NAME	Kontinentaler Zwergspaniel
ANDERE NAMEN	Papillon, Phalène
OFFIZIELLE ANERKENNUNG	FCI Gruppe 9, UK Toy Group, AKC Toy Group
FARBVARIANTEN	weiß mit Flecken beliebiger Farbe

Kontinentaler Zwergspaniel

Widerristhöhe 20–28 cm

FCI 9 GRUPPE · FELLPFLEGE · klein GRÖSSE · FUTTER

VON DIESER RASSE gibt es zwei Formen: den Papillon (französisch für Schmetterling), dessen Name sich von seinen lang befederten, schmetterlingsähnlichen Ohren ableitet, und den hängeohrigen Phalène, der nach einem Nachtfalter benannt ist, der seine Flügel hängen lässt. In Europa werden beide Formen Kontinentale Zwergspaniels genannt.

WISSENSWERTES
Papillons werden von einigen Leuten besondere Wahrnehmungsfähigkeiten nachgesagt; angeblich stammt die Rasse vom Dwarf Spaniel ab.

Diese anmutige Rasse mit lebhaftem Benehmen und intelligentem Ausdruck sollte symmetrische Abzeichen auf dem Kopf haben, eine klar definierte Blesse ähnelt oft einem Schmetterlingskörper. Das füllige Fell lässt sich leicht in gutem Zustand halten. Die Widerristhöhe beträgt 20–28 cm, Rüden können bei ausgebildeter Halskrause und hinterer Befederung etwas länger als hoch wirken. Für das Gewicht gibt es zwei Kategorien: weniger als 2,5 kg und 2,5–5 kg.

Ohne sichtbare Aggression, immer aufmerksam, munter, intelligent und freundlich gibt diese Rasse einen faszinierenden und reizenden Begleiter ab.

FCI 9	
GRUPPE	FELLPFLEGE
klein	
GRÖSSE	FUTTER

Pekinese

Widerristhöhe 15–23 cm

RASSEINFORMATIONEN	
NAME	Pekinese
OFFIZIELLE ANERKENNUNG	FCI Gruppe 9, UK Toy Group, AKC Toy Group
FARBVARIANTEN	alle Farben und Abzeichen außer Albino und Leberfarbe

WISSENSWERTES
Von dem charakterstarken Peking Palasthund heißt es, er entscheide selbst, wem er seine Zuneigung schenke.

MIT SEINER Abstammung, die bis zur chinesischen Tang-Dynastie zurückverfolgt werden kann, ist der Pekinese ein echter Aristokrat von schätzenswerter Qualität.

Das Aussehen ist leicht löwenartig, der Ausdruck lebhaft und intelligent. Der Kopf ist groß und breiter als tief. Ein schwerer Knochenbau und ein gut gebauter Körper sind Voraussetzungen der Rasse, bei der Rüden maximal 5 kg, Hündinnen maximal 5,5 kg wiegen sollten. Die Widerristhöhe beträgt 15–23 cm. Bewegungen erfolgen langsam in einer charakteristisch würdevollen, rollenden Gangart. Das lange Fell mit seiner reichlichen Mähne und der Befederung auf den Ohren, den Läufen, der Rute und den Zehen bedarf aufwändiger Pflege. Die Nase, die Lefzen und die Augenränder müssen schwarz pigmentiert sein.

Diese treue und zurückhaltende Rasse ist weder ängstlich noch aggressiv, aber furchtlos und kann sich bei Bedarf gegen andere durchsetzen.

Rechts
Ein Pekinese ist nicht einfach zu erziehen, ist aber ideal für jeden, der einen unabhängigen, intelligenten Hund schätzt.

FCI 5	
GRUPPE	FELLPFLEGE
klein	
GRÖSSE	FUTTER

Zwergspitz

Widerristhöhe 22–28 cm

RASSEINFORMATIONEN	
NAME	Zwergspitz
ANDERE NAMEN	Pomeranian
OFFIZIELLE ANERKENNUNG	FCI Gruppe 5, UK Toy Group, AKC Toy Group
FARBVARIANTEN	alle Farben, keine schwarzen oder weißen Schattierungen

ALS KLEINSTE DER SPITZRASSEN wiegt der Zwergspitz heutzutage 1,8 bis 3,5 kg, wobei die Hündinnen etwas größer sind als die Rüden. In früheren Jahren waren Hunde dieses Namens häufig größer. Die Widerristhöhe liegt inzwischen bei 22–28 cm.

Wegen des fuchsähnlichen Kopfes mit den leuchtenden Augen sieht diese Rasse intelligent aus. Das reichliche Fell hat eine weiche, wattige Unterwolle und lange, vollständig gerade Deckhaare, die es in einer Vielzahl von Farbvarianten gibt. Obwohl die Rasse klein ist, braucht sie wegen des Fells Pflege und Engagement, damit sie attraktiv und in gutem, sauberem Zustand bleibt.

Der Zwergspitz ist lebendig und besitzt ein extrovertiertes Temperament. Für diejenigen, die bereit sind, die nötige Arbeit zu investieren, ist er ein lebhafter Begleiter mit einem angenehmen Wesen.

WISSENSWERTES
Obwohl seine Größe es nicht vermuten lässt, ist der Zwergspitz mit größeren Spitzrassen (z. B. dem Wolfsspitz) verwandt und stammt von Schlittenhunden ab.

RASSEINFORMATIONEN	
NAME	Mops
OFFIZIELLE ANERKENNUNG	FCI Gruppe 9, UK Toy Group, AKC Toy Group
FARBVARIANTEN	silbergrau, apricot, beige oder schwarz

Mops

Widerristhöhe 25–28 cm

FCI 9 GRUPPE | FELLPFLEGE | klein GRÖSSE | FUTTER

DIE ENTFERNTEN VORFAHREN des heutigen Mopses lebten im Fernen Osten, wo sie vor etwa 2400 Jahren aus Mastiffs verkleinert wurden. Im 17. Jahrhundert gelangten sie mit der Dutch East India Company (Niederländisch-Ostindische Handelsgesellschaft) in die Niederlande und von dort später nach Großbritannien. Sie wurden geschätzte Begleiter und sind seitdem sowohl in Königshäusern als auch bei der Aristokratie populär.

Der Mops hat einen großen Kopf mit klar definierten Falten; zusammen mit den Augen, die als kugelrund beschrieben werden, ergibt sich ein äußerst ausdrucksstarkes Gesicht. Bei gedrungenen Proportionen und starker Bemuskelung sind die Läufe sehr kräftig, gerade und mittelmäßig lang. Die hoch angesetzte Rute ist eng über der Hüfte gerollt. Das Idealgewicht liegt bei 6,5–8,5 kg. Die Widerristhöhe beträgt 25–28 cm.

Der Mops ist ein Hund mit großem Charme und großer Intelligenz sowie einem fröhlichen und lebhaften Wesen.

WISSENSWERTES
Ein Mops hat eine extrem kurze Nase und man sagt ihm nach, er würde schnauben und grollen wie ein alter Mann.

Links
Ein Mops besitzt einen starken Willen und lässt sich nicht leicht erziehen. Er ist die Anstrengung aber wert, denn er ist ein dankbarer Begleiter und guter Familienhund.

RASSEINFORMATIONEN	
NAME	Yorkshire Terrier
OFFIZIELLE ANERKENNUNG	FCI Gruppe 3, UK Toy Group, AKC Toy Group
FARBVARIANTEN	dunklestahlblau mit lohfarben

Yorkshire Terrier

Widerristhöhe 22,5–23,5 cm

FCI 3 GRUPPE | FELLPFLEGE | klein GRÖSSE | FUTTER

VERMUTLICH Ergebnis der Kreuzung von Maltesern mit lokalen Terriern ist der Yorkshire Terrier, obwohl er nur bis zu 3,1 kg wiegt, ein robuster Typ.

Lebhaft, aber ausgeglichen, ist dies eine aufgeweckte Rasse mit dunklen, glänzenden Augen, die ihr einen klaren, intelligenten Ausdruck verleihen. Ein Yorkshire Terrier in vollem Ausstellungsfell ist ein wunderbarer Anblick. Das Fell präsentabel zu machen ist sehr arbeitsintensiv. Wenn keine Ausstellung vorgesehen ist, werden die Hunde meist in „Mäntelchen" gepackt. Daher sehen normale Yorkies selten aus wie im Ring ausgezeichnete. Das Fell sollte dunkel stahlblau, nicht silberblau sein. Tanfarbene Haare sollten an der Wurzel dunkler sein als in der Mitte und zur Spitze hin noch heller werden. Die Widerristhöhe beträgt 22,5–23,5 cm.

Der Yorkie ist immer unternehmungslustig und in seinem Herzen ein „Spielzeughund".

WISSENSWERTES
Der kleinste eingetragene Yorkshire Terrier hatte eine Widerristhöhe von nur 6,3 cm bei einem Gewicht von 113 g.

Links
Das Fell eines „normalen" Yorkshire Terriers braucht nicht viel Pflege, das eines Ausstellungshundes erfordert dagegen sehr viel Arbeit.

Begleithunde

DIESE GRUPPE IST OFT die uneinheitlichste, da die zugehörigen Rassen keiner der anderen Gruppen eindeutig zugeschlagen werden können. Als man damit begonnen hatte, die verschiedenen Rassen zu klassifizieren, erfolgte die erste Einteilung in Jagdhunde und Nicht-Jagdhunde, wie sie in den USA weiterhin üblich ist. Aus der Gruppe der Nicht-Jagdhunde wurde schließlich die Gruppe der Begleithunde gebildet.

Oben
Der Schnürenpudel ist mittlerweile sehr selten geworden. Er wurde vom Standardpudel verdrängt.

UNTERSCHIEDLICHE GRUPPEN

VOR DIESEM HINTERGRUND wird verständlich, dass regelmäßig darüber diskutiert wird, welche Rassen dieser Gruppe zugeordnet werden sollen. So wurde erst 1999 der Leonberger aus ihr herausgenommen und der in England neu eingeführten Gruppe der Gebrauchshunde zugeschlagen. In anderen europäischen Ländern gehören einige dieser Rassen zu anderen Gruppen – gemäß der stärker differenzierenden Gruppierungen der Fédération Cynologique Internationale (FCI). Dies sei an einem Beispiel erläutert: Der Schnauzer gehört in den USA zur Gruppe der Gebrauchshunde, in England wird er bei den Begleithunden registriert, während die FCI ihn dem gegenüber in der Gruppe der Pinscher und Schnauzer (Gruppe 2) führt.

Vom Grundsatz her wurden die Begleithundrassen nicht für einen bestimmten Zweck entwickelt und wenn doch, ist ihr ursprünglicher Zweck verloren gegangen. Hauptbeispiele sind der Dalmatiner, der früher als Kutschenhund fungierte, der Pudel, der früher ein Wasserhund war, und die Bulldogge, die zum Bullenbeißen eingesetzt wurde.

Rechts
Dieser Akita Inu war Gruppensieger bei der Crufts.

Tatsächlich ist die Gruppe der Begleithunde ein „bunter Haufen" – die hier zusammengefassten Rassen unterscheiden sich sehr in Gestalt, Größe und Wesen. Einige sind 23–25 cm klein, während andere, wie z. B. der Akita Inu und der Dalmatiner, zu den größeren Rassen gehören. Einige sind unkompliziert, andere lassen sich schwerer führen, und einige gehören unzweifelhaft zu den spektakulärsten unter den Rassen. Der Lhasa Apso und der Shih Tzu etwa springen mit ihrem langen Fell unweigerlich ins Auge, die Pudel sehen großartig aus (besonders, wenn das Fell für eine Ausstellung präpariert ist), während der Chow-Chow und der Shar Pei auf ihre Weise einzigartig sind.

Hinsichtlich Größe, Farbe oder Wesen hat also jeder, der sich für eine Rasse dieser Gruppe interessiert, eine fast endlose Auswahl, und die Entscheidung hängt letztlich von den eigenen Vorlieben ab.

Rechts
Der Tibet Spaniel ist nicht mit anderen Spaniels verwandt und seine Ursprünge sind ziemlich geheimnisumwittert.

RASSEINFORMATIONEN	
NAME	Boston Terrier
OFFIZIELLE ANERKENNUNG	FCI Gruppe 9, UK Utility Group, AKC Non-Sporting Group
FARBVARIANTEN	gestromt/weiß, schwarz/weiß, seal/weiß

Boston Terrier

Widerristhöhe 38–43 cm

FCI 9
GRUPPE
FELLPFLEGE
mittel
GRÖSSE
FUTTER

DER BOSTON Terrier ist, wie der Name schon andeutet, eine Kreation aus Amerika, wo 1891 ein eigener Rasseverein gegründet wurde. Er entstammt der Kreuzung einer Englischen Bulldogge mit einem weißen Englischen Terrier.

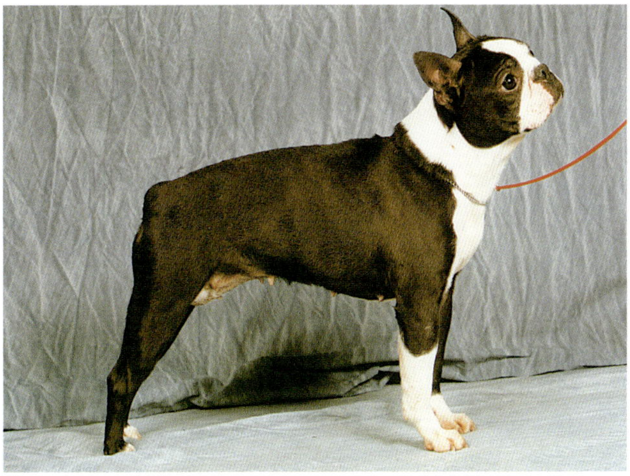

Der Boston ist ein kompakt gebauter Hund, der sehr unterschiedlich groß sein kann. Er hat einen kurzen Kopf und eine kurze, niedrig angesetzte Rute, die spitz zuläuft und gerade oder schraubenförmig ist. Kein Merkmal darf so stark ausgeprägt sein, dass der Hund schlecht proportioniert erscheint. Das Fell ist kurz und glatt. Die möglichen Farben sind Gestromt, Schwarz oder „Seal" mit jeweils weißer Zeichnung.

Es gibt drei Gewichtsklassen: leicht (bis 6,8 kg), mittel (6,8–9 kg) und schwer (9,1 kg bis maximal 11,4 kg). Im Rassestandard ist zwar keine Widerristhöhe angegeben, diese liegt aber bei 38–43 cm.

Der lebhafte Boston Terrier ist intelligent, entschlossen und willensstark.

WISSENSWERTES
Obwohl der Boston Terrier von kleiner Statur ist, kennzeichnet der kurze, quadratische Fang ihn als Mitglied der Bullrassen.

Links
Das kurze, glatte Fell des Boston Terriers ist glänzend, hat eine feine Textur und helle Abzeichen. Dieser Hund hat einen aufmerksamen Gesichtsausdruck.

RASSEINFORMATIONEN	
NAME	Englische Bulldogge
OFFIZIELLE ANERKENNUNG	FCI Gruppe 2, UK Utility Group, AKC Non-Sporting Group
FARBVARIANTEN	verschiedene Farben, einfarbig oder mit schwarzer Maske

Englische Bulldogge

Widerristhöhe 31–36 cm

FCI 2
GRUPPE
FELLPFLEGE
mittel
GRÖSSE
FUTTER

DIE BULLDOGGE STAMMT von den alten Bullenbeißerhunden ab. Im Laufe der Zeit haben sich Form und Gewicht allerdings erheblich geändert. Bereits in den 1630er-Jahren wurde diese Rasse als Bullenhund klassifiziert, und nachdem das Bullenbeißen eingestellt worden war, wurde sie bei Hundekämpfen eingesetzt. 1860 wurde diese Rasse das erste Mal als Ausstellungshund gezeigt; seitdem hat sich nicht nur ihre Form, sondern auch ihr Wesen verändert.

Die Bulldogge, die den Eindruck von Entschlossenheit, Kraft und Würde vermittelt, ist eine wunderbar aufmerksame und mutige Rasse. Untersetzt und eher tief gestellt ist ein solcher Hund breit und kraftvoll mit einem, im Verhältnis zum Körper, ziemlich großen Kopf; aber kein Merkmal darf übermäßig dominieren. Das fein strukturierte, kurze Fell gibt es in verschiedenen Farben. Das Idealgewicht für Rüden beträgt 25 kg und das für Hündinnen 22,5 kg.

Trotz ihres grimmigen Aussehens ist die Bulldogge ein äußerst liebenswertes und treues Tier.

WISSENSWERTES
Die Bulldogge ist eine der ältesten britischen Rassen, ihr Rasseverein in England wurde 1864 gegründet.

Links
Obwohl die Bulldogge allgemein als Hund mit „ungezähmter Beharrlichkeit" angesehen wird, ist sie tatsächlich eine liebevolle und sanfte Rasse.

FCI 5
GRUPPE
FELLPFLEGE
groß
GRÖSSE
FUTTER

Kanaan Hund

Widerristhöhe 50–60 cm

RASSEINFORMATIONEN	
NAME	Kanaan Hund
OFFIZIELLE ANERKENNUNG	FCI Gruppe 5, UK Utility Group, AKC Miscellaneous Class
FARBVARIANTEN	sandfarben bis rotbraun, weiß, schwarz, gescheckt

WISSENSWERTES
Ein Kanaan Hund mit einem goldenen Kragen soll angeblich am Thron der Königin Jezebel festgebunden gewesen sein.

ALS EINE DER RASSEN, die erst vor kurzem nach Europa kamen, wird der Kanaan Hund gemeinhin als die Nationalrasse Israels angesehen, deren Ursprünge auf die wild lebenden Pariahhunde des Nahen Ostens zurückgehen. Durch selektives Züchten entwickelte sich ein eindeutiger Rassetyp.

Die Widerristhöhe beträgt 50–60 cm, das Gewicht 18–25 kg. Das glatte, harte Fell ist kurz bis mittellang, die hoch angesetzte, über dem Rücken gerollte Rute ist buschig behaart. Die Farben sind Sandfarbe bis Rotbraun, Weiß, Schwarz oder Gescheckt mit oder ohne symmetrische schwarze Maske.

Der wachsame, intelligente, selbstbewusste und aufmerksame Kanaan Hund ist gegenüber Fremden zurückhaltend, gegenüber seinem Besitzer aber zuverlässig und treu.

FCI 5
GRUPPE
FELLPFLEGE
groß
GRÖSSE
FUTTER

Chow-Chow

Widerristhöhe 46–56 cm

RASSEINFORMATIONEN	
NAME	Chow-Chow
OFFIZIELLE ANERKENNUNG	FCI Gruppe 5, UK Utility Group, AKC Non-Sporting Group
FARBVARIANTEN	schwarz, rot, blau, rehfarben, creme, weiß

IN CHINA, der Heimat dieser Rasse, wurde der Chow-Chow als Wächter und für die Jagd eingesetzt, diente aber leider auch als Nahrung. Gegen Ende des 18. Jahrhunderts kam er nach Europa.

Der Chow-Chow hat eine bläulich schwarze Zunge und einen schwarzen Gaumen. Er bewegt sich in einem kurzen, stelzenden Gang. Dieser kompakte Hund hat eine Widerristhöhe von 46–56 cm und wiegt üblicherweise 20–32 kg. Die ovalen Augen sollten mittelgroß und ebenmäßig, die Ohren klein, dick und an der Spitze leicht gerundet sein. Das Fell verleiht ihm ein löwenartiges Aussehen, und es sind verschiedene Farben zulässig. Es gibt die beiden Fellarten Langhaar und Kurzhaar, wobei die langhaarigen häufiger zu sehen sind; sie müssen täglich gestriegelt werden.

Mit seinem recht zurückhaltenden Wesen ist der Chow-Chow sowohl ein ruhiger Gefährte als auch ein guter Wächter. Er ist unabhängig und doch treu mit der Tendenz zum „Einpersonenhund".

WISSENSWERTES
Es ist allgemein bekannt, dass der Chow-Chow in China als Nahrung diente, weniger bekannt ist dagegen, dass sein Fell für Bekleidung verwendet wurde.

RASSEINFORMATIONEN	
NAME	Dalmatiner
OFFIZIELLE ANERKENNUNG	FCI Gruppe 6, UK Utility Group, AKC Non-Sporting Group
FARBVARIANTEN	weiß/schwarze Tupfen, weiß/leberbraune Tupfen

Dalmatiner

Widerristhöhe 56–61 cm

FCI 6
GRUPPE

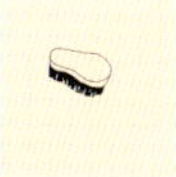
FELLPFLEGE

groß

GRÖSSE

FUTTER

WISSENSWERTES
Früheste Abbildungen von Dalmatinern finden sich bereits auf Bildern von italienischen Malern aus dem 16. Jahrhundert.

OBWOHL DIE RASSE wahrscheinlich ihren Ursprung in Indien hat, wird allgemein angenommen, dass sie aus Jugoslawien stammt. Die Entwicklung des Dalmatiners fand hauptsächlich in England statt, wo er während der Viktorianischen Zeit als Kutschenhund außergewöhnlich populär war. Es war ein vertrautes Bild, einen Dalmatiner neben oder unter einer Kutsche, wie beispielsweise der des Landadels, der Postkutsche oder sogar den Kutschen der Feuerwehr, laufen zu sehen.

Das Fell, welches die Grundfarbe Weiß sowie schwarze oder leberbraune Tupfen hat, ist kurz, hart und dicht und sieht glatt und glänzend aus. Die Tupfen sollen nicht ineinander laufen und rund und klar begrenzt sein. Dieser in seinen Umrissen symmetrische, harmonische Hund ohne Derbheiten hat eine Widerristhöhe von 56–61 cm bei einem Gewicht von 24–32 kg.

Der kontaktfreudige, freundliche, ausdauernde, weder scheue noch zurückhaltende Hund braucht viel Auslauf.

Links
Der Dalmatiner war als der Kutschenhund bekannt – in Anlehnung an seine Arbeitspflichten, die er bis Ende des 19. Jahrhunderts hatte.

RASSEINFORMATIONEN	
NAME	Französische Bulldogge
ANDERE NAMEN	Bouledogue Français
OFFIZIELLE ANERKENNUNG	FCI Gruppe 9, UK Utility Group, AKC Non-Sporting Group
FARBVARIANTEN	gestromt, gescheckt, falbfarben

Französische Bulldogge

Widerristhöhe 30,5–31,5 cm

FCI 9
GRUPPE

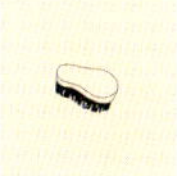
FELLPFLEGE

mittel

GRÖSSE

FUTTER

WISSENSWERTES
Französische Bulldoggen, mit großen „Fledermausohren", wurden 1898 als eigenständige Rasse anerkannt.

ES HAT LANGE Streit darüber gegeben, woher diese Rasse kommt. In Frankreich nahm man an, sie sei eine ihrer angestammten alten Rassen, während die Briten der Meinung waren, sie stamme von der Englischen Bulldogge ab und sei aus einigen kleineren Exemplaren gezüchtet worden, die gelegentlich vorkommen.

Der „Bully", wie die Rasse auch genannt wird, ist ein Charmeur, sehr mutig, hat aber doch clownähnliche Qualitäten. Fledermausohren und eine kurze, nicht kupierte Rute sind unverzichtbar. Stabil, kompakt und mit solidem Knochenbau hat die Französische Bulldogge einen großen, quadratischen, breiten Kopf, wobei kein Punkt übertrieben ist. Das kurze, feine, glänzende Fell kann gestromt, gescheckt oder falbfarben sein. Idealgewicht für Rüden ist 12,5 kg, für Hündinnen 11 kg. Die Widerristhöhe beträgt 30,5–31,5 cm.

Die Französische Bulldogge ist lebhaft, liebevoll und intelligent.

FCI 5 | FELLPFLEGE
GRUPPE
mittel
GRÖSSE | FUTTER

Deutscher Spitz

Widerristhöhe 23–38 cm

RASSEINFORMATIONEN	
NAME	Deutscher Spitz
ANDERE NAMEN	Spitz
OFFIZIELLE ANERKENNUNG	FCI Gruppe 5, UK Utility Group
FARBVARIANTEN	alle Farbvarianten und Abzeichen

WISSENSWERTES
Den Deutschen Spitz gibt es in sehr unterschiedlichen Größen, wobei sein Gewicht entsprechend zwischen 2,5–20 kg liegt.

OBWOHL DER DEUTSCHE SPITZ seit vielen Jahren in mehreren Größen bekannt ist, gelten in Großbritannien jetzt zwei als anerkannte Größen, die durch die Namenszusätze „Klein" und „Mittel" unterschieden werden. In Deutschland ist auch der Großspitz anerkannt.

Die Spitzvarietäten haben die Widerristhöhen: von 23–29 cm (klein) und 30–38 cm (mittel) sowie ca. 50 cm und höher (groß). In allen Fällen lassen sich Rüden und Hündinnen äußerlich deutlich unterscheiden. Bei den Varietäten gibt es hinsichtlich der Fellfarbe vor allem die Beschränkung, dass Nase, Lefzen und Augenlider nicht fleischfarben sein dürfen. Das Fell hat eine weiche, wattige Unterwolle und langes, hartes und gerades Deckhaar. Es erfordert regelmäßige Pflege, wird aber nicht getrimmt.

Der unbekümmerte Deutsche Spitz ist intelligent, aktiv und aufmerksam. Unabhängigkeit und Anhänglichkeit gegenüber der Familie sind typisch für die Rasse.

Rechts
Der Deutsche Spitz lässt sich nur ungern Gehorsam beibringen und sträubt sich häufig dagegen, gebürstet zu werden. Er ist aber ein treuer und anhänglicher Begleiter.

FCI 5 | FELLPFLEGE
GRUPPE
groß
GRÖSSE | FUTTER

Akita Inu

Widerristhöhe 61–71 cm

RASSEINFORMATIONEN	
NAME	Akita Inu
ANDERE NAMEN	Akita
OFFIZIELLE ANERKENNUNG	FCI Gruppe 5, UK Utility Group AKC Working Group
FARBVARIANTEN	rot/falbfarben, sesam, gestromt und weiß

WISSENSWERTES
Der Akita Inu ist eine japanische Spitzrasse. Inu heißt Hund; Akita ist die Ursprungsregion im Norden Japans.

DER AUS JAPAN stammende Akita Inu ist dort äußerst beliebt. Er wurde vermutlich ab 1630 als Kampfhund gezüchtet und später auch für die Jagd auf Bären, Wildschweine und Hirsche eingesetzt. Seine Ursprünge können zu anderen spitzartigen Hunden aus den Polargebieten zurückverfolgt werden, die schließlich in die nördlichen, bergigen Gebiete Japans gelangten.

Der Akita Inu hat eine weiche, dichte Unterwolle und hartes, gerades Deckhaar, das vom Körper absteht. Die Farben sind Rot-falbfarben, Sesam (rot-falbfarbene Haare mit schwarzen Spitzen), Gestromt und Weiß. Bei einer Widerristhöhe von 61–71 cm wiegt der Hund üblicherweise 34–50 kg.

Der große, energiegeladene, wachsame und kräftig gebaute Akita Inu ist würdevoll, mutig und zurückhaltend. Er braucht aufmerksame Führung, da er dazu neigt, andere Hunde zu dominieren.

RASSEINFORMATIONEN	
NAME	Shiba Inu
ANDERE NAMEN	Shiba
OFFIZIELLE ANERKENNUNG	FCI Gruppe 5, UK Utility Group, AKC Non-Sporting Group
FARBVARIANTEN	rot, schwarzloh, sesam, schwarz/sesam, rot/sesam

Shiba Inu

Widerristhöhe 35,5–41,5 cm

FCI 5
GRUPPE
FELLPFLEGE
mittel
GRÖSSE
FUTTER

DER JAPANISCHE Shiba Inu ist ein kleiner, harmonischer, stämmiger, spitzartiger Hund und etwas länger als hoch. Er kommt in Deutschland noch recht selten vor, ist aber längst nicht mehr unbekannt. In seiner Heimat Japan ist er verständlicherweise eine der populärsten Rassen.

Der dreieckige Kopf ist charakteristisch, wobei Augen und Ohren relativ klein sind. Die dicke Rute ist eingerollt oder sichelförmig. Das Fell mit Unterwolle kann rot, schwarz-loh, sesam, schwarz-sesam oder rot-sesam sein. Der Hund hat eine Widerristhöhe von 35,5–41,5 cm bei einem Gewicht zwischen 8 und 10 kg.

Diese vom Wesen her lebhafte und freundliche Rasse ist aufgeweckt, aktiv, leidenschaftlich und wachsam und immer für Überraschungen gut. Trotzdem ist der Shiba sanftmütig und treu.

WISSENSWERTES

Shiba Inu wurde mit „Kleiner Unterholzhund" übersetzt, denn Shiba bedeutet sehr klein oder Unterholz.

Links
Von vorn sieht der Kopf eines Shiba Inus wie ein stumpfwinkliges Dreieck aus.

RASSEINFORMATIONEN	
NAME	Japan Spitz
ANDERE NAMEN	Nihon Supittsu, Japanischer Spitz
OFFIZIELLE ANERKENNUNG	FCI Gruppe 5, UK Utility Group
FARBVARIANTEN	rein weiß

Japan Spitz

Widerristhöhe 30–36 cm

FCI 5
GRUPPE
FELLPFLEGE
mittel
GRÖSSE
FUTTER

SOGAR IN JAPAN gibt es verschiedene Theorien zum Ursprung des Japan Spitzes, die aber hier nicht alle umrissen werden. Eine einfache Theorie besagt aber, dass die Rasse seit Jahrhunderten in Japan existiert. Eine neuere Studie kommt zu dem Schluss, dass verschiedene weiße spitzartige Hunde vom mittlerweile ausgestorbenen deutschen Weißen Spitz abstammen.

Diese Rasse hat dunkle, leicht schräg eingesetzte, mäßig große, mandelförmige Augen, die kleinen dreieckigen Ohren stehen aufrecht. Das üppige weiße Fell ist gerade und abstehend mit dichter Unterwolle, die gelegentliches Bürsten erfordert. Die buschige Rute wird eingerollt über dem Rücken getragen. Rüden haben eine Widerristhöhe von 30–36 cm, Hündinnen sind etwas kleiner. Diese leichtgewichtige Rasse wiegt 5–6 kg.

Der Japanische Spitz ist ein liebevoller, umgänglicher, aufmerksamer, intelligenter, mutiger und lebhafter Hund, der Fremden gegenüber anfangs misstrauisch sein kann.

WISSENSWERTES

Obwohl es vom Aussehen her Ähnlichkeiten zwischen Japan Spitz und Samojeden gibt, sollen nie Samojeden in diese Rasse eingekreuzt worden sein.

Links
Der Japan Spitz tendiert dazu, viel zu bellen, obwohl diese Neigung durch selektives Züchten ein wenig verringert wurde.

FCI 5 GRUPPE
FELLPFLEGE
mittel GRÖSSE
FUTTER

Wolfsspitz

Widerristhöhe 43–45 cm

RASSEINFORMATIONEN	
NAME	Wolfsspitz
ANDERE NAMEN	Keeshond, Schifferspitz
OFFIZIELLE ANERKENNUNG	FCI Gruppe 5, UK Utility Group, AKC Non-Sporting Group
FARBVARIANTEN	Grau-schwarze Mischung

WISSENSWERTES

Der Wolfsspitz oder Holländische Schifferspitz ist Nationalhund der Niederlande und diente früher als Kahn- und Wachhund.

Rechts

Der Wolfsspitz braucht konsequente Führung und ist daher nicht für einen unerfahrenen Hundebesitzer geeignet. Er ist allerdings ein hervorragender Wachhund und treuer Begleiter.

DER WOLFSSPITZ ist auch unter dem Namen Keeshond bekannt. Dieser geht auf Cornelius de Gyselaer (Spitzname „Kees") zurück, dessen Hund bei den Aufständen in Holland vor der Französischen Revolution zum Symbol der Patrioten wurde. Später ging der Bestand der Rasse zurück, in den 1920er-Jahren wurde sie in den Niederlanden aber wieder belebt.

Der fuchsähnliche Kopf mit kleinen, spitzen Ohren verleiht ein keckes Aussehen. Der Hals ist von einer üppigen Krause umgeben, die durch die buschige, eingedreht über dem Rücken getragene Rute ergänzt wird. Das raue, abstehende Fell muss oft gebürstet werden, um in gutem Zustand zu bleiben. Die Widerristhöhe beträgt 43–45 cm. Das Gewicht liegt normalerweise bei 18–22 kg.

Der intelligente, anpassungsfähige Keeshond ist freundlich, ein idealer Begleithund und außerdem ein guter Wächter, denn er hat einen ausgeprägten Schutzinstinkt.

FCI 9 GRUPPE
FELLPFLEGE
klein GRÖSSE
FUTTER

Lhasa Apso

Widerristhöhe ca. 25,5 cm

RASSEINFORMATIONEN	
NAME	Lhasa Apso
OFFIZIELLE ANERKENNUNG	FCI Gruppe 9, UK Utility Group, AKC Non-Sporting Group
FARBVARIANTEN	viele

DER AUS TIBET stammende Lhasa Apso wurde ursprünglich in Klöstern gehalten, wo er Mönche durch Bellen vor Eindringlingen warnte, die an den draußen angebundenen Do Khyis vorbeigekommen waren. Die auch von Familien und Händlern gehaltene Rasse war ein Talisman, wurde immer verschenkt und nie verkauft, da man glaubte, dass sie die Reinkarnation von Mönchen sei, die im früheren Leben gesündigt hatten. Der Lhasa Apso ist in Großbritannien seit 1854 bekannt, ab Ende des 19. Jahrhunderts wurden einige ausgestellt. Aber erst durch Importe aus Tibet fasste die Rasse 1928 Fuß.

Mit einer Widerristhöhe von nur 25,5 cm ist der Apso ein großer Hund in einer kleinen „Hülle". Er wiegt ca. 6,5–8,5 kg. Das extrem lange Fell mit Unterwolle und vielen möglichen Farben muss ständig gepflegt werden, da es nicht haart, sondern natürliche Matten als Witterungsschutz ausbildet.

Die fröhliche, durchsetzungsfähige Rasse hat einen speziellen Charakter und erfordert viel Verständnis. Gegenüber Fremden ist sie zurückhaltend.

WISSENSWERTES

Die Tibeter verglichen den Lhasa Apso mit dem mythologischen Schneelöwen, der nicht golden ist, wie frühe Tibetreisende glaubten, sondern weiß.

RASSEINFORMATIONEN	
NAME	Mexikanischer Nackthund
ANDERE NAMEN	Xoloitzcuintli, Tepeicuintli
OFFIZIELLE ANERKENNUNG	FCI Gruppe 5, UK Utility Group
FARBVARIANTEN	verschiedene Farben (einfarbig), gefleckte Ausführungen erlaubt

Mexikanischer Nackthund

Widerristhöhe 33–57 cm

FCI 5 GRUPPE

FELLPFLEGE

mittel GRÖSSE

FUTTER

DER MEXIKANISCHE Nackthund ist auch in Deutschland nur selten auf Ausstellungen zu sehen. Gemäß dem FCI-Standard für diese Rasse gibt es die beiden Größen Standard (35–57 cm) und Miniatur (maximal 35 cm). Es ist zu erwarten, dass diese Einteilung in Zukunft auch vom British Kennel Club übernommen wird. In einigen Ländern gibt es sogar drei Größen: Toy, Miniatur und Standard. Dazu gehören unterschiedliche Widerristhöhen sowie Gewichte von 4–14 kg.

Die auch als Xoloitzcuintle (kurz Xolo) bekannte Rasse scheint über Jahrtausende hinweg unverändert geblieben zu sein und stellt so eine lebendige Verbindung zu alten vorkolumbianischen Zivilisationen dar. Bei dieser eigentlich haarlosen Rasse werden auch einige Welpen mit Fell geboren, die aber später nicht ausgestellt werden dürfen. Die Haut fühlt sich, wie beim Chinesischen Schopfhund, warm an.

WISSENSWERTES

Der ursprüngliche Name für den Mexikanischen Nackthund, Xoloitzcuintli, ist eine Kombination aus *Xolotl*, einem Gott der Azteken, und *Itzcuintle*, dem Wort für Hund.

Links

Die hohe Körpertemperatur des Mexikanischen Nackthundes führt dazu, dass sich seine Haut immer warm anfühlt.

RASSEINFORMATIONEN	
NAME	Zwergschnauzer
ANDERE NAMEN	Miniatur-Schnauzer
OFFIZIELLE ANERKENNUNG	FCI Gruppe 2, UK Utility Group, AKC Terrier Group
FARBVARIANTEN	pfeffer-salz, schwarz, schwarzsilber, weiß

Zwergschnauzer

Widerristhöhe 30–35 cm

FCI 2 GRUPPE

FELLPFLEGE

mittel GRÖSSE

FUTTER

DER URDEUTSCHE ZWERGSCHNAUZER mit den terrierähnlichen Eigenschaften entstand durch gezieltes Züchten mit kleinwüchsigen Schnauzern. Der Zwergschnauzer wurde 1899 das erste Mal im Ausstellungsring vorgestellt.

Der kräftig gebaute, robuste und im Profil quadratische Zwergschnauzer hat einen entschlossenen Ausdruck und ist wachsam. Er hat mittelgroße, dunkle ovale Augen sowie buschige Augenbrauen. Das harte, drahtige Fell mit dichter Unterwolle muss regelmäßig gebürstet und getrimmt werden. Das ansprechende Äußere wird durch die Farben (Pfeffer-Salz, rein Schwarz, Schwarzsilber oder Weiß) und durch den üppigen Bart unterstrichen. Bei einer Widerristhöhe von 30–35 cm wiegt der Hund 4,5–7 kg.

Diese elegante und anpassungsfähige Rasse wird hauptsächlich als Begleithund gehalten.

WISSENSWERTES

Schnauzer und Pinscher haben gleiche Ursprünge, wobei der Schnauzer bis Ende des 19. Jahrhunderts als rauhaariger Pinscher geführt wurde.

Links

Der früher zur Rattenjagd eingesetzte Zwergschnauzer ist heute ein hervorragender Wachhund und gehorsamer Begleiter.

FCI 9	
GRUPPE	FELLPFLEGE
groß mittel klein	
GRÖSSE	FUTTER

Pudel

Kleinpudel: Widerristhöhe 35–45 cm
Zwergpudel: Widerristhöhe 28–35 cm
Toy Pudel: Widerristhöhe unter 28 cm

RASSEINFORMATIONEN

NAME	Klein-, Zwerg-, Toy Pudel, in D auch: Groß- und Königspudel
OFFIZIELLE ANERKENNUNG	FCI Gruppe 9, UK Utility Group, AKC Non-Sporting Group
FARBVARIANTEN	schwarz, weiß, braun, silbergrau, apricot

DER URSPRÜNGLICH aus Frankreich stammende Pudel wird in Großbritannien nach drei und in Deutschland (entsprechend dem FCI-Standard) nach vier Größenarten unterschieden, wobei alle Arten dieselbe Vorgeschichte haben. In Deutschland gibt es neben Klein-, Zwerg- und dem Toy Pudel den Großpudel mit einer Widerristhöhe von 50–60cm. Der Königspudel erreicht eine Schulterhöhe von 64 cm. Hier begann der Pudel seine Entwicklung als Wasserhund. Diese ursprünglich große Jagdhundrasse soll hier auch zum Ziehen von Milchkarren eingesetzt worden sein, wodurch sie kräftiger und schwerer wurde.

In Frankreich dagegen war die Rasse hauptsächlich Begleithund, sodass sie kleiner wurde. Die kleineren Pudel haben auch einen hervorragenden Ruf als Zirkushunde, weil sie problemlos Kunststücke lernen können. Früher wurden auch Schnürenpudel ausgestellt, die deutlich anders aussahen als die heutigen Pudel mit gelocktem Fell.

Jeder Pudel sollte, unabhängig von seiner Größe, harmonisch und elegant aussehen und eine stolze Haltung zeigen. Dieser Hund hat einen langen und schmalen Kopf mit einem gut geformten Vorgesicht. Die Farben sind Schwarz, Weiß, Braun, Silbergrau und Apricot. Das reichliche, gelockte Fell haart nicht, und für Ausstellungen wird empfohlen, einen Pudel in der klassischen Löwenschur vorzustellen. Für Welpen gibt es den so genannten Babyclip. Hinsichtlich des Gewichts machen die Standards keine Angaben.

Der Pudel ist ein heiterer, temperamentvoller und ausgeglichener Hund.

WISSENSWERTES

In Paris, speziell auf dem Pont Neuf, wurden kleine Pudel dressiert, Schuhe zu beschmutzen. Ihre Herrchen, Schuhputzer, profitierten davon …

Oben
Der Zwergpudel wurde entwickelt, um einen Begleit- und Schoßhund abzugeben.

Oben rechts
Großpudel wurden in Deutschland als Karrenhunde eingesetzt, sodass sie kräftig und größer wurden.

Rechts
Dieser Toy Pudel hat mit seinem hoch getragenen Kopf eine exzellente, stolze Haltung.

RASSEINFORMATIONEN	
NAME	Schipperke
OFFIZIELLE ANERKENNUNG	FCI Gruppe 1, UK Utility Group, AKC Non-Sporting Group
FARBVARIANTEN	schwarz

Schipperke

Widerristhöhe 22–33 cm

GRUPPE	FELLPFLEGE	GRÖSSE	FUTTER
FCI 1		klein	

DER URSPRÜNGLICH aus Flandern kommende kompakte, kleine Schipperke wurde in Belgien und Holland zum Bewachen von Kanalkähnen eingesetzt. Der Name bedeutet „Kleiner Kapitän". Die belgische Königin Maria Henrietta erwarb 1885 bei einer Ausstellung in Brüssel einen Schipperke, was dazu führte, dass die Rasse rasch als Begleithund sehr beliebt wurde.

Der Schipperke ist ein kleiner, gedrungener, aktiver Hund mit einem scharfsinnigen, fuchsigen Gesichtsausdruck. Der FCI-Standard kennt drei Größen: klein (3–4 kg), mittel (4–5 kg), groß (5–9 kg). Die Widerristhöhe liegt bei 22–33 cm. Das dichte, harte Fell ist auf dem Kopf glatt, um den Hals abstehend und dick, sodass es eine Hals- und Nackenkrause bildet, und formt auf der Rückseite der Schenkel eine Hose. Die Farbe ist grundsätzlich Schwarz.

Diese äußerst bewegliche und wachsame Rasse ist gehorsam, intelligent und treu.

WISSENSWERTES

Vom Schipperke ist bekannt, dass er unter Schustern sehr beliebt war, die ihre Hunde sonntags vorführten.

RASSEINFORMATIONEN	
NAME	Schnauzer
ANDERE NAMEN	Mittelschnauzer
OFFIZIELLE ANERKENNUNG	FCI Gruppe 2, UK Utility Group, AKC Working Group
FARBVARIANTEN	rein schwarz, pfeffer-salz

Schnauzer

Widerristhöhe 45–50 cm

GRUPPE	FELLPFLEGE	GRÖSSE	FUTTER
FCI 2		mittel	

DER URDEUTSCHE SCHNAUZER wurde gegen Ende des 19. Jahrhunderts aus kleinen bis mittelgroßen Bauernhunden aus Süddeutschland gezüchtet und wurde zunächst als rauhaariger Pinscher bezeichnet. Der heute immer noch beliebte Schnauzer erreichte in den 1920er Jahren seine höchste Popularität in Deutschland.

Der Schnauzer, hauptsächlich ein Begleithund, ist kräftig und energisch und kann sehr ausdauernd sein. Diese gedrungene und robuste Rasse hat einen entschlossenen Ausdruck und ein wachsames Wesen. Das harte, drahtige Fell, das kurz genug ist, um die Eleganz den Hundes zu unterstreichen, kann rein schwarz oder pfeffer-salz (dunkeleisengrau bis silbergrau) sein. Die V-förmigen Klappohren sind hoch angesetzt und nach vorn in Richtung Schläfe gedreht. Die Widerristhöhe beträgt 45–50 cm, das Gewicht 14–20 kg.

Der Schnauzer ist ein idealer Hund für aktive Leute, die bereit sind, ein wenig Zeit in die Fellpflege zu investieren.

WISSENSWERTES

Der urdeutsche vielseitige Schnauzer war Rattenjäger, Hund der Viehtreiber, Karrenhund, Fuhrmannshund und Wächter.

Links

Der Schnauzer hat kräftiges, dichtes Deckhaar über der sogar noch dichteren Unterwolle. Daher ist regelmäßiges Trimmen erforderlich.

FCI 2
GRUPPE
FELLPFLEGE
mittel
GRÖSSE
FUTTER

Shar Pei

Widerristhöhe 46–51 cm

RASSEINFORMATIONEN	
NAME	Shar Pei
ANDERE NAMEN	Chinesischer Kampfhund
OFFIZIELLE ANERKENNUNG	FCI Gruppe 2, UK Utility Group, AKC Non-Sporting Group
FARBVARIANTEN	einfarbig (alle Farben außer Weiß)

WISSENSWERTES
Shar Pei kann als „Sandhaut" übersetzt werden. Dies bezieht sich auf die Struktur des Fells, nicht auf seine Farbe.

DER SHAR PEI stammt aus China. Allerdings ist es schwierig, seine Abstammung genau nachzuvollziehen, da um das Jahr 255 v. Chr. viele schriftliche Quellen zerstört wurden. Trotzdem nimmt man an, dass die Rasse bis zur Han-Dynastie (206 v. Chr.–220 n. Chr.) zurückverfolgbar ist. An der Entstehung der Rasse waren vermutlich der Do Khyi und der Chow-Chow sowie andere Molosserrassen und vielleicht sogar der Pyrenäen-Berghund beteiligt. An der südchinesischen Küste diente der Shar Pei als Kampfhund, wurde aber bald ein vielseitiger Hund, der auch bei der Jagd und als Wächter Einsatz fand.

Hautfalten am Schädel und lose Haut sind charakteristisch, dürfen aber nicht im Übermaß vorkommen. Das unverwechselbare Fell, das in mehreren einheitlichen Farben vorkommt, ist kurz und fühlt sich borstig und rau an. Die Widerristhöhe beträgt 46–51 cm, das Gewicht 16–23 kg.

Diese Rasse, heute hauptsächlich ein Begleithund, ist ruhig und unabhängig sowie sehr liebevoll zu den Mitgliedern ihrer Familie.

FCI 9
GRUPPE
FELLPFLEGE
klein
GRÖSSE
FUTTER

Shih Tzu

Widerristhöhe bis zu 27 cm

RASSEINFORMATIONEN	
NAME	Shih Tzu
OFFIZIELLE ANERKENNUNG	FCI Gruppe 9, UK Utility Group, AKC Toy Group
FARBVARIANTEN	alle Farben

Links
Die Schopfhaare eines Shih Tzus sollten hochgebunden werden, damit sie ordentlich bleiben.

WISSENSWERTES
Neben anderen Unterschieden zum Lhasa Apso ist die Nase eines Shih Tzu kürzer, und er ist körperbaubedingt etwas höher, obwohl seine Beine tatsächlich kürzer sind.

DIE WURZELN DES SHIH TZUS liegen in Tibet und China, an seiner Entstehung waren vermutlich Lhasa Apso und Pekinese beteiligt. Als 1930 die ersten Shih Tzus nach Großbritannien kamen, gab es Verwirrung zwischen Shih Tzu und Lhasa Apso, was eine hitzige Debatte auslöste. In den USA ergab sich später sogar ein noch größeres Dilemma, als Shih Tzus aus Großbritannien importiert, aber als Lhasa Apsos registriert und dann als solche zur Zucht verwendet wurden.

Diese robuste Rasse hat eine Widerristhöhe von 27 cm bei einem Gewicht von 4,5–7,5 kg. Sie wird als Rasse mit chrysanthemenartigem Gesicht beschrieben, weil Haare auf der Nase nach oben wachsen. Das lange, dichte Fell mit guter Unterwolle erfordert viel Pflege und es empfiehlt sich, das Schopfhaar hochzubinden. Alle Fellfarben sind erlaubt. Bei mehrfarbigen Hunden ist eine weiße Stirnblesse und eine weiße Rutenspitze wünschenswert.

Der Shih Tzu ist intelligent, lebhaft, aufmerksam, freundlich und unabhängig.

RASSEINFORMATIONEN	
NAME	Tibet Spaniel
OFFIZIELLE ANERKENNUNG	FCI Gruppe 9, UK Utility Group, AKC Non-Sporting Group
FARBVARIANTEN	alle Farben und Farbmischungen

Tibet Spaniel

Widerristhöhe ca. 25,5 cm

FCI 9 GRUPPE · FELLPFLEGE · klein GRÖSSE · FUTTER

WIE DIE GESCHICHTE aller tibetischen und orientalischen Rassen ist auch die des Tibet Spaniels etwas unklar. Angeblich ist die Rasse der Vorfahr des Japan Chins und des Pekinesen; eine andere Meinung besagt, dass sie in tibetischen Klöstern zum Treten der Gebetsmühlen eingesetzt wurde.

Sicher ist, dass die Rasse gegen Ende des 19. Jahrhunderts in Europa bekannt war. Außerdem ist die Bezeichnung Spaniel ohne Zweifel unzutreffend.

Dieser kleine, aktive Hund ist etwas länger als hoch, hat eine Widerristhöhe von 25,5 cm und wiegt idealerweise 4–6,8 kg. Alle Fellfarben und Farbmischungen sind zulässig. Das Deckhaar hat eine seidige Struktur, ist am Körper mittellang und bildet eine Mähne, die bei Rüden deutlicher ausgeprägt ist als bei Hündinnen.

Fremden gegenüber zurückhaltend, ist der Tibet Spaniel ein sehr intelligenter, fröhlicher, bestimmt auftretender, wachsamer, treuer und doch unabhängiger Hund.

WISSENSWERTES
1938 schenkte der Handelsvertreter von Gartok Sir Edward und Lady Wakefield einen Tibet Spaniel.

RASSEINFORMATIONEN	
NAME	Tibet Terrier
OFFIZIELLE ANERKENNUNG	FCI Gruppe 9, UK Utility Group, AKC Non-Sporting Group
FARBVARIANTEN	weiß, gold, creme, grau oder rauchfarben, schwarz, zwei- oder dreifarbig

Tibet Terrier

Widerristhöhe 35,5–40,5 cm

FCI 9 GRUPPE · FELLPFLEGE · mittel GRÖSSE · FUTTER

EINIGE DER VIELEN AUFGABEN, die ein Tibet Terrier erledigen kann, ist das Hüten frei laufender Tiere und das Apportieren verlorener Gegenstände in steilen Bergregionen. Dieser aktiver Begleiter von Nomadenvölkern ist robust und deutlich größer als der Lhasa Apso und der Tibet Spaniel. Er hat eine quadratische Silhouette.

Das Gebiss eines Tibet Terriers kann ein Scheren- oder umgekehrtes Scherengebiss sein. Das lange Fell mit Unterwolle braucht regelmäßige Pflege, und außer Schokoladen- und Leberbraun sind alle Farben zulässig. Die üppig behaarte Rute wird fröhlich eingerollt über dem Rücken getragen. Rüden haben eine Widerristhöhe von 35,5–40,5 cm, Hündinnen sind etwas kleiner. Der Rassestandard schreibt kein Gewicht vor, es liegt aber normalerweise bei 8–14 kg.

Die Rasse hat ein aus sich herausgehendes, wachsames, intelligentes und mutiges Wesen, ist aber nicht ungestüm, Fremden gegenüber allerdings zurückhaltend. Sie ist ein lebhafter, gutmütiger und treuer Begleithund mit vielen einnehmenden Wesenszügen.

WISSENSWERTES
Der Tibet Terrier hat große, flache Pfoten, die zweifellos dazu beitrugen, dass die Rasse in dem unwirtlichen, bergigen Land überlebt hat.

Gebrauchshunde

ÜBER JAHRHUNDERTE haben Hunde zusammen mit Menschen gearbeitet, wobei sie häufig so einfache und instinktgeleitete Aufgaben wie Schützen des eigenen Territoriums zu erfüllen hatten. Mit der Zeit wurde die Gruppe der Gebrauchshunde immer größer, auch weil ausländische Rassen hinzukamen. 1998 enthielt die Gruppe mehr als 50 Rassen. Um sie zu verkleinern, wurde daher die neue Gruppe der Hirten- und Hütehunde eingeführt, der eine ganze Reihe von Gebrauchshundrassen zugeschlagen wurde. Außerdem wurde der Leonberger aus der Gruppe der Begleithunde, in die dieser große Hund nach Meinung vieler nie wirklich gehört hat, in die Gruppe der Gebrauchshunde übernommen. Seit diesen Änderungen enthält auch diese Gruppe ähnlich viele Rassen wie die anderen Gruppen.

Oben
Der Rottweiler braucht konsequente Erziehung und vernünftige Führung.

Oben rechts
Der Siberian Husky ist ausgezeichnet für sehr kalte Gegenden geeignet.

Unten
Hunde arbeiten seit Tausenden von Jahren mit Menschen zusammen.

INTELLIGENZ

ALLE IN DER GRUPPE der Gebrauchshunde verbliebenen Rassen sind intelligent genug, um erzogen werden zu können. Viele von ihnen sind recht groß und kräftig. Sie haben oder hatten unterschiedliche Aufgaben: Einige dienen als Wachhunde, andere waren zunächst Kampfhunde, während z. B. die Deutsche Dogge zur Wildschwein- und Hirschjagd verwendet wurde. Der Riesenschnauzer und der Bouvier des Flandres haben meist Rinder getrieben, obwohl Letzterer, wie viele andere Gebrauchshunde, heute oft als Wachhund fungiert. Manche Rassen arbeiten im Wasser (Netze ziehen und apportieren), andere kommen in bergigem Gelände zum Einsatz (z. B. der Bernhardiner als Rettungshund), wieder andere ziehen schwere Lasten (z. B. der Alaskan Malamute und der Siberian Husky). In der Schweiz, in Belgien, den Niederlanden und auf Neufundland zogen Hunde kleinere Karren, und wieder kam ihre Arbeit den Menschen zugute.

Viele Hunde dieser Gruppe werden heute nur noch als Ausstellungs- oder Begleithunde gehalten. Die Arbeit, für die sie entwickelt wurden, müssen sie kaum noch tun. Einige Rassen werden in ihren Heimatländern noch entsprechend eingesetzt, wobei sie dem Menschen große Dienste leisten. Manche von ihnen werden weltweit geliebt und bewundert.

Ähnlich wie in den anderen Gruppen gibt es auch hier sehr unterschiedliche, aber keine kleinen Rassen. Zur Gebrauchshundgruppe gehören sanfte Riesen, wie z. B. der Bernhardiner und der Neufundländer, sowie die majestätische Deutsche Dogge – ließen sich diese nicht erziehen, wären sie in der Tat schwer zu führen. Außerdem gehören einige doggenartige Rassen (Boxer, Bullmastiff usw.) dazu, die enorm stark sind. Insbesondere die großen Hunde müssen sich gut führen lassen, denn ihr Gewicht kann leicht das ihres Führers erreichen. Außerdem sind solche Hunde in jeder Beziehung kräftig. Daher müssen sie unbedingt wissen, wer ihr Chef ist.

Auch die Felle unterscheiden sich sehr, angefangen von den kurzhaarigen doggenartigen Rassen bis hin zu den Rassen mit deutlich mehr Fell, wie z. B. dem Portugiesischen Wasserhund und dem Pyrenäen-Berghund.

Alle Rassen dieser Gruppe haben Anlagen entsprechend der Arbeit, für die sie ursprünglich gezüchtet wurden, wie z. B. Schützen des Eigentums oder ihres Besitzers. Daher ist es wichtig, die ursprüngliche Funktion eines Gebrauchshundes genau zu kennen, um beurteilen zu können, ob er zu den eigenen Lebensumständen (Stadt oder Land, aktiv oder gemütlich usw.) passt.

RASSEINFORMATIONEN	
NAME	Alaskan Malamute
OFFIZIELLE ANERKENNUNG	FCI Gruppe 5, UK Working Group, AKC Working Group
FARBVARIANTEN	hellgrau bis schwarz, zobelfarben, Unterkörper, Läufe und Gesicht teils weiß

Alaskan Malamute

Widerristhöhe 58–63,5 cm

FCI 5 – GRUPPE
FELLPFLEGE
groß – GRÖSSE
FUTTER

DER NAME DER RASSE, einer der ältesten arktischen Schlittenhundrassen, geht auf das Inuitvolk der Malamuten zurück. Um bei den Temperaturen in Alaska überleben und schwere Lasten mit konstanter Geschwindigkeit ziehen zu können, braucht der Alaskan Malamute kräftige Muskeln und Knochen und lange Läufe. Bei einem Gewicht von 34–38 kg ist die Widerristhöhe beim Rüden 63,5 cm, bei der Hündin 58,5 cm.

Der breite Kopf und die weit auseinander liegenden Augen geben ihm ein würdevolles Aussehen. Das dicke Fell ist hellgrau bis schwarz oder zobelfarben (sable) einschließlich der zu Rot tendierenden Schattierung, immer mit weißen Abzeichen. Der Körper des Malamutes hat eine Mantelzeichnung. Der Hund ist zutraulich, freundlich, treu und ein ergebener Begleiter, aber kein „Einpersonenhund". Oft dominiert er Artgenossen und aufgrund seiner Größe und Stärke braucht er konsequente und umsichtige Führung.

WISSENSWERTES
Der American Kennel Club veröffentlichte 1927 den offiziellen Rassestandard für den Alaskan Malamute.

Links
Der Alaskan Malamute ist ein sehr kraftvoller Hund mit tiefem Brustkorb und sehr großer Ausdauer. Er freut sich über jede Form von Aktivität und Auslauf.

RASSEINFORMATIONEN	
NAME	Beauceron
ANDERE NAMEN	Berger de Beauce, Bas Rouge
OFFIZIELLE ANERKENNUNG	FCI Gruppe 1, UK Working Group,
FARBVARIANTEN	Schwarz/loh, Harlekin

Beauceron

Widerristhöhe 63–70 cm

FCI 1 – GRUPPE
FELLPFLEGE
groß – GRÖSSE
FUTTER

DIE GESCHICHTE dieses französischen Schäferhundes, der aus einer flachen Gegend in der Nähe von Paris stammt, lässt sich bis ins 16. Jahrhundert zurückverfolgen. Dieser auch als Berger de Beauce oder Bas Rouge (Rotstrumpf) bezeichnete Hund ist nach wie vor in seinem Heimatland am bekanntesten. Er wird mehr und mehr bei der Polizei, beim Zoll und beim Militär eingesetzt.

Der Beauceron hat eine Widerristhöhe von 63–70 cm und ein Gewicht von 30–39 kg. Bei seinem Fell ist die Kombination Schwarz/Lohfarbe (Rotstrumpf) die bevorzugte Farbvariation. Es wird aber auch Harlekin (dreifarbig: grau, schwarz und lohfarben) anerkannt, sofern die lohfarbenen Abzeichen wie bei der zweifarbigen Variante verteilt sind.

Die grundsätzlichen Qualitäten des Beaucerons sind Gehorsam, Wachsamkeit, Gelassenheit, Mut, Ausdauer und Geduld und er ist immer zur Arbeit bereit. Die Rasse hat, trotz eines etwas düsteren Aussehens, ein tolerantes Wesen und ist als Familienhund geeignet. Der Besitzer muss aber genügend Zeit für eine gründliche Erziehung und Sozialisierung aufwenden.

WISSENSWERTES
Die erste spezielle Beschreibung eines Hundes, der dem Beauceron ähnelt, findet sich in einem Manuskript von 1587.

Links
Der Beauceron hat doppelte Wolfskrallen an den Hinterläufen und ein raues, kurzes und dichtes Fell.

FCI 2	
GRUPPE	FELLPFLEGE
groß 	
GRÖSSE	FUTTER

Berner Sennenhund

Widerristhöhe 58–70 cm

RASSEINFORMATIONEN	
NAME	Berner Sennenhund
ANDERE NAMEN	Dürrbächler
OFFIZIELLE ANERKENNUNG	FCI Gruppe 2, UK Working Group, AKC Working Group
FARBVARIANTEN	tiefschwarz mit Braunrot und Weiß

WISSENSWERTES
Der Berner hat sich aus mastiffartigen Hunden und aus lokalen Hunden entwickelt, die Herden bewachten, und ist an das Leben in den Bergen angepasst.

DER BERNER SOLL als eine von vier Berghundarten vor 2000 Jahren von römischen Soldaten in die Schweiz gebracht worden sein, wo ihn die Weber von Bern als Zughund nutzten.

Dieser kräftige, stämmige, kompakt gebaute Gebrauchshund hat eine Widerristhöhe von 58–70 cm bei einem Gewicht von 40–44 kg und liebt es, leichte Karren zu ziehen. Der kräftige Kopf und das leicht wellige, glänzende Fell mit interessanter Farbgebung (Grundfarbe Schwarz, braunroter Brand auf den Backen, über den Augen und an den Läufen, weiße Brust, Blesse) machen den Berner zu einem beeindruckenden Hund. Die Pfoten sind kurz, rund und kompakt, die Rute buschig. Sie wird angehoben getragen, wenn der Hund aufmerksam ist oder sich bewegt.

Der Berner Sennenhund ist ein Bauernhund, aktiv, wachsam und ein anhängliches Familienmitglied. Er hat ein selbstsicheres, gutmütiges, freundliches und furchtloses Wesen.

Rechts
Trotz seiner Größe hat der Berner Sennenhund ein angenehmes, liebenswürdiges Wesen, das ihn zu einem idealen Familienhund macht.

FCI 1	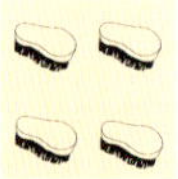
GRUPPE	FELLPFLEGE
groß 	
GRÖSSE	FUTTER

Bouvier des Flandres

Widerristhöhe 59–68 cm

RASSEINFORMATIONEN	
NAME	Bouvier des Flandres
ANDERE NAMEN	Vlamse Koehond, Flandrischer Treibhund
OFFIZIELLE ANERKENNUNG	FCI Gruppe 1, UK Working Group, AKC Herding Group
FARBVARIANTEN	von falbfarben bis schwarz, oft gestromt

DIESE RASSE STAMMT von flandrischen Treibhunden ab. Im Französischen heißt *Bouvier* Hirte (kann auch als Ochsen- oder Viehhirte übersetzt werden). Der ursprünglich in Südwestflandern und Nordfrankreich beheimatete Bouvier des Flandres wurde zunächst zum Treiben von Rindern eingesetzt, fungiert heutzutage aber als Wach- und Schutzhund.

Diese kompakt und kräftig gebaute Rasse hat gute Knochen und stark bemuskelte Gliedmaßen, was den Eindruck von großer Kraft, aber keine Plumpheit vermittelt. Der harsche Bart ist charakteristisch und verleiht diesem ruhigen, einfühlsamen Hund ein grimmiges Aussehen. Das reichliche, dicke Fell ist falbfarben bis schwarz (oft gestromt oder rußig), fühlt sich hart an und soll ungekämmt aussehen. Die Widerristhöhe beträgt 59–68 cm, das Gewicht 27–40 kg.

Der Bouvier sieht lebhaft aus und zeigt Intelligenz, Energie und Kühnheit.

WISSENSWERTES
Der Bouvier des Flandres wurde 1910 in Brüssel das erste Mal ausgestellt. Im Ersten Weltkrieg wurde er als Boten- und Sanitätshund eingesetzt.

RASSEINFORMATIONEN	
NAME	Boxer
OFFIZIELLE ANERKENNUNG	FCI Gruppe 2, UK Working Group, AKC Working Group
FARBVARIANTEN	gelb oder gestromt (weiße Abzeichen erlaubt)

Boxer

Widerristhöhe 53–63 cm

FCI 2	
GRUPPE	FELLPFLEGE
groß	
GRÖSSE	FUTTER

DER BOXER, dessen direkter Vorfahr der Brabanter Bullenbeißer gewesen sein soll, wurde gegen Ende des 19. Jahrhunderts in Deutschland entwickelt und 1926 als Wachhund anerkannt. Das früher übliche Kupieren der hoch angesetzten Ohren und der Rute ist nicht mehr zulässig.

Dieser vornehm wirkende Hund hat ein quadratisches Gebäude, starke Knochen und kräftige, gut entwickelte Muskeln. Das kurze, glänzende Fell ist glatt und liegt am Körper an. Die Farbe ist Gelb oder Gestromt. Bei einer Widerristhöhe von 53–63 cm wiegt der Boxer 25–32 kg.

Diese ausdauernde Rasse ist nervenstark und selbstbewusst, aber auch fügsam und hat ein ausgeglichenes Wesen. Der Boxer ist seinem Besitzer und seiner Familie treu ergeben und freundlich beim Spiel, hat aber einen Schutzinstinkt und ist misstrauisch gegenüber Fremden, sodass er eine konsequente Erziehung braucht.

WISSENSWERTES
Der offizielle Rassestandard für den Boxer wurde 1905 in Deutschland veröffentlicht. Der Name Boxer wurde möglicherweise vom Wort Bullenbeißer abgeleitet.

Links
Der Boxer braucht energische, erfahrene Besitzer. Ist er aber erst ausgebildet, hat man an ihm einen sanften und ausgeglichenen Familienhund.

RASSEINFORMATIONEN	
NAME	Bullmastiff
OFFIZIELLE ANERKENNUNG	FCI Gruppe 2, UK Working Group, AKC Working Group
FARBVARIANTEN	gestromt, rehbraun, rot

Bullmastiff

Widerristhöhe 61–68,5 cm

FCI 2	
GRUPPE	FELLPFLEGE
groß	
GRÖSSE	FUTTER

DER BULLMASTIFF, der der Kreuzung zwischen altem Englischen Mastiff und Bulldogge entstammt, ist seit 1860 als Wachhund bekannt, der Wildhüter dabei unterstützte, Wilderer zu verhaften. Die Rasse wurde aber erst 1924 vom British Kennel Club anerkannt.

Das kurze Fell ist hart und wetterbeständig, seine Farbe kann jegliche Schattierung von Gestromt, Rehbraun oder Rot sein. Der Fang muss schwarz sein. Die Widerristhöhe beträgt 61–68,5 cm, das Gewicht 41–59 kg, was das kräftige Gebäude und die große Stärke dieser Rasse zu erkennen gibt. Der Kopf ist von allen Seiten betrachtet groß und quadratisch und sein Umfang kann genauso groß sein wie die Widerristhöhe.

Der kraftvolle, aktive und sehr beherzte Bullmastiff braucht konsequente Führung, ist aber bereit, sich unterzuordnen, und ist sehr zuverlässig.

WISSENSWERTES
Der Bullmastiff, berühmt für seinen Mut und seine Beherztheit, wurde ursprünglich entwickelt, um Eindringlinge zu stellen, ohne sie zu verletzen oder zu töten.

FCI 2 GRUPPE | FELLPFLEGE | groß GRÖSSE | FUTTER

Dobermann

Widerristhöhe 63–72 cm

RASSEINFORMATIONEN	
NAME	Dobermann
ANDERE NAMEN	Dobermannpinscher
OFFIZIELLE ANERKENNUNG	FCI Gruppe 2, UK Working Group, AKC Working Group
FARBVARIANTEN	schwarz, braun

WISSENSWERTES

Der Name der Rasse stammt vom Steuereintreiber Louis Dobermann, der wollte, dass seine „Kunden" zahlen!

DER DOBERMANN wurde in Deutschland entwickelt, um einen sehr großen Terrier als Schutzhund zu erhalten. 1890 war ein zufrieden stellender Typ gezüchtet, aber Otto Göller verbesserte ihn und fügte „Pinscher" zum Namen hinzu. Der Nationale Dobermannpinscher-Club wurde 1900 gegründet.

Der Dobermann kann sehr schnell laufen. Bei einer idealen Widerristhöhe von 70 cm (Rüden) bzw. 65 cm (Hündinnen) und einem Gewicht von 32–45 kg ist diese mittelgroße, robuste Rasse muskulös und elegant mit wohl proportioniertem Gebäude und stolzer Haltung. Das kurze, dicke, dicht anliegende Fell ist pflegeleicht und schwarz oder braun mit klar definierten rostroten Abzeichen (Brand).

Der intelligente, charakterstarke Dobermann ist unerschrocken, aufmerksam, gehorsam und braucht umsichtige Führung.

FCI 2 GRUPPE | FELLPFLEGE | groß GRÖSSE | FUTTER

Bordeauxdogge

Widerristhöhe 56–68 cm

RASSEINFORMATIONEN	
NAME	Bordeauxdogge
ANDERE NAMEN	Dogue de Bordeaux
OFFIZIELLE ANERKENNUNG	FCI Gruppe 2, UK Working Group
FARBVARIANTEN	falbfarben (mahagoni- bis isabellfarben)

DIE AUCH DOGUE DE BORDEAUX genannte Bordeauxdogge wurde in Frankreich zunächst als Schutzhund und zur Wildschwein- und Bärenjagd eingesetzt. Da die Region um Bordeaux über Jahrhunderte von englischen Königen regiert wurde, ist wahrscheinlich der Englische Mastiff mit großen Schutzhunden der Region verpaart worden. Vielleicht wurde auch der Spanische Mastiff eingekreuzt. Ergebnis war ein kräftiger, höchst unbändiger Mastiff.

WISSENSWERTES

Die völlig furchtlose Bordeauxdogge duldet keine Eindringlinge. Sie wurde für Tierkämpfe (gegen Bären, Esel usw.) und Hundekämpfe eingesetzt.

Der Kopf ist riesig und vermittelt ein kampfbereites Aussehen. Der Schädel ist breit und hat einen steilen Stop. Die Widerristhöhe beträgt 56–68 cm bei einem Gewicht von mindestens 45 kg für Hündinnen und mindestens 50 kg für Rüden. Das Fell ist einfarbig in allen Abstufungen der Falbfarbe von mahagoni- bis isabellfarben ohne Maske oder mit einer schwarzen oder braunen Maske.

Diese große und kräftige Rasse ist von Natur aus ruhig.

RASSEINFORMATIONEN	
NAME	Grönlandhund
ANDERE NAMEN	Eskimohund
OFFIZIELLE ANERKENNUNG	FCI Gruppe 5, UK Working Group
FARBVARIANTEN	jede Farbe oder Farbkombination

Grönlandhund

Widerristhöhe 55–68 cm

FCI 5
GRUPPE
FELLPFLEGE
groß
GRÖSSE
FUTTER

DIESE RASSE, die von den Inuit (früher als Eskimos bezeichnet) traditionell als Allzwecktransporthund eingesetzt wurde, ist kleiner als der Alaskan Malamute, aber größer als der Siberian Husky. Da vom Grönlandhund ursprünglich erwartet wurde, dass er jegliche Beute fing, um sich zumindest teilweise selbst zu versorgen, ist er nicht geeignet, mit einer Herde oder mit anderen Hunden gehalten zu werden.

Der Grönlandhund hat einen kräftigen Körper, dichtes, undurchdringliches Fell und eine dicke, buschige Rute. In der Größe unterscheiden sich Rüden und Hündinnen deutlich: Rüden haben eine Mindestwiderristhöhe von 60 cm bei einem Gewicht von 34–48 kg, Hündinnen von 55 cm bei 27–40 kg. Bei dieser Rasse sind alle Farben und Farbkombinationen zulässig.

Eine frühe Sozialisierung dieses Hundes ist unverzichtbar; übliche Erziehungsmethoden sind nicht immer erfolgreich.

WISSENSWERTES

Grönlandhunde (Eskimohunde) waren für die Inuit, die im Nordwesten Kanadas lebten, das einzige Transportmittel.

Links
Der Grönlandhund ist ein energiegeladener Gebrauchshund, aber kein guter Familienhund. Er ist ein Rudeltier und braucht konsequente Führung.

RASSEINFORMATIONEN	
NAME	Riesenschnauzer
OFFIZIELLE ANERKENNUNG	FCI Gruppe 2, UK Working Group, AKC Working Group
FARBVARIANTEN	schwarz, pfeffer-salz

Riesenschnauzer

Widerristhöhe 60–70 cm

FCI 2
GRUPPE
FELLPFLEGE
groß
GRÖSSE
FUTTER

IN OBERBAYERN wurde der Riesenschnauzer zum Treiben von Rindern und als Wachhund eingesetzt, und über viele Jahre hinweg war die Rasse als Münchner Schnauzer bekannt. 1925 wurde der Riesenschnauzer in Deutschland offiziell als Gebrauchshund anerkannt. Er ist nicht so verbreitet wie seine kleineren Verwandten, der Zwerg- und der Mittelschnauzer (Schnauzer).

Dieser gegen Witterung widerstandsfähige, schnelle und ausdauernde Hund benötigt regelmäßigen Auslauf. Er hat eine Widerristhöhe von 60–70 cm bei einem Gewicht von 35–45 kg. Das harte, drahtige Fell mit dichter Unterwolle muss getrimmt werden. Die zulässigen Farben sind rein Schwarz und Pfeffer-Salz, und er muss eine dunkle Maske haben.

Der imposante, kräftig gebaute, robuste und gutartige Riesenschnauzer ist vielseitig einsetzbar, stark, zäh, intelligent und energisch.

WISSENSWERTES

Im Jahr 1909 wurden in München 30 schwarze Hunde als „Russische Bärenschnauzer" ausgestellt.

Links
Trotz seiner Größe und Stärke ist der Riesenschnauzer gutartig, freundlich und zuverlässig.

FCI 2
GRUPPE

FELLPFLEGE

groß
GRÖSSE

FUTTER

Deutsche Dogge

Widerristhöhe 72–80 cm

RASSEINFORMATIONEN	
NAME	Deutsche Dogge
ANDERE NAMEN	Großer Däne
OFFIZIELLE ANERKENNUNG	FCI Gruppe 2, UK Working Group, AKC Working Group
FARBVARIANTEN	gelb, gestromt, schwarz-weiß gefleckt, schwarz, blau

WISSENSWERTES
Fürst Bismarck erhob die Deutsche Dogge zum „Reichshund“ und der Deutsche Doggen-Club wurde 1888 gegründet.

DER ERSTE STANDARD für die Deutsche Dogge, die im Ausland auch Großer Däne heißt, wurde 1880 festgelegt, und das erste Zuchtbuch wurde 1897 veröffentlicht. Die Vorläufer der Deutschen Dogge wurden zur Jagd auf Wildschweine und Hirsche eingesetzt.

Diese große Rasse mit einer Widerristhöhe von bis zu 80 cm für Rüden und 72 cm für Hündinnen ist freundlich und anhänglich. Der Kopf vermittelt den Eindruck eines sehr langen und kräftigen Kiefers, und die weit offenen Nasenlöcher lassen die Nase stumpf aussehen. Das kurze, dichte, glänzende Fell gibt es in Gelb, Gestromt, Schwarz-Weiß gefleckt (Tiger oder Harlekin), Schwarz und Blau.

Die elegant gebaute Deutsche Dogge sieht oft aus, als sei sie bereit, sich auf alle Situationen einzulassen.

Rechts
Die Deutsche Dogge ist wirklich ein sanfter Riese. Trotz ihrer etwas beängstigenden Größe ist sie ein hervorragender Familienhund, sofern sie gut erzogen wurde.

FCI 2
GRUPPE

FELLPFLEGE

groß
GRÖSSE

FUTTER

Leonberger

Widerristhöhe 65–80 cm

RASSEINFORMATIONEN	
NAME	Leonberger
OFFIZIELLE ANERKENNUNG	FCI Gruppe 2, UK Working Group
FARBVARIANTEN	löwengelb, rot, rotbraun, sandfarben

DER LEONBERGER kommt ursprünglich aus der kleinen Stadt Leonberg bei Stuttgart. Er wurde vom Leonberger Stadtrat Heinrich Essig durch Verpaarung einer Landseerhündin mit einem Bernhardinerrüden unter Einkreuzen weiterer Bernhardiner und eines Pyrenäen-Berghundes entwickelt.

Dieser Hund hat eine Widerristhöhe von 65–80 cm. Das schlichte bis leicht gewellte, reichlich lange Fell gibt es in den Farben Löwengelb, Rot, Rotbraun bis Sandfarben (samt allen Kombinationen dieser Farben) mit jeweils schwarzer Maske. Der Kopf ist recht breit, die dunklen, intelligenten, mittelgroßen Augen zeigen keine Bindehaut und haben einen gutmütigen Ausdruck.

Dieser treue, intelligente und gehorsame Begleithund mit geschlossenen Pfoten und raumgreifender Bewegung ist ein ruhiger Haus-, Hof- und Familienhund. Der weder scheue noch aggressive Leonberger besitzt ein selbstsicheres und gelassenes Wesen.

WISSENSWERTES
Um 1840 herum hatte der Leonberger Stadtrat Heinrich Essig das Ziel, eine Rasse zu erschaffen, die dem Löwen im Wappen von Leonberg ähnelt.

RASSEINFORMATIONEN	
NAME	Mastiff
ANDERE NAMEN	English Mastiff, Englischer Mastiff
OFFIZIELLE ANERKENNUNG	FCI Gruppe 2, UK Working Group, AKC Working Group
FARBVARIANTEN	apricot-braun, silber-braun, rehbraun, dunkelbraun-gestromt

Mastiff

Widerristhöhe 70–76 cm

FCI 2 GRUPPE | FELLPFLEGE | groß GRÖSSE | FUTTER

VOM MASTIFF, der als älteste britische Rasse anerkannt ist, wird angenommen, dass er im 6. Jahrhundert v. Chr. nach Großbritannien kam. Er wurde eingesetzt, um gegen Bären, Stiere und Löwen zu kämpfen. Zum Glück wurden diese Tierkämpfe 1835 in Großbritannien verboten. Danach verlor der Mastiff an Popularität und war Ende des Zweiten Weltkriegs nahezu ausgestorben, sodass diese Rasse mühsam wieder aufgebaut werden musste.

Der Mastiff ist kräftig gebaut, und mit einem breiten Schädel und einem quadratisch erscheinenden Kopf ist er eine Kombination aus Erhabenheit und Mut. Dieser Hund mit einem massiven Körper braucht eine angemessene Ernährung und entsprechenden Auslauf. Das kurze Fell liegt dicht an und ist apricot-braun, silber-braun, rehbraun oder dunkelbraun-gestromt. Fang, Ohren, Nase und Augenumrandung müssen schwarz sein. Die Widerristhöhe beträgt 70–76 cm, das Gewicht 79–86 kg.

Der Mastiff ist ruhig und gegenüber seinen Besitzern liebevoll, aber fähig, sie zu beschützen.

WISSENSWERTES

Der Name Mastiff leitet sich möglicherweise vom angelsächsischen *masty* ab, das kraftvoll bedeutet und eine der Eigenschaften der Rasse beschreibt.

Links

Der genaue Ursprung des Mastiffs ist unbekannt. Eine (sehr umstrittene) Theorie besagt, dass er aus Südwestasien kam.

RASSEINFORMATIONEN	
NAME	Mastino Napoletano
ANDERE NAMEN	Italienische Dogge
OFFIZIELLE ANERKENNUNG	FCI Gruppe 2, UK Working Group
FARBVARIANTEN	grau, bleigrau, schwarz, braun, falbfarben bis hirschrot

Mastino Napoletano

Widerristhöhe 65–75 cm

FCI 2 GRUPPE | FELLPFLEGE | groß GRÖSSE | FUTTER

DER AUS ITALIEN stammende Napoletano ist eine alte Rasse, die von römischen Kampf-, Kriegs- und Zirkusmastiffs abstammt. Sie wurde zur Bewachung und für Hundekämpfe eingesetzt. Heute wird sie nur noch für Sicherheitszwecke und als Begleithund verwendet.

Der kräftig gebaute Hund hat eine sehr majestätische Haltung, einen zuverlässigen Charakter und greift nur auf Befehl an. Die Haut ist am ganzen Körper locker. Dieses Rassemerkmal sollte jedoch nicht übertrieben werden. Das Fell ist kurz, gleichmäßig, dünn, rau und hart mit schönem Glanz. Die Farben sind Grau, Bleigrau, Schwarz, Braun oder Falbfarbe (bis Hirschrot). Die Widerristhöhe ist bei Rüden 65–75 cm bei einem Gewicht von 60–70 kg, Hündinnen liegen etwas darunter.

Der Mastino Napoletano ist ein beständiger, treuer Beschützer für seine Familie und deren Heim.

WISSENSWERTES

Von alters her war der Mastino Napoletano in Kampanien, der Gegend um Neapel, anzutreffen. Erstmals ausgestellt wurde er aber erst 1947.

FCI 2 | GRUPPE
FELLPFLEGE
groß | GRÖSSE
FUTTER

Neufundländer

Widerristhöhe 66–71 cm

RASSEINFORMATIONEN	
NAME	Neufundländer
OFFIZIELLE ANERKENNUNG	FCI Gruppe 2, UK Working Group, AKC Working Group
FARBVARIANTEN	schwarz, braun, weiß-schwarz (weiß mit schwarzen Abzeichen)

WISSENSWERTES
Niemand weiß, seit wann es die Rasse in Neufundland gibt, aber 1732 setzten Fischer große bärenähnliche Hunde zum Schleppen von Netzen und Ziehen von Karren ein.

DIE VORFAHREN des Neufundländers sind einheimische Hunde und der große schwarze Bärenhund der Wikinger. Der Neufundländer ist ein großer Zug- und Wasserhund mit dem Instinkt zum Rettungsschwimmer. In Frankreich werden Neufundländer in Gruppen eingesetzt, um bei Rettung aus Seenot zu helfen. Die Rasse wurde 1860 erstmals in England ausgestellt und 1878 vom Kennel Club anerkannt.

Massiver Knochenbau verleiht dieser Rasse ein Aussehen von Stärke und großer Aktivität. Die großen Pfoten haben oft ausgeprägte Zwischenzehenhäute. Das Fell mit Unterwolle ist gerade, dicht, fettig und wasserundurchlässig, weshalb es regelmäßig gebürstet werden muss. Zulässige Farben sind Schwarz, Braun und Weiß-Schwarz (Weiß mit schwarzen Abzeichen). Die durchschnittliche Widerristhöhe für Rüden beträgt 71 cm, für Hündinnen 66 cm, bei einem Gewicht von ca. 68 kg bzw. 54 kg.

Der prächtige, majestätische und kraftvolle Neufundländer ist ein treuer Begleiter mit einem außergewöhnlich sanftmütigen Wesen.

Rechts
Der Wasser liebende Neufundländer ist eine außergewöhnlich sanfte, gehorsame Rasse, die einen treuen, anhänglichen Begleiter abgibt.

FCI 2 | GRUPPE
FELLPFLEGE
mittel | GRÖSSE
FUTTER

Pinscher

Widerristhöhe 43–48 cm

RASSEINFORMATIONEN	
NAME	Pinscher
ANDERE NAMEN	Deutscher Pinscher
OFFIZIELLE ANERKENNUNG	FCI Gruppe 2, UK Working Group
FARBVARIANTEN	einfarbig hirschrot bis dunkelrot-braun, schwarzrot

WISSENSWERTES
Der Pinscher, wegen seiner langen Beine kein Hund für Erdhöhlen, wurde zur Rattenjagd und zum Bewachen sowie zum Treiben von Herden eingesetzt.

FRÜHER WAR DER VIELSEITIG einsetzbare Pinscher auf deutschen Bauernhöfen anzutreffen. Dieser Hund ist elegant, kräftig, gut bemuskelt mit fließenden Umrisslinien und einem kurzen, dichten und glänzenden Fell, das sehr pflegeleicht ist. Mittelgroß hat er eine Widerristhöhe von 43–48 cm und ein Gewicht von 13–18 kg. Ein Pinscher ist einfarbig (hirschrot, rot-braun bis dunkelrot-braun) oder schwarzrot (lackschwarz mit roten bzw. braunen Abzeichen). Die hoch angesetzten, V-förmigen Ohren klappen in Kopfnähe nach unten. Der Kopf ist kräftig, aber nicht schwer, und ähnelt sowohl von oben als auch von der Seite gesehen einem stumpfen Keil. Die hoch angesetzte, früher kupierte Rute bleibt gemäß Rassestandard naturbelassen.

Der sehr beherzte, selbstsichere Pinscher (der Name ist vermutlich abgeleitet vom englischen *to pinch* = schnappen) ist aufmerksam, ausgeglichen und verspielt. Dieser treue Hund ist wachsam und furchtlos und daher ein guter Wächter.

RASSEINFORMATIONEN	
NAME	Portugiesischer Wasserhund
ANDERE NAMEN	Cão de Agua Português
OFFIZIELLE ANERKENNUNG	FCI Gruppe 8, UK Working Group, AKC Working Group
FARBVARIANTEN	verschiedene Variationen

Portugiesischer Wasserhund

Widerristhöhe 43–57 cm

FCI 8
GRUPPE

FELLPFLEGE

groß
GRÖSSE

FUTTER

DER URSPRÜNGLICH als Jagdhund verwendete Portugiesische Wasserhund wurde später von Fischern eingesetzt. Diesem aufmerksamen Wächter lässt sich leicht beibringen, von Boot zu Boot zu schwimmen und, dank hervorragender Tauchfähigkeit, verlorene Netze zu apportieren.

Diese energiegeladene Rasse muss robust und an den Schultern kräftig bemuskelt sein. Es gibt zwei Fellarten, die beide keine Unterwolle haben. Das Fell kann recht lang, lose gewellt und leicht glänzend oder kurz, ziemlich hart, dicht und matt mit zylindrischen Strähnen sein. Unabhängig von der Fellart werden die Hinterläufe und die Rute normalerweise geschoren, wobei an der Rutenspitze ein Büschel verbleibt. Widerristhöhe und Gewicht schwanken erheblich: 43–57 cm und 16–25 kg.

Der unerschrockene und unermüdliche Hund hat einen angenehmen Charakter und ist, obwohl eigenwillig, sehr gehorsam.

WISSENSWERTES

Der Portugiesische Wasserhund übermittelte schwimmend Nachrichten zwischen Schiffen.

Links

Ursprünglich wurde das Fell des Portugiesischen Wasserhundes geschoren, damit seine Hinterläufe beim Schwimmen frei waren. Heutzutage wird es für Ausstellungen so geschoren.

RASSEINFORMATIONEN	
NAME	Rottweiler
OFFIZIELLE ANERKENNUNG	FCI Gruppe 2, UK Working Group, AKC Working Group
FARBVARIANTEN	schwarz/loh

Rottweiler

Widerristhöhe 56–69 cm

FCI 2
GRUPPE

FELLPFLEGE

groß
GRÖSSE

FUTTER

DER ALS SCHUTZHUND unübertroffene und in ganz Europa häufig im Polizei- und Schutzdienst eingesetzte Rottweiler ist eine der führenden und populärsten Gebrauchshundrassen Deutschlands. Seinen Namen hat er von der schwäbischen Stadt Rottweil, in der ortsansässige Metzger den Rottweiler aus einheimischen Treib- und Hirtenhunden züchteten.

Dieser kompakte und kräftige Hund hat eine Widerristhöhe von 56–69 cm und wiegt in der Regel 42–50 kg. Das schwarze Fell hat rotbraune Abzeichen an Backen, Fang, Halsunterseite, Brust und Läufen sowie über den Augen und unter der Rutenwurzel.

Die ganze Erscheinung des Rottweilers zeigt die Beherztheit und den Mut, die dieser Rasse innewohnen, während der ruhige Blick Freundlichkeit und Ausgeglichenheit signalisiert. Diese selbstsichere und furchtlose Rasse sollte gutmütig und nicht nervös, aggressiv oder bissig sein. Sie ist und bleibt aber eine couragierte Rasse mit natürlichen Schutzinstinkten, sodass sie konsequent erzogen und einfühlsam geführt werden muss.

WISSENSWERTES

Schon zur Römerzeit trafen sich Viehhändler mit ihren Herden im heutigen Rottweil. Wichtige Helfer waren mutige, robuste Treibhunde, die Vorläufer des späteren Rottweilers.

Links

Entgegen seinem Ruf ist der Rottweiler gehorsam und treu, wenn er konsequent geführt wird.

FCI 2 — GRUPPE | FELLPFLEGE | groß — GRÖSSE | FUTTER

Bernhardiner

Widerristhöhe 61–71 cm

RASSEINFORMATIONEN	
NAME	Bernhardiner
ANDERE NAMEN	St. Bernhardshund
OFFIZIELLE ANERKENNUNG	FCI Gruppe 2, UK Working Group, AKC Working Group
FARBVARIANTEN	weiß/rotbraun, weiß/rotbraun-gestromt

WISSENSWERTES

Der wohl berühmteste Bernhardiner war Barry I, der von 1800–1812 im Hospiz lebte und in dieser Zeit half, 40 Reisenden das Leben zu retten.

Rechts

Einen massigen Bernhardiner als Familienhund zu halten erfordert viel Platz und viel Geld.

DIESE ZUVERLÄSSIGE, gütige Rasse wurde lange mit dem Hospiz von St. Bernhard in den Schweizer Alpen in Verbindung gebracht, aber frühere Hunde waren auf keinen Fall so schwer wie die heutigen. Es wird angenommen, dass die ersten Hunde zwischen 1660 und 1670 im Hospiz gezüchtet wurden. Seitdem gelang es Hunden dieser Rasse, viele Reisende zu retten, die in den Bergen die Orientierung verloren hatten. Der Name St. Bernhardshund wurde das erste Mal 1865 in England verwendet.

Den St. Bernhardshund, besser bekannt als Bernhardiner, gibt es als Kurzhaar (Stockhaar) und als Langhaar. Beide haben eine beachtliche Größe. Die Widerristhöhe beträgt 61–71 cm, das Gewicht 50–90 kg. Natürlich sind für eine Rasse dieser Größe erhebliche Futtermengen erforderlich, insbesondere während der Wachstumsphase. Der Bernhardiner hat weiße Abzeichen und eine rotbraune Decke oder einen rotbraunen Mantel. Er ist ein imposantes Tier, sanft, intelligent und unerschrocken.

FCI 5 — GRUPPE | FELLPFLEGE | groß — GRÖSSE | FUTTER

Siberian Husky

Widerristhöhe 51–60 cm

RASSEINFORMATIONEN	
NAME	Siberian Husky
OFFIZIELLE ANERKENNUNG	FCI Gruppe 5, UK Working Group, AKC Working Group
FARBVARIANTEN	alle Farben und Abzeichen

Rechts

Der Siberian Husky, der in den USA als Ausstellungs- und Rennhund populär ist, erfreut sich auch in Deutschland recht großer Beliebtheit.

WISSENSWERTES

Der gegen Kälte und Schnee unempfindliche Siberian Husky ist ein hervorragender Springer und geschickter Gräber.

DER AUS OSTSIBIRIEN stammende Siberian Husky ist ein mittelgroßer, schneller, leichtfüßiger und sehr ausdauernder Schlittenhund. Ursprünglich wurde er von sibirischen Nomadenstämmen, z. B. den Tschuktschen, eingesetzt. Nach Alaska gelangte er, als dort ein russischer Händler mit einem Husky-Gespann 1909 am All-Alaska-Sweepstakes-Rennen teilnahm (und gewann). Gemäß FCI-Standard wird der Siberian Husky als US-amerikanische Rasse geführt.

Ein Siberian Husky hat eine mittlere Knochenstärke, eine Widerristhöhe von 51–60 cm und wiegt 16–27 kg. Eine Hündin ist feminin, aber nicht schwach, ein Rüde maskulin, aber niemals grob. Das mittellange Fell mit Unterwolle kann unterschiedlichste Farben und faszinierende Abzeichen haben, die Augen können, bei zwei möglichen Farben, verschiedenfarbig sein.

Diese freundliche, aufmerksame und kontaktfreudige Rasse ist ein angenehmer Gefährte und williger Arbeiter, der keinerlei Wachhundeigenschaften zeigt.

RASSEINFORMATIONEN	
NAME	Do Khyi
ANDERE NAMEN	Tibet Dogge, Tibetischer Mastiff
OFFIZIELLE ANERKENNUNG	FCI Gruppe 2,
	UK Working Group
FARBVARIANTEN	schwarz, schwarz/lohfarben, braun, gold,
	grau/blau, grau/lohfarben

Do Khyi

Widerristhöhe 61–66 cm

FCI 2
GRUPPE

FELLPFLEGE

groß
GRÖSSE

FUTTER

WISSENSWERTES

Do Khyis, die über den Augen lohfarbene Abzeichen haben, können angeblich Gefahren vorhersehen. Dies wird von Tibetern in einsamen Gebieten als enormer Vorteil betrachtet.

HEIMAT DES DO KHYIS sind die Hochregionen des Himalaja. Er dient als Wach- und Schutzhund, der Herden vor Raubtieren und Familien vor Einbrechern schützt. In Tibet werden diese Hunde an schweren Ketten gehalten und müssen Furcht erregend auftreten. Durch den westlichen Lebensstil wird dieses Verhalten abgemildert. Trotzdem wird von der Rasse erwartet, dass sie zurückhaltend und schutzbereit ist, weshalb sowohl das Wissen um diese spezielle Eigenschaft als auch ein angemessenes Führen unverzichtbar sind.

Rüden haben deutlich mehr Fell als Hündinnen und beide haaren in den wärmeren Monaten erheblich. Die Mindestwiderristhöhe ist für Rüden 66 cm und für Hündinnen 61 cm. Das Gewicht kann sehr unterschiedlich sein, liegt aber normalerweise bei 64–82 kg.

Der Do Khyi ist imposant, kräftig und gut gebaut, hat eine würdevolle, aber freundliche Ausstrahlung und kann ein kinderlieber Begleithund sein.

Links
Es wird vielfach die Meinung vertreten, die europäischen Mastiffs (doggenartige Hunde) stammten vom Do Khyi (Tibet Dogge) ab. Der Do Khyi ist in Europa zwar bekannt, aber nur selten anzutreffen.

Rassen aus aller Welt

DIE ZAHL der weltweit anerkannten Rassen wird auf 700–800 geschätzt. Eine in einem Land anerkannte Rasse muss jedoch in einem anderen Land nicht unbedingt ebenfalls anerkannt sein. Die Fédération Cynologique Internationale (FCI) erkennt weltweit über 330 verschiedene Hunderassen an, die meisten davon werden auch von vielen anderen Verbänden anerkannt. Z. B. betreut der der FCI unterstellte Verband für das Deutsche Hundewesen (VDH) davon allein 250.

DIE FÉDÉRATION CYNOLOGIQUE Internationale (FCI) mit Hauptsitz in Thuin, Belgien, wurde 1911 von Hundevereinen in Deutschland, Österreich, Belgien, Frankreich und den Niederlanden gegründet. Sie bezeichnet sich inzwischen als „Weltorganisation der Kynologie" mit 79 Mitgliedern und Vertragspartnern (ein Mitglied pro Land). Jedes dieser Mitglieder stellt eigene Ahnentafeln aus und schult eigene Richter. Die FCI erkennt 329 Hunderassen mit Ahnentafeln an; dabei bleibt jede Rasse „Eigentum" eines bestimmten Landes, das auch den jeweiligen Zuchtstandard festlegt. Zusätzlich zu diesen Rassen werden viele andere von den kleineren offiziellen und halboffiziellen Organisationen anerkannt, die in den einzelnen Ländern tätig sind.

HUNDEORGANISATIONEN

IM GEGENSATZ ZUR weit verbreiteten Meinung ist die FCI keine Registrierungsstelle und gibt selbst

Rechts
Ungarische Pumis sind Gebrauchshunde, die hauptsächlich zum Viehtreiben abgerichtet werden.

Mitte rechts
Eine frühe koreanische Hundezeichnung

Ganz rechts oben
Der Tosa ist eine große japanische Hunderasse, die ursprünglich für Hundekämpfe gezüchtet wurde.

Ganz rechts unten
Der Zuchtstandard für den Katalanischen Schäferhund wurde 1929 formuliert.

keine Ahnentafeln heraus, das ist Aufgabe der Mitgliedsverbände wie dem VDH. Auch der British Kennel Club stellt für unter seiner Schirmherrschaft registrierte Hunde Ahnentafeldaten zur Verfügung. Der American Kennel Club wurde 1884 gegründet und registriert die Abstammung von über einer Million Hunde pro Jahr.

AUSWAHL DER RASSEPORTRÄTS

IN DIESEM ABSCHNITT des Buches sind viele weitere Rassen aufgeführt, die nicht von allen großen Verbänden anerkannt sind, die die Autorin aber für erwähnenswert hält. Die ein oder andere Rasse ist eher unbekannt oder findet nur in ihrem Herkunftsland eine größere Verbreitung.

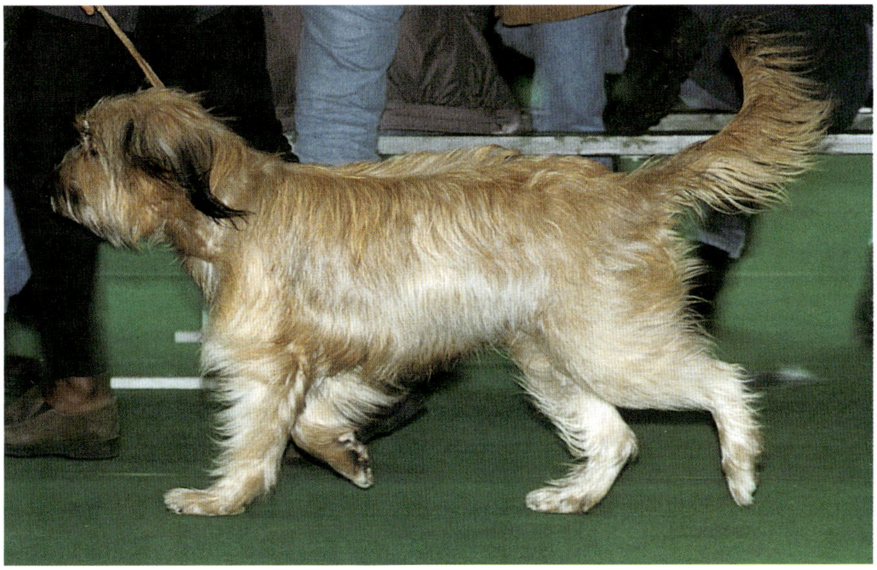

Allzu häufig hat der Leser keine Möglichkeit, die hier beschriebenen Rassen in natura zu bewundern, aber es bleibt zu hoffen, dass durch dieses Buch Menschen weltweit zumindest von der Existenz einiger seltener Rassen erfahren.

Abgesehen von gebräuchlichen Synonymen für viele dieser Rassen unterscheiden sich auch die Zuchtstandards von Land zu Land. Daher können die hier angegebenen Werte für Widerristhöhe und Gewicht je nach Land, in dem die Rasse lebt, leicht abweichen.

FCI 2	
GRUPPE	FELLPFLEGE
groß	
GRÖSSE	FUTTER

ARGENTINIEN

Dogo Argentino

Widerristhöhe 61–69 cm

RASSEINFORMATIONEN	
NAME	Dogo Argentino
ANDERE NAMEN	Argentinische Dogge
OFFIZIELLE ANERKENNUNG	FCI Gruppe 2
FARBVARIANTEN	weiß

DIESE RELATIV NEUE RASSE wurde in den 1920er-Jahren von Dr. Antonio Martinez selektiv durch Kreuzung von spanischen Kampfhunden, Spanischen Doggen, Deutschen Doggen, Bulldoggen, Boxern und einer alten Bullterrierart gezüchtet. Zuchtziel war eine Rasse, die furchtlos Pumas und Jaguare jagt. Aber der Dogo Argentino wurde ebenso zur Jagd auf Wildschweine und Berglöwen eingesetzt, da er unermüdlich auch in schwierigem Gelände jagt. Besonders beliebt ist diese Rasse auch bei Liebhabern von Hundekämpfen, die es in einigen Ländern noch gibt.

Die Rasse ist furchtlos und neigt zur Aggressivität, was in einigen Ländern, darunter Großbritannien, zu ihrem Verbot geführt hat, obwohl diese aggressiven Tendenzen in einzelnen Zuchtlinien abzunehmen scheinen. Das kurze, weiße, geschmeidige Fell schützt vor Hitze. Die Ohren wurden in früheren Jahren kupiert, um das aggressive Erscheinungsbild zu unterstreichen. Die Widerristhöhe liegt bei 61–69 cm, das Gewicht zwischen 36 und 45 kg; der Dogo Argentino braucht viel Auslauf.

Oben und rechts
Der argentinische Jagdhund ist unter dem Namen Dogo Argentino bekannt.

Dieser kühne, mutige und loyale Hund muss auf jeden Fall von einem erfahrenen Hundekenner erzogen werden und sollte ein Gehorsamstraining absolvieren.

FCI 1	
GRUPPE	FELLPFLEGE
mittel	
GRÖSSE	FUTTER

AUSTRALIEN

Kelpie

Widerristhöhe: 43–51 cm

RASSEINFORMATIONEN	
NAME	Kelpie
ANDERE NAMEN	Australian Kelpie, Barb
OFFIZIELLE ANERKENNUNG	FCI Gruppe 1, AKC Miscellaneous Group
FARBVARIANTEN	verschiedene

DER VOM englischen Collie abstammende Kelpie entstand um 1870 und war bereits 1890 weit verbreitet. Er spielte eine große Rolle in Australiens Schaf- und Wollindustrie und wurde meist von Viehbesitzern und Farmern für die Arbeit in kargen, heißen Gegenden gezüchtet, wo er die angeblich besonders widerspenstigen Merinoschafe hütete. Er ist ein Treibhund, der die Herde mit Blick, Laut und Biss oder Griff bewegt. Im Busch arbeitet er oft ohne Aufsicht, der Hirte verlässt sich auf Intelligenz und Können des Hundes. Der Legende nach trägt der Kelpie Dingo-Blut in sich.

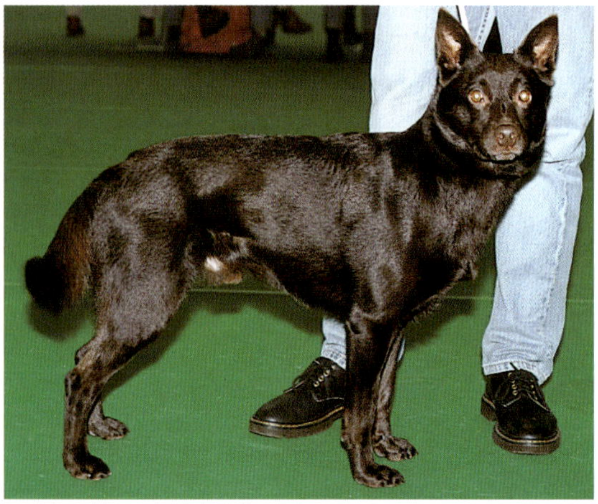

Der Kelpie ist geschmeidig und aktiv mit kräftigen Muskeln, einer Widerristhöhe von 43–51 cm und einem Gewicht von 11–20 kg. Die weit auseinander stehenden, breit angesetzten Stehohren verjüngen sich zur Spitze hin stark. Das mittellange, glatte Fell liegt flach an und ist durch die dichte Unterwolle wasserabweisend. Es kann einen deutlichen Kragen bilden, mit leichter Hosenbildung an den Keulen und an der Rute mit genügend Fell, um eine Bürste zu formen. Die Fellfarben reichen von Schwarz über Blau und Rot (von Schokoladenbraun bis Hellrot) bis zu Loh (Dunkelloh bis Creme). Alle Farben sind mit oder ohne lohfarbene Abzeichen möglich und dürfen minimale weiße Abzeichen aufweisen. Die lebhafte, arbeitswillige Rasse hat ein sanftes, fügsames Wesen.

RASSEINFORMATIONEN	
NAME	Alpenländische Dachsbracke
ANDERE NAMEN	Alpine Dachsbracke
OFFIZIELLE ANERKENNUNG	FCI Gruppe 6
FARBVARIANTEN	normalerweise hirschrot

ÖSTERREICH

Alpenländische Dachsbracke

Widerristhöhe: 34–42 cm

FCI 6 – GRUPPE | FELLPFLEGE | mittel – GRÖSSE | FUTTER

DIE GESCHICHTE dieser Rasse geht zurück bis Mitte des 19. Jahrhunderts. Die Dachsbracke entstand aus der Kreuzung von einheimischen Bracken mit dem Kurzhaardackel. Sie bewegt sich langsam und folgt kalten Spuren mit großer Effizienz; häufig wird sie zum Aufspüren von verwundetem Wild eingesetzt, um diesem den langsamen, qualvollen Tod zu ersparen. Die robuste, arbeitswillige Rasse arbeitet auch gut in großen Höhen. Sie ist bei Jägern sehr beliebt und wird auch zur Fuchs- und Hasenjagd eingesetzt.

Die Beine sind länger als beim Dackel, die kompakten Vorderläufe sehr stabil. Fang und Nase sind für die Gesamtgröße des Kopfes recht groß, die runden Augen sind lebhaft. Die Widerristhöhe liegt bei 34–42 cm, das Gewicht bei 13–18 kg. Das Fell ist dicht und rau, aber nicht drahtig, die Farbe meist Hirschrot; manche Hunde sind auch schwarz und loh oder rot mit schwarzer Stichelung.

Die Dachsbracke wird aufgrund ihrer Spürhundeigenschaften hauptsächlich von Jägern und Förstern und nur selten als Hausgenosse gehalten.

Links
Das dichte Fell der Alpenländischen Dachsbracke schützt sie vor den extremen Witterungsbedingungen in großen Höhen.

WISSENSWERTES
Dieser Hund ist ein ausgezeichneter Spürhund und folgt mühelos einer Spur, die schon recht alt oder „kalt geworden" ist.

RASSEINFORMATIONEN	
NAME	Österreichische glatthaarige Bracke
ANDERE NAMEN	Brandlbracke
OFFIZIELLE ANERKENNUNG	FCI Gruppe 6
FARBVARIANTEN	schwarz mit braunen Abzeichen

ÖSTERREICH

Österreichische glatthaarige Bracke

Widerristhöhe 48–56 cm

FCI 6 – GRUPPE | FELLPFLEGE | groß – GRÖSSE | FUTTER

FÜR DIE Österreichische glatthaarige Bracke, einen anerkannten Nachfahren der Keltenbracke, gibt es wie bei allen Rassen älteren Ursprungs bis zur Mitte des 19. Jahrhunderts keine verbürgte Geschichte. Vorher fand keine kontrollierte Zucht statt. Dieser Laufhund wird bei jeder Jagd gern eingesetzt und eignet sich besonders für schwere Arbeit auf hohen Bergen, aber auch im Flachland. Eingesetzt als Schweißhund vor allem bei der Hasenjagd, jagt die Österreichische glatthaarige Bracke spurlaut.

Die mittelgroße, kräftige Rasse hat einen lang gestreckten, geschmeidigen Körper und einen empfindlichen schwarzen Nasenschwamm. Die lange, spitz zulaufende Rute ist leicht gebogen, die mittellangen Behänge sind an den Enden gerundet. Das glatte, eng anliegende Fell ist dicht, voll und elastisch, weist einen seidigen Glanz auf und ist etwa 2 cm lang. Die Farbe ist bei dieser Rasse sehr wichtig: Schwarz mit kleinen, klar definierten hell- bis dunkelbraunen Abzeichen ist vorgeschrieben. Die beiden Abzeichen über den Augen, auch Vieräugl genannt, müssen vorhanden sein. Die Widerristhöhe reicht von 48–56 cm.

Unten
Dieser Laufhund ist besonders wegen seiner Spürfähigkeiten beliebt und gilt als anerkannter Nachfahre der Keltenbracke.

FCI 2 — GRUPPE | FELLPFLEGE | mittel — GRÖSSE | FUTTER

ÖSTERREICH

Österreichischer kurzhaariger Pinscher

Widerristhöhe 36–51 cm

RASSEINFORMATIONEN	
NAME	Österreichischer kurzhaariger Pinscher
ANDERE NAMEN	Österreichischer Kurzhaarpinscher,
	Österreichischer Pinscher
OFFIZIELLE ANERKENNUNG	FCI Gruppe 2
FARBVARIANTEN	verschiedene

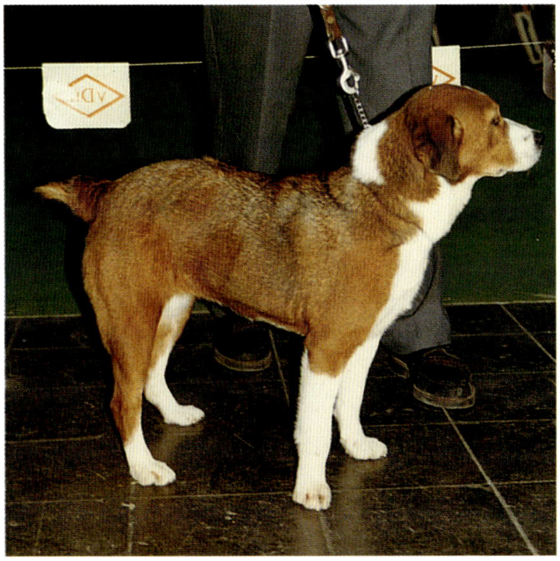

WISSENSWERTES
Diese Hunde verfügen über einen guten Geruchssinn und kräftigen Fang, was sie zu guten Fährtenhunden macht.

DIESE RASSE wurde zum Treiben von Viehherden und Bewachen von Bauernhöfen gezüchtet, aber mit ihrem kräftigen Fang ist sie auch ein geschickter Raubzeugjäger. Hunde wie diese sind häufig auf Gemälden aus dem 18. Jahrhundert zu sehen. Noch immer hauptsächlich in Österreich anzutreffen, ist dieser Hund mit dem Deutschen Pinscher verwandt.

Der Kopf ist leicht birnenförmig mit eher kurzem Fang, bei den Ohren sind unterschiedliche Formen zulässig; sie sind leicht aufgestellt. Die Pfoten sind kompakt, die Zehen gut gewölbt. Diese Rasse erreicht eine Widerristhöhe von 36–51 cm und ein Gewicht von 12–18 kg. Das Fell hat kurzes, hartes Deckhaar und ebenfalls kurze, aber sehr dichte Unterwolle.

Der Hund ist ein sehr guter Wächter und schlägt bei unbekannten Geräuschen sofort an. Er verträgt sich nicht immer gut mit anderen Hunden und gilt als beißfreudig.

FCI 6 — GRUPPE | FELLPFLEGE | groß — GRÖSSE | FUTTER

ÖSTERREICH

Steirische rauhaarige Hochgebirgsbracke

Widerristhöhe 45–53 cm

RASSEINFORMATIONEN	
NAME	Steirische rauhaarige Hochgebirgsbracke
ANDERE NAMEN	Steirische Rauhaarbracke,
	Peintinger Bracke
OFFIZIELLE ANERKENNUNG	FCI Gruppe 6
FARBVARIANTEN	rot und rehbraun

DIE GESCHICHTE dieser Rasse begann 1870 in der Steiermark: Karl Peintinger verpaarte eine Hannover'sche Schweißhündin mit einem Istrianer Brackenrüden, der angeblich über besonders gute Jagdqualitäten und ein ausgezeichnetes Erscheinungsbild verfügte. Die besten Welpen aus diesem Wurf wurden aufgezogen und zur selektiven Weiterzucht verwendet; so entstand diese rauhaarige, wetterfeste Hunderasse. Sie ist selten außerhalb Österreichs und Sloweniens anzutreffen und wird hauptsächlich von Jägern für die Wildschweinjagd gehalten. Die Arbeit der Bracke besteht nicht nur im spurlauten Jagen, sondern auch im Aufspüren verwundeter Tiere in schwierigem Berggelände.

Die Steirische rauhaarige Hochgebirgsbracke ist ein lebhafter, zäher Jagdhund und ein sicherer und entschlossener, gut bemuskelter Fährtenhund von mittlerer Größe. Der Ausdruck ist ernst, aber nicht bösartig. Die Augen haben eine braune Iris und der Nasenschwamm ist schwarz. Das Fell ist rau, aber nicht struppig, glanzlos, hart und derb, auf dem Kopf kürzer als am Körper und bildet einen Schnurrbart. Die Farbe ist Rot oder Rehbraun, ein weißes Abzeichen auf der Brust ist zulässig. Die Widerristhöhe liegt bei 45–53 cm, das Gewicht zwischen 15 und 18 kg.

Die Rasse wird immer noch eher zur Jagd gezüchtet als für Ausstellungen und selten als Haushund gehalten.

Rechts
Die Steirische Rauhaarige Hochgebirgsbracke ist ein hervorragender Gebrauchshund, jedoch weniger geeignet als Gesellschafts- oder Ausstellungshund.

RASSEINFORMATIONEN	
NAME	Tiroler Bracke
OFFIZIELLE ANERKENNUNG	FCI Gruppe 6
FARBVARIANTEN	rot, schwarz und loh, trikolor

ÖSTERREICH

Tiroler Bracke

Widerristhöhe 42–51 cm

FCI 6	
GRUPPE	FELLPFLEGE
mittel	
GRÖSSE	FUTTER

AUCH DIESE RASSE stammt von der Keltenbracke ab und gehört damit zu den reinblütigsten Jagdhundrassen. Um das Jahr 1500 setzte Kaiser Maximilian I. diese Rasse zur Jagd in Tirol ein. Seinem Tagebuch ist zu entnehmen, dass seine Leithunde stets Tiroler Bracken waren. Die Reinzucht aus einzelnen Zuchtlinien begann um 1860 und führte zur offiziellen Anerkennung der Rasse im Jahre 1908. Viele Jagdhundrassen stammen ursprünglich aus Tirol, übrig geblieben sind jedoch nur die schwarz und loh gefärbten Varietäten.

Dieser mittelgroße Hund ist ein ruhiger, passionierter Jagdhund mit einer feinen Nase. Er arbeitet selbstständig und jagt ausdauernd spurlaut und fährtentreu. Die breiten Ohren sind hoch angesetzt, ebenso die Rute, die dunkelbraunen Augen liegen nicht tief. Zum dichten Stockhaar gehören eine derbe Unterwolle und Fransen am Bauch, die Keulen sind gut befedert, und der Hund hat eine dichte Bürstenrute. Es gibt zwei Farbvarianten: Rot oder Schwarz und Loh. Bei beiden sind Abzeichen in bestimmten Bereichen zulässig.

Die Tiroler Bracke ist ein idealer Gebrauchshund für die Hasenjagd und die Fuchsjagd in Wald und Bergen und eignet sich auch zum Aufspüren verwundeten Wildes.

Links
Die Tiroler Bracke, ein Nachfahre der Keltenbracke, wurde 1908 offiziell als Rasse anerkannt.

RASSEINFORMATIONEN	
NAME	Griffon Bruxellois
ANDERE NAMEN	Brüsseler Griffon, Griffon Belge, Belgischer Griffon, Petit Brabançon, Kleiner Brabant
OFFIZIELLE ANERKENNUNG	FCI Gruppe 9
FARBVARIANTEN	rot, schwarz oder schwarz/loh

BELGIEN

Griffon Bruxellois

Widerristhöhe 18–20 cm

FCI 9	
GRUPPE	FELLPFLEGE
klein	
GRÖSSE	FUTTER

NACH DEN FCI-Bestimmungen wird der auch in Großbritannien und in den USA bekannte Griffon Bruxellois in drei Arten aufgeteilt: Griffon Belge, Griffon Bruxellois und Petit Brabançon.

Alle drei gehören in die FCI-Gruppe 9:

Der Belgische Griffon ist schwarz oder schwarz und loh mit langem, drahtigem Fell. Bei dieser Rasse wurde der britische King Charles Spaniel eingekreuzt, um die Größe zu reduzieren.

Das Fell des Griffon Bruxellois oder Brüsseler Griffons ist derb, drahtig, deutlich rot und länger als das des Belgischen Griffons. Diese Rasse erfreut sich größter Beliebtheit.

Der Petit Brabançon kann rot, schwarz oder schwarz und loh gefärbt sein, hat ein kurzes, eng anliegendes Fell und ein mopsähnliches Gesicht mit halb aufrecht stehenden Ohren.

WISSENSWERTES
Eine weitere belgische Rasse ist der Schipperke, der bei der FCI und beim British Kennel Club registriert ist.

Links
Der Belgische Griffon hat langes, drahtiges Fell um seinen kurzen Fang und ist kein guter Rattenjäger.

FCI 6
GRUPPE
FELLPFLEGE
groß
GRÖSSE
FUTTER

BOSNIEN

Bosnische rauhaarige Bracke

Widerristhöhe 46–55 cm

RASSEINFORMATIONEN	
NAME	Bosnische rauhaarige Bracke
ANDERE NAMEN	Bosanski Ostrodlaki Gonic-Barak, Bosnische Bracke, Rauhaariger Bosnischer Laufhund
OFFIZIELLE ANERKENNUNG	FCI Gruppe 6
FARBVARIANTEN	verschiedene

IM 19. JAHRHUNDERT züchteten Jäger in Bosnien erstmals die Bosnische rauhaarige Bracke und kreuzten dazu alle verfügbaren Rassen ein, um einen möglichst guten Laufhund zu erhalten. 1965 wurde die Rasse bei der FCI unter dem Namen „Illyrian Hound" registriert; der Rassestandard wurde seitdem kaum geändert, der Name jedoch änderte sich in den heute gebräuchlichen.

Die Bosnische rauhaarige Bracke ist ein robuster Hund, sein Ausdruck wird als ernst und streng, aber verspielt bezeichnet; diese Wirkung wird zweifellos durch die ausgeprägt buschigen Augenbrauen verstärkt. Dieser Hund ist ein wenig länger als hoch, die Widerristhöhe beträgt 46–55 cm, das Gewicht 16–24 kg. Das lange, harte, struppige Fell sieht immer etwas zerzaust aus und hat eine dichte Unterwolle, die dem Hund unter den harten Witterungsbedingungen der Region eine gute Isolation bietet. Als Grundfarbe ist Weizenfarben, Rötlich-Gelb, Graubraun oder Schwärzlich erlaubt, weiße Abzeichen sind jedoch zulässig und die Farben dürfen auch Bikolor- oder Trikolor-Kombinationen bilden. Die Bosnische rauhaarige Bracke ist ein typischer Laufhund: lebhaft, mutig und ausdauernd und eignet sich gut als Wachhund.

Rechts
Bosnische Jäger züchteten die Rauhaarige Bracke auf einen guten Geruchssinn, um sie bei der Wildjagd einzusetzen.

FCI 2
GRUPPE
FELLPFLEGE
groß
GRÖSSE
FUTTER

BRASILIEN

Fila Brasileiro

Widerristhöhe 61–76 cm

RASSEINFORMATIONEN	
NAME	Fila Brasileiro
ANDERE NAMEN	Cão de Fila, Brasilianische Dogge
OFFIZIELLE ANERKENNUNG	FCI Gruppe 2
FARBVARIANTEN	alle gestromten oder einfarbigen Variationen

Oben und rechts
Die Größe dieses Hundes erinnert an den Mastin Español, mit dem er die Zuchtlinie teilt.

DER MASSIVE Fila Brasileiro stammt von frühen spanischen und portugiesischen Mastiffs ab, im heutigen Erscheinungsbild der Rasse klar zu erkennen. Er wurde für Nachsuche und Großwildjagd verwendet, stellt allerdings die Beute nur und greift sie nicht an. Früher wurde die Rasse oft zum Aufspüren brasilianischer Sklaven eingesetzt und hat heute zahlreiche Aufgaben, z. B. das Hüten von Rinderherden, das Bewachen von Schaf- oder Ziegenherden und von Häusern sowie das Jagen von Raubkatzen. Bei der Entwicklung dieser unerschrockenen Rasse sollen verschiedene portugiesische Hütehunde und Bulldoggen eingekreuzt worden sein.

Die Widerristhöhe der Rasse liegt bei 61–76 cm, das Gewicht bei 41–50 kg. Das kurze, glatte Fell ist dick, liegt eng an und darf in verschiedenen Farben gestromt oder einfarbig sein, aber nicht weiß oder hellgrau.

Der Hund ist sehr loyal, kann Fremden und unbekannten Hunden gegenüber aber aggressiv sein und ist deshalb in einigen Ländern verboten. Es ist wichtig, ihn früh mit anderen Hunden zu sozialisieren.

RASSEINFORMATIONEN

NAME	Brasilianischer Terrier
ANDERE NAMEN	Terrier Brazileiro, Fox Paulistinha
OFFIZIELLE ANERKENNUNG	FCI Gruppe 3
FARBVARIANTEN	trikolor

BRASILIEN

Brasilianischer Terrier

Widerristhöhe 35,5–40,5 cm

FCI 3
GRUPPE

FELLPFLEGE

mittel
GRÖSSE

FUTTER

DEN BRASILIANISCHEN Terrier gibt es seit etwa 100 Jahren. Er ist eine von zwei wichtigen Rassen, die in Brasilien entwickelt wurden. Dieser lebhafte kleine Hund jagt in der Meute, die ihre Beute umstellt und durch Drohverhalten zur Unterwerfung zwingt. Er soll ein ausgezeichneter Rattenjäger sein.

Der Brasilianische Terrier erreicht eine Widerristhöhe von 35,5–40,5 cm und ein Gewicht von 6,5–9 kg. Das kurze, glatte Fell ist dreifarbig mit schwarzem Sattel und lohfarbenen Abzeichen auf weißem Grund.

Diese Rasse ist sehr lernfreudig und hat in der Regel einen freundlichen Charakter, was sie zu einem guten Begleit- und Haushund macht.

Brasilien hat noch eine andere eigene Hunderasse, den Brazilian Greyhound, wahrscheinlich eine Kreuzung zwischen dem britischen Greyhound und dem Foxhound.

RASSEINFORMATIONEN

NAME	Damchi
OFFIZIELLE ANERKENNUNG	bisher keine
FARBVARIANTEN	schwarz und weiß, mehrere Variationen zulässig

BHUTAN

Damchi

Widerristhöhe 33–43 cm

FCI –
GRUPPE

FELLPFLEGE

mittel
GRÖSSE

FUTTER

Diese entzückende Rasse ähnelt dem Tibet Spaniel und lebt in Bhutan, wo die Menschen Haustiere besonders schätzen. Ein Damchi namens Khomyto, was so viel heißt wie „mein kleines Baby“, gehörte dem ehemaligen König von Bhutan, und die Rasse wurde auf einheimischen Briefmarken verewigt. Trotz seiner Ähnlichkeit mit dem Tibet Spaniel ist der Damchi etwas größer und stämmiger, hat einen etwas längeren Fang und weniger Fell an den Wangen. Einige dieser Hunde leben in Deutschland bei einer Züchterin, die sie aus Indien mitgebracht hat, aber es ist unwahrscheinlich, dass der Damchi in Europa reinrassig gezüchtet werden kann, solange kein frisches Blut aus Bhutan eingekreuzt wird.

Links
Der bhutanische Damchi wird in Bhutan verehrt, aber sein Fortbestehen im Ausland ist gefährdet, wenn kein frisches Blut eingekreuzt wird.

FCI 3	
GRUPPE	FELLPFLEGE
klein	
GRÖSSE	FUTTER

GROSSBRITANNIEN

Jack Russell Terrier

Widerristhöhe 25–30,5 cm

RASSEINFORMATIONEN

NAME	Jack Russell Terrier
OFFIZIELLE ANERKENNUNG	FCI Gruppe 3, Australian Kennel Club
FARBVARIANTEN	weiß, weiß/ schwarz, weiß/ braun, dreifarbig

Rechts
Der Jack Russell Terrier ist ein energiegeladener, lebhafter Terrier, wird jedoch trotz seiner Beliebtheit nicht vom Kennel Club anerkannt.

DER JACK RUSSELL Terrier ist weltbekannt, wird aber vom British Kennel Club nicht anerkannt, obwohl er sich in Großbritannien größter Beliebtheit erfreut und ihm in anderen Ländern, u. a. auch in Australien, die offizielle Anerkennung erteilt wurde. Er wurde erstmals im späten 19. Jahrhundert in Südengland als weißer Terrier gezüchtet und zur Fuchsjagd über der Erde und im Bau eingesetzt. Sein Schöpfer war Reverend John Russell, von dem er seinen Namen hat.

Der Jack Russell Terrier ist ein ausgezeichneter Rattenjäger und ein Arbeitsterrier im besten Sinne des Wortes – wachsam, selbstsicher, lebhaft und passioniert. Das wetterfeste Stockhaar kann stichelhaarig (broken coat) oder glatt sein, darf jedoch keine deutliche Tendenz zu Locken oder Wellen aufweisen. Bei der Größe gibt es keine einheitliche Regelung; einige Organisationen erkennen Widerristhöhen von 25–30,5 cm bei einem Gewicht von 4–7 kg an, während in den USA beispielsweise Tiere unter 30,5 und über 38 cm Widerristhöhe disqualifiziert werden und die Rasse dort eher der in Großbritannien als Parson Jack Russell anerkannten Rasse ähnelt, weil sie generell längere Läufe hat.
Der Jack Russell hat ein heiteres Wesen und ist ein beliebter Stadt- und Landhund.

FCI 6	
GRUPPE	FELLPFLEGE
groß	
GRÖSSE	FUTTER

GROSSBRITANNIEN

Harrier

Widerristhöhe 46–56 cm

RASSEINFORMATIONEN

NAME	Harrier
OFFIZIELLE ANERKENNUNG	FCI Gruppe 6, AKC Hound Group
FARBVARIANTEN	jede Farbe zulässig

DIE ERSTE HARRIER-MEUTE in England wurde 1260 von Sir Elias de Midhope gehalten. Die Rasse wurde hauptsächlich im Westen des Landes gezüchtet, obwohl der Harrier auch in Wales ein beliebter Meutehund war. Zu seinen Vorfahren gehören der Beagle und der Bluthund, später wurde auch Foxhoundblut eingekreuzt. Obwohl in Großbritannien viele Harrier eingesetzt werden, ist die Rasse beim British Kennel Club nicht anerkannt. In den USA und von der FCI dagegen erhielt sie die Anerkennung. Der Harrier ist ein in der Meute jagender Laufhund von stämmigem Körperbau. Wichtig sind hervorragende Laufeigenschaften und eine gute Nase. In den USA, wo die Rasse seit Kolonialzeiten bekannt ist, heißt es in den Vorschriften, dass „der Harrier eigentlich eine kleinere Version des britischen Foxhound" sein soll. Die Widerristhöhe beträgt 46–56 cm, das Gewicht 22–27 kg. Der ausdrucksvolle Kopf ist etwas schmaler als der des Beagles, die Stellung der Augen ermöglicht gutes räumliches Sehen. Der Harrier ist etwas länger als hoch und soll möglichst viel Körpermasse haben, ohne jedoch derb zu wirken. Die Brust ist tief. Dieser tüchtige Gebrauchshund ist auch ein guter Begleithund.

RASSEINFORMATIONEN	
NAMEN	Lucas Terrier, Patterdale Terrier, Plummer Terrier und Rat Terrier
OFFIZIELLE ANERKENNUNG	keine
FARBVARIANTEN	alle Farben von braun/weiß bis schwarz/loh

GROSSBRITANNIEN

Britische Terrier

Widerristhöhe 25–34 cm

FCI –
GRUPPE

FELLPFLEGE

kein
GRÖSSE

FUTTER

WEITERE RASSEN, die nicht vom British Kennel Club anerkannt werden, sind beispielsweise der Lucas Terrier, der auf Sir Jocelyn Lucas zurückgeht, der für diese Rasse Sealyham-Hündinnen mit Norfolk-Rüden kreuzte. Dieser Terrier ist länger als hoch und hat große, sanfte Augen; trotz seines harten Fangs ist er ein anpassungsfähiger, freundlicher Hund, der einen guten Ruf bezüglich seines Umgangs mit Kindern hat. Widerristhöhe 25–30 cm, Gewicht 4,5–6 kg.

Der Patterdale Terrier ist hauptsächlich im Lake District und in Yorkshire anzutreffen, wo er zur Jagd auf Ratten, Füchse und Kaninchen eingesetzt wird und eher dafür als wegen seines Erscheinungsbildes gezüchtet wird. Die Widerristhöhe liegt unter 32 cm und das Gewicht bei 5–6 kg. Ein hartnäckiger, arbeitsfreudiger Terrier, der im Ruf steht, weder drinnen noch draußen viel zu bellen.

Der Plummer Terrier ist ein kompakter, munterer kleiner Rattenfänger mit einer Widerristhöhe von etwa 29–34 cm und einem Gewicht von 5,5–7 kg. Diese Rasse wurde erstmals in den 1980er-Jahren von Brian Plummer gezüchtet.

Obwohl der Rat Terrier nicht vom AKC anerkannt wird, hat er in den USA den höchsten Bekanntheitsgrad. Ein furchtloser kleiner Jäger von 25,5–33 cm Widerristhöhe mit kurzem, glänzendem Fell. Der Rat Terrier hat dunkle, runde Augen, eine leicht spitz zulaufende Schnauze und V-förmige Ohren.

WISSENSWERTES
Diese Hunde stammen alle aus Großbritannien und tragen Blut verschiedener Terrier in sich.

Links
Der Rat Terrier ist eine Kreuzung zwischen dem Glatthaar-Foxterrier und dem Manchester Terrier und war einst als Rattenjäger in der Stadt und auf dem Land unersetzlich.

RASSEINFORMATIONEN	
NAME	Kroatischer Schäferhund
ANDERE NAMEN	Hrvatski Ovcar
OFFIZIELLE ANERKENNUNG	FCI Gruppe 1
FARBVARIANTEN	schwarz, manchmal mit weiß

KROATIEN

Kroatischer Schäferhund

Widerristhöhe 40–51 cm

FCI 1
GRUPPE

FELLPFLEGE

groß
GRÖSSE

FUTTER

DER KROATISCHE Schäferhund wurde in Nordkroatien aus Schäferhunden der Region gezüchtet, die wiederum wahrscheinlich von Rassen aus der weiteren Umgebung und von griechischen und türkischen Hunden abstammten. Der Kroatische Schäferhund ist größer als eine ähnliche ungarische Rasse, der Mudi, und in Kroatien häufig auf dem Land anzutreffen, wo er hauptsächlich zum Viehhüten genutzt wird.

Für den Kroatischen Schäferhund, der auch im Sicherheitsdienst eingesetzt wird, beträgt die zulässige Widerristhöhe 40 und 51 cm und das zulässige Gewicht zwischen 13 und 16 kg. Das dichte, weiche, wellige Fell hat in der Regel eine Länge von 8–13 cm und ist schwarz, manchmal mit weißen Pfoten, die im Übrigen recht klein und gestreckt sind. Die Stehohren sind dreieckig und werden aufrecht getragen. Diese Rasse verträgt sich eher schlecht mit anderen Hunden und eignet sich nicht gerade für das Leben in der Stadt. Eine frühe Sozialisation ist wichtig, da dieser Hund Fremden gegenüber sehr misstrauisch ist. Er spricht allerdings gut auf Gehorsamstraining an.

Links
Der Kroatische Schäferhund gewöhnt sich nicht leicht an das Stadtleben und ist Fremden gegenüber eher misstrauisch.

FCI 6
GRUPPE

FELLPFLEGE

groß
GRÖSSE

FUTTER

KROATIEN

Save-Bracke

Widerristhöhe 43–59 cm

RASSEINFORMATIONEN	
NAME	Save-Bracke
ANDERE NAMEN	Posavski Gonic, Savatal-Bracke, Posavatz-Laufhund
OFFIZIELLE ANERKENNUNG	FCI Gruppe 6
FARBVARIANTEN	gelb, rehbraun und rot

Rechts
Wie bei allen Balkanbracken sind auch die Blutlinie und die Geschichte der Save-Bracke unbekannt.

MAN NIMMT AN, dass Händler aus Ägypten über die Adriahäfen diese Hunde auf den Balkan brachten. Außer Zweifel steht, dass sich verschiedene Jagdhundrassen im ehemaligen Jugoslawien prächtig entwickelten.

Die Save-Bracke, die inzwischen als kroatische Rasse eingeordnet wird, hat sich der bergigen Umwelt angepasst und bewegt sich dort trittsicher auf kompakten, schmalen Pfoten. Das Fell ist dicht und kurz. Die dunklen Augen blicken wachsam und zeigen deutlich den Charakter dieser Rasse: ein lebhafter Jagdhund mit guter Nase, der zur Jagd auf Kleinwild und auf Hirsche eingesetzt wird.

Bei der Widerristhöhe gibt es viel Spielraum; sie kann bei 43–59 cm liegen, das Gewicht zwischen 16 und 20 kg.

Ihr sanfter Charakter macht die Save-Bracke auch zu einem guten Begleithund.

FCI 7
GRUPPE

FELLPFLEGE

groß
GRÖSSE

FUTTER

TSCHECHISCHE UND SLOWAKISCHE REPUBLIK

Böhmischer Raubart

Widerristhöhe 58–66 cm

RASSEINFORMATIONEN	
NAME	Böhmischer Raubart
ANDERE NAMEN	Cesky Fousek, Tschechischer Stichelhaar, Tschechischer Vorstehhund
OFFIZIELLE ANERKENNUNG	FCI Gruppe 7
FARBVARIANTEN	leber oder leber/weiß, darf Stichelung aufweisen

Oben und rechts
Der Böhmische Raubart hat einen sanften Ausdruck und tief liegende Augen.

DER BÖHMISCHE RAUBART, ein aus Böhmen stammender Jagdhund, ist eng verwandt mit dem Drahthaar und dem Stichelhaar. Zur Zeit des Ersten Weltkriegs war er sehr beliebt, ging in der Folgezeit als Rasse jedoch fast verloren. Der Böhmische Raubart wurde durch Einkreuzen von Deutsch-Kurzhaar und Deutsch-Drahthaar rückgezüchtet und ähnelt in seiner heutigen Form stark diesen Rassen. Er ist ein vielseitiger Gebrauchshund und am besten bei erfahrenen Jägern aufgehoben. Er kann vorstehen, vorsitzen und auch apportieren, sowohl vom Land als auch aus dem Wasser; anscheinend hat die ursprüngliche Rasse im 15. Jahrhundert mit Wildvögeln gearbeitet.

Die Widerristhöhe variiert; sie liegt bei 58–66 cm, beim Gewicht gibt es ähnlich großen Spielraum von 22–34 kg. Das raue Deckhaar ist mittellang mit weicher Unterwolle; die tief liegenden, dunklen Augen haben einen sanften Ausdruck.

Diese Rasse braucht regelmäßige Bewegung, ist aber dennoch ein guter Begleithund. Der Böhmische Raubart ist bekannt dafür, dass er auch Kindern gegenüber gehorsam ist, obwohl manche Vertreter dieser Rasse auch eigensinnig sein können und dann eine feste Hand und eine gute Erziehung brauchen.

RASSEINFORMATIONEN

NAME	Tschechischer Wolfshund
ANDERE NAMEN	Ceskoslovensky Vlcak
OFFIZIELLE ANERKENNUNG	FCI Gruppe 1
FARBVARIANTEN	wolfsähnliche Farben

TSCHECHISCHE UND SLOWAKISCHE REPUBLIK

Tschechoslawakischer Wolfshund

Widerristhöhe 60–75 cm

FCI 1
GRUPPE
FELLPFLEGE
groß
GRÖSSE
FUTTER

MIT DER Zucht dieser kompakten, wolfähnlichen Rasse wurde 1955 begonnen, als man den Deutschen Schäferhund mit dem Karpatenwolf kreuzte, um die Leistungsfähigkeit des Schäferhundes weiter zu verbessern. Die Anerkennung erfolgte 1982.

Der lebhafte Tschechische Wolfshund gibt Laut durch prägnantes Heulen. Die schmalen, dreieckigen Stehohren sind höchst beweglich und im allgemeinen Erscheinungsbild zeigt das Tier viele wolfsähnliche Eigenschaften. Das Deckhaar ist glatt und eng anliegend, in den Wintermonaten entwickelt sich stets eine dichte Unterwolle. Die Widerristhöhe beträgt 60–75 cm, das Gewicht 20–35 kg.

Der Tschechische Wolfshund muss ausgesprochen fest und geduldig geführt werden. Die Rasse entwickelt eine starke Anhänglichkeit an ihren Besitzer, verträgt sich aber nicht gut mit Artgenossen.

Manche Hunde haben Angst vor Fremden, weshalb dieser Hund für die Polizeiarbeit nicht geeignet ist.

RASSEINFORMATIONEN

NAME	Broholmer
ANDERE NAMEN	Dänischer Broholmer
OFFIZIELLE ANERKENNUNG	FCI Gruppe 2
FARBVARIANTEN	hellgelb oder braungelb, schwarz, weiße Abzeichen zulässig

DÄNEMARK

Broholmer

Widerristhöhe 70 cm

FCI 2
GRUPPE
FELLPFLEGE
groß
GRÖSSE
FUTTER

DER BROHOLMER entstand aus einer Kreuzung zwischen dem Englischen Mastiff und einheimischen deutschen Hunden. Mastiffs kamen als Geschenk von der britischen Königsfamilie, während das preußische Königshaus den Dänen Deutsche Doggen schenkte. König Frederik VII. und seine Gemahlin, Gräfin Danner, besaßen mehrere Broholmer; ein Gemälde zeigt die beiden mit einem dieser Hunde. Die Rasse wurde erstmals im frühen 19. Jahrhundert gezüchtet und war in Dänemark recht beliebt, vor allem als Wachhund für die Häuser der Reichen. Im Zweiten Weltkrieg ging die Anzahl der Hunde stark zurück, sodass die Rasse 1974 vom „Ausschuss für nationale und vergessene Rassen" zur Rückzüchtung vorgesehen wurde.

Der Broholmer ist mit einer Widerristhöhe von etwa 70 cm ein großer Hund, sein Gewicht beträgt zwischen 41 und 59 kg. Das Fell ist kurz und derb und kann hellgelb, braungelb oder schwarz sein. Wenige weiße Abzeichen auf dem Fell sind ebenfalls zulässig.

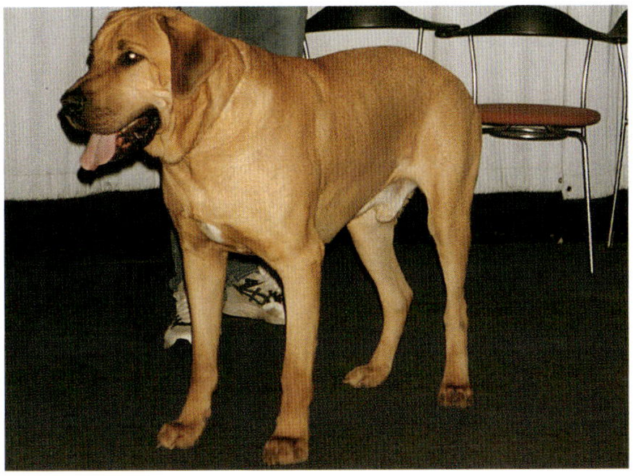

Oben
Der Tschechische Wolfshund ist eine relativ neue Rasse, die das Blut des Karpatenwolfs und das des Deutschen Schäferhundes in sich vereint.

Links
Der Broholmer ist eine große Rasse, die vom Mastiff abstammt und in den letzten 30 Jahren erfolgreich neu gezüchtet wurde.

FCI 7	
GRUPPE	FELLPFLEGE
groß	
GRÖSSE	FUTTER

DÄNEMARK

Altdänischer Vorstehhund

Widerristhöhe 51–58 cm

RASSEINFORMATIONEN	
NAME	Altdänischer Vorstehhund
ANDERE NAMEN	Gammel Dansk Hønsehund
OFFIZIELLE ANERKENNUNG	FCI Gruppe 7
FARBVARIANTEN	weiß/leber, leichte Stichelung zulässig

WISSENSWERTES

Dieser Vorstehhund stand kürzlich noch vor dem Aussterben und ist außerhalb Dänemarks noch immer sehr selten.

DER ALTDÄNISCHE VORSTEHHUND wurde aus einheimischen, von Bluthunden abstammenden Rassen – darunter vermutlich auch der belgische Bluthund (St. Hubertus Hund) – im 18. Jahrhundert gezüchtet. Sie wurden mit spanischen Vorstehhunden gekreuzt, die über die Niederlande nach Dänemark kamen. Zuchtziel war ein Apportierhund, bei dem auch auf Bogenreinheit geachtet wurde. Die Rasse wird heute zur Nachsuche, zum Vorstehen und zum Apportieren von Wild aber auch als Begleithund eingesetzt. Am Ende des Zweiten Weltkriegs stand die Rasse kurz vor dem Aussterben und ist auch heute noch außerhalb ihres Heimatlandes selten anzutreffen. Der Altdänische Vorstehhund nimmt jedoch häufig an Gebrauchsprüfungen teil und hat eine ausgezeichnete Nase.

Der Hund ist kräftiger gebaut als viele andere Vorstehhunde, hat eine breite Brust, kräftige Keulen und gut bemuskelte Vorder- und Hinterläufe. Der Kopf ist recht tief, der Fang relativ breit. Die langen Behänge sind an der Spitze gerundet. Das kurze Fell ist dicht anliegend mit isolierender Unterwolle. Die Farben sind Weiß und Leber, eine leichte Stichelung ist zulässig. Die Rasse gilt als freundlicher, ruhiger Familienhund, der sich leicht an das Stadtleben gewöhnt und meist verlässlich im Umgang mit Kindern ist.

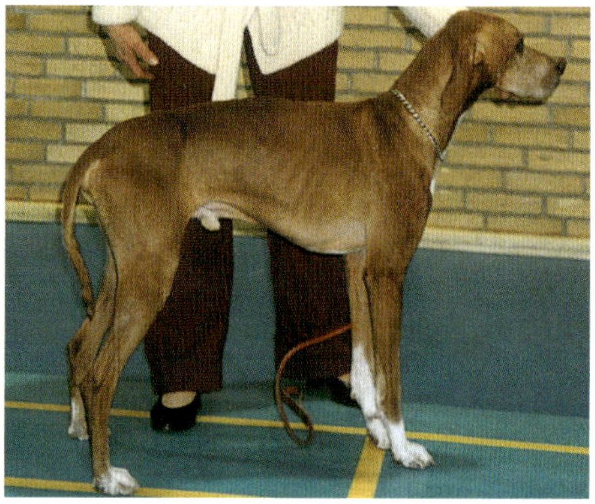

Rechts
Der anpassungsfähige Altdänische Vorstehhund wird langsam populärer; sein Bestand nimmt wieder zu.

FCI 6	
GRUPPE	FELLPFLEGE
groß	
GRÖSSE	FUTTER

FINNLAND

Finnenbracke

Widerristhöhe 56–63 cm

RASSEINFORMATIONEN	
NAME	Finnenbracke
ANDERE NAMEN	Suomenajokoira, Finsk Stövare
OFFIZIELLE ANERKENNUNG	FCI Gruppe 6
FARBVARIANTEN	trikolor

DIE FINNENBRACKE WURDE IM 19. Jahrhundert aus französischen, deutschen und schwedischen Bracken gezüchtet. In der Folge stieg sie zur beliebtesten einheimischen Gebrauchshundrasse auf. Sie wird bei der Hirsch- und der Hasenjagd eingesetzt; sie folgt der Spur, apportiert jedoch nicht. In der Regel führt sie die Jäger zu Wildvögeln, die im Dickicht geschossen wurden. Inzwischen ist sie als Begleithund ebenso beliebt wie als Jagdgefährte.

Das recht harte Fell dieser Rasse ist etwas länger als bei anderen kurzhaarigen Rassen, aber immer noch so kurz, dass es nicht viel Pflege braucht. Die Hängeohren sind hoch angesetzt, der Kopf edel geformt. Die Widerristhöhe beträgt 56–63 cm, das Gewicht 20–25 kg. Die Finnenbracke braucht viel Bewegung und schläft in den Sommermonaten auch gern draußen. Die Rasse ist friedlich und bekannt für ihren guten Umgang mit Kindern. Die Rüden kommen allerdings häufig nicht gut mit anderen Rüden zurecht.

Rechts
Obwohl sie bei der Hirsch- und der Hasenjagd eingesetzt wird, apportiert die Finnenbracke nicht.

RASSEINFORMATIONEN	
NAME	Karelischer Bärenhund
ANDERE NAMEN	Karjalankarhukoira, Björnhund
OFFIZIELLE ANERKENNUNG	FCI Gruppe 5
FARBVARIANTEN	schwarz, weiß, schwarz/weiß

FINNLAND

Karelischer Bärenhund

Widerristhöhe 48–58 cm

FCI 5 GRUPPE · FELLPFLEGE · groß GRÖSSE · FUTTER

DIE WURZELN des Karelischen Bärenhundes liegen in Finnland und auch in Russland, wo er einst als Nationalschatz betrachtet wurde. Der legendäre Bärenjäger wurde von Farmern in der Region Karelien im finnisch-russischen Grenzgebiet gezüchtet, wo er Jagd auf Vögel, Nager und Hochwild machte. Seine Fähigkeiten bei der Verteidigung gegen Bären gaben ihm seinen Namen, und auch heute noch wer-

den diese Hunde von Jägern in Russland, Finnland, Schweden und Norwegen als Jagdgefährten und Beschützer gehalten.

Das eindrucksvolle Fell des Karelischen Bärenhundes besteht aus geraden, steifen Deckhaaren und dichter, weicher Unterwolle; die Farbe ist Schwarz, Weiß oder Schwarz und Weiß. Der buschige Schwanz wird eng geringelt auf dem Rücken getragen. Seine Widerristhöhe beträgt 48–58 cm, das Gewicht liegt zwischen 20 und 23 kg.

Wenn er nicht gerade jagt, ist der Karelische Bärenhund eine freundliche und leicht abzurichtende Rasse, die aber am besten bei Menschen mit viel Energie und reichlich Platz zum Bewegen aufgehoben ist. Noch ist er selten, wird aber als Begleithund immer beliebter.

Links
Die Verdienste des Karelischen Bärenhundes als Bärenkämpfer sind legendär, aber diese Hunde jagten auch Raubtiere, Vögel und Hochwild.

RASSEINFORMATIONEN	
NAME	Lappländischer Rentierhund
ANDERE NAMEN	Lapinporokoira
OFFIZIELLE ANERKENNUNG	FCI Gruppe 5
FARBVARIANTEN	schwarz/weiß, schwarz/loh, schwarz

FINNLAND

Lappländischer Rentierhund

Widerristhöhe 48–56 cm

FCI 5 GRUPPE · FELLPFLEGE · groß GRÖSSE · FUTTER

DIE URSPRÜNGE dieser Rasse gehen zurück auf den Finnischen Lapphund, der von den Samen in Nordnorwegen, Schweden, Finnland und Russland verwendet wurde. Der Lappländische Rentierhund ist ein guter Hütehund und wurde meist zum Treiben von Rentieren eingesetzt, da er mit den schwierigen klimatischen Bedingungen gut zurechtkam. Im 20. Jahrhundert wurden in Zuchtprogrammen Deutsche Schäferhunde eingekreuzt, um die Hütefähigkeiten der Rasse zu verbessern. Der aktuelle Rassestandard wurde 1966 vom Vorsitzenden des finnischen Zuchtverbandes entwickelt. Zwar ist durch den Einsatz von Schneemobilen der Bedarf an Rentier-Hütehunden zurückgegangen, doch fördert inzwischen ein gut organisiertes Zuchtprogramm den Einsatz der Rasse wieder. Der Hund ist stämmig, selbstsicher und spitzähnlich mit kräftigen, gut bemuskelten Vorderläufen. Obwohl dem etwas kleineren Finnischen Lapphund sehr ähnlich, ist sein Fang im Gegensatz zu diesem breit und kurz. Das dicke, mittellange Fell ist glatt und derb und gut Kälte isolierend.

Bei einer Widerristhöhe von 48–56 cm wiegt die Rasse 27–30 kg. Der gehorsame und freundliche Hund ist sehr kinderlieb.

WISSENSWERTES
Der Rentierhund wird in Skandinavien heute noch zur Elchjagd eingesetzt und als Begleithund immer beliebter.

Links
Das dichte Fell schützt den Lappländische Rentierhund gegen das raue Klima, in dem er arbeitet.

FCI 6 GRUPPE | FELLPFLEGE | groß GRÖSSE | FUTTER

FRANKREICH

Anglo-Français de Petite Vénerie

Widerristhöhe: 48–56 cm

RASSEINFORMATIONEN	
NAME	Anglo-Français de Petite Vénerie
ANDERE NAMEN	Kleiner Anglo-Franzose
OFFIZIELLE ANERKENNUNG	FCI Gruppe 6
FARBVARIANTEN	schwarz/weiß, orange/weiß, trikolor

Rechts und oben
Der Neuzugang bei den französischen Meutehundrassen wird für jede Form der Jagd eingesetzt.

DIE RASSE, ursprünglich bekannt als Petit Anglo-Français, entstand in der ersten Hälfte des 20. Jahrhunderts durch Kreuzung der französischen Rassen Poitevin und Porcelaine mit dem Beagle oder Beagle Harrier, ist also Ergebnis neuerer Zuchtprogramme. Als Meutehund steht diese Rasse in der Entwicklung, jagt aber mit kräftiger Stimme passioniert und hartnäckig. Eingesetzt wird sie zur Fährtensuche bei Niederwild wie Kaninchen oder Wachtel.

Der erste Zuchtstandard wurde 1978 formuliert; die Widerristhöhe reicht von 48–56 cm, das Gewicht von 16–20 kg. Die Augen liegen recht tief, die Nase läuft spitz zu, der Kopf ist gut gerundet. Das Fell ist glatt, aber in den Anfangstagen der Rasse gab es auch rauhaarige Welpen.

Der Anglo-Français de Petite Vénerie ist trotz seiner Zurückhaltung ein gehorsamer, arbeitswilliger Hund, der als Haushund ebenso leichtführig ist wie als Jagdhund.

FCI 6 GRUPPE | FELLPFLEGE | groß GRÖSSE | FUTTER

FRANKREICH

Ariégeois

Widerristhöhe 53–62 cm

RASSEINFORMATIONEN	
NAME	Ariégeois
OFFIZIELLE ANERKENNUNG	FCI Gruppe 6
FARBVARIANTEN	schwarz/weiß

DIESER GUTE Hasenjäger ist seit 1912 anerkannt und scheint Ergebnis der Kreuzung verschiedener französischer Rassen, darunter der Bleu de Gascogne und der Gascon Saintongeois mit dem Briquet zu sein. Die Rasse war fast ausgestorben, bis 1908 ein Förderverein gegründet wurde. Der Ariégeois, der vor allem in der Meute eingesetzt wurde, stammt aus Ariège in Südwestfrankreich und unterschied sich eine Zeit lang vom Petit Bleu de Gascogne nur durch seine Farbe. Er folgt Hasen und anderem Niederwild mit tiefer Nase und spurlaut.

Die dunklen Augen haben einen sanften Ausdruck, der lange, schlanke Kopf wird von den langen, tief angesetzten Ohren akzentuiert. Die Haut ist weich und liegt lose am Körper an, das Fell ist fein und eng anliegend. Bei einer Widerristhöhe von 53–62 cm hat er ein Gewicht von 25–30 kg.

Die anhängliche Rasse, die auch mit Kindern gut zurechtkommt, wird inzwischen auch als Haustier gehalten.

WISSENSWERTES
Dieser Hund wurde aus Harriern und französischen Briquets gezüchtet.

RASSEINFORMATIONEN

NAME	Barbet
OFFIZIELLE ANERKENNUNG	FCI Gruppe 8
FARBVARIANTEN	schwarz, weiß, grau, kastanienrot, rehbraun

FRANKREICH

Barbet

Widerristhöhe 46–56 cm

FCI 8 GRUPPE
FELLPFLEGE
groß GRÖSSE
FUTTER

ALS ALTE EUROPÄISCHE Wasserhundrasse spielte der Barbet höchstwahrscheinlich eine wichtige Rolle bei der Entstehung verschiedener anderer Wasserhundrassen. Er war einst in Europa bei der Wasserjagd sehr verbreitet und wurde nicht nur zum Apportieren von Wasservögeln, sondern auch von gefallenen Pfeilen eingesetzt.

Das charakteristisch gelockte Fell ist besonders wasserabweisend, und selbst Kopf und Rute sind dicht behaart. Die langen Behänge verstärken den freundlichen Ausdruck dieser hübschen Jagdhundrasse.

Heute wird der Barbet als Jagdhund gehalten; als Haushund ist er eher selten anzutreffen, da die Fellpflege viel Arbeit erfordert.

Links
Der Barbet hat ein wasserabweisendes Fell, das viel Pflege verlangt, wenn er als Ausstellungshund gehalten wird.

RASSEINFORMATIONEN

NAME	Basset Artésien Normand
OFFIZIELLE ANERKENNUNG	FCI Gruppe 6
FARBVARIANTEN	trikolor, rehbraun/weiß

FRANKREICH

Basset Artésien Normand

Widerristhöhe 25–36 cm

FCI 6 GRUPPE
FELLPFLEGE
klein GRÖSSE
FUTTER

DIESE, VOM ALTEN FRANZÖSISCHEN Bluthund und dem belgischen Bluthund (St. Hubertus Hund) abstammende Rasse ist ein Vorfahr des in Großbritannien bekannteren Basset Hound. Sie stammt, wie der Name schon sagt, aus der Normandie, teilte sich aber in eine gerad- und eine krummbeinige Linie. Mit Gründung eines Züchterverbandes 1910 wurde ein Standard aufgestellt und die Rasse vereinheitlicht. Im Zweiten Weltkrieg ging die Zahl der Hunde deutlich zurück, die Rasse wurde aber vor dem Aussterben bewahrt. Eingesetzt wird dieser Jagdhund zur Fährtensuche von Hirsch und Niederwild sowie Kaninchen und Hasen. Mit kurzen Beinen kann dieser Basset kleine Tiere gut verfolgen und auch in Dickichte eindringen, die größeren Hunden verwehrt sind. Die Widerristhöhe ist 25–36 cm, das Gewicht 14,5–15,5 kg; dennoch ist diese Rasse leichter als der Basset Hound.

Die leicht erziehbare Rasse fühlt sich auf dem Land und in der Stadt wohl.

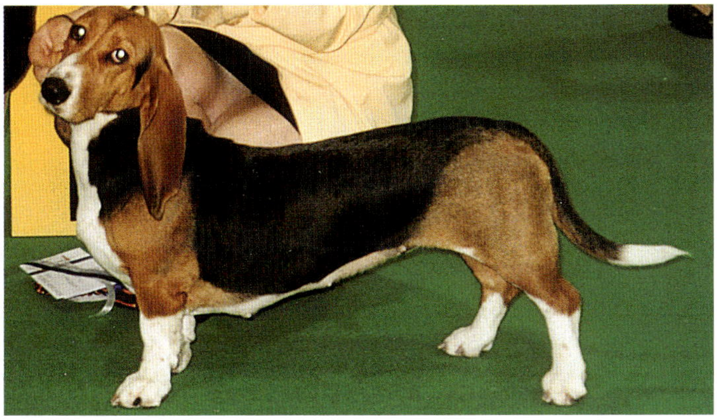

Links
Seine kurzen Beine erlauben es diesem Hund, Kleintiere in dichtes Unterholz zu verfolgen und aufzustöbern.

FCI 6
GRUPPE

FELLPFLEGE

groß
GRÖSSE

FUTTER

FRANKREICH

Beagle Harrier

Widerristhöhe 45–50 cm

RASSEINFORMATIONEN	
NAME	Beagle Harrier
OFFIZIELLE ANERKENNUNG	FCI Gruppe 6
FARBVARIANTEN	trikolor

WISSENSWERTES
Beagle Harrier sind ausgezeichnete Gebrauchshunde; ihr sanftes Wesen macht sie auch zu guten Begleithunden.

DER BEAGLE HARRIER, ein unermüdlicher und passionierter Gebrauchshund, wurde erstmals in den späten 1920er- und den 1930er-Jahren gezüchtet. Er sollte alle Vorzüge des Beagles und des Harriers in sich vereinen. Noch heute ist dieser Hund außerhalb Frankreichs selten anzutreffen; er wird hauptsächlich in kleinen Meuten gehalten und noch immer für die Hasenjagd eingesetzt, dem Hauptzweck der Zucht. Allerdings jagt er inzwischen auch Fuchs, Wildschwein und Hirsch.

Die Größe des Beagle Harriers liegt zwischen denen seiner beiden Vorfahren: Widerristhöhe 45–50 cm, Gewicht 20–25 kg, der Rücken ist ein wenig länger als beim Beagle. Die Rasse ist in der Regel dreifarbig, oft mit schwarzer Decke.

Der sanfte Beagle Harrier genießt die Gesellschaft anderer Hunde ebenso wie die von Menschen. Er hat ein sicheres Wesen und lässt sich leicht abrichten.

FCI 1
GRUPPE

FELLPFLEGE

groß
GRÖSSE

FUTTER

FRANKREICH

Berger de Picardie

Widerristhöhe 55–66 cm

RASSEINFORMATIONEN	
NAME	Berger de Picardie,
ANDERE NAMEN	Picardie-Schäferhund
OFFIZIELLE ANERKENNUNG	FCI Gruppe 1
FARBVARIANTEN	rehbraun, grau

Unten
Der Berger ist eine der ältesten französischen Hunderassen und eignet sich gut als Wachhund.

DER BERGER de Picardie, vielleicht der älteste französische Schäferhund, kam mit den Kelten um 800 v. Chr. ins Land. Vor allem auf Höfen in Nordostfrankreich war dieser Hütehund anzutreffen. Während der Somme-Schlacht ging seine Zahl stark zurück und selbst heute ist die Rasse noch selten. Sie eignet sich gut als Wachhund für Bauernhöfe und ist auch ein geschickter Hütehund für Schaf- und Rinderherden.

Der kräftige Hund hat eine Widerristhöhe von 55–66 cm und wiegt zwischen 23 und 32 kg. Er ist hochläufig, hat lange Stehohren und dichte Augenbrauen, die allerdings die Augen nicht abschirmen. Das dichte, wasserabweisende Fell braucht Pflege, ist aber gut an die Lebensweise angepasst, für die die Rasse gezüchtet wurde.

Trotz seines eher starrköpfigen Wesens spricht der Berger de Picardie gut auf Gehorsamstraining an und ist bekannt für seine Zuverlässigkeit als Familienmitglied.

RASSEINFORMATIONEN	
NAME	Billy
OFFIZIELLE ANERKENNUNG	FCI Gruppe 6
FARBVARIANTEN	weiß, milchkaffeebraun, weiß mit orange oder zitronengelb

FRANKREICH

Billy

Widerristhöhe 58–70 cm

FCI 6
GRUPPE
FELLPFLEGE
groß
GRÖSSE
FUTTER

DIESE JAGDHUNDE wurden nach ihrem ersten Züchter benannt, der auf dem Château de Billy in Poitou lebte, und entstammen denselben Vorfahren wie der Poitevin, u. a. dem Montembœuf und dem Céris, auch ein wenig Larrye-Blut fließt in ihren Adern. Auch der Foxhound wurde mit eingekreuzt. Die meisten Billy-Meuten jagen Rehe, einige sind auch auf Wildschweine spezialisiert; die Rasse braucht also Mut und Scharfsinn. Der Billy ist ein schneller Jagdhund mit lockerem Hals, innerhalb der Meute brechen manchmal Kämpfe aus. Die Zuchtauswahl wurde vor allem hinsichtlich der Farbe getroffen, in der Regel rein Weiß, Zitronengelb und Weiß oder Milchkaffeebraun und Weiß; alle Farben dürfen eine Decke oder Scheckung haben. Das Fell ist kurz und glänzend; die ausdrucksvollen, dunkel umrandeten Augen tragen zur Schönheit der Rasse bei. Ihre Widerristhöhe liegt bei 58–70 cm, das Gewicht bei 25–33 kg Durch Bewegung blüht der Billy auf; er eignet sich zum Gehorsamstraining.

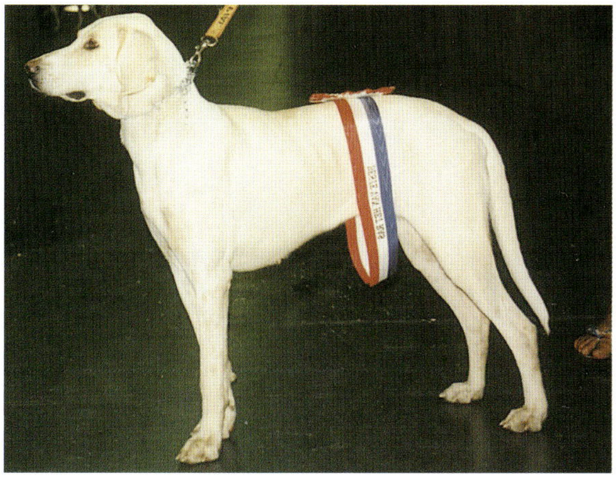

Links
Der Billy stammt von verschiedenen Vorfahren ab, teilweise von denselben wie der Foxhound und auch der Poitevin. Er ist manchmal etwas streitlustig.

RASSEINFORMATIONEN	
NAME	Braque de l'Ariège
ANDERE NAMEN	Ariège-Bracke
OFFIZIELLE ANERKENNUNG	FCI Gruppe 7
FARBVARIANTEN	weiß mit orange oder kastanienbraun

FRANKREICH

Braque de l'Ariège

Widerristhöhe 60–67 cm

FCI 7
GRUPPE
FELLPFLEGE
groß
GRÖSSE
FUTTER

DIE BRAQUE de l'Ariège ist ein hart und schnell arbeitender Vorstehhund, der vom schwereren Pointer abstammt, wie man auf Gemälden von Oudry sehen kann. Diese Rasse entstand im 20. Jahrhundert durch Einkreuzen der leichter gebauten Braque Saint-Germain. Die moderne Braque de l'Ariège kann Wild im schnellen Trab verfolgen und aufstöbern und braucht körperliche und geistige Herausforderungen.

Mit einer Widerristhöhe von 60–67 cm und einem Gewicht von 25–30 kg ist sie der größte moderne französische Vorstehhund.

Ohne Stimulierung kann diese Rasse laut und destruktiv sein; der Hund sollte deshalb schon als Welpe erworben werden, um sich dem Lebensstil des Besitzers anzupassen.

WISSENSWERTES
Diese Bracke braucht Anregung; sie ist schnell gelangweilt und neigt zum Zerstörerischen.

FCI 7 GRUPPE | FELLPFLEGE | groß GRÖSSE | FUTTER

FRANKREICH

Braque d'Auvergne

Widerristhöhe 55–63 cm

RASSEINFORMATIONEN	
NAME	Braque d'Auvergne
ANDERE NAMEN	Auvergne-Bracke
OFFIZIELLE ANERKENNUNG	FCI Gruppe 7
FARBVARIANTEN	schwarz/weiß, charbonnage/weiß, beides mit Tüpfelung

Rechts und oben
Dieser Hund stammt aus Malta; er soll nach der Eroberung der Insel durch Napoleon nach Frankreich gekommen sein.

DIE WURZELN der Braque d'Auvergne liegen in Süd- und Zentralfrankreich. Er ist heute ein seltener Vorstehhund. Angeblich wurde er von durch Napoleon aus Malta vertriebene Kavalleristen nach Frankreich eingeführt. Das kurze, glänzende Fell ist weiß mit Schwarzschecke und schwarzen Flecken. Seine Widerristhöhe beträgt 55–63 cm, sein Gewicht 22–28 kg. Die Braque d'Auvergne ist auch ein guter Familienhund, sofern sie ausreichend beschäftigt wird.

FCI 7 GRUPPE | FELLPFLEGE | groß GRÖSSE | FUTTER

FRANKREICH

Braque du Bourbonnais

Widerristhöhe 55,5–56,5 cm

RASSEINFORMATIONEN	
NAME	Braque du Bourbonnais
ANDERE NAMEN	Bourbonnaiser Bracke
OFFIZIELLE ANERKENNUNG	FCI Gruppe 7
FARBVARIANTEN	weiß mit leber, rötliche oder orange Schecke

DIESE 1598 von einem italienischen Reisenden in der französischen Bourbonnais erstmals erwähnte Rasse hat eine lange Tradition als französischer Vorstehhund. Früher zur Hetzjagd eingesetzt, ist sie heute Begleit- und vielseitiger Jagdhund. Nachsuche, Vorstehen und Apportieren von Land, aus Wasser oder Sumpf gehören zum Arbeitsalltag dieser Rasse, die während des Zweiten Weltkriegs fast ausstarb und später rückgezüchtet wurde.

Die Braque du Bourbonnais hat einen stämmigen Körper mit tiefer, breiter Brust. Seine Widerristhöhe liegt bei 55,5–56,5 cm, sein Gewicht 18–26 kg. Das pflegeleichte Fell ist dicht und oft etwas fettig, aber nicht glänzend.

Diese Rasse ist vielleicht die ausgeglichenste unter allen französischen Bracken.

Rechts
Dieser hübsche Hund hat ein weiches Maul und wird häufig zum Apportieren von Wild eingesetzt.

RASSEINFORMATIONEN	
NAME	Braque Français, type Gascogne (Grande Taille)
ANDERE NAMEN	Französischer Vorstehhund, Typus Gascogne, Französische Bracke
OFFIZIELLE ANERKENNUNG	FCI Gruppe 7
FARBVARIANTEN	weiß mit kastanienbraun (Flecken und Schecke)

FRANKREICH

Braque Français, type Gascogne

Widerristhöhe 56–69 cm

FCI 7
GRUPPE
FELLPFLEGE
groß
GRÖSSE
FUTTER

DIESE BRACKE stammt aus der Gascogne in Südfrankreich. Ihre Vorfahren sind spanische und italienische Vorstehhunde; um die Jahrhundertwende wurde sie vor dem Aussterben gerettet. Obwohl die Rasse die hohe Suche bevorzugt, folgt sie auch Spuren mit tiefer Nase und ist ein passionierter Spürhund, der am besten auf sanfte Ausbildungsmethoden anspricht. Diese Bracke wird hauptsächlich von französischen Jägern als Gebrauchshund gehalten und ist daher noch immer nicht zahlreich vertreten.

Das Fell dieser Rasse ist recht dick und am Rücken rauer als am Kopf. Die Nase ist passend zur Fellfarbe braun. Bei der Widerristhöhe gibt es einen beträchtlichen Spielraum von 56–69 cm, das Gewicht beträgt zwischen 20 und 32 kg.

Die begeisterungsfähige Bracke ist ein guter Hausgenosse mit Spaß an der Bewegung, dem menschliche Gesellschaft ebenso angenehm ist wie die von Artgenossen.

WISSENSWERTES
Alle Bracken sind vorzügliche Lauf- und Jagdhunde, obwohl manche Arten mehr Ausbildung brauchen als andere.

Links
Dieser Hund ist bekannt für sein sanftes Wesen und für seine Arbeitsfreude und genießt die Gesellschaft von Menschen und Artgenossen.

RASSEINFORMATIONEN	
NAME	Braque Français, type Pyrénées (Petite Taille)
ANDERE NAMEN	Französischer Vorstehhund, Typus Pyrenäen, Französische Kleinbracke
OFFIZIELLE ANERKENNUNG	FCI Gruppe 7
FARBVARIANTEN	weiß mit kastanienbraunen Flecken

FRANKREICH

Braque Français, type Pyrénées

Widerristhöhe 48–65 cm

FCI 7
GRUPPE
FELLPFLEGE
groß
GRÖSSE
FUTTER

DIE BRAQUE Français, type Pyrénées ist eine leicht verfeinerte Version der Braque Français, type Gascogne mit etwas kürzeren Läufen und eignet sich hervorragend für die Arbeit im dichten Unterholz. Diese agile Rasse entstand in der Nähe der französisch-spanischen Grenze in den Pyrenäen und stammt vom inzwischen ausgestorbenen Southern Hound und dem Perdiguero de Burgos ab. Sie jagt instinktiv mit hoher Nase, die sie zum Erschnüffeln feinster Duftspuren gen Himmel streckt. Außerhalb Frankreichs ist sie selten anzutreffen und überhaupt nur in geringer Zahl vertreten.

Das Fell ist etwas kürzer und feiner als das des Typus Gascogne, aber die Färbung ist dieselbe. Die Widerristhöhe beträgt 48–65 cm, das Gewicht liegt zwischen 17 und 22 kg.

Diese Rasse gibt einen guten Begleithund ab, der mit vielen unterschiedlichen Lebensstilen harmoniert.

Links
Diese sehr seltene Rasse ist außerhalb Frankreichs kaum anzutreffen, obwohl es Bemühungen gibt, ihren Bestand zu vergrößern.

FCI 7
GRUPPE
FELLPFLEGE
groß
GRÖSSE
FUTTER

FRANKREICH

Braque Saint-Germain

Widerristhöhe 54–62 cm

RASSEINFORMATIONEN

NAME	Braque Saint-Germain
ANDERE NAMEN	Saint-Germain-Vorstehhund, Saint-Germain-Bracke
OFFIZIELLE ANERKENNUNG	FCI Gruppe 7
FARBVARIANTEN	weiß mit orangen Abzeichen

WISSENSWERTES

Wie die meisten Bracken spricht die Braque Saint-Germain bei der Jagdhundausbildung gut auf sanfte Disziplin an.

EINE DER BRAQUE Saint-Germain ähnliche Rasse war bereits zu Zeiten Ludwigs XV. bekannt, daher geht man davon aus, dass sie eine lange Tradition hat. Während der Französischen Revolution ging der Bestand zurück, wurde aber durch Kreuzen der überlebenden Exemplare mit der Braque Français, type Gascogne rückgezüchtet. Die Rasse wird zum Vorstehen und Apportieren verwendet, inzwischen aber sowohl als Begleit- wie auch als Jagdgebrauchshund gehalten.

Das Fell ist kurz mit charakteristischen Abzeichen, die Widerristhöhe beträgt 54–62 cm, das Gewicht 18–26 kg.

Die gelehrige, wie ähnliche Rassen leicht nervöse, Braque Saint-Germain ist fügsam und spricht am besten auf eine sanfte Ausbildung an.

Unten
Für den Chien d'Artois, eine der ältesten französischen Rassen, wurde kürzlich ein Zuchtprogramm gestartet, um den Bestand zu vergrößern.

FCI 6
GRUPPE
FELLPFLEGE
groß
GRÖSSE
FUTTER

FRANKREICH

Chien d'Artois

Widerristhöhe 52–58 cm

RASSEINFORMATIONEN

NAME	Chien d'Artois
ANDERE NAMEN	Briquet
OFFIZIELLE ANERKENNUNG	FCI Gruppe 6
FARBVARIANTEN	trikolor

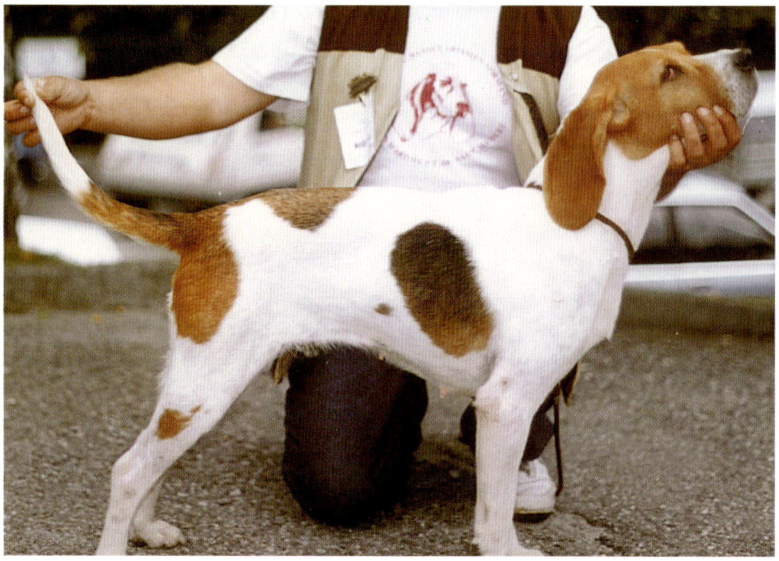

DER ALTERNATIVNAME dieser Rasse, Briquet, ist wahrscheinlich abgeleitet vom französischen *braquet,* was so viel bedeutet wie „kleiner Jagdhund". Der Chien d'Artois ist mit Sicherheit eine der ältesten französischen Laufhundrassen, war jedoch im 19. Jahrhundert schon fast ausgestorben. Französische Jagddarstellungen aus dem 15. Jahrhundert zeigen Jagdhunde, die dem Chien d'Artois sehr ähnlich sind; die Rasse jagte in Meuten und wurde zur Jagd auf Niederwild eingesetzt, da sie mit ihren kurzen Beinen auch in dichtem Unterholz arbeiten konnte. Wegen der großen Beliebtheit der Rasse kreuzten einige Züchter wahllos britische Jagdhunde ein, aber im Laufe des 20. Jahrhunderts wurde der Originaltyp wieder herausgezüchtet.

Die kurzhaarige Rasse hat relativ dicke Haut, erreicht eine Widerristhöhe von 52–58 cm, ein Gewicht von 18–24 kg und braucht eine strenge Ausbildung.

RASSEINFORMATIONEN	
NAME	Epagneul Bleu de Picardie
ANDERE NAMEN	Blauer Picardie-Spaniel
OFFIZIELLE ANERKENNUNG	FCI Gruppe 7
FARBVARIANTEN	blau/schwarz (Blauschimmel) mit weißer Stichelung und lohfarbenen Flecken

FRANKREICH

Epagneul Bleu de Picardie

Widerristhöhe 56–61 cm

FCI 7 GRUPPE · FELLPFLEGE · groß GRÖSSE · FUTTER

DER EPAGNEUL Bleu de Picardie wird hauptsächlich zum Apportieren von Schnepfen aus Sumpfland in Nordostfrankreich eingesetzt. Dieser Jagdhund entstand aus einer Kreuzung zwischen dem English Setter (Farbe Blue-belton) und dem Epagneul Picard.

Die Rasse ähnelt in vielerlei Hinsicht dem Setter, hat aber einen breiteren Schädel als viele der bekannteren Setterarten. Die Ohren sind tief angesetzt und von seidigem, gewelltem Haar bedeckt, das schwere Körperfell ist blauschwarz mit weißer Stichelung. Die tiefe Brust bietet der Lunge viel Platz. Bei einer Widerristhöhe von 56–61 cm wiegt dieser Hund 19,5–20,5 kg. Der Epagneul Bleu de Picardie ist ein ruhiger Hund, braucht aber dank guter Kondition viel Bewegung. Die verspielte, leichtführige, gehorsame Rasse liebt menschliche Gesellschaft und eignet sich gut für den Umgang mit Kindern.

Links
Dieser französische Spaniel ähnelt in vielerlei Hinsicht eher einem Setter und entstand aus einer Kreuzung zwischen Setter und Spaniel.

RASSEINFORMATIONEN	
NAME	Epagneul Français
ANDERE NAMEN	Französischer Spaniel
OFFIZIELLE ANERKENNUNG	FCI Gruppe 7
FARBVARIANTEN	weiß mit braun

FRANKREICH

Epagneul Français

Widerristhöhe 53–61 cm

FCI 7 GRUPPE · FELLPFLEGE · groß GRÖSSE · FUTTER

DIESER ELEGANTE französische Vorstehhund ist verwandt mit dem Kleinen Münsterländer und dem niederländischen Drentscher Hühnerhund. Die Geschichte der Rasse reicht höchstwahrscheinlich zurück bis zur berberischen Küste, woher ihre Vorfahren nach Spanien und anschließend nach Frankreich gebracht wurden. Andere meinen, sie habe sich in Skandinavien entwickelt. Auch diese Rasse gehört zu den Spaniels, ähnelt aber in vielerlei Hinsicht mehr einem Setter und wird zum Aufstöbern und Apportieren von Wildvögeln eingesetzt.

Dieser typische Jagdhund ist recht groß und kräftig gebaut. Das kurze, flache Fell bildet Federn, Rute und Ohren sind von längerem Haar bedeckt. Diese Rasse kommt auch gut mit kälterem Wetter zurecht. Die Widerristhöhe beträgt 53–61 cm, das Gewicht 20–25 kg.

Der ruhige Epagneul Français spricht auf sanfte Ausbildung an. Trotz seiner Eignung als Begleithund, ist er außerhalb seines Ursprungslandes nur selten anzutreffen; er kommt gut mit anderen aus und liebt viel Bewegung.

Links
Die Herkunft dieser eleganten Rasse ist unklar.

FCI 7
GRUPPE

FELLPFLEGE

groß
GRÖSSE

FUTTER

FRANKREICH

Epagneul Picard

Widerristhöhe 56–61 cm

RASSEINFORMATIONEN	
NAME	Epagneul Picard
ANDERE NAMEN	Picardie-Spaniel
OFFIZIELLE ANERKENNUNG	FCI Gruppe 7
FARBVARIANTEN	braun mit weiß/loh

WISSENSWERTES
Spaniels sind in Frankreich inzwischen beliebte Jagd- und Begleithunde; manche Rassen sind allerdings extrem selten.

WAHRSCHEINLICH stammt der Epagneul Picard vom inzwischen ausgestorbenen Chien d' Oysell ab, und die heutige Rasse trägt das Blut spanischer Spaniels aus dem 14. Jahrhundert in sich. Im 19. Jahrhundert war die Rasse fast verschwunden, wurde zu Beginn des 20. Jahrhunderts jedoch in der Normandie und der Picardie rückgezüchtet. Ursprünglich für die Jagd auf Wasservögel eingesetzt, stellt und apportiert sie heute Wild im Sumpf oder Flachland. Außerhalb Frankreichs und Belgiens gibt es die Rasse selten.

Unten
Ein Schutzverein wurde gegründet, um den Bestand dieser sanften Hunde zu vergrößern.

Das Körperfell bildet Federn an Behängen, Läufen und Rute; bernsteinfarbene Augen passen zur Fellfarbe. Seine Widerristhöhe beträgt 56–61 cm, er wiegt 19,5–20,5 kg.

Trotz seiner ungeheuren Ausdauer begnügt sich der Epagneul picard mit mäßiger Bewegung und gibt einen guten Begleithund ab.

FCI 7
GRUPPE

FELLPFLEGE

groß
GRÖSSE

FUTTER

FRANKREICH

Epagneul de Pont-Audemer

Widerristhöhe 51–58 cm

RASSEINFORMATIONEN	
NAME	Epagneul de Pont-Audemer
ANDERE NAMEN	Pont-Audemer-Spaniel
OFFIZIELLE ANERKENNUNG	FCI Gruppe 7
FARBVARIANTEN	leber/weiß, leber

DIESER AUSSERORDENTLICH attraktive Spaniel ist mit dem Barbet und alten französischen Spanielrassen verwandt und hat möglicherweise auch Verbindungen zum Irish Water Spaniel. Die Rasse war während des Zweiten Weltkriegs praktisch ausgestorben, wurde aber durch das planvolle Einkreuzen von Irish Water Spaniels rückgezüchtet. Der Epagneul de Pont-Audemer stöbert Wild auf und apportiert; er arbeitet gut und willig in Marsch- und Sumpfland und wird hauptsächlich von Jägern gehalten. Für die noch immer seltene Rasse engagiert sich ein Verein in Frankreich, der ihr Fortbestehen sicherstellt.

Der Körper des Hundes ist kräftig, die Widerristhöhe beträgt 51–58 cm, das Gewicht 18–24 kg. Das üppige, glänzende Fell ist gewellt, aber nicht fettig und bildet Fransen an den tief angesetzten Behängen. Freundliche, leberfarben pigmentierte Augen offenbaren einen liebenswerten Charakter. Der Epagneul de Pont-Audemer ist leichtführig, hat ein fügsames Wesen, verträgt sich gut mit anderen Hunden und ist sehr verlässlich.

RASSEINFORMATIONEN	
NAME	Français Tricolore
ANDERE NAMEN	Französischer dreifarbiger Laufhund
OFFIZIELLE ANERKENNUNG	FCI Gruppe 6
FARBVARIANTEN	trikolor

FRANKREICH

Français Tricolore

Widerristhöhe 62–72 cm

FCI 6
GRUPPE

FELLPFLEGE

groß
GRÖSSE

FUTTER

DER FRANÇAIS Tricolore gehört zu den großen französischen Jagdhundrassen und jagt hauptsächlich Rotwild und Rehe, manchmal auch Wildschweine. Wie andere Laufhunde dieser Gruppe stammt auch er aus verschiedenen Kreuzungen beispielsweise mit Poitevins, Billys, Bleus de Gascogne, Gascons Saintongeois und Foxhounds. Die Rasse wurde erst 1965 anerkannt, ist heute die zweitbeliebteste französische Jagdhundrasse und wird zur Niederwildjagd eingesetzt.

Der stämmige, aber elegante Français Tricolore ist in jedem Gelände recht schnell und kann dank großer Kraft und Ausdauer über einen langen Zeitraum hinweg arbeiten. Die Widerristhöhe liegt bei 62–72 cm, das Gewicht zwischen 34,5 und 35,5 kg. Das glatte Fell ist recht fein, ebenso die Haut. Die dreifarbigen Hunde haben einen schwarzen Sattel, und das Loh kann hell oder kupferfarben sein. Eine graue Färbung ist zulässig, jedoch sollte eine lohfarbene oder blaue Schecke nicht offensichtlich sein.
Dieser Hund braucht sehr viel Auslauf und ist ein besserer Jagdhund als Gefährte.

Links und oben
Diese beliebte Rasse jagte ursprünglich Hirsche.

RASSEINFORMATIONEN	
NAME	Français Blanc et Noir
ANDERE NAMEN	Französischer Schwarz-Weißer Laufhund
OFFIZIELLE ANERKENNUNG	FCI Gruppe 6
FARBVARIANTEN	schwarz/weiß mit etwas lohfarben

FRANKREICH

Français Blanc et Noir

Widerristhöhe 65–72 cm

FCI 6
GRUPPE

FELLPFLEGE

groß
GRÖSSE

FUTTER

EBENSO ROBUST und aktiv wie der ähnliche Français Tricolore, ist der Français Blanc et Noir eine sehr majestätische Erscheinung. An seiner Entstehung waren der Foxhound, der Bleu de Gascogne und andere französische Jagdhundrassen beteiligt. Als Laufhund wird diese Rasse hauptsächlich für die Niederwildjagd eingesetzt; ihre recht lange, an der Wurzel kräftige Rute trägt sie bei Jagdbereitschaft aufrecht.
Dieser wunderschöne Jagdhund hat eine treue Fangemeinde und wurde für die Wolfsjagd in Quebec eingesetzt, wo die Menschen versucht haben, den traditionellen französischen Jagdstil aufrechtzuerhalten.
Die Rasse hat eine Widerristhöhe von 65–72 cm und ein Gewicht von 34,5–35,5 kg, das Fell ist glatt, kräftig und eng anliegend und hat die Farbe Weiß, mit schwarzer Decke oder mit kleineren schwarzen Abzeichen. Etwas Blauschecke ist zulässig, Lohschecke jedoch nur in bestimmten Bereichen.
Der Français Blanc et Noir ist freundlich, kinderlieb und leicht abzurichten, eignet sich aber nicht für das Stadtleben.

Links
Trotz seines Namens ist das Fell des Français Blanc et Noir deutlich lohfarben schattiert.

FCI 6
GRUPPE

FELLPFLEGE

groß
GRÖSSE

FUTTER

FRANKREICH

Grand Anglo-Français Tricolore

Widerristhöhe 62–72 cm

RASSEINFORMATIONEN	
NAME	Grand Anglo-Français Tricolore
ANDERE NAMEN	Großer Anglo-Französischer dreifarbiger Laufhund
OFFIZIELLE ANERKENNUNG	FCI Gruppe 6
FARBVARIANTEN	trikolor

DIESE RASSE stammt hauptsächlich von dreifarbigen Poitevins und englischen Foxhounds ab und erhielt dadurch die Regelfärbung trikolor mit schwarzer Decke. Tatsächlich wird der Einfluss des Foxhounds auch in anderen Bereichen sichtbar, beispielsweise in der kompakten Statur mit den tief angesetzten Sprunggelenken und beim Kopf, der weniger ausgeformt ist als beim Poitevin.

Das Stockhaar besteht aus dichtem Deckhaar und einer weicheren, feineren Unterwolle. Bei einer Widerristhöhe von 62–72 cm wiegt dieser Hund 34,5–35,5 kg.

Der Grand Anglo-Français Tricolore ist eine äußerst beliebte französische Jagdhundrasse und wird häufig als Begleithund gehalten, genießt aber noch immer die Meutejagd auf Hochwild.

Rechts
Dieser große Hund blüht bei der Jagd richtig auf und braucht sehr viel Bewegung.

FCI 6
GRUPPE

FELLPFLEGE

groß
GRÖSSE

FUTTER

FRANKREICH

Grand Anglo-Français Blanc et Noir

Widerristhöhe 62–72 cm

RASSEINFORMATIONEN	
NAME	Grand Anglo-Français Blanc et Noir
ANDERE NAMEN	Großer Schwarz-Weißer Anglo-Franzose, Großer Anglo-Französischer Laufhund
OFFIZIELLE ANERKENNUNG	FCI Gruppe 6
FARBVARIANTEN	schwarz/weiß

Rechts
Der Grand Anglo-Français Blanc et Noir eignet sich nicht gut als Haushund; sein Arbeitsfeld ist die Hirschjagd.

BIS 1957 WURDE der Grand Anglo-Français Blanc et Noir mit anderen ähnlichen anglofranzösischen und französischen Laufhundrassen in einer Gruppe unter dem Namen Bâtards (Mischlinge) zusammengefasst. Auf diese Bezeichnung folgte die Region in Frankreich, in der die Kreuzung ursprünglich entstand; dadurch gab es eine Gruppe mit sehr umständlichen und plumpen Rassenamen.

Obwohl diese eng miteinander verwandten Rassen noch immer etwas schwierig unterscheidbar scheinen, ist die Nomenklatur inzwischen jedoch viel eindeutiger. Diese Rasse ist fast identisch mit dem Grand Français Tricolore und eng verwandt mit dem Bleu de Gascogne und dem Gascon Saintongeois. Sie wird selten als Begleithund gehalten, sondern hauptsächlich zur Jagd auf Rotwild, Rehe und auch Wildschweine eingesetzt. Widerristhöhe und Gewicht sind identisch mit denen des Grand Tricolores.

RASSEINFORMATIONEN	
NAME	Grand Gascon Saintongeois
ANDERE NAMEN	Großer Gascon Saintongeois
OFFIZIELLE ANERKENNUNG	FCI Gruppe 6
FARBVARIANTEN	weiß mit schwarz und loh

FRANKREICH

Grand Gascon Saintongeois

Widerristhöhe 63–71 cm

FCI 6
GRUPPE
FELLPFLEGE
groß
GRÖSSE
FUTTER

DIE HEIMATREGION des inzwischen ausgestorbenen Saintongeois ist Südfrankreich; er entstand durch die Kreuzung des Saintongeois mit dem Grand Bleu de Gascogne und dem Ariégois. Er ist ein guter Jagdhund mit wohlklingender Stimme, ausgezeichneter Nase und großer Ausdauer. Hauptsächlich zur Jagd auf Hochwild wie Rehe eingesetzt, ist er beliebt als Meutehund, vor allem in der Nähe der Pyrenäen, außerhalb Frankreichs aber nur selten anzutreffen.

Das Fell ist überwiegend schwarz und weiß, die Wangen sind jedoch lohfarben; an den Ohren gehen ebenfalls lohfarbene Haare ins Schwarze. Die Widerristhöhe liegt bei 63–71 cm, das Gewicht zwischen 30 und 32 kg.

Die Rasse kommt gut mit anderen Hunden aus, hat ein sicheres Wesen und ist freundlich im Umgang mit Kindern. Sie kann im Haus gehalten werden, wenn sie vom Welpenalter an damit vertraut ist, braucht aber regelmäßige Bewegung. Auf Gehorsamstraining spricht sie gut an.

Links
Diese Rasse ist ein beliebter Meutehund, vor allem im Südwesten Frankreichs in der Nähe der Pyrenäen, außerhalb Frankreichs jedoch noch selten.

RASSEINFORMATIONEN	
NAME	Griffon d'Arrêt à Poil dur Korthals
ANDERE NAMEN	Französischer rauhaariger Vorstehhund, Korthals-Griffon, Korthals
OFFIZIELLE ANERKENNUNG	FCI Gruppe 7, AKC Sporting Group
FARBVARIANTEN	viele Farben und Variationen

FRANKREICH

Griffon d'Arrêt à Poil dur Korthals

Widerristhöhe 50–60 cm

FCI 7
GRUPPE
FELLPFLEGE
groß
GRÖSSE
FUTTER

OBWOHL DER Korthals als französische Rasse gilt, stammt er eigentlich aus den Niederlanden; allerdings wurde die Rasse größtenteils in Frankreich entwickelt. Der Korthals ist besonders gut an die Arbeit in Sumpfgebieten angepasst, da ihm sein derbes Fell einen ausgezeichneten Schutz gegen Nässe bietet. Dieser Hund ist ein hervorragender Schwimmer und Apportierer, ist arbeitswillig, intelligent und leicht abzurichten.

Die Widerristhöhe beträgt 50–60 cm, und er ist etwas länger als hoch. Die Farbe der Augen mit wachsamem, freundlichem Ausdruck reicht von Gelb bis Braun; sie dürfen jedoch nicht hervortreten und die Nickhaut darf nicht sichtbar sein. Die Nase ist stets braun. Eine Besonderheit dieser Rasse ist das Stockhaar mit mittellangem, geradem und drahtigem, aber nie lockigem oder wolligem Deckhaar und feiner, dicker, flauschiger Unterwolle, die gegen Kälte isoliert und Wasser abwehrt. Die runden, festen Pfoten haben eng aneinander liegende Zehen mit Schwimmhäuten. Vom Wesen her ist der Korthals extrovertiert, loyal und zuverlässig.

WISSENSWERTES
Der ausgeglichene Korthals wird selten wütend, aber einzelne Rüden können nach anderen Rüden schnappen.

Links
Dieser loyale und verlässliche Hund stammt ursprünglich aus den Niederlanden.

FCI 6

GRUPPE

FELLPFLEGE

groß

GRÖSSE

FUTTER

FRANKREICH

Griffon Fauve de Bretagne

Widerristhöhe 48–56 cm

RASSEINFORMATIONEN	
NAME	Griffon Fauve de Bretagne
OFFIZIELLE ANERKENNUNG	FCI Gruppe 6
FARBVARIANTEN	rot, weizenfarben, golden, rehbraun

Rechts
Bei dieser alten Rasse sind die Ohren von weichem Fell bedeckt.

DER GRIFFON FAUVE de Bretagne ist eine von vier Rassen, die ihren Namen von König Charles IX. erhielten. Alle sind rauhaarig und zäher als andere französische Jagdhunde. Der ursprüngliche Zuchttyp hat sich im heutigen Griffon Fauve de Bretagne bewahrt, der durch das Einkreuzen des Briquet Griffon Vendéen entstand.

Dieser Jagdhund hat eine ausgezeichnete Nase und verfügt immer noch über einen großen Arbeitseifer, obwohl die Rasse inzwischen eher als Jagdgefährte denn als Meutehund Verwendung findet. Das Fell ist derb, an den Ohren jedoch weich, und bildet buschige Augenbrauen. Der Griffon Fauve de Bretagne hat einen kräftigen Körperbau und ist ein hartnäckiger Jäger. Die Widerristhöhe beträgt 48–56 cm, das Gewicht 18–22 kg. Der Griffon Fauve gibt auch einen guten Begleithund ab.

FCI 6

GRUPPE

FELLPFLEGE

groß

GRÖSSE

FUTTER

FRANKREICH

Griffon Nivernais

Widerristhöhe 53–64 cm

RASSEINFORMATIONEN	
NAME	Griffon Nivernais
ANDERE NAMEN	Chien de Pays
OFFIZIELLE ANERKENNUNG	FCI Gruppe 6
FARBVARIANTEN	grau, schwarz, rehbraun

DER GRIFFON Nivernais sieht dem großen, dunklen, struppigen Canis segusien sehr ähnlich, der bei den Höhlenmenschen lebte, die ihn an den Wänden der Höhle von Lascaux verewigten. Die Rasse geht zurück auf die rauhaarigen Jagdhunde, die jahrhundertelang im Hochland Südfrankreichs gezüchtet wurden. Man setzte sie in dicht bewaldeten Bergregionen zur Bestandskontrolle von Wolf und Wildschwein ein.

Der Griffon Nivernais ist feingliedriger als der Vendéen und hat einen langen Rücken mit breiten, langen Pfoten. Eine Meute von nur vier oder fünf Tieren verfolgt ihre Beute durch schwieriges Gelände in gleichmäßigem Lauf und geht geschickt auf Wildschweinjagd. Diese Rasse verfolgt alles, was sich bewegt, und eignet sich nicht gut zum Abrichten. Das zottelige, struppige Fell ist kräftig, hart und nie wollig oder gelockt. Die Widerristhöhe reicht von 53–64 cm, das Gewicht von 23–25 kg.

RASSEINFORMATIONEN	
NAME	Briquet Griffon Vendéen
OFFIZIELLE ANERKENNUNG	FCI Gruppe 6
FARBVARIANTEN	trikolor, orange/weiß, cremeweiß

FRANKREICH

Briquet Griffon Vendéen

Widerristhöhe 50–55 cm

FCI 6
GRUPPE

FELLPFLEGE

groß

GRÖSSE

FUTTER

WIEVIELE andere Rassen ging auch beim Briquet Griffon Vendéen der Bestand während des Zweiten Weltkriegs drastisch zurück. Selbst heute ist diese Rasse in Frankreich nicht sehr bekannt. Der Briquet wurde ursprünglich aus dem Grand Griffon vendéen für die Niederwildjagd gezüchtet. Als Wachhund eignet sich die Rasse recht gut, ebenso als Jagdhund bei jedem Wetter, im Wasser und in unterschiedlichem Gelände.

Das wasserabweisende, dichte, drahtige Fell ist nie weich oder wollig. Die große schwarze Nase ist von Schnurrhaaren umgeben. Der schwerknochige, gut bemuskelte Jagdhund erreicht eine Widerristhöhe von 50–55 cm und ein Gewicht von 22–24 kg.

Diese Rasse passt sich dem Leben in der Stadt an, wenn sie früh daran gewöhnt wird. Sie ist voller Energie, lebhaft, entschlossen und intelligent; wenn auch einzelne Exemplare etwas bissig sein können, sind sie in der Regel sanft im Umgang mit Kindern. Allerdings braucht diese Rasse eine sachverständige Führung, da sie tendenziell ziemlich starrköpfig ist.

Links
Obwohl er manchmal starrköpfig ist und zum Schnappen neigt, kommt dieser Griffon in der Regel gut mit Kindern aus.

RASSEINFORMATIONEN	
NAME	Poitevin
ANDERE NAMEN	Haut-Poitou
OFFIZIELLE ANERKENNUNG	FCI Gruppe 6
FARBVARIANTEN	trikolor, orange/weiß, weiß mit dachsfarbenen Abzeichen

FRANKREICH

Poitevin

Widerristhöhe 58–71 cm

FCI 6
GRUPPE

FELLPFLEGE

groß

GRÖSSE

FUTTER

DER POITEVIN stammt von drei verschiedenen für die Hirschjagd bestimmten Jagdhundschlägen ab; ein Rückgang des Jagdhundbestands führte jedoch zur Inzucht, sodass 1844 mit dem englischen Foxhound frisches Blut eingekreuzt wurde. Nach dem Zweiten Weltkrieg wurde wieder frisches Blut benötigt, der Foxhound danach aber aus dem Zuchtprogramm genommen. Nach drei Generationen behaupteten die Züchter, dass der Foxhound-Einschlag beim Poitevin nun kaum noch festzustellen sei. Aufzucht und Erhaltung der Rasse sind nach wie vor schwierig. Der Poitevin ist ein Jagdhund mit ausgezeichneten Eigenschaften; früher jagte er den Wolf, nun den Fuchs. Die Rasse, noch immer selten, wurde als „Meisterwerk der Zuchtkunst" bezeichnet.

Die Erscheinung des Poitevins ist so fein ausgearbeitet, dass er fast zerbrechlich wirkt. Trotzdem vereint er Kraft, Eleganz und Leichtfüßigkeit in sich. Die Widerristhöhe liegt bei 58–71 cm, das Gewicht bei 29,5–30,5 kg. Das kurze, glänzende Fell ist dreifarbig mit schwarzem Sattel oder mit großen schwarzen Flecken, kann aber auch orange und weiß oder weiß mit dachsfarbenen Abzeichen sein. Der Poitevin ist ein sanfter, aufgeweckter und freundlicher Hund.

Links
Trotz seiner zarten Erscheinung verfügt der Poitevin über Kraft und Wendigkeit.

FCI 6 — GRUPPE
FELLPFLEGE
groß — GRÖSSE
FUTTER

FRANKREICH

Porcelaine

Widerristhöhe 53–58 cm

RASSEINFORMATIONEN	
NAME	Porcelaine
ANDERE NAMEN	Chien de Franche-Comté
OFFIZIELLE ANERKENNUNG	FCI Gruppe 6
FARBVARIANTEN	weiß mit orangen Flecken, Haut schwarz getüpfelt

Unten
Der Porcelaine hat ein typisches weißes Fell, durch das dunkle Hautflecken schimmern.

DER PORCELAINE ist ein edler Jagdhund, und die Einzelheiten seines Körperbaus verraten die lange Geschichte dieser Rasse. Tatsächlich stammt sie von den so genannten „Weißen Königshunden" ab. Nach ihrem Ursprungsgebiet an der französisch-schweizerischen Grenze wurden die Hunde zunächst Franche-Comté genannt. Der heutige Name Porcelaine hat mit Farbe, Charakter und Stil der Rasse zu tun. Der Porcelaine erscheint zart und durchscheinend und ist voll stiller Würde, dennoch aber eine der besten Rassen für die Hasenjagd. Heute ist er hauptsächlich in Frankreich, der Schweiz und Italien anzutreffen.

Vom Wesen her ist die Rasse ebenso zart wie vom Körperbau her. Sein hervorstechendes Merkmal ist die feine, elastische Haut, die schwarz gefleckt sein muss. Diese Flecken sind durch das feine weiße Fell zu sehen und verleihen dem Tier einen leichten Blauschimmer. Kleine orange Abzeichen auf dem Fell können auftreten, jedoch nicht gehäuft und dürfen nie einen Sattel bilden. Die Widerristhöhe beträgt 53–58 cm, das Gewicht 25–28 kg.

Diese fügsame Rasse ist leicht zu erziehen.

FCI 6 — GRUPPE
FELLPFLEGE
groß — GRÖSSE
FUTTER

FRANKREICH

Petit Bleu de Gascogne

Widerristhöhe 50–60 cm

RASSEINFORMATIONEN	
NAME	Petit Bleu de Gascogne
ANDERE NAMEN	Kleiner Blauer Gascogner
OFFIZIELLE ANERKENNUNG	FCI Gruppe 6
FARBVARIANTEN	schwarz oder schwarzschecke

IN DEN 1970ER-JAHREN galt der Petit Bleu de Gascogne als die wahrscheinlich seltenste Jagdhundrasse in Frankreich und noch immer ist sein Bestand nicht groß. Hauptsächlich ist er im Südwesten Frankreichs anzutreffen. Diese Rasse kommt auch seltener vor als ihr Verwandter, aus dem sie selektiv nach Größe gezüchtet wurde. Der Petit Bleu de Gascogne hat eine ausgezeichnete Nase und jagt Hasen und Kaninchen.

Dieser Hund hat einen feineren Kopf als der Grand Bleu und seine Behänge sind dicker und stärker gefaltet. Obwohl sein Name auf einen „kleinen" Jagdhund hindeutet, erreicht er eine Widerristhöhe von 50–60 cm und ein Gewicht von 18–22 kg. Das pflegeleichte Fell ist dicht und dick und bietet dem Tier guten Schutz bei jedem Wetter.

Rechts
Diese Rasse ist zahlenmäßig stark zurückgegangen und inzwischen hauptsächlich in Südwestfrankreich anzutreffen.

Dieser Gebrauchshund ist gut an das Landleben angepasst. Der beharrliche Petit Bleu spricht gut auf Gehorsamstraining an und liebt die Gesellschaft anderer Hunde.

Andere französische Rassen

VIELE DER FRANZÖSISCHEN Jagdhundrassen haben ähnliche Zuchtlinien und unterscheiden sich nur in Größe oder Farbe voneinander. Die meisten werden vor allem für den Jagdeinsatz gehalten und weniger für Ausstellungszwecke, sind aber trotzdem bei der FCI registriert. Weitere französische FCI-Rassen, die in den vorangegangenen Abschnitten nicht aufgeführt wurden, sind beispielsweise der Basset d'Artois (Gruppe 6), die Braque Dupuy (Gruppe 7), der Français Blanc et Orange (Französischer Weiß-Oranger Laufhund, Gruppe 6), der Grand Anglo-Français Blanc et Orange (Großer Anglo-Französischer Weiß-Oranger Laufhund, Gruppe 6), der Griffon à Poil Laineux (Französischer wollhaariger Griffon, Gruppe 7), der Griffon Bleu de Gascogne (Rauhaariger blauer Gascogne-Laufhund, Gruppe 6) und der Petit Gascon Saintongeois, der auch als Kleiner Gascon Saintongeois bekannt ist (Gruppe 6).

Die folgenden Rassen sind auch in Großbritannien anerkannt, in anderen Ländern müssen jedoch die hier angegebenen Bestimmungen erfüllt werden.

BEAUCERON UND BRIARD

NACH FCI-BESTIMMUNGEN ist der Beauceron nach Farben in verschiedene zulässige Kategorien unterteilt: Schwarz und Loh und Gefleckt.

Der Briard wird nach Farben in Schieferfarbe, Fahlfarbe (Beige) und Grau eingeteilt.

EPAGNEUL BRETON

DIE FCI UNTERTEILT den Epagneul Breton nach der Farbe in Weiß und Orange und alle anderen Farben.

FRANZÖSISCHE BULLDOGGE

NACH FCI-BESTIMMUNGEN wird die Französische Bulldogge in folgende Farbgruppen unterteilt: a) Rehbraun, Gestromt oder nicht Gestromt oder mit begrenzter Scheckung; b) Rehbraun, Gestromt oder nicht Gestromt, mit mittlerer oder übermäßiger Scheckung.

PAPILLON UND PHALENE

BEIDE RASSEN werden nach der FCI unter der Bezeichnung „Kontinentaler Zwergspaniel" zusammengefasst und wie folgt unterteilt: a) Papillon (mit Stehohren) 1,5–2,5 kg und 2,5–4,5 kg; b) Phalène (mit Hängeohren) 1,5–2,5 kg und 2,5–4,5 kg.

PUDEL

DIE FCI unterteilt Pudel in vier Größen: Großpudel, Kleinpudel, Zwergpudel und Toy Pudel. Für jede Größe gibt es fünf Farbkategorien: Weiß, Braun, Schwarz, Grau und Apricot.

PYRENÄEN-SCHÄFERHUND

NACH FCI-BESTIMMUNGEN gibt es zwei verschiedene Rassen: den Langhaarigen Pyrenäen-Schäferhund und den Pyrenäen-Schäferhund mit kurzhaarigem Gesicht.

Oben
Der Pyrenäen-Schäferhund, eine robuste Rasse, ist gut angepasst an die Arbeit in rauem Gelände und bei jedem Wetter.

Mitte
Der Briard wurde ursprünglich als Schäferhund gezüchtet und ist beim British Kennel Club registriert.

Unten
Der Griffon Bleu de Gascogne ist ein nützlicher Jagdhund, der gut in der Meute arbeitet.

WISSENSWERTES
Viele französische Hunderassen waren ursprünglich Jagdhunde, werden jetzt aber oft als Begleithund gehalten.

FCI 5	
GRUPPE	FELLPFLEGE
groß	
GRÖSSE	FUTTER

DEUTSCHLAND

Eurasier

Widerristhöhe 48–60 cm

RASSEINFORMATIONEN	
NAME	Eurasier
OFFIZIELLE ANERKENNUNG	FCI Gruppe 5
FARBVARIANTEN	schwarz, rehbraun, rot, wolfsgrau

WISSENSWERTES
Spitzartige Hunde sind sehr robust; sie entstanden in der Arktis und waren von unschätzbarem Wert für die Einheimischen.

DER EURASIER ist eine Spitzrasse, die erst in den 1950er-Jahren entstand. Gezüchtet wurde er erstmals in Deutschland aus dem Chow-Chow, dem Samojeden und dem Deutschen Wolfsspitz. Zuchtziel war, eine dem russischen Laika ähnliche, als Schlittenhund einsetzbare Rasse zu schaffen; allerdings wird er heute auch als Begleithund gehalten. Obwohl einige Organisationen sagen, der Hund belle selten, halten ihn andere für einen guten Wachhund, weil er Fremden gegenüber misstrauisch ist.

Rechts
Der Eurasier ist Fremden gegenüber eher misstrauisch und schüchtern.

Mit einer Widerristhöhe von 48–60 cm und einem Gewicht von 18–32 kg kann er recht groß werden, der lange Hals ist dabei gut bemuskelt. Das lange, üppige, glatte Fell kann verschiedene Farben aufweisen, Weiß und Pinto sind jedoch nicht zulässig. Die Ohren sind typisch spitzartig, und die buschige Rute wird geringelt über dem Rücken getragen. Die Pfoten sind breit, wodurch diese Rasse einen guten Stand hat.

Der Eurasier hat die Tendenz, nur ein Familienmitglied als Rudelführer anzuerkennen, und lässt sich dann von anderen Menschen nur zögerlich leiten, ist also nicht gerade ein idealer Familienhund. Scheu und Ängstlichkeit sind verbreitete Verhaltensprobleme beim Eurasier und er ist auch häufig etwas bissig.

FCI 6	
GRUPPE	FELLPFLEGE
mittel	
GRÖSSE	FUTTER

DEUTSCHLAND

Deutsche Bracke

Widerristhöhe 41–53 cm

RASSEINFORMATIONEN	
NAME	Deutsche Bracke
ANDERE NAMEN	Olper Bracke
OFFIZIELLE ANERKENNUNG	FCI Gruppe 6
FARBVARIANTEN	trikolor

Rechts und unten
Dieser Hund ist ein ausgezeichneter Nachsucher und läuft recht schnell.

DIE DEUTSCHE Bracke stammt von gewöhnlichen Keltenbracken verschiedenen Typs ab. Ihre Vorfahren waren die Westfälische Bracke und die Sauerländer Holzbracke. Häufig bei der Nachsuche auf Fuchs, Hase und Wildschwein eingesetzt, arbeitet diese Rasse am besten auf frischer Spur mit einer wunderschönen glockenhellen Stimme. Mit ihren langen Läufen nimmt die Deutsche Bracke gut Boden. Aufgrund ihrer hervorragenden Nase kann sie auch wie der Bluthund auf den Schweißfährten verwundeter Tiere arbeiten.

Die Widerristhöhe der Deutschen Bracke hat eine recht große Spannbreite von 41–53 cm, das Gewicht liegt zwischen 14,5 und 23 kg. Die Rasse hat die typischen Jagdhundfarben: Trikolor mit Schwarz, Weiß und Loh; das Fell ist kurz, glatt, hart und dicht.

RASSEINFORMATIONEN	
NAME	Deutscher Jagdterrier
OFFIZIELLE ANERKENNUNG	FCI Gruppe 3
FARBVARIANTEN	schwarz/loh, braun/loh, rot

DEUTSCHLAND

Deutscher Jagdterrier

Widerristhöhe 33–40 cm

FCI 3 GRUPPE — FELLPFLEGE — mittel GRÖSSE — FUTTER

ERST IN DEN 1920ER-Jahren entstand in Bayern durch die Kreuzung von Welsh Terrier und dem alten britischen Manchester Terrier der Deutsche Jagdterrier. Später wurde auch der britische Foxterrier eingekreuzt. Der Deutsche Jagdterrier wird zur Jagd auf Raubzeug und Niederwild eingesetzt. Zuchtziel ist noch immer die Jagdeignung. In der Tat scheint diese Rasse gern den ganzen Tag lang zu jagen und vermutlich wird sie deshalb hauptsächlich von Förstern und Jägern gehalten.

Der Deutsche Jagdterrier arbeitet über und unter der Erde und eignet sich zur Nachsuche ebenso wie zum Apportieren von Land oder aus dem Wasser. Der relativ kleine Hund erreicht eine Widerristhöhe von etwa 33–40 cm und wiegt 9–10 kg. Das Fell ist in der Regel hart und rau, es gibt aber auch glatthaarige Exemplare. Die Rasse ist in Ausdruck und Verhalten terriertypisch, der Unterkiefer ist kräftig und die Zähne im Verhältnis zur Körpergröße besonders groß.

Dieser eigensinnige und einfallsreiche Hund braucht geistige wie körperliche Anregung und kann wegen seiner Unabhängigkeit als Begleithund Schwierigkeiten bereiten.

Links
Der Deutsche Jagdterrier hat einen eigensinnigen Charakter und braucht zur Ausbildung als Gebrauchshund stetig entsprechende Anregung.

RASSEINFORMATIONEN	
NAME	Deutscher Wachtelhund
OFFIZIELLE ANERKENNUNG	FCI Gruppe 8
FARBVARIANTEN	braun/weiß, braun

DEUTSCHLAND

Deutscher Wachtelhund

Widerristhöhe 40–51 cm

FCI 8 GRUPPE — FELLPFLEGE — mittel GRÖSSE — FUTTER

DER DEUTSCHE WACHTELHUND entstand im späten 19. Jahrhundert; Zuchtziel war die Rückzüchtung des Stöbers, einer Rasse, die in den Anfangsjahren des 18. Jahrhunderts besonders für ihre Spursicherheit bekannt war. Die restlichen Stöber wurden von deutschen Jägern mit englischen Cocker Spaniels und anderen Jagdspaniels verkreuzt. So entstand eine neue Rasse, die jedoch noch immer selten und nur in Deutschland richtig bekannt ist. Der vielseitige Vogelhund kann sowohl aus Wasser als auch aus dichtem Unterholz apportieren. Wie sein Name schon sagt, wurde er früher für die Wachteljagd eingesetzt, heute ist er ein Alllround-Jagdhund.

Diese Rasse ist sehr spurwillig und sucht mit unglaublicher Ausdauer. Sie erreicht eine Widerristhöhe von 40–51 cm bei einem Gewicht von 20–30 kg. Ihr allgemeines Erscheinungsbild ähnelt dem anderer großer Spaniel. Die Augen sind dunkelbraun und mandelförmig, die Behänge reich befedert, das Gesicht ist glatt behaart. Am Körper ist das Fell lang, dick und wellig, die Wasser abstoßende Unterwolle bietet eine gute Isolation. Die Pfoten sehen durch die Haarbüschel zwischen den Zehen größer aus, als sie tatsächlich sind.

Der dynamische Wachtelhund wird nur von Jägern gehalten.

WISSENSWERTES
Spaniels wurden ursprünglich in Großbritannien als Jagdhunde gezüchtet, die im dichten Unterholz arbeiten und Beute aufstöbern sollten.

Links
Der Deutsche Wachtelhund ist nicht nur ein Meister im Apportieren, sondern folgt auch jeder Spur mit großer Ausdauer.

FCI 6
GRUPPE
FELLPFLEGE
groß
GRÖSSE
FUTTER

DEUTSCHLAND

Hannover'scher Schweißhund

Widerristhöhe 51–61 cm

RASSEINFORMATIONEN	
NAME	Hannover'scher Schweißhund
OFFIZIELLE ANERKENNUNG	FCI Gruppe 6
FARBVARIANTEN	schwarz gestromt, braun, rot

DER WILDHÜTER von Hannover kreuzte den Bluthund, einen Fährtenhund, mit leichter gebauten Keltenbracken, um den Hannover'schen Schweißhund zu schaffen. Die Rasse hat eine angeblich unfehlbare Nase und wird deshalb oft für die Nachsuche eingesetzt. Der Hannover'sche Schweißhund kann kalten Fährten verwundeter Tiere folgen und wird meist als Fährtenhund gehalten, seltener als Begleithund. Er wird häufig von Jagdaufsehern und Förstern eingesetzt, zum Aufspüren von Wild und auch von Menschen. Früher arbeitete er in der Meute, heute meist allein.

Die große Rasse hat schwere, hängende Lefzen und flache Behänge, was ihr ein etwas düsteres Aussehen verleiht. Das Fell ist kurz, dick und glänzend, die Farben sind Grau und Braun, Rot und Braun sowie Schwarz gestromt mit oder ohne schwarze Maske. Der Hund erreicht eine Widerristhöhe von 51–61 cm und ein Gewicht von 38–44 kg.

Der Hannover'sche Schweißhund ist ein ruhiger, entspannter Jagdhund, geht aber mit großer Passion seiner Aufgabe nach und ist von der Arbeit niemals abzubringen.

Rechts
Historisch betrachtet ist der Hannover'sche Schweißhund ein Meutehund, wird aber inzwischen allein zur Nachsuche eingesetzt.

FCI 9
GRUPPE
FELLPFLEGE
mittel
GRÖSSE
FUTTER

DEUTSCHLAND

Kromfohrländer

Widerristhöhe 38–43 cm

RASSEINFORMATIONEN	
NAME	Kromfohrländer
OFFIZIELLE ANERKENNUNG	FCI Gruppe 9
FARBVARIANTEN	weiß mit loh

WISSENSWERTES
Dieser Hund ist vom Aussterben bedroht; die Rasse muss sorgfältig gefördert werden, wenn sie überleben soll.

ZUR ENTSTEHUNG DES Kromfohrländers gibt es eine faszinierende Geschichte: Amerikanische Soldaten, die durch die Gemarkung „krom Fohr" (= krumme Furche) in Westfalen zogen, schenkten einer Frau einen rehbraunen Hund, der sich ihnen angeschlossen hatte. Sie verpaarte ihn mit ihrer eigenen Hündin, einer Art Griffon Fauve de Bretagne. Fünf Würfe gingen aus dieser Verbindung hervor und bildeten den Grundstock dieser Rasse, die nach ihrer Entstehungsgegend in Deutschland benannt wurde. Obwohl der Kromfohrländer 1953 als Rasse anerkannt wurde, steht er heute wieder kurz vor dem Aussterben. Ursprünglich allein als Begleithund gezüchtet, gibt er auch einen guten Wachhund ab und ähnelt vom Wesen her dem Terrier.

Es gibt zwei Felltypen: Drahthaar mit kurzem, rauem und etwas drahtigem Deckhaar sowie dichter Unterwolle und Glatthaar mit langem, glattem und geradem Fell. Die dunklen, ovalen Augen stehen leicht schräg und haben einen sehr wachsamen Ausdruck. Die Widerristhöhe beträgt 38–43 cm, das Gewicht 11,5–12,5 kg. Der gutmütige, kinderliebe Hund verträgt sich mit Artgenossen und spricht gut auf Gehorsamstraining an.

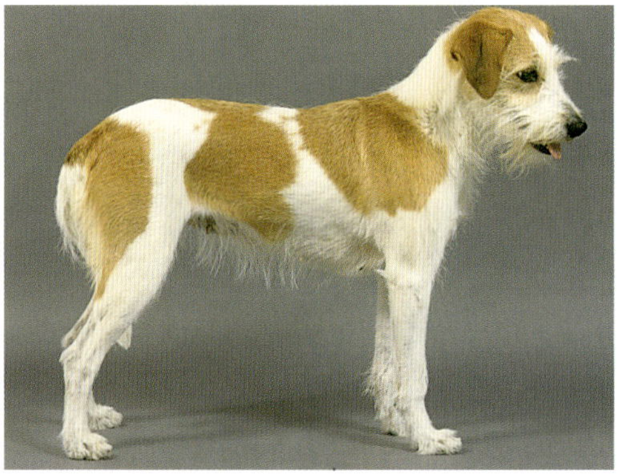

Rechts
Der leichtführige Kromfohrländer wurde erst 1953 als Rasse anerkannt.

RASSEINFORMATIONEN	
NAME	Pudelpointer
OFFIZIELLE ANERKENNUNG	FCI Gruppe 7
FARBVARIANTEN	leber, kastanienrot, schwarz

DEUTSCHLAND

Pudelpointer

Widerristhöhe 54–65 cm

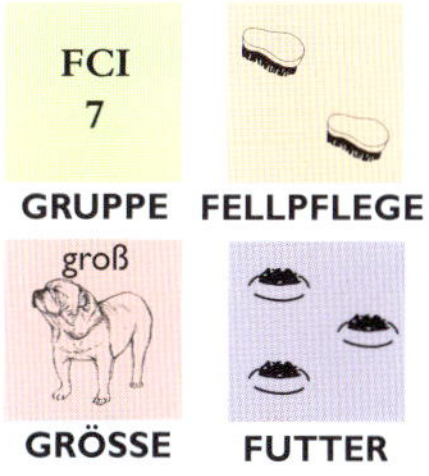

DER PUDELPOINTER wurde von Baron von Zedlitz entwickelt, der eine Rasse mit idealen Eigenschaften für Nachsuche, Vorstehen und Apportieren züchten wollte, die zu Land wie zu Wasser eingesetzt werden kann. Dazu kreuzte er sieben Pudel und fast einhundert verschiedene Vorstehhunde miteinander. Heute müssen alle Hunde dieser Art Gebrauchsprüfungen zu Land und zu Wasser bestehen, bevor sie registriert werden, und der Pudelpointer wird deshalb aus verständlichen Gründen nur von erfahrenen Jägern gehalten. Selbst in Deutschland ist diese Rasse selten, eignet sich aber als Jagdhund genauso wie als Begleithund.

Der Idealtyp hat den Rahmen eines großen, schweren Vorstehhundes mit einem nicht allzu langen, aber derben und drahtigen Fell, braun oder dürrlaubfarben. Die Ohren sind flach und eng anliegend, eher spitz als gerundet und von längeren Haaren bedeckt. Die großen, runden, gelben bis gelbbraunen Augen zeigen den feurigen Ausdruck eines Raubvogels. Die Pfoten sind rund mit geschlossenen Zehen, die Ballen robust. Seine Widerristhöhe beträgt 54–65 cm, sein Gewicht von 20–30 kg.

Links und unten
Der Pudelpointer ist ein Jagdhund, der eine ernsthafte Ausbildung in der Feldarbeit braucht.

RASSEINFORMATIONEN	
NAME	Kleiner Münsterländer
ANDERE NAMEN	Kleiner Münsterländer Vorstehhund, Heidewachtel
OFFIZIELLE ANERKENNUNG	FCI Gruppe 7
FARBVARIANTEN	braun/weiß

DEUTSCHLAND

Kleiner Münsterländer

Widerristhöhe 48–56 cm

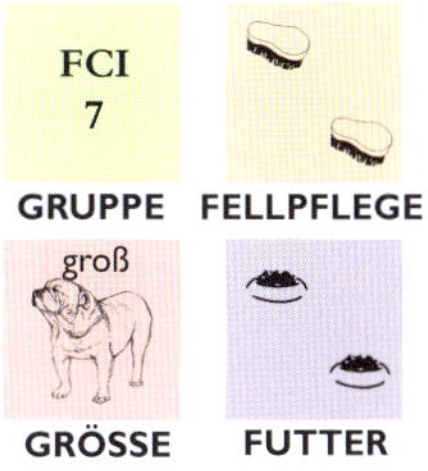

DIE VORFAHREN DES Kleinen Münsterländers waren alte Vogelhunde und europäische Jagdhunde, die ursprünglich für die Nachsuche und zum Vorstehen und Apportieren eingesetzt wurden. Als Vogelhund wurde er für die Jagd mit Falken und Netz verwendet. Heute fungiert er noch immer als Jagdhund.

Gegen Ende des 19. Jahrhunderts züchtete Eduard Löns erstmalig den Kleinen Münsterländer. Er ähnelt dem Großen Münsterländer, ist jedoch deutlich kleiner. Das glatte Fell liegt eng an, ist nur ganz leicht gewellt und bildet vor allem an der Rute und den spitzen Behängen Federn. Trotz seiner relativ geringen Größe hat der Kleine Münsterländer eine gute Knochenstärke und ist gut bemuskelt, vor allem an den Keulen. Seine Widerristhöhe beträgt 48–56 cm, sein Gewicht 14,5–15,5 kg.

Diese Rasse hat ein fröhliches Wesen und eine bezaubernde Persönlichkeit und ist bei der Arbeit von Natur aus bringfreudig. Sie wird heute auch gern als Begleithund gehalten.

Links
Der Bestand dieser alten Rasse war im 19. Jahrhundert rückläufig, sie wurde aber in neuerer Zeit rückgezüchtet und erholt sich langsam.

Andere deutsche Rassen

Oben und unten
Schnauzer werden von der FCI anerkannt, ebenso die Deutsche Dogge, hier mit Welpen.

Weitere deutsche, von der FCI anerkannte Rassen sind der Deutsche stichelhaarige Vorstehhund (Gruppe 7), auch Deutsch-Stichelhaar, und die Westfälische Dachsbracke (Gruppe 6).

Eine andere deutsche Rasse ist der Wolfsspitz, der ebenfalls aus Deutschland stammt und eine Widerristhöhe von 46 cm und ein Gewicht von etwa 23 kg erreicht. Diese stockhaarige Rasse hat langes, dickes, abstehendes Deckhaar, das stets wolfsgrau gefärbt ist.

Die folgenden Rassen werden vom British Kennel Club ebenfalls anerkannt, aber in anderen Ländern sind die hier angegebenen Bestimmungen zu erfüllen:

BOXER

Die FCI klassifiziert den Boxer nach der Farbe in Gelb und Gestromt.

DACHSHUNDE (DACKEL)

Nach den FCI-Bestimmungen gibt es zusätzlich zu den sechs in Großbritannien anerkannten Dachshundrassen auch noch den Kaninchen-Dachshund, der wiederum in der Regel in drei Fellvarianten vorkommt: Kurzhaar, Langhaar und Rauhaar.

Links und ganz links
Der Dobermann ist ein loyaler Begleiter; ein Zwergpinscher kann ein guter Haushund sein.

DOBERMANN

Die FCI klassifiziert den Dobermann nach Farbe in Schwarz mit rostrotem Brand und Braun mit rostrotem Brand.

DEUTSCHE SPITZRASSEN

Nach den FCI-Bestimmungen wird der deutsche Spitz (zusätzlich zum Keeshond und dem Pomeranian, dem Zwergspitz) in drei Größen unterteilt: Großspitz, Mittelspitz und Kleinspitz.

DEUTSCHE DOGGE

Die FCI klassifiziert die Deutsche Dogge nach Farbe in Gelb und Gestromt.

ZWERGPINSCHER

Nach den FCI-Bestimmngen wird der Zwergpinscher nach Farbe in Rotbraun bis Hirschrot und Schwarz mit rotbraunen Abzeichen (Schwarzrot) eingeteilt.

PINSCHER

Auch für den Pinscher gibt es nach der FCI die Farbklassen Rotbraun bis Hirschrot und Schwarz mit rotbraunen Abzeichen (Schwarzrot).

RIESENSCHNAUZER, SCHNAUZER UND ZWERGSCHNAUZER

Nach der FCI werden alle drei Schnauzerarten in folgende Farbklassen eingeteilt: Pfeffer-Salz (Sandfarben schwarz gewolkt mit sandfarbenen Abzeichen) und rein Schwarz. Beim Zwergschnauzer gibt es jedoch noch zwei weitere Kategorien: Schwarzsilber und rein Weiß.

WEIMARANER

Nach den FCI-Bestimmungen wird der Weimaraner nach seinem Fell in kurzhaarig und langhaarig unterteilt.

RASSEINFORMATIONEN

NAME	Grönlandhund
OFFIZIELLE ANERKENNUNG	FCI Gruppe 5
FARBVARIANTEN	alle Farben außer albino

GRÖNLAND

Grönlandhund

Widerristhöhe 56–64 cm

FCI 5 – GRUPPE | FELLPFLEGE | groß – GRÖSSE | FUTTER

DER GRÖNLANDHUND wird als Gebrauchs-Eskimohund klassifiziert. Er ist verwandt mit anderen nordischen Hunderassen und scheint auf Hunde zurückzugehen, die vor etwa 12000 Jahren mit den Menschen aus Sibirien kamen. Aus diesen Menschen entwickelten sich die heutigen Inuit; möglicherweise haben sie einheimische Wölfe in die Rasse eingekreuzt. Der Grönlandhund ist eine weitere spitzartige Rasse, aber leider ist sein Bestand wie der vieler anderer Rassen in den letzten Jahren aufgrund der Einführung anderer Transportmittel in der Arktis rückläufig. Heute wird der Grönlandhund zur Jagd und bei Schlittenrennen eingesetzt und ist in Skandinavien ein beliebter Wandergefährte.

Die Rasse ist größer (Widerristhöhe 56–64 cm) als der Kanadische Eskimohund, aber leichter (Gewicht 30–32 kg) Das Fell ist mittellang, gerade, dick und abstehend mit schwerer Unterwolle. Die buschige Rute wird gerollt über dem Rücken getragen und schützt beim Schlafen das Gesicht, sodass nur noch die kleinen, dreieckigen Stehohren zu sehen sind.

Die zurückhaltende, unabhängige Rasse kann Bekannten gegenüber Zuneigung zeigen und ist ihrem Besitzer gegenüber sehr anhänglich.

WISSENSWERTES

Dies ist ein weiterer spitzähnlicher Hund, der als Kälteschutz ein ebenso schweres Fell hat wie der Kanadische Eskimohund.

Links
Der Grönlandhund wird beim Schlittenrennen ebenso wie bei der Jagd eingesetzt.

RASSEINFORMATIONEN

NAME	Drentse Patrijshond
ANDERE NAMEN	Drent'scher Hühnerhund
OFFIZIELLE ANERKENNUNG	FCI Gruppe 7
FARBVARIANTEN	weiß mit braunen und orangen Abzeichen, trikolor

NIEDERLANDE

Drentse Patrijshond

Widerristhöhe 55–65 cm

FCI 7 – GRUPPE | FELLPFLEGE | groß – GRÖSSE | FUTTER

DER DRENTSE PATRIJSHOND entstand im 16. Jahrhundert aus den Spioenen (auch Spaniolen genannt), die von Spanien über Frankreich nach Holland kamen. Die so genannten Rebhuhnhunde wurden im Osten der Niederlande reinrassig weitergezüchtet; 1943 erhielt die Rasse die offizielle Anerkennung. Die Rasse ist eng mit dem Kleinen Münsterländer und dem Epagneul Français verwandt und eignet sich sehr gut für niederländische Sportjäger, die ohne viel körperliche Anstrengung jagen möchten. Der Hund jagt in Schussweite und hält dabei engen Kontakt zum Jäger; beim Vorstehen wartet er auf dessen Herankommen. Der Drentse Patrijshond kann alle Arten Wild zu Wasser und auf dem Feld jagen und ist auch ein guter Verlorenbringer.

Die Widerristhöhe des gut proportionierten, kräftigen und bei Bedarf gut Boden nehmenden Hundes beträgt 55–65 cm, das Gewicht etwa 21–23 kg. Das Fell ist nicht sehr lang, aber dicht und nicht lockig, auf der Brust etwas länger. Die eng anliegenden Behänge sind mit längeren, welligen Haaren bedeckt.

Dieser gehorsame, loyale und intelligente Hund ist ein geschätzter Jagdgefährte und Familienhund.

Links
Der Drentse Patrijshond ist ein loyaler Begleithund, aber auch ein hervorragender Jagdhund.

FCI 1 — GRUPPE | FELLPFLEGE | groß — GRÖSSE | FUTTER

NIEDERLANDE

Holländischer Schäferhund

Widerristhöhe 55–62 cm

RASSEINFORMATIONEN	
NAME	Holländischer Schäferhund
ANDERE NAMEN	Hollandse Herdershond
OFFIZIELLE ANERKENNUNG	FCI Gruppe 1
FARBVARIANTEN	blaugrau, pfeffer-salz, silber- und gold gestromt

Rechts
Das Zuchtziel dieser Rasse war ein guter, vielseitiger Hofhund.

DER HOLLÄNDISCHE SCHÄFERHUND entstand im frühen 19. Jahrhundert im südholländischen Brabant und im heutigen Belgien. Er ist ein vielseitiger Hofhund, der ursprünglich als Wachhund, Treibhund und Zughund eingesetzt wurde. Trotz geringer Bestandszahlen ist er ein kompetenter Gebrauchshund, der heute als Hüte- und Wachhund und als Polizei- und Schutzhund verwendet wird.

Es gibt drei verschiedene Fellvarianten: Kurzhaar, Langhaar und Rauhaar; sie werden alle derselben Rasse zugezählt und haben alle weiche Unterwolle. Bei der kurzhaarigen Variante ist das Fell recht hart mit Kragen, Hosen und befederter Rute. Das Fell des langhaarigen Holländischen Schäferhundes ist am ganzen Körper lang, eng anliegend und derb, ohne Locken oder Wellen, während der Rauhaar ein dickes, hartes, struppiges Deckfell hat. Bei ihm müssen vor allem die Lefzen dicht behaart und die Augenbrauen rau sein und abstehen. Die Stehohren sind hoch angesetzt und recht klein. Die Widerristhöhe beträgt 55–62 cm, das Gewicht 29,5–30,5 kg.

Diese zutrauliche, gehorsame und leichtführige Rasse ist wachsam, gewissenhaft und zuverlässig.

FCI 7 — GRUPPE | FELLPFLEGE | mittel — GRÖSSE | FUTTER

NIEDERLANDE

Friesischer Vorstehhund

Widerristhöhe 48–53 cm

RASSEINFORMATIONEN	
NAME	Friesischer Vorstehhund
ANDERE NAMEN	Stabijhoun, Stabyhoun
OFFIZIELLE ANERKENNUNG	FCI Gruppe 7
FARBVARIANTEN	orange, braun, schwarz, blau mit weißen Abzeichen

DER FRIESISCHE Vorstehhund wird seit dem 17. Jahrhundert im nordniederländischen Friesland gezüchtet, obwohl die Aufzeichnungen darüber nur bis ins 19. Jahrhundert zurückreichen. Wahrscheinlich sind die Vorfahren dieser Rasse die Spaniels, die im 16. Jahrhundert aus Frankreich nach Holland gebracht wurden. Trotz seiner Eignung als Jagdhund, Vorstehhund und weichmäuliger Apportierer sowie als Begleithund nahm seine Beliebtheit im 19. Jahrhundert ab und ist auch nie wieder richtig gewachsen, sodass er außerhalb der Niederlande noch immer selten anzutreffen ist.

Rechts
Dieser Vorstehhund hat viele Stärken; er ist ein angenehmer Begleithund und ein nützlicher Gebrauchshund.

Das Fell des Friesischen Vorstehhundes ist lang und glatt mit vor allem im Winter dichter Unterwolle, die Rute ist reich befedert. Die Farben sind Orange, Braun, Schwarz sowie Blau mit weißen Abzeichen und können gestichelt oder geschimmelt sein. Die Ohren sind recht tief angesetzt und werden als spachtelförmig beschrieben; der Fang verjüngt sich zwar, ist jedoch nicht spitz. Die Widerristhöhe beträgt 48–53 cm, das Gewicht 15–20 kg.

Der Friesische Vorstehhund ist eine ruhige und zuverlässige und gewissenhafte Rasse, die stets gefallen möchte und im Umgang mit Kindern sanft ist.

RASSEINFORMATIONEN	
NAME	Friesischer Wasserhund
ANDERE NAMEN	Wetterhond
OFFIZIELLE ANERKENNUNG	FCI Gruppe 8
FARBVARIANTEN	leber/weiß, schwarz/weiß, schwarz

NIEDERLANDE

Friesischer Wasserhund

Widerristhöhe 48–60 cm

FCI 8
GRUPPE
FELLPFLEGE
groß
GRÖSSE
FUTTER

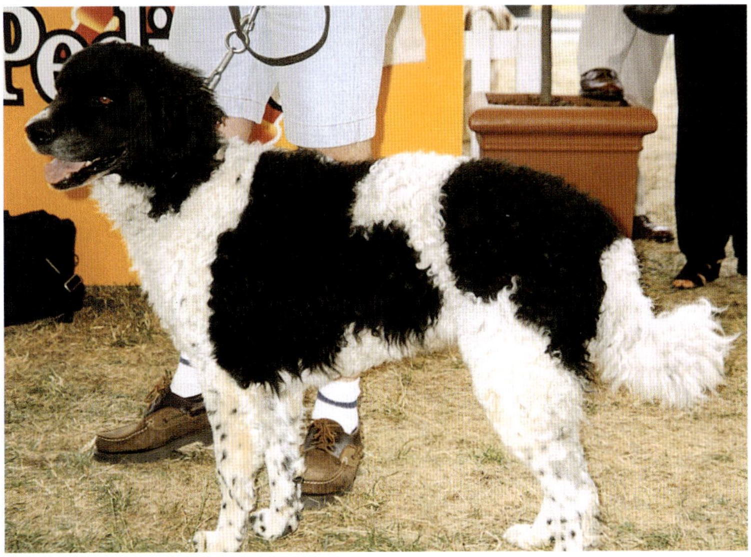

DER FRIESISCHE Wasserhund entstand vor etwa 400 Jahren in Friesland und war einst auf die Otterjagd spezialisiert und deshalb bei Fischern hoch angesehen. Als man die Otterbestände jedoch unter Kontrolle gebracht hatte, wurde die Verwendung der Rasse vielseitiger; nun wurde sie auch zur Jagd auf kleine Säugetiere und als Wachhund auf Bauernhöfen eingesetzt. Obwohl er außerhalb der Niederlande nur vereinzelt anzutreffen ist, wird der Friesische Wasserhund noch immer für die Jagd gehalten; er kann zu Land wie zu Wasser stöbern und apportieren.

Das krause, dicke, lockige Fell bedeckt den ganzen Körper außer dem Kopf, Fellpflege ist daher wichtig. Das Gebäude ist eher eckig mit sehr breiter Brust, die recht großen, runden Pfoten haben besonders dicke Ballen. Bei einer Widerristhöhe von 48–60 cm erreicht er ein Gewicht von 15–20 kg.

Der Friesische Wasserhund wird auch als Begleithund gehalten; diese eigensinnige Rasse mit ausgeprägtem Schutzinstinkt muss jedoch vom Welpenalter an konsequent erzogen werden.

RASSEINFORMATIONEN	
NAME	Holländischer Smoushund
ANDERE NAMEN	Hollandse Smoushond
OFFIZIELLE ANERKENNUNG	FCI Gruppe 2
FARBVARIANTEN	einfarbig gelb, vorzugsweise dunkles Strohgelb

NIEDERLANDE

Holländischer Smoushund

Widerristhöhe 35–42 cm

FCI 2
GRUPPE
FELLPFLEGE
mittel
GRÖSSE
FUTTER

IM SPÄTEN 19. JAHRHUNDERT war in Deutschland ein ähnlicher Hund, der Schnauzer, sehr beliebt, aber hier zog man die schwarzen Welpen vor und töteten die roten und die gelben Exemplare, obwohl sie häufig im Wurf vorkamen. Ein holländischer Kaufmann namens Abraas kaufte einige der verschmähten Welpen und brachte sie in die Niederlande, wo sie in Amsterdam als „Herrenstallhunde" verkauft wurden. Ihr Bestand ging vor allem in den Kriegsjahren zurück, aber in den 1970er-Jahren züchtete Frau Barkman den Holländischen Smoushund selektiv zurück. Heute ist er eine arttypische Rasse, vor allem sein Wesen ist charakteristisch. Dem Terrier sehr ähnlich, ist er ein ausgezeichneter Rattenjäger und immer wachsam. Der Smoushund hat kleine, ausdrucksvolle, helle Augen mit schwarzer Pigmentierung und dreieckige, recht hoch angesetzte Ohren, die zu seiner charmanten Ausstrahlung beitragen. Das mittellange, derbe Fell ist rau und drahtig mit Augenbrauen, Schnurrbart und Bart. Die Widerristhöhe beträgt 35–42 cm, das Gewicht 9–10 kg.

Dieser Hund ist anhänglich und freundlich und nie nervös.

WISSENSWERTES

Friesische Wasserhunde wurden für die Otterjagd gezüchtet, heute aber für die Jagd und zum Apportieren eingesetzt.

Links

Selektive Zucht hat diese Rasse vor dem Aussterben bewahrt. Der Hollandse Smoushond ist nach wie vor ein ausgezeichneter Stallhund und Rattenfänger.

FCI 1
GRUPPE | FELLPFLEGE
groß
GRÖSSE | FUTTER

NIEDERLANDE

Saarloos-Wolfshund

Widerristhöhe 60–75 cm

RASSEINFORMATIONEN	
NAME	Saarloos-Wolfshund
ANDERE NAMEN	Saarlooswolfshond
OFFIZIELLE ANERKENNUNG	FCI Gruppe 1
FARBVARIANTEN	wolfsgrau, wildfarben, braun manchmal weiß oder cremeweiß

DER SAARLOOS-WOLFSHUND wurde erstmals 1921 von Leendert Saarloos gezüchtet, der einen Deutschen Schäferhund mit einem Wolfsmischling kreuzte, der das Blut des kanadischen Grauwolfs in sich trug. Nach jahrzehntelanger Zucht ist diese Rasse inzwischen zwar leichter abzurichten als der ähnliche Tschechische Wolfshund, ist aber noch immer rudelorientiert und trägt die wolfstypische Vorsicht seiner Vorfahren in sich, kann also scheu sein. Die Rasse wurde 1975 offiziell anerkannt, ist außerhalb der Niederlande aber kaum bekannt.

Das derbe Fell ist weder zu kurz noch besonders lang. Die Unterwolle ist dicht, die Rute reich befedert. Der Hals ist breit und kräftig, die Ohren stehen aufrecht. Der Saarloos-Wolfshund wiegt zwischen 36 und 41 kg und erreicht eine Widerristhöhe von 60–75 cm; die Läufe sind recht lang, die Pfoten leicht ausgedreht.

FCI 1
GRUPPE | FELLPFLEGE
mittel
GRÖSSE | FUTTER

NIEDERLANDE

Schapendoes

Widerristhöhe 43–51 cm

RASSEINFORMATIONEN	
NAME	Schapendoes
OFFIZIELLE ANERKENNUNG	FCI Gruppe 1
FARBVARIANTEN	alle Farben

Oben
Der Saarloos-Wolfshund trägt das Blut des kanadischen Grauwolfs in sich.

DIE URSPRÜNGE DES SCHAPENDOES sind nicht genau bekannt; mit Sicherheit ist er mit dem Briard, dem Bergamasker und dem Bearded Collie verwandt, hat aber auch eine gewisse Ähnlichkeit mit dem Puli und dem Polnischen Niederungshütehund. Ursprünglich als Hütehund in den Mooren eingesetzt, trägt diese Rasse noch immer einen starken Hüteinstinkt in sich.

Das Fell ist lang, dicht, derb und wellig und kann unterschiedlich schattiert sein. Jede Farbe ist zulässig, vorgezogen werden allerdings Blaugrau bis Schwarz mit helleren Pfoten. Der Schädel ist flach und relativ breit, die Hängeohren hoch angesetzt. Die Widerristhöhe liegt zwischen 43 und 51 cm, das Gewicht bei 13,5–18,5 kg.

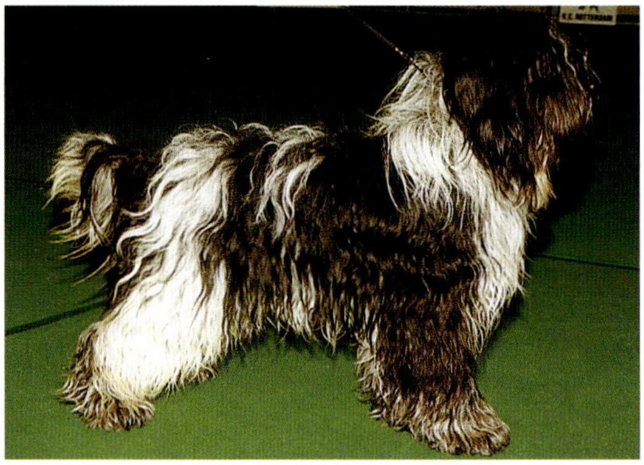

Dieser Hund ist ein wahres Energiebündel, springt gern und ist sehr verspielt. Manchmal kann er allerdings trotz seines allgemein mutigen Wesens ein wenig ängstlich sein, was im Ausstellungsring bestraft wird. Statt ängstlich sollten diese Hunde ausgesprochen angeregt arbeiten. Der Schapendoes ist ein guter Wachhund, weil er trotz seiner Wachsamkeit nicht aggressiv ist, und eignet sich daher hervorragend als Begleithund für Kinder.

WISSENSWERTES
Der Schapendoes ist ein idealer Familienhund, da er im Umgang mit Kindern sanft ist.

RASSEINFORMATIONEN	
NAME	Ungarischer Windhund
ANDERE NAMEN	Magyar Agar
OFFIZIELLE ANERKENNUNG	FCI Gruppe 10
FARBVARIANTEN	jede Farbe zulässig

UNGARN

Ungarischer Windhund

Widerristhöhe 64–70 cm

FCI 10	
GRUPPE	FELLPFLEGE
groß	
GRÖSSE	FUTTER

IM 10. JAHRHUNDERT zogen Vorfahren des Ungarischen Windhundes mit den Magyaren in das heutige Ungarn und Rumänien. An der Weiterentwicklung der Rasse waren auch der Greyhound und asiatische Windhunde beteiligt. Ursprünglich zur Kleinwildjagd eingesetzt, ist diese Rasse inzwischen hauptsächlich beim Coursing und Bahnrennen anzutreffen. Der Ungarische Windhund ähnelt in vieler Hinsicht dem bekannteren Greyhound.

Beim Coursing arbeitet der Ungarische Windhund wie alle Windhunde auf Sicht, seine ausdrucksvollen ovalen Augen sind klar und hell. Das Fell ist kurz und glatt und schützt das Tier nur wenig vor den Elementen, ist aber in den kalten Wintermonaten deutlich länger. Die Widerristhöhe liegt bei 64–70 cm, das Gewicht zwischen 22 und 31 kg.

Der ruhige, zurückhaltende Ungarische Windhund eignet sich auch gut als Begleithund. In der Regel kommt er gut mit anderen Hunden aus und beißt oder schnappt nur selten.

Links und unten
Dieser schnelle Hund wird als Rennhund und beim Coursing eingesetzt.

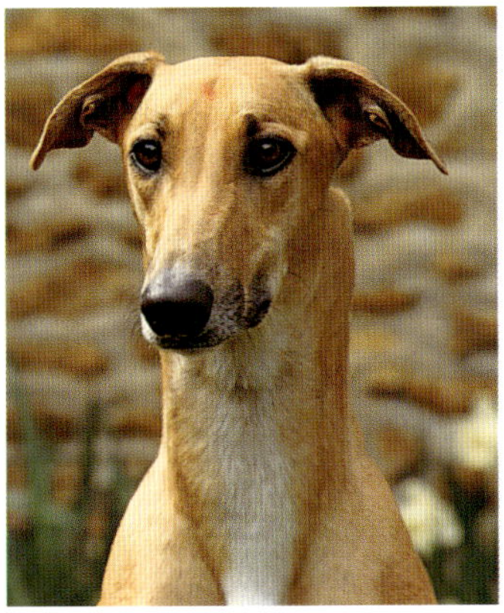

RASSEINFORMATIONEN	
NAME	Mudi
ANDERE NAMEN	Ungarischer Hirtenhund
OFFIZIELLE ANERKENNUNG	FCI Gruppe 1
FARBVARIANTEN	normalerweise schwarz, manchmal weiß oder schwarz/weiß

UNGARN

Mudi

Widerristhöhe 36–51 cm

FCI 1	
GRUPPE	FELLPFLEGE
mittel	
GRÖSSE	FUTTER

URSPRÜNGLICH zum Hüten und Treiben von Herden und zur Wildschweinjagd verwendet, wird der Mudi heute hauptsächlich von Rinderzüchtern zum Treiben und als Wachhund gehalten. Im Vergleich zu anderen ungarischen Rassen ist er sehr selten – auch außerhalb seines Heimatlandes – und wäre vom Aussterben bedroht, wenn es nicht einige passionierte Züchter gäbe. Das Erscheinungsbild wurde Anfang des 20. Jahrhunderts gefestigt und die Standards in Übereinstimmung mit den ursprünglichen Rassemerkmalen festgelegt, da bis in die 1930er-Jahre alle ungarischen Hirtenhunde eine gemeinsame Klasse bildeten.

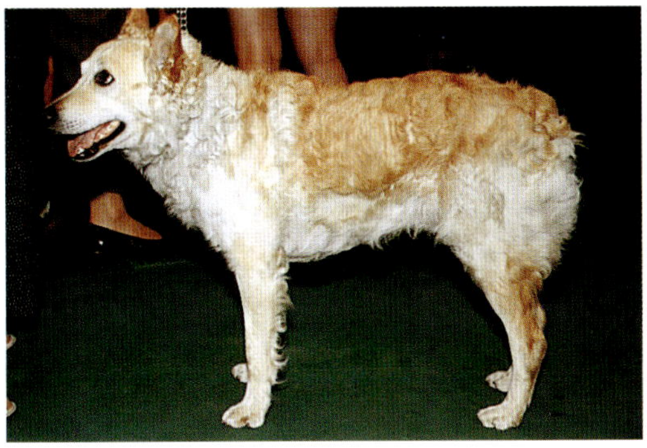

Das lange, lockige Fell dieses Hundes ist pflegeleicht, da es Schmutz abweisend ist und nur gebürstet werden muss. Bei einer Widerristhöhe von 36–51 cm wiegt der Mudi 8–13 kg.

Dieser lebhafte Hund, der sich leicht abrichten lässt, ist temperamentvoll, klug und arbeitswillig, kennt sein Territorium genau und verteidigt es furchtlos. Wegen seines ausgeprägten Arbeitswillens braucht er unbedingt Beschäftigung, beispielsweise beim Gehorsamstraining, durch Agility-Training oder als Diensthund jeglicher Art. Der Mudi ist anpassungsfähig, verträgt sich mit anderen Haustieren und hängt sehr an der eigenen Familie.

Links
Durch spezielle Zuchtprogramme erholt sich der Bestand dieser Rasse, die zum Viehhüten und als Wachhund Verwendung findet.

FCI 1 — GRUPPE | FELLPFLEGE | mittel — GRÖSSE | FUTTER

UNGARN

Pumi

Widerristhöhe 33–48 cm

RASSEINFORMATIONEN	
NAME	Pumi
OFFIZIELLE ANERKENNUNG	FCI Gruppe 1
FARBVARIANTEN	grau, schwarz, weiß, cremeweiß

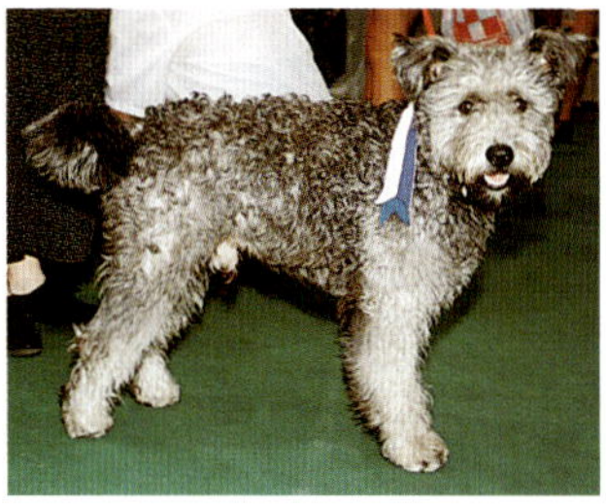

Der attraktive Pumi entstand aus einer Kreuzung zwischen dem Ungarischen Puli mit seinem Schnürenhaar und dem Deutschen Spitz, der ein weicheres Fell hat. Er wurde erstmals 1815 erwähnt, jedoch erst in den 1930er-Jahren von den anderen ungarischen Hirtenhunden getrennt. Er wurde eher zum Treiben von Vieh eingesetzt als zum Hüten; er bewacht aber sein eigenes Territorium aufmerksam und schlägt sofort an, wenn er etwas Ungewöhnliches bemerkt. Der Pumi ist ein Gebrauchshund, Beschäftigung tut ihm gut.

Oben und rechts *Mit seinem charakteristischen Aussehen und seinem freundlichen Wesen ist der Pumi ein liebenswerter Hund.*

Die Form von Kopf und Ohren verleihen ihm ein charakteristisches Aussehen. Die ungewöhnlichen Stehohren haben abgeknickte Spitzen mit Haarbüscheln. Das Erscheinungsbild ist eher terrierähnlich, das Fell ziemlich derb und lockig und muss am ganzen Körper einfarbig sein. Unabhängig von der Fellfarbe sollen die Augen dunkel und schwarz oder dunkelgrau pigmentiert sein. Die Widerristhöhe beträgt 33–48 cm, das Gewicht etwa 10–15 kg. Obwohl der Pumi Fremden gegenüber zurückhaltend sein kann, ist er ein geselliger, fröhlicher Hund, der sich gern zu Hause von vertrauten Gesichtern umringt sieht.

FCI 6 — GRUPPE | FELLPFLEGE | groß — GRÖSSE | FUTTER

UNGARN

Siebenbürger Bracke

Widerristhöhe 45–65 cm

RASSEINFORMATIONEN	
NAME	Siebenbürger Bracke
ANDERE NAMEN	Transsilvanischer Spürhund
OFFIZIELLE ANERKENNUNG	FCI Gruppe 6
FARBVARIANTEN	schwarz/loh, trikolor

Die Siebenbürger Bracke ist ein beliebter Laufhund und soll zusammen mit Menschen in die transsilvanischen Berge gekommen sein, die von Russland und dem Balkan aus neues Gebiet erschließen wollten. Die Rasse hat sich seit mehr als 1000 Jahren nicht verändert und wurde einst besonders von ungarischen Adligen und Königen hoch geschätzt. Unglücklicherweise wurden diese Tiere im heutigen Rumänien 1947 auf Anordnung der Regierung getötet, weil sie wie der Ungarische Windhund, der dieses Schicksal teilt, an die ungarische Besatzungszeit erinnerten. Einige Exemplare der Siebenbürger Bracke überlebten in Ungarn und der Slowakei, und es werden ernsthafte Versuche unternommen, die Rasse rückzuzüchten. Ursprünglich wurde dieser Hund zur Bärenjagd eingesetzt und findet auch heute noch als Jagdhund, aber ebenso als Wachhund Verwendung.

Die Siebenbürger Bracke ist kräftig gebaut. Die Widerristhöhe der Rasse bewegt sich zwischen 45 und 65 cm, das Gewicht liegt im Bereich zwischen 22 und 35 kg. Der Kopf der Hunde erinnert ein wenig an einen massiveren Dobermann, und die braunen ovalen Augen schauen immer etwas besorgt drein. Das Fell ist kurz, aber dicht und schwarz und loh oder trikolor gefärbt.

RASSEINFORMATIONEN

NAME	Islandhund
ANDERE NAMEN	Islandsk Fårehond
OFFIZIELLE ANERKENNUNG	FCI Gruppe 5
FARBVARIANTEN	mehrere Variationen, alle mit oder ohne Abzeichen

ISLAND

Islandhund

Widerristhöhe 31–41 cm

FCI 5 — GRUPPE
FELLPFLEGE
mittel — GRÖSSE
FUTTER

DER ISLANDHUND ist die einzige einheimische isländische Rasse und höchstwahrscheinlich ein direkter Nachkomme des Buhundes, der aus den anderen Skandinavischen Ländern eingeführt wurde. Unglücklicherweise litten die Hunde unter schwerem Bandwurmbefall, bevor es dagegen eine wirksame Behandlung gab, und wurden aus der Hauptstadt Reykjavik verbannt. Der Islandhund wurde als Hütehund gezüchtet und hat diesen Instinkt bis heute nicht verloren.

Für einen Hütehund ist der Islandhund nicht sehr groß, die Widerristhöhe beträgt nur 31–41cm bei einem Gewicht von 9–14 kg; dennoch ist die Rasse stämmig und besitzt wie der Norwegische Lundehund gut ausgebildete doppelte Afterkrallen. Der Islandhund blickt wachsam aus mittelgroßen dunkelbraunen Augen. Das Fell ist mittellang, dick und steht vom Körper ab. Es sind verschiedene Farben zulässig, jeweils mit oder ohne Abzeichen. Wegen seiner Wachsamkeit ist der Islandhund auch ein guter Wachhund, kann wegen seines von Natur aus anhänglichen Wesens aber auch ein sehr treuer Begleithund sein.

Links und unten
Die einzige einheimische isländische Rasse hat starken Hüteinstinkt. Sie ist wegen ihrer natürlichen Wachsamkeit auch ein guter Wachhund.

RASSEINFORMATIONEN

NAME	Kerry Beagle
ANDERE NAMEN	Pocadan
OFFIZIELLE ANERKENNUNG	Irish Kennel Club
FARBVARIANTEN	mehrere

IRLAND

Kerry Beagle

Widerristhöhe 56–61 cm

FCI – — GRUPPE
FELLPFLEGE
groß — GRÖSSE
FUTTER

DER KERRY BEAGLE, eine der ältesten irischen Hunderassen, soll vom Old Southern Hound abstammen. Er geht vermutlich auf einen Hund zurück, der in alten irischen Texten *Gadhar* heißt. Dieser Hund wurde für die Wildsuche und zum „Hochmachen" des Wildes eingesetzt; danach übernahmen dann größere Hunde. Der heutige Kerry Beagle scheint mit französischen Jagdhunden wie der Ariège-Bracke und dem Bluthund gekreuzt worden zu sein; es gibt detaillierte Ahnentafeln bis 1794. Noch immer zur Hasenjagd eingesetzt, bildet die Meute nach dem Ansetzen stets einen großen Kreis. Inzwischen nimmt der Kerry Beagle auch an Schleppjagden teil. Erst kürzlich wurde er vom Irish Kennel Club anerkannt.

Der Kerry Beagle hat einen breiten Kopf und lange Ohren, die Augen sind hell und intelligent und können verschiedene Brauntöne aufweisen. Diese Rasse ist stets wachsam, dazu ausdauernd und schnell. Die Widerristhöhe beträgt etwa 56–61 cm bei einem Gewicht von bis zu 27 kg. Obwohl Schwarz und Loh als die klassische Farbvariante angesehen wird, kann das Fell auch blauscheckig und loh, schwarz, loh und weiß oder nur loh und weiß gefärbt sein. Das Geläut einer Kerry-Beagle-Meute ist meilenweit zu hören.

Oben und links
Dieser irische Laufhund jagt in der Meute besonders spurlaut.

FCI 6 — GRUPPE | FELLPFLEGE | groß — GRÖSSE | FUTTER

ISTRIEN

Kurzhaarige Istrianer Bracke

Widerristhöhe 46–58 cm

RASSEINFORMATIONEN	
NAME	Kurzhaarige Istrianer Bracke
ANDERE NAMEN	Istarski Kratkodlaki Gonic, Istrischer Setter
OFFIZIELLE ANERKENNUNG	FCI Gruppe 6
FARBVARIANTEN	weiß mit gelben oder orangefarbenen Abzeichen

DIE ISTRIANER BRACKE entstand aus Kreuzungen phönizischer Windhunde mit europäischen Spürhunden. Die Rasse ist besonders in der italienischen und österreichischen Grenzregion des Balkans beliebt. Man nimmt an, dass die ersten dieser Hunde von Mönchen gezüchtet wurden. Sicher ist, dass aus dem heutigen Slowenien kurzhaarige Hunde an französische Klöster geschickt wurden. An der Istrianer Bracke schätzen Jäger besonders die Fähigkeit, sogar einige Tage alte Schweißspuren aufnehmen zu können. Die Rasse wird auf Füchse, Hasen, Kaninchen und Wildschweine angesetzt.

Das Fell ist kurz und fein. Von ähnlichen Jagdhundrassen unterscheidet sich die Istrianer Bracke vor allem durch die Farbe. Die Grundfarbe ist Weiß, mit gelben oder orangefarbenen Abzeichen, hauptsächlich an den Ohren. Diese sind breit und hängen seitlich flach am Kopf herab. Die Augen sind braun und oval. Die Widerristhöhe beträgt 46–58 cm, das Gewicht 16–23,5 kg.

Rechts
Mit seiner hervorragenden Nase verfolgt dieser Jagdhund das Wild problemlos.

FCI 6 — GRUPPE | FELLPFLEGE | groß — GRÖSSE | FUTTER

ISTRIEN

Rauhaarige Istrianer Bracke

Widerristhöhe 46–58,5 cm

RASSEINFORMATIONEN	
NAME	Rauhaarige Istrianer Bracke
ANDERE NAMEN	Istarski Ostrodlaki Gonic
OFFIZIELLE ANERKENNUNG	FCI Gruppe 6
FARBVARIANTEN	weiß mit gelben oder orangefarbenen Abzeichen

Rechts
Dieser rauhaarige Jagdhund wird auf Füchse, Kaninchen, Hasen und sogar Wildschweine angesetzt.

WIE DER KURZHAARIGE Rassevertreter stammt dieser Hund von phönizischen Windhunden und europäischen Spürhunden ab. Mitte des 19. Jahrhunderts kreuzte man den französischen Griffon Vendéen ein, um einen besseren Spurlaut herauszuzüchten. So entstand ein etwas größerer und dank seines kräftigen Fells auch wetterunempfindlicher Jagdhund, der allerdings auch eigenwilliger und schwieriger zu erziehen ist. Diese Rasse wird daher meist als Jagdhund und selten als Begleithund gehalten. Dank der hervorragenden Fähigkeiten als Schweißhund setzt man die Rauhaarige Istrianer Bracke zur Jagd auf Füchse, Hasen, Kaninchen und Wildschweine ein.

Die Farben sind dieselben wie beim Kurzhaar-Schlag. Das drahtige Fell ist 5–8 cm lang, mit plüschiger Unterwolle. Der vordere Teil des Unterkiefers ist abgerundet, die faltenlos hängenden Ohren verbreitern sich zur Mitte hin. Die Widerristhöhe beträgt 46–58,5 cm, das Gewicht 16–25 kg.

Die Rauhaarige Istrianer Bracke benötigt einen sehr geduldigen Ausbilder.

RASSEINFORMATIONEN	
NAME	Cane Corso
ANDERE NAMEN	Corso-Hund, Sizilianischer Branchiero
OFFIZIELLE ANERKENNUNG	FCI Gruppe 2 (vorläufig)
FARBVARIANTEN	alle Brauntöne und/oder gestromt

ITALIEN

Cane Corso

Widerristhöhe 56—71 cm

FCI 2
GRUPPE
FELLPFLEGE
groß

GRÖSSE
FUTTER

WISSENSWERTES
Körperbau und Schädel zeigen die Zugehörigkeit des Cane Corsos zu der Familie der Mastiffs.

DER CANE CORSO IST eine Neuzüchtung des Cane di Macellaios, einer alten sizilianischen Hütehundrasse. Dieser trieb das Vieh zum Schlachthof, und er wurde mit großer Wahrscheinlichkeit auch bei Hundekämpfen eingesetzt.

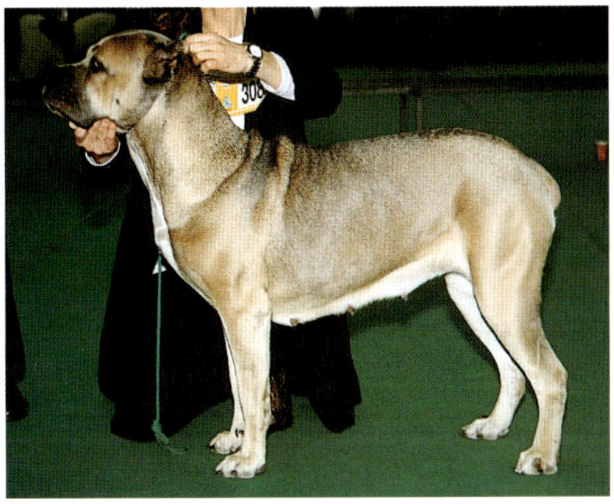

Im Gegensatz zu anderen Vertretern der Mastiff-Familie hat der Cane Corso keine Wamme. Der Kopf ist stark, mit breiter Schädelpartie und quadratischem Fang. In Ländern, wo es noch nicht gesetzlich verboten ist, werden die dreieckigen Ohren auch kupiert. Der massige Körper ist gut bemuskelt, die Bewegungen im Lauf sind kraftvoll. Bei dem dichten, dicken, harten Fell sind alle braunen und gestromten Schattierungen zulässig. Die Widerristhöhe beträgt 56–71 cm, das Gewicht 36–63,5 kg.

Der heutige Cane Corso ist vielseitig und wird aufgrund seines beständigen Temperaments oft als Wachhund oder Begleithund verwendet. Allerdings neigt der Cane Corso zur Schärfe gegenüber Fremden. Konsequente Erziehung und verantwortungsvoller Umgang sowie rechtzeitige Sozialisierung sind daher unbedingt erforderlich.

Links
Dieser mächtige Hund benötigt eine konsequente Erziehung und einen erfahrenen, umsichtigen Halter.

RASSEINFORMATIONEN	
NAME	Cirneco dell'Etna
ANDERE NAMEN	Sizilianischer Greyhound
OFFIZIELLE ANERKENNUNG	FCI Gruppe 5
FARBVARIANTEN	alle Falbfarben, weiße Abzeichen sind zulässig

ITALIEN

Cirneco dell'Etna

Widerristhöhe 42–50 cm

FCI 5
GRUPPE
FELLPFLEGE
mittel

GRÖSSE
FUTTER

DER CIRNECO dell'Etna sieht aus wie eine wesentlich kleinere Version des Pharaonenhundes und der Windhunde von Ibiza. Auch seine Vorfahren stammen aus Ägypten. Man glaubt, dass diese Hunde vor ca. 2000 Jahren nach Sizilien kamen. Seither blieb der Typ, hauptsächlich aufgrund der Isolation der Insel, fast unverändert. Der Hund ist ein Sichtjäger, der aber bei der Jagd auch Fährten aufnehmen und Spurlaut geben kann. Seine Spezialität sind Hasen und Kaninchen; als „stummer Jäger" kann er auch auf Federwild angesetzt werden.

Das kurze, glänzende Fell soll harsch aussehen, aber keine Befederung aufweisen. Die Widerristhöhe beträgt 42–50 cm, das Gewicht 8–12 kg.

Als Wachhund in wärmeren Klimazonen lässt sich die Rasse auch draußen halten. Da sie viel Auslauf braucht, ist sie für die Haltung in der Stadt nur bedingt geeignet. Diese Hunde sind nicht leicht zu erziehen. Bei Begegnungen mit anderen Hunden und mit Kindern ist Vorsicht geboten. Ansonsten ist der Cirneco dell'Etna ein temperamentvoller, freundlicher Begleiter.

Links
Der Cirneco dell'Etna erinnert an einen kleinen Pharaonenhund. Er ist schwer zu erziehen und braucht viel Auslauf und Beschäftigung.

FCI 8	
GRUPPE	FELLPFLEGE
mittel	
GRÖSSE	FUTTER

ITALIEN

Romagna-Wasserhund

Widerristhöhe 41–49 cm

RASSEINFORMATIONEN	
NAME	Romagna-Wasserhund
ANDERE NAMEN	Lagoto Romagnolo
OFFIZIELLE ANERKENNUNG	FCI Gruppe 8 (vorläufig)
FARBVARIANTEN	Weiß-Schattierungen, verschiedene Brauntöne, orange

DER ROMAGNA-Wasserhund ist eine alte Wasser-Apportierhundrasse aus der Comacchio-Tiefebene und den Marschflächen von Ravenna. Als man die Marsch trockenlegte und in Ackerflächen umwandelte, wandelte sich die Rasse vom Apportier- zum Trüffelhund. Der Lagoto Romagnolo leistet sowohl in der Ebene als auch in den Bergen sehr gute Arbeit.

Rechts
Das dichte Haarkleid muss mindestens einmal pro Jahr geschoren werden, damit es nicht verfilzt.

Diese robuste, kräftige Rasse hat ein dichtes, lockiges Fell von wollartiger Beschaffenheit, dessen wasserdichtes Unterhaar sichtbar ist. Die Haare filzen leicht, wenn sie nicht regelmäßig geschnitten werden. Einmal im Jahr muss daher der ganze Hund geschoren werden; Filz und Unterwolle sind regelmäßig zu entfernen. Die Haut ist hell- bis dunkelbraun pigmentiert und ergänzt die Farbe des Fells, das schmutzigweiß oder weiß, weiß mit leber- oder orangefarbenen Abzeichen, leberfarben, orange oder braunschimmelfarben sein kann. Kopf und Wangen sind mit dichtem Haar bedeckt. Die Widerristhöhe beträgt 41–49 cm, das Gewicht 11–16 kg.

Dieser eifrige, liebevolle Hund ist ein treuer Begleiter und guter Wächter.

FCI 5	
GRUPPE	FELLPFLEGE
klein	
GRÖSSE	FUTTER

ITALIEN

Volpino Italiano

Widerristhöhe 27–30 cm

RASSEINFORMATIONEN	
NAME	Volpino Italiano
ANDERE NAMEN	Cane de Quirinale
OFFIZIELLE ANERKENNUNG	FCI Gruppe 5
FARBVARIANTEN	weiß, schwarz, falbfarben

Rechts
Der Volpino Italiano zeigt viele der charakteristischen Merkmale der Spitzfamilie.

NACH ANSICHT EINIGER Experten stammt der Volpino vom Deutschen Spitz ab, andere halten ihn für dessen Stammvater. Die Rasse entstand in Italien und der Name bedeutet „kleiner Fuchs". Über Jahrhunderte war der Volpino Favorit der italienischen Damenwelt; manche trugen sogar als Zeichen der Zuneigung ihrer Herrin ein Elfenbeinarmband.

Der Kopf des Volpinos ist kräftiger als der des Zwergspitzes, mit größeren Augen, während der Kragen weniger dicht ausfällt. Die Rute kringelt sich über dem Rücken, und die kleinen dreieckigen Ohren sind wie bei allen Spitzartigen steil aufgerichtet.

Der kleine, leichte Hund (Widerristhöhe 27–30 cm, Gewicht 9–11 kg) ist ein scharfer Wächter und guter Begleithund, der allerdings zum Kläffen neigt. Er benötigt nicht allzu viel Auslauf, aber sehr viel Fellpflege. Er ist gutmütig und treu, Fremden gegenüber jedoch misstrauisch.

RASSEINFORMATIONEN	
NAME	Hokkaido
ANDERE NAMEN	Ainu-Ken, Ainu-Hund, Ainu Inu
OFFIZIELLE ANERKENNUNG	FCI Gruppe 5
FARBVARIANTEN	sesam, gestromt, rot, schwarz, schwarz mit loh

JAPAN

Hokkaido

Widerristhöhe 45,5–51,5 cm

FCI 5 GRUPPE | FELLPFLEGE | groß GRÖSSE | FUTTER

DER HOKKAIDO SOLL von den mittelgroßen japanischen Hunden abstammen, die Einwanderer von der Hauptinsel Honshu um 1140 nach Hokkaido mitbrachten. Die Rasse erhielt 1937 den Namen der Region und wurde zum „Japanischen Naturdenkmal" erklärt. Sie wird auch Ainu-Ken genannt, weil die Ureinwohner von Hokkaido, die Ainu, diese Art von Hunden für die Jagd auf Bären und andere Tiere züchteten. Der Hokkaido ist auch außerhalb Japans bekannt.

Der Körperbau dieses stabilen, starkknochigen Hundes lässt ihn auch extremer Kälte und heftigem Schneefall standhalten. Der Hokkaido ist wachsam und mutig und manchmal sehr bellfreudig. Als Vertreter der Spitzfamilie hat er die typischen aufrechten Ohren und die geringelte Rute. Das Deckhaar ist hart und gerade, die Unterwolle weich und dicht. Die Haare an der Rute sind ziemlich lang und abstehend. Die Widerristhöhe beträgt 45,5–51,5 cm, das Gewicht 20–30 kg. Die enorm ausdauernde Rasse wird hauptsächlich als Haus- und Wachhund gehalten, oft an der Kette.

Links
Der Hokkaido ist eine kräftige, robuste und sehr ausdauernde Rasse.

RASSEINFORMATIONEN	
NAME	Japanischer Terrier
ANDERE NAMEN	Nihon Teria, Nippon Terrier
OFFIZIELLE ANERKENNUNG	FCI Gruppe 3
FARBVARIANTEN	weiß mit schwarzen Abzeichen

JAPAN

Japanischer Terrier

Widerristhöhe 32,5–33,5 cm

FCI 3 GRUPPE | FELLPFLEGE | klein GRÖSSE | FUTTER

DER JAPANISCHE Terrier entstand durch die Verpaarung kurzhaariger Foxterrier, die man im 17. Jahrhundert aus Holland nach Nagasaki importierte, mit kleinen Vorstehhunden oder kleinen einheimischen Hunden. In japanischen Hafenstädten wie Kobe und Yokohama wurden sie hauptsächlich als Schoßhunde gehalten. Als echte Terrier waren sie zudem gute Rattenjäger, die auch apportierten. Im Jahr 1920 begann man, die Rasse gezielt zu züchten; im Jahr 1930 hatte sich ein fester Typ etabliert. Selbst im Ursprungsland sind diese wendigen, lustigen Haushunde selten. Eine Gesellschaft zur Erhaltung des Japanischen Terriers und anderer japanischer Rassen versucht, den immer geringer werdenden Bestand zu retten.

Die hoch angesetzten Ohren haben natürliche Falten. Kopf und Nase sind tiefschwarz, der Blick ist aufgeweckt und forsch. Das kurze Fell am Körper ist hauptsächlich weiß, mit unregelmäßigen schwarzen Tupfen. Die Widerristhöhe beträgt 32,5–33,5 cm, das Gewicht 4,5–6 kg.

Diese hochintelligenten Tiere, die heute als Begleithunde gehalten werden, sollten auf keinen Fall aussterben.

Links
Leider geht auch diese Rasse zahlenmäßig immer weiter zurück. Eine Gesellschaft zu ihrer Erhaltung bemüht sich jedoch um ein Wiederaufleben der Zucht.

FCI 5	
GRUPPE	FELLPFLEGE
mittel	
GRÖSSE	FUTTER

JAPAN

Kai

Widerristhöhe 46–58 cm

RASSEINFORMATIONEN	
NAME	Kai
ANDERE NAMEN	Kai Inu, Tora Inu
OFFIZIELLE ANERKENNUNG	FCI Gruppe 5
FARBVARIANTEN	alle Farben mit Stromung, möglichst gut ausgeprägt

WISSENSWERTES
Diese hauptsächlich als Wachhund verwendete Rasse wird auch als Haushund immer beliebter.

DIE RASSE ENTSTAND als Jagdhund in der Provinz Kai auf der japanischen Insel Honshu. Sie wurde erst 1934 anerkannt. Die Heimat dieser Hunde ist von Bergen umgeben, und der Kai entwickelte sich in einer geographisch isolierten Region. Professionelle Großwildjäger verwendeten diese Hunde für die Jagd auf Schalen- und Schwarzwild.

Rechts
Die sehr alte Rasse des Kais entwickelte sich in einer isolierten Gegend, sodass bestimmte urtümliche Eigenschaften ausgesprochen stark ausgeprägt sind.

Gut ausgeprägte Stromung ist erwünscht, weiße Abzeichen an bestimmten festgelegten Stellen sind zulässig. In der Größe rangiert der Kai zwischen Akita und Shiba Inu bei einer Widerristhöhe von 46–58 cm und einem Gewicht von 16–18 kg. Dieser aufmerksame Wachhund ist berühmt für seinen Mut. Man hielt ihn früher für zu ursprünglich, um einen guten Haushund abzugeben, aber im Laufe der Jahre bewies er seine Qualitäten als Familienhund. Fremden gegenüber misstrauisch, ist er dennoch freundlich zu Menschen und ohne Aggression gegenüber anderen Hunden.

Der Kai ist kräftig und muskulös, außergewöhnlich mutig und schnell. Die Rute wird über dem Rücken oder sichelartig getragen. Das gestromte Fell trug der Rasse den Spitznamen Tora-Hund („Tiger"-Hund) ein.

FCI 5	
GRUPPE	FELLPFLEGE
mittel	
GRÖSSE	FUTTER

JAPAN

Kishu

Widerristhöhe 43–51 cm

RASSEINFORMATIONEN	
NAME	Kishu
OFFIZIELLE ANERKENNUNG	FCI Gruppe 5
FARBVARIANTEN	einfarbig, verschiedene Farben

Unten
Früher war der Kishu ein nationales japanisches Heiligtum.

DER KISHU STAMMT VON DEN mittelgroßen Hunden aus dem alten Japan ab und entwickelte sich in der Bergregion von Kishu, deren Namen er trägt, zu einer eigenen Rasse. Diese Hunde wurden hauptsächlich für die Jagd auf Wildschweine verwendet, zwischenzeitlich auch für die Rotwildjagd. Nach dem Ersten Weltkrieg lief der kräftigere, größere Deutsche Schäferhund in Japan dem Kishu den Rang ab. Im Jahr 1934 wurde die Rasse zum „Naturdenkmal" erklärt. Der Kishu ist deutlich ein Spitztyp; seine nächsten Verwandten sind der Shikoku und der Ainu.

Ursprünglich hatte das Fell des Kishus auffällige rote, sesamfarbene oder gestromte Abzeichen. Ab dem Jahr 1934 waren jedoch nur noch einfarbige Hunde zulässig, und seit 1945 sind die Hunde mit Abzeichen völlig verschwunden. Heute sieht man auch einfarbig weiße Exemplare. Das Haar ist kurz, gerade und grob, mit dichter Unterwolle und längeren Haaren an Rute und Backen. Die Widerristhöhe beträgt 43–51 cm, das Gewicht 18,5–27,5 kg.

RASSEINFORMATIONEN	
NAME	Shikoku
ANDERE NAMEN	Kochi-Ken
OFFIZIELLE ANERKENNUNG	FCI Gruppe 5
FARBVARIANTEN	sesam, sesam mit schwarz, sesam mit rot

JAPAN

Shikoku

Widerristhöhe 43–55 cm

FCI 5
GRUPPE
FELLPFLEGE
mittel
GRÖSSE
FUTTER

WISSENSWERTES
Der Shikoku neigt zur Dominanz gegenüber anderen Hunden, ist jedoch seinem Besitzer gegenüber nachgiebig.

DER SHIKOKU stammt von den mittelgroßen Hunden ab, die man im alten Japan im bergigen Kochi-Distrikt hauptsächlich als Helfer bei der Schwarzwildjagd einsetzte. Die einstigen Varianten dieser Rasse – Awa, Hongawa und Hata – hießen nach den Regionen, in denen sie gezüchtet wurden. Der Shikoku ist ein robuster, flinker Hund und perfekt an die Arbeit in den Bergen angepasst. 1937 erhielt er seinen heutigen Namen und wurde zum „Naturdenkmal" erklärt.

Wie bei allen Vertretern der Spitzfamilie sind die kleinen, dreieckigen Ohren leicht nach vorn geneigt und steil aufgerichtet. Die Rute ist hoch angesetzt, entweder über dem Rücken gerollt oder sichelartig gekrümmt. Die relativ kleinen, dreieckigen Augen sind dunkelbraun und stehen weit auseinander. Charakteristisch ist das sesamfarbene Fell. Das Deckhaar ist gerade und ziemlich rau, die Unterwolle weich und dicht mit längeren Haaren an der Rute. Die Widerristhöhe beträgt 43–55 cm, das Gewicht 15 bis 20 kg.

Trotz seines starken Jagdtriebs zeigt sich der Shikoku gegenüber dem Halter ausgesprochen sanft. Nicht zu unterschätzen ist jedoch die Tendenz zur Dominanz gegenüber anderen Hunden und seine Eigenwilligkeit.

RASSEINFORMATIONEN	
NAME	Tosa Inu
ANDERE NAMEN	Tosa, Tosa-Kampfhund, Japanischer Kampfhund, Japanischer Mastiff, Tosa-Ken, Tosa-Koku
OFFIZIELLE ANERKENNUNG	FCI Gruppe 2
FARBVARIANTEN	einfarbig rot oder falbfarben

JAPAN

Tosa Inu

Widerristhöhe 62–65 cm

FCI 2
GRUPPE
FELLPFLEGE
groß
GRÖSSE
FUTTER

DER TOSA INU wurde früher in der japanischen Präfektur Kochi gezüchtet. Er stammt von den Shikoku-Kampfhunden ab, die man 1872 mit Bulldoggen, 1874 mit Mastiffs, 1876 mit Deutschen Vorstehhunden, 1924 mit Deutschen Doggen, mit Bullterriern und sogar mit Bernhardinern kreuzte. So sollten Kraft und Größe der heimischen Hunde gestärkt werden, die zuvor bei Hundekämpfen regelmäßig europäischen Rassen unterlagen. So wurde der Tosa ein unerschütterlicher Kämpfer, der die rituellen Hundekampf-Veranstaltungen mit Ausdauer und fast ohne Schmerzäußerung durchstand. In Japan und vielen anderen Ländern sind Hundekämpfe inzwischen gesetzlich verboten. In ländlichen Gegenden Japans werden sie trotzdem abgehalten, und der Tosa wird auch heute noch in die Arena geschickt. Aufgrund seines ausgeprägten Kampftriebs ist dieser mächtige Hund in vielen Staaten verboten. Bevorzugte Farben für das kurze, harte, dichte Haarkleid sind einfarbig Rot oder Falbfarbe; diskrete rote oder weiße Abzeichen sind zulässig. Der Tosa ist mit einer Widerristhöhe von 62–65 cm und einem Gewicht von 89,5–90,5 kg ziemlich kräftig.

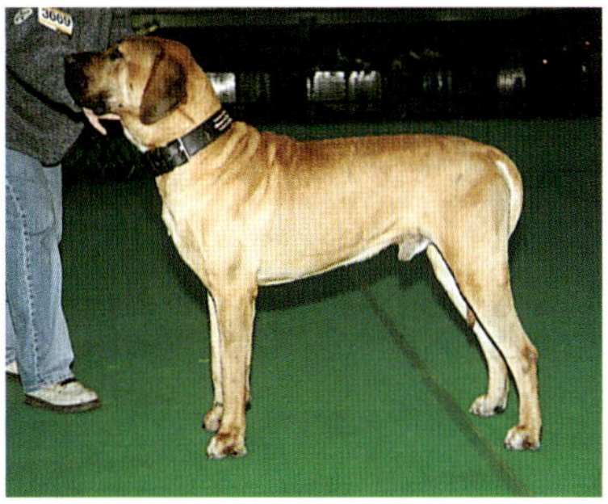

Dieser Kampfhund, der nie ausweicht und ohne zu zögern angreift, braucht unbedingt einen Halter, der ihm körperlich gewachsen ist und ihn entsprechend unterordnen kann.

Unten
Die sehr aggressive Rasse des Tosa Inus wurde ursprünglich als Kampfhund gezüchtet.

FCI 5 – GRUPPE | FELLPFLEGE | mittel – GRÖSSE | FUTTER

KOREA

Koreanischer Jindo-Hund

Widerristhöhe 46–55 cm

RASSEINFORMATIONEN

NAME	Koreanischer Jindo-Hund
OFFIZIELLE ANERKENNUNG	FCI Gruppe 5 (vorläufig)
FARBVARIANTEN	falbfarben, weiß, schwarz mit loh, wolfsgrau

DER JINDO ist der berühmteste koreanische Hund. Er trägt den Namen der südkoreanischen Insel Jindo, von der er stammt. Er wurde erst 1938, während der japanischen Besatzung, offiziell anerkannt und zum „Naturdenkmal Nr. 53" erklärt. Seither sind die Zukunftsaussichten für diese Rasse sehr positiv.

Die Ohren sind spitz aufgerichtet, die Rute ist sichelförmig, der Gesichtsausdruck wachsam und würdevoll. Das doppelte Fell, meist falbfarben, weiß, schwarz mit loh oder wolfsgrau, hat eine weiche, dichte, leichte Unterwolle, die kürzer ist als das Deckhaar. Die Widerristhöhe beträgt 46–55 cm, das Gewicht 15–19 kg. Jindos sind ihrer Familie treu ergeben, Fremden gegenüber abweisend.

Rechts und ganz rechts
Die Rasse war vom Aussterben bedroht, bevor sie zum koreanischen „Naturdenkmal" erklärt wurde.

Unten
Diese elegante Windhundrasse aus dem Mali existiert seit fast 3000 Jahren.

FCI 10 – GRUPPE | FELLPFLEGE | groß – GRÖSSE | FUTTER

MALI

Azawakh

Widerristhöhe 60–74 cm

RASSEINFORMATIONEN

NAME	Azawakh
ANDERE NAMEN	Tuareg-Sloughi, Azi, Tuareg-Windhund, Berber-Windhund
OFFIZIELLE ANERKENNUNG	FCI Gruppe 10
FARBVARIANTEN	verschiedene Farbschläge

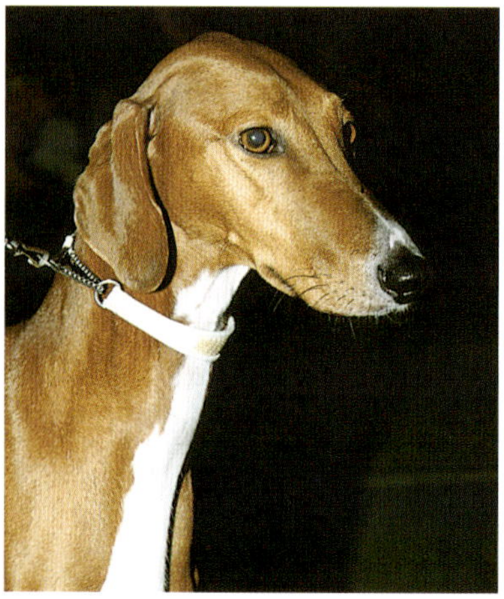

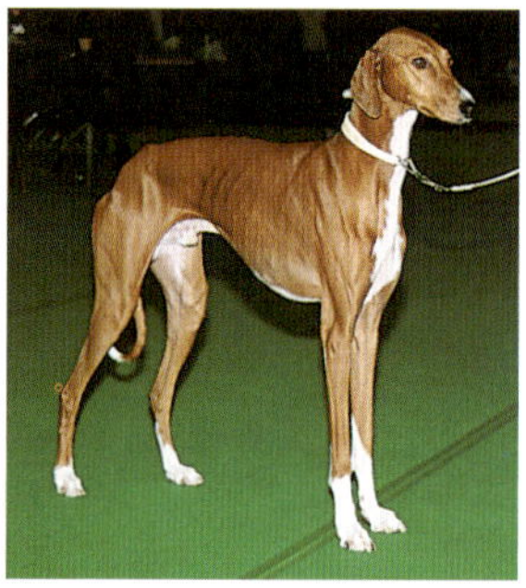

DER AFRIKANISCHE AZAWAKH trägt seinen Namen nach einem Tal im nordöstlichen Mali, wo die Rasse entdeckt wurde. Aufgrund von Bildern nimmt man an, dass es sie bereits seit 3000 Jahren gibt. Ihre genetische Verwandtschaft mit anderen Windhundrassen ist allerdings noch nicht belegt. Im 20. Jahrhundert kamen die ersten Azawakhs nach Europa und in die USA. Seit langer Zeit existiert sie jedoch in ganz Nordafrika. Sie ist Begleiter, Wachhund und Jagdhelfer der Tuareg-Nomaden. Schon als Welpen lernen diese Hunde, andere Tiere zu jagen. Die Sozialisierungsphase verbringen sie mit jungen Rudelmitgliedern, die das Verjagen oder Töten von Eindringlingen bereits beherrschen.

Unter der trockenen, dünnen Haut sind die Muskeln deutlich sichtbar; die Konturen sind sehr fein und der Gang tänzelnd. Die Widerristhöhe beträgt 60–74 cm, das Gewicht 17–25 kg. Die weiche, straffe Haut ist mit kurzem, seidigem Fell bedeckt. Verschiedene Farbschläge inklusive cremefarben, dunkelrot, weiß, schokoladenbraun, schwarz, gestromt und grau sind möglich, weiße Abzeichen zulässig.

Dieser stolze, aufmerksame und wachsame Hund hat einen natürlichen Schutzinstinkt. Fremden gegenüber ist er misstrauisch, dem Halter gegenüber liebevoll und anhänglich.

RASSEINFORMATIONEN	
NAME	Aidi
ANDERE NAMEN	Atlas-Schäferhund, Chien de l'Atlas, Kabylenhund
OFFIZIELLE ANERKENNUNG	FCI Gruppe 2
FARBVARIANTEN	weiß und verschiedene andere Farbschläge

MAROKKO

Aidi

Widerristhöhe 53–61 cm

FCI 2
GRUPPE
FELLPFLEGE
groß
GRÖSSE
FUTTER

SEIT JAHRHUNDERTEN BESCHÜTZT der Aidi die Herden der Nomaden vor Raubtieren. Aufgrund ihrer guten Nase wurde die Rasse auch zur Fährtensuche bei der Jagd verwendet, bei der jedoch andere Hunde (z. B. Sloughis) die Beute hetzten und töteten. Der Aidi ist ein typischer Hund der Berge, der den extremen Witterungsverhältnissen des Atlas mit großer Hitze am Tag und klirrender Kälte bei Nacht standhält.

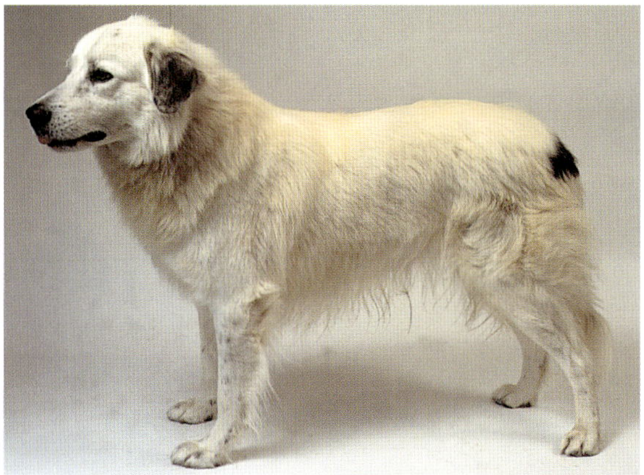

Der relativ schmale, gut bemuskelte Aidi mit seiner breiten Brust ist sicher mit einigen anderen Herdenschutz-Hunderassen verwandt. Die Widerristhöhe liegt bei 53–61 cm, das Gewicht bei 23–24 kg. Das kräftige Fell in unterschiedlichen Farbtönen ist ca. 5 cm lang.

Diese aufmerksamen Wachhunde sind leicht zu erziehen. Sie sind allerdings kraftvoll, reizbar, bewegungsintensiv und neugierig und benötigen daher ständige Beschäftigung. Die Rasse wird gelegentlich als Begleithund gehalten, eignet sich jedoch eigentlich nicht als Haushund.

Links
Der Aidi ist perfekt an die zerklüftete, unwirtliche Landschaft des Atlasgebirges angepasst.

RASSEINFORMATIONEN	
NAME	Halden-Stövare
ANDERE NAMEN	Haldenstover, Haldenbracke, Haldenlaufhund
OFFIZIELLE ANERKENNUNG	FCI Gruppe 6
FARBVARIANTEN	trikolor

NORWEGEN

Halden-Stövare

Widerristhöhe 51–64 cm

FCI 6
GRUPPE
FELLPFLEGE
groß
GRÖSSE
FUTTER

DIE HALDEN-STÖVARE ENTSTAND im südlichen Norwegen, in der Gegend um Halden. Zur Zucht kreuzte man einheimische Hunde mit englischen Foxhounds, wobei der Rassestandard erst in den 1950er-Jahren festgelegt wurde. Die Halden-Stövare ist kein Meutehund; sie wird – besonders bei der Hasenjagd – als Einzelhund geführt. Außerhalb Norwegens ist diese Rasse kaum bekannt.

Die große Halden-Stövare mit einer Widerristhöhe von 51–64 cm und einem Gewicht von 23–29 kg hat muskulöse, starkknochige Beine mit ovalen Pfoten und gut gewölbten Zehen. Das weiche, glänzende und extrem feine Fell bietet keinen ausreichenden Schutz gegen Kälte. Als typischer Vertreter der Stöberhundrassen hat sie hängende Ohren, die bis zur Mitte der Schnauze reichen. Der Augenausdruck ist freundlich. Das dreifarbige Fell zeigt kräftige schwarze und lohfarbene Abzeichen auf weißem Grund.

Selbst dieser ruhige und anhängliche Jagdhund schnappt hin und wieder. Bei ersten Begegnungen mit Kindern sollte man sie daher nicht unbeaufsichtigt lassen. Sie ist aber als Begleithund sehr beliebt.

Links
Dieser schnittige Hund ist sehr liebevoll und kinderfreundlich, sofern korrekt mit ihm umgegangen wird.

FCI 6	
GRUPPE	FELLPFLEGE
mittel	
GRÖSSE	FUTTER

NORWEGEN

Hygenhund

Widerristhöhe 47–58 cm

RASSEINFORMATIONEN	
NAME	Hygenhund
ANDERE NAMEN	Hygenbracke, Hygenlaufhund
OFFIZIELLE ANERKENNUNG	FCI Gruppe 6
FARBVARIANTEN	schwarz mit kastanienbraun, gelb mit rot, einfarbig kastanienbraun

DER HYGENHUND, der in den 30er-Jahren des 19. Jahrhunderts entstand und seinen Namen nach dem ersten Züchter der Rasse trägt, stammt von norddeutschen Bracken und skandinavischen Laufhunden (darunter dem heute ausgestorbenen Ringerike) ab. Als guter Begleiter für die Niederwildjagd ist er beliebt, als Haushund eher selten.

Die Rasse hat einen kurzen Rücken, mittelgroße braune Augen und eine schwarze Nase mit großen Nüstern. Aufgrund seines sehr kurzen, weichen, glänzenden und dichten Haarkleids sollte man ihn vor Kälte schützen. Die Widerristhöhe beträgt 47–58 cm, das Gewicht 20–24 kg.

Dieser zuverlässige Wächter verträgt sich mit anderen Hunden, soll aber Menschen gegenüber gelegentlich bissig sein. Der Hygenhund benötigt viel Auslauf und kann auch im Freien gehalten werden.

Oben und rechts
Dieser kräftige Apportierhund vereinigt Blutlinien aller europäischen Rassen in sich.

FCI 6	
GRUPPE	FELLPFLEGE
mittel	
GRÖSSE	FUTTER

NORWEGEN

Norwegische Bracke

Widerristhöhe 47–57 cm

RASSEINFORMATIONEN	
NAME	Norwegische Bracke
ANDERE NAMEN	Dunker, Dunker-Bracke
OFFIZIELLE ANERKENNUNG	FCI Gruppe 6
FARBVARIANTEN	verschiedene Farbschläge

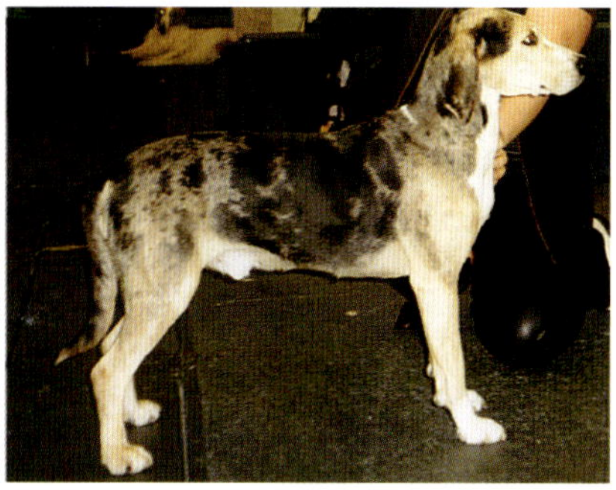

Oben
Dieser Apportier- und Spürhund arbeitet gut in unebenem Gelände.

DIE NORWEGISCHE oder Dunker-Bracke wurde gezüchtet, um Hasen aufzuspüren und zu apportieren und auf allen Böden zu arbeiten. Der norwegische Züchter Wilhelm Dunker kreuzte die Russische Harlekinbracke, die das Merle-Gen trägt, mit verschiedenen anderen kräftigen und zuverlässigen Spürhunden.

Die so entstandene Norwegische Bracke hat ein glattes, hartes, dichtes und nicht zu kurzes Fell von sehr interessanter Farbe. Es kann schwarz oder blau marmoriert sein, mit hellbraunen oder weißen Abzeichen. Eine warme braune oder schwarze Grundfarbe ist zulässig, aber nicht unbedingt erwünscht.

Der Körper des Dunkers ist rechteckig, wobei die Brusttiefe die Hälfte der Widerristhöhe ausmachen soll. Der klare, edle, eher längliche Kopf ist nicht keilförmig, der Stop wenig ausgeprägt. Die Augen sind groß, rund und dunkel, der Ausdruck wach, ruhig und ernst. Bei blau marmorierten Hunden sind Glasaugen erlaubt. Die nicht allzu breiten, mittellangen Hängeohren liegen dicht am Kopf. Die Widerristhöhe beträgt 47–57 cm, das Gewicht 16–22 kg.

Eine andere norwegische Rasse ist der Schwarze Norwegische Elchhund, auch bekannt als Norsk Elghund (Sort). Er ist etwas kleiner als der weiter verbreitete Große Elchhund, mit einer Widerristhöhe von 46–51 cm und einem Gewicht von 17,5–18,5 kg, manchmal auch etwas darüber. Der Körperbau ähnelt dem des Elchhundes, mit weniger Brusttiefe und einem nicht ganz so dichten, kurzen, dicken Fell.

RASSEINFORMATIONEN	
NAME	Peruanischer Nackthund
ANDERE NAMEN	Perro sin Pelo del Perú, Inka-Nackthund
OFFIZIELLE ANERKENNUNG	FCI Gruppe 5
FARBVARIANTEN	verschiedene Farbschläge

PERU

Peruanischer Nackthund

Widerristhöhe 59 cm

FCI 5
GRUPPE
FELLPFLEGE
klein/groß
GRÖSSE
FUTTER

DER PERUANISCHE NACKTHUND soll mit den Windhunden verwandt sein, die von den Konquistadoren nach Mittelamerika eingeführt wurden. Nach Ansicht anderer Experten belegen ältere Statuetten, dass diese Hunde vom Mexikanischen Nackthund (auch bekannt als Xoloitzcuintli) abstammen. Wieder andere Kynologen nehmen als Stammvater sogar den nordamerikanischen Timberwolf an. Wahrscheinlich wurde der Peruanische Nackthund von ecuadorianischen Seehändlern mitgebracht.

Von dieser an ein kleines Reh erinnernden Rasse existieren drei verschiedene Größen, die sehr unterschiedlich ausfallen und 4–8, 8–12 oder 12–25 kg wiegen können. Die Hunde sind haarlos und müssen zum Schutz vor Sonnenbrand eingeölt werden. Auf dem Kopf stehen vereinzelte längere Haare, und hin und wieder werden auch Welpen mit Fell geboren.

Die Ohren stehen aufrecht und sind nicht allzu groß, die Augen blicken ausdrucksvoll und sanft.

Eine andere peruanische Rasse ist der Inka-Orchideenhund, der für manche jedoch gleichbedeutend ist mit dem Peruanischen Nackthund. Der Orchideenhund kommt haarlos und mit Fell vor. Adlige Inkas zogen Exemplare mit Haaren vor, die sie als Schoßhunde hielten. Das Fell kann so kurz sein wie das eines Dobermanns oder so lang wie das eines Collies.

Beide Schläge sind schnell und kräftig, sanft, ruhig und sauber.

Unten
Dieser haarlose Hund muss zum Schutz vor Sonnenbrand eingeölt werden.

RASSEINFORMATIONEN	
NAME	Polnische Bracke
OFFIZIELLE ANERKENNUNG	FCI Gruppe 6
FARBVARIANTEN	lohfarben mit schwarz oder grau

POLEN

Polnische Bracke

Widerristhöhe 56–66 cm

FCI 6
GRUPPE
FELLPFLEGE
groß
GRÖSSE
FUTTER

WAHRSCHEINLICH STAMMT die Polnische Bracke von Bluthunden (St. Hubertus Hunden) und deutschen Bracken ab. Genaues ist jedoch nicht bekannt. Ein ähnlicher, kleinerer Jagdhund, der Polski Pies Gonczy, starb während des Zweiten Weltkriegs aus. Während der Kriegsjahre war auch die Polnische Bracke vom Aussterben bedroht, wurde aber von polnischen Jägern weitergezüchtet, die die außergewöhnlich gute Nase dieser Hunde schätzten.

Dieser starke, kompakte Jagdhund hat einen recht schweren, edel geschnittenen Kopf. Der kräftige Knochenbau zeigt, dass die Rasse eher auf Kraft und Ausdauer als auf Schnelligkeit gezüchtet wurde. Die Widerristhöhe beträgt 56–66 cm, das Gewicht 25–32 kg. Das mittellange Fell ist dicht mit dicker Unterwolle, am Körper schwarz oder dunkelgrau, während Kopf, Ohren, Beine und Oberschenkel alle Schattierungen von Lohfarben aufweisen. Kleine weiße Abzeichen an festgelegten Stellen sind zulässig. Der Spurlaut der Polnischen Bracke ist klangvoll und klar.

Links und unten
Bei der Jagd zeichnet sich die Polnische Bracke eher durch Kraft und Ausdauer als durch Schnelligkeit aus.

FCI 1 — GRUPPE | FELLPFLEGE | groß — GRÖSSE | FUTTER

POLEN

Tatra-Schäferhund

Widerristhöhe 61–87 cm

RASSEINFORMATIONEN	
NAME	Tatra-Schäferhund
ANDERE NAMEN	Polski Owczarek Podhalanski
OFFIZIELLE ANERKENNUNG	FCI Gruppe 1
FARBVARIANTEN	einfarbig weiß

Oben
Der Tatra-Schäferhund lebte mit der Herde, die er vor Wölfen schützte, in den Bergen.

UNTER SEINEN Ahnen sollen die großen asiatischen Mastiffs gewesen sein, die vor über 1000 Jahren nach Europa kamen. Verwandt ist der Tatra-Schäferhund auch mit zahlreichen weiteren Herdenschutzrassen, z. B. dem Ungarischen und dem Slowakischen Kuvasz und dem Bergamasco. Diese muskulösen, starkknochigen Herdenschutzhunde der Bergregionen werden heute auch als Haushund gehalten. Der Tatra-Schäferhund ist zurückhaltend und wachsam. Man verwendet ihn nicht nur als Treibhund, sondern auch im Polizei- und Militärdienst.

In seiner natürlichen Umgebung lebt und zieht dieser Hund mit den Herden und wird sogar mit den Schafen geschoren.

Diese intelligente Rasse mit langem, kräftigem geraden oder leicht gewelltem Fell und dichtem Kragen fühlt sich in kühlen Klimazonen am wohlsten. Ihre Widerristhöhe beträgt 61–87 cm, das Gewicht 45–69 kg.

Diesem Hund liegt es im Blut, seinen Besitzer oder eine Herde gegen Raubtiere (z. B. Wölfe) und auch gegen Menschen zu verteidigen. Er ist ruhig und sehr unabhängig.

Eine weitere polnische Rasse, der Polnische Greyhound (auch Chart Polski genannt) ist von der FCI nur vorläufig anerkannt. Dieser kurzhaarige Windhund wird in Gruppe 10 geführt, ist aber aufgrund seiner vorläufigen Anerkennung nicht für CACIB-Prüfungen zugelassen.

FCI 1 — GRUPPE | FELLPFLEGE | groß — GRÖSSE | FUTTER

PORTUGAL

Cão Fila de São Miguel

Widerristhöhe 48–60 cm

RASSEINFORMATIONEN	
NAME	Cão Fila de São Miguel
ANDERE NAMEN	Azoren-Hütehund von der Insel São Miguel, Kuhhund
OFFIZIELLE ANERKENNUNG	FCI Gruppe 1 (vorläufig)
FARBVARIANTEN	falbfarben, grau und gelb-gestromt

DER SEIT ANFANG des 19. Jahrhunderts bekannte Cão Fila de São Miguel ist verwandt mit dem ausgestorbenen Fila da Terciera. Die rückgezüchtete Rasse ist heute anerkannt. Außerhalb der Insel San Miguel auf den Azoren, wo die Hunde sehr häufig vorkommen, ist der Cão Fila de São Miguel kaum bekannt. In seiner Heimat wird er häufig als Rindertreib- und -hütehund verwendet. Beim Treiben beißt er die Tiere in die Fesseln, manchmal im Eifer der Arbeit auch höher in Beine oder Schenkel, ohne sie jedoch zu verletzen.

Rechts
Diese Hunde haben einen starken Schutztrieb und sind sehr scharf, aber sie hängen mit großer Zuneigung an ihren Haltern.

Der mächtige Kopf diese Hundes ist eher quadratisch, die Ohren sind unkupiert mittelgroß, dreieckig und hängen seitlich vom Kopf nicht allzu dicht an den Wangen herab. Das Fell ist weich, dicht, kurz und kräftig, mit längeren Haaren an Beinen und Rute. Bei gestromten Hunden sind weiße Abzeichen zulässig. Die Widerristhöhe beträgt 48–60 cm.

Der Cão Fila de São Miguel ist sehr temperamentvoll. Er ist scharf, hängt aber sehr an seinem Herrn. Der ausgezeichnete Wachhund ist intelligent und enorm lernfähig.

RASSEINFORMATIONEN	
NAME	Castro Laboreiro-Hund
ANDERE NAMEN	Cão de Castro Laboreiro, Portugiesischer Kuhhund
OFFIZIELLE ANERKENNUNG	FCI Gruppe 2
FARBVARIANTEN	schwarz-gestromt, rot-gestromt, einfarbig schwarz

PORTUGAL

Castro Laboreiro-Hund

Widerristhöhe 51–61 cm

FCI 2
GRUPPE
FELLPFLEGE
groß
GRÖSSE
FUTTER

WISSENSWERTES
Bei der ersten Begegnung können diese Hunde bedrohlich wirken. Sie sind aber gegüber ihrem Halter sehr anhänglich.

MAN WEISS NICHT sehr viel über die Abstammung dieses Nordportugiesen, nimmt aber an, dass dunkle, kleine, kurzhaarige Estrela Berghunde beteiligt waren, die möglicherweise mit einheimischen Rassen, wahrscheinlich Vertretern der Mastiff-Familie, gekreuzt wurden. An der nördlichen Spitze Portugals liegt das kleine Dorf Castro Laboreiro (Dorf der Arbeiter), nach dem die Rasse benannt wurde. Diese ansehnlichen Hunde arbeiten bei allen Witterungsverhältnissen und schützen Schaf- und Rinderherden vor Raubtieren. Sie sind so stark, dass sie sogar Wölfe annehmen.

Das Fell dieser Rasse ist kurz, kräftig, hart und eher stumpf, der Augenausdruck streng, die mittelgroßen Ohren hängen seitlich am Kopf. Die Widerristhöhe beträgt 51–61 cm, das Gewicht 23–34 kg, wobei auch schon Exemplare von 91 kg vorgekommen sind. Der Castro Laboreiro ist ein guter Wachhund mit einer bemerkenswerten Stimme, die chromatisch über mehrere Oktaven ansteigt. Er wirkt bedrohlich, zeichnet sich aber durch geradezu sprichwörtliche Treue zu seinem Herrn aus.

Links
Die sehr wachsame Rasse erhielt ihren Namen vom „Dorf der Arbeiter“ im nördlichen Portugal.

RASSEINFORMATIONEN	
NAME	Portugiesischer Hühnerhund
ANDERE NAMEN	Perdigueiro Português
OFFIZIELLE ANERKENNUNG	FCI Gruppe 7
FARBVARIANTEN	gämsenfarbig hell-, mittel- oder dunkel braun, einfarbig oder mit weißen Abzeichen

PORTUGAL

Portugiesischer Hühnerhund

Widerristhöhe 52–56 cm

FCI 7
GRUPPE
FELLPFLEGE
groß
GRÖSSE
FUTTER

DER PORTUGIESISCHE Hühnerhund ist in Portugal seit dem 12. Jahrhundert bekannt. Er wurde einst in den königlichen Zwingern und in denen der Oberschicht gezüchtet und als Vorstehhund zum Anzeigen verwundeter Jagdbeute bei der Beizjagd und der Vogeljagd mit dem Netz eingesetzt. Vom 12. bis zum 18. Jahrhundert verwendete auch das Bürgertum den Perdigueiro Português als Vorsteh- und Apportierhund. Viele dieser Hunde wurden nach England exportiert und dort in der Zucht des Englischen Pointers eingesetzt. Im Jahr 1932 entstand der Rassestandard für den Portugiesischen Hühnerhund. Dieser solide Hund arbeitet außergewöhnlich eifrig, leidenschaftlich und freudig, mit der Beweglichkeit und Leichtfüßigkeit des geborenen Jagdhundes. Bei der Suche geht er methodisch vor. Beim Vorstehen lässt er sich von nichts und niemandem ablenken, und er apportiert ohne zu „knautschen“.

Das kurze, dichte Fell benötigt wenig Pflege. Die Widerristhöhe liegt bei 52–56 cm, das Gewicht zwischen 16 und 27 kg.

Der Perdigueiro Português ist leichtführig, kinderfreundlich und verträglich mit anderen Hunden. Er braucht jedoch viel Auslauf.

Links und unten
Dieser leicht erziehbare Vorstehhund zeigt angeschossenes Haar- oder Federwild an.

FCI 1 — GRUPPE | FELLPFLEGE | groß — GRÖSSE | FUTTER

PORTUGAL

Portugiesischer Schäferhund

Widerristhöhe 42–55 cm

RASSEINFORMATIONEN	
NAME	Portugiesischer Schäferhund
ANDERE NAMEN	Cão da Serra de Aires, Affenhund
OFFIZIELLE ANERKENNUNG	FCI Gruppe 1
FARBVARIANTEN	gelb, kastanienbraun, grau, falbfarben, wolfsgrau

WISSENSWERTES
Außerhalb Portugals ist der Portugiesische Schäferhund kaum bekannt, aber die Zukunft der Rasse scheint gesichert.

FAST DAS GESAMTE 20. JAHRHUNDERT über wurde der Portugiesische Schäferhund im südlichen Portugal von armen Schäfern als Begleit- und Hütehund gehalten; in den 1970er-Jahren allerdings war die Rasse fast ausgestorben. Finanziell besser gestellte Hundefreunde entdeckten diese ansprechenden Hunde etwa um dieselbe Zeit, und jetzt scheint ihr Fortbestehen gesichert, obwohl sie außerhalb Portugals immer noch kaum bekannt sind.

Speziell in der Region Alentejo hütet und treibt der Cão da Serra de Aires Schafe, Rinder, Ziegen, Pferde und Schweine. Das fröhliche Gemüt und das Aussehen dieser Rasse trug ihr auch den Namen Affenhund ein.

Die langen Haare sind glatt oder leicht wellig, mit langem Bart an Ober- und Unterkiefer und mit üppigen Augenbrauen. Das Fell ist ziegenartig, ohne Unterwolle. Die Widerristhöhe liegt bei 42–55 cm, das Gewicht zwischen 12 und 18 kg. Der lebhafte, intelligente Cão da Serra de Aires ist robust und klug, dem Schäfer und der Herde ergeben, Fremden gegenüber jedoch reserviert.

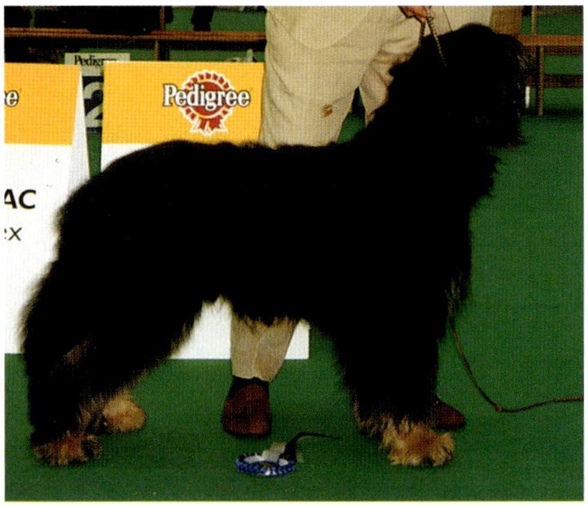

FCI 5 — GRUPPE | FELLPFLEGE | klein, mittel oder groß — GRÖSSE | je nach Größe — FUTTER

PORTUGAL

Podengo Português

Widerristhöhe 20–71 cm

RASSEINFORMATIONEN	
NAME	Podengo Português
ANDERE NAMEN	Portugiesischer Kaninchenhund, Portugiesischer Podengo
OFFIZIELLE ANERKENNUNG	FCI Gruppe 5
FARBVARIANTEN	gelb, lohfarben, dunkelbraun, weiß mit Abzeichen

Unten
Der Podengo Português sieht aus wie der spanische Podenco.

DER PODENGO Português existiert in drei verschiedenen Größen (klein, mittel, groß) und zwei Felltypen (glatt- und rauhaarig). Diese alte Rasse ist besonders in Nordportugal beliebt. Der größte Schlag (Widerristhöhe 56–71 cm, Gewicht ca. 30 kg) ist sehr selten geworden. Die beiden größeren Vertreter werden meist zur Kaninchen- und Hasenjagd eingesetzt, während die kleinen Hunde zum Aufscheuchen von Wild und zur Rattenbekämpfung verwendet werden. Wahrscheinlich stammen die Portugiesischen Podengos von den Pharaonenhunden ab, die auf der Iberischen Halbinsel heimisch wurden. Allerdings könnten auch kleine iberische Wölfe bei der Entstehung eine Rolle gespielt haben. Der kleine Podengo wurde aus den größeren Schlägen herausgezüchtet, wobei man mehr Wert auf die Höhe als auf Fell oder Farbe legte.

Die kleinsten Hunde sind 20–31 cm groß und wiegen 4–6 kg. Der mittelgroße Schlag kann bis zu 56 cm groß werden, der größte sogar darüber. Die Farbe spielt beim Podengo Português eine eher untergeordnete Rolle; die Hunde sind einfarbig oder mit weißen Abzeichen. Das rauhaarige Fell ist besonders am Körper relativ lang, mit Befederung im Gesicht, an der Schnauze und an den Ohren. Die dreieckigen, beweglichen, aufrecht stehenden Ohren werden zum Lauschen nach vorn gedreht.

Diese Rasse benötigt viel Auslauf und ist ein guter Begleiter. Der kleinste Schlag ist als Haushund beliebt.

RASSEINFORMATIONEN	
NAME	Rafeiro do Alentejo
OFFIZIELLE ANERKENNUNG	FCI Gruppe 2
FARBVARIANTEN	schwarz, wolfsgrau, lohfarben, gelbbraun; weiße Abzeichen sind zulässig

PORTUGAL

Rafeiro do Alentejo

Widerristhöhe 64–74 cm

FCI 2 GRUPPE | FELLPFLEGE | groß GRÖSSE | FUTTER

DER RAFEIRO DO ALENTEJO ist in den landwirtschaftlichen Betrieben und Privathäusern der Alentejo-Region als außergewöhnlich guter Wach- und Herdenschutzhund beliebt.

Die große, eher im Rechteckformat stehende, ländliche und kräftige Rasse mit einer Widerristhöhe von 64–74 cm wiegt 35–50 kg. Der bärenartige, nach unten schmaler werdende Schädel passt im Verhältnis gut zum Körper. Die kleinen, dunklen Augen mit schwarzen Lidrändern blicken gelassen. Die hoch angesetzten Ohren hängen in Falten seitlich am Kopf herab. Der rollende Gang ist schwerfällig und langsam. Bevorzugt werden Hunde mit halblangen, schweren, dichten, geraden Haaren, die bis zu den Zehenzwischenräumen gleichmäßig über den ganzen Körper verteilt sind. Es gibt auch kurzhaarige Exemplare. Schwarze, wolfsgraue, lohfarbene oder gelbbraune Hunde haben weiße Abzeichen. Hunde mit weißer Grundfarbe dürfen gefleckte, gestromte oder gescheckte Abzeichen in allen vorher genannten Farben aufweisen.

Der Schutztrieb des Rafeiro do Alentejos ist nachts besonders ausgeprägt. Fremden gegenüber ist dieser Hund sehr misstrauisch.

Auch die folgenden Rassen sind in England anerkannt; für andere Länder sind jedoch Erläuterungen notwendig:

ESTRELA BERGHUND

Die FCI unterscheidet beim Estrela Berghund zwischen Kurz- und Langhaar.

PORTUGIESISCHER WASSERHUND

Die FCI unterscheidet den Portugiesischen Wasserhund nach Felltypen (lockig oder gewellt).

RASSEINFORMATIONEN	
NAME	Schwarzer Russischer Terrier
ANDERE NAMEN	Tschernyj Terrier, Schwarzer Terrier,
OFFIZIELLE ANERKENNUNG	FCI Gruppe 2
FARBVARIANTEN	schwarz, schwarz mit Stichelhaaren

RUSSLAND

Schwarzer Russischer Terrier

Widerristhöhe 63–74 cm

FCI 2 GRUPPE | FELLPFLEGE | groß GRÖSSE | FUTTER

DER IN DEN 40ER-JAHREN des 20. Jahrhunderts offiziell anerkannte Schwarze Russische Terrier wurde in den „Roter Stern"-Armeezwingern der Sowjetunion „entworfen". Man verwendete neben anderen Rassen Riesenschnauzer, Rottweiler und Airedale Terrier. Am Schwarzen Russischen Terrier versuchten Wissenschaftler, ihre mittlerweile wieder verworfene Theorie der „genetisch erworbenen Eigenschaften" zu beweisen. Außerhalb Russlands findet man den Schwarzen Russischen Terrier nur sehr selten.

Der kräftige Kopf ist immer dicht behaart, mit zottigen, buschigen Augenbrauen. Die Länge des Körperfells variiert stark (zwischen 4 und 10 cm). Das Haarkleid ist grob, hart, füllig und dicht, mit einer Mähne im Nacken und auf dem Widerrist. Die raue Unterwolle soll gut ausgeprägt, die geschlossenen Pfoten groß und die Zehen gut gewölbt sein. Die Widerristhöhe beträgt 63–74 cm, das Gewicht schwankt zwischen 37 und 55 kg.

Diese sehr scharfe Rasse dient heute hauptsächlich als Wach- und Schutzhund.

Oben
Der Rafeiro benötigt einen erfahrenen Halter; er kann gegenüber Fremden sehr scharf sein.

WISSENSWERTES

Die noch junge Rasse des Schwarzen Russischen Terriers wird hauptsächlich als Wach- und Schutzhund eingesetzt.

FCI 2 — GRUPPE | FELLPFLEGE | groß — GRÖSSE | FUTTER

RUSSLAND

Kaukasischer Schäferhund

Widerristhöhe 64–72 cm

RASSEINFORMATIONEN	
NAME	Kaukasischer Schäferhund
ANDERE NAMEN	Kaukasischer Owtscharka, Kavkazskaja Owtscharka, Kaukasischer Berghund
OFFIZIELLE ANERKENNUNG	FCI Gruppe 2
FARBVARIANTEN	zahlreiche Farbkombinationen

WISSENSWERTES
Die Rasse eignet sich hervorragend als Haushund, wenn die Hunde konsequent erzogen und ausgebildet werden.

DER KAUKASISCHE Schäferhund stammt aus dem Kaukasus in der Nähe von Georgien, wird seit mehreren 100 Jahren dort gehalten und ist möglicherweise vor Tausenden von Jahren aus Mastiff-Spitz-Kreuzungen entstanden.

Er ist der bekannteste russische Owtscharka, und man sieht ihn nicht nur in Russland, sondern auch in allen europäischen Ländern auf Hundeausstellungen. Als Herdenschutzhund wird er heute nur noch selten eingesetzt.

In den 1960er-Jahren patrouillierten 7000 dieser Hunde an der Berliner Mauer. Aufgrund der jahrhundertelangen geographischen Isolation entwickelte sich eine natürliche, gesunde und instinktsichere Rasse, die Schafherden vor Raubtieren und menschlichen Räubern schützte.

Die tief liegenden Augen ermöglichen dem Kaukasischen Schäferhund ein ausgezeichnetes räumliches Sehen. Sein Fell ist dick, dicht und grob. Die Widerristhöhe liegt bei 64–72 cm, das Gewicht bei 45 bis 70 kg.

Der große, robuste und starkknochige, bärenartige Hund ist bekannt für seine Schärfe, kann aber bei entsprechender Erziehung und konsequenter Ausbildung ein ausgezeichneter Haushund werden.

Unten und unten rechts *Dieser stabile, kraftvolle Hund wird hauptsächlich zum Schutz von Viehherden eingesetzt.*

FCI 2 — GRUPPE | FELLPFLEGE | groß — GRÖSSE | FUTTER

RUSSLAND

Zentralasiatischer Schäferhund

Widerristhöhe 60–65 cm

RASSEINFORMATIONEN	
NAME	Zentralasiatischer Schäferhund
ANDERE NAMEN	Sredneasiatskaja Owtscharka, Zentralasiatischer Owtscharka
OFFIZIELLE ANERKENNUNG	FCI Gruppe 2
FARBVARIANTEN	alle Farben

DIE RASSE STAMMT wahrscheinlich von asiatischen Mastiffs ab und fungierte in Zentralasien über Jahrhunderte, wahrscheinlich über Jahrtausende hinweg, als Herdenschutzhund für Vieh. Man findet sie von der russischen Ural-Bergregion ostwärts bis nach Sibirien und in verschiedenen zentralasiatischen Republiken.

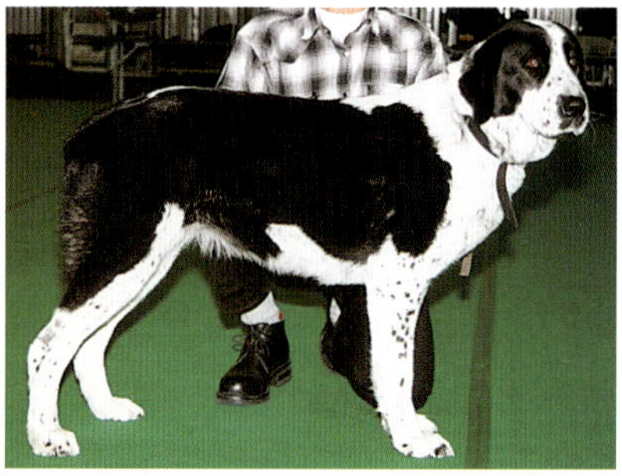

Der massive Kopf dieses großen, sehr robusten Hundes hat einen breiten, flachen Schädel mit starken Wangen, aber wenig entwickelten Brauenbögen. Die Lefzen sind dick und überhängend. Das Fell ist glatt, mit halblangem, grobem Deckhaar und gut entwickelter Unterwolle. An der Schnauze sowie an der Vorderseite der Vorder- und der Hinterbeine ist es kurz und weich. Es existieren zwei Felltypen: langhaarig (7–8 cm) und kurzhaarig (3–5 cm). Die Widerristhöhe ist nach oben unbegrenzt, allerdings sollen Rüden mindestens 65 cm und Hündinnen mindestens 60 cm messen. Das Gewicht beträgt 37–50 kg.

Der Zentralasiatische Owtscharka ist kraftvoll, robust, athletisch und wachsam und Fremden gegenüber extrem misstrauisch. Der scharfe Herdenschutzhund eignet sich nicht unbedingt als Haushund. Er ist selbstbewusst und unerschütterlich und besitzt ein außergewöhnlich gutes Gedächtnis.

RASSEINFORMATIONEN	
NAME	Ostsibirischer Laika
ANDERE NAMEN	Wostotschno-Sibirskaja Laika
OFFIZIELLE ANERKENNUNG	FCI Gruppe 5
FARBVARIANTEN	weiß, schwarz/weiß, grau, lohfarben, rot, schwarz

RUSSLAND

Ostsibirischer Laika

Widerristhöhe 56–64 cm

FCI 5
GRUPPE
FELLPFLEGE
groß
GRÖSSE
FUTTER

DER OSTSIBIRISCHE LAIKA entstand im 19. Jahrhundert durch Zuchtauswahl. Sibirische Schlittenhunde aus der Spitzfamilie wurden mit jagdtauglichen Hunden verpaart. Heute werden die Laiki hauptsächlich bei der Großwildjagd eingesetzt. Sie arbeiten vor dem Schützen, spüren das Wild auf und verbellen es, bis der Jäger zur Stelle ist. Auch bei der Vogeljagd hat sich die Rasse bewährt.

Das kurze, dichte, gut isolierte Fell des Laikas mit der wasserabweisenden Unterwolle bedeckt sogar die Innenseite der Ohren und die Pfoten. Zum Warmhalten verwenden die Hunde auch ihre stark eingerollte, über den Rücken getragene Rute. Die Widerristhöhe beträgt 56–64 cm, das Gewicht 18–23 kg.

Der Ostsibirische Laika ist ausgeglichen und mit seinem ruhigen Wesen als Haushund gut geeignet. Auch als Begleithund ist er bei entsprechender Ausbildung angenehm.

WISSENSWERTES
Der Laika wurde aus spitzartigen Jagd- und Gebrauchshunden herausgezüchtet.

Links
Der Ostsibirische Laika wird heute noch als spurlauter Jagdhund verwendet.

RASSEINFORMATIONEN	
NAME	Russisch-Europäischer Laika
ANDERE NAMEN	Russko-Europeiskaja Laika
OFFIZIELLE ANERKENNUNG	FCI Gruppe 5
FARBVARIANTEN	schwarz mit weißen Abzeichen

RUSSLAND

Russisch-Europäischer Laika

Widerristhöhe 51–61 cm

FCI 5
GRUPPE
FELLPFLEGE
mittel
GRÖSSE
FUTTER

RUSSISCHE ZÜCHTER WÜNSCHTEN sich einen Hund, der stärker und aggressiver war als der Karelische Bärenhund, und kreuzten diesen mit dem Utschak-Schäferhund. So entstand der Russisch-Europäische Laika, ein furchtloser Bärenjäger, der auch für die Elch-, Wildschwein- und Wolfsjagd eingesetzt wird.

Die aufrecht stehenden Ohren und die gekringelte Rute, die in entspannter Haltung auch unaufgerollt getragen wird, zeigt die Zugehörigkeit dieser Rasse zur Spitzfamilie und die kleinen, braunen, feurigen Augen blicken ständig wachsam. Der Fang ist gerade und verjüngt sich zur Nase hin. Die Widerristhöhe variiert von 51–61 cm, das Gewicht beträgt 18,5–23 kg. Das verhältnismäßig kurze Fell ist glatt und hart und schwarz mit weißen Abzeichen.

Die Rasse eignet sich vorzüglich für Forstbeamte; für ständigen Kontakt mit anderen Personen oder für ein städtisches Umfeld ist sie allerdings ungeeignet und sollte daher nicht als Haushund gehalten werden.

Links
Diese typisch spitzartige Rasse ist kräftig genug für die Jagd auf Elch und Wildschwein.

FCI 1 GRUPPE | FELLPFLEGE | groß GRÖSSE | FUTTER

RUSSLAND

Südrussischer Schäferhund

Widerristhöhe 58–65 cm

RASSEINFORMATIONEN	
NAME	Südrussischer Ovtscharka
ANDERE NAMEN	Südrussischer Schäferhund, Iugo-russkaja Ovtscharka
OFFIZIELLE ANERKENNUNG	FCI Gruppe 1
FARBVARIANTEN	weiß und verschiedene Pastellfarben

WISSENSWERTES
Der massige Kopf und der mächtige Körper sprechen für die Mastiff-Verwandtschaft dieses Herdenschutzhundes.

DER SÜDRUSSISCHE Schäferhund, der vor Jahrhunderten mit asiatischen Nomaden nach Russland kam, stammt sehr wahrscheinlich vom Tibet Mastiff ab. Weiße Hunde wurden in Russland und der Ukraine seit langer Zeit zum Schutz der Viehherden eingesetzt. Vor 200 Jahren kreuzte man sie mit kleineren spanischen Schäferhunden. Der moderne Südrussische Schäferhund ist bei der russische Armee auch als Schutzhund im Einsatz. Mit den harten klimatischen Verhältnissen seiner Heimat kommt der starkknochige und muskulöse Riese gut zurecht.

Außerhalb Russlands ist die Rasse kaum bekannt. Die wenigen Exemplare in anderen Ländern sind daher sehr wertvoll und werden hoch geschätzt.

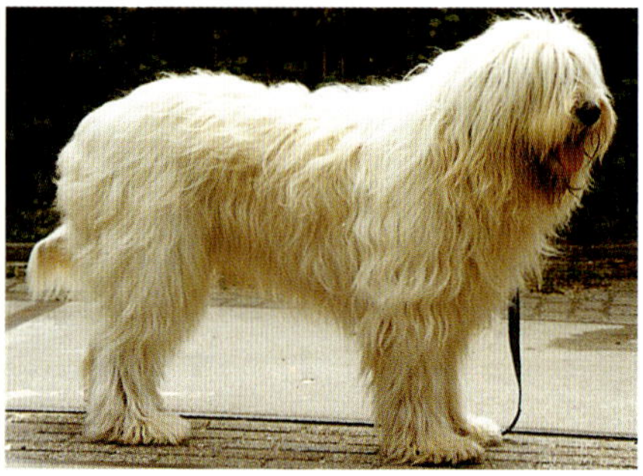

Rechts
Die Rote Armee setzte den Südrussischen Ovtcharka als Schutzhund ein.

Für die Größe ist nach oben keine Grenze gesetzt; Rüden sollten jedoch nicht kleiner als 60–65 cm, Hündinnen 58–65 cm groß sein. Das Gewicht schwankt zwischen 55 und 75 kg. Das lange Fell ist rau und leicht wellig, mit gut entwickelter Unterwolle. Die weiße Fellfarbe dominiert, aber auch hellbraune, hellgraue, hellblaue Hunde sowie alle anderen Pastellfarben mit oder ohne weiße Abzeichen kommen vor.

Der Südrussische Ovtscharka ist ein großer, robuster und schneller Hund, der sich Fremden gegenüber äußerst misstrauisch verhält.

FCI 5 GRUPPE | FELLPFLEGE | mittel GRÖSSE | FUTTER

RUSSLAND

Westsibirischer Laika

Widerristhöhe 53–62 cm

RASSEINFORMATIONEN	
NAME	Westsibirischer Laika
ANDERE NAMEN	Zapadno-Sibirskaja Laika
OFFIZIELLE ANERKENNUNG	FCI Gruppe 5
FARBVARIANTEN	weiß, schwarz-weiß, lohfarben, rot, schwarz

VON ALLEN VERTRETERN dieser Rasse ist der Westsibirische Laika der beliebteste und zahlenmäßig am stärksten vertreten. Diese in Russland häufig gehaltenen Hunde wurden hauptsächlich für die Jagd auf große Wildtiere wie Rentier, Elch und Bär, aber auch auf Vögel und Niederwild eingesetzt. Die Rasse wurde wahrscheinlich in den Bergen des Ural von Jägern gezüchtet, die einen Hund für diese spezielle Art der Jagd hervorbringen wollten. Sie eignet sich ebenso als Schlittenhund und ist dann in der Lage, enorme Lasten zu ziehen. Der Westsibirische Laika fand auch in der Weltraumforschung sowie in den medizinischen Versuchslabors des Landes Verwendung.

Die kleinen, wachen braunen Augen und die spitzen Ohren verleihen diesem Hund einen aufmerksamen, arbeitsfreudigen Gesichtsausdruck. Der Kälte trotzt diese Rasse mit dicker Haut, kurzen, kräftigen Haaren und einer dichten Unterwolle. Die Widerristhöhe beträgt 53–62 cm, das Gewicht 18–23 kg.

Heute fungiert der Westsibirische Laika auch als Begleithund.

Rechts
Früher wurden diese Hunde in Russland zu medizinischen Versuchen missbraucht.

Weitere russische Rassen

DER MOSKAUER TOY TERRIER ist ein attraktiver kleiner Hund von robuster Gesundheit. Er hat ein freundliches Wesen und ist leicht zu erziehen. Der Zweite Weltkrieg forderte auch bei diesen Hunden zahlreiche Opfer; die wenigen überlebenden Tiere wurden zur Zuchtbasis für den modernen Moskauer Toy Terrier, der allerdings immer noch sehr selten ist. Die Widerristhöhe beträgt 20–28 cm, wobei kleinere Exemplare (um 15 cm) vorgezogen werden. Am wertvollsten sind rote Hunde mit schwarzen Haarspitzen (rot-zobel), aber auch schwarzes, lohfarbenes oder rotes Haarkleid kommt vor. Die Rasse wird kurz- oder langhaarig gezüchtet; das hervorstechendste Merkmal der langhaarigen Hunde sind die bis zu den Schultern reichenden Haare an den ganz oder teilweise gespitzten Ohren. Die Rute wird kupiert, was jedoch in Deuschland verboten ist.

Der Ursprung des Russischen Laufhundes ist nicht völlig geklärt, aber wahrscheinlich stammt er von den Laiki ab. Die Widerristhöhe beträgt 56–69 cm, das Gewicht 18–32 kg. Das Fell ist kurz und dicht, gelb oder rot, mit einem schwarzen Sattel und kleinen weißen Abzeichen.

Der Russische Spaniel soll von europäischen Spanielrassen abstammen. Der anhängliche, kinderliebe Hund lässt sich leicht im Haus halten, ist aber auch ein guter Wachhund. Die Widerristhöhe beträgt 38–43 cm, das Gewicht 13–18,5 kg. Das Fell ist seidig mit guter Befederung.

Oben
Der Moskauer Toy Terrier ist sehr selten. Bei den langhaarigen Exemplaren fallen die Haare an den Ohren bis auf die Schultern.

SLOWAKISCHE REPUBLIK

Slowakischer Hirtenhund

Widerristhöhe 55–70 cm

RASSEINFORMATIONEN	
NAME	Slowakischer Hirtenhund
ANDERE NAMEN	Slowakischer Kuvasz, Slovak Čuvač, Tatransky Čuvač
OFFIZIELLE ANERKENNUNG	FCI Gruppe 1
FARBVARIANTEN:	immer einfarbig weiß

FCI 1 — GRUPPE
FELLPFLEGE
groß — GRÖSSE
FUTTER

DER SLOWAKISCHE HIRTENHUND sieht dem Ungarischen Kuvasz sehr ähnlich; beide haben ähnliche Vorfahren. Der Slowakische Kuvasz drohte jedoch auszusterben, bis ein Tierarzt ein spezielles Zuchtprogramm zur Erhaltung der Rasse aufstellte. Er verfolgte dieses Ziel erfolgreich bis nach dem Zweiten Weltkrieg, und im Jahre 1969 wurde der Slowakische Kuvasz international anerkannt. Es wird behauptet, dass die Stammväter der Rasse aus der Kreuzung eines Wolfs mit einem Greyhound entstanden sind. Wie viele andere Herdenschutzhunde ist der Slowakische Hirtenhund stark genug, um auch gegen Wölfe zu kämpfen.

Der große Hund mit dem dichten weißen Fell und der kräftigen Unterwolle braucht viel Beschäftigung und Pflege. Die Widerristhöhe beträgt 55–70 cm, das Gewicht 30–45 kg. Es kommen jedoch auch größere Exemplare mit einem Gewicht von bis zu 48 kg vor.

Der Slowakische Kuvasz, ehemals Beschützer der Viehherden, ist heutzutage ein äußerst beliebter Familienhund mit einem gelassenen und zuverlässigen Charakter.

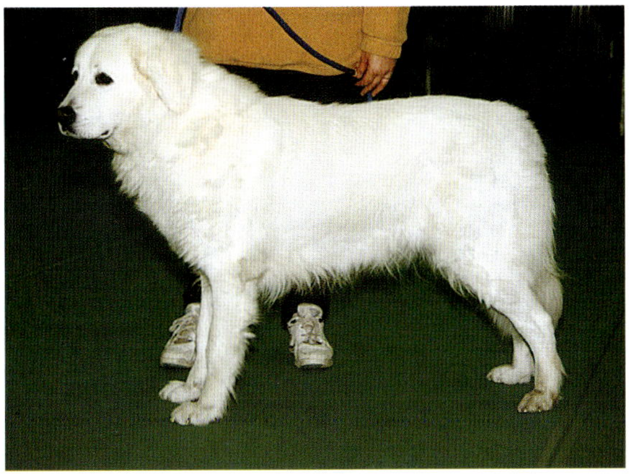

Links
Diese meist als Wachhund eingesetzte Rasse hat ein ausgeglichenes Wesen und eignet sich gut als Familienhund.

FCI 6	
GRUPPE	FELLPFLEGE
mittel	
GRÖSSE	FUTTER

SLOWAKISCHE REPUBLIK

Slowakische Bracke

Widerristhöhe 40–50 cm

RASSEINFORMATIONEN	
NAME	Slowakische Bracke
ANDERE NAMEN	Slovensky Kopov, Slowakischer Laufhund
OFFIZIELLE ANERKENNUNG	FCI Gruppe 6
FARBVARIANTEN	schwarz mit loh

DIE SLOWAKISCHE BRACKE wurde nach dem Zweiten Weltkrieg von tschechischen und slowakischen Jägern zur Jagd auf Schwarzwild und kleines Raubzeug gezüchtet. Man kreuzte gezielt einheimische Berghunde, die der neuen Rasse das Arbeiten in dem schwierigen, unebenen Berggelände vererben sollten. Die Slowakische Bracke ist ein ausgezeichneter Spürhund mit gutem Spurlaut, der auch den Kampf mit dem Wildschwein nicht scheut. Seit der Unabhängigkeit der Slowakei verbindet man mit dieser Rasse hauptsächlich in der Tschechischen und der Slowakischen Republik einen gewissen Nationalstolz.

Der kurzhaarige, muskulöse Jagdhund misst 40–50 cm und wiegt 15–20 kg. Die mittelgroßen Ohren hängen seitlich am Kopf herab, die tief liegenden Augen haben schwarze Lidränder. Die Zehen der ovalen Pfoten sind gut gewölbt. Obwohl der Dobermann an der Entstehung der Slowakischen Bracke nicht beteiligt war, sagt man ihr ein sehr ähnliches Temperament nach.

Rechts
Auf diese relativ junge Jagdhundrasse ist man in der Slowakischen Republik sehr stolz.

FCI 7	
GRUPPE	FELLPFLEGE
groß	
GRÖSSE	FUTTER

SLOWAKISCHE REPUBLIK

Slowakischer drahthaariger Vorstehhund

Widerristhöhe 56–68 cm

RASSEINFORMATIONEN	
NAME	Slowakischer drahthaariger Vorstehhund
ANDERE NAMEN	Slovensky Hrubosrsty Stavac (Ohar)
OFFIZIELLE ANERKENNUNG	FCI Gruppe 7
FARBVARIANTEN	silbergrau, mausgrau, rehfarben grau

Rechts
Diese relativ junge Rasse hat bereits die FCI-Anerkennung.

DER SLOWAKISCHE DRAHTHAARIGE Vorstehhund entstand erst nach dem Zweiten Weltkrieg, als man den Cesky Fousec mit dem Deutsch-Drahthaar kreuzte. Die Abkömmlinge wurden mit Weimaranern verpaart, und die entstandene Rasse erhielt 1975 ihre Anerkennung in der Slowakei. Einige Jahre später folgte auch die FCI-Anerkennung. Diese leichtführigen Hunde zeigen das Wild an und stehen vor; sie arbeiten bei jedem Wetter. Außerhalb der Tschechischen und der Slowakischen Republik sind sie kaum bekannt, obwohl einige Exemplare sich in der Schweiz als Such- und Rettungshunde einen Namen gemacht haben. Diese neue Rasse vereinigt die besten Eigenschaften aller ihrer Stammväter in sich.

Das harte, gerade Haarkleid hat eine geschlossene, feine Unterwolle als Schutzschicht. Über den Augen stehen weiche Brauen und um die Schnauze bilden die Haare einen deutlichen Bart. Die Behänge sind hoch angesetzt, die bernsteinfarbenen Augen mandelförmig. Die Widerristhöhe beträgt 56–68 cm, das Gewicht 25–35 kg.

RASSEINFORMATIONEN	
NAME	Boerboel
OFFIZIELLE ANERKENNUNG	Kennel Union of Southern Africa (KUSA)
FARBVARIANTEN	verschiedene Farben

SÜDAFRIKA

Boerboel

Widerristhöhe 64–70 cm

FCI
–
GRUPPE

FELLPFLEGE

groß

GRÖSSE

FUTTER

WISSENSWERTES
Einige einheimische südafrikanische Rassen tragen Namen, die sich auf ihr Äußeres beziehen.

DER BOERBOEL WIRD IN SÜDAFRIKA immer beliebter und wurde jüngst von der Kennel Union of Southern Africa (KUSA) als Standardrasse anerkannt.

Über ihren Ursprung ist man sich nicht einig; aller Wahrscheinlichkeit nach handelt es sich um Abkömmlinge der alten Burenhunde. Diese kräftigen, leichtfüßigen Kreuzungen aus Bulldogge und Mastiff waren bei der Jagd auf Leoparden und Paviane für die Farmer unverzichtbar.

Der Boerboel ist ein großer, stabiler, robuster Hund mit kräftigen Muskeln und einer Widerristhöhe, die zwischen 64–70 cm (bei Hündinnen 59–65 cm) variiert. Der Körper ist stämmiger als der des Boxers, die Beine sind kürzer als bei der Deutschen Dogge. Der Kopf spiegelt den Charakter der Rasse wider: Er ist groß, kräftig, mit breiter Schädelbasis. Die Lefzen sind weich und fleischig, aber niemals rau oder dick; die Oberlippe soll nicht übermäßig lang sein.

Das kurze, glatte Fell kann verschiedene Farben aufweisen; bevorzugt werden jedoch einfarbige Hunde ohne Abzeichen. Die Augen sind hellbraun, gelbbraun oder dunkelbraun. Graue oder blaugraue Augen sind unerwünscht.

Weitere südafrikanische Rassen sind die einheimischen Hunde der Ba-Ntu, die diesen Stamm vor vielen Jahrhunderten bei ihrer Wanderung aus dem Kongobecken begleiteten. Reinrassige Hunde sind heute selten; es existiert jedoch ein Zuchtprogramm zum Erhalt der Rasse.

Die I-Baku und I-Twina wurden früher auch Kaffernhunde genannt. Heute ist die Verwendung dieses Wortes gesetzlich verboten.

Der I-Baku, ein hübsch gezeichneter Hund, ist höchstwahrscheinlich die Rasse der xhosasprachigen Bevölkerung, in deren Sprache I-Baku für Hänge- oder Großohr steht.

Im ländlichen Natal kommt der I-Twina häufig vor und wird als lebender Vertreter der Eisenzeit-Hunde angesehen. Er ist athletisch gebaut, neigt jedoch zur Fettleibigkeit. Diese intelligenten Hunde sind sehr gehorsam und anpassungsfähig.

Eine weitere südafrikanische Rasse ist der Venda. Wie der I-Twina ist er schmal, mit großen Fledermausohren, die auch kippen können. Er ähnelt den Hunden des alten Ägypten. Wahrscheinlich geht der Venda auf die nordafrikanischen Hunde zurück, die sich in neuerer Zeit mit ostafrikanischen oder europäischen Rassen vermischt haben.

Unten
Diese stämmige Rasse stammt möglicherweise von den Burenhunden ab, die auf den südafrikanischen Farmen gehalten wurden.

FCI 1
GRUPPE

FELLPFLEGE

mittel
GRÖSSE

FUTTER

SPANIEN

Katalanischer Hirtenhund

Widerristhöhe 45–55 cm

RASSEINFORMATIONEN	
NAME	Katalanischer Hirtenhund
ANDERE NAMEN	Gos d'Atura Catalá, Katalanischer Schäferhund
OFFIZIELLE ANERKENNUNG	FCI Gruppe 1
FARBVARIANTEN	verschiedene Farben mit Haaren in unterschiedlichen Farbtönen

MAN NIMMT AN, dass die Katalanischen Hirtenhunde mit den portugiesischen Hütehunden und denen der Pyrenäen verwandt sind. Nicht nur in Katalonien wird die Rasse immer beliebter. Der Standard für diese Hunde wurde im Jahr 1929 erstellt. Ihr ganzes Wesen ist auf das Treiben der Herde und das Arbeiten mit dem Schäfer ausgerichtet, aber sie arbeiten auch selbstständig und treiben die Tiere dann mit beispielloser Geschicklichkeit. Der Gos d'Atura Catalá eignet sich dank seines Mutes auch als Wachhund. Diese wachsame Rasse trotzt allen Witterungsbedingungen und arbeitet auch unter extremen Klimaverhältnissen.

Das lange Fell ist glatt oder leicht wellig, mit üppiger Unterwolle an der hinteren Körperhälfte. Schopf, Augenbrauen, Bart und Schnurrbart schränken seine Sicht nicht ein. Die Widerristhöhe beträgt 45–55 cm, das Gewicht 17,5–18,5 kg. An den Hinterfüßen tragen die Hunde doppelte Afterkrallen.

Diese aktiven, aber ausgeglichenen und intelligenten Hunde haben einen gelassenen, freundlichen Charakter und ein edles Äußeres. Dem Schäfer und der Herde absolut ergeben, sind sie Fremden gegenüber argwöhnisch und reserviert.

FCI 2
GRUPPE

FELLPFLEGE

groß
GRÖSSE

FUTTER

SPANIEN

Mallorquinische Bulldogge

Widerristhöhe 56–58 cm

RASSEINFORMATIONEN	
NAME	Mallorquinische Bulldogge
ANDERE NAMEN	Ca de Bou, Perro de Presa Mallorquin, Perro Dogo Mallorquin
OFFIZIELLE ANERKENNUNG	FCI Gruppe 2
FARBVARIANTEN	löwenfarbig, sandfarben und gelb

WISSENSWERTES
Wie fast alle Hütehunde liebt der Gos d'Atura Catalá das Leben im Freien und ist Fremden gegenüber reserviert.

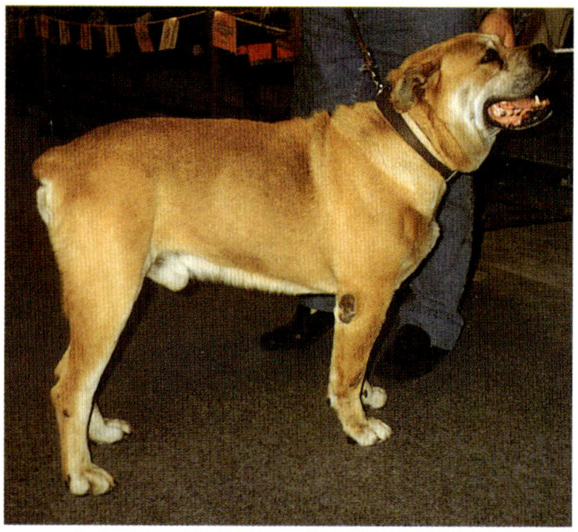

DIESER HUND steht ist ein Mastifftyp, ist aber nicht so groß wie die meisten Vertreter dieser Rassen. Der Perro Dogo Mallorquin entstand zwischen dem 13. und dem 16. Jahrhundert. Als später auf den Balearen Hundekämpfe zum Volkssport ausarteten, wurden diese Hunde zu hoch geschätzten Kämpfern. Hundekämpfe sind heute glücklicherweise verboten, doch dieser Umstand wurde dem Ca de Bou zum Verhängnis – die Hunde wurden kaum noch gezüchtet. Liebhaber auf dem spanischen Festland nahmen sich jedoch der Rasse an und stellten sie fortan auch aus. Das Fell diese Hundes ist kurz und hart, ohne Unterwolle, der Nacken breit und stark; die Kiefer sind kräftig. Die Widerristhöhe beträgt 56–58 cm, wobei die Hüften höher sind als die Schultern. Das Gewicht liegt bei 35,5–36,5 kg.

Um den Perro Dogo Mallorquin ausstellungstauglich zu machen, legte man mehr Wert auf einen verträglichen Charakter, und die Rasse ist heute umgänglich und anhänglich. Ihre Vergangenheit als Kampfhund sollte man jedoch nicht vergessen, ebenso wenig wie die Tatsache, dass sie sehr kräftig und enorm wachsam sind.

RASSEINFORMATIONEN	
NAME	Mallorquinischer Schäferhund
ANDERE NAMEN	Ca de Bestiar,
	Perro de Pastor Mallorquin
OFFIZIELLE ANERKENNUNG	FCI Gruppe 1
FARBVARIANTEN	schwarz

SPANIEN

Mallorquinischer Schäferhund

Widerristhöhe 62–73 cm

FCI 1
GRUPPE
FELLPFLEGE
groß
GRÖSSE
FUTTER

DIE HUNDE DER BALEAREN stammen vom europäischen Festland. Auf diese geht auch der Mallorquinische Schäferhund zurück, obwohl die Zucht der Landwirte sich eher auf die Arbeitsqualitäten als auf das Äußere richtete. Früher bewachten diese Hunde Bauernhöfe; heute nutzt man sie im Sicherheitsdienst oder, wie in Nordamerika, zur Bekämpfung von Kojoten und als Schutzhunde für luxuriöse Villen.

Der Mallorquinische Schäferhund eignet sich trotz seines dunklen Fells besonders für die wärmeren Klimazonen. Die glatten Haare sind kurz und hart. Der Rücken dieses mächtigen Hundes ist lang und kräftig, mit einer Widerristhöhe von 62–73 cm. Das Gewicht beträgt 35–40 kg. Die oberen Lefzen sind geringfügig länger und hängen etwas über. Die Ohren ähneln denen des Labradors, sind jedoch ein wenig größer.

Dieser verlässliche Wächter wird auch als Haushund immer beliebter.

Links
Der Mallorquinische Schäferhund stammt vom europäischen Festland.

RASSEINFORMATIONEN	
NAME	Pyrenäen Mastiff
ANDERE NAMEN	Mastin de los Pirineos
OFFIZIELLE ANERKENNUNG	FCI Gruppe 2
FARBVARIANTEN	weiß mit hellbraunen, orangefarbenen oder
	schwarzen Abzeichen

SPANIEN

Pyrenäen Mastiff

Widerristhöhe 60–70 cm

FCI 2
GRUPPE
FELLPFLEGE
groß
GRÖSSE
FUTTER

DER PYRENÄEN MASTIFF sieht aus wie eine Kreuzung aus Pyrenäen-Berghund und Spanischem Mastiff. Beide stammen von den großen asiatischen Mastiffs ab, die phönizische Seefahrer in Assyrien und Sumatra erwarben und in Spanien verkauften. Der Pyrenäen Mastiff trieb und beschützte die Schafherden der Region, von der er seinen Namen erhielt. Weil diese Hunde häufig in Kämpfe mit Wölfen verwickelt wurden, trugen sie zum Schutz vor Verletzungen stachelbesetzte Halsbänder. Erst im späten 19. Jahrhundert wurde diese Rasse anerkannt.

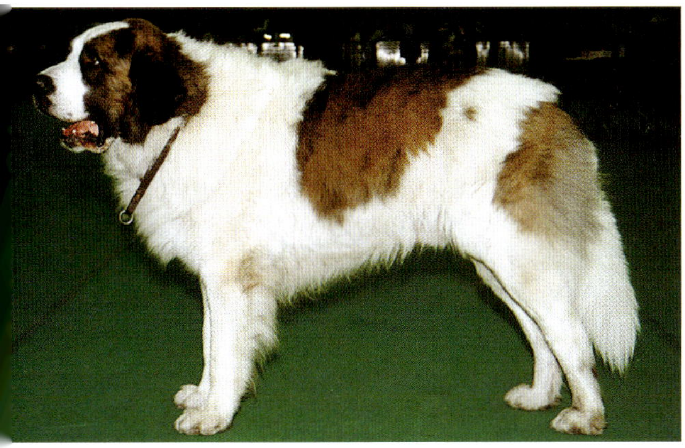

Der Pyrenäen Mastiff hat gleichmäßig über den Körper verteilte Abzeichen. Auch der große, kräftige Kopf ist gezeichnet. Er sitzt auf einem starken, geschmeidigen Hals mit viel loser Haut und einer Wamme. Das dichte, dicke Fell ist relativ grob; an Kehle und Nacken sind die Haare länger. Die Widerristhöhe beträgt 60–70 cm, das Gewicht 55–75 kg.

Der Pyrenäen Mastiff ist ein zuverlässiger, gehorsamer Begleiter, dessen natürlicher Schutztrieb immer noch stark ausgeprägt ist.

FCI 10 GRUPPE | FELLPFLEGE | groß GRÖSSE | FUTTER

SPANIEN

Spanischer Greyhound

Widerristhöhe 60–70 cm

RASSEINFORMATIONEN	
NAME	Spanischer Greyhound
ANDERE NAMEN	Galgo Español, Spanischer Windhund
OFFIZIELLE ANERKENNUNG	FCI Gruppe 10
FARBVARIANTEN	creme, schwarz, gold, gestromt, kastanienbraun und weiß

WISSENSWERTES
Die Vorfahren fast aller Greyhoundrassen stammen aus römischer Zeit. Die Hunde wurden als „Blick"- oder Sichthunde (sighthound) verwendet.

OBWOHL DER SPANISCHE Greyhound von den Windhunden aus römischer Zeit abstammt, kam die Rasse vermutlich erst wesentlich später auf die Iberische Halbinsel. Während der muslimischen Herrschaft wurden verschiedene Windhundrassen eingekreuzt, so auch der Sloughi. Daraus entstanden sowohl rau- als auch kurzhaarige Hunde. Der Spanische Greyhound ist ein exzellenter Jäger, edel, aber ohne Raffinesse, der in seiner Heimat immer noch für die Jagd sowie auf der Rennbahn eingesetzt wird. Bei Rennhunden wird oft der Englische Greyhound eingekreuzt.

Der Kopf des Galgo Españols mit den Rosenohren sieht aus wie der des Englischen Greyhounds; die Muskulatur ähnelt dagegen eher der des Sloughis. Die Augen sind dunkel und oval, die lange Rute wird gewöhnlich zwischen den Hinterbeinen getragen. Rauhaarige Hunde sind heute selten. Die Widerristhöhe beträgt 60–70 cm, das Gewicht 20–30 kg.

Der schwer zu erziehende Hund braucht viel Auslauf und ist ein zurückhaltender, anhänglicher Begleiter.

Unten
Der Spanische Greyhound ist aufgrund der geografischen Isolation auf der Iberischen Halbinsel eine der ältesten Windhundrassen.

FCI 6 GRUPPE | FELLPFLEGE | mittel GRÖSSE | FUTTER

SPANIEN

Spanische Bracke

Widerristhöhe 46–56 cm.

RASSEINFORMATIONEN	
NAME	Spanische Bracke
ANDERE NAMEN	Sabueso Español
OFFIZIELLE ANERKENNUNG	FCI Gruppe 6
FARBVARIANTEN	schwarz oder rot mit weißen Abzeichen

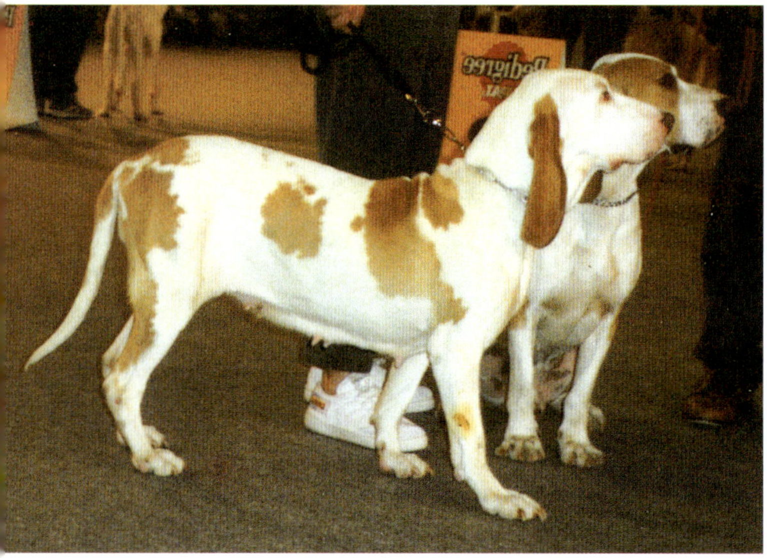

DIE SPANISCHE BRACKE, die vom weißen Talbot-Hund abstammt, hat fast dieselben Vorfahren wie der Bluthund. Durch die geographische Isolation auf der Iberischen Halbinsel blieb die Rasse jedoch rein. Ursprünglich gab es zwei Schläge, von denen der kleinere (Lebrero) heute allerdings so gut wie ausgestorben ist. Bei der Spurensuche hinter Wild, die diese Hunde begeistert stundenlang durchführen, arbeiten sie gewöhnlich allein, nur mit dem Schützen zusammen. Sie werden immer noch als Jagdhunde, aber auch als Haus- und Wachhunde verwendet.

Der Körper ist weiß, mit roten oder schwarzen Abzeichen im kurzen Fell. Die Augen sind kastanienbraun und die Nase hat immer eine ähnliche Farbe wie die sie umgebenden Haare. Mit einer Widerristhöhe von 46–56 cm sind diese Hunde nicht übermäßig groß, aber recht stämmig. Das Gewicht beträgt 20–25 kg. Sie stehen im Rechteckformat mit entsprechend langem Kopf und langen Hängeohren.

Die Rasse ist launisch; bei Begegnungen mit Fremden, Kindern und anderen Hunden ist daher Vorsicht geboten.

RASSEINFORMATIONEN	
NAME	Spanischer Mastiff
ANDERE NAMEN	Mastin Español, Mastin de la Mancha, Mastin de Extremadura
OFFIZIELLE ANERKENNUNG	FCI Gruppe 2
FARBVARIANTEN	alle Farben

SPANIEN

Spanischer Mastiff

Widerristhöhe 72–77 cm

FCI 2 GRUPPE · FELLPFLEGE · groß GRÖSSE · FUTTER

DER SPANISCHE MASTIFF begleitet und beschützt seit dem 15. Jahrhundert die Merinoschafherden bei ihren Wanderungen zu den Weidegründen.

Der Höhe sind nach oben keine Grenzen gesetzt und die größten Hunde werden am höchsten bewertet. Rüden sollen mindestens 77 cm, Hündinnen mindestens 72 cm groß sein. Das Gewicht beträgt 55–70 kg. Die Hunde stehen im Rechteckformat, wobei der Körperbau ausgeglichen und funktionell sein soll. Im Stand und in der Bewegung wird auf Harmonie größter Wert gelegt. Der große, kräftige Kopf hat die Form einer abgeflachten Pyramide, mit breiter Schädelbasis und dreieckigen, unkupierten Ohren, die dicht am Kopf herabhängen, bei Erregung jedoch an der Basis aufgerichtet werden. Einfarbige Hunde werden bevorzugt. Es sind aber alle kombinierten Farben, gestromte oder gescheckte Zeichnungen möglich. Das Fell ist kräftig und dicht.

Dieser gehorsame, selbstsichere Wächter ist sich seiner enormen Kräfte bewusst und wehrt Raubtiere oder Fremde entschlossen ab. Die intelligenten Tiere werden heute meist als Wachhunde eingesetzt. Seine Größe macht den Mastin Español als Haushund unpraktisch.

Links
Dieser schwere Mastiff eignet sich nicht unbedingt als Familienhund.

RASSEINFORMATIONEN	
NAME	Norrbottenspitz
ANDERE NAMEN	Norrbottenspets, Pohjanpystykorva
OFFIZIELLE ANERKENNUNG	FCI Gruppe 5
FARBVARIANTEN	weiß mit gelben, roten oder braunen Abzeichen

SCHWEDEN

Norrbottenspitz

Widerristhöhe 40–43 cm

FCI 5 GRUPPE · FELLPFLEGE · mittel GRÖSSE · FUTTER

DER NORRBOTTENSPITZ ist eine kleine Rasse aus der Spitzfamilie, die schon lange vor den Wikingern in Nordskandinavien lebte. Die Rasse war vom Aussterben bedroht, aber durch ein Zuchtprogramm in den 60er-Jahren werden jährlich wieder 100–150 Hunde beim Swedish Kennel Club registriert. Der Norrbottenspitz jagt gern große Vögel wie Birk- und Moorhühner.

Das Fell ist halblang, dicht, rau und abstehend. Auf dem weißen Körper verteilt sind gelbe, rote oder hellbraune Flecken. Die Widerristhöhe beträgt 40–43 cm, das Gewicht 12–15 kg.

WISSENSWERTES
Diese lange Zeit vom Aussterben bedrohte Rasse ist heute wieder sehr beliebt.

Links
Durch die Einführung robusterer Rassen in Schweden war dieser Hund lange vom Aussterben bedroht.

FCI 6	Fellpflege
GRUPPE	FELLPFLEGE
mittel	
GRÖSSE	FUTTER

SCHWEDEN

Schillerbracke

Widerristhöhe 53–57 cm

RASSEINFORMATIONEN	
NAME	Schillerbracke
ANDERE NAMEN	Schillerstövare
OFFIZIELLE ANERKENNUNG	FCI Gruppe 6
FARBVARIANTEN	lohfarben mit schwarz

WISSENSWERTES
Die Schillerbracke führt Blutlinien sehr alter Rassen, ist aber selber eine sehr junge Rasse, die erst im 19. Jahrhundert entstanden ist.

DIE SCHILLERbracke stammt von schwedischen Gebrauchshunden ab. Als Rasse wurde sie im 19. Jahrhundert vom Landwirt Per Schiller entwickelt, der einen leichten, schnellen Hund züchten wollte. Dazu importierte er deutsche Bracken, die er mit heimischen Hunden kreuzte. Die entstandene Rasse, die seinen Namen trägt, wurde 1907 vom Swedish Kennel Club offiziell anerkannt. Der Jagdhund spürt Füchse und Schneehasen auf und stellt sie, bis der Jäger auftaucht. Außerhalb Schwedens ist er kaum bekannt, obwohl einige Exemplare in anderen skandinavischen Ländern zu finden sind.

Die weichen, hoch angesetzten Ohren hängen flach am Kopf herunter. Das kurze Fell wird im Winter hart und dicht und schützt gegen Kälte. Die geschlossenen Pfoten mit elastischen Zehen und harten Ballen sind ideal für das Gelände, in dem die Schillerbracke eingesetzt wird. Sie misst 53–57 cm, das Gewicht beträgt 18–24 kg.

Da diese Rasse sehr gehorsam ist, gibt sie einen ausgezeichneten Begleithund ab.

Unten
Der Smalandstövare hat durch selektive Zuchtauswahl einen kurzen Schwanz; er eignet sich besonders für die Jagd und Spurensuche in dichtem Unterholz.

FCI 6	Fellpflege
GRUPPE	FELLPFLEGE
mittel	
GRÖSSE	FUTTER

SCHWEDEN

Smalandstövare

Widerristhöhe 46–50 cm

RASSEINFORMATIONEN	
NAME	Smalandstövare
ANDERE NAMEN	Smaland-Laufhund, Smaland-Bracke
OFFIZIELLE ANERKENNUNG	FCI Gruppe 6
FARBVARIANTEN	schwarz mit loh

DIE RASSE DER Smalandstövare lässt sich bis ins Mittelalter zurückverfolgen. Dieser Hund stammt aus der südschwedischen Provinz Smaland, wurde jedoch erst 1921 vom Swedish Kennel Club anerkannt.

Man züchtete sie für die Hasen- und Fuchsjagd in den dichten Wäldern. Die Hunde sind ausdauernde, aber keine besonders schnellen Jäger. Der Smalandstövare eignet sich auch für die Spurensuche und arbeitet effektiv bei jedem Wetter.

Das Kupieren der Rute ist in Schweden illegal; der kurze Schwanz der Rasse ist das Ergebnis selektiver Zuchtauswahl. Das Haarkleid ist kurz, dicht und schwer, glatt und glänzend. Die Grundfarbe ist schwarz, mit lohfarbenen Abzeichen. Die Widerristhöhe liegt bei 46–50 cm, das Gewicht beträgt 15 bis 18 kg.

RASSEINFORMATIONEN	
NAME	Schwedische Dachsbracke
ANDERE NAMEN	Drever
OFFIZIELLE ANERKENNUNG	FCI Gruppe 6
FARBVARIANTEN	trikolor, schwarz/weiß, braun/weiß

SCHWEDEN

Schwedische Dachsbracke

Widerristhöhe 29–41 cm

FCI 6
GRUPPE

FELLPFLEGE

mittel
GRÖSSE

FUTTER

DIE SCHWEDISCHE Dachsbracke, auch Drever genannt, ist ein in Schweden sehr beliebter niederläufiger Jagdhund, der aus Kreuzungen einheimischer Hunde mit Westfälischen Dachsbracken entstanden ist. Die Rasse treibt dem Schützen das Wild zu, ist aber wegen ihrer kurzen Beine langsamer als andere Jagdhunde. Der auch als Spürhund geeignete Drever wird in Schweden häufig als Haushund gehalten; eigentlich ist es erstaunlich, dass er außerhalb seiner Heimat so wenig bekannt ist.

Der Kopf ist im Vergleich zu dem langen, tiefen Körper recht groß, aber gut proportioniert. Die kurzen Beine sind gerade und stehen parallel, die Rute ist im unteren Ende leicht gekrümmt und wird hängend getragen. Das Fell ist kurz, dicht und eng anliegend, entweder dreifarbig, schwarz-weiß oder braun-weiß. Die Widerristhöhe beträgt 29–41 cm, das Gewicht 14,5–15,5 kg.

Der Drever ist ein eigenwilliger, eifriger Gebrauchshund, dessen wache, klare Augen mit den geschlossenen Lidern seinen ganzen Charakter ausdrücken.

Oben
Dieser Hund hat eine gute Nase, ist aber aufgrund der kurzen Beine langsamer als andere Jagdhunde.

RASSEINFORMATIONEN	
NAME	Großer Schwedischer Elchhund
ANDERE NAMEN	Jämthund
OFFIZIELLE ANERKENNUNG	FCI Gruppe 5
FARBVARIANTEN	wolfsfarben

SCHWEDEN

Großer Schwedischer Elchhund

Widerristhöhe 58–64 cm

FCI 5
GRUPPE

FELLPFLEGE

groß
GRÖSSE

FUTTER

IHREN ZWEITEN Namen trägt die Rasse nach der schwedischen Provinz Jämtland; sie ist heute Schwedens Nationalhund. Dieser größte Vertreter der skandinavischen Elchhundrassen wurde früher für die Bärenjagd verwendet. Seit deren Nachlassen setzt man diese Hunde auch für die Jagd auf Luchse, Wölfe und Elche ein. Auch als Schlittenhunde, Hütehunde, Wach- und Armeehunde sind sie beliebt.

Diese widerstandsfähigen Hunde sind schwer und starkknochig; die Rippen in der breiten Brust sind beweglich. Die Hinterbeine sind besonders kräftig, der Hals ist lang, schmal und robust. Auf dem spitzartigen Kopf mit den lebhaften, eher kleinen Augen sitzen aufrecht stehende, leicht nach vorn geneigte Ohren. Das Fell des Jämthundes ist halblang, hart und eng anliegend.

Die Widerristhöhe beträgt 58–64 cm, das Gewicht 29,5–30,5 kg.

In Schweden schätzt man sowohl seine Arbeitsqualitäten als auch die guten Haushundeigenschaften.

WISSENSWERTES
Die in Skandinavien und der Arktis heimischen Hunde wurden oft für die Elchjagd gezüchtet.

Links
Der Jämthund ist weit verbreitet und vielseitig einsetzbar: als Schlittenhund, als Hütehund, als Wachhund und sogar bei der Armee.

FCI 2	
GRUPPE	FELLPFLEGE
groß	
GRÖSSE	FUTTER

SCHWEIZ

Appenzeller Sennenhund

Widerristhöhe 50–58 cm

RASSEINFORMATIONEN	
NAME	Appenzeller Sennenhund
OFFIZIELLE ANERKENNUNG	FCI Gruppe 2
FARBVARIANTEN	schwarz oder dunkelbraun, mit rostroten und weißen Abzeichen

MAN NIMMT AN, dass diese Hunde schon im Mittelalter von Schweizer Bauern gehalten wurden; die erste Beschreibung eines Appenzeller Sennenhundes stammt allerdings aus dem Jahr 1853 und wurde in einem Buch mit dem Titel *Tierleben in den Alpen* gefunden. Der Appenzeller Sennenhund wird darin als „spitzartig" beschrieben – diese Eigenschaft zeigt sich heute nur noch in der geringelten Rute. 1898 wurde die Rasse als eigenständig anerkannt, 1906 gründete man den ersten Zuchtverband. Ursprünglich nur im Kanton Appenzell gezüchtet, sind die Hunde heute in der ganzen Schweiz und fast allen europäischen Ländern verbreitet. Der vielseitige Gebrauchs- und Familienhund treibt Vieh, wacht, schützt, arbeitet auf Bauernhöfen und zieht kleine Wagen.

Oben und rechts
Diese sehr alte Rasse wurde erst im Jahr 1898 offiziell anerkannt.

Das Fell des Appenzellers ist dreifarbig, mit schwarzer oder dunkelbrauner Grundfarbe und gleichfarbiger Nase. Die Haare sind kurz, die Unterwolle üppig. Die Widerristhöhe des kräftigen Hundes beträgt 50–58 cm, das Gewicht 25–32 kg. Der Hund ist lebhaft, temperamentvoll, selbstbewusst, verlässlich und furchtlos, Fremden gegenüber jedoch mitunter misstrauisch.

FCI 2	
GRUPPE	FELLPFLEGE
mittel	
GRÖSSE	FUTTER

SCHWEIZ

Entlebucher Sennenhund

Widerristhöhe 42–52 cm

RASSEINFORMATIONEN	
NAME	Entlebucher Sennenhund
ANDERE NAMEN	Entlebucher Berghund
OFFIZIELLE ANERKENNUNG	FCI Gruppe 2
FARBVARIANTEN	trikolor

Rechts
Diese Rasse ist in der Schweiz seit 1889 anerkannt.

DIE RASSE IST der kleinste Vertreter der vier Schweizer Sennenhundrassen. Sie stammt aus dem Entlebuch-Tal zwischen Bern und Luzern. Die Hunde sind seit 1889 als Entillbucherhunde bekannt; allerdings unterschied man damals noch nicht zwischen dem Entlebucher und dem Appenzeller Sennenhund. Seit 1926 wurde der Entlebucher als eigenständige Rasse gezüchtet, die sich allerdings nur langsam entwickelte. Diese vielseitigen Hunde wurden als Treib-, Wach-, Schutz- und Bauernhofhunde verwendet und erfreuen sich heute auch als Familienhunde großer Beliebtheit.

Das doppelte Fell des Entlebuchers ist kurz, eng anliegend, hart und glänzend im Deckhaar, mit dichter Unterwolle. Die Hunde sind gewöhnlich dreifarbig, mit schwarzer Grundfarbe und lohfarbenem, rostrotem oder hellbraunem Brand und weißen Abzeichen, die möglichst gleichmäßig über den Körper verteilt sein sollen. Die Widerristhöhe beträgt 42–52 cm, das Gewicht 25–30 kg.

Sie haben einen lebhaften, selbstsicheren und furchtlosen Charakter. Der Familie gegenüber ist die fröhliche, lernfähige Rasse anhänglich, zu Fremden misstrauisch.

RASSEINFORMATIONEN	
NAME	Großer Schweizer Sennenhund
OFFIZIELLE ANERKENNUNG	FCI Gruppe 6, AKC Working Group
FARBVARIANTEN	tiefschwarz, rostroter Brand und weiße Abzeichen

SCHWEIZ

Großer Schweizer Sennenhund

Widerristhöhe 60–72 cm

FCI 6 GRUPPE | FELLPFLEGE | groß GRÖSSE | FUTTER

TRADITIONELL GEHÖRT der Große Schweizer Sennenhund zu den Bauern und Händlern der kleinen Schweizer Dörfer. Er wurde jedoch auch als Zughund eingesetzt. Man nimmt an, dass er (wie auch andere Schweizer Rassen) auf römische Mastiffs zurückgeht. Als man schon dachte, die Hunde seien ausgestorben, wurde die Rasse wieder entdeckt und kurz danach (im Jahr 1910) offiziell anerkannt. Der Große Schweizer Sennenhund, der heute hauptsächlich als Familienhund gehalten wird, ist eigentlich ein Zughund, wie man unschwer am kraftvollen, stabilen Körperbau erkennen kann.

Der Gesichtsausdruck dieses Hundes ist sanft und aufgeweckt, die Augen mit den schwarzen Lidrändern sind dunkelbraun. Das dreifarbige Fell hat eine dicke, manchmal sichtbare Unterwolle. Die Widerristhöhe beträgt 60–72 cm, das Gewicht 59–61 kg.

Der mutige, anhängliche und eifrige Gebrauchshund ist lebhaft und wachsam, aber nie nervös oder aggressiv.

Links
Die frühere Verwendung als Zughund zeigt sich heute noch im kräftigen, stabilen Körperbau.

RASSEINFORMATIONEN	
NAME	Schweizer Laufhunde
ANDERE NAMEN	Berner, Jura, Luzerner und Schwyzer Laufhund
OFFIZIELLE ANERKENNUNG	FCI Gruppe 6
FARBVARIANTEN	je nach Rasse

SCHWEIZ

Schweizer Laufhunde

Widerristhöhe 47–59 cm

FCI 6 GRUPPE | FELLPFLEGE | groß GRÖSSE | FUTTER

DIE GESCHICHTE DER Schweizer Laufhunde beginnt im Mittelalter, als derartige Hunde in der Gegend um Bern zur Jagd auf Reh- und Niederwild gezüchtet wurden. Die Abstammung dieser mittelalterlichen Hunde wird wiederum auf keltische und phönizische Hunde zurückgeführt. Im 15. Jahrhundert waren die Schweizer Laufhunde in Italien sehr begehrt, im 18. Jahrhundert importierten die Franzosen sie wegen ihrer Eignung für die Hasenjagd. Der Standard für fünf Laufhundrassen wurde 1882 aufgestellt. Als er jedoch 1909 überarbeitet wurde, war die fünfte Rasse – der Thurgauer Laufhund – bereits ausgestorben. Die vier übrig gebliebenen Schläge – Berner, Jura, Luzerner und Schwyzer Laufhund – unterscheiden sich nur in der Fellfärbung. Alle sind gute Gebrauchshunde, die sowohl Spuren suchen als auch Wild aufscheuchen können. Alle arbeiten mit dem Jäger bei der Jagd auf Hasen, Rehwild, Füchse und Wildschweine, wobei sie selbstständig vorgehen und spurlaut sind.

Der Augenausdruck ist sanft, die langen Ohren hängen in Falten am Kopf herab. Die Widerristhöhe beträgt 47–59 cm, das Gewicht 15–20 kg.

Die Rasse ist kinderfreundlich und verträgt sich mit anderen Hunden, sofern sie nicht provoziert wird. Eine konsequente Ausbildung ist jedoch erforderlich.

Links
Die Schweizer Laufhunde werden in verschiedenen Varianten schon seit dem Mittelalter gezüchtet.

Weitere Schweizer Laufhunde

ALLE SCHLÄGE der Schweizer Laufhundrassen haben kurzes, dichtes und glattes Fell, das an Kopf und Ohren sehr fein ist. Die Haut des Berner Laufhundes ist schwarz unter den schwarzen und weiß unter den weißen Haaren, mit dünn gesäten Sprenkeln. Grundfarbe ist weiß mit schwarzen Platten oder schwarzem Sattel und hell- bis dunkelbraunem Brand an festgelegten Stellen.

Der Juralaufhund hat schwarze Haut unter schwarzen und hellere Haut unter braunen Haaren. Grundfarbe ist Braun, teils schwarz überhaucht, mit schwarzem Mantel oder Schwarz mit falbfarbenen Abzeichen. Auf der Brust ist eine kleine weiße, auch gesprenkelte Blesse zulässig.

Der Luzerner Laufhund ist unter den schwarzen Haaren schwarz, die Haut unter der blauen Sprenkelung ist heller. Die „blaue" Fellfarbe entsteht durch eng zusammenstehende schwarze und weiße Haare. Er ist dicht gesprenkelt, mit schwarzen Platten oder einem schwarzen Sattel und hell- bis dunkelfalbfarbenen Abzeichen.

Der Schwyzer Laufhund hat unter orangefarbenem Fell dunkelgraue Haut und weiße, schwarz gefleckte unter den weißen Haaren. Die Grundfarbe ist Weiß, entweder mit orangefarbenen Platten oder einem orangefarbigen Sattel und manchmal leichten orangeroten Spritzern.

Der Berner Niederlaufhund ist eine kurzbeinige Version des Schweyzer Laufhundes.

Oben
Der Juralaufhund stammt möglicherweise von keltischen und phönizischen Hunden ab.

Rechts
Der Berner Niederlaufhund ist eine kurzbeinige Version der Schweizer Laufhunde.

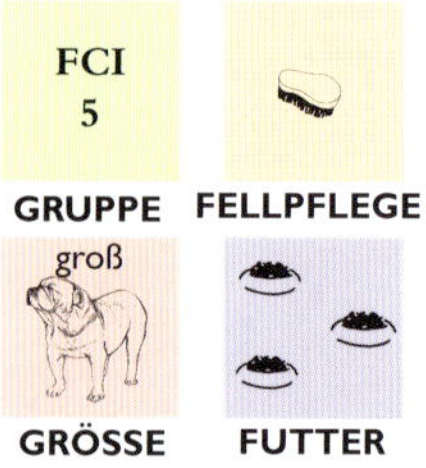

THAILAND

Thai Ridgeback

Widerristhöhe 58–66 cm

RASSEINFORMATIONEN	
NAME	Thai Ridgeback
ANDERE NAMEN	Mah Thai
OFFIZIELLE ANERKENNUNG	FCI Gruppe 5 (vorläufig)
FARBVARIANTEN	hell kastanienrot, pflaumenfarben, schwarz, silbern, blau

DIE SCHLECHTEN Transportmöglichkeiten in Thailand verhinderten, dass der Thai Ridgeback sich mit anderen Rassen vermischte. Die Rasse wird seit einigen 100 Jahren in isolierten Beständen gezüchtet. Vor 350 Jahren tauchte sie erstmals in alten thailändischen Schriften auf. Der Thai Ridgeback kommt hauptsächlich in den östlichen Landesteilen vor und wird dort für die Jagd, als Kutschen- und als Wachhund verwendet. Diese liebenswerten Hunde sind außerhalb Thailands wenig bekannt, finden aber immer mehr Liebhaber, sodass die Zukunft der Rasse gesichert scheint.

Das Fell ist kurz und glatt. Auf dem Rücken wächst der so genannte Ridge, ein schmaler Haarstreifen, gegen das normale Fell. Dieses namensgebende Merkmal muss klar erkennbar sein. Die großen, dreieckigen Ohren sind steil aufgerichtet und leicht nach vorn geneigt. Die Widerristhöhe beträgt 58–66 cm, das Gewicht 23–34 kg.

Der Thai Ridgeback ist ein harter, aktiver Hund mit gut entwickelten Muskeln und enormem Sprungvermögen.

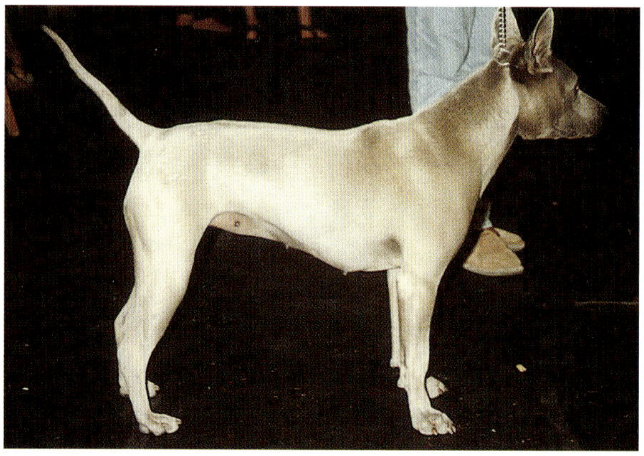

Rechts
Der „Ridge" auf dem Rücken dieser Hunde entsteht dadurch, dass das Haar in entgegengesetzter Richtung zum normalen Fell wächst.

RASSEINFORMATIONEN	
NAME	Tibetischer Kyi Apso
OFFIZIELLE ANERKENNUNG	bisher keine
FARBVARIANTEN	alle Farben

TIBET & CHINA

Tibetischer Kyi Apso

Widerristhöhe 56–71 cm

FCI – GRUPPE | FELLPFLEGE | groß GRÖSSE | FUTTER

IN SEINER HEIMAT, der Region um den Mount Kailash, lebt der Tibetische Kyi Apso in großer Höhe unter harten, unwirtlichen Bedingungen. Ständiger Futtermangel hat diese Hunde zu kräftigen, schnellen Jägern gemacht, die sich an kleinen Nagetieren schadlos halten. Ständige Bedrohung durch Raubtiere ließ die Rasse schnell und wendig werden. Selbst am Mount Kailash, einem heiligen Ort für Buddhisten und Hindus, sieht man den Kyi Apso selten. In westlichen Ländern, hauptsächlich in den USA, existieren einzelne Exemplare, die unter Schirmherrschaft des Kyi Apso Clubs nach einem sorgfältig überwachten Programm weitergezüchtet werden.

Der große, muskulöse, aber leicht gebaute Hund mit den kraftvollen, rollenden Bewegungen misst 56–71 cm. Der breite Kopf mit flachem Schädel und gedrungenem Fang hat mandelförmige Augen und V-förmige Ohren. Die hoch angesetzte Rute mit der dichten Befederung wird eingerollt über dem Rücken getragen. Das lange, dichte, doppelte Fell kommt in allen Farben und Farbkombinationen vor, wobei zobelfarbig-schwarz, blau mit schwarz und schwarz-weiß am häufigsten zu sehen ist.

WISSENSWERTES

Die unwirtliche Umgebung hat den Kyi Apso zu einem unverwüstlichen, zähen Hund gemacht.

Links
In westlichen Ländern, besonders in den USA, gibt es vereinzelte Exemplare dieser Rasse, die nach einem sorgfältig überwachten Zuchtprogramm weitergezüchtet wird.

RASSEINFORMATIONEN	
NAME	Tibetischer Mastiff
ANDERE NAMEN	Bangara-Mastiff
OFFIZIELLE ANERKENNUNG	bisher keine
FARBVARIANTEN	schwarz, loh oder apricot

TIBET

Tibetischer Mastiff

Widerristhöhe 51–63 cm

FCI – GRUPPE | FELLPFLEGE | groß GRÖSSE | FUTTER

FÜR EUROPÄER HANDELT es sich bei allen großen, massigen Tibethunden um Tibetische Mastiffs, was jedoch so nicht stimmt. Es gibt auch einige Rassen von kleinerer Statur, die von den tibetischen Nomaden zum Hüten von Schafen und Ziegen verwendet werden. Eine Unterscheidung der einzelnen Rassen ist allerdings nicht einfach, da die Tibeter verständlicherweise mehr Wert auf die Arbeitsqualitäten der Hunde als auf die spezifische Rassezugehörigkeit legen.

Der Bangara-Mastiff stammt vom Tibetischen Mastiff ab. Die Rasse wurde von den Tehri Gahrwallas gezüchtet. Bei einer Widerristhöhe von 51–63 cm sind diese Hunde kompakt und werden meist zum Hüten von Yak- und Schafherden sowie als Herdenschutzhunde gegen Raubtiere eingesetzt. Das raue, schwere Fell ist gewöhnlich schwarz, lohfarben oder apricot, die stark befederte Rute wird seitlich gerollt getragen.

Etwas leichter ist der Bhotia, der auch Himalaya-Schäferhund genannt wird und meist schwarz mit loh oder schwarz-weiß gezeichnet ist. Wie der Bangara-Mastiff ist er zwischen 51 und 63 cm groß, wiegt jedoch nur 22,5 bis 27 kg. In Indien wird für beide Rassen derselbe Standard angesetzt; in anderen Ländern fehlt eine offizielle Anerkennung.

Der Tibetische Jagdhund ist bei den Nomaden seiner Heimat häufig anzutreffen. Die Rasse wird seit langer Zeit unverändert gezüchtet (siehe auch Seite 369).

Unten
Seit dieser Aufnahme von Anfang des 20. Jahrhunderts hat sich der Tibetische Mastiff nicht verändert.

Tibetische und chinesische Rassen

IN CHINA UND TIBET existieren noch zahlreiche weitere Rassen, von denen jedoch keine durch den FCI, den British Kennel Club oder den American Kennel Club offiziell anerkannt ist.

Oben
Dieser kuriose kleine Hund sieht aus wie ein kurzhaariger Pekinese.

Rechts
Bevor dieses Bild aufgenommen wurde, war man überzeugt, dass der Happa-Hund ausgestorben sei.

Beim Happa-Hund handelt es sich um eine seltene chinesische Rasse, die man manchmal in Tibet sieht und die ursprünglich als kurzhaariger Pekinese beschrieben wurde. Fotos dieser Hunde, die man lange für ausgestorben hielt, beweisen allerdings, dass es sich um eine eigenständige Rasse handelt. Die Autorin, die den Himalaja regelmäßig zu Forschungszwecken bereist, konnte einen Hund fotografieren, den ihr tibetische Mönche als Happa-Hund präsentierten. Das hier gezeigte Exemplar ist allerdings langbeiniger als die zuvor bekannten Hunde, mit einer Widerristhöhe von ca. 25,5 cm.

Bei der ersten Ausstellung des Englischen-Pekinesen-Clubs im Jahr 1907 wurde auch ein Happa-Hund ausgestellt; allerdings schrieb man den Namen damals Hapa. Dieser Hund sollte wie eine Miniatur-Bulldogge aussehen, mit drolligem Gesicht, großen, weit auseinander stehenden Augen und Ohren „wie die Segel einer Kriegsdschunke". In Europa gibt es derzeit keine Happas.

Eine weitere seltene tibetische Rasse wird von den Khampa-Stämmen im Westen des Landes gehalten. Man nennt sie meist Tibetische Hetzhunde. Inzwischen gilt es jedoch als bewiesen, dass diese schmalen, schnellen Jäger zur selben Gruppe gehören wie die Tibetischen Jagdhunde und sich nur durch das kürzere Fell unterscheiden.

FCI –	
GRUPPE	FELLPFLEGE
mittel	
GRÖSSE	FUTTER

USA

Amerikanischer Eskimohund

Widerristhöhe 23–48 cm

RASSEINFORMATIONEN	
NAME	Amerikanischer Eskimohund
OFFIZIELLE ANERKENNUNG	AKC Non-Sporting Group
FARBVARIANTEN	weiß, blassbraun/cremefarben

IN DEN FRÜHEN 1920ER-JAHREN war der Amerikanische Eskimohund bei Zirkusartisten besonders beliebt. Die Rasse wurde jedoch erst 1994 vom American Kennel Club offiziell anerkannt. Der Amerikanische Eskimohund gehört nicht zur Gruppe der Schlittenhunde. Bei dieser Verkörperung von Kraft, Munterkeit und Schönheit handelt es sich um einen mittelgroßen Vertreter der Nordischen Hunde, der in drei verschieden großen Schlägen gezüchtet wird. Die Toy-Version misst 23–30,5 cm, die mittelgroße Variante 30,5–38 cm und der Standard-Eskimohund 38–48 cm. Bei allen wird ein weißes Fell bevorzugt; blassbraun-cremefarbene Haare sind ebenfalls erlaubt. Der Gesichtsausdruck ist hellwach und intelligent, die leicht ovalen Augen haben schwarze Lidränder mit weißen Wimpern. Das doppelte, abstehende Fell mit der dichten Unterwolle bildet am Hals einen kräftigen Kragen. An der Schnauze sind die Haare kurz und glatt.
Der Amerikanische Eskimohund lernt leicht und ist ständig bemüht, seinem Herrn zu gefallen. Diese Hunde beißen nicht und sie greifen auch nicht an, beschützen aber ihr Heim und ihre Familie.

RASSEINFORMATIONEN

NAME	American Foxhound
ANDERE NAMEN	Amerikanischer Foxhound
OFFIZIELLE ANERKENNUNG	FCI Gruppe 6, AKC Hound Group
FARBVARIANTEN	alle Farben

USA

American Foxhound

Widerristhöhe 53–64 cm

FCI 6 GRUPPE · FELLPFLEGE · groß GRÖSSE · FUTTER

DER AMERICAN Foxhound stammt von Meutehunden ab, die um 1860 aus Frankreich, England und Irland nach Amerika kamen. Die irischen Vorfahren waren wahrscheinlich Kerry Beagles. George Washington rief diese Rasse ins Leben, weil er einen Hund suchte, der mit der zerklüfteten amerikanischen Landschaft besser zurecht kam als der Englische Foxhound, der aber immer wieder eingekreuzt wurde. Wie der Name schon sagt, werden diese Hunde zur Fuchsjagd verwendet. Die Art der Jagd ist je nach Region unterschiedlich. Während im Norden am Tag gejagt und der Fuchs getötet wird, findet in den Südstaaten die Jagd bei Nacht statt, wobei die Verfolgung wichtiger ist als das Erlegen des Fuchses.

Der Amerikanische Foxhound hat kurzes, dichtes, hartes und eng anliegendes Fell, bei dem alle Farben erlaubt sind. Der Kopf ist recht lang, die Hängeohren sind auf Augenhöhe angesetzt, die Augen sind groß und sanft, braun oder haselnussfarben. Die Widerristhöhe beträgt 53–64 cm, das Gewicht 30–34 kg.

Die eigenwilligen Hunde haben ein charakteristisches Geläut, an dem die Eigentümer ihre Hunde erkennen.

Unten
Die Rasse ist robuster als der Englische Foxhound.

RASSEINFORMATIONEN

NAME	American Staffordshire Terrier
OFFIZIELLE ANERKENNUNG	FCI Gruppe 3, AKC Terrier Group
FARBVARIANTEN	alle Farben, gescheckt oder gefleckt
Zucht und Import dieses Terriers sind in D seit 2001 verboten.	

USA

American Staffordshire Terrier

Widerristhöhe 43–48 cm

FCI 3 GRUPPE · FELLPFLEGE · mittel GRÖSSE · FUTTER

DER AMERIKANISCHE Staffordshire Terrier und der Englische Staffordshire Bullterrier waren ursprünglich dieselbe Rasse. Die amerikanischen Hunde wurden jedoch massiger, höher und schwerer gezüchtet und 1936 als eigenständige Rasse anerkannt.

Heute werden unkupierte Hunde bevorzugt. Die hängende Rute ist tief angesetzt und läuft spitz und dünn aus. Sie wird nicht über dem Rücken getragen. Das Fell ist kurz, dicht, hart und glänzend. Alle Farben sind zulässig; schwarze Hunde mit lohfarbenen Abzeichen, leberfarbene oder solche mit mehr als 80 % Weißanteil sind jedoch nicht erwünscht. Die Widerristhöhe beträgt 43–48 cm, das Gewicht 18–23 kg.

Die stämmige, kurzbeinige, muskulöse und agile Rasse nimmt an ihrer Umgebung regen Anteil. Im Umgang mit anderen Hunden haben diese mutigen Vierbeiner nicht den besten Ruf; sie können ihnen schwere Verletzungen zufügen. Zu Menschen sind sie sanft und freundlich, mit Kindern ausgesprochen geduldig.

WISSENSWERTES
Diese Hunde wurden 1936 von den Englischen Staffordshire Terriern getrennt und als eigenständige Rasse anerkannt.

Links
Zucht und Import des American Staffordshire Terriers sind in Deutschland seit 2001 verboten.

FCI 8 GRUPPE | FELLPFLEGE | mittel GRÖSSE | FUTTER

USA

Amerikanischer Wasserspaniel

Widerristhöhe 37,5–45 cm

RASSEINFORMATIONEN	
NAME	Amerikanischer Wasserspaniel
OFFIZIELLE ANERKENNUNG	FCI Gruppe 8, AKC Sporting Group
FARBVARIANTEN	einfarbig leberfarben, braun oder dunkel schokoladenfarben

DIE RASSE ENTSTAND in den USA. Sie wurde als universell einsetzbare Jagdhundrasse gezüchtet, die vor allem vom Boot aus apportiert. Sie bringt das geschossene Wild zurück zum Kanu oder Ruderboot oder auch an Land. Vor der Anerkennung durch den American Kennel Club 1940 stellten die Besitzer ihre Hunde nicht aus, weil sie fürchteten, dies könne die Zucht beeinflussen und die Rasse für die Jagd untauglich machen.

Bei diesen aktiven, muskulösen Hunden wird besonderer Wert auf korrekte Größe und Symmetrie gelegt. Sie sind etwas länger als hoch, bei einer Widerristhöhe von 37,5–45 cm und einem Gewicht von 12–20 kg. Beide Geschlechter sollen etwa gleich groß sein. Der Kopf ist nicht zu lang, mit wachem, selbstbewusstem, intelligentem Gesichtsausdruck. Die Augenfarbe harmoniert mit dunkelbraunem, braunem oder dunkel schokoladenfarbenem Fell. Kleine weiße Abzeichen an Brust und Zehen sind zulässig. Das Fell ist verschieden stark gewellt, von onduliert (gleichmäßig gewellt) bis stark gelockt. Dichte Unterwolle schützt die Hunde vor Wasser, Wetter und Umwelteinflüssen. Um den Hund ordentlicher aussehen zu lassen, darf das Fell getrimmt werden. Manchmal werden die Ohren geschoren.

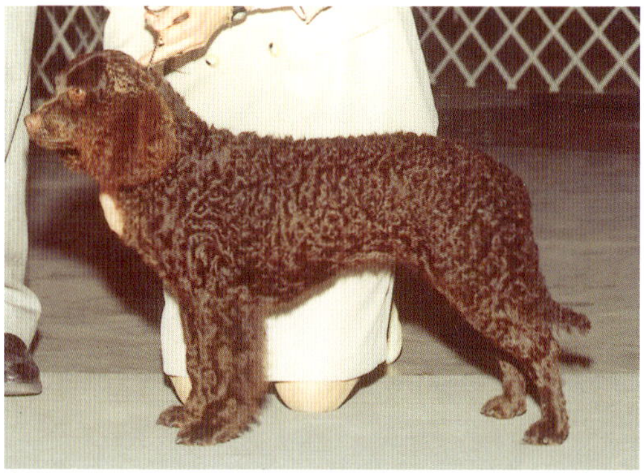

Rechts
Dieser erstklassige Apportierhund arbeitet ausgezeichnet vom Boot aus.

FCI 6 GRUPPE | FELLPFLEGE | groß GRÖSSE | FUTTER

USA

Schwarz-Roter Waschbärenhund

Widerristhöhe 58–69 cm

RASSEINFORMATIONEN	
NAME	Schwarz-Roter Waschbärenhund
ANDERE NAMEN	Amerikanischer Schwarz-Roter Waschbärenhund
OFFIZIELLE ANERKENNUNG	FCI Gruppe 6, AKC Hound Group
FARBVARIANTEN	schwarz mit roten Abzeichen

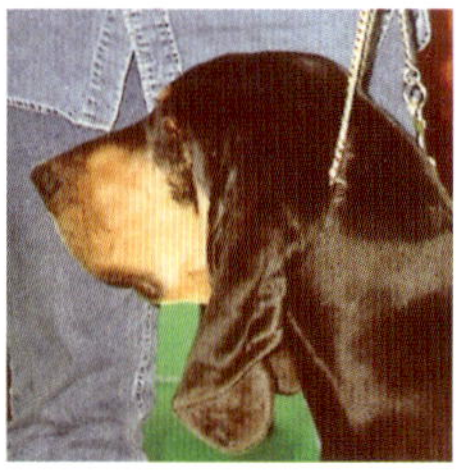

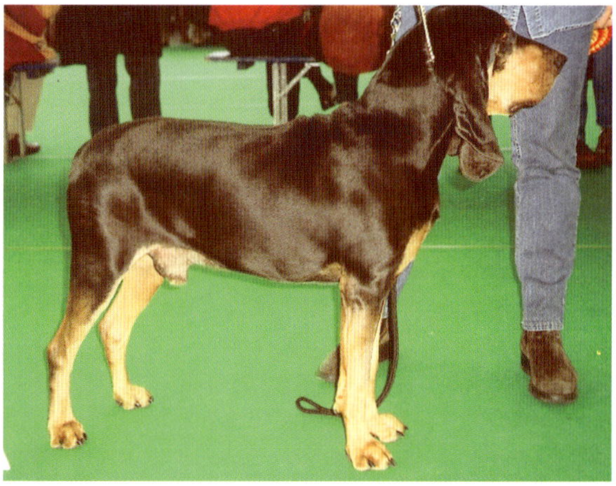

Oben und rechts
Obwohl dieser Hund möglicherweise auf den Talbot-Hund zurückgeht, hat er seinen Namen aufgrund seiner Fähigkeiten bei der Waschbärenjagd.

MAN NIMMT AN, dass der Talbot-Hund des 11. Jahrhunderts zu den Vorfahren des Schwarz-Roten Waschbärenhundes gehört. Unter den Stammvätern jüngeren Datums sind Bluthunde, verschiedene Foxhounds sowie der irische Kerry Beagle. Dem Namen entsprechend wird die Rasse gezielt auf die schwarz-rote Fellfarbe hin gezüchtet. Besonders wichtig sind jedoch ihre Fähigkeiten bei der Waschbärenjagd. Dieser methodische Spürhund sucht mit tiefer Nase und Spurlaut, der sich ändert, sobald die Beute gestellt wird. Außer Waschbären und anderen kleinen Tieren jagt der Waschbärenhund auch Großwild und sogar Bären. Die Rasse hat ein enormes Bewegungsbedürfnis.

Das Fell ist kurz, dicht und sehr glänzend. Das tiefschwarze Haarkleid mit den roten Abzeichen an Brust, Beinen, über den Augen und seitlich an der Schnauze wird von den Besitzern besonders gepflegt. Die langen Hängeohren sind tief am sanft gerundeten Schädel mit dem langen, rechteckigen Fang angesetzt. Die Widerristhöhe beträgt 58–69 cm, das Gewicht 23–34 kg.

RASSEINFORMATIONEN	
NAME	Plott Hound
OFFIZIELLE ANERKENNUNG	AKC Hound Group
FARBVARIANTEN	gestromt oder blau, alle Schattierungen

USA

Plott Hound

Widerristhöhe 51–64 cm

FCI –

GRUPPE

FELLPFLEGE

groß

GRÖSSE

FUTTER

DIE DEUTSCHE FAMILIE PLOTT wanderte mit ihren Hannover'schen Schweißhunden nach Amerika aus, besiedelte die Bergregion der Smoky Mountains und züchtete eine neue Hunderasse: die Plott Hounds. Diese Hunde wurden für die Wildschwein-, Bären- und Berglöwenjagd eingesetzt.

Nach einigen Zuchtgenerationen hatte sich besonders der lohfarbene Blevin-Schlag mit dem schwarzen Sattel herauskristallisiert. Nachdem Waschbärenjäger sich für die Rasse interessierten, weil sie auch Beute auf Bäumen stellt, wurde der Plott Hound als Waschbärenhund eingeordnet.

Dieser wunderschön gezeichnete Jagdhund stellt das Wild oder treibt es auf Bäume. Bei der Jagd ist er ausdauernd, flink, entschlossen und aggressiv. Der gut bemuskelte und schnittige Plott Hound misst 51–64 cm und wiegt 18,5–27 kg. Die Ohren, deren Mittelteil sich in Richtung Schnauze einrollt, sind an der Basis leicht aufgestellt.

Das Fell ist glatt, fein und glänzend, aber dicht genug, um den Hund gegen Wind und Wasser zu schützen. Einige wenige Exemplare haben auch ein doppeltes Haarkleid. Alle gestromten Farben sind möglich, andere Farben zulässig.

Eine andere in England anerkannte Rasse ist der Amerikanische Cocker Spaniel, der nach FCI-Standard sowohl schwarz, braun oder auch gefleckt sein darf.

Unten
Die Rasse kommt in verschiedenen Farben vor, gestromte Hunde werden jedoch bevorzugt.

RASSEINFORMATIONEN	
NAME	Louisiana Catahoula Leopard Dog
ANDERE NAMEN	Catahoula Hog Dog,
	Catahoula Cur, Cat
OFFIZIELLE ANERKENNUNG	bisher keine
FARBVARIANTEN	merle, schwarz mit loh

USA

Catahoula Leopard Dog

Widerristhöhe 51–66 cm

FCI –

GRUPPE

FELLPFLEGE

groß

GRÖSSE

FUTTER

DEN LOUISIANA CATAHOULA Leopard Dog findet man im „tiefen Süden" der Vereinigten Staaten, wo er häufig gehalten wird und sehr beliebt ist. Den Namen Leopardenhund trägt er wegen seiner ausgefallenen Fleckzeichnung. Ursprünglich wurde die Rasse nach einem kleinen Dorf in Louisiana benannt. Heute ist der „Cat", der 1979 seinen vollständigen Namen erhielt, der Nationalhund Louisianas.

Mastiffs oder Greyhounds, die mit dem Entdecker Hernando de Soto in die Neue Welt kamen, sollen zu den Vorfahren des Catahoula Leopard Dog zählen. Diese traditionellen „Kriegshunde" blieben bei den einheimischen Stämmen, die sie mit Wölfen kreuzten. Später kam noch der französische Beauceron hinzu. Bei einer Widerristhöhe von 51–66 cm sind diese Hunde athletisch und muskulös, mit kräftigem Körperbau, stämmigen Beinen und tiefer Brust mit entsprechender Lungenkapazität. Das kurze bis halblange Fell ist blau, grau, schwarz, leberfarben, rot oder weiß mit geflecktem Leopardenmuster. Die Rasse ist streitsüchtig und eigenwillig, aber furchtlos gegenüber Wildschweinen, auf die sie angesetzt werden.

Unten
Das Fell des „Cat" zeigt eine besondere gefleckte Zeichnung.

FCI –	FELLPFLEGE
GRUPPE	
mittel GRÖSSE	FUTTER

USA

Pit Bull Terrier

Widerristhöhe 46–56 cm

RASSEINFORMATIONEN	
NAME	Pit Bull Terrier
ANDERE NAMEN	American Pit Bull
OFFIZIELLE ANERKENNUNG	keine
FARBVARIANTEN	alle Farben
Zucht und Import der Pit Bull Terrier sind in D seit 2001 verboten.	

DIE MEISTEN der nicht vom American Kennel Club anerkannten Rassen werden durch eigene Zuchtverbände vertreten. Dies gilt z. B. für den mutigen, temperamentvollen American Bulldog, der von den Hunden europäischer Immigranten und von der Englischen Bulldogge abstammt. Eine weitere Rasse ist der Pit Bull Terrier, ein furchtloser Hund, der als Bullenbeißer und für Hundekämpfe gezüchtet wurde und aufgrund seiner Aggressivität

Rechts
In den vergangenen Jahren hat der Ruf dieser Rasse sehr gelitten. Heute wird der Pit Bull jedoch in einigen Ländern wieder als Familienhund gezüchtet.

heute in einigen Länder verboten ist. In anderen darf er nur eingeschränkt gehalten werden.

Der kraftvolle Körper mit den breiten Schultern wiegt 14–36 kg.

Der Pit Bull Terrier entstand durch gezielte Kreuzung von Staffordshire Bull Terriern und Kampfhunden (darunter die ursprüngliche Bulldogge). Um die latent vorhandene Aggression unter Kontrolle zu halten, benötigt dieser Hund einen erfahrenen Halter und muss frühzeitig sozialisiert werden.

FCI 6	FELLPFLEGE
GRUPPE	
mittel GRÖSSE	FUTTER

EHEMALIGES JUGOSLAWIEN

Jugoslawischer Gebirgslaufhund

Widerristhöhe 46–56 cm

RASSEINFORMATIONEN	
NAME	Jugoslawischer Gebirgslaufhund
ANDERE NAMEN	Planinski Gonic, Jugoslavenski Planinski Gonic
OFFIZIELLE ANERKENNUNG	FCI Gruppe 6
FARBVARIANTEN	schwarz mit loh

BEI DEN JUGOSLAWISCHEN Laufhunden handelt es sich ausnahmslos um alte Rassen, und der Jugoslawische Gebirgslaufhund bildet keine Ausnahme.

Unten
Diese Laufhunde sind enorm ausdauernd. Sie jagen entweder allein oder in der Meute.

Die wahrscheinlich von europäischen Spürhunden und Windhunden abstammende Rasse ist perfekt für die Jagd in Gebirgsregionen geeignet. Die Hunde spüren Füchse, Hasen, Schalen- und Schwarzwild auf. Ihre Anzahl ging während des Jugoslawien-Kriegs (1991–1995) drastisch zurück, und die Rasse ist heute selten.

Der kräftig schwarz-loh gezeichnete Hund mit den hängenden Ohren und den dunkel pigmentierten Lidern hat manchmal auf der Brust grauweiße Abzeichen. Die Haare sind kurz, das Fell jedoch dicht und üppig, mit warmer, isolierender Unterwolle. Die Widerristhöhe liegt zwischen 46 und 56 cm, das Gewicht bei 20 bis 25 kg.

Dieser gutmütige Gebrauchshund arbeitet allein und in der Meute. Er ist ausdauernd, eifrig und gut geeignet für schwieriges Gelände.

RASSEINFORMATIONEN	
NAME	Jugoslawische Dreifarbige Bracke
ANDERE NAMEN	Jugoslavenski Trobojni Gonic
OFFIZIELLE ANERKENNUNG	FCI Gruppe 6
FARBVARIANTEN	trikolor

EHEMALIGES JUGOSLAWIEN

Jugoslawische Dreifarbige Bracke

Widerristhöhe 46–56 cm

FCI 6
GRUPPE
FELLPFLEGE
mittel
GRÖSSE
FUTTER

DIESE RASSE IST ENG verwandt mit dem Gebirgslaufhund; beide stammen von europäischen Spürhunden und pariahähnlichen Windhunden ab. Die Dreifarbige Bracke ist allerdings häufiger in der Nähe der griechischen Grenze zu finden, obwohl ihr Bestand auch dort drastisch zurückgeht. Dieser eifrige Gebrauchshund mit dem ausgezeichneten Sehvermögen wird für die Jagd auf Füchse, Hasen, Reh- und Schwarzwild verwendet.

Der Kopf ist breit und flach, die bräunlichen Augen mit den schwarzen Lidrändern blicken sanft. Auch die geschlossenen Lefzen sind schwarz. Das kurze, dichte, wasserabweisende Fell ist glänzend und dreifarbig: schwarz mit braun und weißen Abzeichen im Gesicht, auf der Brust, an Rutenspitze, Füßen und Beinen. Die Widerristhöhe beträgt 46–56 cm, das Gewicht 20–25 kg.

Diese Hunde sind immer bemüht, dem Besitzer zu gefallen. Trotz ihrer Jagdhundeigenschaften sind sie anhänglich, liebevoll und im Haus sehr ruhig.

WISSENSWERTES
Die meisten Hunde des früheren Jugoslawien stammen von europäischen Spürhunden und von Pariahhunden ab.

Links
Trotz ihrer hervorragenden Arbeitseigenschaften geht der Bestand dieser Rasse immer mehr zurück.

RASSEINFORMATIONEN	
NAME	Jugoslawischer Hirtenhund
ANDERE NAMEN	Sarplaninac
OFFIZIELLE ANERKENNUNG	FCI Gruppe 2
FARBVARIANTEN	einfarbig, alle Farben von weiß bis tief dunkelbraun oder eisengrau

EHEMALIGES JUGOSLAWIEN

Jugoslawischer Hirtenhund

Widerristhöhe 57–61 cm

FCI 2
GRUPPE
FELLPFLEGE
groß
GRÖSSE
FUTTER

NACH IHRER HEIMATREGION im Südosten des einstigen Jugoslawien wurden diese Herdenschutzhunde früher auch als Illyrische Schäferhunde bezeichnet. Nach der Anerkennung durch die FCI im Jahr 1939 wurde 1957 der Name geändert, weil die Hunde in der Gebirgsregion Sarplanina am häufigsten vorkommen. Die Rasse stammt von den alten griechischen Molossern sowie von türkischen Herdenschutzhunden ab. In ihrer Heimat sind sie als Herdenschutzhunde weit verbreitet.

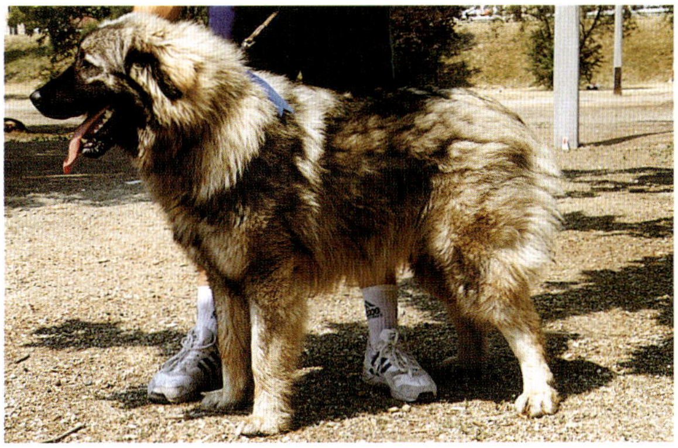

Die Mindestgröße für Rüden liegt bei 61 cm, Hündinnen müssen wenigstens 57 cm groß sein. Das Gewicht sollte bei 30–45 kg liegen. Durch das schwere Fell und die starken Knochen wirken die Hunde jedoch massiger, als sie eigentlich sind.

Die V-förmigen Ohren hängen am Kopf, die Rute wird säbelartig nach unten getragen.

Der Sarplaninac ist kleiner als die übrigen Herdenschutzhunde. Seine enormen Kräfte und das gut ausgebildete Gebiss machen ihn jedoch zu einem ernst zu nehmenden Gegner.

Links und oben
In seiner Heimat beschützt der Sarplaninac immer noch die Schafherden.

Exotische Hunderassen

Oben
Der Tibetische Jagdhund ist in den abgelegenen Gegenden des Himalaja als Gebrauchshund weit verbreitet.

Rechts
Der Griechische Spürhund wurde speziell für die Hasenjagd gezüchtet. Außerhalb Griechenlands ist er kaum bekannt.

Unten
Beim Karst-Schäferhund handelt es sich um eine sehr alte Rasse, die zum Schafehüten eingesetzt wurde. Auch als Wachhund eignet er sich.

ALLE AUF DEN folgenden Seiten gezeigten Rassen sind sehr selten oder so exotisch, dass man sie außerhalb ihrer Heimat kaum kennt. Nur wenige sind von einem Kennel Club anerkannt.

GRIECHISCHER SCHÄFERHUND

ÜBER SEINEN GENAUEN Ursprung ist nichts bekannt. Die Rasse ähnelt jedoch dem Maremma oder dem Kuvasz. Die Widerristhöhe beträgt ca. 66 cm, das Gewicht 36–43 kg. Das dichte Fell darf auch weiße Abzeichen haben. Der Griechische Schäferhund wird selten als Haushund gehalten, er ist jedoch ein guter Jagd- und Gebrauchshund. Bisher ist die Rasse noch nicht von der FCI anerkannt, aber griechische Liebhaber dieser Hunde arbeiten auf eine offizielle Anerkennung hin.

GRIECHISCHER SPÜRHUND

DIE IN GRIECHENLAND sehr beliebte Rasse, auch Hellenikos Ichnilatis oder Griechischer Hasenhund genannt, ist außerhalb ihrer Heimat fast unbekannt. Der ausgezeichnete Hasenjäger hat eine fantastische Nase und arbeitet spurlaut. Er misst 46–54,5 cm und wiegt 16–20,5 kg.

KARST-SCHÄFERHUND

DIESE AUCH KRASKI OVCAR genannte Rasse, eine der ältesten des früheren Jugoslawien, ist heute bei der FCI unter Gruppe 2 als Slowenische Rasse anerkannt. Diese Hüte- und Herdenschutzhunde sind außerordentlich mutig und dank ihres natürlichen Misstrauens gegen Fremde auch gute Wachhunde. Mit seiner Familie ist der Kraski Ovcar liebevoll und verspielt. Die Widerristhöhe beträgt 56–61 cm, das Gewicht 25–40 kg. Das dichte, harte, halblange Haarkleid hat eine füllige Unterwolle; die Farbe ist eisengrau mit Schattierungen.

ORIENTALISCHE HUNDE

HEIMAT DES INDONESISCHEN Kintamani-Hundes ist Bali, und dort v. a. die abgelegenen nordöstlichen Regionen. Gezüchtet wird diese Rasse hauptsächlich im Vulkangebirge, von wo die Welpen zum Verkauf in die kleinen Städte und Dörfer gebracht werden. Die Hunde unterscheiden sich in stark in Größe und Körperbau, was sicher z.T. auf die Aufzucht zurückzuführen ist. Alle haben aufrecht stehende Ohren und dichtes, isolierendes Fell in verschiedenen Farben. Bevorzugt werden dreifarbige Hunde in weiß, gelb und schwarz.

NEW GUINEA SINGING DOG

DAS ERSTE BEKANNTE Pärchen der Singenden Hunde von Neuguinea wurde Anfang des 20. Jahrhunderts im Taronga-Zoo in Sydney ausgestellt. Nach heftigen Diskussionen um die Einordnung dieser Tiere ist man sich heute einig, dass dieser äußerst primitive „Haushund" vor mindestens 6000 Jahren auf die Insel kam. Aufgrund der geographischen Isolation handelt es sich um eine Art lebendes Fossil. Die Rasse ähnelt dem Dingo, mit kurzem, dichten, plüschigen Fell. Die Größe reicht von 35,5–46 cm. Diese Hunde verfügen bei ihrem charakteristischen Heulen über ein unglaublich komplexes, flexibles und strukturiertes Tonrepertoire. Ihr extremer Jagdtrieb ist stärker als jede Erziehung. Trotz ihres sanften und freundlichen Verhaltens gegenüber Menschen ist die Rasse absolut unverträglich mit anderen Hunden.

PERDIGUERO DE BURGOS (BURGOS-HÜHNERHUND)

OBWOHL DIE RASSE sehr alt ist, handelt es sich bei diesem Gebrauchshund um einen der jüngsten Vorstehhunde, der wahrscheinlich aus Kreuzungen zwischen leichten Pointern und dem Perdiguero Navarra hervorgegangen ist. Ursprünglich ein Jagd-, Vorsteh- und Apportierhund für die Rotwildjagd, wird er heute zum Anzeigen und Apportieren von kleinen, schnellen Wildtieren wie Rebhuhn und Hase verwendet. Die Rasse arbeitet eifrig an Land und zu Wasser. Sie hat dunkle Augen mit hervorstehenden schützenden Brauenbögen. Die Ohren sind lang und breit; am Hals bildet das Fell eine Wamme. Die Widerristhöhe beträgt 66–76 cm, das Gewicht 25–30 kg. Der Burgos-Hühnerhund ist gelassen, kinderfreundlich und gut als Familienhund zu halten. Sofern man ihn nicht provoziert, wird der Perdiguero de Burgos nie schnappen oder beißen; mit anderen Hunden kommt er normalerweise gut aus.

HUNTAWAY

DIESER HUND entstand in Neuseeland durch selektive Zucht von Hunden, die beim Schafehüten bellten, anstatt die Herde stumm zu treiben. Diese kurzhaarige, kraftvolle Rasse misst 51–61 cm.

Oben
Beim New Guinea Singing Dog handelt es sich aufgrund der geographischen Isolation um eine sehr primitive Haushundrasse.

Unten und links unten
Kintamani-Hunde sind auf der indonesischen Insel Bali heimisch. Sie werden in entlegenen Dörfern gezüchtet und als Haustiere verkauft.

WISSENSWERTES
Der Burgos-Hühnerhund stammt aus Spanien und wurde zur Jagd auf kleines, schnelles Wild gezüchtet.

Obwohl der Huntaway in Neuseeland als Gebrauchshund weit verbreitet ist, wurde die Rasse nicht anerkannt. Sie wird jedoch rein weitergezüchtet. Einige Exemplare wurden von amerikanischen Farmern importiert, die diese stimmgewaltigen Hütehunde den stummen vorziehen.

WISSENSWERTES
Huntaways setzen ihre Stimme beim Zusammentreiben der Herde äußerst effektiv ein.

Rechts
Der schwarz-lohfarbene Huntaway aus Neuseeland ist als Rasse nicht anerkannt.

Unten
Der Rampur-Windhund ist ein außergewöhnlicher indischer Hetzhund, der für die Schakaljagd verwendet wird.

Die Hunde setzen ihre Stimme beim Zusammentreiben und Bewegen der Schafherde sehr effektiv ein. Das Fell ist schwarz, mit vereinzelten lohfarbenen Abzeichen.

RAMPUR-WINDHUND

DIESE AUCH ALS Rampur-Greyhound oder Nordindischer Greyhound bekannte Rasse war bei den indischen Maharadschas sehr beliebt und wurde hauptsächlich zur Schakaljagd eingesetzt. Die Hunde können auch verwundetes Wild aufspüren und töten. Das kurze Fell auf dem kräftigen Körper sieht aus wie das eines frisch gestriegelten Pferdes. Der Kopf ist breiter als beim Englischen Greyhound, mit spitzem Fang und einer charakteristischen Ramsnase. Die großen Ohren sind hoch angesetzt, und die Beißkraft des Rampur-Windhundes ist ungewöhnlich stark. Die Hunde haben einen extrem gut entwickelten Gleichgewichtsinn. Die Zehen der Hasenpfoten sind durch Häute verbunden. Einige Exemplare werden in den USA gehalten; ansonsten sind sie außerhalb Indiens nicht bekannt.

LANDSEER

DIESE ATTRAKTIVEN Hunde werden hier vorgestellt, weil sie in einigen Ländern als eigenständige Rasse neben dem bekannteren schwarzen oder braunen Neufundländer geführt werden. Der Landseer ist kräftig schwarz und weiß gezeichnet, stammt wie der Neufundländer aus Kanada und hat das gleiche freundliche Wesen. Um dem Hund das Schwimmen zu erleichtern, sind die Zehen der großen Pfoten durch Häute verbunden.

SELTENE KOREANISCHE RASSEN

BIS VOR KURZEM waren die koreanischen Rassen noch vom Aussterben bedroht. Heute werden sie jedoch gezielt weitergezüchtet. Der Poong San stammt aus der gleichnamigen Region im Nordosten Koreas und hat starke Ähnlichkeit mit dem Alaskan Malamute oder dem Sibirian Husky.

Der Sapsal ist eine seltene, heute als „Naturdenkmal Nr. 368" geschützte Rasse. Nach letzten offiziellen Zählungen gab es in ganz Korea nur noch 40 Exemplare. Diese hübschen Hunde haben langes Fell und sehen trotz ihres zottigen Äußeren wie ein Schmusetier aus.

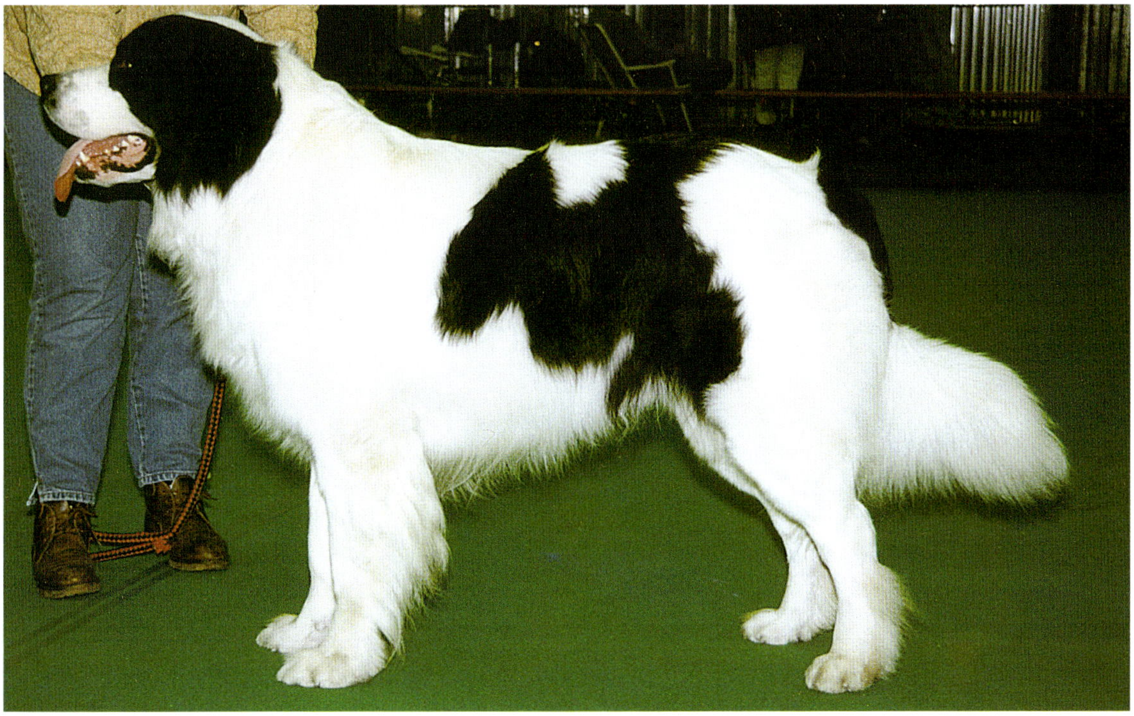

WISSENSWERTES
Viele koreanische Hunderassen waren vom Aussterben bedroht. Mit gezielten Zuchtprogrammen versucht man, die Hunde zu erhalten.

Links
Das Fell des Landseers ist kräftig schwarz-weiß gezeichnet. In manchen Ländern wird er als eigenständige Rasse neben dem traditionellen Neufundländer geführt.

Unten
Tibetische Jagdhunde wurden früher als Welpen sehr rigorosen, äußerst fragwürdigen Trainingsmethoden unterworfen.

DER TIBETISCHE JAGDHUND

DER HIER GEZEIGTE Hund wurde Anfang des 20. Jahrhunderts fotografiert. Seit dieser Zeit hat sich die Rasse jedoch nicht verändert und ist in unverändertem Typ in den entlegenen Regionen Tibets zu finden. Diese Hunde sind ungefähr so groß wie ein kleiner Airedale. Das Fell ist cremegrau gefärbt, manche Exemplare sind dunkler. Das Haarkleid ist derb und ziemlich kurz, der Fang lang gezogen und die Hängeohren fallen nach vorn. Der Tibetische Jagdhund wurde angeleint bis in Sichtweite der Beute geführt und dann losgelassen. Er tötete das Wild jedoch nicht, sondern stellte es bellend, bis der Jäger hinzukam und das Tier erlegte.

Welpen wurden auf eine für Europäer recht grausame Art angelernt: An der Mutter angebunden, wurden sie von ihr bei der Jagd mitgeschleift, was sie zu scharfen, leidenschaftlichen Jägern machte. Soweit der Autorin bekannt ist, wurde erst ein einziger Hund dieser Rasse in den frühen 1930er-Jahren nach Großbritannien importiert. Nach Angaben eines englischen Züchters, der die Hunde in Tibet hielt, waren sie „Fremden gegenüber unangenehm aggressiv".

Nützliche Adressen

Bund gegen Missbrauch der Tiere
Viktor-Scheffel-Straße 15
80803 München
Tel.: 089-3839520
Fax: 089-38395223
e-Mail: office@bmt-tierschutz.dsn.de
www.bmt-tierschutz.dsn.de

Deutscher Hundesportverband e.V.
Gustav-Sybrecht-Straße 42
44536 Lünen
Tel.: 0231-878010
Fax: 0231-8780122
e-Mail: info@dhv-hundesport.de
www.dhv-hundesport.de

Deutscher Sporthund-Verband e.V. (DSV)
Maastrichter Straße 48
41464 Neuss
Tel.: 02131-980035
e-Mail: dsvgs@dsv-dog.de
www.dsv-dog.de

Deutsches Tierhilfswerk
Bürgermeister-Haide-Straße 38
86473 Ziemetshausen
Tel.: 08284-9986-0
Fax: 08284-9986-20
e-Mail: tierhilfswerk@tierhilfswerk.de
www.tierhilfswerk.de

Deutscher Tierschutzbund e.V.
Deutscher Tierschutzverein e.V.
Baumschulallee 15
53115 Bonn
Service-Telefon: 01805-231414
Tel.: 0228-604960
Fax: 0228-6049640
e-Mail: bg@tierschutzbund.de
www.tierschutzbund.de

Fédération Cynologique Internationale
Place Albert Ier, 13
B-6530 Thuin
Tel.: 0032-71591238
Fax: 0032-71592229
e-Mail: info@fci.be
www.fci.be (Seite auch auf Deutsch)

Hunde für Handicaps –
Verein für Behinderten-Begleithunde e.V.
Wiltbergstraße 29g
13125 Berlin
Tel.: 030-29492000
Fax: 030-29492002
info@servicedogs.de

IGRV – UCI Deutschland
Internationaler Gebrauchs- und Rassehundeverband e.V. Deutschland
Info: 061 62-83745 (Herr Ahl)
oder 07274-7458
(Frau Bernhardt-Wollensah)
www.IGRV-UCI.de/Deutschland

Interessensgemeinschaft Deutscher Hundehalter e.V.
Auguststraße 5
22085 Hamburg

Internationaler Rasse-Jagd-Gebrauchshundeverband e.V. (IRJGV)
Pördorf-Moss 7
94501 Aldersbach
Tel.: 08547-396
Fax: 08547-287
e-Mail: info@irjgv-idg.de
www.irjgv-idg.de

TASSO e.V.
Frankfurter Straße 20
65795 Hattersheim
Tel.: 06190-932214
Fax: 06190-5967
e-Mail: tasso@tiernotruf.org
www.tiernotruf.org

Tiere helfen Menschen e.V.
Münchener Straße 14
97204 Höchberg
Tel.: 0931-4042120
Fax: 0931-4042121
e-Mail: info@thmev.de / www.thmev.de

Verband für das Deutsche Hundewesen e.V. (VDH)
Westfalendamm 174
Postfach 10 41 54
44041 Dortmund
Tel.: 0231-56500-0
Fax: 0231-592440
e-Mail: info@vdh.de / www.vdh.de

ÖSTERREICH

Österreichischer Gebrauchshundesport-Verband
1023 Wien – postlagernd
Tel./Fax: 01-7283624
www.oegv.at

Österreichischer Kynologenverband
Johann-Teufel-Gasse 8
1230 Wien
Tel.: 01-8887092
Fax: 01-8892621
e-Mail: office@oekv.at
www.oekv.at/OEKV

SCHWEIZ

Schweizerische Kynologische Gesellschaft
www.hundeweb.org

Ausgewählte Bibliographie

Aus der Fülle aktueller Literatur wurden einige Standardwerke sowie Einzeldarstellungen zu beispielhaften Aspekten des Zusammenlebens mit Hunden ausgewählt.

Aldington, Eric H.W.: *Von der Seele des Hundes,* Gollwitzer 2002

Feddersen-Petersen, Dorit: *Hunde und ihre Menschen, Sozialverhalten, Verhaltensentwicklung und Hund-Mensch-Beziehung als Grundlage von Wesenstests,* Franckh-Kosmos 2001

Feltmann-von-Schroeder, Gudrun: *Die Kunst, mit dem Hund zu reden, Ein erfolgreicher Weg für Erziehung und Beschäftigung,* Franckh-Kosmos 2003

Fleig, Dr. Dieter (Red.): *Hunderassen der Welt,* Kynos Atlas 2000

Fogle, Bruce: *Hunde richtig erziehen,* blv 2001

Fogle, Bruce: *So bleibt Ihr Hund gesund – das große Praxisbuch,* Dorling Kindersley 2003

Führmann, Petra / Hoefs, Nicole: *Erziehungsspiele für Hunde, Mit Trainingskarten für draußen,* Franckh-Kosmos 2002

Führmann, Petra / Hoefs, Nicole: *Hundeerziehung, für unterwegs,* Franckh-Kosmos 2003

Gängel, Andreas / Gansel, Timo: *Rechtsratgeber für Hundehalter, Unter Berücksichtigung der aktuellen Gefahr-Hunde-Verordnungen der Bundesländer,* Falken 2001

Hoffman, Matthew (Hg.): *Das große Buch der Hundehaltung,* Könemann 1999

Klever, Ulrich / Seybold, Katharina: *Hunde, Hundehaltung mit Herz und Verstand. Das Wesen des Hundes kennen. Problemlos mit dem Hund leben. Den richtigen Hund auswählen,* Gräfe u. Unzer 2001

Krämer, Eva M: *Hunde, Extra: Mimik und Körpersprache im Bild,* Franckh-Kosmos 2003

Lausberg, Frank: *Erste Hilfe für den Hund,* Franckh-Kosmos 1999

Ludwig, Claudia: *Ein junger Hund zieht ein, Auswahl, Haltung, Erziehung,* Falken 2001

Ludwig, Claudia: *Wenn das Haustier stirbt, Vom Umgang mit der Trauer,* vgs 2001

Morris, Desmond: *Dogwatching. Die Körpersprache des Hundes,* Heyne 1999

Stein, Petra: *Naturheilpraxis Hunde, Schnelle Selbsthilfe durch Homöopathie und Bach-Blüten,* Gräfe u. Unzer 2002

Theby, Viviane: *Agility, Sport und Spaß für Hund und Mensch – Vom ersten Hindernis bis zum Parcours – Schritt für Schritt zum perfekten Team,* Franckh-Kosmos 2003

Theby, Viviane: *Hundeschule, Hundgerecht lernen ohne Stress,* Franckh-Kosmos 2002

Thielen, Claudia / Dobenecker, Britta: *Richtige Hundeernährung,* Falken 1997

Toll, Claudia: *Tierheimhund und Streuner, Hunde aus zweiter Hand auswählen und eingewöhnen, erziehen und beschäftigen,* Franckh-Kosmos 2002

Glossar

Afterkralle
siehe Wolfskralle

Ahnentafel
Protokoll der Zuchtgeschichte eines Hundes

Aktion
Bewegung, d. h. Gehen oder Laufen

Analdrüsen
auf beiden Seiten des Rektums befindliche Drüsensäckchen

Ballen
dicke Haut an der Unterseite der Pfote, dient als Schutz

Bart
langes Fell an der Schnauze und unter dem Kinn

Befederung
Fransen aus längeren Haaren an Ohren, Rute, Beinen oder Körper

Belton
Mischung aus farbigen und weißen Haaren

bikolor
zweifarbig

Blenheim
Farbbezeichnung für die rot-weiße Fellzeichnung von King Charles Spaniels und Cavalier King Charles Spaniels

Blesse
weißer Streifen, der längs über die Mitte des Gesichts verläuft

Drahthaar
Fell von harter, steifer und drahtiger Beschaffenheit

einfarbig
Hund mit einheitlicher Fellfarbe, außer helleren Schattierungen

Fahne
Besatz aus langen Haaren an der Unterseite der Rute

falsche oder freie Rippen
dreizehnte und letzte Rippen, die nicht mit den anderen Rippen verbunden sind

Fang
Vorderteil des Gesichtsschädels, Schnauze

Fellwechsel
Abstoßen des Fells

Femur
Oberschenkelknochen, von der Hüfte bis zur Kniescheibe

Gangwerk
Bewegung in verschiedenen Geschwindigkeiten

Geläut
lang gezogenes Heulen eines jagenden Hundes

gestromt
feine, ebenmäßige Mischung von schwarzen und helleren Haaren, in der Regel in Streifen

Glatthaar
Hund mit kurzem, eng anliegendem Fell

Harlekin
gefleckte oder gescheckte Fellfärbung, im Allgemeinen Schwarz auf Weiß oder Blau auf Weiß

Hasenpfote
lange, schmale Pfote

Hitze
saisonale Fruchtbarkeit der Hündin

Humerus
längster Knochen der Vorderläufe; der Oberarm

Kastrieren/Sterilisieren
chirurgische Entfernung von Hoden bzw. Gebärmutter und Eierstöcken

„Kerzenflammen"-Ohren
flammenförmige Stehohren des English Toy Terriers

Kragen
längeres Brustfell unter dem Hals

Kreuzung
Zucht mit zwei Hunden unterschiedlicher Rasse

Kümmerer
kleinster und schwächster Welpe eines Wurfes

Kupieren
(Teil-) Amputation der Rute

Landseer
schwarz-weiße Fellfärbung; für bestimmte Neufundländer verwendete Bezeichnung

Laut geben
Bellen einer Hundemeute

Leithaare
längere, steifere und glattere Haare, die durch die Unterwolle wachsen

Löwenschur
traditionelles Scheren des Körpers ab der letzten Rippe, wobei eine Mähne an den Vorderläufen stehen bleibt; Schur je nach Rasse auch an Beinen, Rücken, Gesicht und Rute

Maske
dunkle Zeichnung auf dem Vorgesicht

Merle
blaugraue Färbung, oft mit Schwarz durchsetzt

Meute
mehrere Hunde, die zusammen in einem Zwinger gehalten werden

Molaren
hintere obere und untere Backenzähne (zwei auf jeder Seite im Oberkiefer; drei auf jeder Seite im Unterkiefer)

Muttertier
weibliches Elterntier

Prämolaren
die Zähne zwischen den Molaren und den Fangzähnen

reinrassig
Hund mit Eltern derselben Rasse, die selbst aus reinrassiger Zucht stammen

Ridge
Fellstreifen mit Wuchsrichtung entgegen dem Deckhaar

Sattel
Rückenfell von anderer Qualität oder Farbe

Saugwelpen
noch nicht entwöhnte Welpen

Schecke
zweifarbiges Fellmuster mit dunklen, runden Flecken auf einem helleren Untergrund

Schimmel
feine Mischung aus farbigen und weißen Haaren

Schopf
längeres Fell auf dem Kopf

Sichelrute
halbkreisförmig aufrecht getragene Rute

Sternum
Brustbein, Knochen, der den Boden des Brustkorbs bildet

Stockhaar
Wasser undurchlässiges Deckhaar mit wärmender, Wasser abweisender Unterwolle

Tragezeit
Zeit zwischen Empfängnis und Wurf; bei Hunden etwa 63 Tage

Tränendrüse
Tränen produzierende Drüse am inneren Augenwinkel

trikolor
dreifarbiges Fell: schwarz, weiß und loh

Tüpfelung
Fell mit kleinen andersfarbigen Tupfen

Unterwolle
Fell unter dem Deckhaar, normalerweise dicht, weich und kurz

Wamme
lose Kehlhaut

weiches Maul
sanftes Halten beim Apportieren

weizenfarben
rehbraune oder blassgelbe Färbung

Wild
Wildtiere und Vögel, die von Hunden gejagt werden

Wolfskralle
fünfte Zehe an der Innenseite der Beine

Zobel
Fellfarbe: Haare mit schwarzen Spitzen über einem anderen Farbton

Bildnachweise und Danksagungen

Dank an Carol Ann Johnson für die zur Verfügungstellung zahlreicher Abbildungen in diesem Buch. Dank auch an Polly Willis, Claire Dashwood, Karen Villabona, Sally MacEachern, Ruth Shane und Harvey de Roemer für ihre Unterstützung bei Lektorat und Entwurf.
Der Verlag macht darauf aufmerksam, dass veterinärmedizinische Behandlungsmethoden in jedem Land unterschiedlich sind. Im Krankheitsfall sollte unbedingt ein Tierarzt aufgesucht werden.
Seit 1998 ist das Kupieren von Rute und Ohren bei Hunden in Deutschland verboten. Einzige Ausnahme bleibt die medizinische Indikation, wenn also aus gesundheitlichen Gründen amputiert werden musste, und wenn eine Verwendung des Hundes für bestimmte jagdliche Zwecke vorgesehen ist.

Anatomische Illustrationen von Suzie Green: 12 (ul), 13 (u), 14, 16, 18 (u) und **sonstige Illustrationen** von Jennifer Kenna und Helen Courtney, mit freundlicher Genehmigung der Foundry Arts 1999.

AKG: 19 (o), 68 (o), 69 (u), 70 (m), 70 (u), 71 (u), 73 (u), 74 (o), 74 (u), 77 (u), 80 (o), 81 (r), 85 (u), 86 (u), 87 (o), 87 (u), 88 (ol), 97 (or), 108 (u), 109 (o), 110 (m), 110 (u), 112 (or), 112 (u), 113 (o), 114 (o), 115 (o), 115 (u), 118 (o), 121, 122, 128 (ml), 128 (um), 130 (o), 130 (u), 131 (ol), 131 (or), 133 (or), 137 (u), 140 (l), 141 (o), 143 (r), 152 (o), 152 (u).

Alyce Ingle: 363 (u).

Allan und Isobel Legget: 284 (u).

Angela Racheal: 271 (ol).

Animal Photography: R.T. Willbie 310 (o), 310 (u), 322 (ur), 356 (u). Sally Anne Thompson: 293 (u), 301 (u), 309 (o), 319 (u), 323 (u), 324 (o), 329 (or), 329 (ol), 341 (ul), 341 (ur), 342 (u), 348 (o), 355 (u), 356 (ol), 356 (or), 358 (ol), 358 (or).

Ardea: 172 (o). John Daniels 322 (ol), 322 (m). Jean-Paul Ferrero 322 (ul).

Cogis: Fleury/Cogis: 296 (ul), 296 (ur), 302 (or), 311 (u). Francais/Cogis: 291 (o), 291 (u), 293 (o), 297 (o), 298 (o), 307 (o), 307 (u), 311 (ol), 311 (or), 318 (o), 319 (o), 320 (u), 320 (o), 321 (r), 321 (o), 321 (u), 328 (u), 330 (u), 332 (ul), 334 (u), 334 (o), 337 (ur), 337 (ul), 338 (or), 338 (ol), 339 (ul), 339 (o), 340 (o) 361 (ol), 361 (or), 363 (o), 364 (u), 366 (ul), 367 (o). Hermeline/Cogis: 298 (u), 327 (or), 332 (ur). Hutin/Cogis: 339 (ur). Labat/Cogis: 327 (ol). Lanceau/Cogis: 318 (ur). Lili/Cogis: 318 (ul). Nicais/Cogis: 297 (u), 330 (o).

D. G. Philipson, Spanish Water Dog Partnership: 204 (u).

Dorling Kindersley: 208 (u), 292 (u), 294 (o), 301 (o), 302 (u), 312 (u), 314 (o), 315 (u), 315 (o), 333 (o), 333 (u), 335 (o), 337 (o), 341 (o), 343 (o), 344 (o), 344 (u), 346 (u), 348 (u), 357 (u), 365 (o), 368 (o), 369 (o).

Dr Daniel Taylor-Ide: 359 (o).

Dutch Kennel Club: 324 (u).

G. Samson: 217 (ol), 217 (or).

Harry Baxter: 292 (o), 299 (u), 300 (o), 300 (u), 303 (u), 305 (o), 312 (o), 314 (u), 317 (u), 325 (o), 325 (u), 338 (u), 347 (o), 350 (u), 351 (o), 352 (o), 352 (u), 353 (o), 358 (u). Claudio Celotto 256 (u).

***Hellenic Magazine for Dogs*:** 366 (o).

Martina Krüger: 295 (u).

Milepost 92½: 84 (u).

R. Gould: 190 (u).

Swedish Kennel Club: 355 (o), 355 (u), 354 (o), 354 (u).

Topham Picture Point: 78 (ul), 88 (r), 89 (u), 92 (o), 93 (mr), 94 (o), 103 (m), 103 (u), 105 (u), 110 (o), 129, 131 (u), 132 (o), 136 (ur), 137 (mr), 140 (o), 147 (u), 149 (o), 150 (o), 150 (u), 151 (o), 153 (o).

***Vos Chiens*:** 295 (o), 304 (o), 305 (o), 306 (u), 306 (o), 308 (u), 309 (u), 310 (u), 313 (o), 313 (u), 314 (o), 314 (u), 316 (o), 316 (u), 323 (o), 325 (o), 331 (u), 333 (u), 374.

Alle Abbildungen mit freundlicher Genehmigung von Carol Ann Johnson, bis auf die oben erwähnten.

Der Verlag hat sich bemüht, alle Rechteinhaber zu kontaktieren. Sollte es trotzdem zu Unachtsamkeiten gekommen sein, bitten wir diese zu entschuldigen.
In folgenden Auflagen wird ein entsprechender Hinweis gegeben.

Register